智元微库
OPEN MIND

成 长 也 是 一 种 美 好

终身学习核心知识库

人力资源管理

原书第 5 版
5th Edition

[美] 加里·德斯勒（Gary Dessler）

著

欧邓琳婧　胥馨

译

人民邮电出版社

北京

图书在版编目（CIP）数据

人力资源管理：原书第5版 /（美）加里·德斯勒（
Gary Dessler）著；欧邓琳婧，胥馨译. -- 北京：人
民邮电出版社，2025. --（终身学习核心知识库）.
ISBN 978-7-115-67477-7

Ⅰ：F243
中国国家版本馆CIP数据核字第20250EB168号

版权声明

◆ 著　　[美]加里·德斯勒（Gary Dessler）
　　译　　欧邓琳婧　胥　馨
　　责任编辑　张渝涓
　　责任印制　周昇亮
◆ 人民邮电出版社出版发行　　　　　北京市丰台区成寿寺路 11 号
　　邮编　100164　　电子邮件　315@ptpress.com.cn
　　网址　https://www.ptpress.com.cn
　　天津千鹤文化传播有限公司印刷
◆ 开本：787×1092　1/16
　　印张：36.25　　　　　　　　　　　2025 年 8 月第 1 版
　　字数：680 千字　　　　　　　　　2025 年 8 月天津第 1 次印刷
　　　　　　著作权合同登记号　图字：01-2023-4374 号

定价：129.00 元
读者服务热线：（010）67630125　　印装质量热线：（010）81055316
反盗版热线：（010）81055315

前言

● **本版新增内容**

如今，作为管理者——不仅仅是人力资源管理者——都需要在人力资源概念和技巧（如面试和评估）方面奠定坚实基础，才能做好本职工作。因此，你会发现本书着重介绍履行日常管理职责所需的实用内容，即便你从未担任过人力资源管理者一职，也颇有益处。

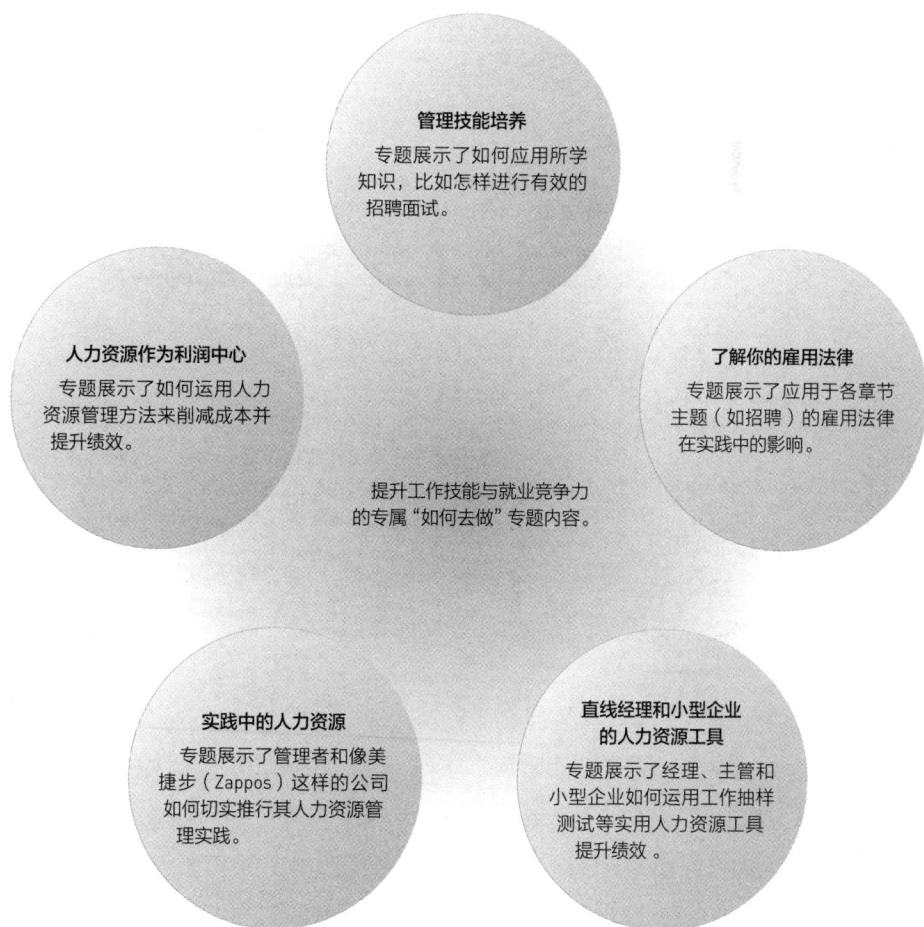

管理技能培养
专题展示了如何应用所学知识，比如怎样进行有效的招聘面试。

人力资源作为利润中心
专题展示了如何运用人力资源管理方法来削减成本并提升绩效。

了解你的雇用法律
专题展示了应用于各章节主题（如招聘）的雇用法律在实践中的影响。

提升工作技能与就业竞争力的专属"如何去做"专题内容。

实践中的人力资源
专题展示了管理者和像美捷步（Zappos）这样的公司如何切实推行其人力资源管理实践。

直线经理和小型企业的人力资源工具
专题展示了经理、主管和小型企业如何运用工作抽样测试等实用人力资源工具提升绩效。

本书的核心在于，注重实践技能的内容几乎融入每一段文字，成为本书的精髓，此外还有专门的"如何去做"专题。

人力资源管理正在迅速变化。例如，埃森哲咨询公司估计，像领英（LinkedIn）这样的社交媒体工具很快将为企业带来多达 80% 的新员工。

新增的"影响人力资源管理的发展趋势"专题重点介绍了当今的管理者如何完成其人力资源工作任务。

> **影响人力资源管理的发展趋势：数字化和社交媒体**
>
> ## 领英（LinkedIn）的使用
>
> 有时，搜寻职位名称和职责最简单的方法，就是使用像领英这样的社交媒体。例如，某位员工在领英上发布公司的空缺职位招聘信息时提到：我要为招聘开发人员和开发经理编写职位说明书，希望 IT 招聘人员可以帮助我列出该职位的职责。在众多回复中，第一条回复列出了 12 项任务，包括：技术能力能否与期望的工作相匹配；求职者需要解决哪些技术问题；求职者是否了解云部署。

> **影响人力资源管理的发展趋势：数字化和社交媒体**
>
> ## 社交媒体带来的人力资源管理的利与弊
>
> 社交媒体的广泛使用给雇主带来了挑战。有些员工会使用脸书®之类的账号，发表欺凌同事的言论。在这种情况下，雇主必须区分非法网络骚扰（适用于种族、宗教、国别、年龄、生理性别、性别认同、遗传信息和残疾歧视）和常见的个性冲突。雇主必须对欺凌行为采取零容忍的态度。
>
> 同时，社交媒体对企业的人员配置却大有裨益。例如，雇主很容易在领英上找到求职者。但查看求职者社交媒体上的个人资料可能会涉及宗教、种族和性取向等信息泄露。因此，美国一些州禁止雇主索取员工或求职者社交媒体的账户和密码。相关政策的实施，至少可以限制雇主去查看求职候选人的信息。

如今，约 25% 的劳动者没有"常规"工作。相反，他们属于独立工作者或"零工"人员——仅在美国，零工人员就有约 6000 万人。

新增的"人力资源和零工经济"专题展示了公司如何应对零工人员的人力资源需求，比如如何招聘和培训零工人员，以及如何管理他们的安全问题。

人力资源和零工经济

零工从业者需要职位说明书吗

雇用零工并不代表雇主不需要编写职位说明书和任职要求。关于职位说明书，谨慎的雇主仍然希望至少列出他们希望零工需要完成的主要工作。任职要求自然也是不可或缺的，因为雇主必须确保从事该工作的人至少符合某些最低的要求。

例如，来福车和优步都列出了"司机岗位任职要求"，这其实就是职位说明书。尽管不同地区对司机的要求有所不同，但优步和来福车都要求司机年满 21 岁，有社会保障号码、州内驾

照（1 年以上经验）和州内保险，并能接受车管所和全国及县级范围的背景调查。对优步来说，背景调查要求签约司机在过去 7 年内没有任何酒后驾驶、涉毒犯罪、保险事故、执照事故，或致命事故和鲁莽驾驶记录，以及没有犯罪史。这里还有其他的要求，包括其车辆也必须符合标准。列表里还有一些其他要求，包括车辆必须是四门轿车（四座或以上，不包括司机座位），车子出厂日期不得早于 2001 年，有州内牌照，状态是登记中，并已通过优步的车辆检查。

人力资源和零工经济

案例：优步的即时碎片化培训

如果你认为所有的优步司机都未经正式培训就直接被雇用上路，那你就太想当然了。优步每周都要给 3 万多名新司机开展培训，因为要想在优步接单，这些司机必须了解数百个问题——从如何使用优步应用程序和驾驶系统，到如何服务乘客和处理乘客问题。他们是怎么做到的？

优步的培训挑战实质上和大多数依赖临时工的公司颇为相似。主要的问题是：（1）学员不是正式雇员，在很大程度上只是"过客"，因此必须谨慎控制培训成本；（2）司机们都按照他们自己的时间节奏工作，因此，当任何一位司机有培训需求时，优步必须及时响应他们的需求。

针对"优步是怎么做到的"这个问题，有一个很简单的答案——司机培训是在线的、即时的，并且能碎片化学习。

优步使用一个名为 MindFlash 的学习管理系统，该系统为全球客户提供数千门课程，通常侧重于培训像优步司机这样的临时工。除常规优点外，MindFlash 系统还能实时报告学员的成绩，这样优步就能知道司机是否已经做好了上岗的准备。

建立像优步这样适合临时工培训的项目有几个特点。第一，最关键的一点可能是，每个参与其中的人——管理层、人力资源部，尤其是工作人员自身——都要提交详细的员工日常活动"蓝图"，从中可以确定临时工（在本案例中指司机）的职责、掌握的技能和知识，以及所需的培训；第二，课程被分割成简短易理解的小章节，存储在培训方的云端，并在每个员工有需要时发送到他们的移动设备上。

美国人力资源管理协会（SHRM）为人力资源专业人士提供一项认证项目。本书（指原书）第 5 版教材涵盖了 SHRM 的职能知识领域。

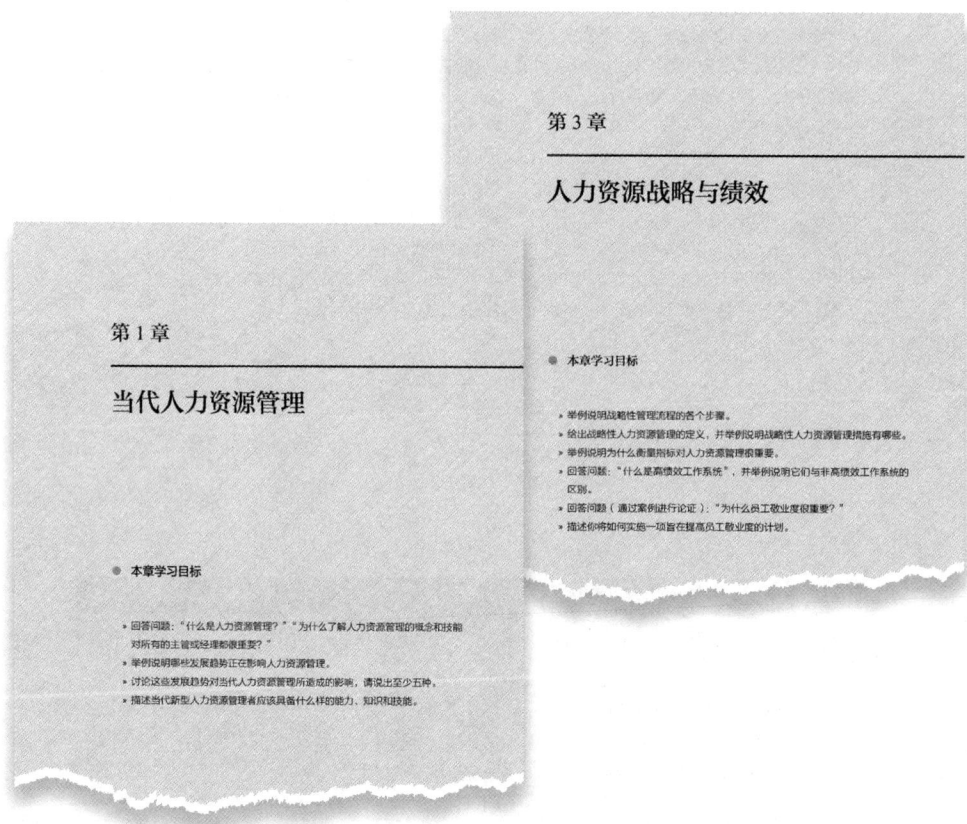

第 3 章

人力资源战略与绩效

● 本章学习目标

➤ 举例说明战略性管理流程的各个步骤。
➤ 给出战略性人力资源管理的定义，并举例说明战略性人力资源管理措施有哪些。
➤ 举例说明为什么衡量指标对人力资源管理很重要。
➤ 回答问题："什么是高绩效工作系统"，并举例说明它们与非高绩效工作系统的区别。
➤ 回答问题（通过案例进行论证）："为什么员工敬业度很重要？"
➤ 描述你将如何实施一项旨在提高员工敬业度的计划。

第 1 章

当代人力资源管理

● 本章学习目标

➤ 回答问题："什么是人力资源管理？""为什么了解人力资源管理的概念和技能对所有的主管或经理都很重要？"
➤ 举例说明哪些发展趋势正在影响人力资源管理。
➤ 讨论这些发展趋势对当代人力资源管理所造成的影响，请说出至少五种。
➤ 描述当代新型人力资源管理者应该具备什么样的能力、知识和技能。

● 解决教与学的挑战

聚焦于管理技能培养

获得并保住工作的最佳方法之一，是展现出你能完成工作任务，并将其做好。

这就是为何本书的每一版都秉持同样的宗旨：为所有管理者（不只是人力资源管理者）提供履行日常管理职责所需的实用技能与知识。例如，你将了解到：

第 2 章：如何应对歧视指控

假设你拒绝了一位受保护群体求职者，……如果他认为自己因属于受保护群体而受到歧视，并决定起诉贵公司，你会怎么做？

第 4 章：如何撰写职位说明书

……职位说明书是一份书面陈述，用于说明员工实际的工作内容、工作方式，以及该职位的工作条件是什么。这些信息反过来又会被用于编写任职要求……

第 6 章：如何面试求职者

a. 确保自己已经足够了解这份工作和它的任职要求。b. 根据职位说明书中的实际工作职责提出问题。……好的问题类型包括：（1）情境性问题，如"假设你正在做销售演示，突然出现了一个棘手的技术问题……

第 12 章：如何处分员工

确保有证据支持你对员工不当行为的指控。仲裁员在做出让被指控的员工复职的决定时，经常引用"公司提供的证据不足以支持其对员工不当行为的指控"。保护员工的正当程序权利……

学习如何提升员工敬业度

员工敬业度指的是员工在心理上的参与度、与公司的联结度和努力完成工作的意愿度。

本书提供具体的实用案例及建议，展示了管理者如何打造积极投入的员工工作团队和企业。

第 1 章至第 14 章中的"给管理者的员工敬业度指南"专题展示了管理者如何通过人力资源活动来提升员工敬业度。

例如，第 3 章展示了起亚汽车（英国）如何提高员工敬业度。

管理技能培养　　　　　　　　　　**如何执行提升员工敬业度的战略**

起亚英国分公司提升员工敬业度的人力资源战略包含以下六个步骤（这为所有相关举措提供了指引）。

第一，公司为此设定了可衡量的目标。这些目标包括：在沟通交流、对直接下属考核的反馈质量、对所做工作的认可情况，以及管理者与普通员工之间的尊重等方面，对直线经理行为的调查反馈得分必须提高至少 10%。其他目标还包括员工流动成本（如招聘成本）每年至少降低 10%。

第二，实施了一项内容丰富的领导力发展计划。例如，他们把所有的管理者送去培训，以提高他们的管理技能。他们还使用 360 度反馈法测试管理者对这些新技能的掌握程度（基本原理就是让管理者的上级、同事和下属对其新学习的领导技能进行评估）。

第三，设计了新的员工认可计划。例如，每个季度都会选出优秀员工，为其颁发"杰出成就奖"，还为表现出色的员工颁发"起亚感谢卡"。

第四，改善了内部的沟通环境。例如，他们制定了季度员工简报，在尽可能大的范围内使用绩效评估，并推出了一个名为起亚视野（Kia Vision）的公司内部网络系统（该内部网络向所有员工提供关键业务信息和其他有用的汇报内容。起亚英国分公司听取了员工的反馈，还决定建立一个员工论坛以加强相互之间的沟通。论坛由每个部门派出一名代表组成，旨在让员工充分表达意见、提出建议和对工作的担忧，有效提高了员工的能力并增强了他们的参与感。

第五，制订了新的员工开发计划，其中包括使用公司的评估流程来确定员工的培训需求，并为每个员工制定了培训方案。根据实际需求和员工自述的职业抱负，公司明确了这些方案的具体内容。

第六，对薪酬和其他政策做了一些调整。例如，他们取消了奖金，将其改为固定比例的涨薪。他们还重写了整本员工手册以及所有人力资源政策和程序，"以确保它们与公司新的文化价值观保持一致"。

本书特色：新增的"人力资源和零工经济"专题展示了如何招聘、培训零工人员并管理其安全问题。

另外，我们独特的战略模型能帮你获得"全局视角"：

> 战略性人力资源管理指公司为达成其战略目标而制定和执行人力资源政策和措施，以培养员工的胜任力和行为。

我们的模型阐释了这一理念，并遵循以下三步流程：

» 确定公司的战略目标
» 精准找出达成这些战略目标所需的员工行为与技能
» 决定采取何种人力资源政策与措施来培养这些必要的员工行为与技能

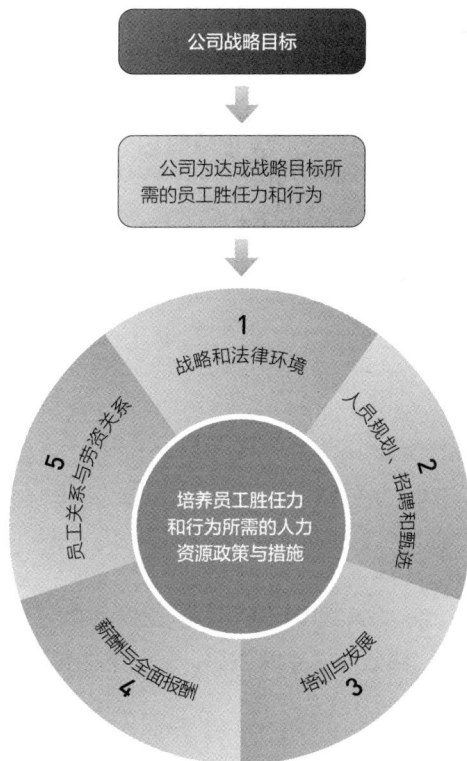

● 培养就业能力技能

影响人力资源管理的发展趋势：数字化和社交媒体

招聘网站让雇主的内部运作更加透明。Glassdoor、CareerBliss、CareerLeak 和 JobBite 等求职网站，让会员能够深入了解数以十万计的雇主，包括可以看到针对每家公司的具体评论、薪资报告，以及首席执行官的支持率……

人力资源作为利润中心

包含人力资源管理实践如何通过降低成本或增加收入来创造价值的实际案例。

人力资源和零工经济

展示了企业如何应对对零工人员的人力资源需求，比如如何招聘、培训零工人员，以及如何管理他们的安全问题。

直线经理和小型企业的人力资源工具

解释了许多直线经理和企业家在人力资源管理方面往往"只能靠自己"的现象，并介绍了工作抽样测试及其他简单的人力资源工具，直线经理和企业家可以创建并安全使用这些工具来提升绩效。

每章中的"了解你的雇用法律"专题会探讨应用于该章主题的雇用法律的实际影响，比如与招聘（第五章）、选拔（第六章），以及安全（第十四章）相关的法律。

"多元化盘点"专题为管理多元化员工队伍提供实用见解，例如，涉及选拔决策中的性别偏见、绩效评估中的偏见，以及某些奖金计划中"隐性"的性别偏见。

"通过人力资源信息系统提升绩效"是嵌入式专题，展示管理者如何运用人力资源技术来提高绩效。

● 全球范围内的人力资源实践

在国外应用平等就业机会法律　企业向国外扩张使遵守平等就业机会法律的情况变得复杂。例如，戴尔公司宣布大幅扩充其在印度的员工队伍，那么，在美国境外为戴尔公司工作的美国公民受美国平等机会法律的约束吗？实际上，答案取决于美国法律、国际条约，以及东道国的法律。

全球人力资源实践

在全球范围内应用公平就业的相关法律

1991 年的《民权法案》标志着平等权利立法的地域适用性发生了巨大变化。除非另有明确规定，国会的立法通常只适用于美国国家境内。然而，1991 年的《民权法案》特别扩大了适用范围，修正了第 7 章中"雇员"的定义，指出在国外工作，但其所属公司是由美国公司拥有或控制的美国公民也适用于该法案。因此，至少从理论上讲，目前在海外为美国公司工作的美国公民，与在美国境内工作的美国公民享有同等的就业机会保护。（但第 7 章并不适用于非美国雇主所有或控制的海外业务）。

有两个因素限制了《民权法案》在美国国外的广泛应用。首先是存在很多例外情况。例如，如果遵守《民权法案》的第 7 章，可能会导致在海外的美国雇主违反其所在国家的其他法规（比如有些国家的法规禁止女性员工担任管理职位），因此雇主无法遵守第 7 章的规定。

另一个原因是在国外执行 1991 年的《民权法案》的规定存在实际困难。例如，公平就业机会委员会的调查员的首要职责是分析被告（雇主）的财务状况和组织结构。但实际上，很少有调查员受过这方面的训练，而且这种调查也没有明确的标准。

● 致谢

我非常感谢在创作本书时，许多人给予了我帮助，其中包括前几版审稿人，他们提供了认真而有用的建议。他们分别是：

塞缪尔·托德（Samuel Todd），乔治亚南方大学 / 马萨诸塞大学阿默斯特分校；

戴尔·J. 德怀尔（Dale J. Dwyer），托莱多大学；

梅丽莎·L. 格鲁伊斯（Melissa L. Gruys），俄亥俄州莱特州立大学；

约翰·H. 斯特恩（John H. Stern），南卡罗来纳大学达拉摩尔商学院；

丹·莫雷尔（Dan Morrell)，中田纳西州立大学；

玛丽·D. K. 哈尔沃森 - 加内波拉（Marie D. K. Halvorsen-Ganepola），圣母大学；

霍华德·J. 克莱因（Howard J. Klein），俄亥俄州立大学；

保罗·W. 马尔维（Paul W. Muvey），北卡罗来纳州立大学普尔管理学院；

加里·斯特劳德（Gary Stroud），俄亥俄州富兰克林大学。

我非常感谢补充本书其他部分内容的相关作者，他们分别是常春藤技术社区学院的卡罗尔·希特（Carol Heeter）和丹·莫雷尔（Dan Morrell）。

对于培生教育集团，我非常感谢第 5 版的整个制作团队，包括主编斯蒂芬妮·沃尔（Stephanie Wall）、策划编辑丹尼尔·泰尔曼（Daniel Tylman）、定性学科执行制作人梅丽莎·费默（Melissa Feimer）、内容制作亚斯米塔·霍塔（Yasmita Hota）、编辑助理琳达·西伯特·阿尔贝利（Linda Siebert Albeli）、项目经理安·普利多（Anna Pulido）和开发编辑克里·托马索（Kerri Tomasso）。感谢培生教育遍布全球的销售团队，没有他们的辛勤工作，这本书只会在书架上无人问津。

我还要一如既往地感谢我的妻子克劳迪娅（Claudia），感谢她对我的支持。感谢我的儿子德里克（Derek）提出的宝贵建议，当然还有丽莎（Lisa）、萨曼莎（Samantha）和泰勒（Taylor）给我的启发。

目录

第一部分

绪论

第 1 章

当代人力资源管理

● **本章学习目标**

» 回答问题："什么是人力资源管理？""为什么了解人力资源管理的概念和技能
对所有的主管或经理都很重要？"

» 举例说明哪些发展趋势正在影响人力资源管理。

» 讨论这些发展趋势对当代人力资源管理所造成的影响，请说出至少五种。

» 描述当代新型人力资源管理者应该具备什么样的能力、知识和技能。

引入

　　在州立大学就读的最后一年，米拉（Mira）同时在 TJX 公司担任销售实习生。该公司拥有 TJ Maxx 和 Marshalls 两个品牌。毕业后，她参加了 TJX 的"门店领导力提升之路"项目，其主要内容是接受公司的进阶培训。现在，她的第一份管理工作（在东海岸的一家 TJ Maxx 商店担任门店经理助理）已经开始一周了。"这一周你过得怎么样？"她的门店经理兼导师格拉迪斯（Gladys）在喝咖啡时问她。"很不错！"米拉说，"唯一让我感到惊讶的是，我以为我会把所有的时间都用在完成销售任务上，比如布置和展示商品，以便给客户带来真正的'寻宝'体验，但实际上，我花了超过 1/3 的时间来完成'人力资源'的管理任务，比如面试新同事以及对他们进行培训，以便让他们知道自己做得怎么样。""尽快习惯吧。"格拉迪斯说，"我的经历和你差不多。我现在作为门店的经理，几乎一半的时间都花在了与人力资源管理相关的事情上——包括指导下属！"

1.1　什么是人力资源管理

要了解什么是人力资源管理，我们首先要回顾一下管理者的工作职责是什么。TJ Maxx 门店是一个组织。组织（orgnization）由被正式分配角色的人员所组成（在本案例中指销售和维修人员）。组织成员们一起工作，以完成组织的目标。管理者（manager）是对组织目标是否完成的负责人，他们通过管理组织成员的工作，督促他们为达成目标而不断努力。

大多数行业专家都认同管理（managing）包括五项基本职能：计划、组织、人员配置、领导和控制。总的来说，这些职能体现了管理流程（management process）。每项职能所涉及的具体活动包括：

- » **计划**：制定目标和标准；明确规则和程序；制定计划和做出预测。
- » **组织**：给每位员工布置特定的任务；建立部门；学会下放权力；建立权威和沟通路径；协调下属之间的工作。
- » **人员配置**：决定应该雇用什么样的人；招聘员工；甄选员工；制定绩效标准；发放员工薪酬；评估绩效；指导员工；培训和开发员工。
- » **领导**：带领员工完成工作；提高员工的士气；激励员工。
- » **控制**：制定标准，如销售指标、质量标准或生产标准等；确认实际绩效与这些标准之间是否存在差异；根据需要采取改进措施。

在本书中，我们将重点讨论以上五项职能中的一项——人员配置，也称人事管理或人力资源管理职能。人力资源管理（human resource mangement，HRM）是雇用、培训、评估员工，向员工支付薪酬，维护与员工的劳动关系，处理员工的健康、安全和公平待遇等问题的过程。我们在下文所讨论的内容，主要是人或人事管理的概念和技巧。其中包括：

- » 进行职位分析（确定每个职位的工作内容）
- » 明确职位的具体要求和招聘员工
- » 甄选员工
- » 指导和培训新员工
- » 管理员工的薪酬

» 制定激励措施

» 评估绩效

» 沟通（访谈、咨询、处罚）

» 培训员工，培养管理者

» 创建和谐的员工关系，提高员工的敬业度

管理者应了解：

» 公平就业机会和反歧视行动

» 员工的健康和安全问题

» 如何处理投诉和劳资关系问题

● 为什么人力资源管理对所有的管理者都很重要

为什么人力资源管理的概念和技巧对所有的管理者都很重要？如果你希望能在管理过程中避免出现一些人事管理错误，你就能更容易理解这个问题。例如，你不希望：

» 员工缺乏工作投入度

» 招聘到不合适的人

» 员工流失率高

» 公司因你的歧视行为而被告上法庭

» 公司因出现不安全行为而被处罚

» 因缺乏员工培训而影响部门整体工作效率

» 实施了不公平的劳动行为

认真学习本书将有助于你规避这些问题。

提高利润和绩效

更重要的是，你的成就需要通过员工来取得。记住，作为一名管理者，你或许可以做好很多事情——制订出色的工作计划，绘制清晰的组织架构图，搭建现代化的流水线、使用复杂的财务管理办法，但你仍可能遭遇失败，假如雇用了错误的人，

或缺乏对下属的激励;而另外一些管理者(不管他是老板、总裁还是主管)虽然缺乏出色的计划、优秀的组织力或控制力,但依旧获得了巨大的成功,因为他们善于进行员工调配,善于激励、考核和培养员工。阅读本书时,请记住,管理的重要目的是获得成就。作为一名管理者,你必须借助员工的力量来取得这些成就。这一事实自管理学诞生起就从未改变过。正如一位公司总监总结的那样:

> 多年来,人们一直认为资本才是行业发展的瓶颈。我觉得这个观点现在不再适用了。我认为,劳动力的缺乏,以及公司无法招聘到合适的员工和维持良好的人员构成,才是阻碍公司发展的瓶颈。我没有听说过哪个项目创意又好、团队又充满活力和激情,却因为资金短缺而中止。但我知道有些行业的发展已经在一定程度上出现停滞或遇到阻碍,究其原因就是它们无法维持高效的运作以及缺乏充满激情的员工,而且这种情况在未来可能会愈加严重。

纵观人类的整个发展进程,我们可以看到,这种观点无疑是非常正确的。激烈的全球竞争、快速的技术发展和动荡的经济会导致局面更加混乱。在这种复杂的环境下,未来将属于那些能够不断变革管理办法并努力提高绩效的管理者,但他们也需要敬业和忠诚的员工一起努力,才能达成目标。

合理的人力资源管理政策和措施将在其中发挥重要作用。例如,我们了解到,某个呼叫中心平均每年有 18.6 个职位空缺(每年的员工流失率大约为 60%)。研究人员估计,一名呼叫中心话务员的离职成本约 21 500 美元,因此,这家呼叫中心每年的员工离职总成本高达近 40 万美元。通过改进招聘方式和测试方法,这一数额完全可以降低一半,每年可以为该公司节省约 20 万美元的开支。

你可能需要花费一些时间去胜任人力资源的管理者

学习本教材的另一个原因就是:你在工作中可能需要花费一些时间去完成人力资源管理的相关工作。例如,接受调查的大型美国企业中,有约 1/3 的企业都曾任命非人力资源出身的人担任公司人力资源的最高管理者。培生集团(Pearson Corporation)也曾将其中一个出版部门的负责人晋升为公司总部的首席人力资源执行官。这是为什么呢?一些人认为,可能是因为他们能更好地将公司人力资源管理措施(如薪酬发放办法)与公司的战略需求相结合(如通过激励高管的方式,将其与公司的奋斗目标联系起来)。此外,花费一些时间去完成人力资源管理的相关事务,对管理者本人的职业生涯也有帮助。例如,一位首席执行官在担任该职务之前,曾担任了三年首席人力资源管理者。他表示，这一段经历非常宝贵，让他学会了如何培养领导者，以及理解公司变革中"人"的一面。

确实，大多数顶层的人力资源高管此前都会有一些人力资源管理方面的经验。根据调查，他们当中约 80% 曾在人力资源部门工作，17% 获得过人力资源认证机构颁发的高级人力资源认证专家（SPHR）的称号，13% 获得过人力资源认证专家（PHR）的称号。而剩余的人大多都持有美国人力资源管理协会（SHRM）颁发的人力资源管理专家（SHRM-CP）或高级人力资源管理专家（SHRM-SCP）证书。美国人力资源管理协会提供了一本指导手册，详细描述了人力资源管理的职业发展道路。

小型企业的人力资源管理

学习本书的另一个重要理由是：你最终很可能会成为自己的人力资源管理者。美国现今拥有工作的人，大约有一半供职于小型企业。在每年大约 65 万个新增企业中，小型企业占据其中的很大一部分。因此，从统计数据上来看，大多数毕业生在未来几年要么进入小型企业工作，要么自己创建新的小型企业。如果你在没有人力资源管理者帮助的情况下独自经营自己的小公司，那么你就不得不亲自处理各种人事事务。要做好这一点，你就必须学会招聘、甄选、培训、评估员工和制定薪酬制度。本书后面的诸多章节，都专门为直线经理和小型企业提供了相关的人力资源管理工具，它们会帮助小型企业的所有者积极改善自己的人力资源管理措施。

● 人力资源管理的直线管理与人事管理

从某种意义上说，企业的所有管理者同时也都是人力资源管理者，因为他们都需要参与对员工的招聘、面试、甄选和培训等相关活动。同时，大多数公司都有独立的人力资源管理部门及专职人员。这个部门的经理及其下属的职责，应该如何与直线经理的人力资源职责相关联呢？让我们从直线职权与人事职权的简短定义开始来回答这个问题。

● 直线职权与职能权力

职权（authority）是指做出决策、指导他人工作和发布命令的权力。在管理中，我们通常会将其分为直线职权和人事职权。直线职权赋予企业的管理者向其他下属管理者或员工发布命令的权利（或权力），它创造了一种上下级关系。人事职能权赋予企业的管理者向其他下属管理者或员工提出建议的权利（或权力），它创造了一种顾问型关系。直线经理（line manager）拥有直线职权，他们可以发布命令；人事经理（staff manager）拥有人事职权，他们主要是为直线经理提供帮助和建议。人力资源经理属于人事经理，他们在员工的招聘、雇用和薪酬制定等方面为直线经理提供支持和建议。

在现实情况中，很多人力资源的管理者和直线经理共同承担大多数的人力资源管理工作。例如，某项调查显示，约 2/3 的公司人力资源管理者和直线经理一起负责员工的技能培训。（一般情况下，部门主管可能会先提出对新员工培训的具体要求，人力资源部门会据此制订培训计划，同时部门主管要确保培训达到预期效果。）

● 直线经理的人力资源管理职责

不管是总监还是一线主管，与员工的直接沟通一直是每位直线经理管理的一个重要组成部分。例如，一家公司从以下几个方面切入，详细概述了其直线经理在人力资源管理方面的主要职责：

1. 人岗匹配
2. 组织新员工入职培训
3. 指导新员工尽快上手新工作
4. 明确每位员工的工作绩效
5. 保证员工之间的合作具有创造性，并发展顺畅的员工关系
6. 解释公司的相关政策和程序
7. 控制劳动力成本
8. 激发每位员工的潜能
9. 提升和维护员工的工作士气
10. 时刻关注员工的身体健康状况

在小型企业中，直线经理可以独立完成以上所有人事工作。但随着公司的不断成长，直线经理也需要来自专业的人力资源从业者的帮助和建议。

● 人力资源部门

在规模稍大的公司中，人力资源部门将提供专业化的人力资源管理支持。图1-1列举了一个人力资源部门可能会出现的各种人力资源管理职位。其中比较典型的有薪酬福利主管、招聘主管、培训专员和员工关系主管。

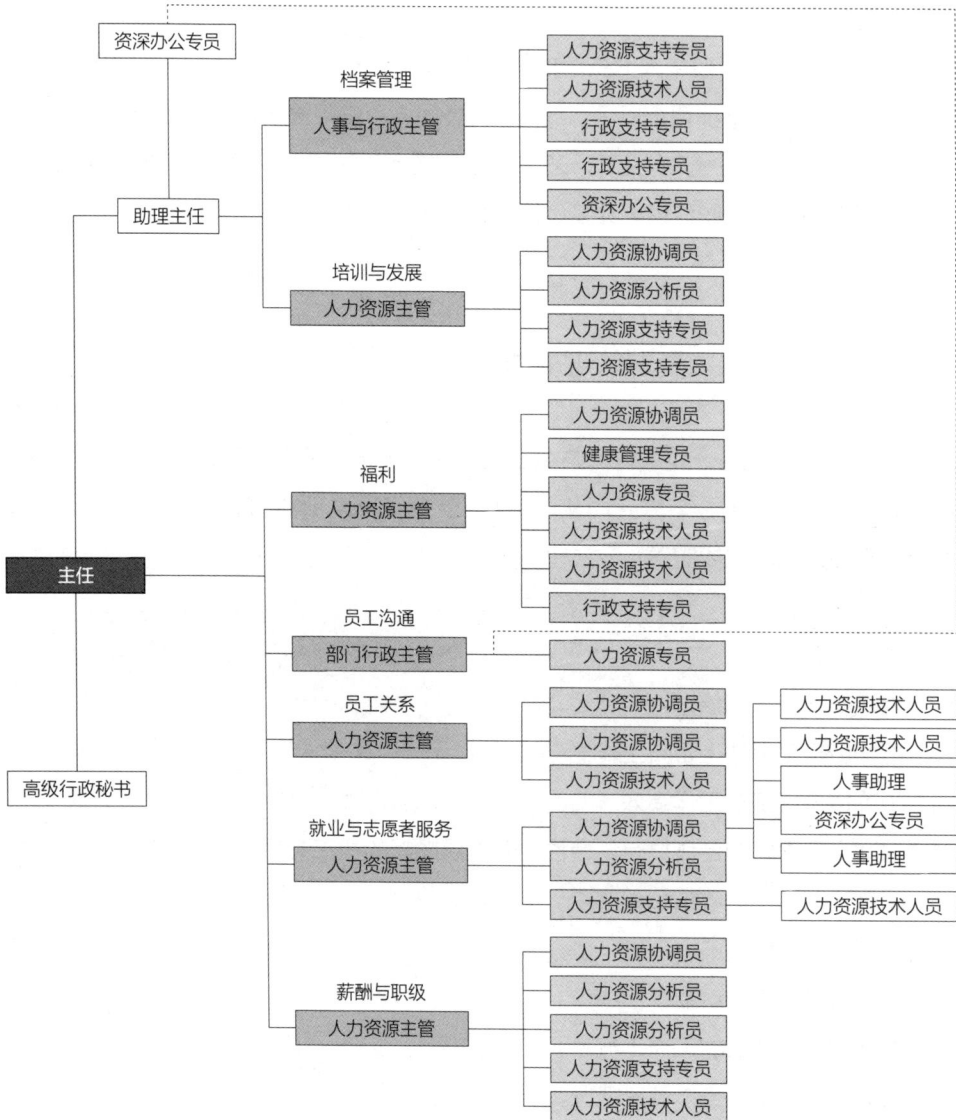

图 1-1　人力资源组织结构示意图

资料来源： Pinellas 县人力资源部官方文件。

» **招聘专员：** 与各种社区建立广泛联系，也会四处出差以寻找合适的员工候选人。
» **平等就业机会（EEO）代表或反歧视行动协调员：** 调查和解决员工对 EEO 的不满、检查组织的潜在违规行为、编写并提交 EEO 报告。
» **职位分析员：** 收集和检查有关工作职责的详细信息，撰写职位说明书。
» **薪酬经理：** 制订薪酬计划，执行员工福利计划。
» **培训专员：** 计划、组织和指导员工的培训活动。
» **劳资关系专员：** 就劳资关系的各个方面为管理层提供建议。

构建人力资源管理的新方式

　　然而，现在许多企业管理者正在改变自己所构建的人力资源管理方式。例如，很多公司正在计划利用技术来设置更多的"共享服务"模块。它会形成集中化的人力资源部门，公司的所有部门将共享该部门的员工，以便在问责制度等问题上获得帮助和建议。共享型人力资源团队将使用内网或集中型的呼叫中心，为公司的管理者和员工提供日常人力资源管理活动（如问责制度）的专业支持。其他一些公司则利用技术来合理"分配"自己的人力资源，例如允许门店经理使用在线面试工具来招聘和甄选自己的员工。还有一些公司建立了自己专门的人力资源管理团队，团队成员还将协助高层管理人员处理最高级别的人力资源管理问题，比如制订公司人事方面的长期战略计划。嵌入式人力资源团队还将人力资源专员（也称"员工关系经理"或"人力资源业务伙伴"）直接安排在公司的销售或生产等职能部门，以便在这些部门需要做出选择或其他支持时提供帮助。而人力资源专家中心就像公司内部的专业人力资源咨询公司。例如，该中心可以为公司的任何部门提供有关部门组织变革的专业建议。

1.2　影响人力资源管理的发展趋势

　　人力资源管理者与直线经理互相配合，长期帮助雇主雇用、解雇员工，管理员工福利，以及进行管理评估。然而，很多发展趋势正在改变他们完成这些人力资源管理任务的方式。这些趋势包括劳动力的发展变化、人们工作方式的改变、科学技术的进步、全球化发展态势和国家的经济发展状况等。

● 劳动力人口变化及劳动力多元化的发展趋势

美国的劳动力构成将继续变化。具体来说,是它将变得越来越多元化——更多的女性、小众群体成员和高龄人员将加入劳动力的队伍。数据统计显示(见表 1-1)[①]:1992 年—2022 年,欧洲裔的劳动力比例从 85% 下降到 77%。与此同时,亚洲裔的劳动力比例从 4% 上升到了 6.6%,拉丁裔的劳动力比例从 8.9% 上升到了 19.8%。年轻劳动者的比例在下降,而 55 岁及以上的劳动力比例从 1992 年的 11.8% 跃升至 2024 年的 24.8%。许多雇主认为"劳动力老龄化"会是一个大麻烦。但棘手的是,出生于婴儿潮时代(1946—1964 年)的高龄劳动力在退休后,并没有足够的年轻人来替代他们,所以许多雇主还是将这些退休人员重新招了回来(或直接尝试阻止他们离职)。

表 1-1   1992—2022 年各类人口群体占劳动力总人数的百分比

年龄、种族	1992 年	2002 年	2012 年	2022 年
16~24 岁	16.9	15.4	13.7	11.3
25~54 岁	71.4	70.2	65.3	63.9
55 岁及以上	11.8	14.3	20.9	24.8
欧洲裔	85.0	82.8	79.8	77.0
非洲裔	11.1	11.4	11.9	12.7
亚洲裔	4.0	4.6	5.3	6.6
拉丁裔	8.9	12.4	15.7	19.8

由于没有足够的年轻劳动力来替代已退休人员,许多雇主开始雇用外籍员工来美国工作。H-1B 签证计划允许美国雇主在找不到合适的美国员工时,招聘有相关技能的国外专业人员前来美国任职。尽管这些计划也遭到了一些反对,但美国的雇主还是通过这些计划每年引进约 85 000 名的外籍员工。

---

① 表 1-1 中数据为原书中数据,应为粗略统计,数据疑有误。——编者注

　　一些雇主发现，"千禧一代"（大约出生于 1980—1997 年）的员工给他们造成了难以应对的各种挑战。"代际顾问"的作用，就是帮助雇主处理他们这一代人的独特需求。例如，他们说这一代人希望承担更有意义的工作，并希望获得积极的反馈。虽然在每个工作日，都有很多员工花费大约 1 小时浏览各种社交媒体，但"千禧一代"人花的时间更多。同时，"千禧一代"见证了智能手机和社交媒体的发展，也成了这些在线社交工具的专家。"Z 世代"（生于 1994—2010 年的人）虽然也能看到"千禧一代"的前辈在努力寻找工作，但也经常听说他们"不愿意困在舒适圈"和"非常善于自我激励"。

● 人们的工作方式发生了改变

　　与此同时，在北美和西欧，大量的劳动力已经从制造业转移到服务业。如今，美国有超过 2/3 的劳动力在从事与生产和服务相关的工作，而不是与产品相关的工作。到 2024 年，服务业的劳动岗位预计将在 1.6 亿个带薪岗位中占去 1.29 亿个（比例约为 81%）。因此，在未来几年，美国几乎所有新增工作岗位都将出现在服务行业，而不是产品生产行业。

人力资源和零工经济

"随需应变"工作者

　　对于当代的很多人来说，全球远程工作平台（Upwork）象征着人力资源管理领域的许多新鲜事物。数百万的自由职业者出现在各种网站上，从平面设计师、翻译、会计到律师，职位各异。雇主会使用 Upwork 在 180 多个国家寻找、筛选、雇用他们所需的人才并支付酬劳。这类人才是由合同工、临时工、自由职业者、独立承包商、"随需应变"工作者或职能简单的"零工"工作者（gig workers）所组成，在未来 10 年的劳动力市场，他们可能占一半左右。

　　任何使用优步（Uber）的人都知道什么是"随需应变"工作者。据最新统计，优步公司每周都会与近 3 万名新司机签约，他们都是独立的合同工。并且这一增长趋势还在继续。

　　如今，许多工作者根本不是固定的

雇员，而是自由职业者或独立合同工，当雇主需要他们的时候，他们就去承接他们想做的工作。例如，爱彼迎（Airbnb）酒店，它只需要拥有希尔顿集团所需的"正式"员工的一小部分，就可以正常运营这样一家大型住宿酒店（因为房主自己拥有房产并进行管理）。其他使用"随需应变"工作者的网站包括亚马逊土耳其机器人（Amazon's Mechanical Turk）、跑腿兔（Task Rabbit）和帮手（Handy）（当需求方有工作需要时，可以通过 Handy 网站联系到数千名自由清洁工和家具组装工）。

此外，越来越多的雇主使用外包方式来完成他们的工作。在与阿拉斯加航空集团（Alaska Air Group）合并之前，维珍美国航空（Virgin America）的行李递送、预订和重型维修等工作都是使用外包公司提供的员工而非公司员工来完成。某家货运公司也提供合同工的供应服务，其工作内容是在沃尔玛的仓库里帮忙卸货。即使是在谷歌（Google）的母公司字母表公司（Alphabet Inc.）里，外包员工的数量也和全职员工差不多。我们将在本章中看到，那些依赖自由职业者、顾问和其他非传统员工的公司，都需要特殊的人力资源政策和措施来处理与之相关的所有事宜。

对于零工经济这种工作类型，也不乏批评者。一些从事此类工作的人说，他们可能会感到有些不受尊重。一位评论家表示，这种工作是难以预测的，也缺乏安全性。《纽约时报》的一篇文章提到："对按需工作的更大担忧不是福利问题，而是缺乏代理机构——在未来，可能是计算机在决定你的工作内容、工作时间和工作量，而不是人类本身。"优步的一些签约司机则提起了诉讼，要求获得成立工会的权利。

● 全球化发展趋势

全球化是指公司将其销售、所有权或产品制造扩张到国外的新市场。

全球化代表着竞争的持续加剧，同时也意味着要想跻身"世界级企业"的压力会变得越来越大——必须提高员工的生产力，把产品做得更完美，并努力让成本降到更低。随着跨国公司对更有发展优势的地域空间的争夺，许多公司将业务转移到国外，这不仅是为了寻求更加廉价的劳动力，也是为了开拓新的市场。为了追求更高的生产效率，一些雇主将目光投向海外（如将许多工作岗位放在国外劳动力成本更低的地区），其中甚至包括许多高技术含量的职位，如放射科医生。我们将看到，失业和收入不平等的加剧会促使一些人开始重新思考全球化发展的新方式。

● 经济发展趋势

　　尽管全球化推动了全球经济的增长，但在过去 15 年左右的时间里，美国的经济状况还是面临着重重困难。在 2001—2007 年，衡量美国总产出的指标，即美国国内生产总值（GDP）飞速增长（见图 1-2）。同期，房价以每年 20% 的速度上涨（见图 1-3），失业率稳定维持在 4.7% 左右。接着，在 2007—2008 年，所有这些指标都

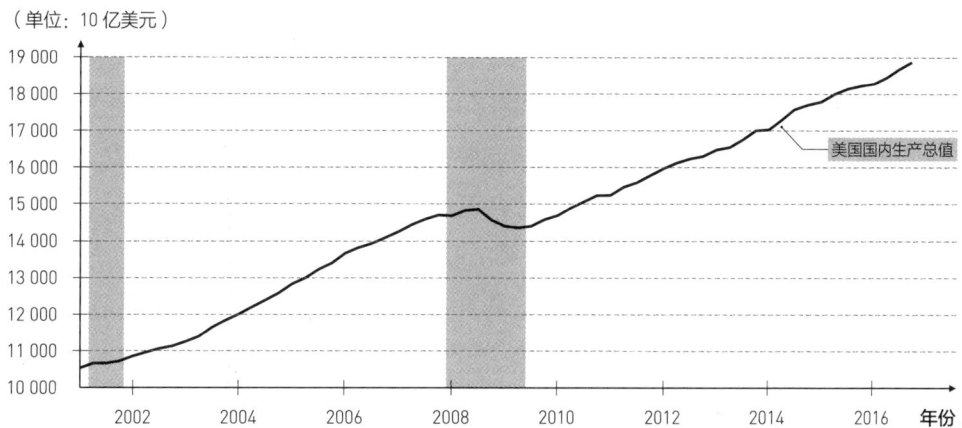

图 1-2　2000—2016 年美国国内生产总值曲线图

资料来源：圣路易斯联邦储备银行。

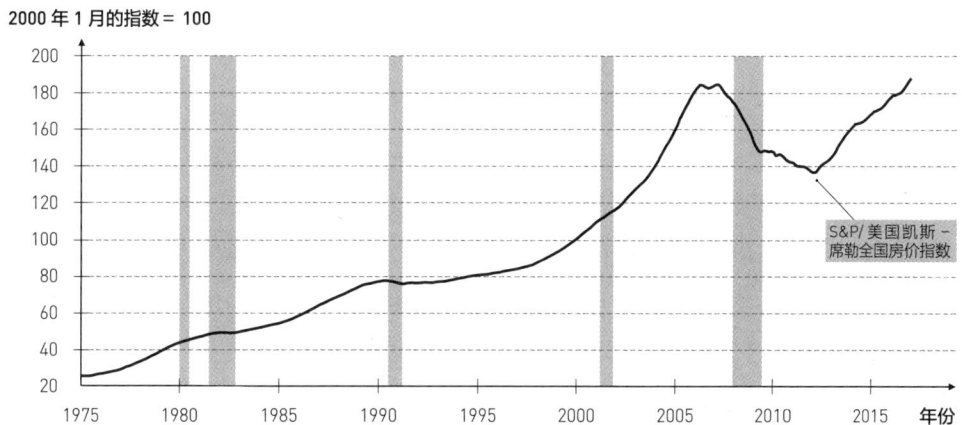

图 1-3　1975—2016 年凯斯 - 席勒房价指数

资料来源：圣路易斯联邦储备银行。

出现了断崖式的下降。国内生产总值出现下跌，房价降了 10%，有些城市的情况则更加严重，全国的失业率很快上涨到 10% 以上。一些经济学家将这种情况称为"大萧条"。

为什么会这样？原因很复杂。许多国家因此废除了不少规章制度。例如，在美国和欧洲，政府放宽了阻止商业银行向投资银行扩张新业务的规则。于是，像花旗银行（Citibank）这样的巨型跨国"金融超市"就出现了。随着监管的减少，越来越多的企业和消费者开始变得负债累累。购房者几乎不需要付首付就能购入房产。银行免费向开发商放贷，支持建造出更多的房屋。近 20 年来，美国大部分消费者的支出超过了收入。美国因此成为债务国。美国想要保持国际进口总量大于国际出口总量的唯一办法就是借钱。因此，美国现如今的大部分繁荣都是建立在债务之上的。

2008 年前后，美国多年累积的债务问题终于走到了爆发点，银行和其他金融机构拥有了数万亿美元的不值钱的贷款，各国政府想介入其中以防止其崩盘。随着借贷枯竭，企业和消费者停止购买信贷，经济最终陷入崩溃的境地。

后来，经济形势趋于好转，我们也希望这种态势能延续下去。我们可以看到，到 2017 年，美国的国家失业率已从 10% 以上的高点下降至 4.5% 左右。

然而，这并不意味着社会经济的发展将会一帆风顺。首先，在目睹了 2007—2008 年的经济大萧条后，许多公司对扩建工厂和增设设备的想法犹豫不决。许多人的信用卡和学费贷款债务仍悬而未决，许多人还没有找到满意的工作，因此不难理解，消费者对放手花钱仍然持谨慎态度。与此同时，生产率的增长正在放缓，可能会进一步阻碍经济的发展。在经历了这次大萧条后，作为过去 50 年推动经济快速增长的去监管化、去杠杆化和全球化是否依然是重点推动措施，成了一个大家持怀疑态度的话题。

劳动力变化趋势

让这一切变得更加复杂的情况是，美国劳动力的增长速度低于预期（这不是一个好消息，因为如果雇主无法获得足够的劳动力，他们就无法扩大生产）。美国劳工统计局曾预计，2015—2025 年，美国的劳动力将以每年 0.2% 的速度增长，而在 2002—2012 年，这个年增长率为 0.7%。为什么会这样呢？主要是因为婴儿潮一代出现老龄化，导致"劳动力参与率"不断下降——换句话说，就是愿意参加工作的人的数量正在逐年下降。

综上所述，未来的经济增长似乎会呈现放缓的趋势。美国劳工统计局（The Bureau of Labor Statistics）曾预计，2012—2022 年，美国的国内生产总值（GDP）将以每年 2.6% 的速率增长，低于 20 世纪 90 年代中期至 2005 年间的 3% 的速率。

● 科技发展趋势

技术变革也在影响人力资源管理。在一项调查中，有超半数的公司在利用数字智能和移动设备"重新设计人力资源"。例如，41% 的公司正在设计可以提供人力资源管理服务的移动应用程序，约 1/3 的公司正在使用人工智能进行人力资源管理。例如，埃森哲公司（Accenture）预测，脸书（Facebook）和领英（LinkedIn）等社交媒体很快会出现高达 80% 的新员工——这会导致直线经理直接绕过人力资源部门自己完成招聘工作。在日本的一家大型保险公司，国际商业机器公司（IBM）的沃森人工智能系统可以让缺乏工作经验的员工像专家一样分析该如何理赔。有些公司还使用基于云端的绩效管理系统实时监控团队的绩效，并通过每周快速调查的方式追踪员工敬业度的变化。像 SAP（德国企业管理系列软件开发公司）和克罗诺思（Kronos）这样的公司都可以提供在线系统来协助管理者进行员工招聘、员工敬业度跟踪和自由零工人员安排等工作。冷石乳品公司（Cold Stone Creamery）利用一款数字培训游戏，向新员工展示了不同口味的冰激凌应如何使用不同的"舀法"。许多雇主使用"人才分析"软件梳理大量的员工工作数据，以分辨在特定工作中员工各自的技能优势，同时可以有效减少员工缺勤情况和安全事故的发生。

人才分析的基本含义是利用统计技术、计算机算法和其他解决问题的方法来识别数据之间的关系，从而解决一些问题，比如理想候选人的特质是什么，如何判断哪些优秀员工存在离职风险。例如，有雇主一直认为，应聘者就读的学校、他们的学习成绩以及他们的推荐信是最重要的。一份回顾型人才分析研究表明，这些因素并没有发挥任何作用！真正重要的是：他们的简历语法是否正确；他们是否在获得特定学位后才离校；他们在之前的工作中是否取得了成功；他们能否在缺乏清晰引导的情况下仍然有所成果。

技术也在影响着工作的性质。"技术工作"不再只是指在苹果公司和谷歌公司的工作。例如，在美国铝业公司（Alcoa）位于艾奥瓦州的达文波特工厂，每个工作岗位都配有一台计算机，以协助员工控制机器。

人力资本

全球化以及经济和技术发展产生的一个重要影响就是，雇主更加依赖于员工的知识、教育、培训、技能和专长，也就是所谓的"人力资本"。

像顾问和律师这类工作，教育背景和知识储备总是必不可少的。如今，即使是生产装配工、银行出纳员、零售店店员和包裹配送员，也需要具备此前几年未作要求的、一定程度的技术水平。也就是说，在这个知识经济时代……获取和开发优秀的人力资本似乎对企业的盈利能力和成功至关重要。

管理者面临的挑战是，他们必须以不同的方式管理这些员工。例如，给予他们决策权的前提是管理者已经认真甄选并对他们进行了培训，以保证他们有能力独立做出很多决策。接下来的"人力资源作为利润中心"专题将阐明一家公司应该如何有效利用其人力资本。

人力资源作为利润中心
提升客户服务

某家银行安装了特殊的软件，提高了其客服代表处理客户咨询的速度。不过，银行并未以其他方式改变客服代表原有的工作。这个新的软件系统确实能帮助客服代表处理更多的电话。但除此之外，这家银行的业绩并没有得到大幅提升。

另外一家银行也安装了同样的软件。为了充分利用这个新软件节省客服代表的时间，这家银行还让人力资源团队对客服代表的工作进行了升级。人力资源团队教他们如何销售更多的银行服务、赋予他们更多的决策权，并给他们涨了工资。如此一来，新的计算机系统从某种程度上极大地改善了产品销售和盈利情况，而这些都要归功于新的培训以及银行下放给客服代表的授权。诸如此类的人力资源管理措施提高了员工的绩效和公司的盈利能力。

1.3　新型人力资源管理

在 20 世纪，人事管理者主要关注的是公司的日常活动。那个时代最早一批创办的公司里，人事管理者从主管那里接管招聘和解雇的工作，同时负责管理薪酬和制订福利计划。随着专业测试工具的出现，人事部门在甄选和培训员工方面发挥了更大的作用。20 世纪 30 年代的新工会法将"帮助雇主与工会打交道"列入工会的职责。随着 20 世纪 60 年代新的公平就业法律条文的出台，雇主开始依靠人力资源部门来预防歧视指控的发生。

我们可以看到，如今的雇主面临着新的变化和挑战。人口发展变化使得寻找和雇用员工变得更加困难，多元化管理也更加重要。雇主还必须解决多元化发展带来的公平就业问题。技术的不断发展变化意味着雇主必须提高自己管理员工的知识水平、技能和专业度，还意味着他们可以利用新的数字技术和社交媒体软件来达成管理目标。经济增长的放缓也意味着雇主们将面临着更大的经营压力，更需要员工全身心地投入工作。雇主希望他们的"人才专家"——人力资源管理者——能够应对这些挑战。同时，这也促使人力资源管理必须做出改变。

⬤ 分布式劳动力和新型人力资源管理

也许最重要的变化是，借助手机和社交媒体等数字工具，越来越多的人力资源管理任务正在从专门的人力资源部门被分配至公司的员工和直线经理。例如，在谷歌公司，当有人应聘时，他们的信息就会被录入一个系统，该系统会根据意向和经验将应聘者与谷歌现有的员工情况进行匹配。谷歌有所谓的"众包"过程，这是指谷歌员工对谷歌的聘用决策有很大的发言权。

一些专家表示，人力资源的许多模块（如招聘、甄选和培训）应"完全嵌入（或分散）至整个组织的各个工作环节中，从而成为日常业务的一部分。"因此，稍显讽刺的是，在某些方面，我们可能正在回到专门的人事部门出现之前的时代，那时直线经理都自己承担人事管理工作。例如，希尔顿酒店集团将更多的人力资源活动交由员工来负责，并将节省下来的资金用于支持人力资源管理经理完成更具战略性的工作。在接下来的章节中，我们将通过"影响人力资源管理的发展趋势"这一专题来展示更多的案例。

影响人力资源管理的发展趋势：数字化和社交媒体

数字化和社交媒体与新型人力资源管理

　　数字化和社交媒体正在改变人们的求职方式，同时也在改变着公司招聘和辞退员工、薪酬支付政策，以及员工培训的方式。借助相关工具，人力资源管理已经发生了改变，并在某种意义上形成了一种新型的人力资源管理。

　　例如，Glassdoor、CareerBliss、CareerLeak 和 JobBite 等求职网站为会员提供了与数十万名雇主见面的机会，还让他们给出评价、分享薪资情况和对首席执行官的认可情况。一份报告称，48% 的受访应聘者在求职过程中使用过 Glassdoor，比如在应聘公司职位之前会在上面查看该公司的相关信息。这种透明度促使敏锐的人力资源管理者加倍努力以确保其内部流程（如晋升决定、薪酬分配和绩效考核）的公平性，并通过回复被拒绝的求职者，让他们了解流程已结束，以体现招聘流程的人性化。

　　再比如，人才分析算法可以帮助雇主提高员工的留任率。这些算法可以识别出哪些因素（如经验、职业发展、绩效考核、薪酬，或社交媒体网站的活跃度飙升）会导致高潜力员工更有可能离职。

● 人力资源与绩效

　　雇主希望人力资源管理者能够帮助公司提高绩效。当代的人力资源管理者确实在这方面拥有优势，他们主要利用三个杠杆来实现这一目标。

　　第一是人力资源部门杠杆。他们要确保人力资源管理的职能可以有效提供服务。例如，这可能包括将某些人力资源活动（如福利管理）外包给供应商、控制人力资源部门的人数，以及利用技术提供性价比更高的服务。

　　第二是员工成本杠杆。人力资源经理可以就公司的人员配备水平向公司最高管理层提供建议，以及制定和控制公司的薪酬、激励和福利政策。他们在这些方面同样发挥着重要作用。

　　第三是战略成果杠杆。在这一点上，人力资源管理者要制定政策并负责政策落地，同时还要培养员工的胜任力和技能，以达成公司的战略目标。例如，在前文的"人力资源作为利润中心"专题中，由于采用了新的人力资源培训措施和薪酬措施，有一家银行借助新开发的软件帮助其客服代表提高了业绩。

人力资源与绩效评估

　　要想提高绩效，首先需要评估你能做什么。例如，几年前，当 IBM 公司的前人力资源总监需要 1 亿美元来重组其人力资源业务时，他这样告诉高层管理人员："我会向你们提供熟练、准时、随时可以部署的人才。我能够评估他们的技能，明确他们擅长的技能和有待掌握的技能，然后向你们展示应如何填补空白或加强我们的培训。"

　　人力资源管理人员会使用绩效评估标准（或"度量值"）来验证类似的说法。例如，一般来说，人力资源成本占公司总运营成本的比例平均不到 1%。也就是说，每 100 名员工中大约只有 1 名人力资源员工。

人力资源和循证管理

　　根据此类结果做出决策是循证人力资源管理的核心。它是指利用数据、事实、科学分析、批判性评价，以及经过严格评估的研究或案例来支持人力资源管理的建议、决策、措施和结论。简而言之，循证人力资源管理就是利用现有的所有信息，就你所关注的人力资源管理问题做出决策。这些信息可能来自实际评估（例如，受训者对这一项目的评价如何），也可能来自现有的数据（例如，我们执行了这个培训项目后，公司的利润发生了什么变化），或者也可能来自已发表的某个研究报告（例如，有关如何确保员工记住所学知识的最佳方法，研究文献给出了什么样的结论）。

　　有时，公司会将他们的研究成果转化为管理专家们所说的高绩效工作系统，即"系列人力资源管理措施，旨在共同成就卓越的员工绩效。"例如，在通用电气公司（GE）位于北卡罗来纳州达勒姆的装配厂，训练有素的自我导向型团队生产出了高精度的飞机零部件。

人力资源与增值

　　当代企业对人力资源管理者的要求底线是，希望他们能通过提高企业的利润和员工的绩效来实现增值。戴夫·乌尔里希（Dave Ulrich）教授和韦恩·布罗克班克（Wayne Brockbank）教授将此要求称为"人力资源的价值主张"。他们认为人力资源管理的各种执行项目（如筛选测试）只是达到目的的一种手段，而其最终目的必然是增加企业及员工自身的价值。所谓增值，是指通过人力资源管理者的行为，以可衡量的方式帮助企业及其员工实现进步。在本书中，我们将看到人力资源实践是如何做到这一点的，前文的"人力资源作为利润中心"专题就为此提供了案例。

人力资源管理实战

绩效与公平存在冲突吗

过分关注生产力和绩效可能会变成坏事吗？许多人的回答是肯定的。简而言之，他们认为过度追求绩效会导致工人辞职，并导致高薪人员、技术精英与普通工人之间的不平等日益加剧。

例如，有一个视频描述了这样一个场景：一名公司高管告诉公司工人，公司要把 1400 个工作岗位转移到墨西哥去，而这些工人们将因此面临失业。这名高管声称这"只是一个商业决定"。（该公司当时的工人时薪约为 15～26 美元，而在墨西哥的工人日薪只有 9.5～19 美元）。同样，玩具反斗城公司（Toys"R"Us）与国外的一家人事外包公司达成了合作。接着，玩具反斗城公司利用临时工签证聘用了该人事外包公司的一些员工。这些员工与玩具反斗城的部分正式员工一起工作了四个星期，了解了他们工作的每个细节。然后，人事外包公司的员工返回自己

的国家，在那里培训当地的员工接替玩具反斗城正式员工的工作。设备自动化也在这个过程中发挥了作用。例如，"机器学习"——复杂的计算机算法可以算出哪种类型的员工最适合哪种工作，因此可以逐渐取代人力资源招聘和甄选员工的工作，甚至很多更高级别的工作也在逐渐被自动化设备所取代。

无论出于哪种原因，在《经济学人》所称的技术精英与普通工人之间，现在已出现了巨大的鸿沟。自 2007—2009 年经济大萧条以来，人们的收入有所增长，但这种增长几乎仅限于高收入人群。用《哈佛商业评论》的话来说，好的工作正在消失，取而代之的往往是那些相对不稳定、收入较低的工作。不公平现象也在加剧，一些经济学家们曾经认为全球化和技术进步可以推动需求和就业发展，他们现在也在重新思考那些理论。

● 人力资源与员工敬业度

员工敬业度（employment engagement）指的是员工在心理上的参与度、与公司的联结度和努力完成工作的意愿度。敬业的员工可以"体验到自己与工作任务契合"，因此会更加努力地工作，以达成与任务相关的目标。

员工敬业度对于企业而言非常重要，因为它与绩效紧密相关。例如（我们将在第 3 章讨论），根据盖洛普（Gallup）的一项调查，员工敬业度最高的公司，其绩效有 83% 的概率会高于大部分的公司；而那些员工敬业度处于最低层次的公司，这个

概率只有 17%。华信惠悦全球咨询公司（Watson Wyatt Worldwide）的一项调查得出的结论是，拥有高敬业度员工的公司，其员工的平均收入要比其他公司高 26%。

然而据统计，雇主现在面临的主要问题是，目前全美国只有 21%～30% 的员工能达到敬业的标准。在某项调查中，约 30% 的受访者是敬业员工，50% 是不敬业员工，而 20% 是主动离职员工（即不服从管理的员工）。

我们将在本书中看到，管理者会通过采取一些具体措施来提高员工敬业度。例如，几年前，起亚英国分公司扭转了自身的不良业绩情况，其主要做法就是提高了员工敬业度。我们将在第 3 章中更全面地讨论这一案例，起亚公司通过新型的人力资源规划做到了这一点。这个计划包括可衡量的目标、新的领导力发展计划、新的员工认可计划、优化的内部沟通计划、新的员工发展计划、新的薪酬制度和其他政策。我们会在很多章节中安排专门的"给管理者的员工敬业度指南"这一专题，以展示管理者是如何通过人力资源活动（如招聘和甄选）来提高员工敬业度的。

● 人力资源与战略

通过稳固组织的绩效和建立敬业的工作团队，公司的人力资源管理者也能发挥更核心的作用，而这也意味着他们现在更倾向于参与公司的战略规划。

大多数公司都有自己的战略规划，也就是专注于公司应该如何平衡公司内部优势与劣势、外部机遇和挑战，以保持自己的竞争优势的计划。按照传统的做法，制定这样的规划是公司运营（部门）管理者的工作，可能要由公司的总裁决定公司是否应该进入新的市场，放弃原有的产品线，或者开始实施五年成本削减计划。然后，总裁或多或少会将该计划所引发的人事影响（雇用或解雇员工等）留给人力资源管理者去解决。

如今，人力资源管理者通常会更多地参与这种战略规划的制定和落地过程。本书第 3 章进一步对此进行阐述。简单来说，我们会看到，战略性人力资源管理（strategic human resource management）就是制定和执行人力资源政策与措施，以培养为达成公司战略目标所需的员工胜任力和行为。这类战略性人力资源管理背后的基本思路是：在制定人力资源管理政策和措施时，管理者的目标应该是培养为达成公司战略目标所需的员工胜任力和行为。例如，几年前，当雅虎公司（Yahoo）的首席执行官想要提高公司的创新能力和生产力时，他向他的新任人力资源经理（一位前投资银行家）发出了求助信号。雅虎公司随后制定了许多新的人力资源政策，取消了远程办公，让员工回归办公室，以便他们能随时保持互动；还采用了新的福利政策（如 16 周的带薪产假）来吸引应聘工程师职位的新鲜血液，使雅虎成为一个更具吸引力的工作场所。

我们将使用本书第 3 章的模型来阐明这一说法，简单来说，那个模型遵循以下三个步骤：设定公司的战略目标；确定实现这些战略目标所需的员工行为和技能；确定哪些人力资源政策和措施可以培养这些必要的员工行为和技能。

● 人力资源与可持续性

公司的发展应该是"可持续的"。也就是说，不仅要根据利润情况来判断公司发展状况，还要根据公司的发展环境和社会表现来进行判断。我们刚刚看到，战略性人力资源管理意味着要制定合适的人力资源政策和措施，以培养员工的胜任力和行为，而这些都是达成公司战略目标所必需的。如果这些战略目标也包括可持续性发展问题，人力资源管理者就应该制定相对应的人力资源政策来支持这一目标。

例如，百事公司（PepsiCo）希望贯彻一种"有目的性的绩效"观念，这一观念是指公司在追求财务绩效的同时，也应该重视人类的可持续性、环境的可持续性和人才的可持续性。它的财务业绩目标包括股东价值和长期财务绩效。而它的人类可持续性目标包括在产品包装上提供明确的营养信息；环境可持续性目标包括保护和节约全球水资源的供应；人才可持续性目标则包括尊重工作场所中所有人的人权。创建安全和健康的工作场所。

百事公司的人力资源管理者能帮助公司达成这些目标。例如，他们使用劳动力规划流程来辅助确定公司需要招聘多少名员工、需要设置哪种类型的环境可持续性（"绿色"）岗位、帮助公司的高层管理人员制定灵活的工作安排，以通过减少通勤时间来为环保出一份力。他们还可以改变员工的入职培训流程，将新员工也纳入百事公司的可持续性目标；可以调整公司的绩效考核系统，以衡量管理者和员工在多大程度上能实现各自的可持续性目标；可以建立激励机制，以激励员工达成百事公司的可持续性目标；可以制定安全和健康规则，以努力消除工作环境的不安全因素，为员工提供安全保障，例如通过营造一个相互尊重的工作环境，使人才可持续性成为公司人力资源理念的重要组成部分。公司还可以制定员工关系计划，用以维持积极的员工关系，确保员工在公司有一个安全、充实和受尊重的环境。通过以上这些措施，人力资源管理可以在支持公司可持续发展的过程中发挥核心作用。

● **人力资源和伦理道德**

令人遗憾的是，我们会在很多新闻报道中看到人力资源管理者滥用职权、恣意妄为的行为。例如，检察官对艾奥瓦州几家肉类加工厂的人力资源经理提起了刑事诉讼，指控他们违反了劳动法，原因是他们雇用了 16 岁以下的儿童。这些行为可能也会对其他称职的管理者和雇主的声誉产生负面影响。伦理道德（ethics）是决定对员工应实施哪些应行之事的准则。我们将在本书的第 12 章中看到，许多工作场合的伦理道德问题，例如工作场所的安全保障和对员工隐私的保护，都与人力资源管理有关。

1.4 新型人力资源管理者

当被问到"你为什么想成为一名人力资源管理者"时，很多人大概会说："因为我是一个善于交际的人。"拥有绝佳的交际能力固然重要，但正如我们在本章中所看到的那样，人力资源的管理者还需要具备更多的其他能力。制定战略规划和做出基于数据的决策等都需要他们具备新的胜任力和技能。

如今，要想成为一名合格的人力资源管理者，应该具备哪些条件呢？美国人力资源管理协会有一个"胜任力模型"（即 SHRM 胜任力和知识体系™），① 它列明了人力资源管理者应该具备的胜任力、技巧、知识和专业技能。以下是美国人力资源管理协会列明的当今人力资源管理者应该具备的行为或胜任力（以及定义）：

» **领导力和战略导航能力：** 在组织内指导和推动计划与流程的能力。

» **道德实践：** 在所有组织和商业实践中整合核心价值观、诚信和责任的能力。

» **商业敏锐度：** 理解和应用信息，以推动组织战略规划落地的能力。

» **关系管理：** 把控相互影响以提供服务和支持组织的能力。

» **咨询能力：** 为组织利益相关者提供指导性建议的能力。

» **批判性评估：** 理解并分析信息以做出商业决策和建议的能力。

» **全球化视野与文化有效性：** 重视和考量各方观点和背景的能力。

» **沟通：** 与利益相关者有效交换信息的能力。

---

① 2021 年已改为应用技能与知识体系。——编者注

美国人力资源管理协会还指出，人力资源管理者必须掌握人力资源基本职能领域的政策和措施等基础知识，其中包括：

» 职能领域 1：人才招聘和留任　　　　» 职能领域 9：技术与数据

» 职能领域 2：员工敬业度　　　　　　» 职能领域 10：全球背景下的人力资源

» 职能领域 3：学习与发展　　　　　　» 职能领域 11：多元化与包容性

» 职能领域 4：全面薪酬　　　　　　　» 职能领域 12：风险管理

» 职能领域 5：人力资源职能构成　　　» 职能领域 13：企业社会责任

» 职能领域 6：组织的有效性与组织发展» 职能领域 14：美国雇用法律法规

» 职能领域 7：劳动力管理　　　　　　» 职能领域 15：商业与人力资源战略

» 职能领域 8：员工关系

● 人力资源与管理者的技能

本书旨在帮助所有管理人员掌握和提高人力资源管理相关工作所需的技能，如招聘、甄选、培训、评估和激励员工，以及为员工提供安全和充实的工作环境。"管理技能培养"专题，旨在解决如何面试求职者和培训新员工等问题。"直线经理和小型企业的人力资源工具"专题旨在为小型企业所有者，特别是管理层，提供可以用来帮助他们更好地管理企业员工的技巧。"了解你的雇用法律"专题强调了如果管理者想在工作中做出更好的人力资源决策，需要了解的实用信息有哪些。"给管理者的员工敬业度指南"专题介绍了管理者应该如何提高员工敬业度。

● 人力资源管理者认证

许多人力资源管理者通过资格认证来证明他们对人力资源管理知识和能力的掌握。本书为管理者提供了至少两种通过测试就可以获得认证的方式。

最早启用的是由美国人力资源认证协会（HRCI）提出的一个测试，这是一个人力资源专业人士的独立认证组织。通过测试，HRCI 会颁发几种证书，其中包括人力资源认证专家（PHR）和高级人力资源认证专家（SPHR）。

2015 年，美国人力资源管理协会（SHRM）也编制了自己的认证考试题，旨在为自己所认证的专家和高级专家提供与胜任力和知识有关的测试。该考试是围绕

SHRM 的胜任力和知识体系™（Body of Competency and Knowledge™）中的职能知识、技能和能力设计的。

从第 2 章开始，你会在本书中发现一些特殊的知识库图标，这些图标下的部分内容就涵盖了 SHRM 或 HRCI 的知识主题。

● 人力资源与管理者的人力资源理念

人们的行为总是会在一定程度上受到他们所做的基本假设的影响，这一点在人力资源管理方面尤为明显。你对员工的基本假设可能包括——他们值得信任吗？他们厌恶工作吗？他们为什么这样做？应该如何对待他们？这些假设共同构建了你的人力资源管理理念。你所做的每一个人事决定（你雇用的员工、你提供的培训、你的领导风格，等等）都反映了你的基本理念。

你是如何形成这样一种理念的？在某种程度上来说，这种理念的形成是注定会发生的。毫无疑问，你的经历、受教育程度、价值观，都在无形中塑造你的理念。但你的理念不会是一成不变的，它会随着你的知识和经验的积累不断发展。任何管理者在管理他人时，都应该事先了解指导公司行为的人事理念。

形成你的工作理念的影响因素之一，是公司中高层管理者的工作理念。虽然他们不一定会把理念陈述出来，但通常会通过行动向外传达，并渗透到公司的各个层面和部门。例如，下面是宝丽来公司（Polaroid Corp.）的创始人多年前阐述的部分人事理念：

> 让每个为公司工作的员工在公司都有充分施展自己才华的机会——比如表达自己的意见，在能力允许的范围内分享让公司进步的成果，并赚取足够的薪酬，这样他们就不会总是把挣钱放在第一位。总之，这样的机会，能让员工在这里的工作变成生活中充满价值的重要部分。

在目前"最佳雇主"的名单中，有许多公司都有类似的理念。例如，赛仕软件公司（SAS）的首席执行官曾说："我们一直在努力创造一种基于员工与公司之间相互信任的企业文化……这是一种激励创新的文化，我们鼓励员工尝试新事物，如果员工因为勇于冒险而出错，他们不会受到任何责罚。同时，这也是一种关心员工个人和职业成长的文化"。

第 1 章要点小结

1. 人员配置、人事管理或人力资源管理包括招聘、甄选、培训、薪酬、评估和发展等活动。人力资源管理是雇用、培训、评估、支付薪酬，以及关注与员工的劳动关系，关注员工的健康、安全和公平相关问题的过程。人力资源管理者及其部门成员为直线管理者提供各种服务，其中主要包括协助他们完成各级员工的招聘、培训、评估、奖励、晋升、惩罚和安全问题。人力资源管理是每个直线经理的职责之一。这些职责包括实现人岗匹配，对员工进行指导、培训和支付薪酬，以提高员工的工作绩效。管理者需要专业的人力资源支持的原因包括：避免出现人力资源管理的不良结果（如高离职率）；取得个人成就；自己需要花费一定的时间去担任人力资源管理任务。在小型企业中，企业所有者需要亲自完成大部分人力资源管理任务。

2. 当今的社会发展变化要求人力资源部门在组织中发挥更加核心的作用。这些发展变化包括劳动力发展愈加多元化、技术变革、社交媒体和数字工具不断扩大自身使用范围、全球化发展，以及经济增长挑战。

3. 这些变化有助于塑造新的人力资源管理模式，其特点是更加重视分布式劳动力、绩效管理和循证管理、员工敬业度、战略规划、可持续发展和伦理道德。

4. 因此，如今任何负责人力资源管理的管理者都需要具备相关的胜任力（如关系管理和沟通协调能力）、实践技能（如使用新工具甄选员工）、经过不断思考所形成的"人力资源管理理念"，以及通过机构认证检验的基本技能、知识和胜任力。

5. 本教材旨在帮助所有的管理人员掌握开展人力资源管理相关工作所需的技能，如招聘、甄选、培训、评估和激励员工，以及为员工提供充实的工作任务和安全的工作环境。本书特别强调技能培养和员工敬业度的提升。每章中的"管理技能培养"专题都介绍了如何面试求职者和培训新员工等问题。

第 2 章

公平就业机会与多元化管理

● **本章学习目标**

» 概述美国公平就业机会相关法律的基本特点，以及各项法律对招聘和甄选等人力资源模块的影响。

» 解释应对歧视指控的基本辩护理由。

» 举例说明在法律层面，雇主在招聘、甄选、晋升和裁员方面被允许和被禁止的行为。

» 解释美国公平就业机会委员会执法程序的步骤。

» 列出五项有效提升人力多元化的策略。

引入

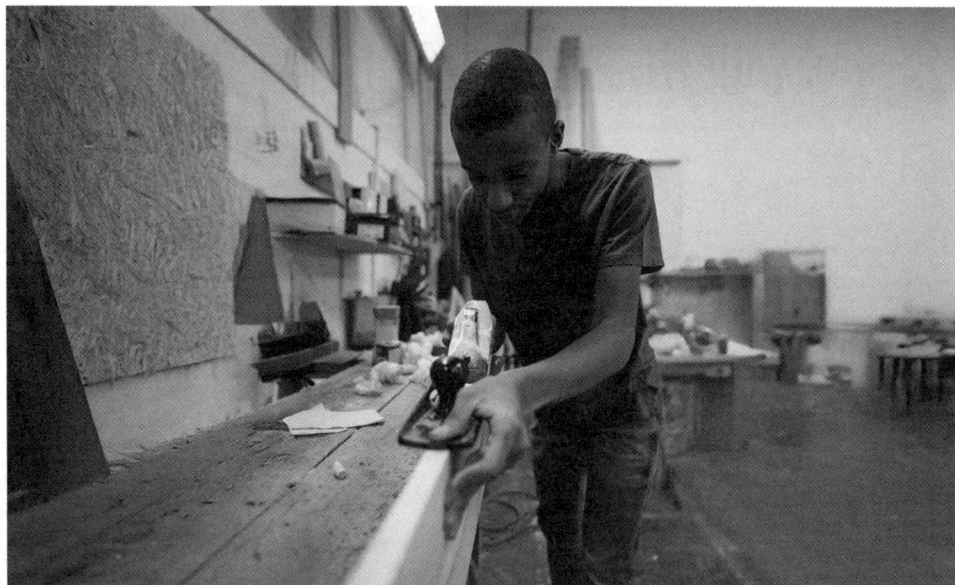

人力资源和零工经济：会是一个歧视案例吗

　　厄内斯特（Earnest）确信，他的木工技能可以让他找到很多兼职工作，从而能很好地解决自己的大学学费问题。但出乎意料的是，他收到了不少差评，兼职收入也因此少得可怜。他怀疑可能是因为自己是非洲裔美国人，所以评价才会如此不容乐观。

　　他的想法可能是对的。大多数传统公司是由招聘专员、招聘主管或人力资源专业人员负责招聘，因此，如果求职者遭受歧视，是谁做的一目了然。

　　但是，如果你是一名非全职工作者，在通过优步、跑腿兔或 Fiverr 这样的兼职平台找工作时，你会做些什么呢？这些平台上负责招聘的人员通常就是平台的用户，他们会根据求职者以往的工作评价，或个人资料中的照片进行决策。什么能阻止他们的非法歧视行为呢？

　　不幸的是，厄内斯特发现，能阻止歧视的措施太少了。例如，一项针对跑腿兔和 Fiverr 等兼职平台的调研报告显示，非欧洲裔的服务提供者所获得的差评要明显少于欧洲裔。由于大多数此类服务工作会使用算法对求职者进行评级，其中主要依据就是先前用户的评价，因此非欧洲裔求职者通常不太可能获得新的工作机会。你会建议厄内斯特采用什么办法来解决这个问题？

2.1　与公平就业机会相关的法律

关于公平就业机会的诉讼几乎每天都在发生。一项对公司法律顾问的调查发现，此类诉讼是他们最为忧心的诉讼之一。公司在不了解相关法律的情况下，执行员工招聘和考核等监管任务，存在很大风险。本章将探讨管理者应该了解哪些法律内容。

● 背景

禁止歧视行为的立法并不是什么新鲜事。美国宪法第五修正案（1791 年修订）就曾规定："未经正当的法律程序，任何人的生命、自由和财产权都神圣不可侵犯"。到 20 世纪初，其他一些法律和各种法院判决都宣布了针对少数群体的歧视属于违法行为——至少在理论上是这样。

但实际上，直到 20 世纪 60 年代初，美国历代国会和总统都避免采取实际措施来保障公平就业。在这一点上，"促使他们采取实际行动的主要原因是少数族裔和女性群体经常发起抗议活动"。最终，新的平权立法为这类人群提供了支持，为执行该立法而设立的专门机构也为他们提供了保护。

● 1963 年《同工同酬法》

1963 年颁布的《同工同酬法》（1972 年修订）是美国国会通过的首批新法之一。该法规定，如果不同性别的员工承担的工作内容相同，同时他们被要求具备同等水平的技能条件、需付出同等的努力和承担同等的责任，并且都是在类似的工作条件下完成工作的，那么基于性别差异而产生的薪酬歧视行为将被视为违法行为。（如果薪酬差异是基于资历体系、绩效制度、按生产数量或质量来计算薪酬的体系，或其他非性别因素，则不违反该法的规定。）

● 1964 年《民权法案》第 7 章

1964 年颁布的《民权法案》第 7 章（经 1972 年《公平就业机会法》修订）规定，雇主不得基于种族、肤色、宗教、性别或国别实施歧视行为。该法案明确规定以下场景将构成违法的雇用行为。

1. 雇主基于任何个体的种族、肤色、宗教、性别或国别而不雇用、拒绝雇用或解雇，或者在支付报酬、工作完成期限、应具备的工作完成条件或就业特权方面实施歧视行为。

2. 雇主基于任何个体的种族、肤色、宗教、性别或国别，限制、隔离或分类其雇员或求职者，以多种方式剥夺或有剥夺个人就业机会的倾向，或以其他方式对其雇员身份造成不利影响。

美国公平就业机会委员会（EEOC）的成立，旨在执行 1964 年《民权法案》第 7 章的规定。委员会由 5 名成员组成，每名成员任期 5 年，并必须经参议院建议和审查，由总统任命。公平就业机会委员会拥有数千名工作人员，代表委员会落实《民权法案》的相关规定。

公平就业机会委员会受理并调查有关就业歧视的投诉，如果存在正当理由，委员会尝试通过调解让冲突各方达成共识。如果调解失败，公平就业机会委员会有权向法院提起诉讼。根据 1972 年的《公平就业机会法》，歧视指控可由公平就业机会委员会代表被侵权人提出，也可由被侵权人自己提出。本章后续内容将解释这个过程。

● 行政命令

根据美国总统多年来发布的行政命令，即使在《民权法案》第 7 章规定的范围之外，大多数与美国政府有业务往来的雇主也有义务避免就业歧视。1965 年的第 11246 号行政命令和 1967 年的第 11375 号行政命令不仅禁止歧视，还要求承包商采取"反歧视行动"，确保求职者享有公平就业的机会（我们将在本章后续部分解释"反歧视行动"）。美国联邦合同合规计划办公室（OFCCP）也是基于这些行政命令才设立的，其主要职责是确保联邦所有合同的签订都符合国家的相关行政命令。

● 1967 年《就业年龄歧视法》

修正后的 1967 年《就业年龄歧视法》（ADEA）规定，对 40 岁及以上的雇员或求职者实施歧视对待属于违法行为。这一规定有效杜绝了大多数因年龄被强制退休的劳动力出现。原告律师尤为支持该法，因为它允许陪审团参与审判，并允许对被证明存在"故意"歧视的雇主给予加倍处罚。在奥康纳控诉统一货币供应公司

（O'Connor v. Consolidated Coin Caterers Corp.,）一案中，美国最高法院认为，雇主不能简单地用"明显更为年轻"但也超过 40 岁的员工取代 40 岁以上的员工以规避《就业年龄歧视法》。

然而，年龄歧视依然很难杜绝。例如，史泰博（Staples）公司解雇了一名 64 岁的男性员工，原因是他涉嫌偷窃甜椒。该员工以年龄歧视为由提起诉讼。据悉，史泰博公司的一位设备经理曾叮嘱公司的其他经理"留意那些老年人""记住他们的名字，找到机会就赶走他们"。最终，这位被解雇的员工赢了官司（获赔 1600 万美元）。再比如，招聘广告经常使用"应聘者应在 2012—2016 年期间获得相关学位"或"应聘者应具备 4～6 年的工作经验"这样的描述，"这类描述不一定违法，但其实暗中已经表明：如果你超过 40 岁，就不要费心申请这个岗位了。"

● 1973 年《职业康复法》

1973 年《职业康复法》提出：与联邦政府签订超过 2500 美元合同金额的雇主需积极采取反歧视行动雇用残障人士。该法并不要求雇主雇用不符合录用条件的人，但在没有造成麻烦的情况下，需要采取措施为残障人士提供便利。

● 1978 年《反怀孕歧视法》

作为《民权法案》第 7 章的修正案，美国国会于 1978 年通过了《反怀孕歧视法》（PDA）。该法案禁止雇主以女员工怀孕、生育子女或其他类似身体状况为由，在雇用、晋升、解雇或任何其他雇用决策中实施歧视对待。该法还规定，如果雇主为其所有雇员都提供了一份伤残保险，那么女职工怀孕和生育必须与其他伤残一样，被当作是一种适用情况包含在该福利中。

随着在职母亲数量的增多，相关的仲裁也逐渐增多（胜诉也越来越常见）。例如，一家名为奇波雷墨西哥烧烤的餐厅解雇了一名怀孕员工。该员工告诉陪审团说，尽管自己的绩效一直都很好，但当她告知公司自己怀孕时，她的经理就开始给她使绊子。例如，她被要求向同事汇报她去洗手间的时间，还被告知就算去看医生也不能早退。陪审团给了她很大的支持。最终法院判定，雇主需赔偿她的全部实际损失，外加 50 万美元的惩罚性赔偿。该法案要求企业的管理人员应"根据医疗文件，而非主管的单方面解释，来判定该雇员是否胜任工作。"

● 联邦政府机构就雇用选拔程序发布相关指导方针

美国公平就业机会委员会、公务员委员会、劳工部和司法部共同颁布了统一性的指导原则，以确保雇主遵守上述法律和行政命令。例如，这些指导原则解释了如何验证甄选程序的公平性。此外，美国联邦合同合规计划办公室也有自己的指导方针；美国心理学协会（APA）也发布了自己的《教育与心理测试标准》（不具法律约束力）。

● 有关公平就业机会（EEO）的法院判决案例选编

通过早期的几起法院判决，法院对 EEO 的相关法案提供了基本的司法解释。

格里格斯诉杜克电力公司案

1997 年的格里格斯诉杜克电力公司（后改为杜克能源公司）案就是一个里程碑式的案件，因为美国最高法院通过此案界定了不公平歧视的概念。在本案中，应聘煤炭装卸工的威利·格里格斯（Willie Griggs）对杜克电力公司发起了控诉。该公司要求煤炭装卸工必须是高中毕业生。格里格斯表示，这项要求属于违法的歧视规定，因为它与工作的胜任与否无关，而且它会导致更多的非洲裔人员无法从事这项工作，而欧洲裔人员则不会受其影响。

格里格斯在本案中胜诉。法院一致通过裁决，首席大法官伯格在他的书面意见中提出了影响平等就业机会立法的三条重要准则。

首先，法院裁定，雇主的歧视行为不一定是故意进行的；换言之，原告不必证明雇主是否故意歧视雇员或求职者，而是只需要证明歧视行为已经发生。

其次，法院认为，如果某种雇用行为（在本案中指雇主要求雇员必须是高中毕业生）对受保护群体的成员产生了不公平的影响，雇主就必须证明这种行为是与工作有关的。

用伯格法官的话说：

> 《公平就业机会法》不仅禁止公开歧视，也禁止表面上公平但操作上具有歧视倾向的做法。如果某项工作要求是验证员工工作能力的试金石，那么对业务发展来说，它就是非常有必要的；如果某种雇用条件存在歧视非洲裔人员的条款，但无法证明这个要求是为达到工作绩效所必须存在的，那么这种做法就应该被禁止。

最后，伯格提出，雇主需承担举证责任，证明其雇用条件与工作相关。也就是说，雇主必须证明，如果雇用要求对受保护群体的成员有不公平的影响，那么该雇用要求（在本案例中指雇主要求雇员必须具备高中文凭）就必须是完成令人满意的工作所必需的。

雅保公司诉穆迪案

在格里格斯案中，最高法院裁定筛选合适员工的条件（如测评）必须与工作相关或有实际的效力，即测评成绩必须与工作表现相关。1975 年的雅保（Albemarle）案非常关键，因为通过该案可以明了雇主必须提供哪些信息才能证明其测评或其他筛选条件确实与工作绩效相关，或者这些工具能准确预测工作绩效。例如，法院规定，在使用测评筛选求职者之前，相关工作的绩效标准应清晰明确，这样雇主才能确定哪些员工的绩效优于其他员工（从而确定筛选工具是否有效）。在做出裁决时，法院还引用了 EEOC 关于可接受甄选程序的指导方针，并将这些指导方针纳入法律。

● 1991 年《民权法案》

美国最高法院在 20 世纪 80 年代做出的一些裁决，限制了企业对女性群体和少数群体的保护。为此，当时的总统签署了 1991 年新的《民权法案》，使之成为正式法律。20 世纪 80 年代，最高法院还没有出现一些不利的裁决，而雇主实际上也承担了更多的责任。

例如，1991 年的《民权法案》解决了举证责任的问题。在 1991 年《民权法案》被确立为正式法律后，歧视指控的提交和反馈过程大致如下：原告（例如被拒绝的求职者）证明某项雇用要求（如甄选测试）对某一特定群体造成了差别影响。差别影响是指："雇主采取的雇用要求或方法，对《民权法案》第 7 章所保护的群体成员所造成的最终不利影响（效果）要大于对其他雇员所造成的不利影响（无论其意图如何）。"例如，某个招聘岗位要求求职者必须获得学士学位才能参与应聘，对一些少数群体来说，这会产生不利影响。

原告无须对雇主的歧视意图进行举证。但是，原告必须证明，"能够举起 45 公斤"等看似中立的雇用条件造成了差异性结果。一旦原告证明了这种差别影响，雇主就有责任证明受质疑的雇用条件"与工作相关"。例如，在这个例子中，雇主必须证明，如果没有能够举起 45 公斤这个限制要求，企业就无法有效运行——所以这个要求属于工作必要性条件。

1991 年《民权法案》还简化了要求经济赔偿的诉讼程序。它规定，声称受到蓄意歧视（即差别对待）的员工可以要求雇主给予补偿性赔偿和惩罚性赔偿，条件是雇员能够证明雇主"恶意或轻率地漠视受害者被联邦保护的权利"。最后，1991 年《民权法案》还涉及所谓的"混合动机"案件。在这种情况下，雇主声称，虽然他们的行为具有歧视性，但其他因素（例如可能是雇员的表现不佳）使得他们的雇用行为（例如解雇）能被法律所接受。根据 1991 年《民权法案》，如果存在任何此类歧视性动机，这种做法就可能被认定为非法行为。

● 《美国残疾人法》

1990 年《美国残疾人法》（ADA）规定，若公司规模不少于 15 人，则雇主不得在雇用、解雇、薪酬、晋升、培训，或其他雇用条款、条件或特权方面歧视符合条件的残疾人。它还要求雇主在不会造成不必要的麻烦的情况下，为残障人士提供"合理便利"。

《美国残疾人法》没有列出具体的残疾种类。不过，公平就业机会委员会的指导方针规定，如果一个人的身体或精神障碍"严重限制"了他生活中一项或多项主要行为，就被认定为残疾人。"障碍"包括任何生理失调或生理问题、容貌毁损、影响一个或多个身体系统的器官损坏、任何精神上、心理上的疾病。该法律明确规定了不被视为残疾的情况包括同性恋、双性恋、窥淫癖、强迫性赌博、嗜烟症，以及非法使用毒品所导致的某些障碍。此外，公平就业机会委员会的立场是，《美国残疾人法》禁止歧视艾滋病病毒携带者或艾滋病患者。

在《美国残疾人法》相关的诉讼案件中，精神性残疾的占比最大。"精神障碍"包括"任何精神或心理上的失调，如某类情绪或精神疾病：重度抑郁症、焦虑症和人格障碍"。《美国残疾人法》还积极保护智障员工，包括智商低于 70 的员工。雇主应警惕那些通常被视为不可取的行为（如长期迟到），其实可能就是某种精神障碍。合理的便利措施可能包括在工作区域内提供隔断的房间或其他隔断物体。

胜任的个体

当然，身患残疾的个体并不意味着他们不能胜任一份工作。法案只禁止歧视胜任工作的个体——在公司提供（或不提供）合理便利的情况下，能够履行基本的工作职能的个体。个体必须具备必要的技能、教育背景和经验。例如，如果某项工作技能是该职位存在的原因，或者该工作技能的专业性很强，以至于雇主在雇用某人时，更多的是看中了他在履行该项特定职能方面具备专业知识和技能，那么该项技能要求就是必不可少的。一名工人由于癫痫发作导致驾驶执照被吊销，而雇主因此才解雇了他。法院裁定该名工人不享有《美国残疾人法》规定的起诉权利，那是因为他无法履行工作的基本职能，即驾驶车辆。

合理便利

如果员工个体无法胜任目前的工作，雇主就必须提供"合理便利"，除非这样做会造成"不必要的麻烦"。合理便利可能包括重新设计工作岗位、调整工作时间、更换或购置设备或其他配置（如增加路边坡道和扩大门洞）。例如，据估计，在合适的工龄范围内，约有 70% 的成年盲人失业或找不到合适的工作，尽管他们受过教育，人也很聪明。现有的技术可以让他们中的大多数人成功地从事许多工作。例如，一个名为"大白鲨"（Jaws）的程序可将计算机屏幕上的文字转换成盲文，也可以转化为语音信息，从而为盲人工作提供便利。

律师、雇主和法院仍在继续研究"合理便利"的含义。有这样一个经典案例，沃尔玛超市（Walmart）一名有腰椎问题的迎宾员询问公司，他能否坐着工作。公司表示不允许，他便提起了诉讼。沃尔玛表示，迎宾人员必须以"热情好客的态度"工作，这是坐在椅子上难以办到的。站着工作是这个岗位的一项基本工作职能。联邦法院同意了沃尔玛的观点。

利用以下技术和常识可以为残疾员工提供合理便利。

» 语音识别软件，适用于有言语或听力障碍的员工。

» 实时翻译字幕让员工能够参与跨语言会议。

» 收到信息时，手机会开启震动模式以提醒员工。

传统的雇用辩护与"新的"《美国残疾人法》

过去，在联邦上诉法院与《美国残疾人法》的有关判决中，大约 96% 的判决结果是雇主胜诉。美国最高法院的一项判决给出了具有代表性的解释。一名装配工人起诉丰田公司，称腕管综合征影响了她的工作。法院裁定，只有当她的损伤不仅影响（"属于核心影响因素"）她的工作表现，而且影响她日常生活中的行为时，才属于《美国残疾人法》定义的残疾。后来，该员工承认，她可以从事诸如准备早餐等个人杂务。

而 2008 年《美国残疾人法修正案》（ADAAA）让员工更易于证明他们的残疾影响了他们的某项"主要生活行为"，如阅读和思考。因此，雇主必须更加谨慎，确保自己遵守了《美国残疾人法》的规定。

许多雇主只能采取循序渐进的办法。例如，沃尔格林公司（Walgreens）尝试了这样一种雇用做法：在其大型配送中心的工作岗位中，设置至少 1/3 的残疾人士专属岗位。一般来说，雇主对残疾人士的普遍担忧（例如，认为他们的工作效率很低）是毫无根据的。

管理者和雇主总结了一些重要的《美国残疾人法》指导方针。

» 如果残疾人士有胜任资格且有能力履行工作的基本职能，雇主则不得拒绝为其提供工作机会。

» 提供合理便利，除非这会造成不必要的困难。

» 一般来说，在发出录用通知之前，不得对其残疾情况进行背景调查。但是可以询问此人是否具有履行基本工作职能的能力。

» 在职位说明书中逐项列明基本的工作职能要求。

» 不接受不当行为或不稳定的工作表现（包括缺勤和迟到），即使此类现象与残疾障碍有关。

● 《军警部门就业和再就业权利法》

根据美国 1994 年的《军人就业和再就业权利法》（Uniformed Services Employment and Reemployment Rights Act），一般情况下，雇主必须让服完兵役返回的雇员重新担任与离职前一致的职位。

● 2008 年《遗传信息反歧视法》

美国《遗传信息反歧视法》（GINA）禁止医疗保险公司和雇主基于人们的遗传信息采取歧视行为。该法禁止雇主在雇用决策中依据遗传信息做出判断，禁止雇主故意获取求职者和雇员的遗传信息，并制定了严格的保密要求。

● 美国州政府和地方政府的公平就业机会相关法律

除联邦法律外，各州和许多地方政府也禁止雇用歧视。许多州将未被联邦法律限制的雇主（如公司员工在 15 人以下的雇主）纳入了州法律的管辖范围。例如，在亚利桑那州，即使雇主只有一名员工，原告也可以提起性骚扰诉讼。有些法律不仅禁止歧视 40 岁以上的求职者，也禁止歧视不满 17 岁的求职者。（在亚利桑那州，如果招聘广告中提出需要招聘"成熟的"求职者，也可能被认定为是违法行为）。管理者可以使用《人力资源合规基础知识：州政府和联邦政府就业法手册》等手册（可从美国人力资源管理协会获取）来了解当地的公平就业机会要求。

州政府和地方政府的公平就业机构（通常被称为"人力资源委员会"或"公平就业机会委员会"）在公平就业合规方面发挥着重要作用。当公平就业机会委员会收到歧视指控时，它通常会将其暂时移交给具有类似管辖权的州政府机构和地方政府机构。如果问题解决得不够理想，这些指控就会被退回公平就业机会委员会重新处理。

宗教与其他类型的歧视

公平就业机会委员会执行相关的法律，禁止基于年龄、残疾、遗传信息、国籍、怀孕情况、种族或肤色、宗教、性别等情况的歧视。该委员会还认为，根据《民权法案》第 7 章的规定，同性恋、双性恋和变性人提出的具有性别指向性的诉讼，或声称受到与性别相关的陈旧观念的影响，也属于性别歧视诉讼。

宗教歧视是指因某人的宗教信仰而对其产生的不公平对待。美国法律保护信奉传统宗教的人，也保护其他真诚信奉非主流宗教、伦理或道德信仰的人。除非员工的宗教信仰或习俗会给雇主造成不必要的困难，否则雇主必须为这类员工提供合理便利。比如需要灵活的、可变更的工作日程和祈祷时间安排，以及为员工的宗教服饰和仪容打扮提供一些政策支持。此外，还可能包括允许员工佩戴特定的宗教配饰，或允许员工留某种特定的发型或胡须造型。与宗教歧视相关的诉讼正呈现数量不断上涨的趋势。

值得注意的是，雇主需要明确在多大程度上满足雇员的宗教习俗。例如，在某起诉讼案例中，员工对其雇主发起了诉讼，声称他们需要雇主满足他们定期的祈祷休息时间。在这种情况下，哪种程度是"合理的"？其主要的判断依据是这种便利会对雇主造成多大的麻烦。例如对那些高速运转的生产线岗位来说，这种时间上的中断可能会对生产造成很大的不利影响。

反歧视法律的发展趋势

当今的一些反歧视法律的发展变化正在扩大平等就业机会法的影响，但同时也形成了一些新的阻力。

就前者而言，美国最高法院裁定，《联邦婚姻保护法》（The Federal Defense of Marriage Act）将州政府认可的同性婚姻排除在外是违反宪法的。美国劳工部（DOL）在一份文件中表示，根据《雇员退休收入保障法》（ERISA），"'配偶'一词将被解读为：根据任何州政府法律规定的合法婚姻中的任何个体，尽管部分州政府不承认某类婚姻，但符合要求的个体仍然享受该法律的保护。"2014 年，美国总统签署了一项行政命令，禁止联邦承包商歧视同性恋、双性恋和变性雇员，例如在福利方面不得有区别对待。2017 年，联邦上诉法院裁定，《民权法案》第 7 章中禁止性别歧视的规定意味着雇主不能基于性取向歧视同性恋员工。劳工部的法规要求联邦承包商必须雇用至少 7% 左右的残疾员工，否则他们将面临处罚。而且，如果他们不立即采取补救措施，可能会因此失去合作机会。

一些判决同时也带来了一些阻力。美国密歇根州的一项宪法修正案禁止在该州的公立大学招生中采取反歧视行动，而美国最高法院对此也表示了支持。这可能会让其他州的选民也取消当地公立大学基于反歧视行动的录取。在另两项判决中，法院提高了个体向雇主提出报复性起诉的难度；还对"主管"做出了更严格的定义，从而降低了个体证明雇主对"主管"的骚扰行为负有责任的可能性。共和党政府的既定目标是减少法规的数量，但这可能会导致公平就业法规（以及一般法规）所获得的支持变少。

表 2-1 是对部分平就业机会法律、诉讼、行政命令和机构指导方针的要点总结。

表 2-1　对部分公平就业机会法律、诉讼、行政命令和机构指导方针的要点总结

法规等	内容
修订后的 1964 年《民权法案》第 7 章	禁止基于种族、肤色、宗教、性别或民族血统实施歧视行为；设立了公平就业机会委员会（EEOC）
行政命令	禁止联邦合同金额超过 10 000 美元的雇主（及其分包商）实施雇用歧视；设立联邦合同合规计划办公室（OFCCP）
联邦机构指导方针	颁布政策，涵盖基于性别、民族血统和宗教的歧视，以及雇员甄选及其他程序（如测试验证）
最高法院的判决：格里格斯诉杜克电力公司案、雅保公司诉穆迪案	规定岗位要求必须与工作目标的达成息息相关；此类歧视不需要公开证明；雇主需要对任职资格的有效性进行举证
1963 年《同工同酬法》（EPA）	要求男性和女性同工同酬
1967 年《就业年龄歧视法》（ADEA）	禁止在任何就业领域基于年龄歧视 40 岁或以上的求职者
州政府和地方政府法律	通常包括联邦法律未覆盖的组织

表 2-1 对部分公平就业机会法律、诉讼、行政命令和机构指导方针的要点总结（续）

1973 年《职业康复法》	要求雇主采取积极行动，雇用和晋升合格的残疾人士，并禁止对其实施歧视行为
1978 年《反怀孕歧视法》	禁止在雇用行为中歧视孕妇或其他类似情况的员工
1974 年《越战退伍军人调整援助法案》	要求在雇用方面对越战时期的退伍军人采取反歧视行动
1990 年《美国残疾人法》（ADA）和 2008 年《美国残疾人法修正案》（EPA）	这两部法案强调了大多数雇主不得歧视残疾员工，并需要在工作中为其提供合理便利
1991 年《民权法案》	该法案推翻了 20 世纪 80 年代法院的几项判决；将举证责任归于雇主，并允许对歧视行为给予补偿性和惩罚性的双重经济赔偿
2008 年《遗传信息反歧视法案》	该法案禁止医疗保险公司和雇主基于个人基因信息实施歧视行为

实际的法案详情（和其他内容）见美国政府网站。

　　"直线经理和小型企业的人力资源工具"专题为小型企业管理者提供了一些指导性建议。

直线经理和小型企业的人力资源工具

绩效与公平存在冲突吗

　　美国公平就业机会委员会负责管理以下法案的修订：1964 年《民权法案》第 7 章、1967 年《就业年龄歧视法》、1990 年《美国残疾人法》第 1 章，以及 1963 年《同工同酬法》。对以上内容有疑问的管理者或小型企业所有者，可访问"美国公平就业机会委员会"网站寻求实用建议。其基本查询流程是先点击该网址，然后跳转至"雇主"（Employers）页面，然后再跳转至"小型企业常见问题"（Small Business FAQ）。公平就业机会委员会提供了小型企业联络员答疑服务以及标准答案，例如：

* 当有人对我的公司提出指控时，我该怎么办？

* 如何确定我的公司是否属于 EEOC 法律的管辖范围？

* 谁可以向 EEOC 提出歧视起诉？

* 小型企业是否可以在不接受调查或面临诉讼的情况下解除指控？

● 性骚扰

根据《民权法案》第 7 章，如果某种基于性别的行为所导致的结果是对某员工的工作绩效产生了严重的负面影响，或者造成一种充满威胁性、敌意或侵犯性的工作环境，那么这种行为一般会被定性为性骚扰。1991 年的《民权法案》还允许包括性骚扰在内的蓄意歧视的受害者陪审，并在雇主"恶意或轻率地漠视"个人权利的情况下，要求对所遭受的痛苦和折磨申请补偿性赔偿和惩罚性赔偿。1994 年的《暴力侵害妇女法》为遭受暴力性骚扰的妇女寻求援助提供了另一条途径。该法案规定，如果"某人出于性别动机对他人实施暴力犯罪并剥夺对方权利"，则他应对受害方负责。

根据公平就业机会委员会的指导方针，雇主有责任保证员工在工作场所免受性骚扰和威胁。美国最高法院在温卡尔诉日落离岸服务公司（Oncale v. Sundowner Offshore Services Inc.）一案中的裁定，就表明了这样一种立场，即根据《民权法案》第 7 章的规定，遭遇了同性性骚扰也可以提起诉讼。

少数群体中的女性群体面临的风险最大。一项调查研究发现，"女性比男性遭受的性骚扰更多；少数群体比多数群体遭受的种族骚扰更多；少数群体中的女性会遭受更多的性骚扰"。

什么是性骚扰

公平就业机会委员会的指导方针将性骚扰定义为在以下任何一种情况下发生的不受欢迎的性挑逗、性要求，以及其他具有性倾向的口头言语或身体行为：

1. 以明示或暗示的方式将服从此类侵犯行为作为雇用某人的条款或条件。
2. 某人对此类侵犯行为的顺从或拒绝会影响雇主的雇用决定。
3. 行为的目的或效果不合理地影响某位员工的工作绩效，或制造出一种具有威胁性、充满敌意或具有侵犯性的工作环境。

证明性骚扰的存在

证明性骚扰的存在有三种主要方法。

» **第一，交易性。** 最直接的方法，就是证明拒绝上司的示好会让员工在公平就业机会委员会所规定的"有形雇用行为"（如雇用、解雇、晋升、降职和工作分配）

方面处于不利地位。在某起诉讼案件中，有雇员表明，自己能否持续获得业绩和晋升，主要取决于她是否同意上司的性要求。法院通常要求该行为具有普遍性或情节严重。在另一起案件中，法院裁定，尽管上司在开车送雇员下班时曾两次触摸她的肩膀，还提到因为雇用了她，所以这是她"欠他的"，但她提出的性骚扰指控并没有可审理性，因此不予成立。

» **第二，主管制造的敌意环境。** 若某人遭遇了性骚扰，其无须证明骚扰行为产生了诸如降级之类的有形后果。例如，在某起诉讼案件中，法院认定一名男性主管的性骚扰行为严重影响了一名女性员工的情感和心理状态，以至于她认为自己必须辞职。因此，尽管这位上司没有直接威胁或给出许诺，或以实质性的要求进行交易，但他的举动确实影响了该女性员工的工作绩效，并营造了一种侵犯性的工作环境，这足以证明性骚扰的实际发生。对于虽然在工作期间发生，但对雇用行为没有产生实质性恶劣影响的性关系，法院一般不会将其界定为性骚扰。美国最高法院还认为，性骚扰法并不涵盖普通的"两性间的调情"。

» **第三，同事或非雇员制造的敌意环境。** 这种饱受质疑的行为不一定只是来自受害者的主管。例如，某公司强制要求女性员工身穿带有性暗示的制服，导致顾客对她们污言秽语。而且雇主因员工表示不愿意再穿此类制服时而将其解雇。雇主也无法证明让员工穿这种制服是出于工作需要。法院因此裁定，从事实上来看，雇主应对该性骚扰行为负责。当顾客拥有权势、占据高位、认为没有人会惩罚他们时，就更有可能出现这种令人厌恶的骚扰行为。公平就业机会委员会的指导方针还规定，如果雇主知道或应该知道其非主管或非雇员的性骚扰行为，但不予制止，则雇主应对该性骚扰行为负责。

什么是敌意的工作环境

敌意的工作环境一般意味着恐吓、侮辱和嘲笑，且其严重程度早已改变了工作条件。法院会考虑几个方面的问题，其中主要包括：歧视行为是否频繁发生或已产生严重后果；话语是冒犯性的还是具有人身威胁性或侮辱性的；是否不合理地影响了员工的工作绩效。法院还会考虑员工是否主观地认为工作环境具有侮辱性。例如，员工是否迎合这种行为，或者是否及时表明自己不接受这种行为。

最高法院的判决

美国最高法院在美驰银行诉文森案（Meritor Savings Bank，FSB v. Vinson）一案中公开认可了公平就业机会委员会关于性骚扰的指导方针。随后，最高法院的另外两项裁决进一步明确了性骚扰的相关法律规定。在第一起案件，即伯灵顿工业公司诉艾莱斯（Burlington Industries v. Ellerth）一案中，雇员指控其主管实施了交易性骚扰。她的主管向她提出性要求，并威胁她如果不回应就会被降职。虽然这位主管后续并没有实施真正的威胁，但她还是因此获得了晋升。在第二起案件，即法拉格诉博卡拉顿市（Faragher v. City of Boca Raton）一案中，雇员指控雇主纵容了一种敌意工作环境的持续。她说自己在多次受到其他救生员的嘲讽后，辞去了救生员的工作。法院在这两起案件中都做出了利于员工的判决。

法院在两起案件的书面裁决中对雇主有两点提醒。首先，在交易性案件中，雇员不一定是遭受了有形的威胁雇用行为（如降职）才能胜诉，他只需要让法院看到带有威胁性的行为存在就足够了。

其次，法院针对骚扰诉讼提出了一个重要的辩护理由。那就是雇主必须证明其采取了"合理且谨慎的措施"来预防和及时纠正所有的性骚扰行为，而雇员却没有合理地利用雇主提供的措施让自己获得帮助。这意味着雇主可以通过证明两件事情来为自己的性骚扰诉讼进行辩护：

» 第一，必须证明自己"确实采取了合理且谨慎的措施来预防和及时纠正所有的性骚扰行为"。
» 第二，雇主必须证明原告"没有合理地利用雇主提供的任何预防或纠正措施"。如果雇员没有使用正式的上报系统陈述他的遭遇，则符合第二条的规定。

心思缜密的雇主会立即行动起来，以证明他们确实采取了合理且谨慎的措施。这些行动包括：

» 认真对待所有有关骚扰的投诉。
» 发布强有力的政策，声明对此类行为的强烈谴责。同时说明哪些行为必须被禁止，但同时注意预防投诉员工可能遭受的报复，包括设置具有保密性的投诉程序，并进行公正的调查和采取及时的纠正措施。
» 采取预防性骚扰的有力措施。例如，告知员工自己对于性骚扰是零容忍的态度，并保证在有人投诉的情况下会立即采取行动。
» 对主管和经理进行培训，提高他们对相关问题的重视，并对涉及性骚扰的经理和员工进行纪律处分。

🧑‍🤝‍🧑 多元化盘点

　　毫无疑问，性骚扰包含了一些特定的行为。例如，"交易性"行为（比如，上司告诉下属，你要么提供性服务，要么就会被解雇）很明显就属于性骚扰。但是，如果有些行为不是那么明目张胆（但仍可能助长基于性别所制造出的敌意环境），那么如何界定和解释这种行为就变得比较困难。

　　让事情变得麻烦的情况还有，男性和女性对各种骚扰行为的看法存在差异。在一项研究中，约有 58% 的受访者表示在工作中遇到过潜在的骚扰行为。其中，约 25% 的受访者认为这种行为是在奉承自己，而其中半数认为这属于善意的言行。但研究人员在仔细整理数据后发现，认为这种行为是奉承或善意言行的男性人数是女性的 4 倍。（据说硅谷的一位评论员在解释该行业女性稀缺的原因时说，他倾向于雇用更多的女性，但他的妻子担心他会和她们发生关系，而且他很有可能会这么做）。研究发现，女性比男性更有可能说出自己遭受过的难以接受的性关注，也比男性更有可能将更多的社会性行为定义为性骚扰。同样，与女性相比，男性不太可能将性骚扰的责任归咎于骚扰者，而更有可能将责任归咎于女性受害者。针对杜绝性骚扰的培训计划（例如，向男性员工解释这些差异）和反性骚扰政策可以降低这一问题的发生概率。

　　第二个问题是，员工投诉的可能性很低。例如，两名空军将领在美国国会众议院军事委员会上，解释了为什么一个空军基地的 23 名教官会对 48 名女学员实施违背行业规范的行为或性侵犯。空军成员将此归咎于笼罩在女性员工身上的恐惧心理（她们认为向上级军官报告这些违法行为会徒劳无功，甚至还会适得其反），以及军队中"底子薄弱的指挥结构"也不利于她们投诉。解决问题的办法就是，积极执行反骚扰政策。

员工可以做什么

　　首先，员工应牢记，法院通常会考虑受骚扰的员工是否及时使用了雇主的投诉程序进行投诉。一般来说，如果雇主制定了有效的投诉程序，但受害人没有使用此类程序，或者受害人确实进行了投诉，但随后拒绝配合调查，那么员工就没有使用这一程序。受到骚扰的员工可采取的措施包括：

1. 与骚扰者及其上级谈话，要求骚扰者停止骚扰行为。
2. 告知主管自己遭受骚扰的具体情况。
3. 如果骚扰行为仍未停止，应向骚扰者的上级或人力资源主管提交书面报告，说明被骚扰的行为以及劝阻无效的情况。

4. 如果上述措施仍不奏效，投诉者可以向公平就业机会委员会提起诉讼。在一些情节严重的案例中，员工还可以向律师求助，起诉骚扰者进行了人身攻击、故意施加精神痛苦，同时可以要求法院强制对方立即停止此类行为，并要求获得补偿性损害赔偿和惩罚性损害赔偿。

"全球人力资源实践"和"影响人力资源管理的发展趋势"专题探讨了公平就业方面的一些特殊议题。

全球人力资源实践

在全球范围内应用公平就业的相关法律

1991 年的《民权法案》标志着平等权利立法的地域适用性发生了巨大变化。除非另有明确规定，国会的立法通常只适用于美国国家境内。然而，1991 年的《民权法案》特别扩大了适用范围，修正了第 7 章中"雇员"的定义，指出在国外工作，但其所属公司是由美国公司拥有或控制的美国公民也适用于该法案。因此，至少从理论上讲，目前在海外为美国公司工作的美国公民，与在美国境内工作的美国公民享有同等的就业机会保护。（但第 7 章并不适用于非美国雇主所有或控制的海外业务）。

有两个因素限制了《民权法案》在美国国外的广泛应用。首先是存在很多例外情况。例如，如果遵守《民权法案》的第 7 章，可能会导致在海外的美国雇主违反其所在国家的其他法规（比如有些国家的法规禁止女性员工担任管理职位），因此雇主无法遵守第 7 章的规定。

另一个原因是在国外执行 1991 年的《民权法案》的规定存在实际困难。例如，公平就业机会委员会的调查员的首要职责是分析被告（雇主）的财务状况和组织结构。但实际上，很少有调查员受过这方面的训练，而且这种调查也没有明确的标准。

影响人力资源管理的发展趋势：数字化和社交媒体

社交媒体带来的人力资源管理的利与弊

社交媒体的广泛使用给雇主带来了挑战。有些员工会使用脸书①之类的账号，发表欺凌同事的言论。在这种情况下，雇主必须区分非法网络骚扰（适用于种族、宗教、国别、年龄、生理性别、性别认同、遗传信息和残疾歧视）和常见的个性冲突。雇主必须对欺凌行为采取零容忍的态度。

同时，社交媒体对企业的人员配置却大有裨益。例如，雇主很容易在领英上找到求职者。但查看求职者社交媒体上的个人资料可能会涉及宗教、种族和性取向等信息泄露。因此，美国一些州禁止雇主索取员工或求职者社交媒体的账户和密码。相关政策的实施，至少可以限制雇主去查看求职候选人的信息。

2.2　应对歧视指控该如何辩护

雇主想了解在就业歧视诉讼中如何为自己辩护，首先要知道一些基本的法律术语。

有关就业歧视的相关法律区分了差别对待和差别影响。差别对待是指故意歧视。它只要求认定女性或受保护的少数群体成员因属于特定种族、宗教、性别或民族而被故意差别对待。例如，"我们不雇用 60 岁以上的公交车司机"这一规定就是差别对待的规定。

差别影响是指"雇主实施的雇用行为或政策，无论出于何种意图，对《民权法案》第 7 章中受保护群体成员所产生的不利影响（效果）大于对其他员工所产生的不利影响"。例如，规定员工"必须拥有大学学历才能从事某项特定工作"，就是差别影响的一个规定（因为拥有大学学历的欧洲裔男性要明显多于某些少数群体）。

---

① "脸书"为美国媒体平台 Facebook 的直译叫法。2021 年 10 月，Facebook 更名为 Meta。——编者注

差异影响诉讼不要求原告证明歧视意图。但原告必须证明，表面上看似中立的雇用行为（如要求必须拥有大学学历）实际上已经产生了不利影响——比如在现有劳动力储备中，少数群体与所有被雇用的人员之间存在显著的比例差异。因此，这里的关键是要证明雇用行为确实产生了不利影响。如果这种不利影响的产生确实是成立的，那么雇主就需要为自己辩护（例如，辩称该做法具有业务必要性）。

● 不利影响的关键作用

在歧视指控中，证明不利影响的存在是非常重要的。除非雇主能证明该做法与工作相关且非常有必要，否则雇主就是采取了对特定人群有不利影响的雇用做法。1991 年的《民权法案》第 7 章规定，如果某人认为他是因雇主的做法而遭受非蓄意歧视的受害者，他只需确保该歧视案件的证据可以初步获得认定就可以了。简单来说，就是只要证明雇主的甄选程序（比如要求有大学学历的人才能参加应聘）确实对受保护的少数群体产生了不利影响。然后，这个举证责任就转移到了雇主身上。

因此，如果一位少数群体的求职者认为自己遭遇了歧视行为，那么他只需证明雇主的甄选程序对其群体造成了不利影响（显著差异）就够了。例如，如果 80% 的欧洲裔求职者通过了测试，但只有 20% 的非洲裔求职者通过了测试，那么非洲裔求职者就有初步证据证明自己是不利影响的受害者。接着，举证责任就转移到了雇主身上。而雇主就需要证明该测试（或空白申请表填写等行为）是对工作绩效的有效预测（并证明自己对少数群体和非少数群体实施了公平公正的甄选程序）。

在实际情况中，求职者或员工可以使用以下几种方法来证明雇用程序（如甄选测试）对受保护群体造成了不利影响。

差别拒绝率

原告通过比较少数群体求职者和另一群体（通常是剩下的非少数群体求职者）的被拒绝的人数来体现差别拒绝率。

联邦机构使用"五分之四规则"来评估差别拒绝率："任何种族、民族或性别群体的选择率如果低于选择率最高群体的五分之四（即 80%），一般会被视为对少数群体造成了不利影响，而高于五分之四的选择率一般不会被视为造成了不利影响。"例如，假设雇主对男性求职者的雇用率是 60%，但对女性求职者的雇用率只有 30%，那么这家公司对男性求职者的雇用率的五分之四是 48%。而对女性求职者的雇用率则低于 48%，因此这个数据在联邦机构看来，就是不利影响存在的证明。

标准差规则

同样，法院可以使用标准差规则来确认不利影响。（标准差是对可变性的统计测量。假设我们测量了你管理的班级中每个人的身高。那么标准差描述的是最矮的学生和最高的学生之间差距有多大）。在甄选过程中，标准差规则认为，就常规经验而言，我们期望聘用的少数群体求职者人数与实际聘用人数之间的差异应小于两个标准差。（请参阅接下来的"实践中的人力资源"专题中的案例）。

实践中的人力资源

如何在实践中使用标准差规则

以下是标准差规则的实际应用。假设一共有 300 名求职者申请公司的 20 个职位，其中 80 名是女性，另外 220 名是男性。通过筛选程序，最终录用了 2 名女性和 18 名男性。此筛选过程是否产生了不利影响呢？要回答这个问题，首先就要计算出标准差是多少（见图 2-1）。依照公式，我们算出这个标准差为 1.978，约等于 2。

在本例中，女性申请者约占总申请者人数的 26%（80/300）。因此，女性在 20 个被录用人员中应占 27%，即大约 5 名女性被录用。但实际只录用了 2 名女

性。应录用的女性人数与实际录用的女性人数之差是 5 - 2 = 3 人。此时，就可以使用标准差规则来衡量是否存在不利影响。在本例中，标准差为 1.978。按照标准差规则，对少数群体求职者的录用人数与实际录用人数之间的差异应小于 2 倍标准差。1.9778 的 2 倍约为 4。由于应录用的女性人数（5 人）与实际录用的女性人数（2 人）差 3 人，这表明筛选没有对女性产生不利影响。（换句话说，在这种情况下，只录用 2 名女性而不是 5 名女性并不是完全不可以的。）

$$SD = \sqrt{\frac{\text{少数群体求职者人数}}{\text{求职者总人数}} \times \frac{\text{非少数群体求职者人数}}{\text{求职者总人数}} \times \text{录用人数}}$$

在本例中：$SD = \sqrt{\left(\frac{80}{300} \times \frac{220}{300} \times 20\right)} = \sqrt{(0.2667 \times 0.7333 \times 20)} = \sqrt{3.911} = 1.978$

图 2-1　标准差的计算

限制性政策

限制性政策是指雇主的政策有意将受保护群体的员工排除在外。这个问题通常是显而易见的——比如某个酒吧规定：禁止雇用身高低于 6 英尺（约 182cm）的调酒师。这类限制性政策就足以证明不利影响存在，并可能会导致雇主面临诉讼的风险。

人口比较法

这种方法主要是将组织中的少数群体（受保护群体）和非少数群体的比例与劳动力市场中相应的比例进行比较。公平就业机会委员会通常将劳动力市场定义为标准大都会统计区的美国人口普查数据。

当然，"劳动力市场"因岗位而异。对于某些岗位（比如社区秘书这个岗位）上的少数群体员工的比例与少数群体员工在社区内的比例进行比较，就可以获得很有价值的对比数据，因为他们都来自该社区。但对于工程师这样可能需要在全国范围内进行招聘的岗位，要确定雇主是否雇用了"数量达标"的非洲裔工程师，就可能需要了解全国范围内该岗位的可用人数，而不只是社区内的可用人数。

雇主一般会使用劳动力分析的方式，对公司在各种职位分类中雇用受保护群体（少数群体或女性）与非受保护群体的数据进行分析。利用率分析是将公司某个（或多个）职位中少数群体员工的比例，与相关劳动力市场中受过类似培训的少数群体人员的比例进行比较的一个过程。

麦克唐纳－道格拉斯测试法

处理差异影响案件的律师一般会使用前面几个方法（如人口比较法）来确定雇主的政策或行为是否会无意中筛选掉过多的女性群体或少数群体。此外，还有一些律师会使用麦克唐纳－道格拉斯（McDonnell Douglas）测试法来证明有意的差别对待，而不是无意的差别影响。

该测试源于前麦克唐纳道格拉斯公司的一个经典案例。如果求职者在各个方面都满足招聘条件，但雇主仍然拒绝了他，并继续寻找其他求职者，是否就表明有岗位空缺的公司在故意歧视女性或少数群体应聘者呢？美国最高法院为应用麦克唐纳－道格拉斯测试制定了四条规则：

1. 求职者属于受保护群体。
2. 求职者申请了一份雇主正在招聘的工作，并且符合招聘要求。
3. 尽管求职者符合要求，但仍被拒绝。

4. 在求职者被拒绝后，该职位仍然空缺，雇主继续寻找与原告条件相似的求职者。

　　如果原告同时满足了以上四条规则，那么一个证据确凿（基本上是一目了然）的差别对待案件就成立了。在这种情况下，雇主必须能给出理由和证据证明其行为是合法且非歧视性的，但不需要证明其他行为是基于这一理由进行的。如果满足了以上四个条件，原告就需要承担举证责任，证明雇主所阐述的理由只是实施非法歧视的借口。

了解你的雇用法律　　　　　　　　　　　　　**处理歧视指控**

　　假设你拒绝了一位受保护群体的求职者，而你这样做的依据是他的测试分数未达到你的要求（当然也可能是面试问题或其他原因）。之后，如果他认为自己因属于受保护群体而受到歧视，并决定起诉贵公司，你会怎么做？

　　最基本的要求，就是该求职者必须证明贵公司的人力资源程序（如甄选测试）对其所属少数群体成员产生了不利影响。原告在此可以采取多种方法，如差别拒绝率、标准差规则、限制性政策或人口比较法。一旦原告证明了不利影响的存在（被法院认可），举证责任就转移到了雇主身上。雇主必须对歧视指控进行辩护。

　　请注意，法律中并没有规定，因为你的某项程序会对受保护群体产生不利影响，你就不能使用该程序。其实法律的规定是，一旦你的求职者提出了他的理由（表明不利影响），举证责任就转移到了你的身上。所以现在，你本人（或你的公司）必须为该程序的使用进行举证辩护。

　　雇主在为对少数群体成员造成不利影响的雇用行为抗辩时，一般有两个基本的辩护理由：真实职业资格（BFOQ）辩护和业务必要性辩护。接下来我们就来看看这两种抗辩方式。

● 真实职业资格

　　这种辩护方式是指雇主主张该雇用行为，是因为某种要求是从事该工作的真实职业资格（BFOQ）。《民权法案》第 7 章规定，"在某些情况下，如果宗教信仰、性别或民族血统是该特定业务或企业正常运营所要求的合理的真实职业资格，则雇主基于宗教信仰、性别或民族血统雇用雇员……不会构成非法雇用行为。"

　　然而，法院通常会对真实职业资格的特殊情况做出狭义解释，最终呈现的往往是对基于故意歧视直接证据的差别待遇案件的辩护，而不是对差别影响（非故意）案件的辩护。在实践中，雇主大多将其作为对基于年龄的故意歧视指控的抗辩理由。《就业年龄歧视法》允许雇主在年龄作为真实职业资格的情况下实行差别对待。例如，当联邦航空管理局规定商业飞行员的强制退休年龄为 65 岁时，年龄就成了一个真实职业资格。其他情况还包括，一些演员需扮演年轻或年长的角色时，年龄也可能是一种限制性条件。使用真实职业资格进行辩护的雇主承认他们的人事决定是以年龄为依据的。但是，他们还必须证明这些决定对正常的业务运营是合理且必要的（例如，公共汽车公司辩称其对司机年龄的要求是为了保证乘客的安全）。

宗教作为真实职业资格

在要求员工信奉其特定宗教的宗教组织或社团中，宗教也可以是一种真实职业资格。例如，在雇用教员到宗教学校任教时，宗教信仰可能是一项真实职业资格。但是，请记住，法院对真实职业资格抗辩的解释具有极高的限制性。

性别作为真实职业资格

性别可能是演员、模特和厕所清洁工等工作岗位的真实职业资格，这些职位需要与性别所代表的身体特征相对应。然而，对于现今的大多数工作来说，将性别当作一种真实职业资格其实是很难的。例如，对于假释和缓刑监督官来说，性别就不属于一项真实职业资格。对于需要搬运重物的职位来说，性别也不是一个必要条件。一名得克萨斯州的男子对美国猫头鹰餐厅（Hooters）提出了歧视指控。他声称，该餐厅的一家加盟店拒绝雇用他作为服务员，其原因是他认为该店"……只是希望利用女性的性别特征作为吸引顾客和确保盈利的营销工具。"猫头鹰餐厅为其只雇用女性的做法进行了辩护，最后双方达成了保密和解。

国籍作为真实职业资格

一个人的国籍可能也是一项真实职业资格。例如，一个在博览会上布置某国展馆的雇主可能会表明他的主张——该国国籍是公司在业务上与公众打交道的员工的一项真实职业资格。

● **业务必要性**

业务必要性是法院设立的另一种辩护理由。它要求证明歧视性做法有绝对的业务目的性，这种做法才会被接受。

要证明业务必要性并不容易。美国最高法院明确指出，像担心给雇主带来不便、烦恼或费用等事项，并不属于业务必要性。例如，雇主一般不能只因为扣押（雇主不得不挪用员工的部分工资来偿还债务）工资不便而解雇被扣押工资的雇员。第二巡回法庭认为，业务必要性指"不仅必须直接提升工作的安全性和效率"，还必须对目标的达成起到关键作用。此外，"业务目的必须能够覆盖所有种族……"。

然而，许多雇主都成功地使用了"业务必要性"这一辩护理由。在早期的斯普尔洛克诉美国联合航空公司（Spurlock v. United Airlines）一案中，一名少数群体求职者起诉了美国联合航空公司。他说，联合航空公司要求飞行员这一岗位的求职者必须同时拥有 500 小时的飞行经验和大学学历，这就是不公平歧视。法院对此观点表示同意，因为这些要求确实对该求职者所在的少数群体成员产生了不利影响。但法院认为，考虑到培训计划的成本以及雇用不胜任候选人的巨大人力风险和经济风险，这项筛选标准属于业务需要，与工作紧密相关。

一般来说，当一项工作只需要少量的技能和培训时，法院会严格审查任何歧视少数群体的雇用标准或准则。如果某项工作对专业技能的要求较高，而且雇用不胜任的求职者会带来巨大的经济和人力风险，那么这种责任就会相应减轻。

雇主必须试图证明其甄选测试或其他雇用行为是有效且必要的。也就是雇主必须证明该测试或其他雇用行为是与工作紧密相关的，换句话说，就是该测试或行为能有效地预测工作表现。如果雇主能够证明这种必须性，法院通常就会将这种测试行为或其他雇用行为判定为必要的业务需要。基于以上描述，我们可以明白，所谓的有效性，指的就是这种测试行为或其他雇用行为与工作相关联的程度，或者是与预测工作表现相关联的程度。本书的第 5 章将对有效性进行详细解释。

2.3　管理技能培养：举例说明歧视性雇用行为有哪些

类似《民权法案》第 7 章的联邦法律，通常不会明令禁止雇主在雇用前询问求职者的种族、肤色、宗教、性别或民族血统。换句话说，就是"除了特定要求不得录用某些受保护群体成员的人事政策"，其他诉讼的关键不在于问题，而在于其影响。因此，像下面这样的示例性调查和做法本身并不违法。例如，询问求职者的婚姻状况是合法的（尽管这样的问题似乎带有歧视性）。你可以询问相关问题，但是，你必须做好准备，以便在后期受到指控时，要么证明自己没有歧视行为，要么证明自己可以对这种做法以实际职业资格或业务必要性进行辩护。

但是在现实情况下，你最好还是避免询问诸如"您的婚姻状况如何"之类的问题，其主要原因有两个。首先，尽管联邦法律可能并没有禁止企业询问此类问题，许多州政府和地方政府法律却对此非常忌讳。其次，公平就业机会委员会已经表明，它不支持此类做法。因此，仅仅因为询问此类问题就可能会引起该机构的注意。如果投诉人能够证明你使用此类问题筛除掉了更多受保护群体的求职者，而你又无法证明该做法是出于业务必要性或真实职业资格的要求，那么询问此类问题就属于违法行为。

所以，一般来说，提出这样的问题不仅不高明，而且风险很大。接下来，让我们更仔细地了解管理者应该避免的一些潜在歧视性做法。

● 招聘

口口相传

如果你的员工全部或基本上全部是欧洲裔人士，或全部是其他群体的成员（如全部是女性或全部是拉丁裔的员工等），你就不能使用口口相传的方式来宣布有关工作机会的信息。这样做可能会降低其他群体了解并申请这些工作的可能性。

误导性信息

向任何群体的成员提供虚假或误导性信息，或拒绝向他们告知工作机会及获得工作机会的程序，均属违法行为。

招聘广告

除非性别是所招聘职位的真实任职资格，否则招聘广告中的"性别要求：男性"和"性别要求：女性"这样的表述就违反了禁止就业性别歧视的相关法规。同样，招聘广告上也不能出现招聘"年轻男性"或"年轻女性"的字眼。

● 甄选标准

教育背景要求

在以下情况中，对教育背景的要求可能被视为非法的歧视行为：

1. 少数群体获得该教育资格的可能性较小（如高中文凭）；
2. 这类资格也不是从事该工作的必要条件。

各种测试

前首席大法官伯格（Burger）认为：

> 《民权法案》第 7 章中并没有任何禁止使用测试或衡量程序的条款，因为它们能给雇主提供必要的帮助。国会所禁止的是赋予这些程序和机制以控制力，除了它们能真正合理衡量工作绩效。

因此，法院认为过度筛选少数群体或女性群体且与工作无关的测试才是违法的。

亲属优先权

如果你的在职员工中少数群体占比很小，你就不能优先考虑雇用现有员工的亲属。

身高、体重和身体特征

针对员工做出最大体重的限制，通常不会引发不利的法律裁决。"很少有求职者或员工能够证明自己确实因体重而妨碍工作"（除非他们的体重可能会比标准体重高出 100%，或者有其他生理原因）。

然而，管理者应警惕对肥胖者的污名化。首先，这可能会对少数群体造成不利影响，因为有些群体的肥胖发生率确实较高。此外，研究表明，肥胖者被雇用的可能性较低，而且如果客服是肥胖人员，顾客会认为他们遇到差劲服务的可能性会更大，这一点确实毋庸置疑。

健康问题

根据《美国残疾人法》，"雇主一般不得询问求职者的病史或要求进行入职体检"。不过，一旦发出工作录用通知，就可以使用此类问题和要求来确定求职者是否能够安全地完成工作。

被拘捕记录

除非工作需要通过安全审查，否则切勿询问求职者是否曾有过被拘捕记录或入狱经历，也不能因为对方有被拘捕记录就取消他的求职资格。由于在拘捕和监禁率方面存在种族和民族差异，公平就业机会委员会和联邦合同合规计划办公室都给出了明确的指导意见，即不鼓励雇主对有犯罪记录的个人直接取消录用资格。

申请表

就业申请表一般不应包含与求职者的残疾情况、工伤赔偿记录、年龄、拘捕记录、婚姻状况或是否为美国公民等关联性的问题。但雇主可以在应聘者被录用后，出于合法原因（如紧急情况下可以与谁联系）获取所需的员工个人信息。

● 歧视性晋升、调动和解雇程序案例

公平就业法不仅保护求职者，也保护在职员工。因此，任何有关薪酬、晋升、解雇、纪律或福利的雇用行为，如果

1. 对不同类别的人群采取不同的做法；
2. 会对受保护群体的成员产生不利影响；
3. 无法证明是出于真实职业资格或业务必要性考虑，都可能被认定为非法歧视。

    例如：

制服话题

在涉及带有歧视性质的制服或暗示性着装的相关案件中，法院往往会站在雇员一边。因此，在许多案件中，要求女性员工（如女服务员）穿着具有性暗示的服装被裁定违反了《民权法案》第 7 章。

文身和身体穿孔

一项调查发现，约 38% 的"千禧一代"有文身，约 23% 有身体穿孔。在一起案件中，一名手腕上文有宗教图案文身的服务员状告了红罗宾美味汉堡餐厅（Red Robin Gourmet Burgers）。因为公司坚持要求他在工作时必须遮住身上的文身，但他拒绝执行。红罗宾美味汉堡餐厅随后与他达成了诉讼和解，因为他声称文身是基于自己的宗教信仰所需，而遮盖文身会成为一种罪过。

渎职和报复

人力资源管理者通常会帮助公司解决此类问题，但主管往往才是这些问题的罪

魁祸首。因为即使主管告知女性求职者担心她天黑后的工作安全，这也可能会引发诉讼。在此种情况下，不只是雇主，主管也可能要承担相应的法律后果。具体来说，就是渎职和报复是两大潜在问题。

渎职是指管理者的异常行为对员工的个人或身体健康造成了严重后果，或者"超出了社会通常所能容忍的界限"。在一个令人愤慨的案例中，雇主将一名经理降职为看门人，并且还采取了其他羞辱行为。陪审团最终要求前雇主支付 340 万美元赔偿金。犯有管理渎职罪的主管个人也可能要承担部分赔偿责任。

根据平等权利法，报复也是一种非法行为。公平就业机会委员会表示："当求职者、员工、前员工，或与这些人有密切联系的人因为下列原因而受到不公平对待时，可能会发生以下报复行为：举报歧视行为；参与歧视调查或诉讼（例如担任证人）；反对歧视（例如威胁对方说自己要提出歧视指控或投诉）"。报复指控是公平就业机会委员会接收到的最常见指控。

2.4　美国公平就业机会委员会的执法程序

在美国，如果有人提出指控，公平就业机会委员会就会介入。公平就业机会委员会的执法过程分为以下几个步骤。

● 应对歧视指控

发起申诉

公平就业机会委员会的执法程序始于某人发起申诉。根据 1991 年《民权法案》的规定，歧视申诉必须在指控事件发生后 300 天内（如果有相应的州政府法律）或 180 天内（没有类似的州政府法律）提出（《同工同酬法》的规定则为两年）。申诉必须以书面形式提出，且申诉人须宣誓其证据具有真实性，然后由受害人（或其代表）或有合理理由认为发生了违法行为的公平就业机会委员会成员发起诉讼。公平就业机会委员会通常会将某人的指控交由相关的州政府或地方监管机构来处理。如果相关的州政府或地方监管机构放弃审理权或无法就指控提出令人满意的解决方案，该诉讼就会回到公平就业机会委员会进行处理。

公平就业机会委员会的调查

在提出指控后（州政府或地方政府的延迟期结束后），公平就业机会委员会有10天的时间向雇主送达指控通知。律师建议，雇主在收到指控时不要提交冗长的声明，而应提供简明扼要的解释，说明其行为是合法的原因。接下来，公平就业机会委员会将对指控进行调查，以确定是否有合理的理由相信指控属实，并在120天内做出决定。公平就业机会委员会建议雇主在调查期间与委员会保持密切合作。

如果没有合理的理由，公平就业机会委员会就会驳回指控，在这种情况下，提出指控的人有90天的时间以自己的名义再次提起指控。如果确认有合理的指控理由，公平就业机会委员会必须尝试调解。如果调解不成功，公平就业机会委员会可以提起民事诉讼或向提出指控的一方发出起诉通知。图2-2概述了雇主在收到公平就业机会委员会发送的就业歧视指控通知后应询问的重要问题。一些雇主还购买了针对就业歧视指控的就业实践责任保险（EPLI）。

> 1. 该指控的具体内容到底是什么？相关法规是否涵盖贵公司？
> 2. 员工是否及时提出指控，公平就业机会委员会是否及时处理？
> 3. 员工属于哪类受保护群体？
> 4. 该指控属于差别影响还是差别对待？
> 5. 你是否有确凿的依据可以质疑或反驳该指控？例如，如果此人不属于受保护群体，你是否会采取该行动？
> 6. 就性骚扰指控而言，公司内是否存在冒犯性言论，或展示过含有冒犯性内容的日历、海报等？
> 7. 在考虑对这一指控进行辩护时，涉嫌实施该歧视行为的主管作为证人的效力如何？就胜诉的可能性征求法律顾问的意见。

图 2-2　雇主收到公平就业机会委员会发送的就业歧视指控通知时应询问的问题

资料来源：美国公平就业机会委员会网站。

● **自愿调解**

公平就业机会委员会将大约10%的指控提交给自愿调解机构。这是"一种非正式程序，由中立的第三方协助对立双方自愿协商解决歧视指控"。如果双方最终仍未达成和解（或一方拒绝调解），公平就业机会委员会就会通过其常规机制来处理该指控。

面对调解提议，雇主有三种选择：同意对指控进行调解；在不进行调解的情况下提出和解建议；为公平就业机会委员会准备一份立场声明。如果雇主不进行调解或不提出和解建议，则必须提交立场声明。立场声明应包括强有力的辩护理由，其中应涵盖与公司业务和指控方立场有关的信息、适用的任何规则或政策、程序的说明，以及导致不利后果的违法行为的时间顺序。

● 歧视指控的强制仲裁

许多雇主为了避免被公平就业机会委员会提起诉讼，要求求职者和员工同意对此类指控进行仲裁。美国最高法院在"吉尔默诉州际公路案"及类似案件中的判决明确指出："在某些情况下，遭受雇用歧视的原告（员工方）可能会被迫对其指控进行仲裁。"有鉴于此，雇主不妨考虑在其求职申请书或手册中插入强制性仲裁条款（传统上称为替代性争议解决方案）。为防止此类申诉，它应包括防止仲裁人歧视的程序，让仲裁人向申诉人提供广义救济（包括复职等），并允许设置合理的听证前事实调查程序。

尽管公平就业机会委员会通常更倾向于通过调解来处理歧视指控，但替代性争议解决方案依旧广受欢迎。美国联邦机构本身也必须有替代性争议解决方案。

图 2-3 总结了雇主应如何应对公平就业机会委员会针对就业歧视指控的调查。

在公平就业机会委员会的调查期间，你应该：
- » 自行调查，了解事实真相。
- » 确保公平就业机会委员会的档案中包含指控缺乏依据的信息。
- » 将所提供的信息专注于指控本身所提出的问题上。
- » 尽可能多地获取与指控方起诉有关的信息。
- » 与发起起诉的员工见面，澄清所有相关问题。（例如，发生了什么？参与人员有哪些？）
- » 记住，公平就业机会委员会只能要求（而不是强迫）雇主提交文件，以及证人宣誓作证。
- » 向公平就业机会委员会提交一份立场声明。其中应包含大意如下的文字："公司有反对歧视的政策，不会以指控中所提及的方式进行歧视。"并用相关文件证明这一点。

在实情调查会议期间，你应该：
- » 因为唯一的正式记录就是公平就业机会委员会调查员所做的笔录，所以请你保留你自己所做的记录。
- » 带上你的律师。
- » 确保你完全了解案件的指控和事实。
- » 出庭前，确保证人（尤其是主管）了解他们将要陈述的事实的法律意义。

在公平就业机会委员会裁决和尝试调解期间，你应该：
- » 如果了解了整个事情的发展过程，应仔细审查其中细节，并以书面形式向公平就业机会委员会指出之前所提供的信息有不准确之处。
- » 利用立场说明再次尝试说服申诉人和仲裁方，使其相信他们的指控缺乏法律依据。
- » 谨慎调解。如果你已经对案件进行了一定程度的调查，在此阶段和解可能并无实际好处。
- » 那么请记住，公平就业机会委员会最终很有可能不会提起诉讼。

图 2-3　雇主如何应对公平就业机会委员会针对就业歧视指控的调查

资料来源：美国公平就业机会委员会网站。

2.5　多元化管理与反歧视行动

多元化（diversity）指的是多样化或多样性，在工作场景中意味着由不少于两个具有不同种族、民族、性别、文化、国别、年龄或宗教背景的员工组成的员工队伍。如今，美国的许多工作场所都已经出现了多元化，人们也越来越关注工作中的多元化管理。

● 多元化的障碍和益处

多元化带来的困难在于，它可能会引发一些问题，破坏同事间的团结与合作。其中包括以下几点。

» 刻板印象是指根据个人在群体中的成员身份，将其特定的行为特征用于描述具体的个体成员，例如："老年人无法努力工作。"

刻板印象可能有助于解释为什么在高层管理岗位上，女性员工占比一直持续（相对）较小。Meta 的首席运营官雪莉·桑德伯格（Cheryl Sandberg）认为，许多人对女性和男性持有一种无意识的假想（刻板印象），其中一个观点就是认为男性更富有主见，而女性更善于合作。因此，当女性为自己争取更多利益时，她就会被贴上"爱出风头"或"专横"的标签，但如果男性这样做，则会被视为只是在做他应该做的事。换言之，女性要面对更多的性别角色刻板印象，即把女性与某些特定工作（通常是非管理性的）联系在一起的倾向。这个问题持续存在，似乎一直都没有得到改善。在一项调查中，占比为 23% 的"千禧一代"女性和占比为 26% 的非"千禧一代"女性都认为身为女性更容易在工作中受挫；只有 4% 的"千禧一代"男性和 7% 的非"千禧一代"男性认为男性会遭遇此类问题。

» 偏见是一种根据某人的特质对其进行先入为主的预判的行为，比如"我们不会雇用他，因为他年纪太大了。"有些人的偏见是下意识的。例如，在进行测试之前，管理者可能会提前问自己："我通常会雇用同一类人吗？"以及"我通常会把最具挑战性的工作分配给谁？"

» 歧视是偏见的具体表现形式。歧视（discrimination）是指基于某人所属的群体而对其采取特定的行动。在美国，基于某人的年龄、种族、肤色、性别、是否残疾或原籍国等而在工作中对其实施歧视通常是违法的。但实际上，这种现象一直都存在。例如，由"老男孩圈子"（在高尔夫俱乐部等场所因兴趣相同而建立的朋友圈子）产生的"玻璃天花板"，实际上就阻碍了一些女性成员进入高层管理层。

» 当公司任命一小部分女性或少数群体担任重要职位，而不是更积极地为该群体寻求充分的代表权时，就会出现"象征性雇用"的情况。

» 母国中心主义是一种倾向，即认为其他社会群体的成员不如自己所属群体的成员优秀。例如，在一项调查研究中，一位管理者认为一些少数群体的绩效与其能力关系不大，其关键因素是他们从其他人那里得到了帮助，但同时，他会把非少数群体的绩效归因于他们自身所具备的能力。

● 多元化管理

由于多元化已成为当代生活的必要存在，因此要想从多元化中受益，公司就必须对多元化进行科学管理。换句话说就是，公司应该积极采取措施，通过避免偏见和歧视等问题，最大限度地发挥多元化的潜在优势。这样做的主要目的通常是提高员工对文化差异的敏感度和适应能力。

但问题是，很多"多元化"计划不仅收效甚微，甚至还可能适得其反。例如，有些计划之所以会失败，是因为即使是态度积极的员工也可能会反对被"强迫"参与强制性的多元化培训计划中。例如，在一项研究中，针对管理者的强制性多元化培训计划反而导致了多元化（亚裔美国人和非裔女性）的程度降低。还有一些措施，只是给雇主带来了虚假的安全感。另一项研究发现，建立多元化委员会和任命多元化首席执行官等多元化举措，会让公司决策者误以为他们的工作场所是公平和包容的，他们不知道实际情况并非如此。其中最明显的是，许多员工都非常欢迎雇主努力提高工作场所的包容性，但也有一些员工会抵制这类措施。

因此，麦当劳等一些公司根本就不把他们的多元化计划称作"计划"。麦当劳表示，多元化管理应该是一项长期都需要关注的工作。例如，让员工加入麦当劳的跨文化学习实验室活动，以促进互相顺畅地沟通和交流。

自上而下的多元化管理计划

不过，一般来说，有效的多元化管理工作都是始于高层，（根据多元化管理专家的说法）这项工作有五个特点。

» **培养优秀的领导层。**在多元化管理方面享有盛誉的公司，其首席执行官通常都是多元化的倡导者。例如，他们会以身作则，亲自执行相关规定。研究发现，在创建包容性组织方面有突出表现的高层管理者，基本上都是自身就热衷于推动多元化的人。

» **评估现状。**衡量公司多元化的常用工具，包括公平就业聘用和留用指标、员工态度调查、管理层和员工评估以及焦点小组。

» **提供多元化培训和教育。**要做好多元化管理，往往也需要进行多元化培训。多元化培训的目的是让所有员工重视文化差异，树立自尊，并创造一个更加友善的工作环境。

» **改变文化和管理制度。**强化理想的价值观和行为。例如，改变绩效考核程序，将主管在减少团队冲突方面的表现作为考核的部分依据。

» **评估多元化管理计划。**例如，使用态度调查来监测员工对多元化的态度。

通过员工敬业度推动多元化的实现

作为一项规则，设计多元化工作的最佳方式似乎是吸引所有员工积极参与，并且是自愿参与。一项研究发现，此类计划似乎不会激发参与者的抵触情绪，反而会对多元化产生更加积极的影响。其他推动多元化的有效措施还包括：面向女性的校园招聘、制定指导计划和建立多元化工作团队。

例如，在软件公司 SAP 公司，首席执行官发现，虽然参与者对 SAP 公司的多元化培训计划给予了很高的评价，但该计划本身所产生的积极效果似乎很有限（例如，在女性担任领导职务方面）。因此，她用一个为期一年的领导力发展项目取代了这个计划，并称之为"卓越领导力加速计划"（以下简称 LEAP）。按照该计划，每年都会招募表现优异的女性员工参与该项目。在一年的时间里，她们执行了很多活动任务，也参加了多个讲座。SAP 公司还为女性员工提供了一个由 8000 名女性员工组成的全球业务网络，从女性员工任职管理岗位的情况来看，SAP 公司的努力似乎获得了成功。

● 公平就业机会与反歧视行动

公平就业机会旨在确保任何人，无论其种族、肤色、性别、宗教信仰、国籍或年龄如何，都有资格获得公平就业的机会。反歧视行动不只是要求保证就业机会的公平性，它还要求雇主做出额外的行动，即雇用和提拔受保护群体中的员工。因此，反歧视行动也要求雇主采取措施，消除过往歧视对现今所造成的持续影响。它包括：

» 发布一个书面政策，表明自己会遵循公平就业机会原则，并承诺会采取反歧视行动。

» 任命一位高层管理者主导该计划。

» 调查目前少数群体和女性群体的就业情况，以明确在哪些方面需要采取反歧视行动。

» 制定反歧视行动的目标和时间表。

» 制定并落实具体的员工招聘、甄选、培训和晋升计划，以达成这些目标。

» 建立内部的审计和报告制度，以评估这些计划的进展情况。

● 逆向歧视

逆向歧视是指对非少数群体求职者和员工的歧视。许多案件都涉及这个问题，政府针对这种情况制定了一些标准一致的指导方针。

在首批此类案件之一的"巴基诉加利福尼亚大学（1978 年）（Bakke v. Regents of the University of California）"一案中，加州大学戴维斯分校的医学院拒绝录取欧洲裔学生艾伦·巴基（Allen Bakke），声称学校因为反歧视行动而限制了相关名额，要求少数群体申请者的录取数量必须达到特定指标，巴基才因此失去了入学机会。美国最高法院进行了投票，结果为以 5 票对 4 票否决了加州大学的做法，规定如果班级的入学名额有限制，那么不得将种族作为唯一的决定因素而限制相关符合条件的学生入学，从而维护了巴基入学的权利。

巴基一案后，有许多类似的其他案件发生。2009 年，美国最高法院对康涅狄格州消防员提起的一起重要的逆向歧视诉讼案做出了裁决。在瑞奇诉德斯特法诺（In Ricci v. DeStefano）一案中，19 名欧洲裔消防员和一名拉丁裔消防员称，纽黑文市本应根据考试成绩对他们进行晋升，但情况却出乎他们所料。纽黑文市辩称，如果根据测试结果给予这些员工晋升，会导致其更容易违反《民权法案》第 7 章而遭到少数族裔的起诉。法院判决原告（主要为欧洲裔员工）胜诉。纽黑文市声称自己主要为了避免在晋升时对少数族裔造成不利影响，但肯尼迪（Kennedy）大法官说："该市拒绝接受测试结果，完全是因为得分较高的候选人基本属于欧洲裔群体"。关注此案件的人们得出这样一个共识，这一判决将迫使雇主更加重视有效测试所得出的结果，即使这些结果会对少数群体产生一定程度的不利影响。2017 年，一名求职者对哈佛大学发起了诉讼，指控其歧视亚洲人。对于此类事件，雇主首先最应该做到的是加强外部招聘，并在内部培养更多合格的少数族裔和女性员工，"同时要根据合法标准，做出雇用决策"。

第 2 章要点小结

1. 禁止就业歧视的立法包括：1964 年的《民权法案》第 7 章（修订版），该法案禁止基于种族、肤色、宗教、性别或民族血统的歧视；各种行政命令；联邦指导原则（涵盖雇员甄选工具的验证程序等）；1963 年的《同工同酬法》；1967 年的《就业年龄歧视法》以及《美国残疾人法》。此外，各种法院判决（如格里格斯诉杜克电力公司案）以及州法律和地方法律也禁止各方面的歧视行为。《民权法案》第 7 章促进了公平就业机会委员会的成立。1991 年《民权法案》修订了最高法院有关公平就业的几项判决，起到了推动"时光倒流"的作用。

2. 如果某人认为自己遭遇了人事程序的歧视，就必须证明自己受到了非法的差别对待（故意歧视）或对其受保护群体成员的差别影响（无意歧视）。辩护理由分为两种：真实职业资格辩护和业务必要性辩护。

3. 管理者应避免各种带有歧视性质的具体的人力资源管理做法。例如，在招聘时，雇主通常不应依赖口口相传的宣传方式，或不应向少数群体成员提供虚假或误导性的信息。在甄选时，雇主应避免在以下情况下提出任何有关学历或其他限制条件的要求：（1）可以证明少数群体成员不太可能具备该资格；（2）该要求与工作无关。

4. 在实践中，向公平就业机会委员会提出的歧视指控通常会首先转交给地方机构。当公平就业机会委员会发现有合理的理由相信确实发生了歧视时，它才可能会建议双方进行调解。公平就业机会委员会调查员仅有提出建议的权利。

5. 要让多元化在公司发挥作用，就必须对多元化进行管理，换句话说，就是必须最大限度地发挥多元化的潜在优势，同时尽可能减少潜在障碍，如偏见和成见。管理多元化的主要目的是让员工对个体文化差异更加敏感，并能更好地适应这种差异。

第 3 章

人力资源战略与绩效

● **本章学习目标**

» 举例说明战略性管理流程的各个步骤。

» 给出战略性人力资源管理的定义，并举例说明战略性人力资源管理措施有哪些。

» 举例说明为什么衡量指标对人力资源管理很重要。

» 回答问题："什么是高绩效工作系统"，并举例说明它们与非高绩效工作系统的区别。

» 回答问题（通过案例进行论证）："为什么员工敬业度很重要？"

» 描述你将如何实施一项旨在提高员工敬业度的计划。

引入

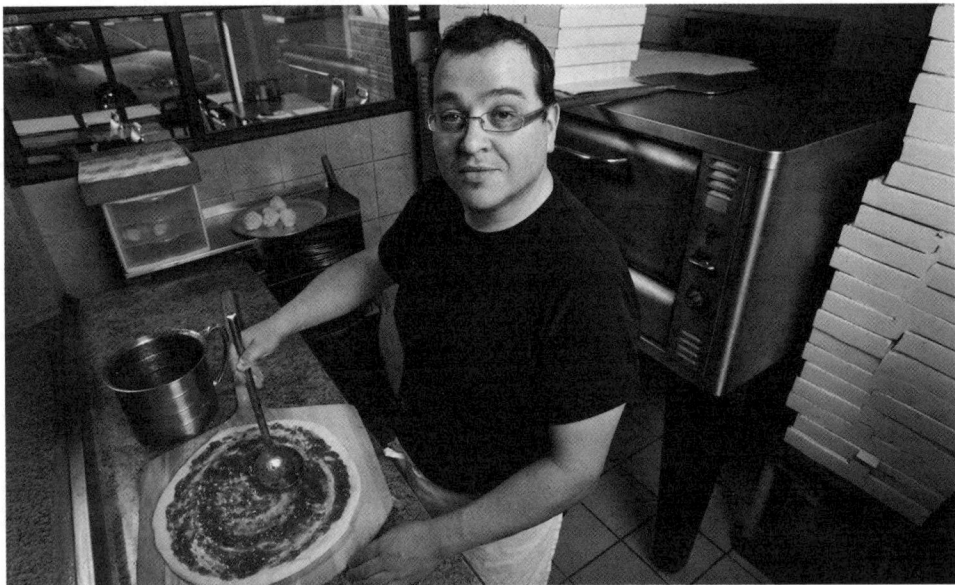

　　怀揣着无比乐观的心态，安杰洛（Angelo）开设了他的第一家安杰洛比萨店，但这种乐观的心态并没能维持很久。开业的头几天，顾客蜂拥而至，毫无疑问，他们是被广告中的"我们的价格最实惠，但我们的比萨绝顶美味！"所吸引。但大约两周后，安杰洛比萨店的"供餐量"就下降到了几乎付不起房租的地步。顾客在Yelp（美国著名的点评网站）等网站上对这家店的评价是："服务员在帮我点餐时，表现得好像是在无偿施舍""如果你想在吃饭时受委屈，这里就是你最好的去处"。安杰洛怀疑自己遇到了"人事管理"方面的问题，但又无从下手。简而言之，他觉得他的员工根本不在乎这些差评。

3.1　战略性管理流程

安杰洛和其他雇主一样，需要合适的人力资源政策来支持公司的战略规划——他将其概括为"以合理的价格提供最好的服务"。正如我们在本章中所看到的那样，战略规划是"将内部的优势、劣势，与外部的机会、挑战相匹配，以保持公司竞争地位的总体计划"。人力资源管理者基于此计划制定人力资源政策和措施，旨在培养员工的胜任力和技能，以达成公司的战略目标。接下来的"跨国人力资源实践"专题介绍了一家公司是如何做到这一点的。

S 市波特曼酒店的人力资源管理新战略

当丽思卡尔顿公司（Ritz-Carlton Company）接手对 S 市波特曼酒店的管理时，酒店的新管理层重新审视了波特曼酒店的优势和劣势，以及当地快速成长的竞争对手的情况。他们坚定信念，明白酒店要想在竞争中突出重围，就必须提高酒店的服务水平。为此，他们制定了新的人力资源管理政策、措施和计划，用于招聘、培训和奖励酒店员工。新政策的目标是利用这些新的人力资源措施来培养员工的胜任力和行为，让波特曼酒店卓越服务的战略能够落地。他们的人力资源战略包括以下步骤。

* 公司设定战略目标为：以优质的客户服务，使 S 市波特曼成为一家行业领先的酒店。
* 为了达成这一目标，S 市波特曼的员工必须掌握新的技能和行为，例如

在对待客人的态度和反应方面，必须展现出全新的面貌。
* 为了培养员工的这些技能和行为，管理层制定了新的人力资源管理计划、政策和程序。例如，他们将丽思卡尔顿公司的人力资源体系引入了波特曼酒店："我们目前的甄选重点是才能和个人价值，因为他们所发挥的作用是无法直接传授给他人的……那是对他人的关怀和尊重。"

管理层的努力得到了回报。新制定的人力资源政策、措施和计划帮助员工养成了良好的行为习惯，提高了波特曼酒店的服务水平，成功吸引到了新顾客。很快，一些旅游刊物对波特曼酒店好评不断。酒店利润的飙升在很大程度上归功于有效的战略性人力资源管理。

无论是比萨店还是高级酒店，如果管理者不了解人力资源政策和措施在达成公司战略目标中的作用，就无法真正设计出有效的人力资源管理政策和措施。本章将探讨管理者应如何设计公司战略规划和人力资源政策、措施和计划，以及如何评估其效果。由于战略规划只是公司整体规划的一部分，因此我们先从基本的管理规划流程讲起。

● 基本的管理规划流程

管理规划包括五个步骤：设定目标、进行初步规划、审查可供选择的行动方案、评估最佳方案、选择并落实规划。规划是一种手段，它包括从目前的情况到达成目标的过程。因此，规划始终是"目标导向"（例如，"2019 财年销售收入翻番至1600 万美元"）。

一般公司的传统做法是，管理者将从公司高层到一线员工的目标视为一个整体的目标链或分层结构。图 3-1 就很好地说明了这一点。在结构的最高层，总裁设定长期目标或"战略"目标（例如，"2019 财年销售收入翻番至 1600 万美元"），接着由副总裁设定自己的目标，这些目标以顶层目标为基底，目的是协助总裁达成设定的目标。然后副总裁的下属再设定他们自己的目标，以此类推。

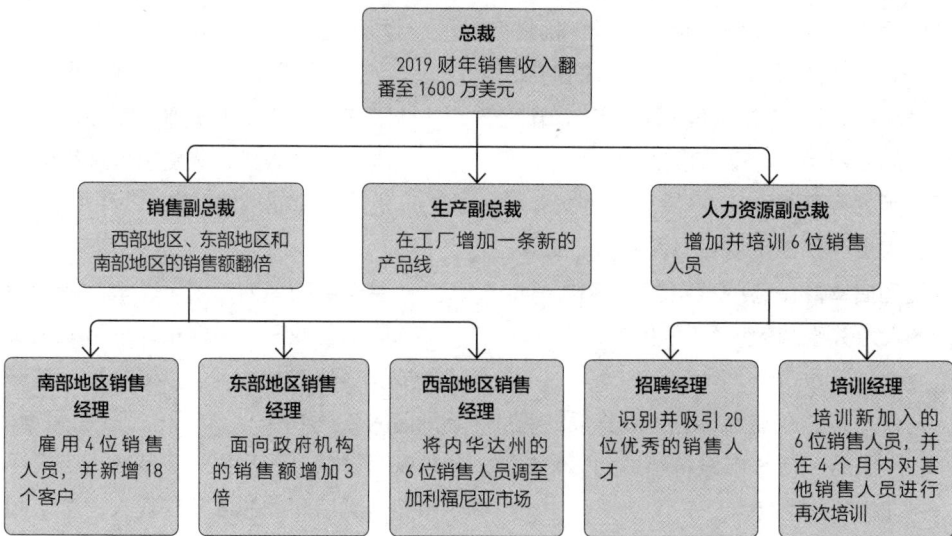

图 3-1   公司目标层次结构示例图

政策和程序

为员工提供日常指导，帮助他们以符合公司计划和目标的方式开展工作。相关政策会提供广义的指导方针，指导员工应如何开展工作。例如，"遵守所有法律法规和道德行为准则是本公司的政策。所有员工都务必遵守这一政策"。程序规定了出现特定情况时应采取的措施。例如，

> 若员工发现了违反本政策的情况，并能提供证明依据，必须直接向其主管报告。如果该做法缺乏成效，则员工应向人力资源总监提交书面报告。

雇主可自行制定公司的政策和程序，或根据现有的资源调整政策和程序（或两者兼而有之）。例如，大多数公司都有自己的员工手册，列出了公司各种人力资源管理的政策和程序，包括员工考核、薪酬支付、公平就业及其他人力资源事务的政策和程序。

● 什么是战略规划

公司目标的设定通常始于公司高层制定的总体战略规划，如前文谈到的，战略规划是"将内部的优势、劣势，与外部的机会、挑战相匹配，以保持公司竞争地位的总体计划"。制定战略规划的人可能要问："作为一家企业，我们现在处于什么样的阶段？我们的目标是什么？我们应该如何实现目标？"然后，负责人会制定一项战略规划，指出自己想把公司从现在的位置带到他所希望的其他位置。例如，对于夫妻合营超市来说，是通过建立类似的超市与大型超市正面抗衡，还是经营几个小型的本地特色商铺，就是一个战略规划问题。

战略是一种行动方针。百事公司和可口可乐公司都面临着同样的底层问题——人们对于含糖饮料的青睐越来越少。面对这个问题，它们各自选择了不同的战略规划来应对这一挑战。百事公司通过销售更多种类的食品（如薯片）来实现产品多元化。可口可乐公司则依旧重点关注含糖饮料，并通过加强广告宣传来（希望）提高产品销量。

战略管理是通过将公司的能力（优势和劣势）与其环境（例如竞争对手、客户和供应商）的需求相匹配，确定并执行组织战略计划的过程。

● 战略管理流程

图 3-2 概括了战略管理的流程。流程中的七个步骤包括：第一步，界定现阶段的业务；第二步，进行外部和内部评估；第三步，制定新的业务方向；第四步，将使命转化为战略目标；第五步，制订战略计划来实现战略目标；第六步，执行战略计划；第七步，评估战略执行结果。

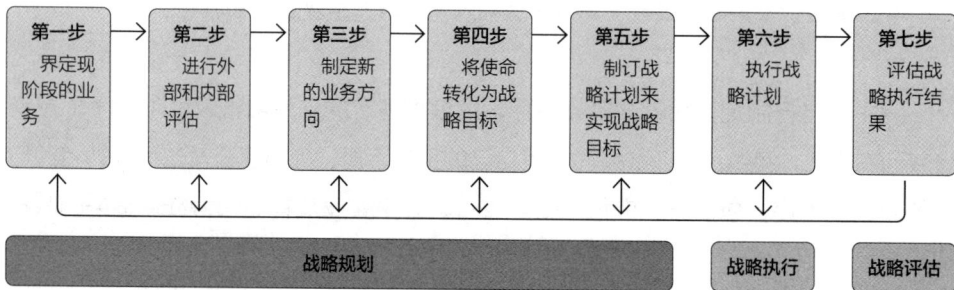

第一步 界定现阶段的业务	第二步 进行外部和内部评估	第三步 制定新的业务方向	第四步 将使命转化为战略目标	第五步 制订战略计划来实现战略目标	第六步 执行战略计划	第七步 评估战略执行结果

战略规划	战略执行	战略评估

图 3-2　战略性管理流程

管理者在开始（第一步）时通常会问："作为一家企业，我们现在处于什么层次？"在这一步中，管理者需要对公司当前的整体业务情况进行梳理。具体的问题包括："我们现在在销售什么产品？销售地点在哪里？我们的产品或服务与竞争对手相比有何不同？"例如，可口可乐公司主要销售可乐和雪碧等含糖饮料，而百事公司除了销售饮料外，还销售桂格燕麦和菲多利薯片等食品。

第二步的问题是："鉴于我们的优势、劣势以及我们所面临的挑战，我们是否在开展正确的业务？"为了回答这个问题，管理者既要审视公司当前所面临的外部环境，也要审视公司内部的优劣势。例如，图 3-3 中的环境分析表就是一份汇编公司环境信息的指南，其中包含了经济发展趋势、竞争和市场趋势、政治趋势、技术趋势、社会趋势、地理趋势等可能影响公司发展的因素。

图 3-4 中的 SWOT 模型在行业中被广泛使用。管理者可以用它来分析公司的优势、劣势以及所面临的机遇和威胁，以便制定合理的战略规划。

接下来，根据这一分析（或者说根据环境分析表和 SWOT 模型），第三步的任务是明确我们的新业务应该做什么，包括应销售什么产品？销售地点在哪里？我们的产品或服务与竞争对手相比有何不同？一些管理者喜欢用愿景陈述来说明业务目标。愿景陈述（vision statement）是对公司发展方向的概括性陈述，它在广义上回

经济发展趋势（如经济衰退、通货膨胀、就业环境、货币政策等）

竞争和市场趋势（如市场或客户变化、竞争对手的加入或退出、竞争对手的新产品）

政治趋势（如立法和监管情况）

技术趋势（如新的生产技术或营销技术的引入、产品淘汰率、供应品和原材料的采购趋势）

社会趋势（如人口趋势、人口流动性、教育环境、不断演变的价值观等）

地理趋势（如新市场的开放/关闭、影响当前工厂或商业设施选址的决策因素等）

图 3-3　环境分析表

潜在优势	潜在劣势	潜在机遇	潜在威胁
» 市场领导地位	» 大量库存	» 新的海外市场	» 市场饱和
» 强大的研发能力	» 市场容量过剩	» 贸易壁垒失效	» 收购威胁
» 高质量的产品	» 管理层变更	» 竞争对手的失败	» 国外存在低成本竞争
» 成本优势	» 市场形象不佳	» 多元化	» 市场增长放缓
» 专利	» 缺乏管理深度	» 经济反弹	» 政府监管不断加强

图 3-4　SWOT 模型示例

答了"我们希望成为一个什么样的公司"这个问题。百事公司的愿景是"目标性绩效"。其首席执行官英德拉·努伊（Indra Nooyi）说，公司的高管会对"目标性绩效"与人类可持续性、环境可持续性及人才可持续性进行综合考虑来选择业务。例如，针对这一愿景，百事公司在其产品系列中增加了有利于健康的桂格燕麦和佳得乐饮料。

一些公司还制定了使命陈述。公司的使命陈述（mission statement）主要是概括公司当前的主要任务。数年前，福特公司（Ford）就明确提出了强有力的使命陈述——"质量第一"。

无论如何，管理者的下一步（第四步）是将公司的使命转化为战略目标。例如，在福特公司，"质量第一"对于每个部门来说究竟意味着什么？答案是："每一万辆汽车中存在初始缺陷的不能超过一辆"这类目标。

接下来（第五步），管理者要制订能使公司实现战略目标的战略计划——行动方案。例如，福特公司应该如何保证每一万辆汽车中存在初始缺陷的不超过一辆？办法或许是开设两家新的高科技工厂，并实施新制定的严格的员工甄选、培训和绩效考核程序。

第六步，执行战略计划，即把战略付诸行动。也就是实际的聘用（或解雇）员工、建设（或关闭）工厂、增加（或淘汰）产品和产品线。

第七步，管理者要对结果进行评估。事情并不会一直顺顺利利，所有的管理者都应定期评估战略决策的进展情况。

● 战略类型

在实践中，管理者通常会区分公司战略、业务竞争战略和业务职能战略（见图 3-5）。

公司高层管理者一般会通过公司战略来决定"我们应该开展何种业务"，公司战略明确了公司所有的业务组合，以及这些业务之间的相互关系。

» 例如，在集中型（单一业务）公司战略下，公司通常只会在一个市场提供一种产品或产品系列。WD-40公司（主要生产喷雾式五金润滑剂）就是一个例子。

» 多元化公司战略意味着公司将通过增加新的产品线来实现扩张。百事公司就是一家多元化公司。例如，近些年，百事公司增加了菲多利薯片和桂格燕麦这两款产品。

» 纵向一体化战略是指公司通过生产自身所需的原材料或通过直接销售产品来进

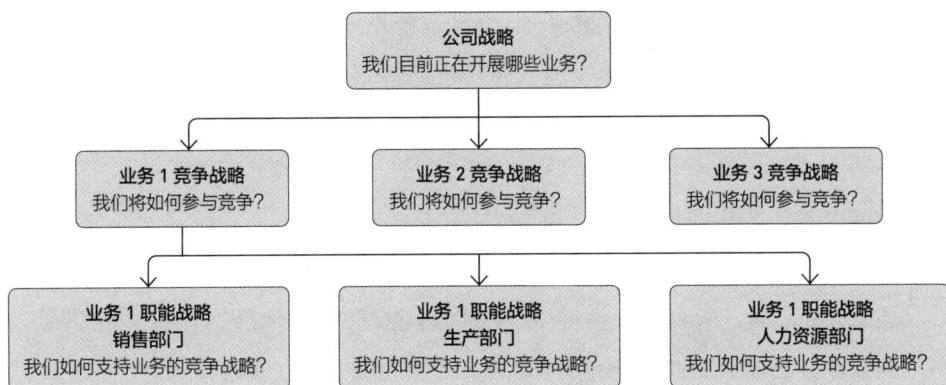

图 3-5　公司层级的战略类型

行扩张。苹果公司就是基于此开设了自己的苹果专卖店。

» 通过整合战略，缩小公司规模。

» 地域扩张战略是指公司通过进入新的地域市场（例如将业务拓展到国外）来实现增长。

一旦管理者决定了要开展哪些业务，所有的业务就必须拥有自己的竞争基础。例如，在百事公司内部，每项业务（如百事可乐和菲多利薯片）都应该有其业务层面的竞争战略（再次参见图 3-5）。竞争战略确定了企业如何建立和加强自己在市场中的竞争地位。例如，它回答了"必胜客应如何与棒约翰（Papa John's）竞争"或"沃尔玛应如何与塔吉特（Target）竞争"一类的问题。

管理者围绕企业的竞争优势制定竞争战略。竞争优势（competitive advantage）指的是将公司的产品或服务与竞争对手相比，拥有的一些亮点或特殊之处，从而通过发挥优势来扩大市场份额。竞争优势不一定是高科技设备等有形的物品。例如，通用电气公司在南卡罗来纳州格林维尔的一家机翼工厂，训练有素且拥有相关权限的工人们组成了一支团队，他们可以操作由计算机控制的机器、面试团队新成员，并可以自行调整装配线。对通用电气公司来说，工人们的知识、技能和奉献精神（他们的"人力资本"）造就了通用电气公司的高质量产出，并使其成为航空航天领域的佼佼者。同样，位于肯塔基州乔治敦的丰田汽车制造厂的前人力资源副总监，对人力资本作为竞争优势的重要性做出了这样的描述：

我们的成功离不开员工的贡献。机器不会有新想法，不会思考如何解决问题，也无法抓住机遇。只有愿意思考的人才能有所作为……美国的每家汽车厂都拥有构造大致相同的机器，但是，各家公司对员工的利用、员工的参与方式却迥然不同。对于任何一家公司来说，员工都是其真正的竞争优势所在。

管理者可以使用三种标准的竞争战略来实现竞争优势。

» 成本领先战略，指成为行业中的低成本领导者。沃尔玛就是一个典型的例子。
» 差异化战略是第二种可行的竞争战略，是指企业力求在买方特别重视的板块力争达到行业领先地位。例如，沃尔沃公司（Volvo）强调其汽车的安全性，优步公司强调其服务快速、可无缝对接；通用电气公司则强调其格林维尔工厂制造的飞机零部件具有极高的可靠性。
» 聚焦战略是指企业力图开拓一个有利可图的市场空间（如法拉利）。采用这种策略，他们提供的产品或服务一般都是独一无二的，客户无法从竞争者（如丰田）处获得。

职能战略是第三种战略。它主要是确定企业各部门（如财务、销售和人力资源部门）为帮助企业达成竞争目标而必须开展的工作。例如，波特曼酒店希望用卓越的服务脱颖而出。因此，酒店的人力资源管理者制定了相关的政策和措施，以帮助酒店挑选和培训以客户为导向的优秀员工。

● 管理者在战略规划中的角色

制订战略规划是企业高层管理者的职责。然而，高层管理人员在制定战略时往往会听取下级管理人员的意见。很少有人比公司的部门经理更了解公司的竞争压力、供应能力、产品优势、行业趋势，以及员工的能力和关注点。

例如，人力资源管理者可以提供"竞争情报"——即竞争对手正在做什么。竞争情报还包括竞争对手的详细激励计划、通过员工意见调查获取的客户投诉信息，以及劳动法之类的相关法律规定。人力资源管理者还应该掌握本公司员工的优缺点。

在实践中，制定公司战略规划需要高层管理者和中层管理者保持频繁的沟通和讨论。然后，高层管理者可以根据从中获得的信息来制定他们的战略计划。

3.2 战略性人力资源管理

我们已经了解到，企业一旦决定该如何竞争，就会转而制定职能（部门）战略来支持其竞争目标。人力资源管理就是其中一个重要部门，其职能战略就是人力资源管理战略。

● 什么是战略性人力资源管理

每家公司的人力资源管理政策和措施都必须符合其广义的战略目标。例如，像波特曼这样的高端酒店与路边的小型汽车旅馆相比，在员工的甄选、培训和薪酬政策上都会有所差异，因为波特曼酒店的顾客期望得到最优质的服务，而他们也会为此支付高昂的费用。战略性人力资源管理（strategic human resource management）是指公司为了达成其战略目标而制定和执行人力资源政策和措施，以培养员工的胜任力和行为。

战略性人力资源管理背后的基本思路是：在制定人力资源管理政策和措施时，管理者的目标应该是培养公司达成其战略目标所需的员工胜任力和行为。全球大型咨询公司埃森哲公司的理念是：人力资源战略包括"制定人力资源管理的愿景和路线图，以支持其战略性业务成果，同时也需要提供高价值的人才和人力资源服务，以推动和改善员工以及管理者的工作体验"。

图 3-6 所示的人力资源战略模型阐释了这一理念。首先，管理层

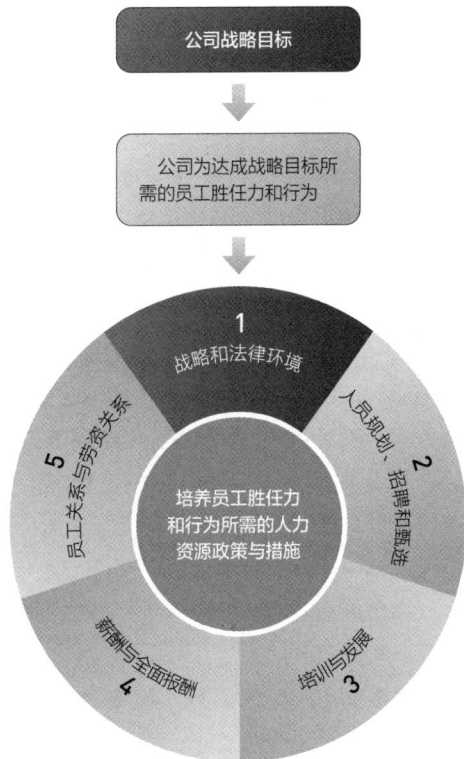

图 3-6 人力资源战略模型

需要制定公司战略目标；其次，实现这些目标需要员工具有胜任力技能和行为上的有效配合；最后，为了培养员工所需的技能和行为，人力资源管理者必须将员工的招聘、甄选、培训，以及其他人力资源战略、政策和措施有机地结合起来。

　　波特曼酒店就是战略人力资源管理的一个很好的实例。为了达成酒店的战略目标，员工必须将新学的技能运用到实践中去，特别是优秀的待客之道。而为了培养员工的这些技能和行为，管理层引入了新的人力资源管理计划、政策和程序，充分发挥了丽思卡尔顿公司的人力资源管理体系优势。接下来的"实践中的人力资源"专题介绍了战略性人力资源管理的另一个实例。

美捷步的"惊呼"之道

　　当你的战略是在网上向无法试穿的人销售鞋子和衣服时，你需要的就是充满活力、对工作乐在其中的员工——员工需要通过服务给顾客一种想要惊呼的感觉。这就是为什么美捷步（Zappos）的创始人知道他们需要运用特殊的方式来招聘、培养和留任员工，而这正是美捷步初创的人力资源管理方式。正如美捷步在网站上所说的那样："这不是为你妈妈所制定的人力资源管理！我们的招聘、福利和员工关系都充满了创新和趣味，希望大家积极主动地了解美捷步旗下所有公司的相关信息、了解自己可以享受的福利以及公司发生的其他好玩的事！你可以在这艘不断向前的'游轮'上尽情享受工作！"

　　虽然这不一定对所有人都奏效，但这些"别出心裁的有趣技巧"，还包括在类似脱口秀的场景中对求职者进行面试、要求员工为史蒂夫·麦登（Steve Madden）的鞋子提交自己的设计方案，以及（在一年一度的"光头和蓝发日"）让一些员工自愿剃光头发或将头发染成蓝色。顺便说一句，如果你在美捷步工作得不开心，公司就会付钱让你走人——公司不欢迎任何抱着负面心态的人在这里工作。

　　同样，这可能并不适合所有人，但对美捷步来说却是行之有效的。美捷步知道，成功的线上销售需要充满活力、真正对工作乐在其中的员工。管理层利用这些特殊的人力资源措施来创造这种充满活力和乐趣的工作环境，从公司追求战略成功的角度考虑，这些措施似乎都大有裨益。

人力资源和零工经济

将人力资源运用于雇主的"零工经济"战略

为零工经济公司制定人力资源战略显然会面临一些有趣的挑战。毕竟，如果你的大多数员工从严格意义上来说都不是公司的正式员工，那么人力资源部门还有什么存在的必要吗？

事实上，如今许多公司在聘用临时工或承包商时，人力资源部门几乎不会参与。在小公司里，部门经理通常会通过 Upwork 等在线平台来招聘自由职业者。在这种情况下，人力资源管理可能只需要做一些行政工作，比如按时给员工发工资就可以了（不过，很多经验不足的小公司的部门经理可能还是会要求人力资源部门负责实际的员工招聘和甄选工作）。在许多大公司，人力资源部门完全不需要处理临时工的问题。公司一般会通过正式的临时合作程序与他们签订合同，就像采购设备一样。最重要的一点是，在很多时候，部门经理只需要雇用一名临时工，并向其支付工资就可以了，而这一切都不需要人力资源部门插手。但这种情况不一定是最理想的，因为这需要公司追踪临时工的工作表现，以及对他们进行行业业绩评估、与他们保持良好沟通，这些都会增加工作难度。

雇主和人力资源管理者还可以做两件事来使人力资源部门积极地参与零工人员招聘的过程。第一件事是人力资源管理者要更加积极主动地让人力资源部门的员工更多地参与进来。例如，向他们解释可以采取措施，以便将临时工的招聘与正式员工的招聘相结合。第二件事是可以依靠人力资源软件新技术，比如可以利用 SAP 和 ADP（安德普翰人力资源有限公司）平台帮助人力资源部门将临时工的信息统一纳入工资单，同时也能在工资单中便捷地将其与正式员工区分开来，使得公司的临时工聘用工作更加快捷。

● 可持续性与战略性人力资源管理

当今人们对可持续性的重视，对人力资源管理来说也有着重要影响。战略性人力资源管理是指公司制定人力资源政策和措施，以培养员工的胜任力和行为，并最终达成公司的战略目标（其中包括可持续性目标）。

例如，百事公司一直在推广"目标性绩效"，它要求在实现财务业绩的同时，还要实现人类的可持续性、环境的可持续性和人才的可持续性。百事公司的人力资源管理者可以帮助公司实现这些目标，他们可以借助人力资源规划流程来确定公司需要招聘员工的数量，以及需要开设的"绿色"职位；他们可以与高层管理人员互相配合，做出灵活的工作安排，通过减少员工的通勤时间来保护环境；他们还可以采用激励制度，激励员工达成公司的可持续性目标。总之，人力资源政策和措施可以为公司的可持续性战略和目标起到支撑作用。

● 战略性人力资源管理工具

利用多种管理工具进行人力资源管理，可以将公司的总体战略目标转化为具体的人力资源管理政策和措施。其中的三种重要管理工具是战略地图、人力资源计分卡和数字仪表盘。

战略地图

战略地图是部门绩效推动公司达成总体战略目标的总览。在各部门为公司战略规划努力的过程中，它可以帮助管理者和每位员工直观地了解自己所扮演的角色。管理专家有时会说，战略地图将员工的努力与公司的最终目标联系起来，从而让员工的"视线"明朗。

图 3-7 是美国西南航空公司（Southwest Airlines）的战略地图。最高管理层的利益在于达成公司的战略财务目标，而战略地图则显示了帮助该航空公司达成这些目标的成体系的管理措施。该航空公司的战略目标是成为行业内的低成本领导者，因此，为了提高公司的收入和盈利能力，必须减少飞行班次（以降低成本）、维持低收费和保证航班有较高的准点率。同时（再往下看战略地图），准点的航班和低收费也需要航线保证快速周转，这反过来就要求地勤和机组人员始终对工作保持积极主动。基于以上要求，战略地图有助于各部门清晰地了解自己怎样能支持公司的低成本战略。你认为，该公司的人力资源团队还可以采取哪些措施来提高地勤人员的积极性和奉献精神？

人力资源计分卡

许多雇主通过人力资源计分卡来将战略地图上的活动进行量化和计算。人力资源计分卡不是传统意义上的计分卡，它指的是公司为达成战略目标和监控结果，根据所需的一系列人力资源管理活动，对公司的财务目标、非财务目标或指标进行分

简明的战略 ————————————————→ 低管理成本、高质量客服、高效运营

战略财务目标 ————————————————→ 盈利

低成本　　　　高收益

推动战略财务目标
达成所需要的客户策略 ————————————————→ 更多的客户

低收费　　　　航班要准点

推动财务目标达成所需要
的内部业务流程 ————————————————→ 更少的飞行班次　　　减少餐食和虚饰

减少飞机的地面停留时间

支持内部业务流程所需要
的组织能力和员工胜任力 ————————————————→ 高敬业度的地勤人员

更具支持性的、能带来高绩效的人力资源措施

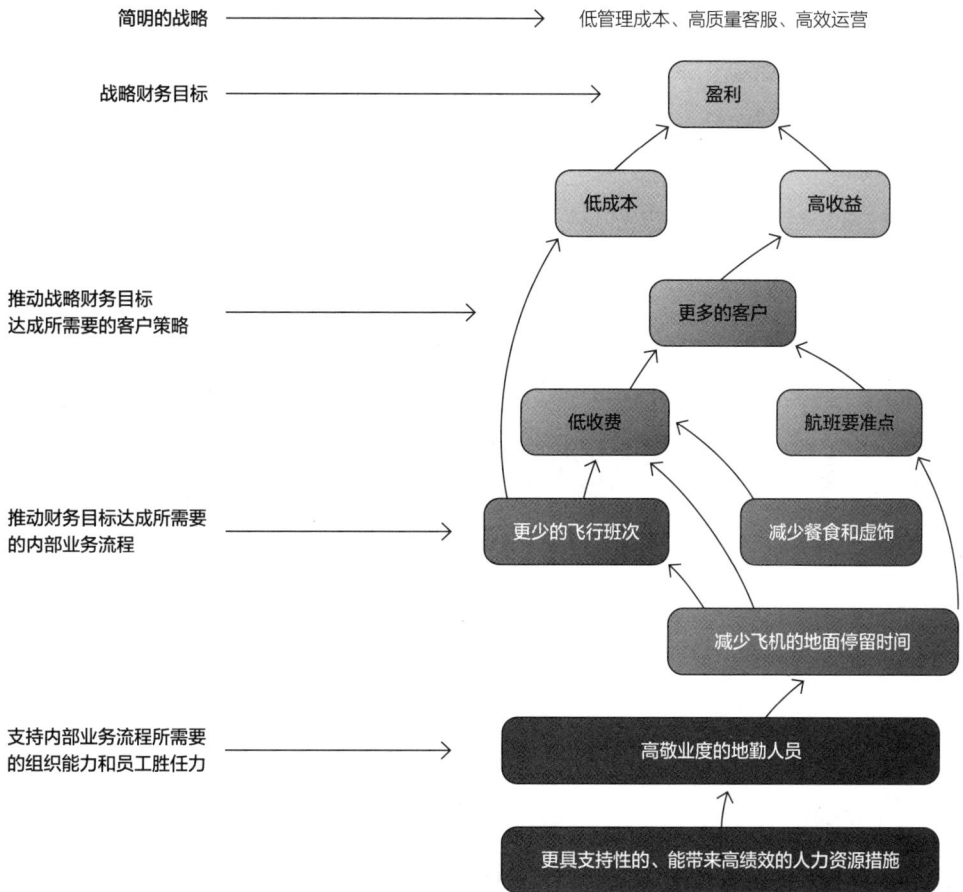

图 3-7　美国西南航空的战略地图

配的过程。其目的是将战略地图量化。（美国西南航空的"衡量指标"可能包括飞机周转时间、准点率和地勤人员产出率。）

　　管理者可以使用专门的计分卡软件来实现这一功能。这种计算机化的计分卡有助于管理者量化以下三者之间的关系：（1）人力资源活动（测试、培训等活动的数量）；（2）由此产生的员工行为（如客户服务）；（3）由此产生的公司战略的结果和绩效（如客户满意度和盈利能力）。

数字仪表盘

　　"一图胜千言"这句话形象地解释数字仪表盘的作用。数字仪表盘使管理者通过图形和图表直观地了解公司战略地图的进展情况。例如，美国西南航空公司的高层

管理者的数字仪表盘可能会显示各种战略地图活动的实时状况，如飞机的周转时间、公司所占的市场份额、年度乘客人数和航班准点率。管理者能够借此及时采取纠正措施。例如，如果地勤人员对当天的飞机调度速度较慢，而管理者不采取措施的话，那么公司第二天的财务业绩就很有可能会下降。

图 3-8 总结了三种重要的战略性人力资源管理工具。

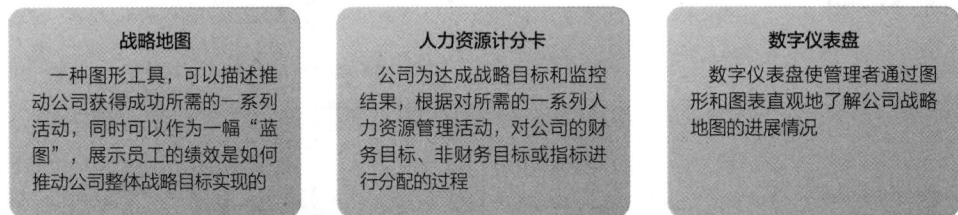

战略地图	人力资源计分卡	数字仪表盘
一种图形工具，可以描述推动公司获得成功所需的一系列活动，同时可以作为一幅"蓝图"，展示员工的绩效是如何推动公司整体战略目标实现的	公司为达成战略目标和监控结果，根据对所需的一系列人力资源管理活动，对公司的财务目标、非财务目标或指标进行分配的过程	数字仪表盘使管理者通过图形和图表直观地了解公司战略地图的进展情况

图 3-8 三种重要的战略性人力资源工具

3.3 人力资源的衡量指标与标杆管理

我们已经了解到，战略性人力资源管理是指公司为了达成其战略目标而制定并落实人力资源政策和措施，以培养公司所需的员工胜任力和行为。如何衡量自己正在做什么，是这一过程的重要组成部分。例如，波特曼酒店的管理层将"更好的客户服务"作为目标，但如果他们无法衡量什么是更好的客户服务，那么这个目标也会毫无意义。

● 衡量指标的类型

人力资源管理者一般会使用多种衡量标准（或称"人力资源衡量标准"）。例如，在员工数量为 100～249 人的公司里，平均每 100 名员工中就有 1 名人力资源员工；在员工数量为 1000～2499 人的公司里，人力资源员工占全体员工的比例会下降到 0.79% 左右；而在拥有 7500 多名员工的公司里，这一比例则会下降到 0.72%。图 3-9 展示了其他的人力资源管理衡量指标，如员工任期、单次雇用成本和年度总离职率。

公司数据

» 收入
» 全职员工的平均收入
» 税前净收入
» 全职员工的平均税前净收入
» 纳入本公司继任计划的职位

人力资源部门数据

» 人力资源部门的员工总数
» 人力资源部门员工与公司员工总数的比例
» 担任领导职务的人员占比
» 担任专业或技术职务的人员占比
» 担任行政支持职务的人员占比
» 人力资源主管的从属结构
» 2011 年各组织预计招聘的人力资源职位类型

人力资源支出数据

» 人力资源支出
» 人力资源支出与运营支出的比例
» 人力资源支出与全职员工支出的比例

薪酬数据

» 年薪的增长情况
» 薪酬与运营支出的比例
» 非高管的目标奖金
» 高管的目标奖金

教育培训数据

» 每年允许报销的教育培训费的最高限额
» 参加教育培训报销计划的员工占比

员工数据

» 已填补的职位数
» 完成时间
» 平均招聘成本
» 员工任期
» 年度总离职率
» 年度自愿离职率
» 年度非自愿离职率

对收入和招聘的预期

» 与 2010 年相比，预计 2011 年的收入将发生的变化
» 与 2010 年相比，预计 2011 年的招聘人数将发生的变化

公司盈利能力是否更强的衡量标准

» 人力资源部门的员工总数
» 人力资源部门员工与公司员工总数的比例
» 人力资源支出
» 人力资源支出与运营支出的比例
» 人力资源支出与全职员工支出的比例
» 年薪的增长情况
» 非高管的目标奖金
» 高管的目标奖金
» 每年允许报销的教育培训费的最高限额
» 参加教育培训报销计划的员工占比
» 完成时间
» 平均招聘成本
» 年度总离职率

图 3-9　SHRM®2011—2012 年人力资本定额基准指标管理报告

资料来源：人力资源管理协会。

● 基准指标管理

在决定做一些人事变动时，仅靠衡量相关表现（例如员工流失率或生产率）往往是不够的。相反，对于需要衡量的事情，我们必须知道"我们究竟做得怎么样？"例如，我们的事故率是上升了还是下降了？同样，你可能还希望对自己的结果设定标杆——将表现优异的公司与自己公司进行比较，以了解它们的优势所在。

人力资源管理协会的基准指标管理服务能够帮助雇主将自己的人力资源指标与其他公司的指标进行比较。雇主不仅可以按行业，还可以按规模、公司收入和地理区域申请对比（基准）数据。

图 3-10 展示了的一组基准指标。它呈现了雇主在教育培训方面的支出情况。

教育培训数据					
	人数	第一个四分位数	中位数	第三个四分位数	平均数
每年允许报销的教育培训费的最高限额	32	1000 美元	5000 美元	7500 美元	6000 美元
参加教育培训报销计划的员工百分比	32	1.0%	3.0%	5.0%	4.0%

图 3-10   人力资本定额基准指标

资料来源：人力资源管理协会。

● 战略和基于战略的衡量指标

对比基准指标只能从一个角度反映公司人力资源管理系统的实际情况，即公司的人力资源管理系统与竞争对手相比，表现情况如何。它可能无法展示公司的人力资源措施能在多大程度上支持公司完成战略目标。例如，如果战略目标要求通过改善客户服务来实现利润翻倍，那么你所在的公司新制定的培训措施在多大程度上有助于改善公司的客户服务？

管理者可以使用基于战略的衡量指标来回答此类问题。基于战略的衡量指标可以对有助于达成公司战略目标的活动进行评估。这样，对于波特曼酒店来说，人力资源战略的指标可能包括：100% 的员工测试覆盖率、80% 的顾客回头率、占总工资 40% 的激励薪酬、50% 的销售额增长。那么，如果新的人力资源措施（如加强培训和改善激励机制）取得了预期效果，其他战略衡量指标（如顾客回头率和顾客好评率）也应随之上升。

● 劳动力或人才分析和数据挖掘

许多雇主使用的数据分析、劳动力或人才分析，是指利用专门的软件来分析人力资源的数据和衡量指标，并从中得出结论。例如，谷歌的一个人才分析团队分析了公司员工的背景、能力和绩效等相关数据。该团队能够识别出导致员工离职的因素（如员工感到没有充分发挥自己的价值）。在一个类似的项目中，谷歌还分析了员工的调查反馈和绩效考核等数据，找出了谷歌成功的管理者应具备的特质。微软公司利用类似软件挖掘出了员工的教育和工作经历与员工入职后的工作表现之间的相关性，这使得微软公司能够改进其招聘和甄选办法。塞仕软件公司的员工留任计划是通过员工的技能、任期、业绩、教育背景和员工关系等特征数据筛选出来的。他们可以对那些高价值的员工在将来发生的离职风险进行预测。安联技术系统公司（Alliant Techsystems）创建了一个"跳槽风险模型"，用于预测员工离职的可能性。这个模型让安联公司够预测哪些员工的离职概率较高，并采取相应的改善措施。

数据挖掘

　　数据挖掘技术在相关工作中十分常见。数据挖掘是指"一系列的分析活动，用来发掘数据中那些更新的、隐藏的或意想不到的部分"。百货公司对数据挖掘的使用非常频繁。例如，梅西百货公司（Macy's）的数据挖掘可以提取出前来兑换"八折"优惠券的顾客数据，以及他们所购买的商品。数据挖掘系统可以使用统计分析等工具，从海量的员工数据中找出关联性，然后用于指导公司改进员工甄选和其他措施。

　　管理者利用人才分析找到适用的模式并做出预测。接下来的"人力资源作为利润中心"专题提供了一些实例。

劳动力（人才）分析

　　数据或人才分析工具能帮助雇主对员工档案里的传统员工数据（如员工人口统计、培训和绩效评级），以及来自新渠道的数据（如公司内部社交媒体网站、GPS 跟踪信息和电子邮件）进行综合分析。人才分析可以带来惊人的盈利效果。例如，百思买集团（Best Buy）利用人才分析发现，员工敬业度每提高 0.1%，百思买商店的年营业收入就会增加 10 多万美元。因此，雇主们正在运用人才分析工具来寻求此类问题的答案。

* **分析型人力资源**。例如，"哪些单位、部门或个人需要关注？"洛克

希德·马丁公司（Lockheed Martin）收集了一些绩效数据，以确定需要改进的部门。

* **人力资本投资分析。** 例如，"哪些行动对业务的影响最大？"通过监控员工的满意度水平，思科公司（Cisco）将员工保留率从 65% 提高了到 85%，为公司节省了近 5000 万美元的招聘、甄选和培训成本。

* **人才价值模型。** 例如，"员工为什么选择留下来或离开我们的公司？"谷歌能够预测员工何时感到无法充分发挥他们的价值并准备辞职，了解这些信息能降低公司的员工离职成本。

* **人才供应链。** 例如，零售公司使用特殊的分析模型来预测店铺每天的营业额，并提前结束与小时工的合作。

● 人力资源审计的运用

人力资源管理者通常会通过人力资源审计，来收集有关员工流动性和安全等事项的数据。用一位从业者的话来说，雇主进行人力资源审计是为了确定人力资源管理职能在现阶段的有效性，并确定后期需要采取哪些措施进行改善。人力资源审计主要负责审查公司的人力资源职能（招聘、测试、培训等），通常会使用清单工具，以确保公司遵守法规、法律和公司的政策。

在进行人力资源审计时，管理者通常会将审计结果与同类公司进行比较。典型的审计内容如下：

1. 职位和人数（包括职位说明书和根据是否为固定薪酬、是全职还是兼职对员工进行分类）；

2. 是否遵守联邦、州政府和地方政府的相关就业法律；

3. 招聘与甄选（包括甄选工具的使用、背景调查等）；

4. 薪酬（政策、激励措施、调查程序等）；

5. 员工关系（工会协议、纪律处分程序、员工表彰等）；

6. 法定福利（社会保障、失业保险、工伤赔偿等）；

7. 集体福利（保险、休假、弹性福利等）；

8. 薪酬管理（如法律合规）；

9. 文件和记录保存（例如，员工档案中是否包含简历和申请表、录用信息、职位

　　说明、绩效评估、福利登记表、薪资变更通知以及员工手册确认书等与人事活动相关的文件）；

10. 培训与发展（新员工入职培训、劳动力发展、技术与安全、职业规划等）；

11. 员工沟通（员工手册、通讯记录、识别程序）；

12. 解雇和换岗的政策与措施。

● 循证人力资源与科学行事方式

　　在本章内容中，我们已经了解到，在客观审视发展变化的基础上做出决策是非常重要的。管理者将其称为循证人力资源管理，它是指利用数据、事实、分析、科学严谨的批判性评价以及经过严格评估的研究及案例，来支持人力资源管理的建议、决策、措施和结论。

　　你可能会觉得循证与科学类似，事实也确实如此。《哈佛商业评论》中的一篇文章甚至认为，管理者必须变得更具备科学性，在做出商业决策时要"像科学家一样思考"。

　　但是，管理者如何才能像科学家一样思考问题呢？首先，在收集证据时，科学家（此处指管理者）需要时刻保持客观冷静的态度，否则他们的结论可信度就会很低。例如，一所医学院对几位任职教授进行了处分，原因是这些教授对一些药品进行研究，却没有透露他们也是药品供应公司的员工。因为这就很难保证他们的客观性，令人难以相信他们的结论。

　　保证科学性还需要实验的辅助。实验是管理者设置的一种测试，其目的是确保管理者能及时了解得出结论的原因。例如，《哈佛商业评论》刊登过一篇名为《智能商业实验步骤指南》的文章，作者认为，如果你想判断一项新的激励措施是否对公司的利润有影响，那么一开始就不要对所有的员工都实施该措施。你可以设置"实验组"（实施激励措施的员工）和"对照组"（不实施激励措施的员工）进行初步尝试。这样做可以帮助你判断绩效的提高是源于激励措施还是另有原因（如新制定的全公司培训项目）。它还能帮助你预测改变激励措施会对绩效产生怎样的影响。客观性、实验和预测都是科学的核心。

　　对于管理者来说，"科学"的意义在于通过收集事实来做出更好的决策。问题是，"直观明显"的事物可能也会带有误导性。"这个销售激励措施真的能提升营业额吗？""过去五年，我们在学费返还计划上花费了 4 万美元，但我们又从中得到了什么呢？该如何证明呢（如果有的话）？"下面的"直线经理和小型企业的人力资源工具"专题将举例说明这个问题。

直线经理和小型企业的人力资源工具

一家保险公司正在考虑通过买断高级承保人来削减成本，这些承保人大多薪水都不低。但在分析数据后，人力资源部门注意到，这些承保人给公司带来了超出预期的收入。事实上，对员工工资和生产率等数据的审查表明，如果裁掉一些低薪的呼叫中心员工，代之以薪资更高但数量更少的员工，降本增效的成果会更可观。

另一个例子是，化工企业巨头巴斯夫集团（BASF Corp.）分析了其美国总部 15 000 名员工的压力、健康和生产率数据。根据分析结果，该公司制定了员工健康计划，并通过计算确认了这些计划有助于减少员工的压力，进而提高公司的生产率，使其所产生的利益超过计划成本。

3.4　构建高绩效工作系统

高绩效工作系统能够对人力资源管理措施进行衡量、设定基准指标和科学分析，使管理者能够识别并实施高绩效工作系统。

高绩效工作系统（HPWS）是指一整套人力资源管理政策和措施，这些政策和措施共同推动了员工的高绩效的实现。一项研究对 17 家制造工厂进行了调查，发现其中一些工厂采用了高绩效工作系统，这些工厂可以开出更高的工资（平均时薪可达 16 美元，而其他工厂的平均时薪则只有 13 美元），提供更多的培训，采用更先进的招聘和录用方法（例如测试和验证面试），并使用更多的自我管理型的工作团队。和未采用高绩效工作系统的工厂相比，运用此套方法的公司明显能获得更高的绩效。

● 高绩效公司的人力资源政策和措施

研究表明，高绩效工作系统的政策和措施确实有别于低绩效工作系统。例如，在人力资源管理措施方面，高绩效公司会使用更多的选拔方式招聘更多的求职者，花费更多的时间培训员工（见表 3-1）。

表 3-1　高绩效公司和低绩效公司在招聘、甄选、培训、绩效评估、薪酬管理和其他做法上的差异

	低绩效公司人力资源管理措施各方面的指标	高绩效公司人力资源管理措施方面的指标
招聘：每个职位的合格申请人的平均人数	8	37
甄选：基于验证考察录用的员工平均百分比	4%	30%
培训：新员工的平均培训时长	35 小时	117 小时
绩效评估：员工接受定期绩效评估的百分比	41%	95%
薪酬管理：有资格获得薪酬奖励的员工占总人数的平均百分比	28%	84%
团队的使用：常规工作劳动力半自主工作团队、跨职能或项目团队人数与在所有团队中的人数百分比	11%	42%
自主型团队：拥有半自主或自主工作团队的公司的百分比	9%	70%
运营信息共享：员工获得相关运营绩效信息的程度	62%	82%
财务信息共享：员工获得相关财务业绩信息的程度	43%	66%

首先，它展示了人力资源衡量指标的实际情况，如新员工的平均培训时长或每个职位的合格申请人数量。管理者利用这些指标来评估公司的业绩，并与其他公司的业绩进行比较。

其次，它说明了雇主为建立高绩效工作系统必须采取的措施。例如，高绩效公司的每个职位合格申请人的平均人数是低绩效公司的 4 倍多，它们还基于验证考察来进行招聘，并对员工进行更多的培训。

最后，表 3-1 还显示了采用高绩效工作系统的公司通常更愿意鼓励员工参与自我管理。换句话说，高绩效公司的招聘、筛选、培训和其他人力资源实践的目的之一是培养一支参与度高、情报充足、授权合理、投入度高和善于自我激励的员工队伍。高度参与工作流程管理的员工往往也是更敬业的员工。

3.5 员工敬业度和绩效

员工敬业度是指员工对工作的精神投入度、与公司的联结度和努力完成工作的意愿度。敬业度高的员工能"体验到自己与工作任务的高度关联性"，因此会努力完成与任务相关的所有工作。换言之，敬业度高的员工会意识到自己的工作是公司事业的一部分而全身心投入。

● 为什么员工的敬业度很重要

员工的敬业度之所以重要，是因为它能推动工作绩效和生产力不断提高。例如，根据盖洛普（Gallup）的一项调查，员工敬业度最高的业务部门有 83% 的概率取得高于公司平均水平的业绩；而员工敬业度最低的业务部门只有 17% 的机会可以取得高于公司平均水平的业绩。盖洛普将员工分为敬业型、不敬业型和特别不敬业型（后者在工作中会产生极大的负面影响）。盖洛普发现，那些敬业型员工和特别不敬业型员工的比例为 9:1 的公司，其每股收益是竞争对手的 1.5 倍。一项调查显示，员工的敬业度与员工的客户服务表现有关联，员工敬业度的提高会明显提高销售额、产品质量、工作效率、工作安全指标、留任率和出勤率及收入。一家咨询公司估计，员工敬业度每提高 5%，公司的营收利润率就会提高 0.7%。员工敬业度高的公司成立工会的可能性也较小。另一项调查显示，敬业度高的员工每年仅损失约 7.5 天的生产力，特别不敬业的员工则损失约 14 天。华信惠悦咨询公司（Watson Wyatt Worldwide）通过一项调查得出这样一个结论：员工参与度高的公司，每名员工的收入要比员工参与度不高的其他公司高出 26%。《哈佛商业评论》的一篇文章指出，要想拥有最佳的客户服务（例如零售企业），"应该告诉员工为什么以及如何满足客户的需求，以此来调动员工的积极性，然后对员工的恰当行为给予奖励"。这就是为什么喜达屋酒店集团（Starwood Hotels）不仅要衡量员工的敬业度，还要衡量其敬业度的效果，如客户满意度、财务结果、缺勤率、安全性、销售额、营业额和盈利能力。

● 员工敬业度的相关问题

根据研究，全美国只有 21%～30% 的员工能真正投入工作。盖洛普将员工分为区分为敬业型、不敬业型和特别不敬业型。敬业型员工是指"工作充满热情，并与公司建立了深厚联系"的员工，而特别不敬业型员工则"工作完全无法投入"，并时常"表现出自己的不悦"，影响敬业型员工的工作状态。盖洛普发现，在一般的公司，约有 30% 的员工为敬业型，50% 的员工为不敬业型，20% 的员工为特别不敬业型。

● 如何提高员工的敬业度

管理者可以通过采取一些具体的措施来提高员工的敬业度。我们稍后会非常仔细地探讨这些步骤的具体内容，其中一项是提供支持性监督（盖洛普发现，关注员工优势的管理者"几乎可以完全消除员工脱离工作的情况"，而"魔鬼老板"则会扼杀员工的敬业度）。还有一些其他调查也研究过此类问题，比如韬睿惠悦咨询公司（Towers Watson）的一项调查表明，能够促进员工敬业度的其他管理措施包括：确保员工了解自己所在部门应如何为公司的成功做出贡献；能看到自己的努力如何有助于公司目标的实现；可以在公司的工作中获得成就感。参与度高的员工，如果身处自我管理型的团队中，往往也是高敬业度的员工。雇主还应让管理者对员工的敬业度负责。例如，WD-40 公司会定期对员工敬业度进行调查，然后管理者们会与员工一起讨论如何改善调查反馈出的不良结果。

本章和后续章节中都安排了专门的"给管理者的员工敬业度指南"，以阐释管理者应如何通过人力资源活动（如招聘和甄选）来提升员工的敬业度。

● 如何衡量员工的敬业度

盖洛普、韬睿惠悦等咨询公司都可提供全面的员工敬业度调查服务。而且，监测员工的敬业度并不复杂。埃森哲咨询公司在全球拥有约 18 万名员工，该公司采用了一种称为"说、留、尽力"三段式的方法来衡量员工的敬业度。第一，评估员工对公司的看法是否积极，以及了解员工向他人推荐公司的可能性；第二，看谁愿意与公司共同成长，以及为什么；第三，考察"努力程度"。例如，"员工是否在公司的整体成功中发挥积极作用？表现为不只是完成任务，而是超越自我。"

3.6　给管理者的员工敬业度指南

● 起亚英国分公司如何通过旨在
提升员工敬业度的人力资源战略来提高绩效

如今，作为一家成功的汽车制造商，起亚公司在全球拥有数万名员工，并以其 10 年质保期以及高质量和高性价比的产品闻名于世。然而，起亚公司的发展并非一帆风顺。1997 年 7 月，由于难以偿还 106 亿美元的债务，起亚公司接受了破产保护。1998 年，韩国现代汽车公司（Hyundai Motorcar Company）收购了起亚公司 51% 的股份。这个经历推动起亚公司启动了一项旨在改善经营业绩的长期计划。如今，虽然起亚公司仍是现代汽车集团的重要组成部分，但现代汽车只拥有起亚公司约 1/3 的股份。

● 面临的挑战

在现代汽车公司的带领下，起亚公司（以及世界上大多数汽车制造商）的经营状况有了持续不断的改善，但在 2006 年前后，由于信贷紧缩和消费者削减开支，起亚公司的发展又遇到了强大的阻力。展望 2006—2007 年的发展形势，起亚公司董事长在公司年度报告中写道：

> 在当今的汽车行业中，竞争是如此激烈，如果消息不灵通，再有勇气的人也很难自信地预测未来汽车市场的佼佼者是谁。世界的整体经济增长停滞不前，再加上汇率风险和其他重大威胁，对全球的参与者来说都是相当不利的。

面对这些挑战，起亚公司的董事长接着阐述了应对激烈的全球竞争的战略：

> 作为全球制造商，我们将全力提高在生产、营销、品牌推广以及售前售后服务等方面的竞争力，并在此基础上推动我们的产品在未来稳步发展。此外，我们还将聚焦全球品质管理，这是我们迄今为止一直在推动的事。首先，我们将加强我们在生产成本和成品中的基本竞争力；其次，我们将通过先进的系统规避管理过程中所有不必要的麻烦，为稳定盈利奠定基础；最后，我们将通过专业的研发技术和全球生产基地，有效投资于未来的新业务。

在 2006—2007 年，起亚英国分公司同样也面临着特别严峻的形势。公司拥有约 2500 名员工，面临的问题包括销售额急剧下降、恶化的财务亏损，以及低迷的员工敬业度，这些情况导致员工的流失率高达 31%。据估计，2006 年，仅 31% 的员工流失率就给公司造成了约 100 万美元的直接损失（招聘更多的员工、法务费用和解雇员工的成本）。

● 新型人力资源管理战略

起亚英国分公司新任命的人力资源主管加里·汤姆林森（Gary Tomlinson）认为，公司员工敬业度低可能既是该公司业绩不佳的原因，也是其业绩不佳的结果。实际上，通过对公司员工的调查，许多人事问题被暴露出来，包括员工的士气低落和沟通不畅。他意识到，公司需要一个新型的人力资源战略来解决这个问题。他还想到，这一战略应与母公司的战略相配合，即"作为全球制造商，我们将全力提高在生产、营销、品牌推广以及售前售后服务等方面的竞争力，并在此基础上推动我们的产品在未来稳步发展"。

汤姆林森（在起亚英国分公司高层管理者的支持下）明智地决定制定"员工敬

业度战略计划，以提升员工的士气，解决员工流失率过高的问题"。简而言之，他的想法是，通过实施旨在提高员工敬业度的新型人力资源政策和措施，改变起亚英国分公司员工的行为（例如，提高绩效和降低流失率），从而支持母公司"作为全球制造商，在各领域提高竞争力"的既定战略。接下来的"管理技能培养"专题介绍了他在提高员工敬业度方面的实际做法。

管理技能培养

如何执行提升员工敬业度的战略

起亚英国分公司提升员工敬业度的人力资源战略包含以下六个步骤（这为所有相关举措提供了指引）。

第一，公司为此设定了可衡量的目标。这些目标包括：在沟通交流、对直接下属考核的反馈质量、对所做工作的认可情况，以及管理者与普通员工之间的尊重等方面，对直线经理行为的调查反馈得分必须提高至少 10%。其他目标还包括员工流动成本（如招聘成本）每年至少降低 10%。

第二，实施了一项内容丰富的领导力发展计划。例如，他们把所有的管理者送去培训，以提高他们的管理技能。他们还使用 360 度反馈法测试管理者对这些新技能的掌握程度（基本原理就是让管理者的上级、同事和下属对其新学习的领导技能进行评估）。

第三，设计了新的员工认可计划。例如，每个季度都会选出优秀员工，为其颁发"杰出成就奖"，还为表现出色的员工颁发"起亚感谢卡"。

第四，改善了内部的沟通环境。例如，他们制定了季度员工简报，在尽可能大的范围内使用绩效评估，并推出了一个名为起亚视野（Kia Vision）的公司内部网络系统（该内部网络向所有员工提供关键业务信息和其他有用的汇报内容）。起亚英国分公司听取了员工的反馈，还决定建立一个员工论坛以加强相互之间的沟通。论坛由每个部门派出一名代表组成，旨在让员工充分表达意见、提出建议和对工作的担忧，有效提高了员工的能力并增强了他们的参与感。

第五，制订了新的员工发展计划，其中包括使用公司的评估流程来确定员工的培训需求，并为每个员工制定了培训方案。根据实际需求和员工自述的职业抱负，公司明确了这些方案的具体内容。

第六，对薪酬和其他政策做了一些调整。例如，他们取消了奖金，将其改为固定比例的涨薪。他们还重写了整本员工手册以及所有人力资源政策和程序，"以确保它们与公司新的文化价值观保持一致"。

● **成果**

新的员工敬业度计划取得了令人瞩目的成果。对员工敬业度、直线经理的沟通和其他行为的调查结果都体现了明显的改善趋势。员工的流失率从 2006 年的 31% 下降至 2007 年的 15%、2008 年的 5%，2009 年底，这个数据甚至降到了 2% 以下。两年内，公司的员工招聘和流失成本减少了 40 多万英镑，降幅达 71%。

前面我们提到过，战略性人力资源管理是指公司为了达成其战略目标而制定和执行人力资源政策和措施，以培养公司所需的员工胜任力和行为。起亚英国分公司的员工敬业度计划展现了一家公司是如何做到这一点的。（你认为本章开头提到的安杰洛可以运用这些方法来改善他的服务吗？他应该做些什么？）

第 3 章要点小结

1. 管理者的人事决策和其他决策，应与公司总体战略规划中逐级下达的目标保持一致。这些目标形成了一个层级结构，从总裁的总体战略目标出发，向下渗透到每个管理者为支持公司总体目标而需要完成的目标。管理规划流程包括设定目标、进行预测、确定备选方案、评估备选方案以及实施和评估计划。

2. 企业的每个职能部门都需要有自己的职能战略；战略性人力资源管理是指公司为达成其战略目标而制定和执行人力资源政策和措施，以培养员工的胜任力和行为。管理者用来支持其战略目标的人力资源管理政策和措施，被称为人力资源战略。一些重要的战略性人力资源管理工具包括战略地图、人力资源计分卡和数字仪表盘。

3. 管理者在做出决策前要完成数据的收集和分析。高绩效工作系统是指一系列促进组织提升效率的人力资源管理政策和措施。人力资源衡量标准（即人力资源管理活动的衡量标准，如员工流失率）对于制定高绩效的人力资源政策和措施尤为关键。

4. 高绩效工作系统是指一系列的人力资源管理政策和措施，能够共同推动员工取得卓越的绩效。

5. 员工敬业度之所以重要，在于它能推动公司绩效和生产力不断提高。例如，一项调查显示，员工敬业度最高的业务部门有 83% 的概率能取得高于公司中位数的绩效；而员工敬业度最低的业务部门只有 17% 的概率取得相应成绩。

6. 针对公司员工的敬业度问题，起亚英国分公司制定的人力资源战略包括六个步骤。这六个步骤是：
- 设定可衡量的目标；
- 实施领导力发展计划（例如，让所有的管理者都参加培训，以提高他们的管理技能）；
- 设计了新的员工认可计划（例如，每季度都会选出优秀员工，为其颁发"杰出贡献奖"）；
- 改善内部沟通环境（例如，启动每季度的员工简报会）；
- 制订新的员工发展计划（例如，使用公司的评估流程来确定员工的培训需求，并为每位员工制定培训方案）；
- 调整薪酬和其他政策，以确保它们与公司新的文化价值观保持一致。

第二部分

人员配置：劳动力规划与雇用

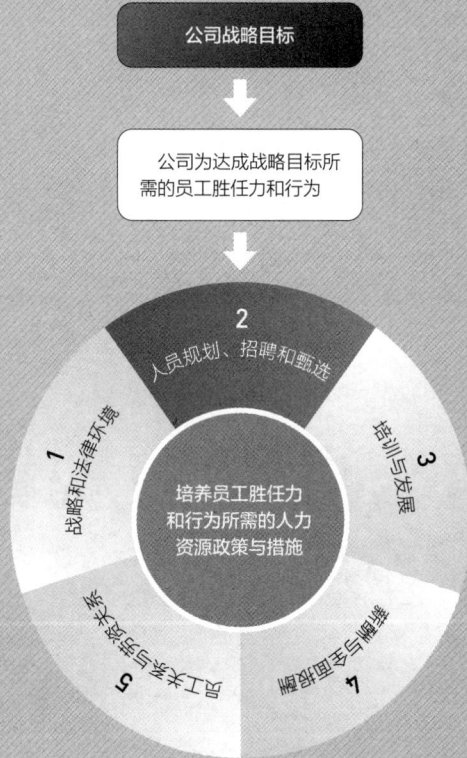

第 4 章

职位分析与人才管理

● **本章学习目标**

» 给出人才管理的定义，并解释其重要性。

» 讨论职位分析的流程及其重要性。

» 阐述至少三种收集职位分析信息的使用方法，包括访谈法、问卷调查法和观察法。

» 阐释如何编写职位说明书。

» 阐释如何编写任职要求。

» 列出你所期望的员工在工作中表现出来的一些不一样的个人特质和行为。

» 阐释如何构建胜任力模型。

引入

　　安第斯研究有限责任公司（Andean Research LLC）是致力于解决污染防控问题的一家公司，公司员工为 90 人。当梅格（Meg）被老板提升为会计主管时，她欣喜不已。新官上任，梅格有 4 名手下：1 名会计兼内部审计员、1 名专职会计、1 名出纳和 1 名工资员。工作了一个月后，梅格发现上个月的工资单报表有错误。很显然，负责将实际薪资数据与美国国税局（IRS）报告进行比对的员工没有尽到应尽的工作职责。工资员怎么可能不知道他必须这样做呢？"你最好让你的手下清楚规则。"总裁说。我们来看看梅格是怎么做的。

4.1 人才管理流程

对许多人来说，本书的第 4 章至第 11 章才是人力资源管理的核心内容，尤其是其中的与员工有关的招聘、甄选、培训、评估、职业规划和薪酬这些内容。但从过往的经验来看，管理者一般会将这些活动视为一系列的步骤：

1. 通过职位分析、人员规划和预测，决定需要为哪些岗位配置人员。
2. 通过内部招聘或外部招聘，建立候选人才库。
3. 收取职位申请表，并进行初步的面试筛选。
4. 使用测试、面试、背景调查和体检等甄选工具来识别哪些是合适的候选人。
5. 决定向哪些人发出录用通知。
6. 指导、培训和发展员工，使他们具备对应工作的胜任力。
7. 考核员工，并评估他们的工作表现。
8. 向员工发放薪酬和奖金，以维持他们的积极性。

这种阶段推进的方式确实颇为有效。例如，雇主在选择聘用某人之前，首先需要有岗位对应的候选人。

阶段推进的方式其实存在两个问题。

第一，这个过程往往并不是真正的逐步进行。例如，管理者并不会先培训员工（第 6 步），然后再考核他们的表现（第 7 步）。相反，考核很可能会影响员工后续的培训（详见案例）。因此，不要把这些人力资源活动看作依次逐步进行的，最好是用全局的视角去看待它们——因为这些步骤之间会相互影响、共同作用。

第二，只关注某一个具体的步骤可能会导致管理者"只见树木，不见森林"。关键是，我们要获取想要的效果，不是只需要知道这些步骤本身，而是要通过对它们综合运用才行。每一个步骤都应着眼于良好的人岗匹配，并最终达成特定的组织成果（例如改善客户服务）。

有鉴于此，现在的企业是将这 8 个步骤视为具有协同性质的人才管理工作的组成部分，而不是死板的逐步推进。简而言之，人才管理的目的是让合适的员工（人才）在合适的时间从事合适的工作。我们将人才管理（talent management）定义为与人员规划、招聘、甄选、发展、管理和薪酬支付有关的，以结果和目标为导向的综合过程。人才管理在实践中具体包含哪些方面呢？采取人才管理方法的管理者往往会做到以下几点。

1. 管理者从结果出发，提出问题："我应该采取什么样的招聘、测试、培训或薪酬方案来获得我们所需的员工胜任力，并最终实现公司的战略目标？"

2. 管理者将招聘和培训等人力资源活动视为一个整体，包含了许多相互关联的活动。例如，管理者应该明白，要想招聘到与岗位技能要求匹配的员工，不仅取决于公司的招聘和培训政策，也取决于对求职者的测试情况。

3. 因为人才管理是一个全面的整体过程，所以管理者在制订某个岗位的招聘计划时，要尽可能与所需人才的技能、知识和行为相关的"框架标准"相符，以便公司做出行之有效的甄选、培训、评估和薪酬决策。

4. 管理者应采取措施协调或整合招聘和培训等人才管理职能，例如，确保自己在为某一特定职位招聘员工时，其框架标准与在进行员工甄选、培训和评估员工时一致。要做到这一点，往往需要专门的人才管理软件的辅助。

🖥️ 通过人力资源信息系统提升绩效

人才管理软件

许多雇主会使用人才管理软件来辅助与人才有关的活动。例如，甲骨文公司（Oracle）表示，其人才管理的系列软件能够帮助管理者聘用最优秀的人才，能对员工的绩效进行实时评估，并可以"根据人才管理目标，调整和开发员工队伍"。仕睿科技集团（SilkRoad Technology）的人才管理解决方案不仅包括求职者跟踪、入职、绩效管理和薪酬支付，还可以帮助管理者"……招聘、管理和留住最优秀的员工"。

4.2　职位分析的基础

人才管理首先要了解需要为哪些职位配备员工，以及员工有效完成这些工作所需的个人特质和胜任力。

● 什么是职位分析

组织由一系列不同的职位构成。组织结构图（organization chart）（见图 4-1）展

示了每个管理者的职位名称，并通过连线呈现了其相互之间的从属关系。职位分析
（job analysis）是用于确定公司职位职责和拟聘人员特征的程序。职位分析为编写职
位说明书（工作内容清单）和任职要求（job specifications）（或"员工要求"）提供
信息参考（即该职位需要雇用什么样的人）。几乎所有与人事相关的行动——例如
面试求职者、培训和考核员工——都需要了解职位的具体工作内容以及做好这项工
作所需的个人特质。

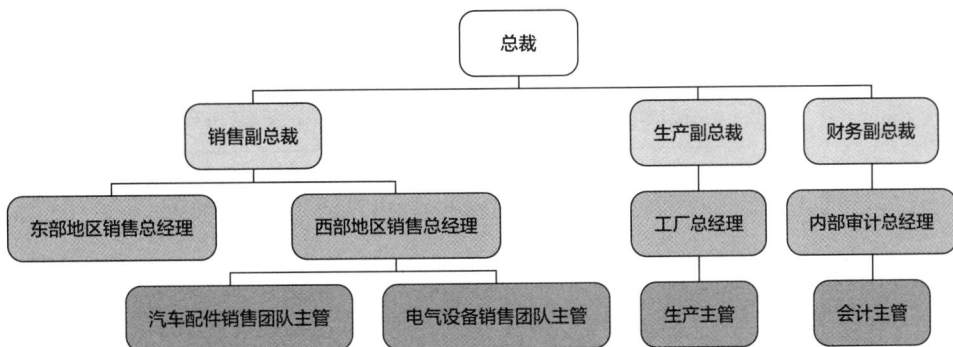

图 4-1　组织结构图

管理者或人力资源专家通常会通过职位分析收集以下一种或多种类型的职位
信息。

» **工作活动**：有关该职位的实际工作信息，比如，是有关清洁、销售、教学，还
是有关绘画。这些信息可能还包括工人执行每项活动的方式、原因和时间。

» **人的行为**：该职位所要求的人的行为信息，如感知、交流、举起重物或远距离
行走。

» **机器、工具、设备和工作辅助工具**：例如，使用的工具、加工的材料和应用的
知识（如金融或法律）。

» **绩效标准**：有关工作绩效标准的信息（例如，每项工作职责的数量或质量
要求）。

» **工作背景**：有关物理工作条件、工作时间安排、激励措施等方面的信息，例如，
员工通常会与多少人打交道。

» **人才要求**：知识或技能方面的信息，如教育背景、培训情况、工作经验和所需
的个人特质（能力、个性、兴趣）等。

职位分析信息的使用

职位分析至关重要。如图 4-2 所示，管理者几乎每天都要进行多项人力资源活动，而职位分析所产生的信息正是这些活动的基础。

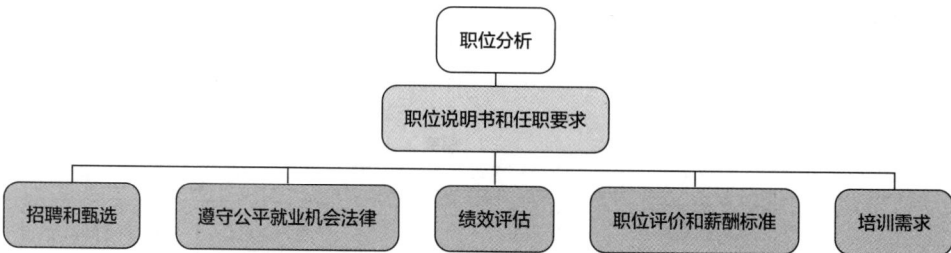

图 4-2　职位分析的使用

» **招聘和甄选**：职位分析可以提供有关工作职责和所需人员的特征信息，从而帮助管理者决定需要招聘和雇用什么样的人。

» **遵守公平就业机会法律**：例如，为了遵守《美国残疾人法》，雇主应了解每个岗位的基本工作职能，要做到这一点，雇主首先需要进行职位分析。

» **培训需求**：职位说明书列出了每个岗位的具体职责和所需技能，从而明确需要进行哪些培训。

» **绩效评估**：绩效评估是将每位员工的实际绩效与其职责和绩效标准进行比较。管理者通过职位分析来了解这些职责和绩效标准是什么。

» **薪酬标准**：薪酬水平通常取决于工作所要求的技能和教育水平、环境安全隐患、职责范围等，这些都可以通过职位分析来获取。

职位分析的步骤

典型的职位分析主要包含以下 6 个步骤。

步骤 1：　确定信息的用途，因为这将决定收集信息的方式。像员工访谈之类的数据收集方法，也适用于编写职位说明书。其他的一些方法，比如我们稍后将介绍的职位分析问卷调查，则可以提供数字评级，可以用于将多个职位进行比较并确定它们对应的薪酬水平。

步骤 2： 查看该职位的相关背景信息，如组织结构图和工作流程图。组织结构
图显示了该职位在组织中的位置。工作流程图（见图 4-3）详细描述
了该职位的工作流程。在图 4-3 中，质量控制员应检查来自供应商所
生产的零部件和将要交付给工厂经理的零部件，并向这些经理提供有
关零部件质量的所有信息。最后，现有的职位说明书可以作为修订新
版职位说明书的基础。接下来，我们将详细介绍工作流程。

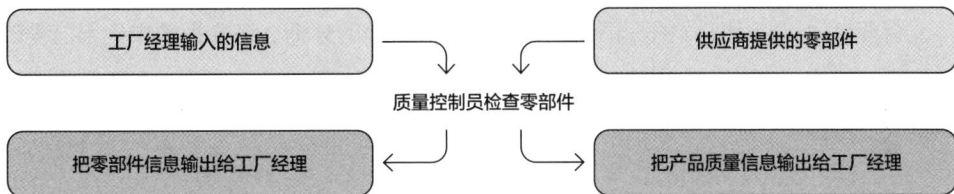

图 4-3　工作流程图

资料来源：培生教育集团。

工作流程分析

检视组织结构图、流程图和职位说明书，有助于管理者了解某项工作当前的职
责和要求。但是，这并不能回答"这项工作与其他工作的关系是否合理"或"这项
工作是否应该存在"或"我们是否应该重新设计这项工作的完成方式"等问题。要
获得这些问题的答案，管理者就需要进行工作流程分析。工作流程分析（workflow
analysis）是指对一个可识别的工作流程（如处理抵押贷款申请）中的各项工作之间
的衔接关系进行详细研究。这种分析可能会导致当前工作的改变或再设计。接下来
的"人力资源作为利润中心"专题描述了工作流程分析是怎样进行的。

人力资源作为利润中心

通过工作再设计提高生产力

美国大西洋保险公司（Atlantic
American insurance）进行了一项工作流
程分析，以确定其在处理保险索赔时存
在哪些低效行为。正如该公司的人力资

源总监所说，"我们跟踪了理赔申请从收
到邮件到最终完成的整个过程"，以便找
到改进工作流程的方法。

工作流程分析促使大西洋保险公司

对保险索赔工作进行了数次绩效提升方面的再设计。该公司将查阅邮件的人数从 4 人减少到 1 人，用一台自动拆封机器取代了另外 3 人。一台新的日期加盖印章机可以让员工一次性在 20 页纸上盖章，而过往只能一页一页地进行。新的软件程序则会自动为每份理赔文件添加条形码，不用再完全靠手工完成。新的工作系统无疑在很大程度上帮助公司降低了成本。

管理者可以使用工作流程图来辅助进行工作流程的分析。在流程图中列出流程的每一个步骤，管理者可将这一步骤式流程图转换为图表式流程图，并用箭头和圆圈代表流程中的某一个步骤。

业务流程再设计

美国大西洋保险公司的工作流程分析推动了其理赔业务流程的再设计。业务流程再设计（business process reengineering）是指重新设计业务流程，一般是通过合并步骤，使多职能流程小型团队利用信息技术完成以前由多个部门合作完成的工作。业务流程再设计的基本步骤包括：

1. 确定需要进行再设计的业务流程（如处理保险索赔）；
2. 评估现有流程的表现；
3. 识别改进这些流程的合适时机；
4. 进行再设计并落实新的工作方式；
5. 挑选出以前可以独立完成的任务，分配给在计算机辅助下的个人或团队，以进行新的安排。

在美国大西洋保险公司，业务流程再设计通常需要重新设计单项工作。例如，负责大西洋公司"日期加盖印章"的员工现在必须学习使用新的日期盖章机器。相反，工作岗位的再设计也可能会导致岗位的职务扩大化、轮换或丰富化。

职位再设计

早期的经济学家热衷于解释为什么专业化的工作更有效率（"熟能生巧"）。如今，大多数人认为，过度专业化的工作可能不会更有效率，比如，它可能会打击员工士气。专家们通常建议可以使用以下三种方法来重新设计专业化工作，以便让这些工作更具挑战性。

职务扩大化（job enlargement）是指给员工分配额外的同级别工作。比如，以前只负责把座椅和桌腿固定的工人，现在也可以负责安装靠背。岗位轮换指有计划性地将员工从一个工作岗位调到另一个工作岗位上去。

心理学家弗雷德里克·赫茨伯格（Frederick Herzberg）认为，激励员工的最佳方式是使其工作丰富化。工作丰富化是指对职位进行再设计，增加员工体验责任感、成就感、成长感和被认可感的机会，从而提高员工的积极性。例如，在美国大西洋保险公司，管理者通过让一个团队去负责处理整个理赔申请的流程来丰富他们的工作内容。这其实是赋予员工更多的权力——例如，让他们拥有检查工作的权力，并培养他们与之相关的技能，而不是把事情全部丢给主管。赫茨伯格表示，被赋予权力的员工一般都会高质量地完成工作，他们会变得很主动，质量和生产率肯定也会相应地得到提高。这一理念正以不同的形式成为一种理论基础，被许多立足团队自我管理工作模式的公司采用。现在，让我们回到职位分析的主要步骤。

步骤 3：　确定要分析的职位后，管理者一般会选择一个职位样本进行重点分析。例如，要分析一个装配工的工作，可能没有必要对公司所有 200 个装配工都进行分析，只需要 10 个职位样本即可。

步骤 4：　然后，管理者使用下一节介绍的一种或多种方法对职位进行实际分析。

步骤 5：　完成实际分析工作后，与员工及其直接主管进行信息核实。这样做的目的是确认信息（例如，关于工作职责的信息）是否与事实相符、是否完整，并以此获得员工及其上司的认可。

步骤 6：　编写职位说明书和任职要求。职位说明书列出了工作的职责、活动和义务，以及工作条件等重要特征。任职要求总结了完成工作所需的个人素质、个人特质、技能和背景。

4.3　收集职位分析信息的方法

收集职位分析信息的方法有很多（例如，访谈法或问卷调查法），为了达成目的，你应该使用那些最适用的方法。例如，访谈法可能最适合用来编写工作职责清单，而职位分析调查问卷则更适用于量化每项工作的价值和对应的薪酬。

在规模较大的公司，职位分析应由人力资源管理者、员工和员工的主管共同完成。人力资源管理者可以观察员工的工作情况，并让主管和员工填写工作调查问卷；接着，人力资源管理者列出职位职责和所需的个人特质；最后，主管和员工对其整理的职位职责清单进行核对。

收集职位分析信息实际上非常简单：花大约 15 分钟的时间对员工进行访谈，简要解释职位分析流程和参与者在此流程中所扮演的角色；就工作的基本概要达成一致意见；确定工作的职责范围，如"拜访潜在客户"；然后使用标准的职位分析方法确定每个模块内的具体职责。你需要确保员工理解你的问题和工作流程。

● 访谈法

管理者可以与每名员工进行单独访谈，也可以与从事相同工作的员工团队进行小组访谈，或与一名或多名了解相关工作的主管进行主管访谈。当大量员工从事相似或相同的工作时，小组访谈是最合适的方式，因为这种方式可以快速、低成本地收集信息。通常情况下，员工的直属上级应该也参加这个小组访谈，如果他没有参加，你可以单独与他进行沟通。

员工应该了解访谈的原因。员工往往会把这种访谈视为是在"效率评估"，所以在准确描述自己的工作时会变得犹豫不决。

典型问题

典型的访谈问题包括以下内容：

» 你所从事的工作是什么？

» 你的职位职责是什么？

» 你的工作地点在哪里？

» 对教育背景、工作经验、（适用的）技能证书和许可证有哪些要求？

» 岗位的职责和义务有哪些？

» 能代表你工作的基本职责或绩效标准是什么？

» 你的工作职责是什么？

» 你的工作会涉及哪些环境和工作条件？

» 工作对体力的要求如何？对情感和精神方面的要求呢？

» 你当前的工作是否存在让你面临危险或不寻常的工作条件？

结构化访谈

许多管理者使用职位分析调查问卷（position analysis questionaire，PAQ）来组织和引导访谈，如图 4-4 所示。其中包括有关工作的一般目的、主管职责、工作职责、教育背景、工作经验和技能要求等各方面的问题。

这种结构化问卷不是访谈必需的，职位分析师也会亲自观察工作或使用职位分析问卷调查（这两种方法将稍后阐释）收集信息，也可以使用结构化清单。

职位分析师可以与每名员工进行单独访谈，也可以与从事相同工作的员工团队进行小组访谈，或与一名或多名了解相关工作的主管进行主管访谈。

职位分析调查问卷 *

目的和说明

因为在本岗位上工作的员工往往最了解这个职位，所以我们邀请您填写本表，目的是在对您的工作职责和义务进行审查的基础上，获取有关此职位的最新信息。我们不会询问您的工作表现，而只关注您需要完成的工作内容。

员工信息（请打印）

姓名: _____　　填写日期: _____

员工编号: _____　　地点 / 部门: _____

职位名称: _____　　职位编码: _____

在当前职位的任职时长: _____　　工作电话: _____

主管姓名: _____　　主管职位: _____

职责概要

简要说明你所在岗位的主要职责。该说明应是下方所列职责的简要概述。

_____

_____

列出工作职责

你的工作内容有哪些？请在下面的空白处列出你工作的具体职责或任务。在此过程中：
请先列出最重要的职责或任务，并为每项职责或任务编写一份单独的陈述。
在每份陈述的末尾，请注明你在该职责上所花费的时间约占工作日的百分比（如 25%、7% 等）。
请在你认为是本职位中绝对关键的职责旁边打星号（*）。

_____

_____（必要时可添加其他职责）

图 4-4　用于制定职位说明书的职位分析问卷

你现在履行的职责中是否有不在你职位说明书中的职责？如果有，请在本页背面列出。

本职位要求的最低教育水平（或同等学力）。

从事你的工作所需的最低教育水平是什么？请选择其中的一项：

1. 基础教育
2. 高中教育
3. 高中文凭或同等学历（普通教育发展证书）
4. 正式的职业培训（约一年）、学徒制教育或一些正式的大学教育
5. 副学士学位（文学副学士、理学副学士）
6. 学士学位（文学学士、理学学士）
7. 硕士学位（文学硕士、理学硕士、工商管理硕士、公共管理硕士）
8. 博士学位（哲学博士、医学博士、法学博士、教育学博士）
9. 开展工作是否需要执照或证书？

[　]是　[　]否　请列举 _____

必要的岗位培训

从事你的工作需要接受多长时间的在职培训或课堂培训？请从以下选项中选择一项：

1. 无须额外培训
2. 一天或两天
3. 一周
4. 一个月
5. 几个月
6. 一年
7. 不少于两年

监管职责

你是否在工作中需要监管他人？如果是，请说明你的监管职责的性质。

工作中的体力要求

请简要描述这份工作的主要体力要求。例如，是否需要久坐着、走路、站立、举起重物、细致的重复性动作、攀爬等。

工作条件：环境和安全性的相关工作要求。

请列出本岗位的工作条件，例如：在空调环境下工作、处于室外或室内酷热或严寒的环境、潮湿、噪声、工作危险、高空作业等。

员工反馈

是否有对了解你的职位很重要的其他信息？若有，请写在下面提出你的意见。

主管审查

给予你对当前职位的理解，请审查员工的回答，并在下面的空白处提出你自己的意见。**请勿更改员工的回答。**

图 4-4　用于制定职位说明书的职位分析问卷（续）

资料来源：得克萨斯南方大学网站、休斯顿大学网站、田纳西州立大学网站。

访谈指南

在进行访谈时，有几个重点需要牢记在心。

* 第一，职位分析师和主管应相互配合，找出对工作最了解的员工，并让他们客观准确地描述自己的职责和义务。
* 第二，迅速与受访者建立良好的关系；了解受访者的姓名；用简单易懂的语言交谈；简要说明访谈目的；解释为什么会选择对方作为受访者。信息失真可能会是一个很大的麻烦。职位分析通常是在工作薪酬变动之前进行的，因此，员工可能会夸大某些职责。
* 第三，如果可能的话，请使用结构化访谈引导或清单，列出问题并留出回答空间。这样可以确保你已提前准备好所有关键性问题，并且所有面谈发起人提问的内容基本相同。不过，还需要思考："还有哪些方面是我们没问及的？"
* 第四，当员工的职责不是以固定的方式履行时——例如，当员工不需要重复进行相同的工作时——你应该要求员工按照重要性和发生频率来列出他的工作职责。这将确保不常出现的关键活动（比如护士偶尔会在急诊室里忙碌）不会被忽视。
* 第五，与员工及其主管一起审查并核实信息。

● 问卷调查法

通过让员工填写调查问卷来描述他们的工作职责和义务，是获取职位分析信息的另一种有效方法。

有些调查问卷属于结构化的清单。在调查过程中，每名员工都会得到一份可能包含数百项具体任务（如"换线和接线"）的清单。员工必须说明是否执行了每项任务，如果答案是肯定的，则需要说明每项任务花了多少时间。还有一些问卷调查可能只需要"简单描述一下你工作的主要职责"就可以了。

实际上，最好的调查问卷是兼而有之。如图 4-4 所示，典型的职位分析问卷可能包括几个开放式问题（如"你的工作是做什么的"）和一些结构化问题（如所需的教育程度）。

问卷调查法是一种从大量员工中获取信息的快速有效的方法，它比采访数百名员工的成本要低很多。然而，编制问卷并对问卷进行测试（让员工理解问题）会耗费大量的时间。而且，与访谈一样，员工可能会对自己的答案进行美化。

● 观察法

当工作内容主要由可观察到的体力活动组成时——比如装配线的工人和会计员都是如此，最有效的办法就是直接观察员工每天的工作。然而，当工作需要大量的脑力活动时（比如律师、设计师），观察法往往就不适用了。如果员工只是偶尔参与一些重要的活动，如护士可能有时需要处理急诊，那么观察法也不奏效。反应性——员工可能因为你的观察而改变自己平时的做法，这也是一个问题。

管理者通常会将直接观察法和访谈法结合起来使用。比如，在一个完整的工作周期（周期是指完成工作所需的时间。对于流水线工人来说，可能是一分钟，而对于复杂的工作来说，可能是一小时、一天或更长时间）内观察员工的工作情况。在这个过程中，你要记下所有的工作活动。然后，让受访者补充未涉及的要点，并对他所进行的任何未被观察到的活动给出解释。

● 员工日志法

另一种方法是要求员工写日志，让员工在日志中记录所从事的每项活动（以及活动时间）。

还有一些公司给员工配备了微型口述记录机和寻呼机。管理者可以在一天中随机呼叫员工，让他们口述当时正在做的事情。

● 定量职位分析法：职位分析问卷调查

访谈法和问卷调查法等定性方法并不适用于所有情况。例如，如果你是为了确定薪酬而对职位进行了解，那么仅罗列职责可能还远远不够。实际上，你可能还需要证明"A 职位的挑战性是 B 职位的两倍，因此 A 值得获得 B 两倍的薪酬"。面对这种情况，对职位评级进行量化就很有用。

职位分析调查问卷（PAQ）是当前非常流行的一种定量职位分析工具，问卷中包含 194 个分项。这 194 个分项分别属于 PAQ 五项基本活动中的一项：（1）决策、交流或社会责任；（2）技术活动；（3）体力活动；（4）驾驶车辆或操作设备；（5）处理信息。例如，在"处理信息"这一项基本活动中，员工可能（或不可能）会使用的两种材料是"文字材料"和"图片材料"。职位分析师会明确这 194 个分项中的每一项是否都在该员工的职位上发挥作用，如果是，会继续了解它具体发挥到何种程度。量表分数从 1（极少使用）到 5（大量使用）不等，例如，受访者可能会给"文字材料"打 4 分，而这 4 分表明文字材料（如书籍和报告）在这项工作中确实发挥了重要作用。该职位的最终 PAQ 得分显示了该职位在五项基本活动中每项活动的评分。分析师可针对其要分析的每项工作，合理使用 PAQ 的在线版本工具。

对于基于薪酬目的而将具体工作分配到职位类别中的调查分析，PAQ 可以发挥关键性作用。通过对每项工作的决策、技术活动、体力活动、驾驶车辆或操作设备、信息处理特点等进行评级，你可以对工作进行定量比较，然后对职位进行分类，以确定其薪酬。

● 电子化职位分析法

如今的雇主越来越依赖电子化或在线职位分析法。例如，职位分析师已经不再通过直接访谈或问卷调查来收集职位信息，而更多的是利用在线系统向距离较远的专家（通常是在职者）发送职位调查问卷。职位分析师还可以通过 Facetime 或 Skype 等召集相关职位的专家，讨论并最终确定从事该职位及其任务所需的知识、技能和其他特质。

在进行职位分析时，这种方式往往是大家的首选。简而言之，人力资源部门可以通过数字化的方式向位于不同地区的员工分发标准化的职位分析问卷，并指引他们填写表格，让他们在特定的日期前提交。请确保指引是清晰明了的，并已经对流程进行了测试。

4.4　编写职位说明书

职位分析最重要的产出就是职位说明书。职位说明书是一份书面陈述，用于说明员工实际的工作内容、工作方式，以及该职位的工作条件是什么。这些信息反过来又会被用于编写任职要求。任职要求会列明高质量完成工作所需的知识和技能。

职位说明书的编写没有标准格式。不过，大多数职位说明书都包含以下内容：

1. 职位名称　　　　3. 责任和义务清单　　5. 绩效标准　　　　7. 任职要求
2. 职位概述　　　　4. 职责权限　　　　　6. 工作环境

图 4-5 和图 4-6 提供了两种职位说明书的样例。

职位名称：电话销售代表	职位编码：100001
建议薪酬等级：	豁免 / 非豁免职位：非豁免
职位类别：销售	公平就业机会：销售类员工
最低教育水平：高等教育	直接主管：区域销售经理
部门：业务部	工作地点：波士顿
	日期：2017 年 5 月 18 日

职位概述（简要写出该职位的职责）

该职位的员工负责通过接打电话向教授销售大学教科书、软件和多媒体产品，并执行销售策略，以达成指定区域内较小规模学院和大学的销售目标。此外，该职位的员工还负责编写指定数量的编辑线索，并将产品信息和在指定地区观察到的市场发展趋势反映给出版部门。

职位范围和影响

经济责任（预算和收入）

该职位的员工需要创造约 200 万美元的收入，运营支出预算不超过 4000 美元，所用样书不超过 10 000 册。

监管职责（直接和间接）

无

其他

所需知识和经验（从事本职工作所需的知识和经验）

相关工作经验

有销售或出版经验者优先。最好有一年公司客户服务或营销工作经验，对公司产品和服务有较全面的了解。

正规教育或同等经历

要求有学分绩点较高的学士学位或同等工作经验。

技能

必须具备优秀的组织能力和说服能力。必须具备出色的口头和书面沟通能力，必须精通计算机。

其他

少数时间需要出差（约 5%）

责任和义务（根据重要性轻重顺序排列，并列出在相关任务上所花费的时间）

提升销售额 60%

» 指定区域内的小型学院和大学达成定量销售目标。

» 确定该区域的销售重点事项和销售战略，并制订实施这些战略的计划。

图 4-5　职位说明书样例（以培生教育为例）

> » 在学年销售期间，每天与 15～20 位教授面谈，以完成以上这些重点事项。
> » 进行产品介绍（包括课本、软件和多媒体产品）；高效清晰地总结作者在重点章节中的中心观点；使用产品服务系统（PSS）模型进行销售访谈；借助图书和其他技术进行说明阐述。
> » 运用电话销售的技巧和策略。
> » 向合适的院系提供产品样本，战略性地运用样书预算。
> » 完成第一版样书的课堂测试。
> » 在公司的规定范围内，就出版和特殊包装协议进行谈判。
> » 最为高效地利用差旅预算，在合适的时机发起并推动面对面的教职员工介绍会和销售活动，最大限度提高销售额，同时利用内部资源支持地区销售目标的实现。
> » 策划并执行区域内的特别销售活动和书展。
> » 策划并实施区域内的促销活动和有针对性的邮寄促销活动。

出版（编辑/营销）25%

> » 报告、跟踪和签署编辑项目。
> » 收集重要的市场反馈信息，并提交给出版部门。

区域管理 15%

> » 跟踪和报告指定数据库中所有待处理和已完成的业务。
> » 在指定数据库中维护客户销售访谈和产品选择的记录。
> » 战略性管理运营的预算。
> » 提交指定区域的行程、销售计划和销售预测。
> » 对指定区域提供优质客户服务，与书店维持业务合作关系。

该职位的决策责任

决定如何战略性地使用指定的样本预算，最高效地创造销售收入，超额完成销售目标。

确定客户和合同签署的优先次序，最大幅度地提升销售潜力。

确定在哪些地方进行现场演示和特别销售活动可以最高效地达成最大销售额。

提交人：区域销售经理吉姆·史密斯（Jim Smith）	日期：2017 年 5 月 18 日
批准人：	日期：
人力资源部：	日期：
公司薪酬组：	日期：

图 4-5　职位说明书样例（以培生教育为例）（续）

资料来源：培生教育集团。

● 职位识别

　　如图 4-5 所示，职位识别部分一般会包含几类信息。职位名称明确了该职位的名称，如"数据处理操作主管"或"库存管控文员"。《公平劳动标准法》（Fair Labor

Standards Act）中的状态部分标明了该职位是否为豁免职位。（《公平劳动标准法》规定，某些职位不受该法律中的加班费和最低工资规定的限制）。日期是指职位说明书实际获得批准的日期。

职位说明书中可能还存在一个留白处，用来标明批准该职位说明书的人是谁，以及直接主管的职称。有时可能还存在另一个留白处，用来标明该职位的工作地点（专用场所或部门和科室）。此外，可能还有用于标明该职位的级别（二级程序员、三级程序员等）以及工资或薪级信息的留白处。

职位名称（或职位头衔）中都包含什么？你会发现社交媒体上的一些职位名称很有创意。例如，拼趣（Pinterest）称其设计师为"像素推手"（Pixel Pushers），称其实习生为"拼趣实习体验官"（Pinterns）。

乍一看，这些头衔可能有些无厘头，但实际上它们可能发挥了不小的作用。研究人员进行了几项调查（包括一项在医院进行的研究），以明确职位名称是否会影响员工的士气。他们要求员工改写自己的职位名称（比如，专门从事传染病工作的人写成"细菌杀手"）。研究人员得出的结论是，参与了为自己的职位重新命名，并拥有更具描述性职位名称的员工，往往对自己的职位更满意，也更容易获得认可。

● 职位概述

职位概述应概括职位的本质，其内容主要是介绍职位的主要职能或活动。因此图 4-5 中的电话销售代表的职位概述就包含"……负责……销售大学教科书……"至于收发室主管的工作，应是"正确地接收、分类和投递收到的所有邮件，并跟进发出的所有邮件，包括准确及时地寄出这些邮件。"

一些专家明确指出："职位说明书中经常能看到一项内容——'逃避型语句'，比如'完成主管安排的其他任务'，这种描述不应该出现在职位说明书中。"因为这会使工作性质变得模糊不清。在职位概述中必须说明员工应高效、专注、认真地履行职责。

● 工作关系

职位说明书可能会存在"关系"的表述（图 4-5 中未进行描述），特别是任职者与他人的关系。例如，人力资源经理会说它可能是以下几种关系。

> » **汇报关系：**向员工关系副总裁汇报；
>
> » **监管关系：**需管理人力资源文员、测试管理员、劳资关系主管和一名秘书；
>
> » **与下列人员共事：**所有部门的管理者和执行管理层；
>
> » **公司外部关系：**职业介绍所、猎头公司、工会代表、州和联邦就业办公室以及各供应商。

● 责任和义务

职位说明书中应列出该职位的主要职责和义务，这是职位说明书的核心。如图 4-5 所示，应分别列出每个职位的主要职责，并用几句话加以描述。例如，在图中，该职位的职责包括"达成定量销售目标……"和"确定销售重点事项……"。其他工作的典型职责可能会包括准确计入应付账款、维护有利的采购价格差以及维修生产线的工具和设备。这一部分还可以定义任职者的权限，如批准不超过 5000 美元的采购申请。

管理技能培养　　　　　　　　　　　　　　　确定工作职责

当然，这里的关键问题是"如何确定工作职责是什么，以及应该是什么"。

要回答这个问题，首先需要借助于职位分析，因为它可以呈现每个岗位上的员工目前正在做什么。

其次，政府也提供了标准化职位说明书的相关信息。例如，美国劳工部早期在职位分析方面做了大量的工作。多年来，劳工部将其成果汇编成了一本职位说明书的经典——《职业分类词典》（*Dictionary of Occupational Titles*）。

这本巨著包含了美国几乎所有职位的详细信息。我们也会看到，美国职业信息网（O*NET）等基于互联网的网站已在很大程度上取代了《职业分类词典》。另一个选择是政府发布的美国标准职业分类系统（SOC）。它将所有的岗位归入 23 个职位大类，如"管理类职位""医疗保健类职位"等。这些大类又包含 96 个小类，而这些小类又包括 821 个细分职位，如营销经理等。管理者还可以使用专门的职位说明书在线网站。

另一个简单的办法是在谷歌上搜索你想要的职位说明书，看看别人是怎么写的。因此，如果你要为市场营销经理等职位编写职位说明书，其实很容易就能在网上找到相关的内容。

影响人力资源管理的发展趋势：数字化和社交媒体

领英（LinkedIn）的使用

　　有时，搜寻职位名称和职责最简单的方法，就是使用像领英这样的社交媒体。例如，某位员工在领英上发布公司的空缺职位招聘信息时提到：我要为招聘开发人员和开发经理编写职位说明书，希望 IT 招聘人员可以帮助我列出该职位的职责。在众多回复中，第一条回复列出了 12 项任务，包括：技术能力能否与期望的工作相匹配；求职者需要解决哪些技术问题；求职者是否了解云部署。

　　无论如何，编写清晰的工作职责至关重要。例如，护士的职责可能是以下各项。

错误示例：确保患者在有需要时得到医疗照顾。

评价：对于护士的工作描述太模棱两可，期望达成的工作成果也不明确。

正确示例：使用常规的急救用品，并根据医疗部门的既定程序，自行决定是否需要为住院患者进行初步的医疗处理或药物治疗（测量体温、处理轻微的割伤和瘀伤、给予阿司匹林或止咳糖浆），以缓解或治疗住院患者的轻微健康问题。

了解你的雇用法律　　　　　　　　　　　**编写符合《美国残疾人法》的职位说明书**

　　工作职责清单对于雇主遵守《美国残疾人法》非常重要。根据《美国残疾人法》，员工个人必须具备履行工作基本职能所需的技能、教育背景和工作经验。公平就业机会委员会表示，"基本职能是指无论是否提供了合理便利，员工都必须能够履行的基本工作职责"。需要考虑的因素包括：

* 是否存在履行该职能的职位；
* 可履行该职能的其他雇员人数；
* 履行该职能所需的专业知识或技能水平；
* 是否确实需要该职位的员工履行该职能；
* 对履行该职能所需的专业知识或技能水平的描述。

　　例如，接待员的工作基本职能包括接听电话和引导来访者到对应的办公室。公平就业机会委员会表示，它还将考虑雇主认为哪些职能是基本职能，并写在招聘广告或面试前准备的书面职位说明书中，这些都是确认基本职能的依据。其他依据还包括在任或前任员工在该工作岗位上的实际工作情况、履行某项职能所花费的时间以及未要求员工履行某项职能而导致的后果。尽管公平就业机会委员会并不要求雇主进行更为详细的职位描述，但在这里使用职位说明书显然是大有裨益的。

如果残疾人士无法胜任目前的工作，雇主必须提供"合理便利"，除非这样做会造成"不必要的麻烦"。根据公平就业机会委员会的说法，合理便利可能包括以下内容。

* 购置或改装设备或装置；
* 调整工作结构；
* 提供兼职的机会或调整工作时间表；
* 调任至其他空缺职位；
* 调整或修改测试、培训材料或政策；
* 配备朗读员和翻译员；
* 改造工作场所，使其便于残疾人进出和使用。

● 绩效标准和工作条件标准

"绩效标准"部分列出了公司希望员工对职位说明书中的每项主要职责达到的标准。设定标准的一种方法是填写以下模板："当……时，我将完全认可你的工作表现。"如果能针对每项列出的职责补全这句话，那么就能形成一套可用的绩效标准。比如下面这个例子。

职责：准确记录应付账款

1. 在同一工作日内将收到的所有发票过账。
2. 最迟在收到发票的次日将所有发票转交给相关部门经理审批。
3. 每月的过账错误平均不超过三次。

职位说明书中还可列出工作条件，如噪声水平、危险情境或高温环境。以下"直线经理和小型企业的人力资源工具"专题介绍了如何利用互联网撰写职位说明书。

直线经理和小型企业的人力资源工具

O*NET 工具的使用

由于没有自己的职位分析师，甚至没有人力资源管理者，许多小型企业的老板在进行职位分析时会遇到两个问题。首先，与图 4-4 所示的职位分析调查表相比，大多数人需要一种更为简化的方法；其次，他们担心在编写职位说明书时会忽略一些职责。他们需要的是一本百科全书，帮助他们列出公司可能遇到的所有职位，包括常规情况下需要分配给这些职位的职责清单。

小型企业的老板至少有三种选择。前面提到的标准职业分类系统就详细描述了数千种职位以及这些职位对人的要求。一些网站可以根据职位名称和行业标准提供定制描述。美国劳工部的 O*NET 工具也是一种选择。在此，我们将重点介绍如何使用 O*NET 编写职位说明书。

O*NET

美国劳工部的在线职业信息网络 O*NET 是一个备受欢迎的软件工具。它让用户（不仅是管理者，还包括员工和求职者）能够清楚地了解各种职业最重要的特征，以及胜任各种职位所需的工作经验、教育水平和知识储备。美国标准职业分类系统和 O*NET 都列出了众多职业的具体工作职责。O*NET 还列出了相应的多项技能要求，包括阅读和写作等基本技能、批判性思维等过程技能以及说服和谈判等可迁移技能。O*NET 的职位清单还包括对员工的个人要求（例如所需的知识）、职业要求（例如数据的编译、编码和分类）以及经验要求（包括教育背景和工作经历）等信息。雇主和职业规划师也会使用 O*NET 来了解劳动力市场的情况，如就业预测和收入数据。

使用 O*NET 编写职位说明书的步骤如下。

步骤 1：确定计划。理想情况下，你需要招聘的职位应源于你的部门规划或公司规划。你是计划新增业务还是缩减业务；你预计未来几年的销售额是多少；哪些部门需要扩大或缩减；你需要新增哪些职位等。

步骤 2：制定组织结构图。从现有的组织结构着手绘制一张图表，展示你所期望的组织结构在一两年后会发展成什么样。微软和其他公司可提供免费工具。

步骤 3：使用职位分析调查问卷。接下来，收集每个岗位职责的相关信息（你可以使用职位分析调查问卷，如图 4-4 和图 4-6 所示）。

步骤 4：从 O*NET 获取岗位职责。你在步骤 3 中通过职位分析所得出的工作职责清单的完整性有待完善。因此，我们将使用 O*NET 来编制一份更详细的清单。

首先访问 O*NET 网站。点击"查找职业"（Find Occupations）。假设你想为零售销售人员创建职位说明书。在行业关键字下拉框中输入"零售销售"。通过这步操作，你可以进入与"零售销售"（retail sales）匹配的职业介绍页面。

点击"零售销售人员"（Retail

Salespersons）概述，页面将显示零售销售人员的工作概述和具体职位职责。对于一家小公司来说，你可能希望将"零售销售人员"的职责与"零售销售人员一线主管/经理"的职责相结合。

步骤 5：根据 O*NET 所提供的信息列出该职位的具体岗位要求。接下来，返回零售销人员（C）的概述，点击"知识、技能和能力"（Knowledge，Skills，

and Abilities）。充分使用这些信息，可以帮助你制定岗位任职要求，然后用以招聘、甄选和培训员工。

步骤 6：敲定职位说明书。最后，也许可以使用图 4-5 作为指导，为该职位编写一份适当的职位概述。然后，利用之前在步骤 4 和步骤 5 中所获得的信息，完整地列出你需要补充的每个职位的任务、职责和对员工的要求。

职位说明书背景数据

职位名称：＿＿＿＿＿＿＿＿＿＿＿　　　部门：＿＿＿＿＿＿＿＿＿＿

职位编号：＿＿＿＿＿＿＿＿＿＿　　　编写者：＿＿＿＿＿＿＿＿＿

日期：＿＿＿＿＿＿＿＿＿＿　　　使用代码：＿＿＿＿＿＿＿＿＿

1. 通用代码定义：

2. 职位概述：（列举重要或常规的工作任务）

3. 汇报关系：

4. 直接主管： ＿＿＿＿＿＿＿＿＿＿＿＿＿＿＿＿＿＿

5. 工作职责： ＿＿＿＿＿＿＿＿＿＿＿＿＿＿＿＿＿

（简要描述员工每项职责的内容和完成方式，并标明每项职责占据工作时间的百分比）

A. 日常职责

B. 周期性职责（指明是每周、每月还是每季度等）

C. 非常规性职责

图 4-6　简易职位分析调查问卷

资料来源：Copyright Gary Dessler PhD.

4.5　编写任职要求

任职要求以职位说明书为基础，主要是回答"要想有效地完成这项工作，需要

哪些个人特质和工作经验"。它说明了具体要招聘什么样的人，以及应该测试候选人的哪些素质。它可以是职位说明书的一个组成部分，也可以是一份单独的文件。一般来说，如图 4-5 所示，任职要求属于职位说明书的一部分。

● 受过培训的员工与未受过培训的员工的不同任职要求

为参与过培训、经验丰富的员工编写任职要求要相对简单一些。在这个编写过程中，任职要求往往会比较侧重此前的工作年限、相关培训的质量和以往的工作表现等因素。

如果要招聘未接受过培训的员工（计划在工作中对他们进行培训），问题就会复杂一些。在这种情况下，必须明确说明岗位所需的素质，如身体特征、性格、兴趣爱好或感官技能，这些素质意味着他们具有从事该项工作的潜力或可培训性。例如，对于需要进行细致操作的工作，你可能需要招聘手指非常灵活的人。雇主可以通过主观判断或统计分析（或两者兼而有之）来确定岗位对相关人才的要求。

● 基于判断的任职要求

大多数任职要求只是反映了主管和人力资源管理者等个人的预测。他们首先会问："要做好这项工作，在教育背景、智力水平、培训经历等方面需要哪些条件？"

如何进行这种"有依据的猜测"呢？你可以简单地回顾一下这份工作的职责，然后从中推断出这份工作需要哪些个人特质和技能。你也可以从在线职位说明书列出的能力中选择出所需的人格特质和技能。例如，有一份极具代表性的职位说明书就列出了"制定创造性的解决方案"和"应对不易沟通的客户或客户情绪化"等问题的能力。O*NET 在线工具是另一个选择，其中的职位列表还包括所需的教育背景、工作经验和其他技能。

无论是什么样的情况，都要合理考虑现实情况。不要忽视那些几乎适用于任何工作，但在职位分析中又通常不会出现的行为。"勤奋"就是其中一个最好的例子。谁会想要一个不努力工作的员工呢？一位研究人员收集了 18 000 名员工的主管评分和其他相关信息，他们分布于 42 个不同种类的时薪制初级职位。他发现，对所有工作都很重要的"通用"工作行为包括工作的严谨性、出勤率、变通性（不刻板）和时间安排的灵活性（在必要时能接受工作时间安排的变更；在店里非常忙碌时主动加班）。

人力资源和零工经济

零工从业者需要职位说明书吗

雇用零工并不代表雇主不需要编写职位说明书和任职要求。关于职位说明书，谨慎的雇主仍然希望至少列出他们希望零工需要完成的主要工作。任职要求自然也是不可或缺的，因为雇主必须确保从事该工作的人至少符合某些最低的要求。

例如，来福车和优步都列出了"司机岗位任职要求"，这其实就是职位说明书。尽管不同地区对司机的要求有所不同，但优步和来福车都要求司机年满 21 岁，有社会保障号码、州内驾

照（1 年以上经验）和州内保险，并能接受车管所和全国及县级范围的背景调查。对优步来说，背景调查要求签约司机在过去 7 年内没有任何酒后驾驶、涉毒犯罪、保险事故、执照事故，或致命事故和鲁莽驾驶记录，以及没有犯罪史。这里还有其他的要求，包括其车辆也必须符合标准。列表里还有一些其他要求，包括车辆必须是四门轿车（四座或以上，不包括司机座位），车子出厂日期不得早于 2001 年，有州内牌照，状态是登记中，并已通过优步的车辆检查。

职位分析师很可能会将员工的特征区分为从事该工作所必需的特征和雇主所期望的特征。然后，招聘人员可以将这些特征转化为招聘广告，列出工作所需的资格要求（如拥有医学学位）和期望的资格要求（如海外工作经验）。同样，一些职位分析师还会用个人特质来对职位要求进行分类，即知识（K）（如使用 Excel 的熟练度）、技能（S）（如编程）、能力（A）（如数学）和其他个人特质（O）（如自觉性）。

● 基于数据分析的任职要求

以数据分析为基础，而非单纯靠判断来制定任职要求是一种更为可靠的方法，但实际操作也更困难。其目的是通过统计学方法确定以下两个因素之间的关系：（1）某些用于预判的因素（如身高、智力或手指灵活性等人的特质）；（2）某些工作成果指标或标准，如主管评定的绩效。

该方法有五个步骤：（1）分析职位，并确定如何考核工作绩效；（2）选择你认为可以预测绩效的特质（如手指灵活性）；（3）测试应聘者的这些特质；（4）评估这些应聘者后续的工作绩效；（5）通过数据来分析员工的特质（手指灵活性）

与工作绩效之间的关系。你的目的是确定该项特质是否与工作绩效相关。

这种方法比判断法更站得住脚。首先，如果个人特质不能预测绩效，为什么还要使用它呢？其次，平等权利法禁止使用无法证明能区分工作绩效高低的特质。基于性别、种族、宗教、国籍或年龄歧视的招聘标准可能还必须证明其确实能够用于预测工作绩效，就像刚才列出的五个步骤一样。然而，在实践中，大多数雇主都更加依赖于判断法。

● 职位要求矩阵

虽然大多数雇主都会使用职位说明书和任职要求来概括工作的具体内容，但职位要求矩阵也很受欢迎。一个典型的矩阵一般有五个维度。

- » 第一个维度：每个职位的四项或五项主要工作职责；
- » 第二个维度：与每项主要工作职责相关的主要任务说明；
- » 第三个维度：每项主要工作职责的相对重要性；
- » 第四个维度：每项主要工作职责所花费的时间；
- » 第五个维度：与每项主要工作职责有相关性的知识、技能、能力和其他个人特质。

创建职位要求矩阵的主要步骤是编写任务说明。每份任务说明都要说明员工在独立完成工作任务中需要做什么，以及如何完成这些任务。

4.6　给管理者的员工敬业度指南

● 任职要求与员工敬业度

如前所述，管理者在编写任职要求时，不应忽视那些几乎适用于所有岗位的期望职业行为，但这些行为通常不会通过职位分析呈现出来。员工敬业度就是这些行为的一种。

在任职要求层面，"智睿"人力资源咨询公司（Development Dimensions International）对3800名员工进行了一项调查研究，发现有几种个人特质似乎可以预测一个人的敬业程度。这些特质包括适应能力、对工作的热情、情绪成熟度、积极的性格、自我主张和成果导向。

尝试寻找那些已经评估为敬业度高的员工，可能是个不错的建议，因为过去的行为往往是对未来行为的最佳预测。如果想雇用敬业度高的员工，你可以寻找在其他领域被评估为高敬业度的员工。例如，找到那些表现出致力于为他人服务的候选人，如护士、退伍军人和急救志愿者。

● 员工敬业度经理的职位说明书

随着员工敬业度的重要性与日俱增，许多雇主都任命了专门的员工敬业度经理。图 4-7 展示的员工敬业度经理的职位说明书是根据实际制作的，旨在说明此类管理者应具备的职责和义务。仔细阅读该职位说明书会发现，虽然各公司的员工敬业度计划存在差异，但它们都有几个共同的基本要素。员工敬业度计划的活动包括通过培训提高监管的技能，提供基于考核的员工培训计划和实施政策，调整人力资源管理政策和程序，使其与员工敬业度的目标相适应，以改进组织的员工参与度、沟通和表彰计划。

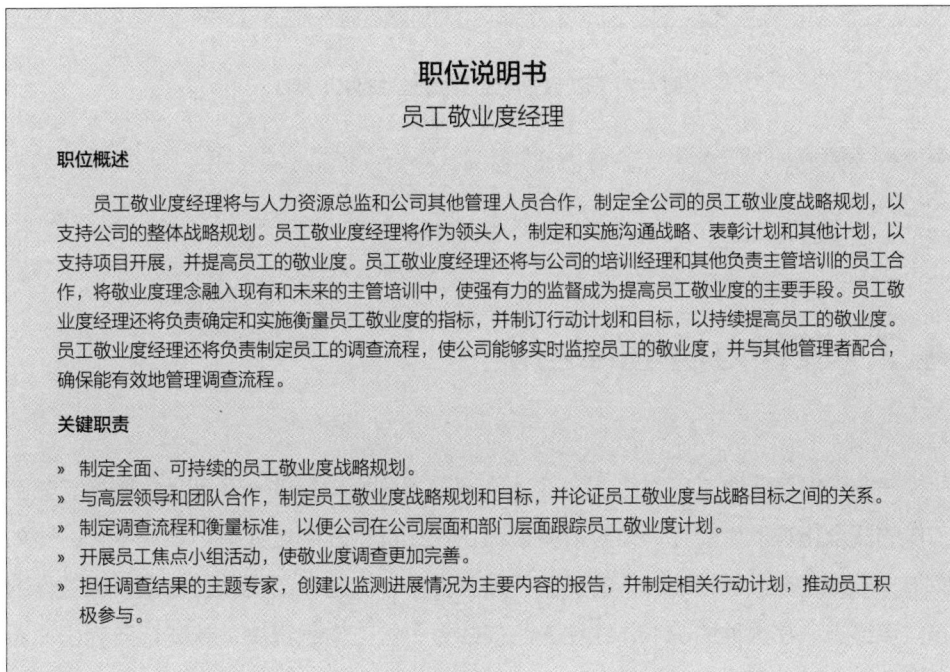

职位说明书

员工敬业度经理

职位概述

员工敬业度经理将与人力资源总监和公司其他管理人员合作，制定全公司的员工敬业度战略规划，以支持公司的整体战略规划。员工敬业度经理将作为领头人，制定和实施沟通战略、表彰计划和其他计划，以支持项目开展，并提高员工的敬业度。员工敬业度经理还将与公司的培训经理和其他负责主管培训的员工合作，将敬业理念融入现有和未来的主管培训中，使强有力的监督成为提高员工敬业度的主要手段。员工敬业度经理还将负责确定和实施衡量员工敬业度的指标，并制订行动计划和目标，以持续提高员工的敬业度。员工敬业度经理还将负责制定员工的调查流程，使公司能够实时监控员工的敬业度，并与其他管理者配合，确保能有效地管理调查流程。

关键职责

» 制定全面、可持续的员工敬业度战略规划。
» 与高层领导和团队合作，制定员工敬业度战略规划和目标，并论证员工敬业度与战略目标之间的关系。
» 制定调查流程和衡量标准，以便公司在公司层面和部门层面跟踪员工敬业度计划。
» 开展员工焦点小组活动，使敬业度调查更加完善。
» 担任调查结果的主题专家，创建以监测进展情况为主要内容的报告，并制定相关行动计划，推动员工积极参与。

图 4-7 员工敬业度经理的职位说明书

» 制定讲师培训计划，使所有部门都能分析各自的员工敬业度数据，并针对性地制订员工敬业度培训计划。
» 监督内部通信内容的整体输出，包括活动记录、新闻简报、电子快报、信息发布等，以便向员工及时传达重要信息。
» 制定员工表彰战略，包括审查、评估部门表彰计划并提出建议。
» 开发员工参与项目，形式可以是员工可以随时参与的计划和论坛等。
» 监控员工的留任情况和相关的留任战略。
» 制定、评估和实施新的流程，确保每位员工都能及时了解公司及所有的相关倡议、计划和公告。
» 与其他管理者合作，确保公司的绩效考核流程有效，能使考核结果成为制订员工培训计划的依据。
» 与公司的人力资源部门和高层管理人员一起，审查所有的人力资源政策和程序，并在必要时提出修改建议，以便更好地支持敬业度提升计划。
» 帮助所有的管理者了解员工敬业度与离职率、医疗成本、投诉和客户服务等模块之间的关系。

所需的教育背景和工作经验

» 拥有商业、心理学或其他相关专业的硕士学位。
» 在人力资源行业或与其密切相关的领域工作至少五年。
» 至少两年的员工管理经验。
» 具有推动议程或提出创新计划的能力。

优先考虑的经验

» 拥有人力资源认证专家或美国人力资源管理协会认证证书。
» 拥有与各级管理层和跨组织层级合作交流的经验。
» 拥有实施高影响力人力资源计划以支持组织目标实现的经验。
» 具有分析细节信息和海量数据的经验。
» 具有变革管理经验及提高效率和效益的经验。
» 有服务他人的经验。

图 4-7　员工敬业度经理的职位说明书（续）

资料来源：明尼苏达州组织发展网。

4.7　胜任力模型的运用

许多人仍然认为"工作"是一个人为获取报酬而履行的一系列具体职责。其实工作的概念正在发生变化。如今很多公司正在让其管理制度变得更加扁平化，比如撤下一部分管理人员，让剩下的员工分摊管理工作。这样的变化往往会模糊工作的起点和终点。在这种情况下，往往无法仅依靠一份工作职责清单就能逐条列出你希望员工完成的所有事情。

因此，许多雇主正在使用一种更加新颖的职位分析方法。他们不再只是罗列工作职责，而是通过胜任能力模型（或框架）来罗列从事该工作所需的知识水平、技能和工作经验。这些模型或框架列出了员工完成工作所必需的胜任力（例见图 4-8）。例如，人力资源管理学在构建人力资源管理者的胜任力模型时，将能力描述为"一组高度相关的属性"（如研究设计的知识、批判性思维技能和演绎推理能力），这些属性会共同发挥作用，会非常有利于高效完成特定工作（此处指人力资源管理者）所需的行为（如批判性评价）发生。

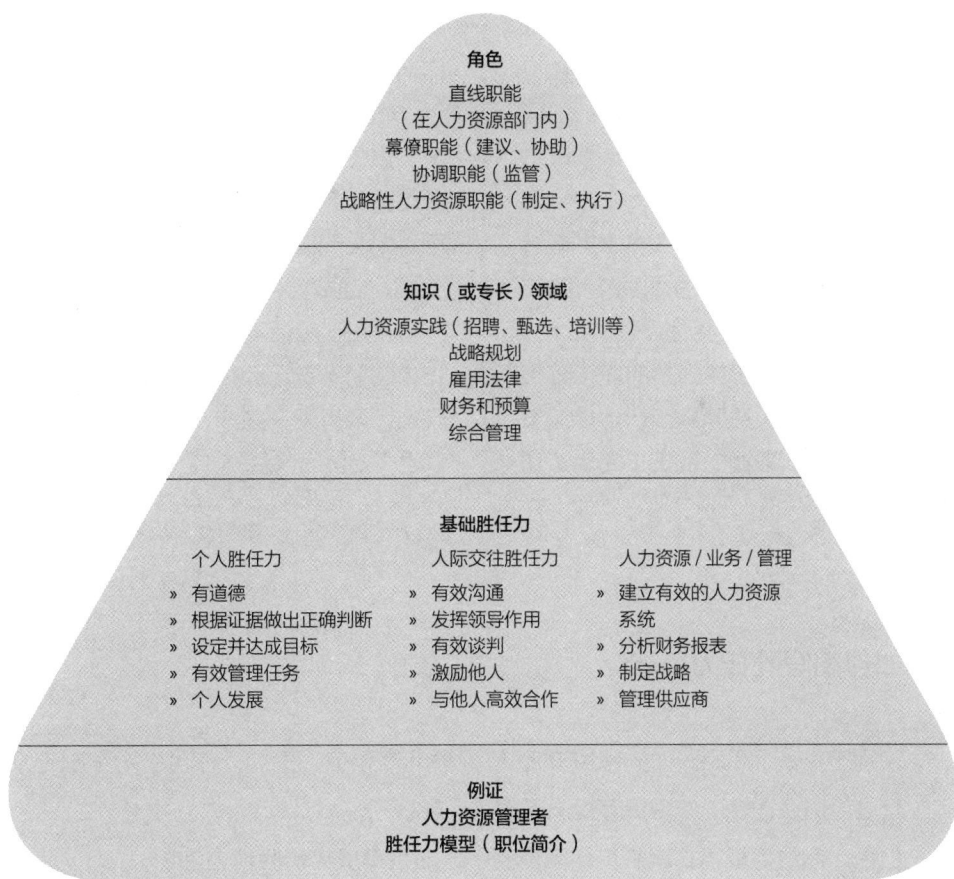

角色

直线职能

（在人力资源部门内）

幕僚职能（建议、协助）

协调职能（监管）

战略性人力资源职能（制定、执行）

知识（或专长）领域

人力资源实践（招聘、甄选、培训等）

战略规划

雇用法律

财务和预算

综合管理

基础胜任力

个人胜任力	人际交往胜任力	人力资源 / 业务 / 管理
» 有道德	» 有效沟通	» 建立有效的人力资源系统
» 根据证据做出正确判断	» 发挥领导作用	» 分析财务报表
» 设定并达成目标	» 有效谈判	» 制定战略
» 有效管理任务	» 激励他人	» 管理供应商
» 个人发展	» 与他人高效合作	

例证

人力资源管理者

胜任力模型（职位简介）

图 4-8　人力资源管理者胜任力模型

然后，胜任力模型（或框架）就成了招聘、甄选、培训、评估和发展各岗位员工的指导标准。例如，管理者在招聘新员工时，会通过测试来评估员工的胜任力情况，然后通过培训课程来提高员工的胜任力，并通过评估员工的胜任力来考核其绩效。接下来的"全球人力资源实践"部分将详细阐明这一点。

全球人力资源实践

戴姆勒的阿拉巴马州工厂案例

几年前，戴姆勒在阿拉巴马州新建了一家梅赛德斯－奔驰（Mercedes-Benz）高科技汽车工厂。该工厂强调"即时制"的库存方法，由于其零部件都是"准时到达"的，所以他们几乎从不需要考虑库存问题。该工厂还将员工组织起来，形成了专门的工作团队，并强调所有员工都必须致力于持续改善自己的绩效。

这种生产运作方式要求员工具备特定的胜任力（技能和行为），如人际交往能力和较强的工作灵活性。

戴姆勒采用基于胜任力的职位分析配备员工。关于人员聘用和如何培训员工的指导方针，强调的是员工完成工作所需的胜任力（如"团队合作能力"），而不是职位说明书上的职位说明。由于员工不必按照详细的职位说明书了解"我的工作"是什么，因此他们可以更容易在团队里的不同职位间进行灵活的工作调整。

强调胜任力而不是职责，还能鼓励员工更主动地改进工作方法。例如，某个团队重新设计了装配部的移动架子，每年为装配工人减少了数千个步骤所花费的固定时间。

现在，包括基于胜任力的职位分析在内的新系统已经在阿拉巴马州得到了验证，戴姆勒在南非、巴西和德国的工厂也开始使用该系统。

● 如何编写胜任力陈述

识别工作所需的胜任力与传统的职位分析非常相似。例如，你可以对在职者及其主管进行访谈，就工作职责等提出开放式问题。

但是，你的目标不是编制工作职责清单，而是完成这份胜任力陈述，"为了胜任这项工作，员工应该……"。利用你对工作的了解、对员工或主管的熟悉，或者利用 O*NET 或劳工部人事管理办公室等的信息来给出具体的回答。然后针对每项胜任力编写一份胜任力陈述。

理想情况下，胜任力陈述应包含三个要素。一是能力的名称和简要说明，如"项目管理——制定准确有效的计划表"；二是对代表胜任力熟练程度的可观察行为的描述，如"负责项目的执行，并为最终达成项目预期而投入精力，通过及时决策持续改善项目存在的风险性和依赖性"；三是熟练程度。以项目管理为例：

» **熟练程度一级：** 能够识别项目的风险和依赖性，并定期与利益相关者沟通
» **熟练程度二级：** 能够开发监控风险和依赖性的系统并报告其变化
» **熟练程度三级：** 能够预测不断变化的环境、风险和依赖性，并采取预防措施

英国石油公司案例

英国石油公司勘探部门的管理者希望员工的工作态度能有一些改变，他们以往都是以自己的工作职责为导向，总觉得“其他事情与我无关”。而管理者希望通过激励员工，让他们掌握更多的技能，能够完成更加多样的任务。

英国石油公司的解决方案是一种类似于图 4-9 所示的技能矩阵。他们为每个岗位或岗位类别（如钻井经理）都制定了技能矩阵。每个矩阵列出了从事该工作所需的技能类型（如技术方面的专业经验），以及该职位对每种技能水平的最低要求。

这是一个针对技术或工程产品开发员工的技能矩阵示例。每个技能级别的难度从 1 级开始向上递增。例如，技术专长或技能的 1 级可能是：“已经掌握或正在学习从事此类工作所需的基本知识”，而 6 级可能是：“具有最高级别的技术能力和技能，能够执行和监督高度复杂的分析任务。”

英国石油公司的技能矩阵方法也为其人才管理工作提供了支持。这个业务单元的人才管理工作现在可以以员工从事相关工作所需的一系列技能为基础，进行招聘、雇用、培训、评估和奖励员工。

6 级	6	6	6	6	6
5 级	5	5	5	5	5
4 级	4	4	4	4	4
3 级	3	3	3	3	3
2 级	2	2	2	2	2
1 级	1	1	1	1	1
	技术专长或技能	决策和解决问题的能力	人际交往能力	领导能力	商业意识

图 4-9　技能矩阵

资料来源： Copyright Gary Dessler PhD.

第 4 章要点小结

1. 如今，雇主通常将所有人员配置、员工培训和奖励活动视为一个综合性人才管理流程。我们将人才管理定义为与人员规划、招聘、甄选、发展、管理和薪酬支付有关的全面的、综合的、以结果和目标为导向的过程。当管理者从人才管理的角度看待问题时，就应该牢记人才管理的任务是单一的、相互关联的人才管理过程的重要组成部分；确保人才管理决策（如人员配置和薪酬确定），始终要以目标为导向；在为某一职位制订招聘计划时，要始终使用与为该职位做出选拔、培训、评估和薪酬决策时相同的"框架"；整合和协调所有的人才管理职能。

2. 所有管理人员都需要对职位分析的基本内容比较熟悉。
   - 职位分析是确定某个职位的职责和拟聘人员特征的程序。
   - 职位说明书是包含工作职责和义务、汇报关系、工作条件和监管责任的内容清单，而任职要求则是确定该职位需要聘用什么样的人。
   - 职位分析包括收集相关的工作活动、所需的员工行为，以及所使用的机器、工具和设备等方面的信息。
   - 管理者在对员工进行招聘和甄选、确定薪酬、培训和绩效评估中都会使用到职位分析信息。
   - 职位分析的基本步骤包括确定职位分析信息的用途、审查相关的背景信息（包括组织结构图）、分析工作、核实信息，以及编写职位说明书和任职要求。

3. 收集职位分析信息可以使用多种方法，包括访谈法、问卷调查法、观察法、员工日志法，以及职位分析问卷调查法等。如今，雇主越来越多地通过互联网来收集员工职位信息。

4. 管理者应熟悉职位说明书的编写流程。大多数职位说明书都包含职位名称、职位概述、责任和义务清单、职位权限、绩效标准、工作环境，以及任职要求等部分。

5. 在编写任职要求时，应区分受过培训的人员和未受过培训人员。对受过培训的人员，编写起来相对简单，因为主要看重的是他的工作经验等个人特质；对未受过培训的人员，就需要找出可能预测工作成功与否的个人特质。大多数任职要求由主管等个人基于经验判断来确定。有些雇主还会通过数据分析来确定与工作相关的因素或个人特质。

6. 个人特质和行为可以预测求职者在后续的工作中敬业与否，因此管理者可能会希望将这些特质和行为纳入具体的任职要求中，其中包括适应能力、对工作的热情、情感成熟度、积极的性格、自我主张、成就导向，以及可证实的致力于为他人服务的工作经历。

7. 雇主在人才管理中会使用胜任力框架，特别是为每个职位创建"专有的框架"。这些框架列出了完成工作所需的胜任力、个人特质、知识水平和工作经验，并以每个职位的胜任力框架作为制订员工招聘、甄选、培训、评估和发展计划的基础。基于胜任力的职位分析是根据可评估、可观察的行为能力（如特定技能）来描述工作，从事该工作的员工必须表现出这些胜任力才能让雇主相信其能胜任该工作。例如，团队成员的工作内容可能每天都在变化，那么就应该明确该员工在不同岗位调动时可能需要的技能。

第 5 章

人力规划与招聘

● **本章学习目标**

» 阐释人力规划和预测使用的主要方法。

» 回答"为什么有效招聘很重要?"。

» 列举并阐述主要的内部候选人来源。

» 讨论一种用来提升员工敬业度的人力规划方法。

» 列出并讨论外部候选人的主要来源。

» 阐释如何招聘更加多元化的员工。

» 讨论编制职位申请表时需要解决的主要问题。

引入

　　玛琳（Marlene）一直在思考一些问题的解决办法。作为公司的销售经理，她负责带领销售团队执行不动产和共管式公寓的销售活动。问题是，人力资源部提供给她的大多数销售候选人完全不符合公司的招聘要求。她如何才能在不违反公司人力资源政策的前提下，找到一些优秀的人选呢？我们来看看她是怎么做的。

　　职位分析确定了公司每个工作岗位的职责和人员要求。下一步是决定需要填补哪些职位空缺，并为这些职位招聘和甄选员工。

　　如图 5-1 所示，可以把招聘和甄选步骤设想为一系列的难关：

1. 通过人力规划和预测，确定需要填补哪些职位空缺；
2. 通过招聘内部或外部候选人，为这些职位建立候选人人才库；
3. 让候选人填写职位申请表，并进行初步的筛选面试；
4. 使用测试等甄选工具筛选候选人；
5. 让主管和其他人员对候选人进行面试，并做出最终选择。

　　本章的重点是人力规划和员工招聘。下一章将涉及甄选测试、背景调查和面试。

5.1　人力规划与预测

人力规划是决定公司需要填补哪些职位空缺以及填补这些职位空缺的具体过程。其目的是明确雇主预测的人力资源需求与可能满足这些需求的现有员工之间的差距，并试图消除这种差距。人力规划也称为用人规划或人员规划，涉及从维修工到首席执行官在内的所有未来待招职位。不过，大多数公司将决定如何填补高管职位的过程称为继任规划。

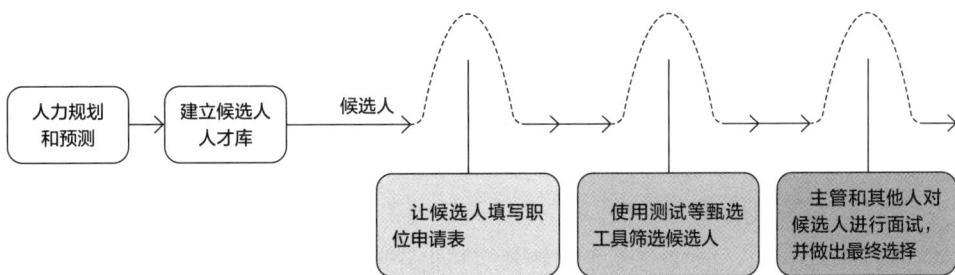

招聘和甄选是系列攻克难关的过程，目的是为岗位挑选出最优秀的人选。

图 5-1　招聘和甄选步骤

● 企业战略与人力规划

人力规划是企业战略和业务规划流程的一部分（见图 5-2）。从战略上讲，扩展新业务或减少某些活动的计划都会影响需要填补的职位类型，从而影响公司的人力规划。例如，当 IBM 公司的业务从提供硬件产品过渡到提供软件产品和咨询服务时，公司就会知道许多员工的技能将面临被淘汰。因此，IBM 公司的人力资源高管们重新审视了"为了执行我们的战略规划，我们需要员工具备什么样的技能和胜任力"这个问题。然后，他们制定了相应的发展和招聘计划来解决这个问题。

● 韬睿惠悦咨询公司

这家咨询公司使用的方法展现了人力规划的基本步骤。

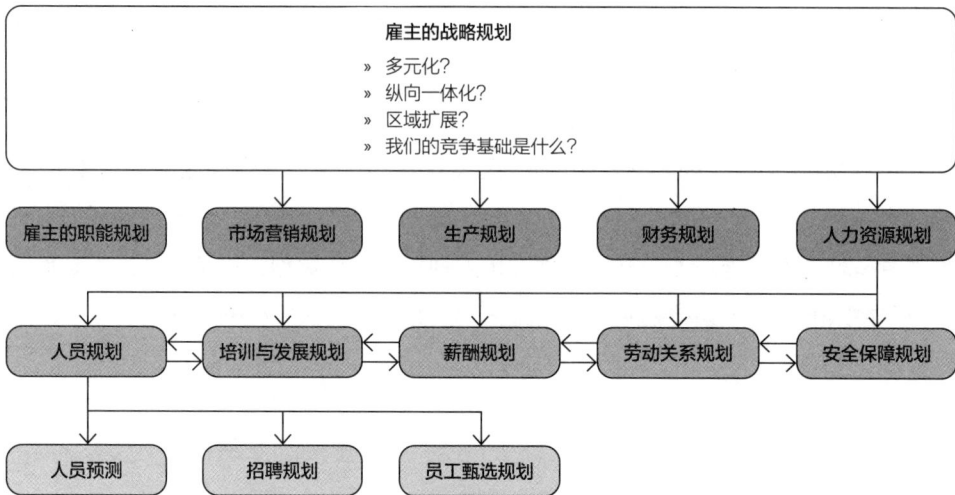

图 5-2   企业战略与人力规划

第一，韬睿惠悦公司会审查客户的业务计划和人力数据（例如，收入如何影响员工的配置水平）。这有助于他们了解预期的业务变化会如何影响客户的员工人数和技能要求。

第二，韬睿惠悦公司还会预测公司需要填补哪些职位空缺以及潜在的人力缺口。这有助于公司了解未来需要填补的新职位，以及哪些在职员工可以在未来获得晋升，从而填补这些新职位。

第三，韬睿惠悦公司还会制定一份人力战略规划。在规划中，他们会优先考虑关键性的人力缺口（例如需要填补哪些职位空缺，公司有哪些人可以填补这些职位），然后确定填补职位空缺的具体（招聘、培训和其他）计划。

第四，韬睿惠悦公司会实施这些计划（例如，新的招聘计划和培训计划），并使用各种指标来监控这一过程。

韬睿惠悦公司的客户可以使用其专门的"MAPS"软件来推动这一人力规划。例如，管理者可以使用软件提供的数据分析来监控关键的招聘指标，并对当前的人力趋势和过往的人力趋势进行详细分析。

● 预测人力需求（劳动力需求）

与所有有效规划一样，人力规划也建立在预测的基础上，是对未来的基本假设。

在制定规划时，管理者需要做出三个预测：其一是人员需求预测，其二是内部候选人供应预测，其三是外部候选人供应预测。有了这些预测，管理者就可以确定供需缺口，并制订具体的行动计划来填补这些缺口。例如，美国瓦莱罗能源公司（Valero Energy）的新任人事主管上任后，审查了瓦莱罗能源公司的员工统计数据、发展计划和员工流失几个板块的历史数据。他发现，预计的用人缺口是瓦莱罗能源公司现有招聘程序所能填补的缺口的四倍。于是，为了尽可能留住现有员工，并加快招聘流程来筛选出更多的候选人。他们制订了新的人力资源计划。下面将讨论如何预测人员需求。

基本流程通常从预测收入开始。从实际角度出发，弄清楚市场对产品或服务的需求是最重要的。因此，在制造企业中，首先要预测的是销售额，然后确定满足销售额所需的产量，再估算维持这一产量所需的员工人数。除了生产或销售需求外，管理者还要考虑其他一些相关因素，如预计的员工流失率、是否有提升产品或服务质量的新要求、促进生产率提高的技术变革以及部门可用的财务资源。

预测人员需求的基本工具包括趋势分析、比率分析和散点图。趋势分析（trend analysis）是指研究过去几年中公司的用人需求变化（例如，计算过去 5 年中销售、生产和行政等部门每年年底的员工人数），以预测公司未来用人需求的发展变化趋势。

趋势分析是对未来人员需求的粗略估计。然而，用人水平往往不仅仅取决于时间的推移。其他因素（如生产力等）也会影响未来的用人需求。

另一种简单的方法是比率分析法（ratio analysis），即根据某些因果要素（如销售量）和所需的员工数量（如销售人员数量）之间的历史比率来进行预测。例如，假设一名销售人员过往年均销售额为 50 万美元，如果销售收入与销售人员的比率保持不变，那么明年要想实现 300 万美元的额外销售额，就需要新增 6 名销售人员（每人创造 50 万美元的销售额）。

与趋势分析一样，比率分析也需要假定生产率等因素保持不变。如果销售生产率上升或下降，销售额与销售人员的比率就会发生变化。

散点图（scatter plot）以图形的方式展示两个变量之间的关系。如果两者相关，那么如果你能预测出业务活动（如销售额），同样也能估算出你的人员需求。

假设一家医院目前拥有 500 张床位，预计在未来 5 年内会增加至 1200 张。人力资源总监需要预测医院将需要多少位注册护士。总监意识到，她首先必须确定医院的规模（床位数）与所需护士的人数之间的关系。她给 8 家不同规模的医院打了电话，然后有了以下发现。

图 5-3 比较了医院规模和护士人数之间的关系。如果二者相关，那么如图中所示，所绘制的点（来自此前的数据）将趋向于落在一条直线上。如果你仔细绘制一条直线，尽量缩小直线与每个点之间的距离，就可以估算出每种规模的医院所需的护士人数。因此，对于一家拥有 1200 张床位的医院来说，人力资源总监预测需要约 1210 名护士。

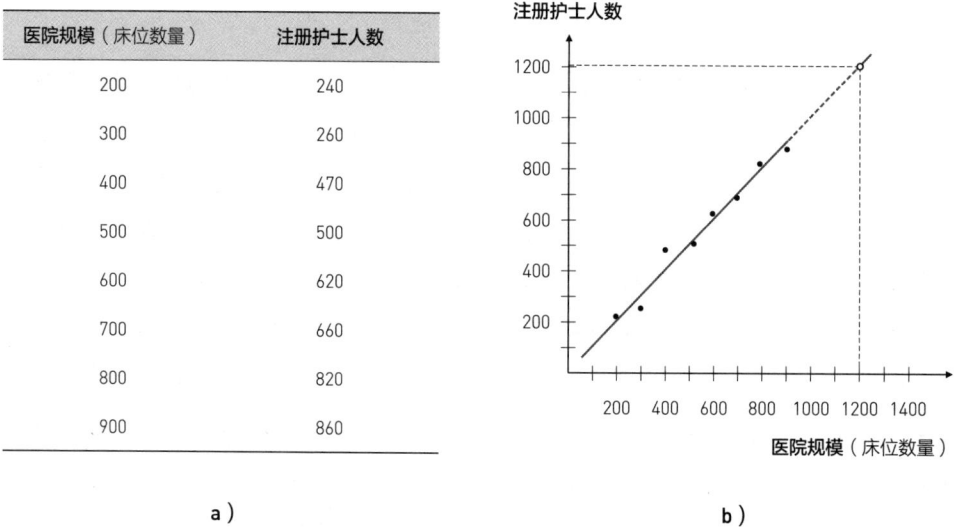

医院规模（床位数量）	注册护士人数
200	240
300	260
400	470
500	500
600	620
700	660
800	820
900	860

a）

b）

图 5-3 医院规模与护士人数之间的关系

注：绘制出直线后，你就可以根据预计的工作量预测需要多少员工。

请注意，散点图等工具虽然简单，但也存在不足之处。

1. 它们是根据过往的销售额与销售人员数量的对应关系绘制的，在公司现有的工作方式不发生变化的假设下预测。
2. 它们只便于管理者为团队新增员工，而不考虑公司的实际需求。
3. 它们倾向于将现有的工作方式固式化，不能根据实际变化灵活调整。

管理判断力

很少有历史趋势、比率或关系会一成不变地延续到未来。调整预测的准确性需要极高的判断力。改变最初的人员需求预测的因素包括：提升产品质量或进入新市场的决定、促进生产率提高的技术变革出现、可用的财务资源变化（例如迫在眉睫的预算紧缩）。

通过人力资源信息系统提升绩效

计算机化的人力预测　计算机化预测能够帮助管理者在进行人力资源预测中添加更多的变量。例如，在车兰县公用事业区，开发经理构建了一个统计模型，其中包括员工的年龄、任期、流失率和培训新员工的时间。这个模型帮助他们在公司的33 个职业类别中确定了五个职业"热点"，也促使他们更加专注于制订计划，以留住和聘用更多的员工，如系统操作员。

计算机系统和 Excel 电子表格可以快速将预测的生产率和销售量转化为可预测的人员需求。许多公司专门购买了计算机化的员工预测系统来估算短期的人员需求。例如，人力调度系统可以帮助零售商根据天气预报情况和预计的商店客流量估算当天需要多少员工。

● 内部候选人的供给预测

需求预测只能回答"我们需要新增多少职位，这些职位需要多少员工"这样的问题。接下来，管理者必须预测内部和外部候选人的供给情况。

大多数公司首先要确定现有（内部）员工中哪些人能够或接受培训后能够胜任预计的职位空缺。部门经理或小公司雇主可以靠人工记录来追踪员工的资质（或者只需要知道谁能做什么）。例如，你可以创建自己公司的人员技能清单和发展记录表。针对每位在职员工，列出其技能、教育程度、参加过的培训课程、职业发展情况和爱好兴趣、语言能力、希望从事的工作以及其他相关经历。你也可以使用计算机化的技能清单系统。

人员调配图是另一个选择，它尤其适用于高管职位。它们展示了每个职位的潜在替代者目前的绩效和晋升潜力（见图 5-4）。另一种方法是制作职位调配卡：为每个职位制作一张卡片，显示可能的替代者及其目前的绩效、晋升潜力和培训情况。

规模较大的公司无法人工跟踪成百上千名员工的任职资格，因此，他们会将这些信息计算机化，然后使用成体系的软件系统，如使用"技能基地"（Skill-Base）的

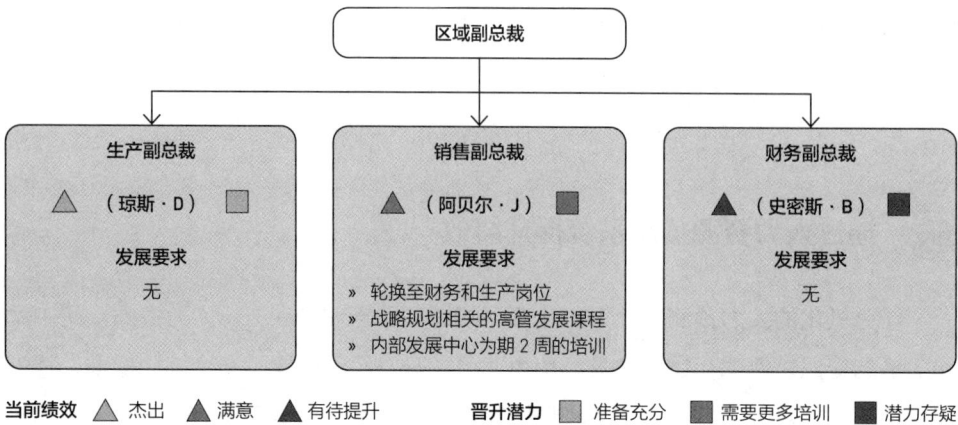

图 5-4　显示部门未来副总裁发展要求的管理层调配图

技能清单软件系统来完成。借助这类技能清单软件系统，雇主可以通过在线员工调查实时收集和汇编员工的技能信息。技能清单计划有助于管理层预测人员和技能的短缺情况，并推动人力规划、员工的招聘和培训计划的制订和落实。它们通常包括工作经验代码、产品知识、员工对雇主的产品线或服务的熟悉程度、个人的行业经验、教育背景、外语能力、搬迁限制、职业兴趣和绩效评估等。

通常情况下，员工、主管和人力资源管理者会通过软件系统输入员工的背景、经验和技能等信息。然后，当管理者需要某个职位的候选人时，就可以使用关键词来描述该职位的具体要求（例如，与教育背景和技能相关的要求），通过计算机系统生成一份合格的候选人名单。正如一个使用此类软件系统的用户所说的那样，它"使我们能够跟踪和评估人才库，并在公司内部提拔人员……75% 的关键职位空缺都由内部候选人填补完成。继任模块让我们能够确定下一任高管人员的人选，并制订相关的发展计划，帮助他们发挥潜能"。

隐私问题

雇主必须监管其数据库中已存储的个人数据，所有管理者都必须对员工的隐私保护持警惕状态，其原因有以下几点。首先，员工数据库中的信息数量一般都很庞大，且具有个人性质；其次，法律（如 HIPAA《健康保险携带和责任法案》）赋予了员工访问其信息的合法权利；最后，互联网接入使得更多的人能够相对容易地访问公司的计算机化文件。美国人事管理局就是这样丢失了多达 1400 万名现有员工和离职员工的数据。解决方法是对文件夹进行了密码保护。图 5-5 总结了保护员工数据安全的指导性原则。

由于不良分子可能从组织外部或内部窃取员工信息，人力资源部门可以通过以下四个方面防范。

» 对任何可能接触到个人信息的员工进行背景调查。

» 如果能接触到个人信息的员工生病或休假，不要雇用临时员工来代替，而要从其他部门调配一个值得信任的员工。

» 进行随机背景调查，如随机药物测试。一个人在 5 年前通过了药物测试，并不代表他现在的情况也一样。

» 将 SSN、健康信息和其他敏感数据等信息的访问权限仅向人力资源管理者开放，因为只有他们的工作才需要随时了解这些信息。

图 5-5　保护员工数据安全

资料来源： 美国人力资源管理协会。

马尔可夫分析

雇主们还会使用一种被称为马尔可夫分析法（又称为马尔可夫转移矩阵法）的数学分析过程来预测内部候选人的可用性。马尔可夫分析法是创建一个矩阵，以显示关键职位（如从初级工程师、中级工程师、高级工程师、工程主管，到工程总监）的调配链条，从而了解员工从一个职位调到另一个职位的可能性，借以填补关键职位的空缺。

● 外部候选人的供给预测

如果没有足够的内部候选人来填补预计的职位空缺（或者出于其他原因想从外部招人），那么就需要重点预测外部候选人的供给情况——那些尚未被你的组织聘用的候选人。这样有助于做出准确预测并提前做好准备，以应对寻找合格候选人的过程中可能碰到的各种问题。

这种预测首先取决于管理者自己对所在行业和地区发生的所有事情的了解情况。例如，近期失业率的下降，表明寻找优秀的候选人可能会变得更加困难。管理者还可以利用官方的经济预测来补充这些观察结果，比如利用美国国会预算办公室和劳工统计局做出的预测。你的规划可能还需要对特定的职业进行预测。O*NET 就曾发布过有关大多数职业的预测报告。美国劳工统计局每年都会发布职业预测。

随着越来越多的工作将技能作为工作的基础，许多求职者也缺乏这类技能，如数学计算能力和团队合作能力，因此，管理者必须将与技能有关的培训和发展等也纳入人力规划。

● 预测性人力监控

前文提到的瓦莱罗能源公司，几乎没有足够的时间去实施退休员工的替代计划，因此，要想将人才管理实践做到最好，公司就应该持续关注人力规划问题。管理者一般将其称为预测性人力监控。

例如，英特尔公司（Intel）的人事部门每年都会与英特尔公司的业务主管进行两次协作，其协作的主要内容就是评估公司当前和未来两年的人力需求。美国阿美拉达赫斯公司（Amerada Hess）有一个组织能力小组，这个小组主要负责监测和预测公司人员流失的原因（如退休年龄、经验、教育程度）和可能的人才需求。该小组需要"考虑每条业务线是如何发展的，研究公司的工作在未来会发展成什么状况，确定吸引最佳人才的渠道，以及协助培养在职员工和新聘用的员工"。下文中的"人力资源作为利润中心"专题给出了另一个案例；"管理技能培养"专题还提供了一些实用建议。

人力资源作为利润中心

劳动力需求预测

瓦莱罗能源公司创建了一个"劳动力供应链系统"，以提高人力规划、招聘和雇用流程的效率。该系统包括一个统计工具，可根据过去的趋势预测瓦莱罗能源公司未来的劳动力需求。此外，该系统还包括计算机屏幕"仪表盘"，它可以显示人员配置链中的各个环节（如在招聘网站上发布广告）在成本、速度和质量方面的各种表现。在应用该系统之前，招聘一名员工需要使用41张纸，填补一个职位需要120多天，每个岗位的招聘成本约为12 000美元。新系统省去了招聘员工所需的大部分纸质表格，招聘时间也缩短到40天以下，每个岗位的招聘成本降至2300美元。

管理技能培养　　　　　　　　　　　　　　制订人力计划

人力规划应最终形成人力计划。从本质上讲，该计划呈现了雇主预测的人力技能缺口，以及填补这些缺口的方案。

制定人力计划大概有这样几个步骤。第一，根据人力需求分析总结出所需的职位或技能（劳动力需求）有哪些；第二，清点内部的人力供应，特别是新职位的现有内部候选人；第三，逐项列出每个预期职位（或职位类型）的人员和技能缺口（在职员工的技能水平不足以填补这些职位），以及填补这些缺口的计划。

因此，人力计划至少应包括：需要填补的职位；这些职位的人员调配图或职位调配卡；这些职位的潜在内部（必要时也包括外部）渠道；将人员调入这些职位所需的招聘、培训、发展和晋升政策；以及实施该计划所需的资源，例如招聘费用、预估的培训费用、工作地点变动的费用和面试费用。

通过在谷歌的搜索框中输入"人力计划范例"，可以在网上找到相关范例。一个典型的人力计划应该包含人力预测、有关如何缩小技能差距的讨论，以及具体的招聘措施和其他人力方案。

管理者经常会使用较为狭义的术语"人员配置计划"来说明具体项目（如建造新楼）所需的人员。

5.2　为什么有效招聘很重要

假设雇主授权管理者去填补职位空缺，那么管理者的下一步工作就是建立求职者人才库。员工招聘是指为雇主的空缺职位寻找或吸引求职者。

招聘这个过程非常关键。如果两个空缺职位只有两名应聘者，你就没有选择的余地了，就只能聘用他们两个。但如果出现了 10 名或 20 名应聘者，你就可以使用面试和测试等方式筛选出最优秀、最合适的人才。与 15 年前相比，现在大约有多出两倍的美国大型雇主会在招聘前进行筛选测试，这意味着被拒绝的人增多了，也意味着他们必须吸引更多的求职者。

有效招聘并非易事。第一，根据工作岗位的不同，应优先采用招聘的方法也不同；第二，招聘的有效性在很大程度上取决于薪酬标准等非招聘要素；第三，雇用法律规定了只有哪些事情可以做。（请参阅接下来的"了解你的雇用法律"专题。）

在招聘过程中，部门与员工的合作至关重要。负责填补职位空缺的人力资源管理者对业务工作本身不算非常熟悉，所以需要与业务主管合作，才能确定该职位的实际工作内容和任职要求，以及诸如团队如何相处等非正式工作细节。

● 招聘产出金字塔

即便只是填补个位数的职位，也可能需要与数十或数百名候选人建立联系。因此，管理者会使用招聘产出金字塔（如图 5-6 所示）来衡量需要解决的人员配置问题的优先级情况。在图 5-6 中，公司推算出明年需要新增 50 名初级会计师。根据以往的经验，该公司还了解到以下几点信息：

图 5-6   招聘产出金字塔

» 发出录用通知的人数与实际录用人数的比例是 2∶1；

» 面试候选人的数量与发出录用通知人数的比例是 3∶2；

» 面试受邀者人数与参加面试的人数的比例约为 4∶3；

» 从所有招聘渠道获取的 6 份简历中，公司通常只会邀请 1 名应聘者前来参加面试，即比例为 6∶1。

因此，公司必须获取约 1200 份简历，才能向 200 名初步符合要求的应聘者发出面试邀请，并对其中约 150 名应聘者进行面试测试，以此类推。

● 提高招聘效率：招聘人员、信息渠道和雇主品牌

当然，重要的不只是招聘，而是有效的招聘。有效的招聘首先要从招聘人员本身入手。例如，在一项经典的研究中，某大学 41 名毕业生参加了工作面试。当被问及为何认为某些公司不合适时，39 人提到了工作性质，但有 23 人说他们对招聘人员不满，例如，有些人穿着邋遢；有些人"几乎不认字"；有些人粗鲁，还有些人说了冒犯性的话。

与对待其他所有正式员工一样，雇主应认真挑选和培训招聘人员。其关注点应包括人际交往技能（如沟通）的培训，以及提供有关招聘工作的基本知识，包括如何招聘、雇主的招聘流程、为雇主工作的好处（和缺点），以及有关法律（如公平就业机会法）是如何影响招聘人员的工作等。

人才搜寻

人才搜寻包括确定你有哪些招聘渠道，然后评估哪些渠道最适合用于相关职位的招聘。内部（公司内部）渠道包括员工推荐和职位发布系统等。外部（公司外部）渠道包括领英等社交媒体网站、猎头公司和报纸广告。

在评估哪种渠道最适合该职位的招聘时，大多数雇主可能仍会首先考虑该渠道能提供的候选人数量。然而，数量多并不意味着质量也高。因此，还需要考虑其他有效性指标：通过每一个渠道，有多少候选人被录用，从该渠道录用的员工，在工作中的表现如何，有多少被录用者在工作中不符合要求并被替换，他们在培训、考勤和流动率方面的表现如何。

打造"雇主品牌"

越来越多的雇主开始使用市场营销手段来优化自己的招聘工作，这通常从打造"雇主品牌"开始。如果公司的名声较差，给人的印象是一个糟糕的工作场所，那么这个公司的招聘工作就会很困难。

因此，公司需要采取有效的政策来支持品牌建设。例如，谷歌的创始人很早就下定决心，要让自己的公司成为美名远扬的理想工作场所。随后，他们将这一想法转化为有关员工福利、薪酬、招聘和甄选的具体政策。

潜在的候选人在决定是否应聘时，通常会在网站上浏览一些评论。雇主希望他人如何评价他所建立的这个工作场所呢？品牌建设通常侧重于员工在公司工作时的感受，包括公司的价值观和工作环境。例如，通用电气公司强调的是创新（聘用

"聪明、有趣的人，共同开展令人兴奋的新项目"）。有些公司则强调他们"对环境或社会负责"。

了解你的雇用法律　　　　　　　　　　　　　　　　**雇用前的活动**

　　正如我们在第 2 章中所阐释的那样，联邦政府、州政府和地方政府的许多法律及法院判决参考案例限制了雇主在招聘求职者时的很多行为。例如，如果雇主的员工基本上都是欧洲裔人，或都是某些其他群体的成员（如都是女性或都是拉丁裔），那么雇主就不能依靠口口相传的方式来宣传有关工作的招聘信息。向任何群体的成员提供虚假的或误导性的信息，或拒绝向他们告知工作机会及获得工作机会的程序，都是非法行为。

　　在现实情况中，"所有招聘工作的关键性问题是，所采用的招聘方式是否限制了合格求职者的申请行为"。举例来说，在"餐馆服务员"或"消防员"的招聘广告中，限制求职者的性别无疑会引起社会关注。招聘的基本要求是：避免采用单一渠道开展招聘工作，而要采用多种渠道尽可能广泛地开展招聘。此外，不要做任何非法限制某类人申请岗位的事情。

5.3　内部候选人

　　尽管招聘可能会让人联想到领英和分类广告，但内部来源——换句话说，在职员工或"内部招聘"，往往是最佳的候选人来源。例如，思科公司（Cisco）利用其专有的"人才连接"计划来寻找合适的内部员工，虽然这些员工可能并没有积极地寻找候选机会。

　　用内部候选人填补职位空缺有几个好处。首先，公司对内部候选人的优缺点已经非常了解，这一点是毋庸置疑的。在职员工也可能对公司更加忠诚。如果员工看到自己的同事因忠诚和能力而得到晋升，他们的士气和敬业度也会相应提高。另外，内部候选人需要的指导和培训也可能比外部候选人要少。

其他一些优势还包括，外部聘用人员的薪酬往往会高于内部晋升人员的薪酬，而且从外部聘用的一些表面上的所谓的"知名专家"，其知名的原因可能更多是由于他们的公司背景，而不是他们自身的技能。

一位负责招聘的高管人员认为，内部候选人的质量往往比外部候选人要高，除非内部候选人根本没有通过审核。一项研究表明，从内部选拔首席执行官的公司，比从外部聘用首席执行官的公司业绩更好。当然也有一些公司——尤其是那些面临挑战的公司，如麦当劳——通过引入外部的管理者也取得了很好的业绩。

内部招聘也可能会适得其反。如果需要从一个比较新的视角考虑，任人唯亲本身就是一个非常棘手的问题。发布职位空缺和寻找内部候选人的过程有可能也会造成时间浪费，因为管理者往往早就已经有了想要的既定人选。而那些被拒绝的内部应聘者可能会因此产生强烈的不满情绪。你需要告诉他们你为什么拒绝他们，以及会采取怎样的补救措施。

在决定是从外部招聘还是从内部晋升时，有一些实用的规则可供参考。如果你所需要的特定技能是公司内部员工不具备的，或者你必须做出一些艰难的转变，抑或是你目前的继任计划或技能储备系统还不够完善，那么你最好还是去看看外部的候选人。但是，如果你的公司正在蓬勃发展，内部员工也具备所需的技能，并且公司还拥有独特而强大的企业文化，那么你就应该从内部寻找合适人选。

● 识别内部候选人

理想的情况是，雇主严格遵守正式的内部招聘政策和惯例。这在很大程度上依赖于职位发布和公司的技能清单。职位发布是指向员工公布空缺职位（通常是在公司内部网或公告栏上发布），列出空缺职位的各种信息，如任职资格、归属主管、工作时间安排和薪资水平等。资历技能调查也会发现一些有培训潜力或有合适背景的员工。同样，通过对人事档案（包括申请表）进行审查，可能会发现一些员工所从事的工作的要求远远低于其所拥有的教育或技能水平，这样也就能发现一些背景适合相关空缺职位的员工。

5.4   给管理者的员工敬业度指南

● 内部招聘和内部晋升

大多数雇主都在鼓励内部招聘，认为这样做可以提高员工的敬业度。因此，当 IBM 的服务从以提供硬件产品为主转向以提供咨询服务为主时，公司评估了现有员工的技能差距，并制订了相应的人力计划，旨在培训现有员工能尽快适应新的工作，这些做法都非常有效地促进了员工敬业度的提升。同时，有些雇主在面临战略转型时，会选择直接辞退不"合适"的员工。

联邦快递（FedEx）从成立之初就制定了强有力的内部招聘和内部晋升政策。联邦快递对内部晋升的承诺源于其创始人弗雷德里克·史密斯（Frederick Smith）的这样一个信念："如果把员工放在第一位，他们就会尽可能地提供高质量的服务，利润也就随之而来。"联邦快递将内部晋升与其他政策结合在一起——如年度员工态度调查、员工表彰和奖励计划、领导评估程序、广泛的员工沟通，以及员工申诉程序，最大限度地促进员工敬业度的提升。

在联邦快递，要想实现有效的内部晋升，需要采取一种获取职业记录和发布职位空缺的方法，这种方法能够保证符合条件的员工全部能获悉职位空缺的信息并被纳入候选考量。联邦快递将其职位发布系统命名为职位变动申请人跟踪系统（JCATS）。新的职位空缺通常会在每周五通过该系统在线发布。所有申请该职位的员工都会得到一个有关自己工作表现和服务年限的数字评分。然后，他们会被告知是否被选为候选人。

有意培养员工敬业度的管理者可以从联邦快递成功的内部晋升系统中汲取几条经验：对员工的职业抱负表现出真正的兴趣；提供以职业为导向的评估程序；确保员工有机会获得自我发展所需的培训；不仅要留住优秀员工，而且帮助他们了解并申请公司的其他合适的职位，并尽可能在这两者之间取得平衡。

5.5　外部候选人

雇主并非总是能够从现有员工中找到他们所需的所有候选人，有时他们也不想这样做，这时候他们就会使用多种渠道寻找外部候选人。

● 非正式招聘和隐藏的人才市场

许多（或大多数）职位空缺根本不会对外公布。当雇主偶然发现一些合适的外部候选人时，就会因人设岗。据《揭开隐藏的就业市场》一书的作者估计，大约一半的职位空缺都是通过非正式途径（未经正式招聘）填补起来的。同样，还有一项调查发现，28% 的受访者是通过口口相传的方式找到最近的工作的。

● 通过互联网进行招聘

大多数雇主会通过自己的公司网站或专门的招聘网站进行招聘。例如，通过招聘网站及手机应用程序，用户可以按关键词搜索岗位，阅读相应的职位说明书，了解岗位的薪资情况，如果发现岗位很符合自己的预期，就可以将招聘信息保存到收藏夹里，把链接网址发到电子邮箱，或者直接搜索所住位置附近的工作，也经常有人直接申请这些岗位。手机应用程序的一个非常有用的功能是，它可以更新求职者端口的职位列表：一旦求职者查看了新的职位列表，下次查看时这些职位就不会被列为"新"的职位。而求职者只会看到高亮显示的最新职位。

在线招聘工具

在线招聘正变得越来越复杂。在匈牙利，普华永道会计师事务所（PWC）让潜在的求职申请人加入一个名为"Multipoly"的在线模拟游戏，旨在让他们更好地了解普华永道。普华永道将申请人数的大幅增加归因于他们喜欢这款游戏。麦当劳会在社交网站上发布员工的感言，以此吸引求职者。还有一些公司只会通过招聘网站上的简历列表来筛选候选人。dot-jobs 域名给求职者提供了一个一键式的求职通道，让他们可以找到在其平台注册的雇主所发布的招聘岗位。例如，在迪斯尼乐园找工作的求职者可以登录迪斯尼网站招聘页面，"求职者可以自己创建面试视频，并将其发送给雇主，供其查看、分享、与其他求职者的视频进行比较"。

还可以采用虚拟（纯在线模式）招聘会形式。通过这种形式，求职者可以看到与普通招聘会类似的场景。他们可以听演讲、参观展台、留下简历和名片、参与现场聊天，并从招聘人员甚至招聘经理那里获得联系方式。招聘会的持续时间大约为5小时。

全球在线招聘

几乎每个国家都有自己的招聘网站，如中国的智联招聘网。在日本，名为baitoru 的招聘网站的流行表明日本的招聘文化正在发生改变。几十年来，日本大多数劳动力的工作都是终身制的，但最近这种制度被打破了。如今，大量的日本工作者都是兼职或临时工，他们可以通过 baitoru 招聘网站找到合适的工作。

利弊

相比其他方法，通过在线网站，求职者能更迅速、更及时地得到更多的回复，而且成本也更低。此外，由于网上的广告对职位的描述更丰富、更全面，因此比印刷广告更能吸引求职者。

然而，在线招聘有两个潜在的问题。第一个问题是，老年人和一些少数群体可能不太会使用互联网，因此在线招聘也许会在无意中将老年求职者（和某些少数群体）排除在外。

第二个问题是，互联网很容易信息过载，雇主最终可能会被简历淹没。自我筛选能起到一些帮助作用：例如，芝士蛋糕工厂发布了一份详细的工作职责清单，那些不感兴趣的人就不必申请了。另一种方法是让求职者填写一份简短的在线预选问卷，然后通过这些问卷来确定哪些人可以进入正式的招聘程序。大多数雇主还会使用求职者跟踪系统，接下来我们将对此进行详细介绍。

📺 通过人力资源信息系统提升绩效

使用求职者跟踪系统   为了处理大量的求职申请，几乎所有的《财富》500 强公司和许多其他公司现在都在使用求职者跟踪软件来筛选求职申请。求职者跟踪系统（ATS）是一种帮助雇主吸引、收集、筛选、汇总和管理求职者信息的在线系统。

它还能提供其他服务，如岗位需求管理（用于监控公司的空缺职位）、求职者数据收集（用于将求职者的相关数据扫描到系统中）和发布报告（用于创建各种与招聘相关的报告，如每次招聘的成本和渠道招聘数据）。系统功能大多来自应用服务提供商（ASP）。这些网站基本上是将求职者的信息从雇主那里转移到 ASP 的网站上，例如，求职者可以在 ASP 网站上填写表格和参加测试。主要的 ASP 网站包括安德普翰人力资源服务公司（ADP）、HRSmart 人力资源管理公司、仕睿科技公司（Silkroad）和美国网络招聘 Monster 公司（Monster）等网站。

举个例子，一家银行使用 ATS 工具初步淘汰不符合基本职位要求的求职者，然后通过电话面试或自动视频面试系统进一步筛选求职者。接着，招聘人员会进行面试招聘，并将通过面试的求职者推进到下一个甄选环节。

ATS 工具正在不断完善。如果求职者需要花 15 分钟以上的时间才能完成在线申请，那么申请完成率就会大幅下降，因此许多使用 ATS 的招聘方都简化了申请的程序。现在，大多数招聘方还能点击立即确认申请。有一家 ATS 招聘方还帮助招聘人员进行一些个性化设置，如向未通过初筛的求职者发送标准化的拒信通知。

提高在线招聘效率　雇主可以通过各种方法轻松提高在线招聘的效率。例如，将就业信息放在离主页只有一键之遥的地方，让求职者通过官方网站就可以提交简历，还可以将在线申请设置为回答选择题的形式。

此外，有效在线广告不只是简单地将报纸广告搬到网上。正如一位专家所说，"让招聘人员摆脱'缩水广告'的心态是一个十分关键的问题"。图 5-7 中的无效在线广告就使用了不必要的缩写，几乎没有说出任何能让求职者觉得该工作具有吸引力的特点。

无效在线广告（从杂志和网络收集而来）	有效在线广告（距离不是问题）
流程工程师薪酬：65 000 美元~85 000 美元/年 佛罗里达州急招一名废水处理流程工程师，要求必须拥有至少 4~7 年的工业废水处理经验。有意向的求职者请将邮件发送至：×××。	您想帮助我们建设一个更美好的世界吗？ 我们是世界顶级废水处理公司之一，在迈阿密、伦敦都设有工厂。我们正处于高速发展阶段，想寻找一名经验丰富的流程工程师加入我们的团队。如果您拥有 4~7 年的污水处理设施的流程设计经验，并致力于让世界变得更美好，我们将热切希望收到您的来信。根据工作经验，您的年薪范围为 65 000 美元~85 000 美元。邮件请发送至：×××。

图 5-7　无效的和有效的在线广告

再来看看图 5-7 中的有效在线广告。它的标题就足以引人注目，并且还用更多的版面提供了更为具体的职位信息。它给出了为这家公司工作的充分理由。许多雇主会将完整的职位说明书放在在线广告的招聘内容中。理想的情况是，广告应提供一份工作要求清单，以便求职者可以衡量自己是否真的适合这份工作。

以下两个"趋势"专题介绍了在线招聘其他方面的内容。

影响人力资源管理的发展趋势：人才管理的科学

谷歌的人事运营团队

当谷歌的"人事运营"（HR）团队研究发现通过招聘网站招聘并不划算时，他们马上就创建了自己的内部招聘团队。这个内部团队使用名为 gHire 的专有候选人数据库。谷歌的招聘人员通过搜索社交媒体和其他网站，了解目标候选人的工作地点，联系这些潜在的求职者并与他们保持长久的联系（有些人长达数年），然后不断扩大和筛选这份求职者名单。这些内部招聘人员会亲自挑选合适的候选人，招聘的群体约占谷歌每年招聘人数的一半。

谷歌的另一个主要招聘渠道是其官方招聘网站。求职者可以进入该网站，进行职位申请、与谷歌的招聘人员分享自己的技能实例，以及详细了解谷歌的工作情况。

谷歌还积极鼓励员工内部推荐。谷歌分析了如何才能提高员工的内推率。结果发现，提高内推奖金并不能解决问题（因为谷歌员工本来就很喜欢推荐优秀的候选人）。因此，谷歌简化了选拔流程，内推录用率也有了显著提高。谷歌很少在特殊工作岗位中使用外部招聘人员，他们在几年前就不再使用专业招聘网站。

● 广告

数字招聘正在取代传统的印刷招聘广告，但印刷广告现在仍随处可见。面对这种现象，雇主应解决两个方面的问题：广告媒介和广告结构。根据职位空缺情况，使用最佳媒介——例如《华尔街日报》《经济学家》这类当地报刊。当地报刊是招聘本地的蓝领工人、文员和初级行政人员的最有效渠道。另外，如果招聘的是具有特殊技能的工人，比如家具加工人员，你可能会希望在家具制造商众多的地方（如卡罗来纳州）刊登广告。关键是要把广告投放到能让潜在员工看到的地方。

对于技能专业性要求比较高的职位，可以在《美国心理学家》《销售管理》《化学工程》和《女装日报》等行业和专业期刊上刊登广告。《华尔街日报》上的招聘广告也吸引了不少中层或高层管理人员。现在，大多数印刷媒体在提供印刷版求职广告服务的同时，也提供在线广告服务。

技术让公司变得更有创造力。例如，美国艺电公司（Electronics Arts，EA）在其电子游戏手册的背面刊登了公司的实习生计划，目的是帮助公司建立一个拥有 20 多万名潜在求职者的人才数据库。

构建（撰写）广告

　　有经验的广告人会利用 AIDA（attention：注意；interest：兴趣；desire：欲望；action：行动）指南来撰写招聘广告。首先，必须吸引大家对招聘广告的注意。图 5-8 中的广告为什么能吸引大家的眼球呢？"下一位关键选手"这个描述发挥了不小的作用。

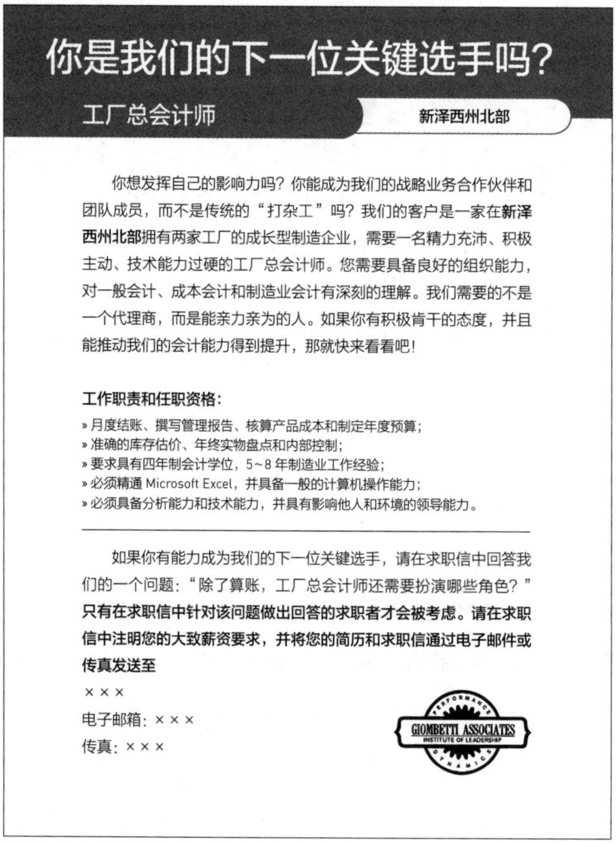

图 5-8　引人注目的招聘广告

资料来源：乔治·贝蒂律师事务所。

　　其次，激发求职者的兴趣。例如，"您是否希望发挥自己的影响力呢？"

　　还可以通过突出旅行或挑战等字眼来激发人们的欲望。如果附近有一所研究生院，这样的描述可能会吸引工程师和专业人士。

最后，广告应促使求职者采取行动，如"今天就打电话"。

在求职者看来，岗位信息越具体，其招聘广告越有吸引力，可信度也越高。如果岗位信息中包含很多工作痛点，那么就可以考虑设计一个更加实际的广告。当组约市儿童服务管理局在留任员工方面遇到问题时，它开始使用这样的广告："招聘：愿意走进危险街区的陌生建筑，并且精神错乱的人可能会冲着你尖叫……"这样的现实主义广告会让求职者的数量减少，但会提高员工的留存率。最后，广告应遵守公平就业机会法，避免出现"仅限男性"之类的字眼。

● 职业介绍机构

美国职业介绍机构主要有三种类型：

1. 由联邦政府、州政府或地方政府运营的公共机构；
2. 与非营利组织相关的机构；
3. 私营机构。

每个州都有一个由州政府管理的公共就业服务机构。美国劳工部通过拨款和其他援助方式（如全国就业银行）给这些机构提供支持。全国就业数据库使就业服务机构的顾问能够向求职者提供有关各州现有工作的相关建议。

雇主与一些公共机构打交道的体验各不相同。首先，失业保险申请人必须进行登记，并随时准备接受工作面试。但有些人会对重返工作岗位并不感兴趣，因此，雇主碰到这样的求职者时，可能会发生一些对立冲突，即无论公平与否，雇主都会认为可能是地方机构在努力填补当地雇主所缺的工作岗位时，存在消极怠工的问题。

然而，这些机构还是有一定的用处的。除了填补工作岗位空缺外，顾问还会参观雇主的工作场所，审查雇主的职位说明书，甚至协助雇主撰写职位说明书。大多数州已将当地的州政府就业服务机构转变为"一站式"商店——邻里培训／就业／职业评估中心。

大多数非营利性专业技术协会，如电气和电子工程师协会（IEEE），都设有帮助会员找工作的部门。公共机构则可以为残疾人等群体成员提供就业安排服务。

私营的职业介绍机构是文员、白领和管理人员的重要来源。他们会向每一位求职者收取一定的费用（遵守州政府法律的规定，并在其办公室张贴）。大多数都是

"付费"岗位，该费用一般由雇主支付。如果存在以下情况，以上途径都是可选项。

1. 贵公司没有自己的人力资源部门，认为自己无法做好招聘和筛选工作。
2. 贵公司必须快速填补职位空缺。
3. 贵公司需要吸引更多的少数群体或女性求职者。
4. 贵公司希望接触到目前在职的人员，但这部分人可能更愿意与中介打交道。
5. 贵公司希望缩短招聘的时间。

　　然而，使用职业介绍机构需要规避潜在的陷阱。例如，职业介绍机构的筛选机制可能会让那些不太符合条件的求职者也直接进入主管招聘环节，而主管可能也会毫无戒备地聘用他们。同时，职业介绍机构的不当筛选也会阻碍那些潜在的优秀求职者。

　　为避免出现这些问题，你需要做好以下几件事。

1. 向介绍机构提供准确、完整的职位说明书。
2. 确保测试、空白申请表和面试是介绍机构甄选程序的一部分。
3. 定期审查平等就业机会委员会关于贵公司和该介绍机构已接受或拒绝的候选人数据。
4. 筛选机构。向其他管理者了解哪些职业介绍机构在填补你需要的职位方面效率最高。查看互联网上的分类广告，了解哪些职业介绍机构能胜任您需要的职位招聘工作。
5. 作为对职业介绍机构推荐信调查的补充，你务必亲自核查进入主管招聘环节的候选人的推荐信。

人力资源和零工经济

　　如今，很多劳动力的工作背景都是"零工经济"（也称共享经济、1099 经济、按需经济和备选人员经济）的一员。零工人员通常以自由职业者、合同工、临时工或顾问的身份工作。据估计，在未来几年，他们将占美国在职劳动力数量的一半左右。

临时工

有越来越多的雇主开始使用临时工来补充自己的正式员工的不足。这种临时工或"派遣员工"并不局限于文员或维修人员，也包括工程、科学和管理支持等相关岗位人员，甚至是临时首席财务官和首席执行官。

雇主使用临时工的原因有很多。长期以来，雇主一直会使用临时工来顶替生病或休假的员工。灵活性是雇主关注他们的主要原因之一，但他们的优势并不仅限于此。如果经济好转只是暂时的，大多雇主会希望迅速减少自己的雇用人数。临时工的时薪性价比也比较高，因为他们通常没有带薪休假。如果经济不是很景气，解雇临时工也更容易。许多公司还利用聘用临时工来挖掘潜在的正式员工。另一个因素是短期项目的外包趋势。例如，牧野机床公司（Makino）将大型机器的安装工作外包给了承包公司，而承包公司一般会雇用临时工进行安装。

雇主可以直接雇用临时工，也可以通过劳务中介机构来雇用。凯利服务公司（Kelly Services）、万宝盛华集团（Manpower Group）、罗致恒富公司（Robert Half）和德科集团北美分公司（Adecco Group North America），这些机构都可以提供临时工的招聘、筛选和工资管理等服务。耐克公司就是借助凯利服务公司来管理公司的临时工的。

直接雇用临时工是指雇主以简单直接的方式雇用临时工并安排他们的工作。雇主通常会像对待正式员工一样，直接向这些人支付工资，但会将他们分别归类为临时工、季节工或临时雇员，他们享有的福利通常很少（如果有的话）。

为了保持良好的临时工雇用关系，临时工的监管者应该了解他们的顾虑。在一项调查中，临时工这样描述他们的境况：

1. 受到了不人性的对待，心里非常受挫；
2. 对工作缺乏安全感，对未来感到悲观；
3. 担心没有保险和养老金福利；
4. 工作分配存在一些误导性的信息，特别是对临时工作是否有可能成为全职工作感到迷茫；
5. 认为自己"大材小用"（尤其是那些试图重返全职劳动力市场的人）。

与劳务中介机构合作时，雇主首先要了解他们的政策。例如，一旦自己的主管在工时表上签字，通常就意味着同意支付介绍机构的费用。如果想将通过劳务中介机构雇用的临时工转为正式员工，那么其政策是什么？该中介机构是如何规划招聘员工的？建议仔细查看劳务中介机构的推荐信及商业改进局的名单。

了解你的雇用法律   **合同工**

几年前，联邦探员在沃尔玛的 60 家门店抓捕了约 250 名非法"合同制"清洁工。这件事表明，你有必要了解在你的经营场所从事保安工作或在下班后从事店铺清洁工作的合同工的身份。事实上，虽然他们受聘于劳务中介机构，但这往往并不能免除你非法用工的罪名，因为一般来说，除了某些特殊的情况，雇主通过劳务中介机构雇用的员工既可以被视为中介机构的雇员，也可以被视为雇主的雇员。

雇主的责任取决于其主管人员对临时雇员情况的掌控程度，所以让劳务中介机构做得越多越好。例如，让劳务中介机构负责对临时雇员培训，以及商定并支付其薪酬。

雇主还可以采取其他措施。雇主应要求劳务中介机构遵守雇主的背景调查程序。如果雇主和劳务中介机构均需要对流程负责，则双方都需要承担法律风险。雇主需要仔细了解自己有多少临时员工。如果临时工可能会接触到公司的知识产权和计算机系统，那么雇主就应该非常谨慎地监督他们。不要将临时工视为"自己的员工"，在名片、员工手册或员工的身份徽章方面都需要进行区分。

● 人才挖猎

苹果公司雇用了一位过去负责管理亚马逊 Fire TV 业务的员工来管理自己的 Apple TV。这种从竞争对手处"挖猎"在职员工的做法很受现在很多公司的欢迎，这可能会成为一个招聘新员工的非常有效的渠道，但它也存在不少潜在问题。目标员工（与其他所有员工一样）对现有雇主负有信托责任，比如对现有雇主的专有信息负有保密法律义务。因此，雇主需要谨慎考虑诉讼的可能性，不要变相索取或接收竞争对手的专有信息。

对于目标公司而言，基本无法做到"不被挖猎"。但是，目标公司也有应对之道，比如让员工签署竞业协议，禁止他们在规定的时间内加入竞对公司，或让他们签署反挖猎条款，禁止他们挖走公司现有的客户等。如果这些措施得当，目标公司就可能在一段时间内保护自己。据称，苹果公司和谷歌公司都采取了一种争议性更大的方法来保护自己免受人才挖猎。多起诉讼显示，这两家公司（及其他几家硅谷公司）相互约定不挖猎对方的员工，甚至双方同意 4.15 亿美元的和解金。

● 离岸外包工作与工作签证

离岸外包不是把员工引进来，而是把工作转移出去。外包是指由外部供应商提供服务（如福利管理或生产），而这些服务以往是由公司承担的。离岸外包是指由外部供应商或海外员工提供以往由公司内部员工完成的工作。

在美国，员工、工会、立法者，甚至许多企业的老板都认为，将工作岗位外迁（尤其是外迁到海外）是不明智的。尽管如此，雇主们仍在向外转移工作岗位，而且不仅仅是蓝领工作岗位。例如，美国雇主也向印度等国家开放很多 IT 工作岗位。

这样做会带来特殊的人事挑战。比如可能会出现文化误解（如本土客户与海外员工之间有误解）问题；安全和信息隐私问题；外国合同问题；责任和法律问题；海外员工特殊培训的需求问题等。

亚洲地区员工的工资上涨、声誉问题、对当地社区加大投资的愿望以及不断变化的政治关系，都会促使雇主将工作岗位迁回原地。包括苹果和微软在内的许多美国雇主都已将部分工作岗位迁回了美国。

特别是在共和党新政府上台之后，雇主和议员们也更加关注工作签证（简称 H-1B 签证）计划的潜在弊端。该计划最初的目的是帮助美国雇主从国外临时雇用从事专业性工作的员工。但后来报纸上有不少报道都提及，大公司会引进大量的外国工人，并让他们接受美国同岗位人员的培训，然后再取代国内正式员工的工作，这些报道促使一些立法者（和其他人）开始意识到该计划遭遇了滥用。这可能会使他们严格限制 H-1B 签证的使用范围，使其仅限于那些拥有专业技能的外国员工。

● 猎头公司

高管招聘机构（也被称为猎头公司）是帮助雇主寻找高级管理人才的特殊劳务中介机构。雇主通过这些服务填补的相关职位的成功率其实并不高。但是这些职位包括关键性的行政人员和顶级技术人员，雇主很愿意支付这些中介服务费用。

高管招聘机构有派遣招聘队伍和保留型招聘队伍之分。猎头顾问协会的成员通常会专注于薪酬在 15 万美元或以上的高管职位和"保留高管搜索"。无论雇主是否通过猎头公司的努力聘用到了高管，他们都会获得报酬。按结果收费的猎头公司倾向于参与年薪 9 万至 15 万美元范围内的初级和中级管理职位搜索。排名靠前的猎头公司（均为保留搜索型）有海德思哲（Heidrick & Struggles）、亿康先达国际咨询公司（Egon Zehnder）、罗盛咨询（Russell Reynolds Associates）和史宾沙公司（Spencer Stuart）。过去，招聘佣金一般为高管第一年全部薪酬的 30% 或更多，如今已开始逐渐下降。

寻找潜在候选人一直是个难题。互联网的数据库加快了这种搜索的速度。猎头公司还针对专业职能（如销售）或行业（如石油产品）设立了专门的搜索部门。

猎头公司招聘人员有很多联系人，因此他们更容易找到那些暂时并不急于跳槽的合格候选人。他们可以对相关的信息暂时保密，并通过建立求职者人才库来节省招聘高层管理人员的时间。与招聘高管节省下来的时间相比，招聘人员的这些佣金成本并不高。

最大的问题是雇主要确保招聘人员真正了解自己的需求，这样对方才能提供合适的候选人。你必须充分说明你需要什么样的候选人。有些招聘人员可能更热衷于说服你聘用某个候选人，而不是寻找真正能胜任这份工作的人，因为有些"最终候选人"实际上可能只是用来充数的，其目的是让招聘人员挑选出来的"真正"的候选人看起来更加优秀。接下来的"管理技能培养"专题就此提供了一些建议。

管理技能培养　　　　　　　　　　　　　**与招聘人员合作**

与挖掘高管人才的猎头公司合作需要时刻保持谨慎。

1. 确保猎头公司能够进行全面搜索。根据职业道德规范，招聘人员在完成前客户的猎头工作后，两年内不得接触该客户的高管人才。因此，招聘人员只能从不断减少的人才库中进行搜索。
2. 与实际处理你的招聘任务的招聘人员见面。
3. 一定要问清楚猎头公司的收费标准，并签订书面协议。
4. 关于应该为该职位聘用什么样的人，你与招聘人员的认知必须一致。
5. 询问招聘人员是否已经对最终候选人进行了审查。因为你很可能听到这样的回答："没有，我只是获得了候选人的简历——我们并不会对他们进行筛选。"
6. 因此，切勿依赖招聘人员对推荐信进行核查。你可以让他们去核实候选人的推荐信，但必须让招聘人员提供这些推荐信的书面说明（如果可能的话）。你务必亲自重新核查最终候选人的推荐信。
7. 最好使用对你所在的特定行业有特殊专长的招聘人员——对方可能最了解哪些人无意应聘。

内部招聘

如今，越来越多的雇主喜欢自己亲自把控管理层的招聘工作。不过他们同时也会与猎头公司合作，特别是在有关高层管理人员（首席执行官或总裁）和董事会成员的招聘，以及机密性招聘时。但是，诸如通用电气公司、百事可乐等公司，现在都由自己的内部招聘团队专门负责处理大部分管理层的招聘工作。（通用电气公司的内部招聘人员约为 500 人）。据时代华纳公司（Time Warner）报告，使用内部招聘团队的公司每年可节省数百万美元的招聘费用。接下来的"直线经理和小型企业的人力资源工具"专题介绍了小型企业在这方面可以做什么。

直线经理和小型企业的人力资源工具

招聘 101

在大多数小型企业的发展过程中，总有那么一瞬间，老板会猛然觉悟——公司需要补充新鲜血液才能更上一层楼。老板是否应该亲自招聘这个人呢？

大多数大公司都会毫不犹豫地选择猎头机构，但小型企业的老板在面对要为招聘一个年薪 12 万美元的营销经理而支付高达 4 万美元或更高的招聘费用时，往往会犹豫不决，这完全可以理解。

然而，搜寻这样的人才与寻找数据录入员不同，你的理想人选很有可能并没有在看招聘广告。许多应聘者可能能力还不错，但你必须通过对他们进行评估，来发掘他们中的佼佼者。你很有可能不知道应该在哪里刊登招聘广告，不知道如何撰写招聘广告，不知道在哪里搜索，不知道与谁联系，也不知道如何筛除那些看似合适但实际并不合适的人选。即便你清楚这些，也会耗费你大量的时间，分散你对其他工作的注意力。

如果你决定自己做这项工作，就可以考虑聘请一位行业心理专家，花 4～5 小时来评估你最感兴趣的两三个候选人，评估他们解决问题的能力，他们的个性、兴趣和精力水平。

在招聘来自竞争公司的求职者时要格外小心。一定要检查应聘者是否有受竞业协议或保密协议的约束。而且（尤其是在招聘竞争公司的高层管理人员时）在询问某些具体问题之前，要特别就诸如有关专利或潜在反垄断相关的问题先咨询专家和律师。

如果你是《财富》500 强公司的管理者，有一个空缺职位需要填补，你会发现自己进退两难。你可能会意识到，当地的人力资源部门除了在网上招聘栏发布招聘广告，几乎不会涉及其他招聘工作。而且，你可能无法为自己发布招聘广告（这也是本章开头玛琳所面临的问题）。所以，你只能联系现在在其他公司的前同事，利用口口相传的方式在公司内外"宣传"你的空缺职位信息。

● 员工内推和未受邀求职面试

员工内推是一种重要的招聘方式。雇主会在网站和公告栏上发布职位空缺和推荐邀请。对于内推成功的员工，雇主可能会给予一定的奖金。例如，在凯萨医疗机构（Kaiser Permanente），推荐他人成功应聘"符合奖励条件的职位"可获得 3000 美元或更多的奖金。康泰纳零售连锁店（The Container Store）培训员工从公司的客户中招募候选人。许多雇主会鼓励员工通过自己的社交媒体公布公司的空缺职位信息。

内推的最大优势在于，它往往能吸引"更多的应聘者、产出更多的招聘成果和产生更高的收益比（聘用人数与应聘者之比）"。在职员工往往会提供有关推荐人的准确信息，因为他们会把自己的声誉放在第一位。美国人力资源管理协会的一项调查发现，在 586 名雇主中，69% 的人表示内推方式比其他招聘方式更高效、划算，80% 的雇主明确表示内推方式比利用劳务中介机构更加高效、划算。

如果公司士气低落，在发动内推之前就必须解决这个问题。请记住，在员工结构很单一的情况下，依靠公司内推可能会造成歧视现象产生。如果你没有聘用员工内推的人，请向员工（推荐人）解释具体原因。如果公司的大多数员工都不是少数群体，那么员工内推计划也很有可能效果不佳。不过，即使在这种的情况下，雇主也可以利用员工内推来培养更多的少数群体候选人，比如为多元化招聘提供更多的奖金。

未受邀求职面试，是一个占比很高的求职方式，特别是对于小时工而言。有时，在门外张贴"招聘启事"可能是吸引当地优秀求职者最经济有效的方法。为了雇主的社区声誉和求职者的自尊，请礼貌对待求职者。许多雇主会对每一位直接前来应聘的求职者进行简短的面试，其目的可能只是了解求职者的基本信息，以备将来有匹配的职位空缺时联系。专业人士和白领应聘者主动提出面试申请时，请及时回答他们的所有询问。

● 招聘流程外包和按需招聘服务

招聘流程外包机构（RPO）是负责处理雇主全部或大部分招聘需求的特殊服务。他们通常与雇主签订短期合同，按月收取合作费用，该费用会随着雇主实际的招聘量而调整。与支付内部招聘团队相对固定的费用相比，以这种方式合作，雇主更容易实时调整招聘费用。

如今，客户希望招聘流程外包机构的作用不只是提供候选人的简历，他们还希望实现求职流程的个性化，以发掘更多的被动求职者，建立自己的雇主品牌。大型招聘流程外包机构包括万宝盛华集团、Allegis 全球解决方案和 IBM 人才招聘咨询服务（IBM Recruitment Services）。

按需招聘服务（ODRS）针对特定项目提供挖掘合适候选人的服务。这种服务模式下，按小时或项目，而不是按工资百分比向招聘人员支付招聘费用。例如，当一家生物技术公司的人力资源经理需要招聘几十名具有科学学位和制药经验的人员时，她就选择了与 ODRS 公司合作。传统的招聘公司可能会收取每名员工年薪的 20% ~ 30% 作为招聘佣金，而 ODRS 公司是按时间收费，而不是按录用人数收费。这类公司会负责招聘和初筛，并为客户留下一份简短的合格候选人名单。

● 校园招聘

校园招聘指雇主派招聘代表到大学校园对应聘者进行初筛，并基于毕业班级的学生情况建立应聘者人才库。它是管理培训生和专业技术人员的重要资源。几年前的一项研究得出这样一个结论，应届大学毕业生填补了约 38% 需要大学文凭的外部招聘职位。

做好校园招聘并非易事。前期必须制定好日程安排、印制公司的宣传册、进行面试，并花费大量时间。有些招聘人员准备不足，而且对应聘者表现出兴趣不大，一副高高在上的样子。还有一些招聘人员不能有效地筛选应聘者。

雇主应培训招聘人员如何面试应聘者，如何解释公司所能提供的服务，以及如何让应聘者安心。招聘人员应保持礼貌，具备吸引优秀候选人的招聘经验。通用电气公司每年会从大约 40 所学校招聘 800 ~ 1000 名毕业生，并利用员工和实习生团队在每所学校树立通用电气公司的品牌意识。同样，IBM 公司有 10 位员工专注于校园招聘。壳牌石油公司（Shell Oil）根据学术课程质量、在校学生人数和学生群体多元化等标准，精减了其校招的学校名单。

校园招聘人员有两个主要目标。其一是确定应聘者是否值得进一步考虑。通常要评估的特质包括沟通技巧、教育背景、实习经验、技术水平和人际交往能力。其二是吸引候选人。真诚和不拘一格的态度、对应聘者的尊重以及及时的后续联系和回复，都有助于面试人员给应聘学生留下好印象。此外，与职业顾问和教授等意见领袖建立关系，也能让雇主取得更好的招聘效果。

雇主一般会邀请优秀的应聘者到公司进行实地参观。邀请函应热情但不失商务气息，并提供日期选择，可以在酒店为应聘者准备一份包含日程安排及其他信息（如年度报告和员工福利）的资料包。

制订面试计划，并按计划推进。避免打断面试；让每一位面试官全神贯注地关注应聘者的表现。尽快发出录用通知，最好是在实地参观之前就完成这一步。紧密跟进应聘者"做出决定的进度"，这些都有可能促使对方选择你的公司。

某项研究以 96 名即将毕业的学生作为调查对象，其结果是：有 53% 的学生认为，"现场参观、与申请职位类似工作的员工或更高级别的员工见面"具有积极作用。51% 的学生提到，"酒店或晚餐安排令人印象深刻，现场安排也有条不紊"。41% 的学生表示不喜欢"面试官无组织、无准备的行为，或不知所云、毫无用处的回答"。

实习

实习可以实现双赢。实习可以帮助学生磨炼其业务技能，使他们更详细地了解雇主以及发现自己的职业偏好；而雇主可以利用实习生为公司提供有效的服务，同时将他们作为备选的正式员工进行评估。约有 60% 的实习生最后可以转为正式员工。

也有一些实习最后变成了噩梦。许多实习生，尤其是高级时装和媒体等行业的实习生，他们反馈说自己长时间都在从事一些无偿的琐碎工作。《纽约时报》引用了一家公司经理的话说，"我们需要雇用一名 22 – 22 – 22 制的实习生"，其意思是他们需要一名 22 岁左右的实习生，愿意每天工作 22 小时，年薪只有 22 000 美元。

法院为区分实习生和正式员工，制定了若干个标准。例如：实习生和雇主是否都清楚地知道实习生是没有报酬的；实习是否提供了与教育环境类似的培训；实习是否与个人的正规教育计划挂钩。

● 远程办公人员

远程办公人员是利用信息技术远程完成全部或大部分工作的人，他们工作的地点通常是家中。例如，捷蓝航空公司（JetBlue）就使用居家代理人员来处理票务预订工作。这些"工作人员"住在盐湖城附近，都是在家工作。他们使用捷蓝航空公司提供的计算机和技术，并接受捷蓝航空公司的培训。

● 军人

退役军人是训练有素、纪律严明的新员工的极佳来源。然而，他们往往很难找到工作。第二次海湾战争之后，美国退伍军人的失业率约为 10%，而非退伍军人的失业率仅为 6.4%。为了解决这一问题，联邦政府为雇用退伍军人的雇主提供税收减免，包括沃尔玛在内的许多雇主都有专门的退伍军人招聘计划。美国陆军的"青年成功合作计划"能帮助入伍者选择一个退伍后的企业合作伙伴，从而为他们退伍后的就业铺平道路。

5.6　招聘更加多元化的员工

我们在第 2 章中就已经了解到，招聘一支多元化的员工队伍不只是一项社会责任，鉴于少数群体、年长劳动者和女性求职者人数的增加，招聘多元化员工也成了公司必须去做的事情。麦肯锡咨询公司发现，在其调查过的雇主中，员工多元化的企业的业绩表现比员工非多元化的企业要高出 15%。

我们之前介绍的招聘工具对少数群体求职者也会帮助很大。不过，多元化招聘需要一些特殊步骤。例如，据说 Meta 公司会向招聘非洲裔、拉丁裔或女性工程师的招聘人员给予奖励。Meta 公司还要求，针对每个空缺职位，招聘经理至少面试一名来自少数群体的成员。拼趣公司制定了积极的多元化招聘目标，如空缺的工程师职位需聘用 30% 的女性。该公司所聘用的工程师中女性只占 22%，暂时还未能实现这一目标。微软也将管理者的奖金与聘用多元化员工挂钩。

● 招聘女性员工

鉴于女性在专业、管理和军事职业方面取得的突出成绩，人们可能会认为雇主不需要为招聘女性做出特别努力，但事实并非如此。例如，女性在某些职业（如工程师）的求职中仍然面临很大困难。担任高级管理职位的女性也很少，而且她们的收入仅有从事同类工作的男性的收入的 70% 左右。

最高管理层应采取最有效的补救措施。雇主要强调招聘女性（男性也同样重要）的重要性，找出聘用和留住女性员工方面存在的差距，并制订吸引女性求职者的综合计划。总体目标是表明这家公司是一个女性愿意工作的地方。例如，特别是对于"非传统"工作（如工程师），可以利用公司网站重点介绍目前从事这些工作的女性。强调雇主的指导计划；提供真正的工作场所便利，比如即使是兼职工作，也可以选择长期合作；将部分招聘工作的关注点放在女性组织、女性就业网站和女子学院的职业招聘会上；确保公司福利涵盖生育和孕期关怀等事项；坚持性骚扰零容忍政策。

● 招聘单亲家长

作为单亲家长，生活本就困难重重，想要招募和留住他们，自然就需要了解他们所面临的问题（当然，其中许多问题也适用于父母双方都在为生计而挣扎的家庭）。调查显示，这些家庭的成员描述，他们只能在午夜才有时间疲惫不堪地躺在床上，连最起码的休息时间都没有……他们经常需要请病假或请事假照顾生病的孩子。正如一位母亲所言："我已经没有足够的病假来让自己生病了。"

考虑到这些问题，吸引和留住单亲家长的第一步就是让工作场所更加友好。如果上级愿意给予支持，就能让单亲家长在工作与家庭之间维持基本的平衡。许多公司都有弹性工作时间计划，能让员工在一定范围内灵活安排自己的时间。遗憾的是，对许多单亲家长来说，这些可能还远远不够。美国有线电视新闻网（CNN）有一个"工作与生活平衡计算器"（可以用它来评估自己的生活失衡程度）。我们将在第 11 章"绩效薪酬与员工福利"中讨论其他选择。

● 招聘年长员工

在雇用年长员工方面，雇主没有太多的选择。45 岁至 64 岁是劳动力增长最快的年龄段。因此，雇主应该鼓励年长员工留在劳动力市场（或去公司工作）。

提供灵活（通常更短）的工作时间安排最能吸引年长员工。在一家公司，65 岁以上的员工可以逐步缩短工作时间。而另一家公司则采用了"小班制"的工作制度，以照顾那些希望工作时间能略短于全勤时间的人。其他建议还包括：

» 分阶段退休，让员工能够无压力地退出劳动力队伍。

» 为希望冬季到气候温暖的地方生活的"候鸟"员工提供灵活的工作地点。

» 为退休人员提供兼职项目。

» 为兼职人员提供全额福利。

　　与所有的招聘一样，树立良好的品牌形象非常重要。例如，在撰写广告时，一定要传递出"我们对年长员工很友好"的信息。最有效的广告是强调灵活的时间安排、突出公司的公平就业机会声明，而不是"让退休人员有机会将他们的知识应用于新的工作环境"。

多元化盘点

　　年长员工一般都是很优秀的员工。一项研究关注了对年长员工的六种刻板印象：他们工作积极性不高、不太愿意参加培训和职业发展课程、更倾向于抵制变革、不太信任他人、身体健康状况堪忧、更容易受到工作与家庭失衡的影响。该研究人员发现，年龄与工作积极性和工作参与度之间的关系并不是负相关，反而是微弱的正相关（这表明随着年龄的增长，工作积极性实际上有可能会提高）。该研究人员也确实发现了年龄与培训有效性之间存在微弱的负相关关系。年龄与接受变革的意愿和更多的信任之间存在微弱但正向的关系。相较于年轻人，年长员工出现心理问题或日常身体健康问题的概率也很低，他们只是更容易出现血压和胆固醇水平升高的问题。此外，年长员工并没有很多工作与家庭失衡问题。因此，现在几乎没有什么人会支持这些常见的有关年龄的刻板印象。

　　那雇主应该怎么做呢？首先，需要改变员工、管理者和招聘人员对年龄的刻板印象，并让他们与年长员工多接触，以及让年轻员工与年长员工进行更多的信息交流。

招聘少数群体

　　以上这些规定同样也适用于少数群体的招聘。首先，需要了解阻碍少数群体申请工作的壁垒，然后采取措施消除这些壁垒。例如，有些少数群体求职者达不到相关工作的教育背景或技能标准要求，对应的措施可以是增加补习和培训的计划，提供灵活的工作选择，给予示范性指导，以及对工作内容进行重新设计。

　　许多求职者在求职时都会向朋友或亲戚征求意见，因此鼓励少数群体员工协助你的招聘工作是很有帮助的。一些多元化专业招聘网站也可以发挥一定的作用。Meta 等公司为招聘人员专门设置了吸引少数群体求职者的招聘奖励。

　　有些公司还与专业组织合作。这些组织包括全国非洲裔 MBA 协会、全国拉丁裔 MBA 协会和美国华人协会。

　　一些雇主在雇用此前领取福利金的人时，会遇到一些麻烦。求职者有时会缺乏基本的工作素质，如难以做到准时报到、团队合作和服从命令等。雇用这类员工的关键在于雇主的预培训方案。在这方面，参与者需要接受为期数周的咨询和基本技能培训。

● 残疾人员

　　有一点必然会发生的事实是，一些雇主对残疾求职者的偏见或多或少都是有意为之。在一项研究中，研究人员通过发送虚构的应聘者简历和求职信去申请那些空缺的会计职位。这些"应聘者"全都符合职位的基本要求，但有一些在信中透露了自己的残疾情况。通过观察招聘人员的选择可以发现，有残疾情况的应聘者被后续跟进的概率比没有显示残疾情况的应聘者低 26%。

　　研究表明，从工作标准来看，残疾员工的能力几乎都能达标，这一点已具有足够的说服力。美国和其他国家成千上万的雇主都已经发现，残疾员工是优秀劳动力的重要来源之一，不管是在信息技术、创意广告，还是接待员等工作岗位上，他们都表现得非常能干且高效，但他们的价值在很大程度上尚未得到全面开发。

　　雇主可以采取多种方式来挖掘这一规模庞大的潜在劳动力。美国劳工部的残疾人就业政策办公室就提供了多项帮助，其中一项就是帮助正在寻找暑期实习机会的残疾大学的本科生与潜在雇主建立联系。各州都设有地方机构（如田纳西州的"企业联系部门"），为雇主提供对残疾人的招聘和培训信息。雇主还必须充分运用常识，例如，如果雇主只在报纸上刊登职位空缺广告，很有可能就会错过潜在的视障员工。

5.7　编制和使用职位申请表

● 职位申请表的目的

有了一定数量的应聘者后，就可以启动初步筛选程序了。职位申请表，即雇主用来收集求职者的身份、教育背景和工作经历的信息表格。审查职位申请表通常是筛选过程的第一步（有些公司会要求首先进行简短的预选面试或在线测试）。

一份填写完整的职位申请表可以提供四类信息。

第一，可以对实质性问题做出判断，如求职者是否具有胜任工作所需的教育背景和工作经验；

第二，可以对应聘者以往的发展和成长做出初步评估，这对招聘管理类职位来说尤为重要；

第三，可以根据求职者之前的工作记录，对其稳定性做出初步评估（尽管多年的公司裁员情况表明在这方面需要谨慎对待）；

第四，可以利用申请表中的数据来预测哪些应聘者会在工作中取得成功。

接下来的"管理技能培养"专题给出了相关的实用指南。

管理技能培养　　　　　　　　　**直线经理和雇主的人力资源工具**

申请表使用指南

申请表使用不当会让管理者付出沉重的代价。管理者应牢记几条实用指南。在"工作经历"部分，要求求职者提供每个前雇主的详细信息，包括主管的姓名、电子邮件地址或电话；这对核实推荐信来说至关重要。在签署申请表时，申请人应表明如有虚假陈述，将接受被解雇的处罚；接受雇主对其信用、就业经历和驾驶记录进行调查；接受体检和药物筛选测试；没有强制要求的雇用期限。

据估计，有 40%～70% 的求职者都会夸大自己的资历（尤其是教育背景或工作经验）。据报道，大多数即将毕业的大四学生甚至认为，雇主希望求职者在简历上做出一定程度的夸大。这种夸大大多会出现在简历上，但也有可能会出现在职位申请表上。因此，应确保应聘者愿意签署一份声明，表明简历和申请表上的全部信息均属实。法院几乎总是会支持雇主解雇在求职时提供虚假信息的雇员。

另外，填写表格不可能完整地反映出工作习惯不佳或喜欢耍花招的一些隐秘情况。有些求职者会随便写一句"详见所附简历"。这种做法是不能被接受的，雇主应要求求职者签名并完整填写表格。有些公司根本不再要求应聘者提供简历，而是要求其使用社交媒体链接，如推特或领英账户。

大多数雇主会使用几份不同的职位申请表。一份表格针对技术和管理人员，其中可能会要求详细回答有关教育背景和培训经历的问题；另一份表格针对工厂工人，可能比较侧重于工具和设备的使用。图 5-9 展示了其中一种职位申请表。

美国联邦调查局

荣誉实习项目初选申请表
（请用黑色墨水打印或填写）

日期：＿＿＿＿＿＿＿＿＿

仅限外勤人员使用

右拇指印：

部门：   项目：

Ⅰ.个人经历	
姓名（全名）：	请列举所上大学、专业、学位及平均学分绩点（如果有的话）
生日（年 / 月 / 日）： 出生地点：	社会保障号码（可选填）：
当前住址（街道 / 门牌号 / 城市 / 州）： 住所电话号码： 工作电话号码： 邮政编码：	

是否有驾驶执照？　□是　□否　　是否美国公民？　□是　□否

是否曾在美国军队服役？　□是　□否　　如果是，请填写部队番号和服役时间：　　退伍类型：

你是怎么知道联邦调查局这个实习项目的，或者为什么会对这个项目感兴趣？

是否具备外语能力？　□是　□否　　　如果是，请在背面列举出你掌握的外语及熟练程度。

你是否曾因违法行为（包括交通违章，但不包括因停车不当而被罚款）有过拘捕记录？　□是　□否　　　如果是，请在背面列出所有此类问题，即使最终你被判无罪，没有被正式起诉，没有上法庭，而只需要支付罚金或没收抵押品就可以解决问题。请详细说明具体日期、地点、被指控内容、处理过程、细节以及警察局的名称等。

Ⅱ.工作经历

列举高中毕业后，近三年来的全职工作经历（包括暑期工、兼职和临时工经历）

起始时间	结束时间	工作内容描述	公司名称 / 所在地

图 5-9　联邦调查局职位申请表

Ⅲ . 个人声明

如果残疾人员需要提供合理便利以完成表格的填写，可以向联邦调查局提出申请。

在过去的 3 年内，你使用大麻的次数是否超过 15 次？　□是　□否
在过去的 10 年内，你使用违禁药物或非法药物组合是否超过五次？　□是　□否
所有申请者提交的有关药物的历史记录都将接受测谎仪的检测。
你是否了解联邦调查局所有的员工在被录用前都要接受尿检？　□是　□否
本人已知悉，如在本申请中故意隐瞒信息或存在虚假陈述，将违反《美国法典》第 18 条第 1001 款的规定，如有违反，联邦调查局可以就此将本人解雇。我同意以上条件，并特此声明，本人在此申请表上的所有陈述均属真实、完整的信息。

本人签名（请勿使用昵称）

联邦调查局为公平就业雇主

图 5-9　联邦调查局职位申请表（续）

资料来源： FBI 荣誉实习计划初步申请表。

如前所述，一些雇主使用统计方法来分析申请信息（"简历细节"），以预测员工的任期和绩效。在一项研究中，研究人员发现，在前公司工作年限较长的求职者，进入新公司后辞职的概率也较低，而且在受雇后 6 个月内的工作表现也较好。具备预测性的简历细节还包括"在未告知的情况下辞职""职业学院毕业"和"长大后经常旅行"。谨慎选择简历细节中的信息项。公平就业法律对你要使用的项目进行了限制（例如，需要避开年龄、种族或性别等信息）。而且，有些求职者还会伪造细节信息，以便给雇主留下深刻印象。

了解你的雇用法律　职位申请表与公平就业机会法律

申请表应符合公平就业机会法律。根据联邦法律，有关种族、宗教、年龄、性别或国籍的问题通常并不违法，但根据某些州政府的法律，却属于违法问题。然而，公平就业机会委员会对这些问题持否定态度，雇主需要证明这些可能带有歧视性的问题与工作成败有关，且不带有不公平的歧视性。需要注意的信息项包括以下方面：

* **教育背景：** 询问有关在不同学校就读和毕业日期的问题就是一种潜在的违规行为，因为它可能反映出应聘者的年龄。

* **拘捕记录：**这一项对少数群体会造成不利影响，法院通常会认为，雇主因申请人曾被捕而取消其就业资格，违反了《民权法案》第7章的规定。而且雇主通常无法证明这具备工作必要性。
* **紧急联系人：**要求提供紧急联系人的姓名、地址和电话号码一般是合法的。但是，询问联系人与求职者的关系可能会涉及求职者的婚姻状况或血统信息。
* **组织成员资格：**有些表格要求应聘者列明在俱乐部、组织或协会中的成员身份。雇主应在表格中说明不需要填写会暴露种族、宗教、身体残疾、婚姻状况或血统的信息。
* **身体残疾：**要求列出求职者的身体缺陷或既往疾病通常属非法行为，除非申请表空白处明确要求列出"可能影响您工作表现"的缺陷或疾病。同样，询问应聘者是否领取过劳工补偿金通常也是非法的。
* **婚姻状况：**一般来说，申请表中不应询问求职者是否单身、已婚、离异、分居或与他人同居，也不应询问求职者配偶和子女的姓名、职业和年龄。
* **住房：**询问求职者是否拥有、租用或租赁房屋也可能带有歧视意味。这可能会对少数群体产生不利影响，而且很难以工作必要性为由进行抗辩。
* **视频简历：**越来越多的求职者会提交视频简历，这种做法既有好处也存在一定的危险性。在一项调查中，大约一半的雇主认为视频简历可以让雇主更好地了解求职者。但其危险性在于，视频简历更有可能让那些被拒绝的求职者声称因此受到了歧视。为了方便使用视频简历，一些网站为求职者制作了多种模板。

了解你的雇用法律　　　　　　强制仲裁

许多雇主意识到了雇用诉讼的高昂成本，因此要求求职者在填写职位申请表时同意在出现争议时进行强制仲裁。

对于此类"强制替代性争议解决"条款的可执行性，不同的联邦法院有不同的立场。这些条款一般可以正常执行，但有一些注意事项。

首先，必须有公正的流程。例如，协议必须是单独签署，并已注明了日期；措辞需简单明确；协议如果存在法律错误，可进行复议和司法上诉；雇主必须承担仲裁程序的大部分费用；仲裁程序应合理推进；员工在诉诸法院的情况下，应当有资格获取本应获得的全部补偿。

强制性仲裁条款让一些求职者望而却步。在一项研究中，389名MBA学生阅读了模拟的招聘手册。结果显示，强制性仲裁对公司作为工作场所的吸引力产生了明显的负面影响。

管理技能培养　　　　　　　　　　　　　　　　　**招聘中的人性化**

以前，招聘或求职的过程还相当简单。雇主可能只需要在当地的报纸上刊登招聘广告，或者与职业介绍机构合作就可以了；求职者通常也只需要直接向公司或介绍机构提出申请就行。这个过程是（相对）个人化的，职业介绍机构甚至可以帮助优秀的求职者优化简历和提高面试技巧。

现在，大多数非内推招聘都是在线进行的。对在线广告的大量回复意味着大多数雇主会使用自动关键字筛选工具（ATS）来筛选应聘者。其中一些工具甚至不提供确认申请的功能，这就使许多应聘者可能要花费数小时或数天的时间来完善个性化的简历和申请表，但他们对流程推进是一无所知的。一项调查表明，近 60% 的求职者表示他们的求职体验很不好。其中，最负面的反馈来自那些可能从未收到过应聘公司回复的求职者。

这种不礼貌的行为会伤害到求职者。感到愤怒或被冒犯的求职者会毫不犹豫地在网站上发表对雇主的负面评论，让潜在求职者都能看到他们的抱怨。许多与相关公司有过不愉快求职经历的人，此后都不太可能会再次向该公司投递简历。对于求职者来说，这种不礼貌行为会损害自尊，影响自己求职。一项调查研究表明，招聘人员的不礼貌行为会极大地损害求职者的"自我效能感"，即求职者对自己求职能力的信心。

在这项研究中，属于"不礼貌"的言论和行为有：对求职者资历不屑一顾的评论（"招聘人员看了我的简历后，说他们决不会雇用像我这样的人"）；反应迟钝或沟通不及时（"他们说会给我回复，但一直没有回复"）；无礼的互动（"在我等了 15 分钟后才开始面试，而且面试官在我说话时一直在看手表"）；轻视（"面试官用贬低的语气对我说话"）；快速结束面试；对外表表现出不认可（"她批评我在招聘会上穿得太少"）。大多数雇主有能力而且应该做得更好。

第 5 章要点小结

1. 招聘和甄选始于人力规划和预测。人力规划是指决定公司需要填补哪些职位空缺，以及填补这些职位空缺的过程。人力规划通常从预测人员需求开始，可能会涉及趋势分析、比率分析、散点图或计算机化预测等方法。另外需要注意的是预测内部候选人的供应情况，雇主会基于此目的而使用人工记录、人员调配图和计算机软件系统。预测外部候选人的供应量非常重要，尤其是在失业率较低、优秀求职者较难找到的情况下。

2. 所有的管理者都需要了解有效招聘的重要性。如果没有足够数量的求职者，雇主就无法有效地筛选和聘用最优秀的人才。有些雇主会使用"招聘产出金字塔"来估算需要多少求职者才能填补预测的职位空缺。

3. 用内部候选人填补职位空缺有几个好处。你对他们的优劣势较为熟悉，他们所需要的指导也较少。寻找内部候选人通常需要发布招聘信息。对于填补公司的高管职位来说，继任规划——系统识别、评估和培养组织领导力以提高绩效的持续过程——都是做出选择必不可少的过程。

4. 人力规划会影响员工的敬业度。例如，培养和留住员工以及内部晋升计划往往都会提升员工的敬业度，而相反的政策则可能会降低员工的敬业度。联邦快递等一些公司认识到，内部招聘和内部晋升对于提升员工的敬业度发挥了核心的作用。

5. 雇主在招聘求职者时会利用各种渠道寻找外部候选人。这些渠道包括非正式招聘、互联网招聘、广告招聘、职业介绍机构（包括公共机构、非营利机构，以及私人机构）或劳务中介机构推荐人才挖猎、员工内推、校园招聘、招聘外包等。

6. 了解如何招聘更加多元化的员工非常重要。无论招聘对象是单亲家长、年长员工还是少数群体，基本原则都是了解他们的特殊需求，并专门制定一套政策和办法，为他们创造更有利的工作环境。

7. 雇主会编制和使用职位申请表来收集求职者的基本背景信息。申请表应使雇主能够对求职者的教育程度等实质性问题做出判断，并确定求职者的推荐人和前主管。当然，同样重要的还有确保申请表符合公平就业机会相关法律，例如需要特别留意有关身体残疾的问题。

第 6 章

员工甄选

● **本章学习目标**

» 定义与测试有关的基本概念，包括效度和信度。

» 了解至少四种基本人事测试类型。

» 阐释可能降低面试效用的因素和问题，以及消除这些因素和解决相关问题的技巧。

» 阐释如何对岗位候选人进行背景调查。

» 讨论如何使用员工甄选方法来提高公司员工的敬业度。

引入

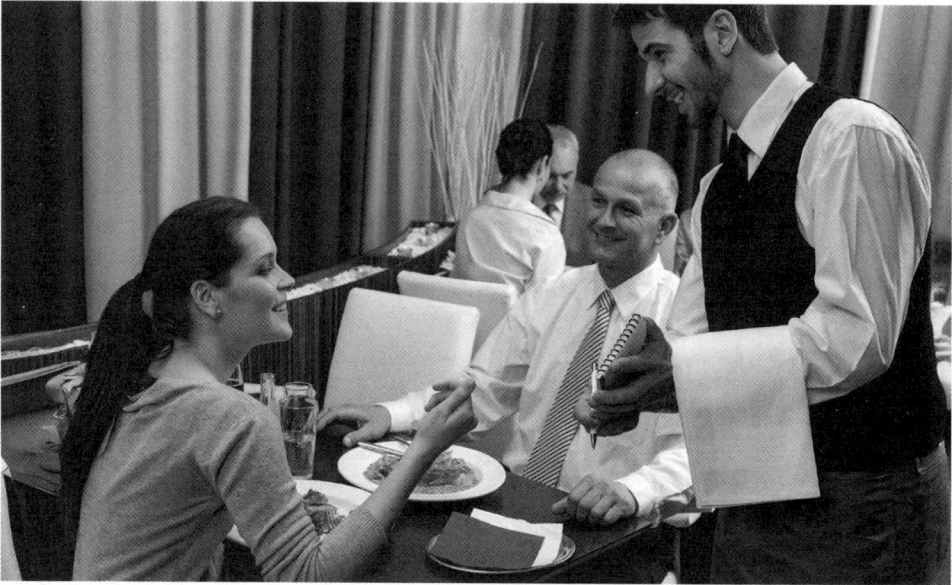

　　约翰（John）帮一位住在 1 小时车程以外，经常不在工作地的老板管理一家拥有 12 名员工的餐馆。除常规工作外，约翰还负责招聘服务员。这项工作听起来容易，做起来却难度不小。上个月，他雇用了一个看上去挺靠谱的服务员，但这个服务员却对一位抱怨上错菜的顾客大吼大叫。约翰决定，他要采取一种更有组织性的方式来面试餐馆未来的服务员（老板不希望约翰使用该甄选测试）。我们来看看他做了什么。

6.1　测试和甄选员工的基本原则

一旦你拥有了一批应聘者，下一步就是挑选出与岗位最匹配的人选。这通常意味着你必须使用员工甄选工具（包括测试、面试和背景调查）来筛选应聘者。员工甄选环节的目的是实现人岗匹配。人岗匹配指的是（基于职位分析的）执行工作所需的知识、技能和胜任力（KSAC）与应聘者的知识、技能和胜任力相匹配。

● 为什么员工甄选非常重要

有效的员工甄选之所以重要，有以下几个原因。第一，员工甄选的首要目的是提高员工和组织的绩效。例如，一家呼叫中心自从开始使用应聘者测试后，其 90 天自然减员率（即 90 天后离职的员工）从 41% 降低到了 12%。第二，你自己的绩效与之紧密相关。雇用缺乏技能或易于对工作造成负面影响的员工，你的绩效也会受到影响。第三，进行筛选有助于减少工作中的违规行为。据统计，约有 30% 的员工说他们曾偷过雇主的东西，其中约有 41% 的人属于管理层。对这些人进行筛除的最合适的时机就是在雇用之前。第四，即使是招聘和培训一名文员，也需要花费10 000 美元的费用和不少的监管时间。如果这些人不能胜任工作，这笔钱就会被白白浪费掉。

法律影响和过失雇用

有效的筛选非常重要，还因为不合格的筛选会带来两大法律问题。

正如我们在第 2 章中所了解的那样，违反与歧视相关的法律就是一种潜在的法律风险。

过失雇用是第二个法律问题。如果有犯罪记录或其他问题的员工利用进入客户家中或类似机会实施犯罪，法院会认定雇主需要对此负责。在没有适当保障措施的情况下，雇用有此类背景的员工，就属于过失雇用。例如，有律师起诉一家大型零售商，称其几名有性犯罪前科的员工在工作中攻击了一个年轻女孩。如果一名具有危险性的员工伤害了另一名员工，法院也可能认定雇主存在监管过失。要想避免因过失雇用带来的诉讼风险，需注意以下几个方面。

» 仔细审查应聘者提供的所有信息，比如无法解释的工作空窗期。

» 要求应聘者提供推荐材料的书面授权，并对推荐材料进行核查。

» 保存你获得的有关应聘者的所有记录和信息。

» 拒绝那些对重要事实做虚假陈述，或存在与工作直接相关的重大犯罪记录的应聘者。

» 如果出现问题，立即采取纪律措施。

● 信度

在本章中，我们将讨论甄选员工的测试和筛选工具。任何测试或筛选工具都有两个重要特质：信度和效度。我们将首先从信度开始讨论。

信度（reliability）是指测试的一致性。它是指"同一个人在接受相同或等效测试的复测时所获分数的一致性"。信度对于测试非常重要。如果一个人在周一的智力测试中得了 90 分，而在周二重测时却得了 130 分，那么你就不会对这个测试的信度抱太高的指望。

你可以用几种不同的方法来衡量信度。一种是在某一天对一组人进行测试，几天后再次对同一组人进行同样的测试，然后将第一次的分数与第二次的分数进行对比（对首测和复测进行信度估计）。或者，你可以先进行一种测试，然后再进行另一种被认为是等效的测试，这就是等效或替代形式的估测。美国学术评估测试（SAT）就是一个例子。还有一种方法是，针对同一个测试中旨在测量同一内容的不同问题，比较受测者的不同回答。例如，心理学家在某个测试中设置了 10 个项目，并表示这些项目都用于测量受测者对户外工作的兴趣。你可以实施这个测试，然后统计分析这 10 个项目的答案在多大程度上存在差异。这就是内部比较估计。

导致测试信度存疑的原因有很多。其中包括物理条件（如前一天测试环境较为安静，第二天则过于嘈杂）；受测者状态的差异（如前一天身体状况良好，第二天生病了）；以及测试负责人的差异（如前一天态度礼貌，第二天表现粗鲁）；还有可能是测试题目对材料的取样做得不好。

由于测试信度通常需要比较评估同一事物的两个测试结果（如测试 1 和测试 2），因此通常会用相关系数（这里指信度系数）来判断测试的信度。该系数显示了两个测试结果（如前一天的测试分数和第二天的测试分数）之间的相关程度。

图 6-1 呈现了相关性的比较。在左边和右边的散点图中，心理学家比较了每位应

聘者的测试分数（x 轴）及其后续的表现（y 轴）。在左侧，散点图的点（每个点显示一位应聘者的测试分数和后续的表现）呈现分散状态。测试分数和工作表现之间似乎没有关联。右图中，心理学家尝试了一项新的测试。在这项测试中，得到的散点呈可预测的模式分布。这表明应聘者的测试分数与之前的分数密切相关。

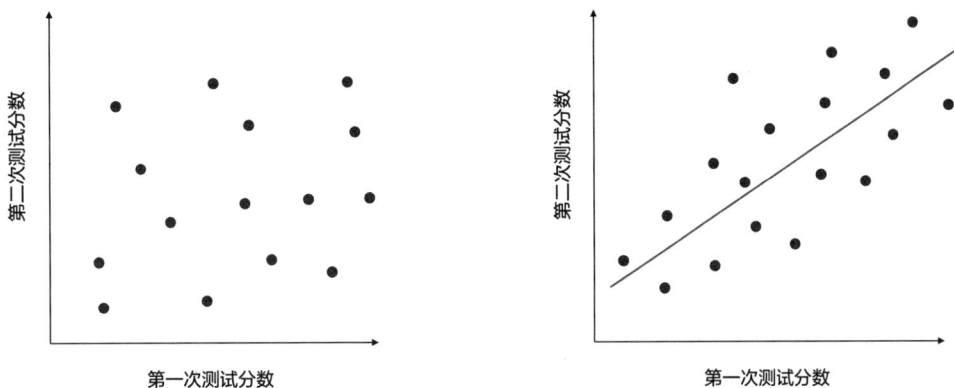

图 6-1　相关性案例

● 效度

信度虽然不可或缺，但它只能告诉你一个测试在评估某些内容时结果是一致的。效度则告诉你，测试是否能评估你认为它应该评估的内容。测试效度（test validity）回答的问题是："这个测试是否评估了它应该评估的内容？"换句话说，"效度指的是人们对分数所代表的意义的信心"。在员工甄选测试中，效度一词通常指测试与工作存在联系的证据——换句话说，测试成绩可以有效地预测候选人后续的工作表现。所以甄选测试必须是有效的，因为如果不能证明其效度，在逻辑上或法律上就不存在继续使用它来筛选求职者的理由。

任何测试都是对一个人行为的抽样，但有些测试则能更清楚地反映受测者的特质。例如，打字测试能清楚地反映出一种工作表现——打字。

在职业测试中，证明测试效度的主要方法有两种：标准效度和内容效度。标准效度（criterion validity）是指在统计上证明测试分数与工作表现（标准）之间存在关联（例如，测试成绩好的员工在工作中的表现是出色的，而测试成绩差的员工在工作中的表现不太理想）。在心理测量中，预测因子是指你试图将其与某一标准（如工作表现，可以通过绩效考核来衡量）联系起来的测试结果（这里指的是测验分数）。标准效度一词正是源于这一术语。

内容效度（content validity）是指证明测试内容能够代表工作表现的重要方面。例如，雇主可以通过确认测试内容是工作内容的公平样本来证明测试的内容效度。牙科学校在甄选学生时，许多学校会给申请者一大块粉笔，要求他们将粉笔刻出类似牙齿的物件。如果你选择的测试内容是该工作所需知识的代表性样本，那么测试就可能具备内容效度。在这个例子中，笨手笨脚的学生就没有必要申请相关专业了。

结构效度（construct validity）一个结构有效的测试是指能证明甄选程序可以测量某种结构（一种被认为是人类潜在特质或特征的东西，如诚信），并且该结构对成功完成工作是非常重要的。

● 如何验证一项测试的效度

是什么让研究生入学考试（GRE）被各个大学的研究生院招生主任广泛认可？是什么让机械理解测试在管理者招聘机械师时大有用处？这两个问题的答案通常都是：受测者在这些测试中得到的分数可以预测他们未来的工作表现，如新生进入研究生院之后的表现，又如雇主会使用各种统计方法来确定机械理解能力的分数与机械师的表现之间存在相关性。对测试效度的验证过程（见图6-2）通常需要工业心理学家的专业知识作为辅助。

对于许多雇主来说，尤其是规模较小的公司，对其使用的测试或筛选工具进行效度验证不一定总是划算的。他们需要找出在其他环境（公司）中被证明有效的测试和筛选工具，然后将其引入自己的公司，并期望它们在自己的公司内部也能发挥同样的效用。

如果测试在另一家公司是具备效度的，那么我们能在多大程度上将这些效度结论推广到自己的公司呢？效度概化（validity generalization）是指"在某种情况下获得的测量效度证据，一定程度上可以在不做进一步研究的情况下，将其应用于另一种类似场景中"。当然，关键问题在于自己无须进行验证研究就能使用该测试。不过雇主使用时必须考虑：有关将测试用于各种特定目的的现有验证证据、测试所验证的对象与本公司对象的相似性，以及所涉及工作的相似性。

呈现的结果可能是，测试的成本非常高，甚至超过了雇用更优秀员工所节省下来的费用。要回答"使用测试是否值得"这个问题，需要进行效用分析。两位甄选第一步：**分析职位**。首先，分析职位说明书和任职要求。具体说明你认为符合工作需求所需的员工特质和技能。例如，应聘者必须具有进取心吗？必须能够组装微小而精细的零件吗？这些要求就是你的预测指标，也就是你认为可以预测员工的特质和技能是否符合工作需求。

在这一步中，你还必须定义"符合工作需求"的含义，因为你需要预测的正是这种符合性。对于"符合性"的这种定义其实就是测评标准。你可以关注与生产相关的测评标准（数量、质量等）、人事数据（旷工次数、工龄等）或相关判断（主管等人员对员工表现的判断）。例如招聘装配工，在测试应聘者时要使用的测评指标可能还包括手的灵活性和员工的耐心程度。你可能还希望测评标准还包括每小时的产品生产量和每小时产生的废料量。

第二步：**选择测试方法**。接下来，选择你认为能准确预测对表现成功有重要影响的属性（预测因子）进行测试。这种选择通常基于经验以及过往的研究结果和最佳猜测，而且通常也不会一开始就局限于一种测试方法。反之，你可能会挑选好几种测试方法，将它们组合成一个综合性的测试方案，其目的是测量尽可能多的预测因子，如主动性、外向性和计算能力。

第三步：**实施测试**。让员工完成选定的测试方法。预测性验证是证明测试效度最可靠的方法之一。候选人在被录用前要先接受测试，然后，你必须使用现有的甄选技术，而不能根据你正在开发的新测试方法的结果，来决定是否聘用这些候选人。在他们工作一段时间后，对他们的工作表现再次进行测试，并将测评结果与之前的测试结果进行比较，就可以确定他们在测试中的表现是否可以用来预测他们此后的工作表现。

第四步：**将分数与测评标准联系起来**。接下来，确定分数（预测因子）和表现（测评标准）之间是否存在显著的关联性。通常使用的方法是通过相关性分析来确定测试分数和工作表现之间的统计关系，从而计算统计关系的关联程度。

第五步：**交叉验证和再验证**。在将测试方法投入使用之前，你可能想通过交叉验证来再次检查测试方法的可行性，即在新的员工样本上再次执行第三步和第四步。至少，专家应定期对测试方法进行验证。

图 6-2　对测试效度的验证过程

专家表示："使用经济领域里的术语——效用分析（utility analysis），可以直观地显示出使用某种甄选措施与不使用该措施相比，在多大程度上提高了被选者的素质。"在实际情况中，使用测试是否"划算"取决于甄选措施的效度、工作表现的经济衡量标准、应聘者的测试平均分、对应聘者进行测试的成本以及受测应聘者的数量。接下来的"人力资源作为利润中心"专题提供了一个案例。

人力资源作为利润中心

降低钥匙银行的员工流失率

金融服务公司钥匙银行（KeyBank）需要一种更好的方法来筛选出纳员和呼叫中心的员工。据分析师计算，该

银行甄选和录用一名员工的成本约为 10 000 美元，但新入职的出纳员和呼叫中心员工在 90 天内就流失了 13%。该银

行采用了一个虚拟试用候选人评估筛选工具后，入职 90 天内的流失率降低到了 4%。该银行的人力资源总监说："我们通过计算得出，仅仅是通过做出更好的招聘决定、降低培训成本和提高招聘质量，一年内就在出纳员流失率方面节省了 170 万美元的成本。"

了解你的雇用法律   **测试与公平就业机会**

我们已经了解到，美国联邦政府、各州政府和地方政府的法律都禁止在种族、肤色、年龄、宗教、性别、残疾情况和国籍等方面歧视应聘者。现在，假设你已经使用了一项测试，而被拒绝的少数群体应聘者声称对其造成了不利影响，他可能会通过怎样的方式来证明他所说的话呢？其中一种方法是证明自己所在群体的甄选率低于甄选率最高群体的 4/5。因此，如果 90% 的欧洲裔应聘者通过了测试，而只有 60% 的非洲裔应聘者通过了同一个测试，那么这种情况就证明了不利影响的存在（因为 60% 小于 90% 的 4/5）。

为避免此类情况，雇主至少有两种选择来实施其测试计划。其一是采用不会产生不利影响且有效的甄选程序；其二是证明自己使用的测试方法具备效度，换句话说，证明它是预测工作表现的有效方法。理想情况下，你可以通过开展自己的验证研究来做到这一点。在这种情况下，原告就必须证明你对使用测试的解释是不充分的。

雇主即使不使用测试的方法招聘员工，也无法完全规避公平就业机会法律，因为采用面试和其他办法（包括绩效评估）与采用测试一样，都要承担证明工作相关性的责任。

管理技能培养   **保护员工的个人权利和测试隐私**

管理者经常会发现自己对求职者的测试结果拥有绝对所有权。虽然情况确实如此，但在使用这些信息时你就要非常谨慎了。许多联邦法律都限制对多种类型员工（尤其是联邦雇员和其他政府雇员）的测试结果进行披露。普通法系中的侵权法也对披露员工信息采取限制性保护，其中最著名的应用涉及诽谤（中伤或诋毁）。例如，如果雇主或前雇主披露了虚假和诽谤性的信息，并对员工造成了严重伤害，员工可以就诽谤罪提起诉讼。此外，根据美国心理学会的《教育与心理测试标准》（该标准为专业心理学家提供，但不具有法律强制力），受测者有权对测试结果保密，并对使用这些结果具有知情同意权。他们有权要求只有拥有分数解释资格的人才能获得这些分数，或要求除了分数之外必须同时附有足够的信息，才能确保对分数进行适当的解释。他们有权要求测试环境和结果的安全性；任何受测者都不应事先知道测试问题或答案。从道义上讲，即使没有法律约束，管理者也应遵守这些限制。

同时需要注意的是，即使是在理想情况下，测试分数通常也只占绩效变化衡量要素的 25% 左右。因此，不要把测试作为唯一的甄选手段，而应辅以面试和背景调查等其他方式。

6.2　测试类型

测试广受雇主青睐。例如，澳拜客牛排馆（Outback Steakhouse）希望员工具有良好的社交能力、工作一丝不苟，并富有同情心和适应能力。该公司在招聘时让应聘者参加性格评估测试，公司将测试结果与澳拜客牛排馆的现有员工档案进行比较。两名管理者会对得分较高的应聘者进行面试。

与澳拜客牛排馆一样，如今的雇主也更加注重聘用高素质的员工。大约 80% 的美国大型企业都在使用测试工具。请完成图 6-3 中的测试，看看你发生工伤事故的可能性有多大。

我们可以根据测试的目的，如测量认知（心智）能力、运动和体能情况、个性和兴趣、成就等，将测试进行易于操作的分类。下面我们就来了解一下这些常规测试，以及评估中心等特殊测试。

● 认知能力测试

雇主通常希望评估应聘者的认知能力或心智能力。例如，你可能非常感兴趣的

请选择"是"或"否"

1. 你喜欢刺激的生活。　□是　□否
2. 在工作中态度懒散的员工是在欺骗雇主。　□是　□否
3. 你是一个谨慎的人。　□是　□否
4. 在过去的三年中，你在学校或工作中有过大吵大闹的行为。　□是　□否
5. 你喜欢开快车，只是为了好玩。　□是　□否

分析：根据工业心理学家约翰·坎普（John Kamp）的研究，对问题1、2、3、4、5分别回答"否""是""是""否""否"的应聘者，从统计学角度来看，缺勤次数可能较少，工伤事故发生概率也可能较低。如果应聘的工作涉及驾驶，发生工伤、驾驶事故的可能性也偏低。实际测试数据基于受测者对130个问题做出的回答。

图 6-3　样本选择测试

是，应聘主管职位的应聘者，其智力是否能够胜任文书工作，或者记账员应聘者是否具有计算能力。

智力测试，如智商测试，是对一般智力能力的考察。它们测量的不是单一的智力特征，而是一系列智力能力，包括记忆力、词汇量和计算能力。心理学家通常使用斯坦福–比奈测验（Stanford-Binet test）或韦氏成人智力量表等个人施测的测试来测量智力。雇主则使用温德利人事测验等测试来快速测试个人和群体的智力。

还有一些测试特定心智能力的方法。心理学家通常称这类测试为能力倾向测试。例如，图 6-4 就是用于测试应聘者的机械能力的一种测试，它可以反映一个人是否适合工程师等岗位。

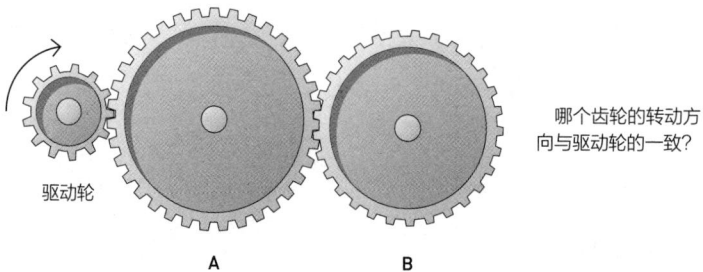

驱动轮　　A　　B　　哪个齿轮的转动方向与驱动轮的一致？

图 6-4　用于测试应聘者的机械能力的一种测试

● 运动和体能测试

你可能需要测试许多员工的运动能力或身体情况，如他们的手指灵活度、力量和手工的灵巧性。斯特龙伯格敏捷测验（Stromberg Dexterity Test）就是一个例子：它可以测量简单情境下员工操作的速度和准确性，以及手指、手和手臂的运动速度。

● 人格测试

一个人的智力和体能很少能单独用来解释其工作表现。其他因素也很重要，如动机和人际交往能力。正如一位顾问所说，大多数人都是基于资历被录用的，而很多人因为表现不佳而被解雇。表现普普通通（或表现不佳）"通常是个人特质所造成的，如态度、动机，尤其是气质"。雇主会使用性格和兴趣测试（或"清单"）来测试和预测这些无形资历。例如，安客诚公司（Acxiom Corporation）使用伯克曼方法（Birkman Method）进行人格评估，帮助新员工更好地了解自己最擅长完成哪些任务。

人格测试用于测试求职者人格的基本方面，如内向性、稳定性和积极性。以下是一个人格测试清单的项目示例。

> 如果不能引起他人的关注，那么努力工作是没有意义的。
> a. 完全正确
> b. 部分正确
> c. 无法确定
> d. 部分错误
> e. 完全错误

当然，人格测试并不局限于就业环境。eHarmony 等婚恋网站会拒绝接受那些被其软件判定为不匹配的人。

许多人格测试都是投射性的，也就是说，接受测试的人必须对一些模糊的内容做出解释，如无规则的墨渍或模糊不清的图片。据称，受测者会将自己的情绪投射到图片中。有些人格测试是自我报告类型的：由应聘者本人（而不是心理学家）自行填写的。例如，明尼苏达多项人格测验（MMPI）可以测试出是否具有偏执等疾病的特征。迈尔斯 - 布里格斯（Myers-Briggs）测试可在线提供人格类型分类，这对职业选择和规划等决策非常有用。DiSC 行为风格测试可以让用户更加深入了解自己的行事风格。

人格测试，尤其是投射测试，很难进行评估和直接拿来运用。专家必须分析受测者的解释和反应，并从中推断出其人格特质。因此，此类测试对甄选的效用基础在于你能发现可测量的人格特质（如外向性）与工作能力之间的关系。由于这类测试属于个人测试，雇主使用时应非常谨慎。被拒绝的应聘者可能会（以合理的理由）声称测试结果是虚假的，或者说测试违反了《美国残疾人法案》。

兴趣调查表（interest inventories）的用处是将一个人的兴趣与从事不同职业的人的兴趣进行比较。因此，当某个人参加了斯特朗 – 坎波尔兴趣调查表测试后，他会收到一份报告，这份报告会将其兴趣与其他已经在从事特定职业的人的兴趣进行比较。研究表明，职业匹配度低与消极的工作行为具有关联性，这可能是因为职业匹配度低容易让员工陷入沮丧的情绪，从而影响其工作表现。

人格测试的有效性

尽管人格测试可能难以评估和直接拿来使用，但它可以帮助雇主雇用工作高效的员工。工业心理学家通常会关注五种重要的人格维度：外倾性、神经质、宜人性、尽责性、开放性。

> 神经质是情绪稳定性差的表现，具有情绪调节能力差的倾向，会让人产生焦虑、不安全感和敌意等负面情绪。外倾性反映一种善于交际、有主见、积极主动的倾向，并能对人产生积极的影响，比如令人精力充沛和热情洋溢。开放性是指富有想象力、不墨守成规、不拘一格和自主的特性。宜人性表明一个人值得信任、随和、关心他人和情绪温和。尽责性包括两个方面：成就和可靠性。

例如，一项针对专业人士、警察、管理者、销售人员和技术或半技术工人的研究表明，责任心与所有职业的工作表现测评标准的关系具有一致性。外倾性则可以预测管理者和销售人员的工作表现。

工业心理学家对自我报告型人格测试（由求职者自己填写）能否预测工作表现提出了质疑。总体而言，有证据表明，人格测试确实有助于预测员工后期的工作表现。人们可能也会在人格和品德测试中弄虚作假，但雇主可以通过给予警告，让他们明白这种行为可能会降低被录用的机会，从而减少测试弄虚作假的概率。但最重要的是，要确保你使用的人格测试确实有预测工作表现的作用。

● 成就测试

成就测试是对一个人所学知识的测试。学校里的大多数测试都是成就测试,它们测试的是经济学、市场营销或会计等领域的专业知识。除了工作知识外,成就测试还可以衡量求职者的某项能力,例如打字测试。下文的"全球人力资源实践"专题就介绍了用于海外任务派遣的相关测试。

全球人力资源实践

海外任务派遣测试

在国外生活和工作需要一些特殊的才能。不是所有的人都能轻易适应远离家人的生活,也不是所有的人都能马上融入一个新的环境,与具有不同文化价值观的同事轻松打交道。这需要高度的适应能力和人际交往能力。

雇主通常会使用专门的量表,如全球能力量表(GCI)进行评估,它侧重于衡量适应能力的三个方面:

* 感知管理因子评估的是人们对文化差异的看法是否固执,对这些差异是否有判断力,以及处理差异的复杂性和不确定性的能力;
* 关系管理因子评估一个人是否能够意识到自己对他人的影响;
* 自我管理因子用以评估一个人的心理健康和情绪控制能力。

● 计算机化测试和在线测试

本章中的大多数测试都有计算机版和纸质版,研究表明,纸质版和计算机版得出的结果基本一致。

大多数甄选测试都是在线上进行的。例如,铁姆肯公司(Timken Company)平时会对小时工职位的应聘者进行在线测试,内容包括数学技能等。许多雇主在审查简历和进行面试之前,会让应聘者先参加一个简短的在线测试。这样就能减少进入个性化程度更高、成本更昂贵的甄选环节的人数。此外,应聘者还可以通过智能手机参加某些测试。

通过人力资源信息系统提升绩效

城市车库计算机化测试案例　总部位于得克萨斯州的城市车库公司（City Garage）认识到，自己招聘员工的方式应该有所改变了。该公司此前的招聘流程包括书面申请和单次面试，然后再决定是否录用。这样做的效果并不令人满意。首先，当地的商店经理时间非常紧张，所以如果他们缺人太久，"只要是有相关经验的人，我们几乎都会选择雇用"。此外，城市车库采用"开放式车库"的安排，以便让客户与技师直接进行交流，因此，找到能对客户反馈给予积极回应的技师至关重要。

城市车库从位于达拉斯的美国托马斯国际公司（Thomas International USA）购买了其研发的个性特征分析（PPA）在线测试软件。现在，经过快速申请和背景调查后，就可以让有被录用希望的候选人参加用时 10 分钟、包含 24 个问题的 PPA 测试。工作人员将答案输入该软件系统，大约 2 分钟后就会得出测试结果。测试结果不仅能显示应聘者的四种个性特征的得分高低，还会就可能引起问题的方面（如耐心）提出后续的解决方案。如果应聘者对这些问题的回答非常令人满意，就会被邀请参加全职面试，然后等待公司做出聘用决定。

计算机化测试除了速度更快、成本更低，还有一些其他优势。例如，预知者（PreVisor）等供应商提供了适应性人格测验，这类测试会根据每位受测者对前一个问题的回答来调整下一个问题。这不仅提高了测试的效度，还降低了受测者分享测试问题的可能性（因为每位受测者参与的测试都像是量身定制的）。在文本测试方面，一个经过训练的计算机程序在阅读应聘者的文章后，得出了与人工评分一样可靠的分数。

影响人力资源管理的发展趋势：数字化和社交媒体

人才分析

使用数据处理分析工具进行人才分析，包括数据统计、算法、数据挖掘和问题解决方案，正在彻底改变甄选员工的方式。它能让雇主通过筛选员工数据，分辨出哪类人更容易获得成功或遭遇失败。

连锁百货公司邦顿百货股份有限公司（Bon-Ton Stores）（以下简称邦顿百货）化妆品销售人员的营业额非常出色。为了识别这些员工的特质，公司挑选了 450 名现任化妆品销售人员，让他们填写匿名调查问卷。通过使用人才分析方法对此类问卷和其他相关数据进行分析，邦顿百货确定了与绩效和任期有关的化妆品销售员工特质。该公司过往的观点是，最杰出的销售员都对化妆品保持着很强的亲近感和热情度，但人才分析表明，这些杰出的员工实际上都在问题解决方面表现非常突出，他们会通过各种渠道获取顾客的需求信息，并解决顾客的问题。因此，人才分析帮助邦顿百货制定了更好的甄选标准。

● 工作样本和模拟

像我们接下来要讨论的情境判断测试和评估中心这类工作样本和模拟，都可以被视为测试。不过，它们与前面提及的大多数测试不同，因为它们是直接用于测量工作表现。另外，性格和兴趣量表则是通过测量外向性或个人兴趣等特征来预测工作表现。

● 情境判断测试

情境判断测试是一种个人能力测试，"旨在评估求职者对工作场所中遇到的各种情境的判断能力"，这种测试可能会有非常显著的效果。下面是一个测试题示例。

假设你是佛罗里达州迈阿密百思买（Best Buy）的一名销售人员。许多顾客向你询问产品的性能和价格，然后在亚马逊网站以更低的价格买入。

情境

一位顾客拿着亚马逊网站上的一款三星 Galaxy 手机的打印图片，向你详细询问了其价格、电池寿命，以及如何使用手机等问题，同时提到"亚马逊网站的价格比你们店里的价格便宜 25%"。你会怎么做？

1. 让客户直接去亚马逊网站购买。
2. 让顾客等待 20 分钟，在这期间你去接待另一位顾客。
3. 解释你们店里有哪些同类型的手机，它可以更好地满足顾客的要求。

4. 找你的主管帮忙，让他向顾客推销其他产品，以达到让顾客在百思买购买 Galaxy 手机的目的。

人力资源和零工经济

甄选自由职业者

如今，许多雇主都会选择将岗位或部分岗位开放给自由职业者，如雇用短期的程序员、设计师或营销人员。一位网站设计公司的老板表示，如果他有短期项目需要设计师，他只需要在网上发布招聘信息，几分钟内就能收到很多份职位申请。

自由职业者社区网站使这些雇主能够根据每个自由职业者的声誉和工作成果，招聘和甄选合适的自由职业者团队。例如，Upwork 网站会针对网站上自由职业者的技能评估给出评估报告，并列出详细的项目工作经验，使潜在雇主更容易做出雇用决定。同样，TopCoder 程序员社区网站可帮助雇主根据程序员在社区中赢得的声誉来识别顶级程序员。

● 管理评估中心

管理评估中心（management assessment center）是一个持续 2 ~ 3 天时间的模拟场所，在这里，10 ~ 12 名候选人在专家的观察下执行真实的管理任务（如演讲），专家会对每个候选人的领导潜力进行评估。模拟场所本身可能只是一个普通的会议室，但通常带有单向镜的特殊布置，以便于专家进行观察。典型的模拟测试包括以下内容。

» **文件筐测试**。在这种测试中，候选人面对的是堆积如山的报告、备忘录、来电记录、信件和其他材料。候选人要对每份材料采取适当的行动。
» **无领导小组讨论**。无领导小组接收到一个讨论问题后，必须通过小组讨论做出决定。然后，评分员对每个小组成员的人际交往能力、小组认可度、领导能力和个人影响力进行评估。
» **个人演讲**。对候选人的沟通技巧和说服力进行评估。

雇主利用评估中心进行员工甄选、晋升和发展。在选择候选人时，上司的推荐通常发挥着重要的作用。业务主管一般会担任评估员，他们一般会通过协商一致的方式得出最终的评估结果。在一项研究（对象为 40 名警察候选人）中，研究人员认为："评估中心的表现对预测未来警察工作的成功与否做出了独特且具有实质性的贡献，证明了使用这种方法的可行性。"

● 视频情境测试

视频情境测试是向候选人展示具有代表性的工作场景，并在每个视频后附上一道选择题。这个场景可能描述的是一名员工在工作中处理某种情况的情境。在视频放映结束，候选人需要从几种行动方案中做出选择。有些雇主，如 Knack 公司，会利用视频情境测试来判断候选人的创造力和多任务处理能力。

● 微型工作培训和评价法

在微型工作培训与评估法（miniature job training and evaluation）中，雇主会对候选人进行培训，让他们完成一部分工作任务，然后对他们的表现进行评估。这种方法假定，如果一个人能够证明自己具备学习能力并能够完成任务样本，那么他就自然可以学会并承担这份工作。接下来的"人力资源实践"专题介绍了一个实际案例。

人力资源实践

本田新汽车厂的员工甄选

本田公司决定在阿拉巴马州林肯市建立一家新的汽车厂，需要雇用数千名新员工。于是，本田公司与阿拉巴马州的一家企业发展培训机构达成了合作，开始刊登招聘广告。

本田公司和阿拉巴马州的培训机构首先对应聘者进行了筛选，剔除了那些教育背景不达标或经验不足的人，然后优先考虑工厂附近的应聘者。每周六大约有 340 名应聘者在工厂以南约 15 英里处新建立的机构接受特殊培训。培训内容包括课堂教学、观看本田在职员工的工作视频，以及进行特定工作的实操练习。一些观看了视频的应聘者在看到工作的节奏和重复性后，直接选择了放弃。

培训课程有双重目的。首先，应聘者可以学到从事该工作所需的实际技能；其次，培训课程为阿拉巴马州机构的特别评估员提供了一个机会，使他们可以仔细考察参加培训的应聘者的学习情况，并对他们进行评分，决定邀请哪些应聘者申请工厂的某些岗位。由人力资源部员工和部门代表组成的小组负责进行最后的筛选工作。

● 计算机化的多媒体候选人评估工具

如今，雇主们越来越频繁地使用计算机化的多媒体候选人评估工具，以虚拟形式向候选人传达任务，就像本田公司使用的那些工具一样。福特汽车公司在招聘装配工人时也使用了这种工具。"从如何拧紧螺栓到是否正确遵循特定程序，该公司可以测试与之相关的所有内容……。"

直线经理和小型企业的人力资源工具

员工测试和甄选

讽刺的是，即使是作为大公司的直线经理，在涉及筛选员工时，往往也是孤军奋战的。一些大公司的人力资源部门可能会与招聘经理合作进行设计和使用我们讨论过的筛选工具，但在这些公司中，许多人力资源部门所做的只是一些初步的预筛选工作（例如，对文职类求职者进行打字测试），然后进行背景调查以及身体检查等。

如果你是一位营销经理，想对一些应聘者进行更正式的筛选，你该怎么办？你可以自己设计一套测试，但要注意必须谨慎使用。购买和使用现成的测试可能也会存在风险，比如可能会违反公司的政策，引起一些效度问题，甚至使你的雇主承担公平就业机会方面的法律责任。

可取的方式之一是设计和使用表面效度明显的筛选工具（具备表面效度是指该工具似乎确实测量了它想测量的内

容）。我们讨论过的工作抽样测试就是一个例子。例如，营销经理要求广告部门的应聘者花 1 小时设计广告，或要求营销研究的应聘者花半小时概述一个假想产品的营销研究计划，这样做都是合理的。同样，生产经理也可以合理地要求应聘库存控制职位的应聘者用几分钟的时间使用标准库存控制模型来解决库存问题。

对于小公司的老板来说，有些测试非常易于操作，也特别适合。其中一种是温德利人事测试（Wonderlic Personnel Test），它可以在 15 分钟左右的时间内测量我们常规概念所指的心智能力。测试员宣读测试说明，然后对考生完成一张双面纸上的 50 道题进行计时。测试员通过累计正确答案的数量来评分。将考生的分数与各种职位推荐的最低分数进行比较，就可以看出考生是否达到了相关职位的最低可接受分数。预测指数可以在一张双面纸上测量与工作相关的人格特质。例如，一个无私、随和、谦逊的人，往往会被测出"社会兴趣"模式。这种类型的人可以成为一个很好的人事面试官。模板使得评分变得简单易懂。

6.3　面试候选人

虽然并非所有雇主都会使用测试程序，但一般来说管理者都会对候选人进行面试。面试（interview）是一种程序，是通过口头提出问题，并从对方的口头回答中获取信息的过程。甄选面试是"一种甄选程序，旨在通过口头提出问题，并从对方的口头回答中预测其未来的工作表现"。

● 甄选面试的类型

正如你从自己的经验中了解到的那样，进行甄选面试有几种方法。

结构化

首先，面试官对面试结构化或标准化程度的判断会有所不同。在非结构化面试中，一般没有固定的范式，面试官会想到什么就问什么。在结构化或指令性较强的面试中，问题（甚至可能是可接受的答案）都是事先设定好的，答案的合理性可能也会被提前评定。

问题类型

所有人都熟悉"你有哪些优势"这类典型的面试问题，但这类问题的实用性始终值得怀疑。情境问题、行为问题和知识问题通常会更加有价值。情境问题主要考察应聘者解释自己在特定情境下的行为能力。例如，"如果你的下属连续三天上班迟到，你会做何反应"。

通过行为问题，你可以询问应聘者过去在某种情况下的行为表现。例如，"你是否遇到过下属迟到的情况？如果有，你是如何处理的？"密歇根州的公民金融集团公司（Citizen's Banking Corporation）发现，其呼叫中心的 50 名员工中有 31 人在一年内先后辞职，于是该中心的负责人将招聘中心面试方法改为行为面试。她不再试图通过询问应聘者是否愿意与愤怒的客户打交道来预测应聘者的行为。取而代之的是，她会问一些行为问题，比如，"请告诉我，有一次你在与一个脾气暴躁的人交谈时，你是如何缓和局面的？"在接下来的一年时间里，只有 4 人离开了该呼叫中心。先锋领航公司使用了一种基于行为面试的技巧，他们将其称之为 STAR 面试法。先锋领航公司的管理者被告知，要先向面试者询问其面临的特定情况（S）或任务（T），然后询问应聘者所采取的行动或行为（A），以及行动的结果（R）。

知识和背景问题可以了解应聘者与工作相关的知识和经验如何，如"你在大学学过哪些数学课程"。

"戏法"问题（如"你会是哪种动物"）也越来越普遍。谷歌需要的是适合其创新、灵活、开放的企业文化的人才。为了了解一个人是否匹配这种岗位需求，谷歌会问这样的问题："一个人把车推到了一家酒店，结果他最后变得倾家荡产。这中间究竟发生了什么事？"

如何进行面试

管理者进行面试的方式可以有很多种。在一对一面试中，双方单独会面，只有一位面试官和一位面试者；在顺序面试中，几个面试官依次面试应聘者，然后做出甄选决定。在小组面试中，应聘者由一组（或小组）面试官同时面试，而不是按顺序面试（好像在玩大富翁游戏）。

有些面试是通过视频或电话进行的。在判断人际交往能力等方面，电话面试可能比现场面试更准确。也许是因为双方都不需要担心着装或礼仪等问题，电话面试可以让双方更专注于对问题进行实质性的问答。一项研究发现，与现场面试相比，面试官对电话面试者给出正面评价的可能性更高。但无论是现场面试还是视频会议面试，面试官对面试者得出的结论都大致相同。应聘者一般更喜欢现场面试。

一些雇主正在使用速配面试法，却不太考量这种方法的实际效果。一位雇主向某个职位的所有应聘者都发送了面试邀约邮件，在 800 名应聘者中，有 400 人到场。在接下来的几小时里，应聘者先是与公司员工混个脸熟，然后（在所谓的速配区）与员工进行几分钟的一对一接触。在此基础上，招聘团队最终挑选了 68 名候选人进行后续的面试。

基于计算机的岗位面试

计算机化的甄选面试是指在计算机化的口头、视觉或书面问题或情境下，获取应聘者的口头或键入回答。大多数此类面试都会提出一系列有关背景、经验、教育、技能、知识和工作态度的多项选择题。有些面试会让应聘者直面实际情境（如恼怒的顾客）并做出反应。

多元化盘点

对职业母亲的偏见　你会雇用母亲身份的女性候选人吗？尽管这个问题看似荒唐，但管理者应该意识到这就是一个可悲的事实：雇主往往会对作为母亲的职场人员持负面看法。研究人员向 100 名 MBA 学生（34% 为女性，且都有全职工作的经验）发放了一份职位说明书摘要。这份职位主要与财务副总裁的助理有关。这些 MBA 学生还拿到了一份"推荐应聘者信息表"，以便他们对每个"应聘者"进行评估。其中包括了研究人员虚构的一些信息，如婚姻状况和主管意见。有些"应聘者"的身份就是母亲。

作为学生的评估者认为这些母亲身份的应聘者条件较差，因此不太可能推荐她们去做这份工作。正如研究人员所说，这与证明母亲在职场中处于不利地位的证据相对照，投射出来的结果是一致的，他们将这一问题称为"生育墙"。

● 面试的作用有多大

尽管大多数雇主都会进行面试，但有关其效度的说法却不尽相同。其关键点在于，面试是否有用取决于如何进行面试。相关证据表明：

» 在预测工作表现方面，情境问题面试的平均效度（平均值）高于行为面试；
» 在预测工作表现方面，结构化面试（无论内容如何）的效度和信度高于非结构化面试；
» 一对一面试往往比小组面试效度更高。

因此，一对一的结构化情境面试（即询问应聘者在特定情况下会怎么做）似乎最有助于预测面试者的工作表现。

影响人力资源管理的发展趋势：数字化和社交媒体

非同步按需面试

基于移动设备的面试变得越来越流行，几乎颠覆了以往的求职面试方式。通过移动设备，面试者可以随时随地"开启"面试，招聘经理也可以随时查看面试结果。

例如，"都市服装店"（Urban Outfitters）希望所招到的店员能够认同其社群、拥有企业自豪感、具备创造力和尊重他人。但是，在竞争激烈的零售行业中，该如何找到并吸引这样的求职者，同时又能控制招聘成本呢？该公司在其 200 家零售店改用了"海纳 AI 面试"系统，使应聘者可以观看有关"都市服装店"及其岗位的视频，然后以书面或视频形式回答公司提出的面试问题，并在时间方便时"按需"完成指引。然后，招聘经理会查看这些录制的面试。他们通常是在营业高峰期以外的时间进行审查，这个时候门店一般不会那么忙碌。

据报道，新系统为"都市服装店"带来了绝佳的效用。它将对候选人的筛选时间缩短了 80%，让门店经理可以跟进更多的应聘者，并且应聘者也对这种方式青睐有加。

在前文所描述的视频面试中，雇主不需要做什么特别准备，但"职业常见问题"（Career FAQs）网站列出了面试者应注意的事项。人们往往会忽略一些显而易见的要

求（有关如何参加面试的更多信息，请参阅第 9 章的附录）。

- » 打扮得体。穿着西装在家中正襟危坐似乎很蠢，但这可能会让你的面试变得与众不同。
- » 打扫房间。不要让面试官看到杂乱无章的物品。
- » 提前进行设备测试。正如"职业常见问题"中所说："在视频面试前 5 分钟意识到网络出现了故障是件很危险的事情……"
- » 模拟面试回答。在面试前自己先录制一份面试视频，看看自己的"表现"如何。
- » 放轻松。这种面试的黄金法则是把它当作一个现场的会议来对待。要时刻面带微笑，保持自信、热情，注意眼神交流，不要过于大声，但要口齿清晰。

● 如何避免常见的面试错误

大多数面试官都认为自己的面试表现比实际水平要好。事实上，一些常见的面试错误往往会削弱面试的作用。避免这些错误可以改善面试官的面试效果。

匆忙下结论

面试官经常会在面试刚开始的前几分钟就对应聘者做出快速判断。实际上，这种情况往往在面试开始之前就发生了，而判断的依据可能是测试结果或应聘者的简历。一位心理学家采访了 80 家顶尖公司的 CEO。她得出的采访结论是，大多数管理者在应聘者开口说话之前，就会根据应聘者的姿势、握手方式和微笑情况等估量应聘者。即使是结构化面试，通常也会在面试之前有一个简短的讨论，应聘者在此时给面试官留下的印象可能会影响结构化面试的最终结果。

面试者需要做到的最基本原则是必须有一个好的开端。对面试官来说，在面试结束之前，需要一直保持开放的心态。

负面强调

鉴于以下三个面试事实，匆忙下结论会带来不小的麻烦：（1）面试通常主要是获取对面试者不利的信息；（2）面试官受不利信息的影响往往大于受有利信息的影响；（3）面试官的印象很有可能是从有利变为不利，而不是从不利变为有利。

同样，作为面试者，请记住你只有一次机会给面试官留下良好的第一印象。作为面试官，这意味着要保持开放的心态，有意识地避免不必要的不利印象。

对岗位一知半解

面试官如果并不真正了解工作内容以及什么样的应聘者最适合这份工作，通常在面试时就会对理想的应聘者抱有不正确的刻板印象。然后，他们会错误地将面试者与这些不正确的刻板印象相匹配。因此，长期以来的研究表明，面试官对工作越熟悉，面试效果就越好。（但筛选人员实际寻求的可能是另一回事。）一位研究人员采访了120位招聘决策者。她发现，他们中的大多数人都在寻找"个人化学反应"，比如更倾向于选择那些背景和爱好与自己相一致的候选人。

招聘压力

招聘压力会影响面试的效度。某项调查研究表明，如果某一组管理者被告知他们的招聘进度已经趋于落后，而另一组管理者则被告知他们已经提前完成了招聘任务，最终的研究结果是落后那组的管理者对同一个招聘人员的评价要比领先那组要高得多。

候选人顺序（对比）错觉

候选人顺序（或"对比"）错觉指的是，你看到应聘者的顺序会影响你对他们的评价。有这样一项调查，研究人员要求管理者在对几位"不太理想"的候选人进行评估后，再对一位处于"平均水平"的候选人进行评估。这种情况下，处于平均水平的应聘者得到的评价比正常情况下可能得到的评价要好，因为与那些"不太理想"的应聘者相比，处于平均水平的应聘者给人的感觉比实际情况要优秀不少。

非语言行为的影响

面试官会给那些表现出更多眼神接触、头部动作、微笑和此类非语言行为的应聘者更高的评分。这类行为的影响范围可能会占求职者评分的80%以上。在一项研究中，声音信号（如面试者的音调、语速和停顿）和视觉信号（如外貌吸引力、微笑和身体方向）与评估者对面试者可信度的判断直接相关。同样，应聘者的自我推销也与面试官对应聘者与工作匹配度的看法有密切关系。文身或穿孔会导致应聘者的可聘用性评分降低，尤其是应聘需要与客户打交道的工作岗位。

吸引力

一般来说，人们会认为有吸引力的人具备更有利的特质，在人生道路上能走向更成功的结局。在一项研究中，研究人员要求受测者根据照片来评估候选人的晋升能力。与同等条件的女性相比，男性会被认为更适合录用，晋升的概率也更高，而更具吸引力的应聘者，尤其是男性，比吸引力较弱的男性应聘者更受青睐。虽然这些刻板印象正在改变，但在《财富》500 强公司中，女性员工仍然只占公司高管的 15% 左右。

研究启示

在一项研究中，研究人员操纵了"应聘者"的容貌，比如在一些应聘者的脸上留下疤痕，而让另一些应聘者的脸上完好无损。面试官对脸上有疤痕的求职者的评分普遍较低，对面试信息的记忆也较浅（显然，盯着"疤痕"看会分散面试官的注意力）。

迎合行为

面试者可以通过自我推销和迎合行为来增加获得工作的机会，例如，对招聘人员的观点表示赞同，从而表明他们的观念一致。自我推销指的是宣传自己的技能和能力，给人留下能干的印象。自我推销是最有效的策略之一，但伪造经历或撒谎通常会搬起石头砸自己的脚。

非言语影响

还有一种基本的概念是，在面试中"表现优异"、但实际能力较弱的应聘者，往往会比实际能力较强但缺乏此类面试技巧的应聘者获得更高的评分。因此，面试官不应只关注面试者的行为动作，而应该着重关注面试者所说的话。此外（因为吸引力、性别等特质通常与工作表现无关），面试官要事先预估到这些偏见的潜在影响，不要让它们影响自己给出的评分。下文的"管理技能培养"专题介绍了如何进行有效的面试。

管理技能培养　　　　　　　　　　　　　　**如何进行有效的面试**

诸如此类的面试问题之所以如此让人困扰，是因为管理者往往以非正式的方式进行面试。他们会问一些可能与工作无关的问题（比如"你认为自己的主要优势和劣势是什么"），而且他们很少尝试对每个求职者的提问方式进行标准化。以下步骤展示了一种更有用的方法。

第一步：设计面试。在开始面试前，你应该决定好要问什么问题，以及如何提问。最好是将面试标准化（或"结构化"），以确保对不同求职者的面试风格基本一致。不过，也有一些技术性不强的方法可以提高面试的标准化程度。

a. 确保自己已经足够了解这份工作和它的任职要求。

b. 根据职位说明书中的实际工作职责提出问题。这些问题主要包括工作知识、情境或行为问题。询问观点和态度、目标和愿望，以及自我描述和自我评价的问题会让应聘者更倾向于进行自我推销，以减少暴露自己弱点的可能。好的问题类型包括：（1）情境性问题，如"假设你正在做销售演示，突然出现了一个棘手的技术问题，但你无法回答。此时你会怎么处理"；（2）与过往经历相关的行为问题，如"你能否举例说明你曾做过的一次非常有效的销售演示"；（3）背景问题，如"关于在团队合作的环境中工作，你有哪些工作经验、参与过哪些培训或已获得什么资格"；（4）岗位知识问题，如"在制定电视广告活动时，你会考虑哪些因素"。

c. 对所有应聘者提出相同的问题。这样可以提高信度，让所有应聘者机会均等，从而减少偏见。

d. 可能的话，使用评分量表。尽量为每个问题准备好对应的优秀、良好、一般和较差的答案样本，并为每个答案设定一个量化评分表，然后根据该评分表对每位应聘者的答案进行总体评分。

e. 让不同的面试官对同一候选人进行面试。

f. 可能的话，制作一份结构化面试表。

第二步：了解应聘者的背景。面试前，请审查应聘者的申请表和简历，并注意所有含糊不清的地方。请务必回顾岗位的任职要求。面试开始时，应清楚了解理想员工的特质。

第三步：建立融洽关系。面试开始时要营造出轻松的氛围。原则上，所有应聘者，即使是临时来访者，都应受到友好、礼貌的对待。

第四步：提问。尽量按照事先设计好的结构化面试表或问题清单进行提问。你可以在网上找到许多求职面试的问题清单。在提问时，要遵循以下原则：

* 不要问可以直接回答"是"或"否"的问题；

* 不要暗示想要的答案，例如，在回答正确答案时点头或微笑；

* 不要像审问罪犯一样审问面试者；

* 不要在面试中滔滔不绝，也不要让面试者主导面试；
* 尽量多提开放式的问题；
* 倾听应聘者，鼓励其充分表达自己的想法；
* 以提问的方式重复应聘者对上一份工作的评论（例如，"你不喜欢你的上一份工作吗？"）；
* 要求面试者举例说明。例如，如果应聘者列出了自己的优点或缺点，可以追问："有什么具体的例子可以证明你的每个优点吗？"

第五步： 结束面试。留出时间回答应聘者可能会提出的任何问题，并酌情向应聘者宣传自己的公司。以得体的方式结束面试。告诉应聘者你对他有兴趣，下一步是什么；或者礼貌地拒绝应聘者（例如，"非常感谢你付出时间来参加面试，但其他候选人的经验可能更符合我们的要求"）。

第六步： 回顾面试。应聘者离开后，回顾面试笔记，填写结构化面试指南（如果有的话，或者如果面试时未填写），然后做出决定。

　　在本章开头的情境部分，我们提到了餐厅经理约翰，他决定编写几个有关工作知识的问题、情境问题和行为问题，向拟聘的服务员提问。他想出的一个行为问题是："请告诉我，当你不得不面对一个特别讨厌的人时，你会做什么，你这样做的结果如何？"你还能帮约翰想出其他好问题吗？

了解你的雇用法律

面试候选人

　　回顾第 2 章，询问女性应聘者婚姻状况或询问年长求职者的年龄，一般来说并不违法（尽管不是明智的行为）。只要你能证明雇主不存在歧视，或者能将该问题辩护为实际职位或业务需要，你通常就可以这么问。但是，许多地方的法律禁止问这个问题，而且公平就业机会委员会也不赞成这种做法。

　　最好的办法是规避应聘者可能提出的相关指控。远离"红线"问题，向应聘者表明面试过程是绝对公平的，自己也将充分尊重面试者，并且愿意解释面试过程中所有的提问。注重面试过程的客观性、规范性（以便让所有应聘者感受一致），并尽可能安排多个面试官进行面试。

● 在面试中使用胜任力模型和档案

正如我们在第 4 章中所介绍的那样，许多公司在招聘、甄选、培训、评估和确定薪酬时都会使用胜任力模型（一个岗位所需的能力、特质、知识和经验的集合）。IBM 公司在自己的员工队伍规划中，确定了大约 500 个员工可能担任的职位，如分析师。然后，IBM 公司为每个职位及其所需要的技能组合建立了一个档案，根据这些技能对员工进行评分，分数从 0 到 3 不等，这些评分可以作为对员工的晋升、调动或培训等的参考。

关于如何使用职位档案制定面试问题，请参见表 6-1。在表 6-1 中，针对化学工程师职位所需的胜任力、知识、特质和工作经验，提出了相应的面试问题。人才管理团队也可以使用这些职位档案（能力、知识、特质和工作经验），来指导如何为该职位招聘、培训、考核和制定薪酬标准。

表 6-1　使用职位档案制定面试问题

职位需求	举例	面试问题
胜任力	会使用 CAD Pro 计算机绘图软件	请谈谈您使用 CAD Pro 计算机绘图软件的经历
知识	极热条件如何影响盐酸（HCl）的状态	假设在 2 个大气压下将盐酸加热到华氏 400 度，盐酸会发生什么变化
特质	愿意每年花费至少 4 个月时间到国外参观相关设施	假设下周你有一个重要的活动要参加，而你的公司通知你必须立即出国，并在国外停留 3 周。你会如何处理
工作经验	为酸洗设备设计污染过滤器	请谈谈你为酸洗设备设计的污染过滤器是如何工作的？你在设计过程中遇到了哪些问题？你是如何解决的

影响人力资源管理的发展趋势

人才管理的科学

谷歌公司在其甄选（及其他人力资源活动）实践中采用了科学、循证的方法。其甄选过程的主要组成部分包括工作样本、测试和面试。

谷歌公司的几乎所有技术人员都要参加工作样本测试，如实际编写算法。它将工作样本与认知能力测试（类似于智商测试）和自觉性测试相结合。在发展初期，谷歌要求应聘者参加十几次甚至更多次的面试。然而，谷歌公司自己的分析表明，经过前几轮面试后，能获得的有关面试者的有用信息微乎其微。因此，谷歌公司进行了流程优化，现在一般在第四次面试后就做出招聘决定。

　　谷歌公司的面试非常强调情境问题和行为问题。对于具体问题，谷歌公司向面试官提供了 QDroid 系统的访问权限，该系统会通过电子邮件向每位面试官发送具体问题列表，以便他们针对特定职位向应聘者提问。谷歌公司的面试曾以问题刁钻而闻名，但现在主要提问来自 QDroid 系统的问题。这些问题旨在评估应聘者的认知能力、领导力（尤其是作为项目主管的意愿）、"谷歌气质"（价值观，如富有乐观精神和认真负责的态度），以及与工作岗位相关的知识（如计算机知识）。面试究竟由谁来完成？关于这个问题，谷歌公司相信"群众的智慧"：这个面试"群众"不仅包括未来的上司，还包括未来的下属和其他部门的代表。然后，谷歌公司将所有面试官对候选人的评价平均起来，得出一个分数。面试官会得到一份打印出来的评分报告，上面展示了他们作为面试官在候选人被录用或未被录用方面发挥的作用。最后，招聘委员会、公司高管和 CEO 都会对档案进行审查，然后才会发出录用通知。因此，谷歌公司的面试过程是分析性的、循证性的，且具有科学性的。

6.4　使用其他甄选技巧

　　测试和面试通常只是雇主甄选员工过程的一部分。其他工具可能还包括背景调查和推荐材料调查、就业前信息追踪、诚信测试、笔迹分析和药物滥用筛查。

● 背景调查和推荐材料调查

　　一家大公司正准备发布对新任首席执行官的任命通知，却发现他在两个州都有一个妻子和两个孩子，这让管理层大惊失色。约 80% 的人力资源经理表示会调查应聘者的背景和犯罪记录，35% 的经理会进行信用调查。一些雇主还会对在职员工进行持续的尽职背景调查。

进行背景调查主要有两个原因。其一是核实应聘者所提供的事实信息的准确性；其二是发现不利的背景信息，如犯罪记录。（请注意，一些"精明"的创业者已经可以提供虚假工作证明服务，他们有偿为应聘者提供虚假的工作经历证明和推荐材料。）

需要核实的背景调查信息

最常核实的背景调查信息包括合法就业资格（如是否符合移民法）、过往工作的入离职时间、服兵役情况（包括退伍情况）、教育程度和身份证明（包括出生日期和地址），其他信息还包括过往犯罪记录（现居住地、前居住地）、机动车辆驾驶记录、信用状况、执照验证、社会安全号，以及证明人。包括马萨诸塞州和夏威夷州在内的几个州禁止私人雇主在初次书面申请中询问求职者的犯罪记录。

职位的高低决定着调查的深浅程度。例如，与招聘园丁相比，对应聘会计岗位的人的信用状况和教育背景进行调查会显得更为重要。总之，公司都要定期检查容易接触到公司资产的员工的信用评级，以及使用公司车辆的员工的驾驶记录。

收集背景调查信息

大多数雇主会试图通过电话直接核实应聘者目前的职位情况、薪资水平，以及现公司的雇用日期（前提是应聘者已经同意雇主可以这么做）。还有一些雇主会打电话给应聘者的现任和前任上司，试图进一步了解应聘者的工作动力、技术能力，以及与他人合作的能力。

许多雇主会与商业信用评级公司或就业筛选服务公司合作。这些公司会提供有关应聘者的信用状况、负债情况、声誉、性格、生活方式，以及个人申请资料真实性的相关信息。此外，还有数以千计的在线数据库和来源可帮助雇主获取背景调查信息，包括性犯罪者登记簿、工伤赔偿历史记录、护士助理登记簿，以及犯罪、就业和受教育记录。

背景调查的有效性

如果处理得当，背景调查是核查事实（如现任和前任职务）的一种既经济又直接的方法。遗憾的是，要想从推荐人处获得坦诚的答复，可能难度相当大。对于推荐人来说，要为自己不客观的推荐正名并非易事。因此，被拒绝的应聘者有很多法律层面的补救措施，包括起诉推荐人在背景调查环节对其进行了诽谤。前雇主往往会理解这些行为。例如，一名男子在求职被拒后获得了 56 000 美元的赔偿，原因之一是前雇主对他的评价是"一个难搞的家伙"。此外，许多上司也不希望对前员工的工作机会产生负面影响。还有一些人会故意给不称职的员工好评，以求尽快摆脱他们。

影响人力资源管理的发展趋势：数字化和社交媒体

社交媒体背景调查

　　数字工具正在改变背景调查的流程。雇主们有时会在谷歌或脸书、领英上搜索应聘者，但发现情况并不总是那么理想。一位应聘者在脸书上描述自己的兴趣爱好是打人。他可能只是在开玩笑，但也因此失去了这份工作。一篇名为《有趣的是，他们看起来并不像我的背景调查推荐人》的文章指出，领英新推出的高级服务"推荐人搜索"（Reference Search），可以让雇主在自己的社交网络中找到与应聘者曾在同一家公司工作过的人，从而通过他们获得求职者的推荐材料。根据领英的说法，你只需选择"推荐人搜索"，然后输入公司名称、候选人姓名和时间范围，点击"搜索"即可。雇主们正在将这类工具与甲骨文等软件解决方案进行整合，以更方便地获取相关信息，然后将其呈现到候选人的列表上。

　　问题是，虽然谷歌搜索的安全性有足够的保障，但查看社交网站容易引发法律问题。所以，最好事先征得候选人对社交网络搜索的同意，然后再进行查看，而且不要找借口欺骗候选人或捏造自己的身份。马里兰州的一项法律就限制了雇主索要应聘者的社交媒体的用户名和密码。虽然应聘者通常不会在简历中列出自己的种族、年龄、残疾或民族血统信息，但他们的脸书页面可能会暴露这些信息，从而为可能的 EEOC 索赔埋下隐患。当然，有些有心机的主管可能会私下自行翻看脸书页面进行"背景调查"。

　　这种问题的解决办法不一定会涉及非法使用社交媒体调查应聘者和员工信息（除非像马里兰州那样认定这种行为为非法行为），但雇主也应该制定并遵循合理的社交媒体人事政策和程序。例如，提前告知员工和潜在员工，雇主将会审查哪些信息。安排 1~2 名受过专门培训的人力资源专员去社交媒体网站搜索相关信息。禁止未经授权的员工（如未来主管）访问此类信息。雇主还应避免使用虚构的登录名等类似"障眼法"。同样，应聘者也应考虑雇主访问其网站的可能性。

了解你的雇用法律   **提供推荐材料**

许多管理者在回应背调证明的请求时犹豫不决，这种情况不难理解。各种法律也赋予了一些人了解信息性质和实质内容的某些权利，例如他们的信用档案和政府机构的档案。

此外，普通法律也适用于管理者提供任何的信息。如果信息是虚假的，并存在损害他人名誉的倾向，就会降低社会对该人的评价，或使其他人不敢与其打交道，则该信息就具有诽谤性。前雇员甚至可以雇用背调信息调查公司，对诽谤性的背景调查信息采取法律行动。

真相并不总是一种辩护理由。在某些州，员工可以起诉雇主向许多人披露有关自己真实但令人尴尬的私事。有一起案件的场景是，一名主管大喊大叫，说员工的妻子与某些人发生了性关系。陪审团裁定雇主和主管对侵犯这对夫妇的隐私权和对其造成的精神痛苦负责。

最重要的是，大多数雇主和管理者都会限制某些人提供背景调查信息，以及限制背景调查信息的内容范围。原则上，只有经过授权的管理者才能提供相关信息；许多接受背景调查的推荐人会将回复背景调查的请求事项集中在一起处理。其他建议还包括"不要主动提供信息""避免含糊其辞""不要回答'陷阱'问题"，如"你会再次雇用这个人吗"。在实践中，许多公司的政策是，除了工作日期、离职前的工资和职位头衔外，不提供前雇员的其他任何信息。

管理技能培养   **如何获取更有用的背景调查证明信息**

那么，准主管或雇主该怎么办呢？有没有办法获得更有效的背景调查信息呢？

答案是肯定的。

第一，让应聘者签署一份授权背景调查的免责声明（通常附在申请表上）。

第二，一定要获取两种形式的身份证明。

第三，确保应聘者完整填写了申请表。一定要将申请表与简历进行对比（人们简历上的内容往往比申请表上的更随意，因为在申请表上他们必须对信息进行二次确认）。不要同意应聘者在申请表上只写"详见简历"的字眼。

第四，使用图 6-5 所示的结构化背景调查。这有助于确保你不会忽略重要的问题。

第五，请始终对潜在的危险信号保持敏感，这将有利于优化背景调查的效果。例如，如果前雇主在你问他"你会重新雇用他吗"时犹豫不决，或似乎对自己的回答有所保留，这时不要直接进入下一个问题。相反，要设法弄清应聘者做了什么才让前雇主回答时犹豫不决。因为电话向推荐人进行背景调查显然能获得更坦诚的评价，所以最好能更多地与推荐人进行电话沟通。你可以问一些开放式的问题，比如"该员工在工作中处理问题的条理清晰程度怎么样？"以便让推荐人更多地谈论你的应聘者。

第六，将应聘者提供的推荐人仅作为可能了解其工作表现的其他人来源。因此，你可以问每一位推荐人："你能告诉我另一个可能熟悉他的工作表现的人的名字吗？"这样，你从推荐人那里获得的信息可能会更加客观。尽量联系候选人以前的至少两位上级、两位同级和两位下属。

此外，推荐信息在线核查也可以优化结果。使用诸如 Pre-hire 360 这样的系统，招聘方可以输入应聘者的姓名和电子邮件地址，此人的预选推荐人会通过多问题的调查方式对应聘者的技能进行匿名评分。然后，系统会将这些背调证明人的资料汇编成一份报告提供给雇主。

（在向推荐人核实之前，请确认已事先得到应聘者允许。）

候选人姓名：_____　　推荐人姓名：_____

公司名称：_____　　入职时间：_____

在任职位：_____　　薪资记录：_____

离职原因：_____

向推荐人解释你致电的原因，并将上述信息（包括离职原因）编制成问题清单向对方询问：

1. 请描述该员工主要负责的工作类型。_____

2. 您如何评价该员工与同级、下属（如适用）和上级的关系？_____

3. 该员工的工作态度是积极的还是消极的？请做出详细说明。_____

4. 您如何评价该员工的产出数量和质量？_____

5. 该员工的工作优势是什么？_____

6. 该员工在工作中有哪些做得不足的地方？_____

7. 您对该员工的总体评价是什么？_____

8. 您会推荐他担任此职位吗？为什么？_____

9. 有机会的话，您愿意再次聘用他吗？为什么？_____

还有其他可以评价的吗？_____

图 6-5　对推荐人进行询问的结构化背景调查表

资料来源：美国人力资源管理协会。

使用雇用前信息服务

许多服务机构都可以提供雇用前筛选服务。大型背景调查服务商包括安德普翰人力资源服务公司、聘时代（Hireright）、律商联讯（LexisNexis）和就业背景调查（EBI）。它们会使用数据库来获取员工的赔偿记录、信用记录以及犯罪和驾驶记录。例如，零售商利用首优咨询有限公司（First Advantage）的数据库查看应聘者是否涉嫌零售盗窃案件。然而，有些犯罪背景信息可能会存在错误。错误原因主要包括将调查对象与同名或名字相似的人相匹配。

因此，雇主需要时刻保持谨慎。第一，要确保服务商的行为或要求不违反公平就业机会法；第二，要求并确保服务商已获得授权，拥有进行背景调查的签字免责声明，遵守《公平信用报告法》，并只使用合法的数据来源；第三，确保服务商提供的调查信息准确完整。

● 诚信测试

雇主可以使用多种工具来评估应聘者和员工的诚信程度。

测谎仪测试

测谎仪（或"测谎器"）是一种测量被测者说谎时发生生理变化（如出汗增多）的设备。这种仪器的原理是，人体的生理变化反映了其因说谎而引起的情绪压力的变化。

一些人投诉测谎仪的使用冒犯到被测对象，并怀疑它的准确性，这直接导致了1988 年《员工测谎保护法》（Employee Polygraph Protection Act）的出台。除少数例外情况，该法禁止大多数雇主对所有应聘者和大部分员工进行测谎审查。

纸笔式诚信测试

测谎仪的近乎被淘汰导致了一个新兴的市场，那就是旨在测试应聘不诚信倾向的书面心理测试。这些测试大多是测试应聘者的态度，如对他人偷窃行为的容忍度等。

心理学家不乏一些担忧。例如，这些测试可能更易于产生高比例的假性正向结果，而且容易受到人为引导的影响。不过，研究结果大多对这些测试的效度表示支持。一项研究对一家大型连锁零售便利店雇用的 111 名员工进行了调研，他们都在便利店或加油站的销售柜台工作。研究人员发现，诚信测试的分数可以成功预测偷窃行为的发生概率，发生的衡量标准则被设定为是否因偷窃而被解雇。下文的"管理技能培养"专题概述了发现不诚信行为的方法，接下来的"人力资源作为利润中心"专题说明了诚信筛选可以如何降低成本。

管理技能培养   **如何发现不诚信行为**

实际上，要发现不诚信的应聘者，不仅需要测试，还需要全面的筛选流程。专家建议采取以下步骤。

* 直截了当地提问。例如，询问"你是否有从雇主处偷窃物品的行为"和"你的申请表中是否存在伪造信息"可能是最合适的做法。
* 仔细倾听对方的回答，而不是一直自己滔滔不绝。说谎者会试图回避一些直接性的问题。例如，问他以前是否吸过毒，他可能会说"我平时不吸毒"。
* 留意身体透露的蛛丝马迹。例如，对方在说假话时可能会不经意地将身体稍微远离你。通过观察对方在说真话时所呈现的身体姿势，并以此作为对照。要知道，对于成年人，"说谎的人不会正视你的眼睛"这种观点早已缺乏准确性了，因为了解这一点的说谎者可能会强迫自己正视你的眼睛。
* 在申请表中加入一个条款，即允许公司进行背景调查，包括信用调查和机动车辆报告，然后向所有推荐人调查求证。
* 考虑启用诚信测试。
* 设置涉毒测试问题，给每位应聘者分发一份复印件。
* 进行搜查并制定搜查和扣押政策。该政策应规定，所有的储物柜、办公桌和类似财产均是公司财产，公司有权进行检查。向每位应聘者提供一份该政策的复印件，并要求其签字确认。
* 向员工明确说明，任何不遵守规程或伪造记录的行为都将导致纪律处分。
* 谨慎行事。因不诚信而遭拒比因机械理解能力差等原因被拒绝更丢人。此外，一些州（如马萨诸塞州和罗得岛州）限制诚信测试。

● 笔迹分析

使用笔迹分析的前提是，书写者的基本个性特征会通过其笔迹表现出来。因此，笔迹分析与投射性格测试有一定的相似之处。

尽管一些笔迹研究者估计说有1000多家美国公司会使用笔迹分析来评估应聘者，但笔迹分析的效度依然令人怀疑。一位评估者说："基本上没有证据表明笔迹分析与工作表现的各种衡量标准之间存在直接联系。"因此，为什么这么多的雇主会使用这种方法，这是一个值得商榷的问题。也许是因为在很多人看来，笔迹分析也似乎有效度。

人力资源作为利润中心

使用诚信测试

在医院管理公司（Hospital Manage-ment Corporation），诚信测试是其招聘流程的第一步，测试不合格者将直接被淘汰。该公司在确定此类测试确实能有效筛除有不良行为的应聘者之后，才开始实施该测试。例如，在使用该测试几个月后，新员工的工伤索赔情况确实有所减少。

● 入职体检

体检通常是甄选过程的下一步。此类体检可以确认应聘者是否符合职位对于身体的要求，还可以发现应聘者是否存在健康限制，以便在为其安排工作时加以考虑。体检还可以检测出应聘者是否带有传染病。根据《美国残疾人法》，如果残疾人士在其他方面符合条件，并且能够在合理的便利条件下履行基本的工作职能，那么就不能拒绝其应聘。根据《美国残疾人法》，如果体检是对该职位所有应聘者的要求，则允许在发出录用通知到开始工作之前要求其进行体检。

● 药物检测

　　雇主一般都会进行药物检测。雇主可以使用的方式包括：使用尿检来检测是否含有违禁药物；使用呼气酒精测试来确定血液中的酒精含量；使用血液测试来测量当前血液中的酒精或药物含量；使用毛发分析来检测吸毒史；使用唾液测试来检测是否含有大麻和可卡因等物质；以及根据皮疹来确定药物的使用情况。

　　最常见的做法是在正式录用之前就对应聘者进行检测。许多公司也会在有理由（如工伤事故后）判断某员工有药物使用记录时对其进行检测。有些公司会随机进行药物检测，有些公司则会在员工调职时进行检测。大多数雇主会使用尿样检查进行此类检测。许多人才服务商会提供药物检测服务。

问题

　　药物测试是存在缺陷的。酒精测试仪（如警方在路边对司机进行的酒精测试仪）确实能检测出人体内酒精含量。然而，针对其他药物的尿液和血液检测只能显示是否有药物残留，而不能显示药物对人的损害程度、是否形成上瘾及上瘾程度。况且还有"很多产品声称可以帮助员工（无论男女）通过尿检药物测试"。相对来说，毛囊检测和较新的口腔液体检测则不易被篡改。

　　因此，人们对药物检测提出了几个问题。由于没有强有力的证据证明血液或尿液中的药物含量与身体机能损伤有关，一些人认为，药物检测侵犯了人们的隐私权和正当程序权，而且检测程序本身带有侮辱性和侵犯性；而另一些人则认为，工作场所的药物检测可能会发现一个人在闲暇时间会滥用药物，但这并不会对工作造成任何影响。另外，关于药物检测是否能改善员工的工作表现，结论也不明确。但至少有一项研究表明，除酒精外，没有明确的证据可以证明药物会降低员工工作的安全性或工作表现。

● 真实工作预期

　　有时，保证真实就是最好的筛选工具。例如，沃尔玛发现，在入职后 90 天内辞职的员工往往是因为他们更喜欢在其他地方工作。于是，该公司开始明确解释并询问应聘者期望的工作时间安排和工作偏好。

● 听取朋友和熟人的建议

如果你信任的人对候选人有直观了解，请听取他的意见。正如一位前航空公司首席执行官所说的那样："面试表现再好，与有几个月的共事经历的人的意见相比，其价值也是微不足道的。"

● 做出甄选决策

一旦你完成了所有的测试和核查，就面临"如何将所有这些信息结合起来并以此做出甄选决策"的问题了。当然，如果你只使用了一项预测指标（比如某个单一的测试分数），那么做出决策就很简单。例如，工程师职位的应聘者至少要在温德利人事测验中答对 30 道题，才能被任命为工程师。如果应聘者的分数较低，你很有可能就不会聘用他，如果分数较高，那聘用他的可能性就比较大。

但实际上，事情并非如此简单。首先，你大概率不会根据单一的测试结果（这里指的是测试分数）就做出决定，而是还要考虑此人的推荐材料、面试情况和申请表信息（如就读学校）等。此外，如果不止一个候选人时，你还会简单地选择温德利人事测验分数最高的那个人吗？应该不会。因此，你还是需要某种方法来权衡有关每个候选人的所有信息。

如何权衡所有信息以做出甄选决策呢？你有三种基本选择。第一，你可以使用临床（或直觉判断）方法。通过这种方法，你可以借助直觉，但有意识地权衡你所掌握的有关候选人的所有信息，然后做出决定。第二，你可以采用统计法或机械性方法。简单地说，机械性方法就是将你收集到的有关候选人的所有信息（例如，包括来自推荐人的主观信息）进行量化。然后，将所有这些量化信息结合起来，或许可以再应用一个公式来预测候选人与岗位的适配度。第三，当然，你还可以将计算得出的机械性结果与直觉判断相结合。虽然使用机械性方法或统计方法是最理想的，但直觉判断通常也有一定的作用。

● 遵守移民法律

根据《1986 年移民改革与控制法案》，公司未来的员工必须证明他们有资格在美国工作。根据该法案，受雇者不必是美国公民，但是雇主应询问拟聘的应聘者是否美国公民或是否合法获批在美国工作的外国人。

如何遵守规定

准员工可以通过两种方式证明自己的就业资格。一种是出示附有照片的证件，如美国护照或外国人登记卡，以证明自己的身份和就业资格。但是，许多准员工并没有这两种证件，因此，证明自己就业资格的另一种方法是提供一份能证明个人身份的文件，以及另一份能证明个人就业资格的文件，如工作许可证。应聘者需要填写政府要求的就业资格核实表（I-9）。但雇主很有可能会接收到一份伪造的文件。因此，聘用前的筛选应包括就业核实、犯罪记录检查、药物检测和推荐材料调查。你可以致电社会保障局核实候选人的社会保障卡。

现在，许多雇主使用带有下拉菜单的 I-9 自动验证系统，以电子化方式编制和提交应聘者的 I-9 数据。越来越多的雇主还会使用联邦政府的免费在线就业验证计划 E-Verify 来确认雇员的美国工作许可身份。持有特定联邦合同的雇主可以免费使用 E-Verify 查询。

要求核实资格并不代表着因为应聘者不是美国公民就可以拒绝其应聘申请。只是应聘者必须能够证明自己的身份和就业资格。为了避免歧视指控，建议雇主核实应聘者的所有文件，而不仅仅是觉得有疑问的文件。

通过人力资源信息系统提升绩效

全面的求职者跟踪和筛选系统　我们在第 5 章中介绍的求职者跟踪系统，其作用并不限于跟踪求职者。大多数雇主还会使用该系统预先筛选出不符合工作要求的求职者，例如要求求职者必须持有驾照。很多雇主还会使用该系统对求职者进行在线测试和筛选，其中包括在线技能测试（如数学）、认知测试（如机械理解），甚至心理测试。

优化和扩充岗位录用通知书的内容

在选定要向其发出录用通知的求职者后，雇主会根据求职者作为未来员工的优势、职位级别以及同类岗位的薪酬标准等要素，来确定录用的薪酬和其他条款。接下来，雇主会以口头形式向求职者发出工作邀请。在这一步中，公司的联系人（可能是新员工的上司或人力资源总监等）会沟通录用通知的主要方面，如薪酬标准、福利和实际的工作职责等，可能还会进行一些薪酬谈判。然后，一旦双方达成一致意见，雇主就会发出书面录用通知。

这里有几个问题需要注意。最重要的是，双方要了解录用通知书和劳动合同之间的区别。在录用通知书中，雇主会列明录用的基本信息。录用通知书通常以欢迎辞开头。然后，它还包括具体的工作信息（如工资和薪酬详情）、福利信息、带薪休假信息和雇用条件（包括体检符合要求等）。其中最重要的是，应明确说明雇用关系是"双方自愿达成"的，然后是结束语。最后，再次对员工表示欢迎，并提及如果出现任何问题，雇主方的联系人是谁，并让候选人在确认接受录用的情况下在通知书上签名。谨慎起见，可以在发出录用通知之前，请律师对其进行审查。

在招聘许多职位（如行政主管）时，可能需要签订劳动合同。与录用通知书（应始终"按意愿"录用）不同，劳动合同通常会规定一个期限（如3年）。有鉴于此，劳动合同还需说明终止合同或离职的理由以及离职条款。劳动合同还包含保密条款、不披露要求和竞业协议（尽管一些工程师等职位的录用通知书也可能包含此类条款）。过去，获得继续聘用的资格往往是让员工签署竞业禁止条款的前提条件。如今，额外报酬（即使只有100美元）被写入合同之中已成为常态。

根据职位的不同，劳动合同（有时也包括录用通知书）可能还会包含搬迁条款。此条款会规定雇主愿意支付给新员工的搬迁费用，例如租房变更搬迁费。州政府的法律通常会覆盖个人劳动合同的执行情况。

6.5   给管理者的员工敬业度指南

员工的敬业度是指员工心理上的参与度、与公司的联结度和努力完成工作的意愿度。管理者应如何确定求职者是否具备成为敬业员工的特质呢？

首先，可以用几种可衡量的特质识别这类应聘者。例如，智睿企业咨询公司的顾问发现，认同感、情绪稳定、对经验开放、具有较强成就导向和自我效能感（"我能行"）等都是高敬业度员工的共同特征。

● 提升敬业度：全面甄选计划

如何找到高敬业度的员工呢？最简单的第一步就是正确提问。在面试之前，提出几个行为问题或情境问题，例如（针对合群性和职业道德）："请告诉我，有一次你在制订好了个人计划的情况下（比如周末要和朋友外出度假），你的老板在你出发的前一刻让你回去工作。你是如何处理的？"

但实际上，"敬业潜力"只是雇主在求职者身上寻找的几个特质之一。例如，雇主可能还需要"团队合作能力"。因此，雇主应该制订一个全面的甄选计划，目的是选拔出综合素质最符合职位总体要求的人选。

丰田公司用来挑选汽车装配工的计划就说明了这一点。丰田公司对求职者有几方面的要求：丰田公司希望求职者具备良好的人际交往能力，因为装配工的工作非常强调团队合作；丰田公司还非常强调"持续改善"，让工人通过对最高质量的承诺来改进其工作流程，而这也是为什么丰田公司重视求职者的推理能力和解决问题的能力，重视建立高学历和高敬业度的员工队伍。丰田所有的员工都至少拥有高中学历或同等学力，甚至很多装配工都拥有本科学历。质量是丰田公司的核心价值观之一，因此丰田公司希望所招聘的员工在工作中都能保证质量。这也是丰田公司执行以成就为重点的集体面试的原因之一。通过询问求职者最引以为豪的事情，丰田公司就可以更好地了解他们在质量和正确处理问题方面的价值观。丰田公司还一直寻找那些渴望学习、愿意尝试的员工，他们不仅拥有自己独特的做事方法，也愿意按照丰田公司的方式或团队的方式去完成工作。丰田公司的生产系统依赖于协商一致的决策、岗位轮换和灵活的职业发展道路，要达到这些要求，就需要思想开放、灵活的团队成员，而不是教条主义者。

● 丰田公司的发展之道

丰田公司的装配工招聘流程就是要找到符合上述条件的人才。整个招聘过程大约需要 20 小时，分 6 个步骤，历时数天：

» **第一步：** 仔细了解求职者的在线申请（20~30 分钟）；
» **第二步：** 花 2~5 小时进行计算机评估；
» **第三步：** 花 6~8 小时进行工作模拟评估；
» **第四步：** 现场面试；
» **第五步：** 背景调查、药物检测和体检；
» **第六步：** 录用。

在第一步，应聘者需要填写一份申请表，概述自己的经验和技能，通常还需要观看一段介绍丰田公司工作环境和甄选制度的视频。这让应聘者对丰田公司的工作流程和招聘流程有一个广泛而真实性的了解。有许多求职者在这个阶段就选择了放弃。

第二步旨在评估求职者的技术知识和潜力。在这个过程中，求职者要完成各种测试，以帮助公司了解其解决问题的能力、学习的潜力，以及职业的偏好。熟练技工的应聘者（如经验丰富的机械师）还需要参加工具测试、模具测试或一般维修测试。

第三步，应聘者在丰田公司的评估中心还需要参加模拟实际生产的活动。这是一个独立的场所，在该场所中，丰田公司人才选拔专家观察求职者装配练习，评估每位求职者在实际装配任务中的表现。在这一步中，小组讨论会展示求职者是如何与小组中的其他人互动并解决问题的。例如，在其中一个模拟项目中，求职者会扮演一家电子产品制造公司的管理层和普通工人。在一系列计划和生产的情境下，团队必须决定应该生产哪种电子产品，以及如何有效地分配人员、材料和资金。在另一个典型的测试练习中，让求职者扮演公司的正式员工，并组成一个团队，然后负责为明年需要制造的汽车选配新的功能。团队成员首先根据市场吸引力对 12 项功能进行排名，然后提出 1 项未列入名单的功能。最后，他们必须就最佳排序达成共识。一位经历过这一过程的求职者说：“测试中共有 3 个工作站，我们需要在每个工作站待上 2 小时，然后组成一个小组，再花 1 小时与小组成员一起解决一个特殊项目问题。我早上 5 点出门，直到下午 6 点半才回来，这真是非常漫长的一天。”

应聘者在丰田公司试训中投入的时间和精力有助于展示其正式加入公司后的敬业度。丰田公司寻求的是敬业、灵活、以质量为导向的团队成员，缺乏这些特质和不具备这种价值观的人往往无法通过严格的筛选过程，所以这一过程往往会筛掉那些不太可能成为高敬业度员工的人。

总之，像丰田公司这样的高度重视员工敬业度的企业会采用全面招聘计划来甄选员工。虽然企业采用的方式各不相同，但从丰田公司的甄选流程中可以明显看出5 个共同的主题。

第一，它知道自己想要什么。丰田公司的招聘全流程始终将重点聚焦在价值观的确认上，所以丰田公司在开展员工甄选计划之前，首先需要明确自身的价值观。无论看重的是卓越、持续改进、诚信，还是其他特质，以价值观为基础的招聘首先要明确公司的价值观具体是什么，以及对员工的要求有哪些。

第二，像丰田公司这类高度重视员工敬业度的企业会投入大量的时间和精力仔细进行人才筛选。即使是对新手员工，8 ~ 10 小时的面试也是常有的事。丰田公司会花上 20 小时甚至更多的时间来考察一个人，然后才决定是否录用他。很多人会被拒之门外，但通过面试的人往往也会变得更加敬业。

第三，筛选过程不仅仅要识别知识和技术技能是否达标，候选人的价值观和特质也需要与公司的需求相匹配。在丰田公司，团队合作、持续改进和灵活性是公司的基本价值观。因此，解决问题的能力、人际交往能力以及对公司质量承诺的责任心都是其对人才的重要要求。

第四，像丰田公司这样的企业，在招聘过程中一般都会提供真实的职位预览。它们无疑非常希望向优秀的候选人"推销"公司。但更重要的是，要确保应聘者知道在公司工作的实际情况是怎样的，知道公司重视什么样的价值观。

第五，让候选人自我抉择是这类公司的一项重要筛选措施。在有些公司，这仅仅意味着对现实的预览。但也有一些公司，对入门级职位设置较长的试用期以帮助公司筛掉不合适的人选。在丰田，筛选过程本身就要求在时间和精力上做出牺牲，这有助于确保只有敬业的员工才能通过筛选。

第 6 章要点小结

1. 在本章中，我们讨论了筛选和甄选应聘者的几种技巧。首先是测试。测试效度回答了"这个测试能测出什么"这个问题。标准效度是指证明那些在测试中表现出色的人在工作中也能够有同样优秀的表现。内容效度是要证明测试是工作内容的公平样本。心理学家使用的"信度"一词通常指"一致性"。衡量信度的方法之一是在两个不同的时间点对相同的人进行相同（或等效）的测试。根据公平就业机会法律，雇主可能必须证明其测试能够有效预测候选人能否真正胜任这份工作。

2. 常用的人事测试有很多种，比如智力测试、体能测试、成就测试、能力倾向测试、兴趣清单、性格测试等。管理评估中心是一种专门的筛选机构，它可以让应聘者参加一系列与实际工作相同的练习。专家会观察和评估应聘者的表现，然后追踪观察他们回到工作岗位后的表现，以核实评估结果。这类真实练习的例子包括模拟商业游戏、文件筐练习和小组讨论。

3. 有几种不当做法会削弱面试的作用，包括过早做出决定；让不利信息占据主导地位；不了解工作的所有要求；招聘的压力；不考虑候选人的顺序效应以及非语言行为。面试的 5 个步骤包括制订计划、联系应聘者、向应聘者提问、结束面试和复盘数据。

4. 其他筛选工具还包括证明材料核查、背景调查、体检和真实考查。在选定拟录用人选后，雇主会编制正式的录用通知书。例如，雇主会根据应聘者作为未来员工的工作潜力和类似职位的薪资水平来确定其聘用条件。接下来，雇主会口头发出正式工作邀请。

5. 具有较高敬业潜力的候选人往往性格开朗、情绪稳定、乐于尝试新体验、注重成就、对自己的能力充满信心、对影响自己的事件具有较强的"控制力"、有自尊心、主动性强、有强烈的职业道德感和勇于实践的态度。直线经理或主管经理可以通过采用行为问题或情境问题来识别这些特质。雇主可以制订全面的综合甄选计划，找出符合全部工作要求的候选人。像丰田公司这样的高度重视员工敬业度的企业会采用全面的招聘计划来甄选员工，涉及的行为包括明确公司的价值观、投入较多的时间和精力、将应聘者的价值观与公司的价值观相匹配、进行切实的考查，以及鼓励候选人自主选择。

人力资源管理

第三部分

培训与人力资源发展

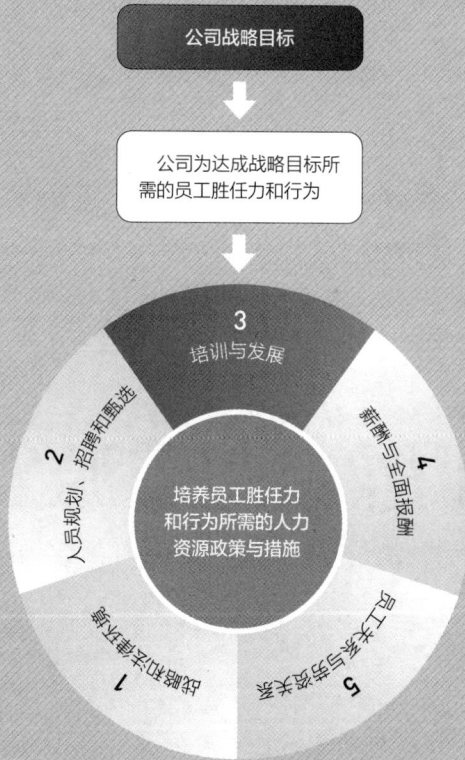

第 7 章

培训与员工发展

● **本章学习目标**

» 概述员工入职培训的目的和流程。

» 举例说明如何设计有助于提高员工敬业度的入职培训。

» 列出培训过程的五个步骤并进行简要说明。

» 阐释如何使用五种培训技巧。

» 列出四种管理开发方法并进行简要论述。

» 回答问题："什么是组织发展？它与传统的组织变革方法有何不同？"

» 阐释在评估培训计划的有效性时应考虑哪些因素。

引入

　　有了好几家餐厅的主厨工作经历后，亚历克斯（Alex）终于攒够了开设新法式餐厅 Alex's Bistro 的资金。梦想成真让他兴奋不已。这家餐厅距离迈阿密市中心附近的新中城迈阿密综合体不远。在帮厨员工选择方面，他聘用了曾在其他餐厅与他密切合作过的同事，因为他十分清楚，他们知道餐厅帮厨该做些什么。相比之下，招聘服务员则是另一回事。亚历克斯本人并没有管理餐厅"前端"的经验，因此他采取了最简单的方式：在橱窗上张贴"服务员招聘"的告示，并以此招聘了 6 名服务员。这些人在面试时表现出了他所要求的认真负责的态度和以人为本的精神。在餐厅开业前，他花了大约 1 小时向服务员解释细节（比如怎样使用计算机操作订单系统），并描述了他对他们工作表现的期望（"支持和帮助顾客点单"）。不幸的是，餐厅开业当天状况百出。服务员无法回答诸如"这道菜的材料是什么"之类的基本问题。他们几乎弄错了一半的点单，而当他们终于把顾客点的菜端上桌时，却忘了点菜的顾客分别是谁，于是顾客们只好自己去找自己点的菜。当天晚上，亚历克斯回到家后向他的前老板诉苦，想弄清楚到底是哪里出了问题。"你说真的？你让你的服务员去招呼顾客之前，根本没有对他们进行培训？这太荒唐了。"

7.1　员工入职培训

谨慎甄选员工并不能保证他们能有效地工作。即使是高潜力员工，如果不知道该做什么或怎么做，也很难真正胜任工作。确保你的员工知道该做什么，以及怎么去做，这就是入职培训的目的。人力资源部门通常会设计入职指导和培训方案，但日常的新员工指导和培训工作大多由主管负责。因此，每位管理者都应该知道如何对员工进行指导和培训。我们先从入职培训开始。

● 员工入职培训的目的

员工入职培训（employee orientation）为新员工提供工作所需的基本背景信息（如计算机密码和公司规章制度等）；在理想情况下，还应帮助新员工建立与公司的情感连接，使他们更快地投入工作。

因此，在对新员工进行入职培训时，管理者要做到以下四点：

1. 让新员工有受欢迎的感觉，获得团队归属感。
2. 确保新员工掌握有效工作所需的基本信息，如电子邮件使用权限、人事政策和福利，以及上级对其工作表现的期望。
3. 帮助新员工从广义上了解组织（组织的过去、现在，以及文化、战略和未来愿景）。
4. 让新员工开始融入公司文化和了解做事方式。

● 培训流程

入职培训的时间长短取决于它所涵盖的内容。传统的入职培训一般花费几小时。人力资源专家（在小公司里可能是办公室主管）通常负责入职培训活动的第一部分，包括向新员工说明工作时间、工作规则、福利和假期等基本事项。随后，该负责人将新员工介绍给其工作主管。主管继续讲解公司情况，并将新员工介绍给相关同事，帮助其熟悉工作场所和缓解第一天上班的紧张情绪。

　　如图 7-1 所示，入职培训通常至少会提供有关员工福利、人事政策和安全规定等方面的信息。新员工应收到（并签收）包含这些事项的印刷版或电子版员工手册（你

<table>
<tr><td colspan="4" align="center">**新员工部门入职培训清单**
（请在入职 10 天之内填写完成并交回给人力资源部）</td></tr>
<tr><td>姓名：</td><td>入职日期：</td><td>社会保障号码：</td><td>职位名称：</td></tr>
<tr><td>部门：</td><td>入职指引时间：</td><td colspan="2">入职指导管理人员：</td></tr>
</table>

话题	审查日期　　N/A
1. 人力资源信息 　a. 部门考勤程序和工作时间与考勤政策 　b. 职位说明书审查 　c. 年度绩效评估和同事反馈程序 　d. 试用期信息 　e. 仪容／着装要求 　f. 年度肺结核筛查 　g. 证件更新	a. _____　☐ b. _____　☐ c. _____　☐ d. _____　☐ e. _____　☐ f. _____　☐ g. _____　☐
2. 部门信息 　a. 组织结构和部门核心价值观培训 　b. 部门的具体政策和程序 　c. 客户服务实践 　d. CQI 工作和项目 　e. 公司参观与楼层布置 　f. 发放设备及用品 　　·发放钥匙 　　·发放无线电呼叫器 　　·其他_____ 　g. 邮件和充值代码	a. _____　☐ b. _____　☐ c. _____　☐ d. _____　☐ e. _____　☐ f. _____　☐ _____　☐ _____　☐ _____　☐ g. _____　☐
3. 安全信息 　a. 部门安全计划 　b. 员工安全（受伤）报告程序 　c. 风险沟通 　d. 传染病控制及伤口处理 　e. 参加年度安全会议（强制性）	a. _____　☐ b. _____　☐ c. _____　☐ d. _____　☐ e. _____　☐
4. 设施信息 　a. 应急电源 　b. 机械系统 　c. 供水 　d. 医用气体 　e. 病房 　　·病床 　　·床头墙 　　·浴室 　　·护理人员呼叫系统	a. _____　☐ b. _____　☐ c. _____　☐ d. _____　☐ e. _____　☐ _____　☐ _____　☐ _____　☐ _____　☐
5. 安保信息 　a. 代码分类任务 　b. 蓝色代码任务 　c. 红色代码——撤离程序 　d. 代码 10——炸弹威胁程序 　e. 部门安全措施 　f. 紧急求救电话：×××	a. _____　☐ b. _____　☐ c. _____　☐ d. _____　☐ e. _____　☐ f. _____　☐
本通用清单可能并不构成完整的部门入职培训或评估内容。请附上其他所有针对具体部门的指导材料，以便存入员工的人力资源档案 *。 我已完成上述项目的入职培训 _____	

图 7-1　新员工部门入职培训清单

可以在网上找到各种入职培训清单）。另一个极端是，有些公司的入职培训需要两年左右的时间，其中包括特别培训和圆桌讨论、与主要内部人员会面、在职学习、个人指导和特殊实地考察等任务。

理想情况下，为期一天（或时间更短）的入职培训不会包含以上内容。入职培训准备工作在新员工入职第一天之前就应该开始了，公司需要先向新员工发送欢迎辞和第一周的入职培训日程表，以及入职第一天所需的文件（如税务文件）说明。第一天要确保相关同事都清楚新员工即将开始工作，最好安排不少于一名同事带新员工去吃午饭。随后几天，新员工应与其他部门的同事见面。大约两周后，请专人与新员工谈话，以了解其关心的问题。

主管应保持密切关注，跟进并鼓励新员工参与有助于他们"熟悉环境"和提高工作效率的活动（如与在职员工一起休息）。

入职培训不仅仅适用于执行层员工。例如，一项调查得出，69% 的新上任高管遇到的最大绊脚石是"对公司如何运作缺乏理解"。高管入职培训应该涉及公司的运营计划，关键业务领域、关键团队成员的职业经历，重点外部利益相关者，以及公司文化和对如何"完成工作"的简要介绍。

了解你的雇用法律　　　　　　　　　　　　　　　　　　**员工手册**

公司应仔细审查员工手册，因为法院通常认为手册中的承诺具有法律约束力。即使是手册中看似合理的政策（如"只有经批准的加班才有加班补偿"），也可能是违法行为（举例来说，如果员工每天提前 10 分钟上班打卡，公司可能仍然需要支付加班费）；手册中最好禁止任何未经批准的加班。手册中应包含免责声明，即"本手册中的任何内容都不应被视为在公司和员工之间建立了具有约束力的合同，所有雇用行为都基于个人意愿进行"。请务必说明，公司政策、福利和规定的声明不构成明示或暗示的雇用合同条款和条件。切勿插入"无正当理由不得解雇员工"等暗示或声明员工享有终身任职权的描述。

入职培训相关技术

有些公司会使用技术来协助开展入职培训。例如，IBM 公司模仿游戏"第二人生"（Second Life）中的虚拟情景来协助开展入职培训，特别是针对海外员工。新员工将自己代入这个情景中的虚拟角色，学习如何注册并享受公司福利。离子地球物理公司（ION

Geophysical）使用名为 Red Carpet（红地毯）的在线入职门户解决方案，它能提供流媒体视频欢迎辞的设计稿，并展示新同事的照片和概况。通过 Workday 平台的苹果手机应用程序，员工可以随时随地、轻松访问他们的员工通讯录。用户可以在公司的员工通讯录中搜索姓名、照片和联系方式，并通过应用程序直接给同事打电话或发送电子邮件。

7.2 给管理者的员工敬业度指南：丰田的入职培训

如今，许多公司的入职培训远不止提供工作时间等基本信息。丰田汽车美国制造公司的入职培训就证明了这一点。虽然入职培训涉及公司福利等常规主题，但其主要目的是让丰田的新员工将公司质量至上、团队合作、个人发展、开放沟通和相互尊重的理念根植于心。丰田的入职培训共耗时 4 天。

- » **第一天：** 培训内容包括项目概述、对公司的介绍，以及公司人力资源副总裁对公司组织结构和人力资源部门的讲解。人力资源副总裁会用 1.5 小时介绍丰田的历史和文化，用 2 小时介绍员工福利。然后，管理者们花几小时讨论丰田对保证质量和团队合作的决心。
- » **第二天：** 侧重于沟通方面，以及在丰田相互尊重、团队合作和坦诚交流的重要性。剩下的时间涉及安全、环境事务和丰田生产系统等主题。
- » **第三天：** 考虑到团队合作在丰田的重要性，会先进行 2.5～3 小时的沟通培训，如"提出要求和给予反馈"。剩下的时间则讲述丰田解决问题的方法、质量保证、危机沟通和安全问题。
- » **第四天：** 这一天的主题包括团队合作培训和介绍丰田的建议系统，还包括工作团队的职责以及如何作为团队的一员和大家一起工作。下午的课程包括火灾预防和灭火器操作培训。在第四天的培训结束时，新员工应能很好地吸收丰田的理念，尤其是丰田的质量至上及其团队合作、持续改进和解决问题的价值观。

归根结底，员工入职培训不应该局限于向他们介绍同事。即使没有像丰田那样的方案，也要利用入职培训的机会，向新员工传递公司的价值观和传统，并期望新员工能参与其中。

7.3 培训流程概览

入职指引结束后，应立即开始培训。培训（training）是指向新员工或在职员工传授其工作所需的技能，比如向新入职的销售人员演示如何推销产品。培训可能包括由在职员工向新员工讲解工作内容，也可能包括为期数周的课堂教学或网络课程。

培训的重要性不言而喻。如果连潜力巨大的员工都不知道该做什么以及如何去做，他们就会逐渐变得懒散，或者干脆破罐子破摔。此外，许多优秀员工在入职一年内就开始寻找新工作，原因往往是对公司缺少培训而感到不满。雇主也越来越深刻地意识到培训有助于提高员工的敬业度这一事实，并加以利用。例如，英国的可口可乐公司利用员工发展计划、培训和领导力发展来吸引和留住最优秀的员工，并激发他们的敬业度。

了解你的雇用法律 **培训与法律**

有关培训的决定可能会引发公平就业问题。关于就业歧视问题，1964 年美国《民权法案》第 7 章及相关立法要求在人力资源管理过程中，雇主的所有方面都必须避免歧视行为。管理者如果在选择培训员工时存在歧视，将面临与选择岗位候选人或晋升候选人时存在歧视一样的后果。此外，平等就业机会委员会还强调，如果可能的话，雇主"应向所有员工提供培训，以确保他们了解自己的（性骚扰）防范权利和责任"。法院将根据雇主是否进行了充分的性骚扰相关培训来判定雇主是否采取了合理的预防性骚扰的措施。

● 调整战略和培训

雇主应根据其战略计划确定培训目标。从本质上讲，其任务是确定公司执行战略计划所需的员工行为，然后从中识别出员工需要哪些能力。接着，制定培训目标和计划，让员工掌握这些能力。

例如，随着美国医疗保健领域的快速变化，沃尔格林连锁药店不得不重新制定战略。如今，沃尔格林已成为美国第二大流感疫苗供应商。它旗下的健康诊所提供医疗保健服务。此外，它还收购了"药店网"网站。

这些战略变化影响了沃尔格林对员工的技能要求，从而影响了它的培训和其他的人员配备目标。例如，沃尔格林成立了沃尔格林大学。该大学提供 400 多门课程，沃尔格林的员工可以通过学习这些课程来提高自己的技能（甚至还可以获得药学相关专业的大学学分）。有些课程可以培养胜任店长助理岗位所需的技能，而且沃尔格林的健康诊所的执业护士也可以选修课程，拓展他们的医疗护理专业知识。总之，沃尔格林重新制定了培训（和其他）人力资源政策，以培养公司所需的员工技能，支持公司的新战略。

● ADDIE 五步循环培训法

公司应采用合理的培训流程。最佳标准仍然是培训专家使用多年的分析—设计—开发—实施—评估（ADDIE）培训流程模式。例如，一家培训机构对其培训流程的描述如下：

» 分析培训需求。
» 设计培训方案。
» 开发课程（编制培训材料）。
» 实施培训方案，采用在职培训或在线课程等方法，对目标员工群体进行培训。
» 评估课程效果。

接下来，我们将对每个步骤进行探讨。

● 分析培训需求

可针对公司的战略培训需求、长期培训需求和当前培训需求进行培训需求分析。

战略培训需求分析
战略目标（可能是进入新的业务领域）往往意味着公司必须填补新的工作岗位。

战略培训需求分析可以确定员工为胜任未来新工作所需的行为、技能培训。例如，当总部位于威斯康星州的 Signicast 公司决定新建一家高科技工厂时，公司的高层管理人员了解到，工厂的员工需要新的技能来支持计算机化的机器操作。他们与人力资源团队密切合作，制定了招聘政策和培训计划，以确保公司拥有新工厂所需的人力资源。

当前培训需求分析

大多数培训的目的都是提高现有绩效，特别是针对新员工和绩效不佳的员工开展的培训。

如何分析当前培训需求，取决于你的培训对象是新员工还是在职员工。新员工培训的主要需求是确定工作内容，并将其分解为若干子任务，然后将每个子任务的相关知识、技能教给新员工。

分析在职员工的当前培训需求则更为复杂，因为你还必须确定培训能否真正解决问题。例如，绩效下降可能是激励不足造成的。管理者往往通过任务分析来确定新员工的培训需求，通过绩效分析来确定现有员工的培训需求。

任务分析：分析新员工的培训需求

尤其是对于执行层的员工招聘，雇主通常会倾向于雇用缺乏经验的人员，然后对他们进行培训。这样做的目的是让他们掌握完成工作所需的技能和知识。任务分析（task analysis）是指对职位的详细研究，以确定需要哪些具体的技能和知识。对于任务分析，职位说明书和任职要求很有用。这两份文件列出了职位的具体职责和技能，是确定培训需求的基本参考要素。管理者还可以通过审查绩效标准、亲测工作任务、询问现任者及其上司来了解培训需求。

有些管理者会用任务分析记录表（见表 7-1）来补充职位说明书和任职要求。该表格整合了所需任务和技能的相关信息，共包含"所需知识和技能"等六栏信息。

使用能力模型

能力模型（competency model）在一张图表中精确概括了一个人做好工作所需的能力。图 4-9 就是一个例子。

然后，雇主针对这些所需能力设计培训方案。例如，美国人才发展协会为"培训与发展专员"这一职位建立了一个能力模型。该模型将教学设计描述为"设计、编制和开发正式的学习解决方案，以满足组织需求；分析和选择最合适的策略、方法和技术，以最大限度地提高学习体验和效果"。因此，要培养这样的培训师，就必须确保他在完成培训后，展现出能够设计、编制和开发正式的学习解决方案，以满足组织需求的技能和知识（能力）。

表 7-1 样本任务分析记录表

	任务列表	何时以及多久操作一次	操作的数量和质量	操作环境	所需的知识和技能	最佳学习场合
1	操作切纸机	每天 4 次		嘈杂的印刷室：易分散注意力		
1.1	开机	每天 4 次				工作场合
1.2	设置裁剪边距		公差为 ±0.007 英寸 [①]		阅读仪表	工作场合
1.3	把纸放在切纸台上		确保纸张放平整，以防裁剪不齐		正确取放纸张	工作场合
1.4	将纸推进切纸机				必须堆放平整	工作场合
1.5	左手握紧安全释放装置		为了安全，必须全程保持此状态		保证安全的必要条件	工作场合，但首先要在无干扰的情况下进行练习
1.6	右手握紧切刀释放装置				双手必须紧握释放装置	工作场合，但首先要在无干扰的情况下进行练习
1.7	左手拉动安全释放装置，同时右手拉动切刀释放装置				确保双手不离开释放装置	工作场合，但首先要在无干扰的情况下进行练习
1.8	等待切刀缩回		为了安全，必须全程保持此状态		确保双手不离开释放装置	工作场合，但首先要在无干扰的情况下进行练习
1.9	取回纸张				等待切纸机缩回	工作场合，但首先要在无干扰的情况下进行练习
1.10	关机		为了安全，必须一直抓住安全器			工作场合，但首先要在无干扰的情况下进行练习
2	操作印刷机					
2.1	开动机器					

任务分析记录表中列出了印刷机操作员执行的部分任务和子任务。

---

① 1 英寸 = 0.0254 米。——编者注

绩效分析：分析现有员工的培训需求

对于表现不佳的在职员工，不能理所当然地认为培训就是解决办法。归根结底，是缺乏培训还是另有原因？绩效分析（performance analysis）就是确认存在绩效缺陷，并确定雇主是否应通过培训或其他方式（如调换员工）来弥补这种缺陷的过程。

绩效分析首先要将员工的实际绩效与应有绩效进行比较。这样做有助于确认是否存在绩效缺陷，并（期望）有助于管理者找出原因。例如：

> "我希望每个销售人员平均每周能签订 10 份新合同，但约翰平均每周只签订了 6 份。"
>
> "像我们这种规模的其他工厂，平均每月发生的严重事故不超过 2 起，而我们平均每月发生了 5 起。"

企业可以通过以下几种方法确定在职员工的绩效表现，包括审查：

- » 绩效评估
- » 与工作相关的绩效数据（包括生产率、缺勤和迟到、投诉、浪费、延迟交货、产品质量、停机时间、维修和客户投诉）
- » 主管或其他专家的观察结果
- » 与员工或其主管面谈
- » 工作知识、技能和出勤率等方面的测试
- » 态度调查
- » 员工个人日志
- » 评估中心的结果
- » 特殊绩效差距分析软件

不能做 / 不愿做

找出绩效下滑的原因是绩效分析的核心。在此，管理者需要区分"不能做"和"不愿做"的问题。首先，确定是否为"不能做"的问题，如果是，则要确定其具体原因。例如，员工不知道该做什么，或者不知道你的标准是什么；系统中存在障碍，如缺乏工具或数据；没有工作辅助工具（如用颜色标记的导线，用于告诉装配人员每根线的位置）；你雇用的人不具备工作需要的技能，或者缺乏培训。

如果是一个"不愿做"的问题。在这种情况下，只要员工有意愿，他们就能做

得很好。一位专家表示："也许培训师掉入的最大陷阱，就是针对培训无法解决的问题开展培训。"例如，改变激励机制可能是个更好的解决办法。

● 设计培训方案

获得需求分析结果后，管理者接下来就要设计培训方案。方案设计是指规划整体培训方案，包括培训目标、实施方法和方案评估。具体步骤包括设定绩效目标、制订详细的培训大纲（培训方案从头到尾的所有步骤）、选择方案实施方法（如讲座或网络教学），以及与管理层核实整体方案设计。设计中应包括你对如何营造培训环境、激励学员学习并将所学知识运用到工作中的总结。在这一步中，管理者还需要审查可能的培训方案内容（包括工作手册、练习和活动），并估算培训方案的预算。如果方案需要使用技术层面的工具，管理者应将方案使用的技术作为分析的一部分进行审查。同时，还需要决定如何组织各种培训内容、选择评估方案的方法、制订方案的总体总结计划，并获得管理层的批准以继续实施。

接下来，我们将更详细地研究几个具体的设计问题，首先是目标。

设定学习目标

在对培训需求进行分析后，应设定可衡量的培训目标。培训目标、发展目标、学习目标或（更普遍的）教学目标，应该以可衡量的方式说明学员在成功完成培训项目后具备的能力。例如，技术服务人员能够在 10 分钟内根据设备规格，调整好打印机和复印机的颜色设置路径。

学习目标应首先解决通过需求分析发现的绩效缺陷。因此，如果销售团队的销售额降低了 40%，那么学习目标就应侧重于确保他们掌握提高销售额所需的知识、技能和态度。但同时，考虑到各种限制因素，学习目标必须切实可行。

其中一个限制因素是培训成本。雇主无疑希望看到并批准合适的培训预算。典型的培训成本包括培训方案开发成本（例如，让人力资源专家在项目中工作一两周）、培训师时间的直接和间接（管理经费）成本、学员薪酬的支付（他们实际接受培训的时间）以及评估项目的成本。问题不仅仅是"我们是否负担得起这个项目"而是"考虑到我们将从方案中获得的收益，花这么多钱是否值得——它是否能提高绩效，如果能，可以提高多少"。因此，要做好在效益与成本的基础上为方案辩护的准备。

其他限制因素也需要纳入考量。例如，由于时间限制，可能需要将三四个理想的学习目标减少到一两个。

创造激励性的学习环境

学习既需要能力，也需要动机，因此培训方案的设计应同时考虑这两个因素。在能力方面，学员需要（除常规能力外）掌握必要的阅读、写作和数学技能。在创建学习环境时，管理者应解决学员能力方面的几个问题。例如，我们的方案将如何适应学员能力的差异？我们是否需要提供补习培训？

其次，学员自身还必须充满动力。任何管理者都不应该把时间浪费在向不感兴趣的员工演示如何完成某个任务上（即使他具备必要的能力）。

关于如何激励员工的书籍有很多，但本书中有几条很有针对性的具体建议。如果学员回到工作岗位后，同事们对其冷嘲热讽，如"这段时间过得挺舒服的吧"，那么培训方案的效果就会大打折扣。因此，激励学员的首要任务是确保他们的同事和上司支持培训工作。理想情况下，尤其是对于规模较大的培训项目，最高管理层应对培训项目表现出明显的支持态度。指导原则如下。

管理技能培养　　　　　　　　　　　　　**如何激励学员：指导原则**

我们可以将有用的激励要点总结如下。

让学习变得意义非凡

学员更愿意学习对他们有意义的东西。因此，

1. 在培训开始时，让学员大体浏览将要介绍的材料。例如，解释它的重要性，并提供一个概览。
2. 使用大家熟悉的例子。
3. 组织好信息，以便划分意义单元并有逻辑地呈现信息。
4. 使用学员已经熟悉的术语和概念。
5. 使用直观的教学用具。
6. 在学员的脑海中创造一种可感知的培训需求。在一项研究中，与经历事故较少的飞行员相比，经历过相关事故预训练的飞行员，从减少事故培训中学到的东西更多。

至少，"……坐下来和学员谈谈他们为什么要参加这个培训，他们期望学到什么，以及如何在工作中使用这些知识"。

强化学习效果

多做反馈。

1. 当培训师对学员的正确回答迅速给予肯定时，学员的学习效果可以达到最佳，比如培训师可以快速反馈"做得好"之类的评价。
2. 激励措施。例如户外用品零售商 Hudson Trail outfitters 等公司，会为完成每个培训项目环节的学员提供户外用品作为奖品激励。
3. 学员按照自己的节奏学习可以达到最佳的效果。可能的话，让他们自己把控进度。
4. 设定目标。在一项研究中，一些学员在培训课程开始时就为所学技能设定了目标。培训结束后，他们对所学技能的评价比那些没有设定目标的学员更高。

让技能传授变得清晰简单

不到 35% 的学员在培训一年后似乎能将培训中学到的知识运用到工作中。尝试让新技能和新行为从培训现场轻松转移到工作现场。

1. 最大限度地提高培训情境与工作情境之间的相似性。
2. 提供足够的练习。
3. 标注或识别机器的每个特征及流程中的每个步骤。
4. 引导学员关注工作的重要方面。例如在培训一名客户服务代表处理电话的能力时，解释他会遇到的不同类型的通话场景。
5. 提供"预示"信息。例如，主管经常面临各种高压状况。你可以让主管级别的学员了解到可能会出现的情况，从而减少负面影响。
6. 在整个培训过程中，为学员提供使用新技能或新知识的机会（"应用任务"）。
7. 在培训结束时提供后续任务，让学员在工作中应用所学知识，从而巩固学到的内容。

● 开发培训方案

培训方案开发意味着对培训方案要呈现的实际内容进行选择和组合，以及选择（或创建）你要使用的具体教学方法（讲座、案例、网络教学等）。培训设备和材料包括平板计算机、工作手册、课件、幻灯片、基于云端的活动（参见"影响人力资源管理的发展趋势"专题）和培训手册等。

有些公司会创建自己的培训内容，但也有大量的在线和离线内容可供选择。全套培训文件通常包括培训师指南、自学书籍、视频和其他内容。

影响人力资源管理的发展趋势：数字化和社交媒体

云端培训

在设计和开发培训方案时，公司必须决定如何实施该方案。这种方式越来越多地通过"云端"技术来实现。从最基本的概念来看，这是指将软件程序和服务放在供应商的远程服务器上，然后再将这些程序和服务无缝传送到员工的数字设备上。

云端培训正在彻底改变培训方式。由于课程和整个学习管理系统都托管给了供应商，所以公司无须在自己的计算机上设置或更新程序，而是由供应商代为管理软件。此外，更先进的"云学习"系统，可以让学员随时随地使用各种移动设备访问培训软件和课程。这不仅提高了便利性，还能促进员工之间的协作，例如，当他们共同完成一个基于培训的项目时，这个优势就可以凸显出来。典型的云学习系统包括课程库、评估和测验、报告和数字仪表盘（用于监控培训绩效）、游戏化元素（如积分和徽章）、消息和通知系统，以及用于安排和提供虚拟培训和课堂培训的设施。

7.4　实施培训方案

确定目标、完成培训方案设计和制定后，管理者就可以着手实施培训方案了。这意味着，要使用以下一种或多种培训方法实际开展培训。

● 岗位培训

岗位培训（OJT）是指让一个人通过实际工作来掌握相关技能。从收发员到首席执行官，每位员工在加入公司时都应接受岗位位训。在许多公司，岗位培训是唯一的培训方式。

岗位培训的类型

最为人熟知的岗位培训方式是指导法或演示教学法。在这两种方式中，有经验的员工或上司会对新员工进行培训。其中可能包括让新员工简单地观察指导者的工作模式，指导者一步一步地向新员工传授技巧。有效指导至关重要。例如，在一项针对药品销售代表的研究结果显示，主管的辅导技巧与各销售区目标实现情况的显著差异有直接关系。

岗位轮换是另一种岗位培训技巧，即员工（通常是管理岗位的受训员工）在计划的时间段内从一个工作岗位调转到另一个工作岗位。执行层管理者还能通过特殊任务获得解决实际问题的第一手经验。

不要认为岗位培训是顺其自然的，相反，公司要对岗位培训的流程做好规划和安排。对培训师本身（通常是员工的主管）进行培训，并提供培训材料。例如，他们应该知道如何激励受训员工。期望值过低可能会导致受训员工表现不佳，因此主管（培训师）应提出较高的期望。岗位培训四步法是很有用的。第一步，让受训员工做好准备，例如，让他们保持放松的心态，向他们解释工作内容和受训原因。第二步，以正常的工作节奏演示操作流程，然后再以较慢的速度逐项演示要点。第三步，让学员尝试亲自操作几次，以提升其技能和速度。第四步，通过逐步减少监督次数、纠正错误和对完成出色的工作给予表扬来跟进培训效果。

许多公司用"同僚培训"作为岗位培训的一部分，例如，专家级员工在一天中的特定时间接听电话或参加公司内部的"广播节目"，回答同僚来电提出的有关工作技术方面的问题。其他人则利用员工团队来分析工作岗位并编写培训材料。据报道，已经进阶为岗位专家的员工能比培训专家更快、更有效地进行任务分析。

● 学徒制培训

学徒制培训是使新员工熟练掌握技术的一个培训过程，通常以正规学习和长期岗位培训相结合的方式，在工艺大师的指导下进行。钢铁制造商多法斯科（Dofasco，现为安赛乐米塔尔公司的一部分）公司在发现许多员工将在 5～10 年内退休后，决定马上恢复学徒制培训。新招聘的员工将在内部学徒培训计划中花费约 32 个月的时间，在资深员工的指导下学习各种工作技能。

美国劳工部通过全国学徒系统推广学徒制培训项目。超过 46 万名学徒参与到 2.8 万个项目中，注册项目还可以获得美国联邦和州政府的合作合同及其他援助。图 7-2 列出了一些热门的学徒制培训项目。

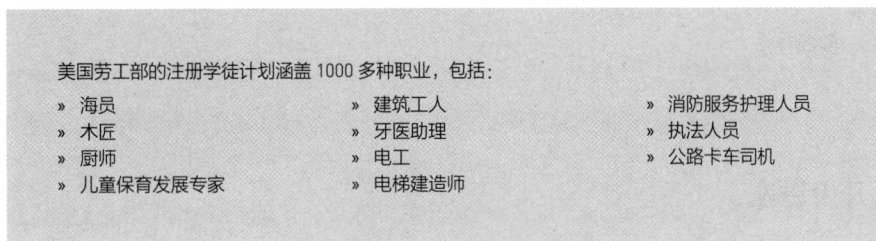

美国劳工部的注册学徒计划涵盖 1000 多种职业，包括：

- » 海员
- » 木匠
- » 厨师
- » 儿童保育发展专家

- » 建筑工人
- » 牙医助理
- » 电工
- » 电梯建造师

- » 消防服务护理人员
- » 执法人员
- » 公路卡车司机

图 7-2　一些热门的学徒制培训项目

● 非正式学习

据调查估计，员工在工作中获得的知识中有 70%～80% 不是通过正规培训获得，而是通过非正式途径学到的。培训专家用 "70/20/10" 来概括这一观点，即在通常情况下，70% 的岗位技能学习是通过工作期间或在工作外非正式的场合进行的，20% 的知识是通过社会互动获得的（例如，工作中员工之间的互动），只有 10% 的技能和知识来自正式培训。非正式学习包括参加论坛、指导他人、参与会议、上网搜索信息、与客户打交道、岗位轮换、阅读书籍、玩电子游戏和看电视。

公司可以为员工的非正式学习提供便利。例如，西门子（Siemens）的一家工厂在就餐区域放置了相关工具，这样员工在讨论工作相关话题时，就可以起到一定帮助作用。仅仅是安装带有标记的白板，也能促进非正式学习。美国太阳微系统公司（Sun Microsystems）创建了一个名为 "向阳学习交流平台"（Sun Learning eXchange）的非正式在线学习工具。它一共包含了 5000 多个非正式学习项目或建议，主题从销售到技术支持，涵盖各种类型。比如，芝士蛋糕工坊（Cheesecake Factory）的员工使用 YouTube 类型的平台 VideoCafé，分享与工作相关的视频短片（如食品制作）。

● 工作指导培训

许多工作（或工作的一部分）是由一连串的步骤组成的，因此最好的方法就是一步一步地学习。这种按部就班的培训称为岗位指导培训（JIT）。首先，按正确顺序列出工作所需的步骤（比如机械切纸机的使用），然后在每个步骤旁边列出相应的"关键点"（如果有的话）。列出的这张"工作指导培训表"中的步骤，可以向学员说明要做什么，而其中的"关键点"部分则说明了如何做以及为什么要这样做。

例如，UPS（United Parcel Service）公司教给新司机的步骤包括：切换到最低挡或停车挡；关闭发动机；拉紧驻车制动器；用左手松开安全带；打开车门；将钥匙挂在无名指上。

● 开设讲座

开设讲座是向大批新员工介绍知识的一种快速而简单的方法，例如当销售人员需要学习新产品的功能时，公司就可以采用这种方法。以下是一些开设讲座的指导原则。

» 不要一开始就随意挑起话题，比如与讲座完全无关的笑话。
» 只讲自己熟悉的内容。
» 给听众一些暗示。例如，如果你有一个项目清单，可以这样开头："销售报告之所以必要，有四个原因……第一个原因是……"
» 利用轶事和故事来推进讲座，而不是纯粹的叙述。
» 对听众的反应保持敏感。注意肢体语言中的消极信号，如坐立不安。
» 与听众保持眼神交流。
» 确保每个人都能听到你的声音。重复听众提出的问题。
» 双手在身体两侧自然下垂。
» 根据提示词或幻灯片推进演讲，而不是照本宣科。
» 不要以简短的概述作为开头，然后用 1 小时的时间逐点讲解。要把长篇大论分成一系列小主题，让每个主题都有属于自己的内容介绍。编写简短的幻灯片，每张幻灯片展示时间约 1 分钟。

● 程序化教学

程序化教学是一种循序渐进的学习方法，包括 3 个部分。

1. 向学员提出问题、陈述事实或抛出难题。
2. 让学员做出回应。
3. 就答案的准确性提供反馈，并说明下一步该怎么做。

一般来说，程序化教学会"逐帧呈现"事实和后续问题。下一个问题通常取决于学员如何回答前一个问题。来自答案的内置反馈可以起到强化作用。

程序化教学缩短了培训时间。它还能让学员按照自己的节奏学习，获得即时反馈，降低出错风险，从而提升学习效果。有人认为，学员从程序化教学中学到的东西并不比从教科书中学到的东西多多少。但研究普遍支持程序化教学的有效性。

计算机化智能辅导系统让程序化教学向前迈进了一大步。它们了解哪些问题和方法对学员有效、哪些起不到任何作用，然后根据学员的个性需求调整教学顺序。

● 行为模仿

行为模仿包括：（1）向学员展示做某事的正确方法（或"模型"）；（2）让学员按照这种方法练习；（3）对学员的表现给予反馈。行为模仿训练是应用最广泛、研究最深入、最受推崇的基于心理学的训练方法之一。其基本程序如下。

» 1. **示范**。首先，学员观看现场或视频范例，了解示范者在问题情境中的有效行为。因此，如果培训方案的目的是教授"如何管理下属"，那么视频可能会展示一名主管如何有效地管理下属。
» 2. **角色扮演**。接下来，学员将在模拟情境中扮演不同角色。在这一步中，他们要练习模型所展示的有效行为。
» 3. **社会强化**。培训师以表扬和建设性反馈的形式进行效果强化。
» 4. **培训成果转化**。最后，鼓励学员在回到工作岗位后应用学到的新技能。

● 基于视听的培训和视频会议

虽然越来越多的培训方法被在线培训所取代，但影像、PPT 和录音磁带等基于视听的培训技术仍然备受欢迎。例如，福特公司在其经销商培训课程中使用视频来模拟各种问题和对各种客户投诉的应对情境。

视频会议包括通过宽带线路、互联网或卫星传送视频节目。例如，思科公司的统一视频会议（CUVC）产品线将群组协作和决策软件与视频会议、视频电话以及现实中的"远程监控"功能集成在一起。

● 模拟培训

在模拟培训中，学员利用实际工作中需要用到的设备或在模拟设备上学习，但不在工作岗位上接受培训（可能在一个单独的房间或仿真场所）。如果在工作岗位上对员工进行培训的成本太高或造成的后果太危险，那么模拟培训就很有必要。例如，让新的流水线工人直接上岗可能会降低生产速度，而当工作安全成为一个问题时（如飞行员），模拟培训可能是唯一可行的选择。因此，UPS 公司使用了一个与实际场合大小相似的学习实验室，为驾驶员候选人提供为期 5 天（40 小时）的模拟培训。

● 电子绩效支持系统

电子绩效支持系统（EPSS）是一种计算机化工具，具有自动化培训、文档和电话支持功能。当你与戴尔客服人员联系时，他可能会在电子绩效支持系统的协助下提出问题，这样你们就可以一步一步地分析问题。如果没有电子绩效支持系统，戴尔就得培训其客服人员记忆大量解决方案。安泰保险公司（Aetna）通过向呼叫中心新员工提供绩效支持工具，将其为期 13 周、由培训师指导的培训课程缩短了约两周的时间。

绩效支持系统是当下的一种工作辅助工具。工作辅助工具是一套工作现场可用的说明、图表或类似的方法，用于为员工提供指导。工作辅助工具对于需要多个步骤的复杂工作，或每个步骤都至关重要的工作特别有效。例如，航空公司的飞行员经常会使用工作辅助工具（起飞前的事项确认清单）。

● 计算机辅助培训

计算机辅助培训（CBT）使用基于计算机的互动系统来提升员工的知识或技能。例如，公司使用计算机辅助培训教授员工防止跌倒的安全方法。该互动系统可让学员重播课程并回答问题，在培训师的指导下与实际练习相结合，效果尤为显著。

计算机辅助培训越来越切合实际。例如，交互式多媒体培训将文字、图形、照片、动画和声音等整合在一起，创造出一个复杂的培训环境，让学员与之互动。又比如，在培训医生时，这种培训方法可以让受训医生了解假定患者的病史，进行检查并分析化验结果，然后让受训医生解读听到的声音，进行诊断。

● 模拟学习和游戏

"模拟学习"的含义因人而异。在一项调查中，发起人询问了培训专家哪些体验可以被称为模拟学习体验，得到的答案包括"虚拟现实类型的游戏""分步动画指导""带有问题和决策树的动画情景"以及"带有照片和视频的在线角色扮演"。

许多公司使用计算机模拟情境（有时称为交互式学习）为培训注入真实感。总部位于奥兰多的环境技术公司（Environmental Tectonics），为紧急医疗响应的学员创建了高级灾难管理模拟器。其中一个模拟场景是飞机失事。包括消防员和机场管理员在内的学员通过指向设备和无线电，对模拟坠机的场景和声音做出反应，其场景逼真到"令人毛骨悚然"。芝士蛋糕工厂则使用模拟软件向员工展示如何制作"完美的汉堡包"。

诸如俄勒冈州波特兰市的多家专业的多媒体软件公司为这些场景制作了大量内容。它们既承接定制主题的设计，也制作通用程序，如售价 999 美元的工作场所安全教学程序包。

虚拟现实（VR）技术将学员置于人工三维环境中，模拟工作中经历的事件和情景。传感设备可传输学员对计算机的反应。在特殊护目镜和感官设备的帮助下，学员可以"看到、感受到和听到"正在发生的事情。美国国家橄榄球联盟的几支球队使用虚拟现实技术来训练他们的四分卫进行比赛；成千上万的学生通过谷歌的虚拟现实先锋探险项目进行了虚拟实地考察；Meta 公司收购了虚拟现实眼镜制造商 Oculus VR 公司。这些都凸显了虚拟现实技术应用日益增长的潜力。

然而，培训游戏并不一定要设计得很复杂。例如，韩国人参公司（Korea Ginseng Corporation，世界健康食品市场的领军企业）的培训师就编写了可通过应用程序界面访问的游戏。每轮游戏由五个选择题组成。学员答对的题目越多，答题速度越快，获得的分数就越高。这样，学员之间就会相互竞争，排名靠前的学员的姓名和照片会被公开介绍给大家。

● 在线（网络）培训

由于在线学习具有高效率的特点，大多数公司正在将培训方式从课堂学习转向在线学习。例如，总部位于犹他州的 Clearlink 公司的员工培训之前是以课堂教学为主，销售代理经常在没有完成所学知识测试的情况下就返回工作场所，最终呈现的培训效果往往不太理想。后来该公司将培训转为了在线学习，培训师也相应地从课堂培训转向创建新的在线电子学习课程，并监控培训结果。销售代理们松了一口气，因为他们可以在不影响日常工作的情况下按需接受培训。据该公司估计，实现培训计划的数字化后，一年就节省了近 80 万美元。

公司利用在线学习来提供我们讨论过的几乎所有类型的培训。例如，中国邮政创立中国邮政网络学院，每年提供大量的培训课程。美国安德普翰人力资源公司则使用类似于大学生使用的 Blackboard 学习管理系统，为新入职的销售人员提供在线培训。

学习管理系统（LMS）是一种特殊的软件工具，通常用于在线学习，可以帮助公司确定培训需求，安排、提供、评估和管理在线培训（Blackboard 和 WebCT 是两个针对高校建立的学习管理系统）。通用汽车公司（General Motors）使用 LMS 帮助其在非洲和中东的经销商开展培训。基于互联网的 LMS 包括课程目录、主管批准的自主测试以及课前和课后测试。系统会自动安排个人的培训时间。许多公司将 LMS 与公司的人才管理系统整合在一起。通过这种方式，技能清单和继任计划就会随着员工完成培训而自动更新。

在线学习并不一定能更快或更好地传授个人知识。但不可否认，如果需要对大量学生进行远程教学，或让学员利用零散时间学习，电子化学习往往会表现出更大的吸引力。有些公司会选择混合型学习方式。在这种情况下，学员使用多种方法（如通过查手册、课堂讲座、在线研讨会或"网络研讨会"）来学习相关材料。例如，工具制造商斯蒂尔（Stihl）为未来的工具和模具制造商提供在线学习和实践技术培训课程。接下来，我们将了解一些在线学习的相关构成要素。

学习门户网站

学习门户网站是公司网站的一个组成部分，为员工提供在线培训课程。许多公司与在线培训供应商合作，通过公司的门户网站提供课程。最常见的情况是，公司与 ASP 签订合同。当员工进入公司的学习门户网站时，他们实际上是在访问应用服务提供商为公司提供的一系列培训课程。在谷歌上搜索电子化学习公司，你会发现许多这类公司，比如技术软件公司（SkillSoft）、Plateau Systems 公司和 ELLT 公司（Employment Law Learning Technologies）。

虚拟课堂

虚拟课堂通过使用协作软件，让多个远程参与的学员能借助台式计算机、平板计算机或笔记本计算机，参与实时语音和视频讨论、书面文本交流、观看幻灯片等学习。

虚拟课堂（virtual classroom）将 Blackboard 和 WebCT 等系统提供的网络学习工具与实时视频和语音相结合。基于这种技术，Elluminate Live 网络教学平台可以让学员观看视频、与同事协作，以及通过共享 PPT 演示文稿进行学习。

移动式学习和微型学习

移动式学习（或"即时学习"）是指根据学习者的需求，通过手机、笔记本计算机和平板计算机等移动设备，随时随地为学习者提供学习内容。例如，学员可以使用 dominKnow 公司的 iPhone 优化版学习软件满足即时学习的需求。

大多数大型公司都会通过移动设备发布内部通信和培训信息。CompuCom 公司的员工通过移动设备获取指导手册；公司为购买智能手机或平板计算机的员工提供补贴，以方便员工更多地借助移动设备进行学习。再比如，摩根大通银行鼓励员工使用即时通信工具，以便快速与同事同步新产品的最新信息；苹果公司的 Siri 等自然用户界面也提供了类似便利。

一些公司利用移动式学习来提供课程培训和资料下载，主题"从如何完成重要的销售交易到优化组织变革"，种类丰富多样。IBM 利用移动式学习为其销售人员提供及时的信息（如有关新产品功能的信息）。方便起见，其培训部门经常将 1 小时的课程拆分成 10 分钟的"微型课堂"。这种"微型学习"式培训，要求围绕基本信息构建学习单元，将信息"去粗取精"。此外，图形和视频也能改善学习体验。

有些公司还利用领英、脸书、推特等社交媒体和"第二人生"等虚拟世界来传播公司新闻和信息，并为员工提供培训。例如，英国石油公司利用"第二人生"来培训加油站的新员工，目的是向加油站的新员工展示如何使用汽油储罐的安全装置。英国石油公司在"第二人生"中构建了储油罐系统的三维渲染图。学员利用这些效果图"查看"地下情况，并观察安全装置的使用效果。

Web 2.0 教学（Web 2.0 learning）是指利用社交网络、虚拟世界（如"第二人生"）等在线技术，借助博客、聊天室、书签共享和三维模拟等工具，融合同步和异步教学的学习方式。小组协同练习要求 6~8 名学员组成一个小组，以虚拟方式向一名主管"推销"他们的销售问题和解决方案。情景式电子学习是指在电子学习课程中穿插设计会遇到的问题或工作情景，供小组学员讨论。一家电子化学习供应商在课程中加入了供员工解决的现实任务，而其他供应商则加入了商业案例。

人力资源和零工经济

案例：优步的即时碎片化培训

如果你认为所有的优步司机都未经正式培训就直接被雇用上路，那你就太想当然了。优步每周都要给 3 万多名新司机开展培训，因为要想在优步接单，这些司机必须了解数百个问题——从如何使用优步应用程序和驾驶系统，到如何服务乘客和处理乘客问题。他们是怎么做到的？

优步的培训挑战实质上和大多数依赖临时工的公司颇为相似。主要的问题是：（1）学员不是正式雇员，在很大程度上只是"过客"，因此必须谨慎控制培训成本；（2）司机们都按照他们自己的时间节奏工作，因此，当任何一位司机有培训需求时，优步必须及时响应他们的需求。

针对"优步是怎么做到的"这个问题，有一个很简单的答案——司机培训是在线的、即时的，并且能碎片化学习。优步使用一个名为 MindFlash 的学习管理系统，该系统为全球客户提供数千门课程，通常侧重于培训像优步司机这样的临时工。除常规优点外，MindFlash 系统还能实时报告学员的成绩，这样优步就能知道司机是否已经做好了上岗的准备。

建立像优步这样适合临时工培训的项目有几个特点。第一，最关键的一点可能是，每个参与其中的人——管理层、人力资源部，尤其是工作人员自身——都要提交详细的员工日常活动"蓝图"，从中可以确定临时工（在本案例中指司机）的职责、掌握的技能和知识，以及所需的培训；第二，课程被分割成简短易理解的小章节，存储在培训方的云端，并在每个员工有需要时发送到他们的移动设备上。

● 终身学习和扫盲培训方法

终身学习（lifelong learning）是指在员工任职期间，为其提供在公司的持续学习经历，目的是确保他们有机会学习岗位所需的技能，并拓宽职业视野。随着人们更换工作和岗位的情况越来越多，这种学习对许多人来说是不可或缺的一部分。

终身学习的范围可以从基本的技能补习（如将英语作为第二语言）到大学课程的学习。例如，芝加哥 Rhapsody 餐厅的一名高级服务员在获得本科学位后，计划利用公司提供的终身学习账户（LiLA），攻读社会工作硕士学位。公司和员工都向 LiLA 计划缴纳一定的费用［不享受 401（k）计划的税收优惠］，用以提升自己。

扫盲培训

据估计，约有 1/7 的工人看不懂公司手册。然而在强调团队合作和质量的今天，员工都被要求具备读、写和理解数字的能力。

公司通常会求助于私人培训公司或社区学院为员工提供必要的教育。另一种简单的方法是主管给员工提供写作和口语练习的学习资料，以此来教授基本技能。例如，如果一名员工需要使用手册来查找如何更换一个零件，那么可以教他通过索引来查找相关章节。有些公司还会邀请当地高中的老师来授课。

● 多元化培训

如第 2 章所述，多元化培训旨在提高跨文化敏感性，目的是在公司员工之间建立更和谐的工作关系。其培训内容通常包括提高人际交往技能、理解和重视文化差异、向新员工灌输职业操守、提高员工和基本数学技能，以及提高英语母语员工的双语技能和其他员工的英语水平。例如，IBM 公司通过在线教育对管理人员进行领导力和性骚扰方面的多元化教育。培训材料包括交互式学习模块，使学员能够将他们所学到的知识用于实践中。此外，它还包括 IBM 高层管理者的推荐信以及自我评估工具。

大多数公司会选择现成的多元化培训方案，如 VisionPoint Productions 公司的 Just Be F. A. I. R. 方案。它包括流媒体视频、主持人讨论指南、学员材料和工作手册以及幻灯片，并用短视频展现了成见的潜在隐患等问题。下面的"人力资源实践"专题介绍了多元化培训的一些要点。

ABC 虚拟通信公司的多元化培训

ABC 虚拟通信公司是艾奥瓦州一家提供定制软件开发和其他解决方案的公司。该公司对软件工程师的人才需求很大。在任何地方招聘这样的员工都很困难，而在艾奥瓦州尤其如此，因为州内的许多应届毕业生一毕业就去了外地。

因此，ABC 公司决定招聘外国人才。然而，ABC 公司需要一个多元化的培训方案，将这些新员工和在职员工培养为能高效合作的同事。

ABC 公司来自不同的国家和民族的新员工必须参加为期 8 小时的"美国职场"新员工入职培训。所有 ABC 公司的员工都要参加"有效沟通"培训课程。公司通过 Rosetta Stone 语言学习软件，为员工及其家人提供英语会话和口音弱化课程。公司还与当地一所社区学院合作，开设针对个人需求的专门课程。在 ABC 公司，来自不同地区的员工组成的多元化员工队伍是提高业绩的关键，而多元化培训则有助于他们管理员工的多元化。

● 团队培训

团队合作并不总是自然形成的，公司需要花费大量时间培训新员工，让他们学会倾听和合作。例如，巴尔的摩一家可口可乐工厂的员工流失率和缺勤率都不太乐观，新任厂长决定通过团队重组来解决这些问题。随后，他利用团队培训来支持和改善团队合作。

团队培训的重点是技术、人际关系和团队管理问题。在技术培训方面，管理层鼓励团队员工相互学习对方的工作内容，鼓励灵活分配团队任务。交叉培训（cross training）是指培训员工去做不同于本职工作的任务；这样做有利于提高团队的灵活性，比如让团队成员能够偶尔分担其他人的工作。

人际关系问题往往会影响团队的合作。因此，该工厂的团队培训还包括人际交往技能培训，如倾听、处理冲突和谈判。要搭建一个有效率的团队，团队管理技能也不可或缺，如解决问题、制定达成共识的决策的能力和团队领导力，这些团队也接受了此类培训。

许多雇主利用团队培训来建立更强大的管理团队，培训目的通常是培养学员之间的信任与合作。一位首席财务官对公司的 73 名财务人员组织了一次团队培训。正如他所说，"他们的工作方式显得特立独行……我一直想做的就是，让他们看到更具有凝聚力的团队能发挥怎样的力量。"

一些简单的方法也能起到不错的团队建设效果。例如，谷歌建立了员工自助餐厅，有时还提供免费食物。员工往往通过在一起用餐，互相了解彼此的新想法，建立了更牢固的关系。

下面的"管理技能培养"专题介绍了管理者如何创建自己的培训方案。

管理技能培养　　　　　　　　　**直线经理和小型企业的人力资源工具**

假如在规模庞大的企业里主管也能依靠公司提供的成套培训方案来培训新员工，那当然是很好的，但实际上常常并不能实现在一点。这时，你可以借助其他培训渠道。

创建自己的五步培训方案

牢记 ADDIE 五步循环培训法——分析（培训需求）、设计（包括学习目标和激励学员）、开发（将使用哪些资源和方法）、实施（开展培训）和评估（培训效果）。

一般来说，首先要设定培训目标——具体说明员工在培训后应该能做什么。撰写一份职位说明书，列出岗位职责（如果还没有完成这一步的话）。编写任务分析记录表（见前文表 7-1），列出员工完成每项任务的步骤。编写工作指导培训表，在表上列出每个步骤（如"设定切割距离"）的关键点（如"读准刻度"）。最后，将所有这些内容汇编成一份培训手册。此外，它还应包括职位介绍以及该职位与公司其他职位的关系说明。

利用培训机构

小企业老板可以充分利用数百家培训机构提供的现成的培训解决方案。从美国管理协会和 SHRM 的自学课程到专业课程，内容应有尽有。例如，雇主可以通过 puresafety 网站安排员工学习职业安全课程，也可以选择 SkillSoft 网站让员工学习软件开发、商业战略与运营、工作效率和计算机技能等课程。寻找培训机构的雇主可以从人才发展协会（Association for Talent Development）的买家指南（Buyer's Guide）开始［在 "Professional Resources"（专业资源）下查看］。

借助企业管理局

美国小企业管理局（SBA）提供了一个虚拟校园环境，内容涵盖在线课程、研讨会、出版物和学习工具，旨在支持创业者。如，小型企业老板可以在"Small Business Planner"（小型企业规划者）下，链接到"Writing Effective Job Descriptions"（撰写有效的职位说明书）和"The Interview Process: How to Select the Right Person"（面试过程：如何选择合适的人选）。

借助美国制造商协会

美国制造商协会（NAM）是美国最大的工业贸易组织。它涵盖了约 14 000 家会员制造商，其中包括 10 000 家中小型公司。

NAM 帮助员工保持和提升工作技能，维持其职业发展，并提供了相关课程和技能认证流程。不过，它不与用户签订长期合同。公司只需为每位员工参加的每门课程支付约 10~30 美元的费用。课程目录涵盖职业安全和健康管理、质量和技术培训，以及客户服务等领域的内容。

推动非正式培训

培训专家斯蒂芬·柯维（Stephen Covey）表示，管理者可以在不制定正式培训方案的情况下提供一些培训。他的建议包括：

* 主动承担特殊课程的学费；
* 提供在线培训的机会；
* 提供 CD 和 DVD 资源，以便员工在通勤时间也可以进行系统、规范的学习；
* 鼓励员工分享最佳实践案例；
* 可能的话，支持并安排员工参加专门的研讨会和协会会议，进行学习和交流；
* 让所有员工互相交流所学知识，营造学习氛围。

7.5　实施管理发展计划

管理发展（management development）是指采取传授知识、改变员工态度或提高员工技能等方式，提高其当前或未来的管理绩效。它包括内部计划，如课程、辅导和轮岗任务；专业计划，如 SHRM 设定的计划；各种在线方案；高级管理人员 MBA 课程。

管理发展非常重要。首先，内部晋升是管理人才的一个主要方式，几乎所有晋升的管理者都需要在一定的发展规划帮助下为新工作做好准备。此外，管理发展还能帮助员工和现任经理顺利担任更高级别的职位，从而促进公司持续性发展。

● 战略在管理发展中的作用

管理发展计划应反映了公司的战略计划。例如，进军新业务或向海外扩张的战略意味着雇主需要管理者具备管理这些新业务的技能。因此，管理发展计划的目的就是向这些管理者传授工作所需的知识、态度和技能。

有些管理发展计划的覆盖范围是全公司，涉及所有或大多数新任（或潜在）管理者。因此，新入职的 MBA 毕业生可能会加入通用电气公司的管理发展计划，并通过各种任务和教育经历进行岗位轮换。然后，公司可能会安排优秀的候选人进入"快速通道"。这就是一个发展计划，可以帮助他们更快地胜任高级职位。

其他发展计划旨在填补特定的高级职位，如首席执行官。例如，通用电气公司花费数年时间培养、测试和观察潜在的首席执行官继任者。

● 继任规划

管理发展通常是公司继任规划过程的一部分。继任规划（succession planning）包括为公司高层职位制订员工队伍计划。它是一个系统识别、评估和发展组织领导力以提升绩效的持续性过程。

了解谁是公司高层职位的继任人选，以及制定培养和选拔高管的流程至关重要。公司首先需要进行组织预测。在这一步中，根据公司的战略和业务计划，高层管理人员和人力资源总监需要确定公司未来的关键职位需求，雇主则根据业务扩张等战略因素预测管理层需求。接下来，人力资源部门和管理层会审查公司的管理技能清单，以确定目前聘用的管理人才情况。你可能还有些印象，这些清单包含教育和工作经验、职业偏好和绩效考核等方面的数据。在此阶段，可以考虑绘制管理层调配图（参见前文图5-4），在图中注明每个管理职位的潜在候选人以及每个人的管理开发需求。如图5-4所示，未来销售副总裁的发展要求可能包括轮岗（在公司财务和生产岗位获得更多工作经验）和高管发展课程（提供培训和战略规划）等活动。在这个过程中，管理层也可能会决定同时招聘一名或多名外部候选人。

然后，管理层开始为候选人提供实际的管理发展实践机会。候选人可能会体验到多种职场活动，包括内部培训和跨职能经历、岗位轮换、外部培训以及完成全球或区域任务。

最后，继任规划还要对所有候选人进行评估，并挑选出能够真正胜任关键职位的人选。

📷 通过人力资源信息系统提升绩效

继任系统 都乐食品公司（Dole Foods）新的战略规划包括通过减少冗余工作和集中于某些特定活动（包括继任规划）来提高财务业绩。利用技术，都乐食品公司做到了这一点。该公司与一些应用服务提供商达成了合作，让其协助处理工资管理等事务。在继任管理方面，都乐食品公司选择了 Pilat 公司的软件。该软件将所有数据保存在自己的服务器上，都乐食品公司的管理者则通过密码登录，在线访问服务器上的程序。他们在网上填写自己的简历，包括职业兴趣，并注明地理限制等特殊考虑因素。

管理人员还将就四种能力进行自我评估。一旦经理提出了自己的意见，程序就会通知其上司，由上司对其进行考核，并指出此人是否可以晋升。评估结果和在线简历会自动发送给部门主管和部门人力资源总监。然后，都乐食品公司负责人力资源的高级副总裁利用这些信息为每位经理制订职业发展计划，包括研讨会和其他项目。

候选人评估和九宫格 雇主如何通过昂贵的开发计划来选择候选人？一种方法是用前文讲到的"管理评估中心"。

另一种方法是九宫格（9-Box Grid）法。它在纵轴上显示了低、中、高三档的潜力，在横轴上显示了低、中、高三档的绩效——这样就划分出九个区域。

九宫格法有助于选择管理发展候选人。在极端情况下，低潜力、低绩效的人不值得花成本进行开发，而高潜能、高绩效的人才则必定具备更高的开发价值。大多数雇主会把开发资源集中在高绩效、高潜力的人才身上，其次才是那些被评为高潜力、中等绩效或高绩效、中等潜力的员工。

接下来，我们将介绍一些广泛开展的管理发展活动。

● 管理人员在职培训

管理人员在职培训的方法包括岗位轮换、辅导或旁听法和实践学习。

岗位轮换

岗位轮换（job rotation）是指在公司各部门之间调动管理人员，以扩大他们对业务的了解，并检验他们的能力。在路威酩轩集团（LVMH，路易威登的母公司）这样的奢侈品牌公司，公司让员工在不同奢侈品牌部门之间轮岗，这种方式为员工提供了专家所说的"异常丰富的学习机会"。

无论对于刚毕业的大学生，还是对于为进一步晋升而受到培养的高级经理，轮岗都有不少益处。这不仅能让轮岗人员接触更多职能，还能为每个部门引入新理念，避免公司因陈旧观念而停滞不前。它还有助于发现轮岗人员的强项和弱项。定期轮岗能促进部门间的合作，因为管理者会更加了解彼此的难处。随附的"全球人力资源管理实践"专题阐明了这一点。

全球人力资源管理实践

在壳牌石油公司和英国石油公司等企业中，在让管理者全球范围内轮岗是企业在发展壮大的同时，保持灵活性和反应能力的一种手段。

全球轮岗（例如，管理者从瑞典轮岗到纽约，又从纽约轮岗到日本）的优势在于，它可以建立一个非正式的通信网络，确保良好的跨境沟通和相互理解，以及保证部门间的紧密协调和控制。

　　促进双方之间的沟通和理解源于管理者在公司各地工作时建立的个人关系。这些活动还能加强组织控制。当公司全球各地的员工轮岗或聚集到欧洲的欧洲工商管理学院（INSEAD）参加管理培训项目时，他们的目的不仅仅是掌握基本技能。通过建立共同的价值观和对公司及其目标达成的一致看法，类似的管理活动可以促进相互的沟通，并通过共同的价值观和目标感确保公司的政策得到遵守，甚至可以将员工对传统控制形式的依赖降到最低。

教练-见习方法

　　通过这种方法，学员直接与高级管理人员或将要接替其工作的员工一起工作。通常情况下，替补员工会减轻高管一定的责任压力，这也给了学员一个学习的机会。

行动学习

　　行动学习（action learning）计划让管理者能腾出时间，在本部门以外的其他部门分析和解决问题。据称，这是当今发展最快的用于领导力发展技术，从富国银行（Wells Fargo）到波音公司（Boeing），许多公司都在使用这个方法。

　　其基本操作方法为：仔细挑选包含 5~25 名成员的团队，为团队分配超出其专业领域的实际业务问题，并通过辅导和反馈进行结构化教学。高级管理人员通常负责选择项目，并决定是否接受团队的建议。例如，太平洋煤气电力公司（PG&E）的行动论坛流程分为以下 3 个阶段：

1. 为期 6~8 周的框架阶段，在这一阶段，团队就某一问题进行定义并收集数据；
2. 行动论坛——在 PG&E 的学习中心开展 2~3 天的论坛活动，讨论问题并收集行动计划建议；
3. 责任制会议——各小组每月与领导组举行一次会议，审查进展情况。

拓展性任务

　　拓展性任务是指"将员工推向舒适区之外"的任务，给他们分配与习惯相异的工作和任务，并将他们置于要求更高的工作环境中。这些任务的核心目的是了解员工的能力：它们应具有挑战性，但不应直接难倒员工。

● 脱产管理培训与发展技巧

还有许多脱产培训和培养管理者的方法。

案例研究法

案例研究法（case study method）让学员在学习书面或视频案例的内容后解决实际问题。学员分析案例、诊断问题，并在与其他人的讨论中介绍自己的发现和解决方案。

整合案例场景法可创造长期、全面的案例情景。例如，美国联邦调查局国家学院的一个整合案例情景模拟中，"以一个涉案市民的电话作为开端，14 周后以模拟审判结束，中间是真实的调查活动……"。脚本编写者（通常是雇主培训小组的员工）负责编写情景，包括背景故事、详细的人物经历和角色扮演说明。其目的是培养特定的技能，如询问证人的能力。

管理游戏

计算机化的管理游戏（management games）让学员在模拟情境下做出现实决策，以此获得知识储备和经验积累。例如，"解释型"团队游戏是一项团队活动，目的在于"探索团队沟通、信息管理及战略的规划和实施，改善参与培训的管理人员的沟通技巧，并提升其规划和解决问题的技能。"在游戏中，每个团队可能都要决定在广告上花多少钱、生产多少产品以及维持多少库存。

将培训过程游戏化有很多益处。全身心投入是人们学习的最佳方式，而通过游戏则能获得这种参与感。它还能帮助学员提高解决问题的能力，将注意力集中在未来规划上，而不仅仅是在紧急任务中救火。此外，它能培养领导力，促进合作和提升团队精神，将培训过程游戏化能显著促进学习、提高参与度和士气，而且相当容易实现。例如，一些雇主会在培训中引入积分系统、徽章和排行榜。

外部研讨会

众多公司和大学会举行在线形式和传统课堂形式的管理发展研讨会和相关会议。美国管理协会（AMA）提供的为期 1~3 天的培训课程就很好地说明了这一点。例如，它们提供的课程包括"情商发展""自信训练""管理者自信训练""商界女性自信训练""成功沟通的动态倾听技巧""成本会计基础"。像 SHRM 这类的专业团队则为其特定成员开展专门的研讨会。

大学相关课程

许多大学都提供领导力、管理监督等方面的高管教育和继续教育课程。这些课程有些持续1~4天，有些则持续1~4个月（高管培训项目），时间各异。

哈佛大学研究生院的高级工商管理课程也体现了这一点。在另一个同类课程中，孩之宝公司（Hasbro）希望提高其管理人员的创造力。达特茅斯学院塔克商学院为其提供了一种量身定制的方法，从头开始设计适合孩之宝公司特定需求的课程。

角色扮演

角色扮演（role-playing）的目的是创造一个真实的情境，让学员扮演该情境中特定角色。每个学员都有一个角色，例如，

> 你是一个电话维修组的组长，驾驶一辆小型维修卡车往返于各个工作岗位。你经常需要用一辆新卡车来换掉一辆旧卡车，但你会遇到这样的问题：应该把这辆新卡车给你的哪个下属？通常情况下，大家心里都很想要新卡车，但不敢说出口，你很难做到完全公平。

将角色扮演与常规指导以及其他角色相结合，可以引发学员之间的热烈讨论。这样做的目的是培养学员的领导力和权力下放等方面的技能。例如，主管可以尝试体贴和专制两种领导风格，而在现实世界中，这并不那么容易做到。

企业大学

许多公司都会建立内部发展中心（in-house development center，通常称为企业大学），大型公司中尤为常见。通用电气公司、卡特彼勒公司（Caterpillar）和IBM公司都拥有自己的企业大学。公司可以与学术机构、培训和发展项目提供商，以及基于互联网的教育门户网站合作，为他们的发展中心创建一系列课程和编制培训材料。还有许多公司提供虚拟形式而非实体的企业大学规划和课程服务。

高管教练

许多公司都会聘请高管教练来帮助提高高层管理人员的工作效率。高管教练（executive coach）往往是一名外部顾问，他会向高管的上司、同级、下属，以及（有时）家人提出问题，以确定高管的优势和劣势，然后为高管提供咨询服务，帮助其发挥优势、克服劣势。每位高管的辅导费用可达5万美元。专家建议在辅导前先进行正

式评估，以发现个人的优势和劣势，提供更有针对性的辅导。

教练行业不受规范限制，因此管理者应谨慎选择教练人选。比如查看推荐信，并咨询国际教练联合会（International Coach Federation）。

美国人力资源管理协会学习系统

美国人力资源管理协会鼓励人力资源专业人员通过参加考试获得职业资格。该协会提供多种预备培训项目［例如，访问 SHRM 网站，然后单击"Education"（教育）］。这些项目包括自学、电子化学习，以及在学院或大学与讲师和其他学员进行课堂互动。

● 通用电气公司的领导力发展

通用电气公司以成功培养高管人才而闻名。该公司目前的高管发展组合计划展示了他们所提供的服务：

» **领导力项目：** 这些为期多年的培训项目每年为约 300 名员工提供参加机会，培训内容涉及不同的职能部门，目的是让员工掌握管理公司大型项目的能力。

» **议程 C：** 指通用电气公司激烈的多层次绩效考核过程。首席执行官每年都会亲自审查通用电气公司的 625 名高层管理人员。

» **克劳顿管理学院：** 通用电气公司在纽约设立的机构，提供传统的课堂学习、团队培训和文化之旅。

» **博卡拉顿会议：** 在通用电气公司 625 名高管参加的某年年度会议上，他们互相建立了联系，分享他们的最佳想法，并了解公司来年的战略。

» **下一件大事：** 无论是通过"六西格玛管理"还是"创新"来提高生产率和质量，通用电气公司都让员工专注于核心主题或计划。

» **月度晚宴：** 通用电气公司的首席执行官定期出席晚宴和早餐会，以更多地了解他管理的高管人员，并"加强他与顶级团队的联系"。

7.6　管理组织变革计划

从美国电话电报公司（AT&T）到康卡斯特公司（Comcast），再到巴诺书店
（Barnes & Noble）和梅西百货公司，这些公司都受到了数字化竞争对手的干扰，因
此重组的情况越来越常见，但其却经常以失败告终。麦肯锡公司对 1800 名高管进行
了调查，以找出重组失败的原因。经调查，其主要原因包括员工对变革持抗拒态度，
公司投入的资源不足，员工工作不专注导致个人生产力下降，领导层抵制变革，以
及组织结构发生变化但员工的工作方式没变等。

　　通常来说，最困难的部分就是克服来自员工的阻力。个人、团体甚至整个组织
都倾向于抵制变革，因为他们的做事方式已经形成了习惯，或者因为他们感觉自己
的影响力受到了威胁。为了应对这种不妥协的麻烦，一些专家建议管理者使用下文
"管理技能培养"中建议的流程来实施变革。

管理技能培养　　　　　　　　　　　　　　　　　**如何为工作带来改变**

在工作中实现预期的组织变革。

1. **增加紧迫感**。给员工紧迫感。例如，给员工一份描述公司即将倒闭的（非真实情况）
   分析报告。
2. 通过对问题的共同分析来**调动员工投入**。成立一个特别工作组来分析部门或公司面
   临的问题。这有助于他们在能够改进和必须改进的方面达成共识。
3. **创建一个指导联盟**。独自实施重大变革从来都不是一件易事。因此，可以让有影响
   力的人共同组成一个"指导联盟"，他们在联盟中充当宣传员和执行者。
4. 就你从变化中看到的内容，**建立共同愿景并向大家传达该愿景**。让这个愿景尽量简
   单明了（例如，"我们将比其他任何公司都更快地满足客户需求"），务必以身作则。
5. **帮助员工做出改变**。消除障碍。例如，当前的政策或程序是否使行动变得困难？不
   愿妥协的管理者会阻止员工行动吗？
6. **首先瞄准可实现的短期成就**。利用由此获得的信度再推动后续的变革。
7. 通过改变公司的系统和程序来**强化新的做事方式**。例如，采取新的评估系统和激励
   措施来强化期望的新行为。
8. **监控和评估进展情况**。即对公司或部门所处的位置和其应处在的位置进行比较。

● 运用组织发展的概念

除了以上提到的，还有一些其他的方法来减少阻力。在众多建议中，管理者可以实施奖惩措施来指导员工的行为，解释为什么公司需要变革，也可以与员工沟通商量，或发表鼓舞人心的演讲，或邀请员工协助设计变革。组织发展一般属于后者。组织发展（Organizational development，OD）通常是员工在具有培训经历的顾问的帮助下，制订所需的变革计划并实施变革。组织发展有以下几个显著的特征。

1. 它通常涉及行动研究，这代表着需要收集一个小组、部门或组织的有关信息，并将信息反馈给员工，以便他们可以分析这些信息，并就可能存在的问题提出假设。
2. 它应用行为科学知识来提高组织的有效性。
3. 它使组织朝着一个特定的方向改变——权力下放；强化问题解决能力、响应能力；提升工作质量和效率。

例如，根据专家弗伦奇（French）和贝尔（Bell）的说法，团队建设会议是推动组织发展的方法之一。顾问会先在会议前询问每个小组成员和领导者，询问他们遇到的问题、小组的功能发挥情况，以及是什么障碍使小组无法更上一层楼。然后，顾问将访谈数据按主题分类（如"沟通不充分"），并在会议开始时向小组介绍这些主题。对应的小组根据重要性对主题进行排序，最重要的主题将会被加入会议议程。接着，各小组对问题进行讨论，探究问题的根本原因，并开始设计解决方案。

调查研究是组织发展中的另一种方法。它要求整个组织的全体员工完成态度调查。然后，顾问以这些数据作为基础对问题进行分析并制订行动计划。调查是让公司管理层和员工快速地互相了解的便捷方式。它们以对比的方式，形象地说明了组织确实存在亟待解决的问题。

7.7 评估培训工作

两位专家认为，虽然公司在一年内花费了约 5600 亿美元[①] 开展培训，但投资回报却很不乐观，因为这"并没有带来更好的组织绩效……"。所以在学员完成培训后（或在培训期间计划的时间间隔内），应对方案进行评估，以查看其目标的实现情况。

评估培训方案时有两个基本问题需要注意。一是对评估研究的设计是否使用了对照实验；二是"我们应该衡量什么"。

● 设计评估研究

在决定如何设计评估研究时，最基本的问题是：如何确定培训产生了我们试图衡量的结果？方法之一是时序图法。如图 7-3 所示，培训前和培训后分别采取了一系列绩效措施，虽然图中显示了绩效变化，但无法确定这种变化是培训（而不是新的全公司薪酬计划）带来的。

因此，对照实验（conctrolled experimentation) 是评估的黄金方法。对照实验使用一个不接受培训的小组作为对照组和一个接受培训的小组作为控制组。在控制组接受培训之前和之后，分别获取两个小组的相关数据（例如，销售数量或服务质量）。利用这些数据，可以更容易确定控制组的绩效变化在多大程度上是由培训引起的，而不是由涨薪等组织范围内的变化引起的。（涨薪对两组员工的影响应该是相同的。）

● 评估培训效果

被广泛使用的柯克帕特里克（kirkpatrick）培训评估模型（以其开发者的名字命名）列出了雇主可以评估的 4 种培训效果。

---

① 此数据疑有误。原文为"$560 billion"。——编者注

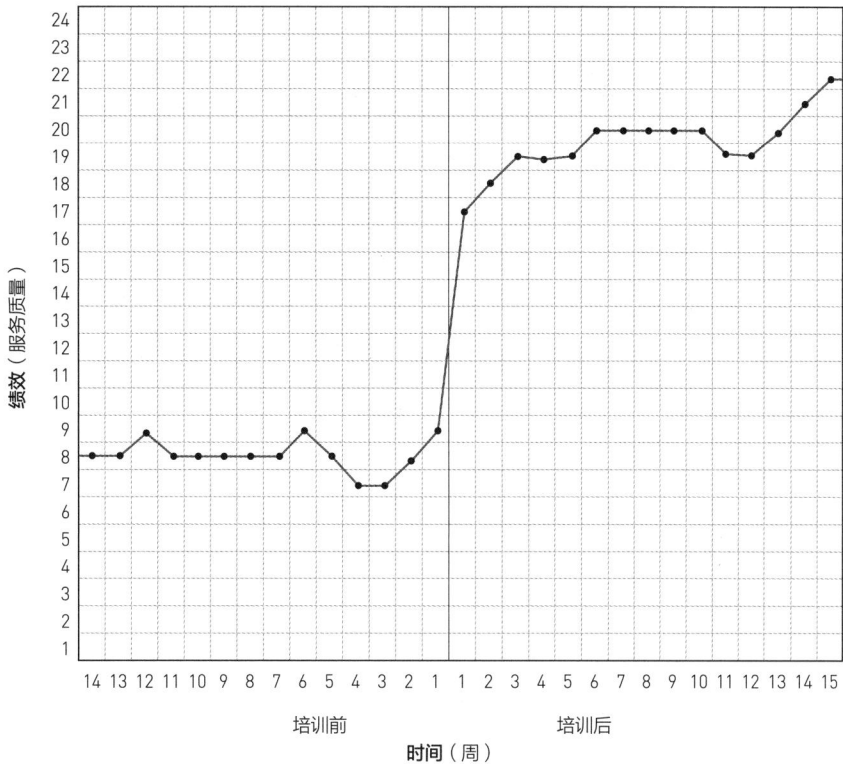

图 7-3　使用时序图评估培训方案的效果

1. **反应**。评估学员对培训方案的反应。他们喜欢这个方案吗？他们认为值得参加吗？
2. **学习**。测试学员是否学到了他们应该学到的规则、技能和事实。
3. **行为**。询问学员的工作行为是否因为培训方案而有所改变。例如，商店投诉部的员工是否对抱怨不满的顾客更友善了？
4. **结果**。最重要的是，要问一问："就先前设定的培训目标而言，我们取得了哪些成果？"例如，顾客投诉的数量减少了吗？

反应、学习和行为都很重要。但是，如果培训没有产生与绩效相关的重要结果，那么它就很可能没有达到目标。在一项针对约 500 家美国组织的调查中，77% 的组织评估了被培训的员工对培训的反应，36% 的组织评估了被培训员工的学习情况，10%～15% 的组织评估了方案产生的行为或结果。

评估这些内容其实很简单。你可以通过测试学员掌握的新知识来评估他们的学习情况。在行为改变方面，也许可以询问下属："你的上司最近对你的表现进行评估时，是否向你提供了正面案例和负面案例？"并基于回答来评估主管绩效评估培训方案的效果。最后，直接评估培训方案的成果，如衡量呼叫中心学员在培训后正确接听电话数量的百分比。培训评估表可从网上获取，通过对培训方案的成本和收益进行仔细比对，管理者可以计算出培训方案的投资回报。

米高梅酒店集团（MGM Resorts）的一项计划就说明了培训评估的重要性。在酒店业，客人二次光临的可能性是一个重要指标，米高梅通过"Net Promoter Scores"（简称为 NPS，即过去的客人是否会向他人宣传我们）来衡量这一指标，由于米高梅的 NPS 分数不达标，其培训团队认为"直面客户"的员工敬业度不够。于是，米高梅为前台和助理经理开设了"酒店管理精要"课程。该课程强调协作和沟通等技能。在为期约 1 年的课程结束时，该酒店的 NPS 分数上升了约 2%，因此该培训被评估为具有显著成效。

第 7 章要点小结

1. 新员工入职后，如果希望其尽快适应工作，首先要对其进行入职培训。员工入职培训是指为新员工提供工作所需的基本背景信息，帮助他们开始建立与公司的情感连接。入职培训可能只是提供简短的书面指导材料和员工手册，但有时也会为了让新员工认同公司的价值观而进行正式培训。

2. 员工入职培训不仅仅是向他们介绍同事。即使没有像丰田公司那样的全公司培训方案，也要利用入职培训的机会，向新员工传递公司的价值观和传统，并期望新员工参与其中。

3. ADDIE 五步循环培训法概述了培训流程：分析 – 开发 – 设计 – 实施 – 评估。在培训员工之前，有必要分析他们的培训需求并设计培训方案。在培训新员工时，雇主首先要进行任务分析，即对岗位内容进行详细研究，以确定相应的岗位需要哪些技能。而对于在职员工，公司需要进行绩效分析，特别是要验证是否存在影响绩效问题，并确定培训是不是解决问题的办法。一旦了解了这些问题，就可以设计和制定培训方案，而这就需要确定具体的培训目标、明确培训预算，并编制培训内容和技术。

4. 具体的培训方式包括在职培训、学徒制培训、非正式学习、工作指导培训、讲座、程序化教学、视听培训、模拟培训、视频会议、电子绩效支持系统和计算机化培训。计算机化培训越来越受大众欢迎，已经有许多成套程序可供使用。如今的培训项目通常都是在线进行的，员工可以通过公司的学习门户网站，访问由学习管理系统支持的成套在线培训项目。雇主也越来越多地采用移动式学习的方法，例如，向员工的平板计算机传入短期课程。

5. 与所有员工一样，新上任的管理者通常也会接受在职培训，方式可能有轮岗和接受辅导。此外，雇主通常还会提供各种脱产培训和发展机会——例如，使用案例研究法、管理游戏、外部研讨会、大学相关课程、角色扮演、企业大学、高管教练，以及（针对人力资源经理的）SHRM 学习系统。

6. 在面临经济困境、激烈竞争或其他挑战时，管理者必须执行组织变革计划。通常，组织变革中最棘手的部分是克服员工对变革的抵触情绪。实现组织变革的具体步骤包括增加紧迫感、调动员工投入、创建指导联盟、建议并传达共同愿景、帮助员工做出改变、首先瞄准可实现的短期成就、强化新的做事方式，以及监督和评估进展情况。组织发展包括收集一个团体的有关信息，并将信息反馈给员工，以便他们分析这些数据并制定解决方案。

7. 对培训效果进行评估是非常关键的一步。你可以评估员工对培训方案的反应、学习的成效、行为改变或培训结果，最好使用一个未接受培训的对照组与接受培训的控制组做对比进行评估。

第 8 章

当代绩效管理与考核

● **本章学习目标**

» 阐释绩效考核的目的。

» 讨论至少八种传统绩效考核方法的利弊。

» 举例说明如何处理潜在的考核评分者错误问题。

» 列出在考核面谈中应采取的步骤，以提升员工敬业度。

» 阐释你将如何采用绩效管理方法进行考核。

引入

　　格拉迪斯（Gladys）在海洋工程有限公司（Ocean Engineering）只工作了大约六个月，但她非常喜欢这份初级工程师的工作。因此，她怀着满腔热情与上司菲利斯（Phyllis）坐在一起，讨论自己第一次的绩效考核情况。不幸的是，这次讨论并没有带来好消息。菲利斯拿着一份清单，上面记录了格拉迪斯在过去几个月里犯过的一长串错误。紧接着，格拉迪斯被告知，她甚至连工作要求的一半都没做到。"总体来说，"菲利斯说，"满分10分，我给你打了6.5分。"然后她走了出去。剩下格拉迪斯目瞪口呆地坐在原地。

8.1 绩效考核中的基本概念

大多数公司都有一些考核员工绩效的方法。绩效考核可定义为任何涉及以下内容的程序：

1. 制定工作标准；
2. 根据标准评估员工的实际绩效；
3. 向员工提供反馈，激励员工改进不足或继续保持高于标准的绩效。

基于以上描述，你可能会把填写图 8-1 所示的考核表等同于"绩效考核"，但实际上，考核涉及的内容远不止于此。有效的考核还要求主管制定绩效标准。它要求员工接受必要的培训、反馈和激励，以改进绩效不足。

说明：考虑周到的评价有助于教师更好地了解和改进其教学实践。请为以下 8 个问题中的每个问题打分，最高分 7 分代表"优秀"，4 分代表"一般"，最低分 1 分代表"需要改进"，如果问题不适用，则填写"NA"：

评估问题 _____
　　　　　_____ 1. 讲师准备充分。
　　　　　_____ 2. 课程内容与课程目标一致。
　　　　　_____ 3. 讲师给我的评分很公正。
　　　　　_____ 4. 讲师精心策划和组织了这门课程。
　　　　　_____ 5. 讲师在其公布的课程开放时间内都能授课。
　　　　　_____ 6. 讲师能够及时回复在线咨询。
　　　　　_____ 7. 在知识和经验方面，讲师能够胜任本课程的教学工作。
　　　　　_____ 8. 总体而言，您愿意给本课程打多少分？

图 8-1 在线讲师评价表

资料来源：Copyright Gary Dessler, PhD.

对管理者来说，工作中最令人头疼的事情，无疑是评估下属的绩效。员工往往会对自己将获得的评分过于乐观，他们明白自己的加薪、职业发展和心态都可能取决于你对他们的评分。事实可能没有这么理想化，很少有考核过程像雇主所认为的那样公平。很多问题（如抱有偏见和给所有人都打出"平均分"）会让考核过程失去意义。然而，尽管存在这些难题，绩效考核在人力资源管理中仍发挥着核心作用。管理者面对的挑战在于，如何以正确的方式进行考核。

为什么要进行绩效考核

对下属进行绩效考核有以下几个原因。第一，大多数雇主在决定薪酬、晋升和是否留任时，仍然以员工的考核结果为依据；第二，考核在绩效管理中发挥着核心作用（我们将在后文中了解到，绩效管理意味着确保每个员工的绩效持续达到公司的目标）；第三，可以基于考核情况制订计划以改善员工的不足之处，并让员工发挥其优势；第四，考核可以帮助主管根据员工表现出的优缺点来审查和重新调整其职业规划；第五，主管可以根据绩效考核来确定员工的培训和发展需求。

绩效考核的步骤

如前所述，绩效考核包括三个步骤：第一步，制定工作标准；第二步，对照这些标准评估员工的实际绩效；第三步，就员工的绩效向其提供反馈。一些管理者将这些步骤称为绩效考核周期，以确认反馈（即第三步）能否反过来影响新目标的制定（即第一步）。

确定员工的绩效标准

职位说明书通常不足以阐明你期望员工完成的任务。它列出了职责，但通常没有具体目标。因此，绩效考核和管理的第一步就是让员工了解你对他们的期望。为此，你需要制定绩效标准。管理者可以利用量化目标、工作维度或特质，以及能力中的一个或多个基础要素，提前确定绩效标准有哪些。

首先，管理者可以评估员工在多大程度上实现了自己的量化目标。这些目标应源于公司的总目标。例如，假设全公司总目标为降低 10% 的成本，则该目标应转化为员工个人或团队如何降低成本的分目标。"作为利润中心的人力资源管理"专题提供了一个案例。

人力资源作为利润中心

美国波尔公司的绩效目标设定

美国波尔公司（Ball Corporation）为全球食品加工厂和涂料生产厂等提供金属包装。波尔公司一家工厂的管理团队认为，要想提高公司的绩效，需要改进制定目标的程序，并确保员工的行为与这些目标保持一致。新计划从对公司领导进行培训开始，让他们了解如何提高绩效以及如何设定和传达每天的绩效

目标。他们通过向工作团队分发团队计分卡来沟通和跟踪每日目标及其实现情况。员工则接受了专门的辅导和培训，以确保掌握实现目标所需的技能。管理层表示，在 12 个月内，公司的产量较以往增加了 8400 万罐，客户投诉减少了50%，投资回报超过了 300 万美元。

其次，有效的目标应该拥有"SMART"特性，即：目标是具体的，清楚地说明了期望结果；目标是可衡量的，并能回答"数量多少"这个问题；目标是可以实现的；目标是具有关联性的，与管理者和公司的预期目标密不可分；目标是有时间限度的，设定了截止日期和里程碑。研究还就如何制定有效的目标提供了一些见解。下文的"直线经理和小型企业的人力资源工具"中总结了这些研究结果。

直线经理和小型企业的人力资源工具

如何制定有效目标

研究提出了制定绩效目标的四项指导原则。

1. 指定具体目标。被指定具体目标的员工通常比未被指定具体目标的员工表现更出色。

2. 指定可衡量的目标。将目标量化，包括目标日期或截止日期。如果无

法衡量结果，那么"圆满完成"——比如"圆满结束工作任务"——就是最好的成果。

3. 指定具有挑战性但可实现的目标。目标应具有挑战性，但不宜难度过大，以免不切实际。

4. 鼓励员工参与。应直接告诉员

工他们的目标是什么，还是让他们参与制定目标？有证据表明，让员工参与制定目标并不一定比为其指定目标能激励员工产生更高的绩效，反之亦然。只有当员工参与制定的目标要求高于为其指定的目标要求时，前者才能激励员工产生更高的绩效。因为当员工参与其中时，往往倾向于为自己设定更高的标准，这也能有效激励他们提高绩效。

考核员工的第二个依据是使用一份包含基本工作维度或特质（如"质量""数量""沟通"或"团队合作"）的表格，例如，本章前面提到的讲师考核表（图 8-1）就包含了基本工作维度（或"标准"），如："讲师准备充分"。其假设是，"做好准备"是"应该做什么"的有效指导标准。

最后，根据员工对工作所需的能力（通常是技能、知识或个人行为）的掌握情况对其进行考核。例如，我们在第 4 章中了解到，英国石油公司使用技能矩阵（图 4-10）来考核员工的技能。该矩阵显示了需要评估的基本技能（如"技术专长"），以及工作所需的每项技能的最低水平（最低技能水平应达到什么程度）。

● 应该由谁来做考核

主管通常负责实际的考核工作。因此，他们必须熟悉基本的考核技巧，了解并避免可能导致考核失败的问题，并公平地进行考核。人力资源部门通常发挥决策和顾问作用。例如，他们可能会就使用的考核工具提供建议和帮助，但将考核程序的最终决定权留给公司的业务部门负责人。而有些公司的人力资源部门会要求所有部门都使用他们准备的详细表格和程序。

无论如何，仅仅依靠主管的评分来判定员工的绩效表现并不总是万全之策。比如主管可能并不了解与该员工打交道的同事是如何评价其工作表现的。此外，主管很可能对某些员工心存偏爱或偏见。在这种情况下，管理者有几种选择。

员工互评

随着越来越多的员工需要在团队环境中工作，员工互评也备受欢迎。Meta 公司让员工每六个月进行一次员工互评。谷歌公司的员工每年都会收到上司和同级员工的反馈意见。（本章稍后将讨论自动式"群体"评价）。在一家软件公司，员工在每月的视频会议上以"胜利"和"项目完成"作为评价语来互评。

员工互评有时可以发挥显著成效。对于一个人的工作表现和潜能最为了解的往往是与其共事的人；此外，人们往往也倾向于去满足同事的期望。通常情况下，应接受年度考核的员工会选择一名考核负责人。然后，负责人会选择一名主管和三名同期员工对被评者的工作进行评估。

评价委员会

一些公司设立了评价委员会。评价委员会通常由员工的直接主管和其他三或四名主管组成。

使用多个评价人员有助于消除个别评价人员的偏见。不同的评价人员通常也会看到员工表现的不同方面，因此，由评价委员会进行评价可以将员工绩效的各方面考虑齐全。一般建议评价委员会人员至少包括员工的主管、上司以及熟悉该员工工作的另一位管理者。大多数雇主都要求主管的上司在自己做的所有评价表上签字，这是最基本的要求。

自我评价

有些雇主会先让员工自评，然后让主管基于自评进行评价。当然，最根本的问题是，员工对自己的评价通常高于上司或同事的评价。一项研究发现，当被要求给自己的工作表现打分时，各类工作岗位中有 40% 的员工给自己工作表现的打分都处于前 10% 的分段，而其他所有员工给自己工作表现的打分都处于前 50% 的分段。在另一项研究中，被评者的自评实际上与他们随后在评价中心的绩效评价呈负相关——他们对自己的评价越高，在评价中心获得的绩效评价就越差。

下属评价

许多雇主让下属对上级进行评价，其目的通常出于发展需求，而非薪酬问题。

匿名评价与否会影响结果的呈现。与获得匿名反馈的管理者相比，从明确身份的下属处获得反馈的管理者对这一过程的看法更为积极。然而，下属更喜欢匿名评价，而那些必须表明身份的下属往往会下意识给出更高的评分。

向上反馈有助于提高被评管理者绩效。在一项研究中，最初被评为"差"或"中等"的管理者，"过去五年的时间里，在下属评价中表现出了显著的提升"。而且，相较于不与下属当面讨论的管理者，当面接受下属反馈的管理者进步更大。当然，员工是不需要接受下属评价的，他们可以通过 Glassdoor 等网站和 Memo 等应用程序来匿名发布自我评价。

360 度反馈法

通过 360 度反馈，雇主从员工的上司、下属、同级、内部或外部客户等各方面收集员工的绩效信息（通常是出于发展需求而非薪酬目的）。一般做法是让评价者完成对被评者的在线考核调查。然后，计算机系统会将这些反馈意见汇编成个性化报告，提交给被评者。然后，被评者可与主管当面沟通，制订自我改进计划。

使用该方法的结果好坏参半。参与者似乎对这种方法青睐有加，但一项研究得出的结论是，多源反馈对上司、同级和下属的后续绩效的改进影响"一般较小"。另外，当不涉及奖励或晋升时，这种考核会显得更加坦诚而直观。

改进 360 度反馈法有多种方法，包括认真培训提供和接受反馈的人员；确保反馈富有成效、不带偏见，并以发展为导向；使用基于互联网的 360 度反馈，降低收集反馈意见的管理成本。通常情况下，评价人员可以登录系统，根据"能力和效率"等维度对个人进行评价。

影响人力资源管理的发展趋势：数字化和社交媒体

"群体"考核

越来越多的雇主开始使用基于社交媒体的考核方法，让公司里的大多数人（"群体"）互相评价。Workforce Rypple（隶属于 Salesforce 公司）就是这样一个"社交绩效管理平台"。员工和管理者利用它来设定目标、提供反馈和给予表彰，通常用它作为对传统考核的补充。

例如，一家公司的员工使用 Rypple 评论作为对正式员工考核的参考之一。太阳能公司（Sunrun）也在使用 Rypple。一位发言人表示："它能大大助力员工提出想法——作为员工，你可以向整个团队公布目标、征求意见和建议，然后和大家一起努力。我们每周都会进行 360 度反馈。"公司通常会将此类持续性审查与 Globoforce 等网站相结合，这些网站可以自动执行即时奖励和表彰同事的流程。

8.2　传统的考核方法

很多公司会使用本节介绍的一种或多种正式方法进行实际考核。

● 图形化考核法

　　图形化考核法可能仍然是大家最熟悉的，也是最流行的绩效考核方法，它涵盖了多个表格类型。图 8-2 中列出了几个工作维度（本例中为"沟通"和"团队合作"），以及每个维度的绩效得分范围（从"低于预期"到"标杆"）。上司给每个下属打分时，要圈出最能体现该下属在每个特质上的表现的分数。

绩效评分表

员工姓名 _____　级别：入门级员工

管理者姓名 _____

关键工作职责：　　　　　　　　　　　　需要达成的成果 / 目标：

1. _____　　　　　1. _____

2. _____　　　　　2. _____

3. _____　　　　　3. _____

4. _____　　　　　4. _____

沟通交流	1	2	3	4	5
	低于预期		**达到预期**		**标杆**
	即使提供指导，也无法及时准确地进行直截了当的沟通，包括表格、文书和记录；文本只需极少的修改 即使提供指导，也无法调整风格和材料以直截了当传达信息		提供指导后，可及时准确地进行直截了当的沟通，包括表格、文书和记录；文本只需极少的修改 提供指导后，可调整风格和材料以直截了当传达信息		可及时、清晰、准确地进行沟通，包括表格、文书和记录；文本几乎不需要修改 可独立调整风格和材料以传达信息

组织能力	1	2	3	4	5
	低于预期 （此处为绩效标准）		**达到预期** （此处为绩效标准）		**标杆** （此处为绩效标准）

个人效能	1	2	3	4	5
	低于预期 （此处为绩效标准）		**达到预期** （此处为绩效标准）		**标杆** （此处为绩效标准）

图 8-2　用图形化考核法评估行为表现

团队合作	1	2	3	4	5
低于预期 （此处为绩效标准）			达到预期 （此处为绩效标准）		标杆 （此处为绩效标准）
取得业务成果	1	2	3	4	5
低于预期 （此处为绩效标准）			达到预期 （此处为绩效标准）		标杆 （此处为绩效标准）

图 8-2   用图形化考核法评估行为表现（续）

资料来源：美国人力资源管理协会。

图形化考核法也可用于对技能的评估。例如，图 8-3 展示了用图形化考核法评估比萨厨师的技能。在本案例中，雇主希望对比萨厨师的相关工作技能进行考核，其中一项技能是"能够保证比萨饼面团库存充足"。

职位：比萨厨师			
技能 1：能够保证比萨饼面团库存充足		评分	
每个比萨面团的质量必须在 12 至 14 盎司（1 盎司约为 28.35 克）之间，在放入温度和湿度可控的冷藏柜前至少要揉搓 2 分钟，并在使用前至少存放 5 小时。比萨面团的数量应保持充足，但不能超过每天的需求量。	需要改进	基本满意	十分优秀

图 8-3   用图形化考核法评估比萨厨师的技能

图 8-4 展示的例子是用图形化考核法对护士长的能力和目标完成情况进行评估：对能力的评估（第一部分），要列出具体能力，例如"有效地领导和激励护理人员"；对目标完成情况的评估（第二部分），需列出具体目标，例如"护理小组人员在此期间未出现任何患者用药错误"。

● 交替排序考核法

另一种常用的考核方法是将员工的一项或多项特质从最佳到最差进行排列。由于区分最差和最好的员工通常比给他们排名更容易，因此交替排序法发挥了很大的

第一部分　能力：该员工是否展现出工作所需的核心能力

展现领导能力

有效地领导和激励护理人员：建立一种开放的、乐于接受改进临床护理的文化；为护理人员制定明确的目标；支持护理人员的工作；激励护理人员实现自己的目标。

大体超出预期	大体符合预期	大体未达到预期

展现技术监督能力

有效监督护理人员的技术活动：掌握有效监管护理人员所需的护理技术知识和技能，如确保护理人员准确用药、治疗患者、有效干预患者的症状表现以及准确执行医生的指示。

大体超出预期	大体符合预期	大体未达到预期

展现管理监督能力

有效管理自己负责的护理部门：根据医院的计划制订本部门年度、月度、每周和每日计划；有效组织和分配护理人员的工作；维持所需的护理人员配置水平并培训护理人员；使用医院批准的指标有效监控本护理部门的绩效。

大体超出预期	大体符合预期	大体未达到预期

展现沟通能力

有效沟通：积极倾听并理解他人的发言；以书面和口头形式有效传达事实和观点。

大体超出预期	大体符合预期	大体未达到预期

展现决策能力

有效地识别和解决问题并做出决策：利用数据去分析备选方案，为结论提供支持；能够解决中度至高度复杂的问题。

大体超出预期	大体符合预期	大体未达到预期

第二部分　目标：该员工是否在考核期内达成了自己的目标

员工在此期间要达成的主要目标（注：列出具体目标）	评分 5　超出预期目标 3　达成目标 1　未达成目标	解释或举例
目标 1	5　4　3　2　1	
目标 2	5　4　3　2　1	
目标 3	5　4　3　2　1	
目标 4	5　4　3　2　1	
目标 5	5　4　3　2　1	

员工姓名和签名	考核人	考核日期

图 8-4　用图形化考核法对护士长的能力与目标完成情况进行评估

资料来源：Copyright Gary Dessler, PhD.

作用。通过这种方法，主管使用类似图 8-5 所示的表格来明确挑选出在所衡量的特质上得分最高和得分最低的员工。主管在最高和最低之间交替排序，直到所有需要接受评分的员工都排序完成为止。

交替排序表

特质：________________

针对你要衡量的特质，列出要进行排序的所有员工。将排名最高的员工姓名填入第 1 行，排名最低的员工姓名填入第 20 行。然后在第 2 行列出排名次高的员工，在第 19 行列出排名次低的员工，以此类推，直到所有名字都出现在排序表上。

排名最高的员工

1. ________________
2. ________________
3. ________________
4. ________________
5. ________________
6. ________________
7. ________________
8. ________________
9. ________________
10. ________________
11. ________________
12. ________________
13. ________________
14. ________________
15. ________________
16. ________________
17. ________________
18. ________________
19. ________________
20. ________________

排名最低的员工

图 8-5 交替排序考核法

配对比较考核法

采用配对比较法时，就各个特质将每位要被评分的下属与其他下属配对并进行比较。例如，假设有 5 名员工需要被评分。这种方法的步骤是，在如图 8-6 所示的表中列出每个特质的所有可能配对的员工。然后，针对每个特质，主管用加号或减号表示这名员工相对于与比较对象是更优还是更差。然后，将员工被评为“更优”的次数相加。在图 8-6 中，员工玛丽亚（Maria）在“工作质量”方面排名最高（加号数量最多），而阿特（Art）在“创造力”方面排名最高。

"工作质量"特质						"创造力"特质					
员工评分						员工评分					
比较对象	A 阿特	B 玛丽亚	C 查克	D 戴安娜	E 何塞	比较对象	A 阿特	B 玛丽亚	C 查克	D 戴安娜	E 何塞
A 阿特		+	+	−		A 阿特		−		−	−
B 玛丽亚	−		−	−	−	B 玛丽亚	+		−	+	+
C 查克		+		+		C 查克	+			+	+
D 戴安娜	+	+	−		+	D 戴安娜	+	−	+		−
E 何塞	+	+	+			E 何塞	+				
本评估中玛丽亚排名最高						本评估中阿特排名最高					

图 8-6　配对比较法

注：" + "表示"优于"，" − "表示"弱于"。针对每个图表，将每列中" + "的数量相加，得出排名最高的员工。

强制分布考核法

在强制分布法中，管理者将预先确定员工在各个绩效类别中的百分比，就像教授"按曲线分布打分"一样。许多《财富》500 强企业都采用了这种方法。在 Lending Tree 公司，前 15% 的被评者是"1 级"，中间 75% 的是"2 级"，剩余 10% 的是"3 级"和"末位人员"。强制分布法的优点在于：（1）避免了主管将大部分员工评为"满意"或"突出"；（2）能够快速找到表现最好和最差的员工。

虽然强制分布法被广泛使用，但还是有人对其持反对意见。大多数学生都知道，强制分布法过于死板。在强制分布法中，要么你在前 10%，要么就在 10% 之外。而且，毫无疑问，如果你的成绩在后 10%，你就会得到一个"F"。你的教授几乎没有任何回旋的余地。一些评论家不怀好意地将强制分布法称为"末位淘汰"制。

一项关于强制分布法的研究得出结论，短期内，强制分步法确实能激励员工努力工作，并可能提高绩效，但长远来看，这种做法很容易适得其反，因为这会让许多员工觉得对自己的考核评价不公，觉得自己在与其他员工进行不公平的竞争。例如，当业绩好的团队不得不裁掉"最差劲"的员工时（事实上，这些员工的业绩可能与最差的团队中"最优秀"的员工一样好），就会出现不公平的现象。

鉴于此，雇主应提高警惕。建议指定一个审查委员会来审查排名靠后的员工，并对评分人员进行客观性培训。可以考虑在使用强制分布法的同时，让多个评价人员参与其中。

微软曾要求管理者在员工称之为"stack"的工具中给其他员工打分，按 1 到 5 的等级给员工排名。后来微软取消了"stack"的使用，取而代之的是向员工提供更频繁、质量更高的反馈。

● 关键事件考核法

关键事件法是将员工与工作相关的良好或不良行为实例记录在案，并在预定时间与员工一起回顾。公司通常会将此类事件汇编成册，作为评分或排名方法的补充依据。通过保存一份关键事件的流水单，可以从中获取具体的实例，建议下属可以采取哪些具体措施来改进所有的绩效不足。有需要的话，还可以提供年中改进的机会。汇编全年发生的事件，还有助于减少主管在评估下属绩效时过分关注近几周表现的倾向。

● 行为锚定评分量表考核法

行为锚定评分量表（BARS）考核法是一种将关键事件和量化评分相结合的考核方法，其做法是在量化评分表的基础上，用具体的叙述性实例来说明表现好和表现差的具体行为有哪些。图 8-7 呈现的是针对汽车销售人员"销售技巧"特质的行为锚定评分量表。请留意从 10（高）到 1（低）的不同绩效分数是如何通过具体的行为实例来锚定的，例如，销售人员告诉顾客"我们卖的就是这种风格"，那么他可能会使顾客转头去购买竞争对手的汽车。

● 实践中的考核表

在实践中，考核表往往融合了多种方法。例如，图 8-2 是一个图形化考核表，同

汽车销售技巧

说服潜在买家购买我们的汽车；利用我们汽车的优点推动顾客购买；利用销售技巧应对买家提出的不愿购买的理由；根据买家的需求调整销售话术。

10
9
8
7
6
5
4
3
2
1

一位潜在客户说，只有我们的豪华敞篷车能吸引到她，其他车型她都会考虑竞争对手的产品。当金融公司拒绝她的财务申请时，销售人员立即出手将我们的低价车型与竞争对手的车进行比较，说服她购买我们的低价车型

销售人员询问潜在买家购买汽车时看重的方面及原因，认真倾听买家的意见，然后解释我们的汽车如何满足这些要求及原因

潜在客户说他正在寻找一辆可以用来拖船和越野的汽车，但销售人员在推销时强调的是我们汽车的低价和质量

潜在客户说她想特别订购一辆颜色和配置都与众不同的汽车，而销售人员却说她最好不要再花费两个月等待特殊车型，而应该选择标准车型

顾客说他"不喜欢我们产品的外观"，销售人员却告诉他"我们卖的就是这种风格"，他可能会使顾客转头去购买竞争对手的汽车

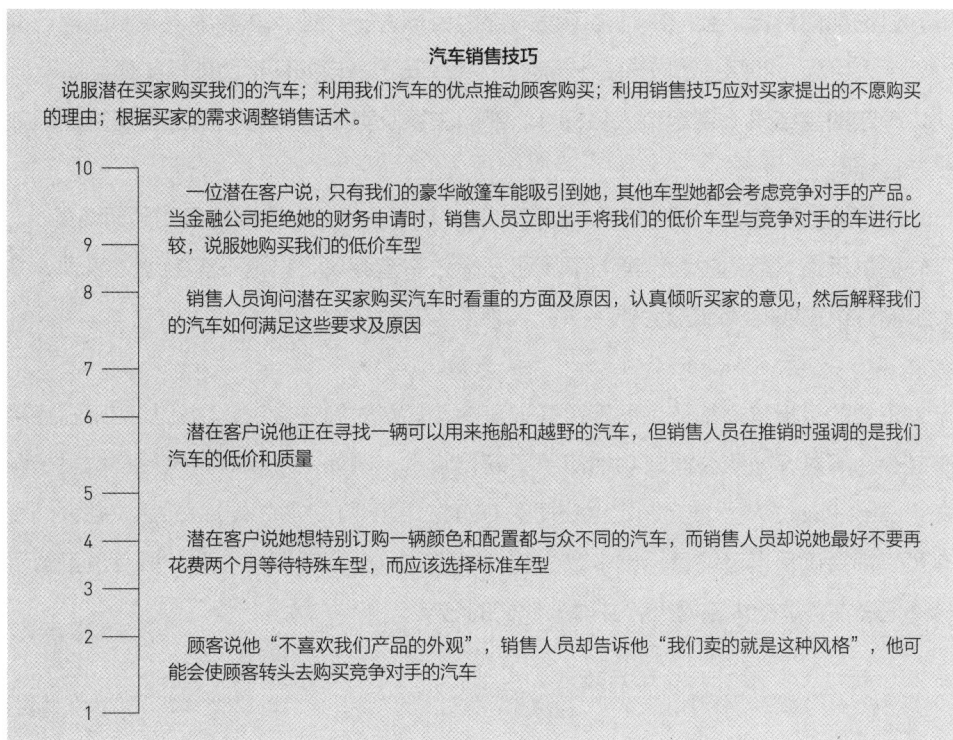

图 8-7　行为锚定评分量表

时也附有绩效优秀或绩效差的具体实例。这些实例明确指出了评分人员应关注的事项。虽然图 8-2 没有使用行为锚定评分那样复杂的考核方法，但其为评分设定的基准也能提高考核表的信度和效度。

● 目标管理法

目标管理法（MBO），是指一种全公司范围内的多步骤目标设定和考核办法。目标管理法要求管理者与每位员工共同制定具体的、可衡量的、与组织相关的目标，然后定期讨论员工在实现这些目标方面的进展情况。步骤如下。

1. **设定组织目标**。制订全公司第二年的计划，并设定目标。
2. **制定部门目标**。部门主管和上级共同制定本部门的目标。

3. **讨论部门目标。**部门主管与下属对部门目标进行讨论，并要求下属制定自己的个人目标。部门主管应该提出问题："每个员工各自如何帮助部门实现目标？"

4. **确定期望结果（制定个人目标）。**部门主管及其下属为每位员工设定短期绩效目标。

5. **进行绩效审查。**一段时间后，部门主管比较每位员工的实际结果和预期结果。

6. **提供反馈。**部门主管定期与下属召开绩效审查会议，讨论下属的绩效表现，并制订纠正或继续改进计划。

正式的目标管理法计划需要召开大量的、耗费时间的会议，因此其使用已经趋于减少。不过，一些公司成功地使用了简化版本。例如，谷歌首席执行官拉里·佩奇（Larry Page）每季度会制定全公司的 OKR（目标和关键成果）。然后，谷歌的所有员工都会确保自己的目标或多或少与他制定的目标范畴保持一致。所有员工的目标都记录在谷歌的内部网上，并附上他们的名字。

● 计算机化和在线绩效考核

许多雇主使用由网络或 PC 支持的考核工具。例如，Employee Appraiser（员工评估器）软件提供了一个评估维度菜单，包括可依赖性、主动性、沟通力、决策力、领导力、判断力以及计划性和生产力。在每个维度中都有独立的绩效要素，如"沟通力"维度下的写作、口头沟通和接受批评等。当用户点击某个绩效要素时，就会看到一个图形化考核表。但 Employee Appraiser 使用的不是数字评级，而是行为锚定示例。因此，在口头沟通方面，有 6 个选项，从"清楚地表达想法"到"缺乏条理"等。管理者选择能最能准确描述员工的短语。然后，"员工评估器"会生成一份带有示例文本的考核报告。SAP 旗下的 Success factors 公司提供了一种基于互联网的员工考核解决方案，它包括绩效考核表、适用于大多数工作岗位的 51 种能力评估、一个内置的写作助手，以及法律审查功能。

● 虚拟考核游戏

由于对当前的绩效考核流程存在不满，技术公司 Persistent Systems 改用了考核游戏的方式。他们请游戏公司 eMee 制作了一款虚拟游戏，让员工可以在游戏中互相评估和激励。每位员工都有一个虚拟形象，员工可以利用虚拟身份互相给予实时反馈，包括赠送虚拟礼物和积分（只有直接主管才能给予批评）。该系统似乎降低了员工流失率，提高了绩效。

● 电子化绩效监控

电子化绩效监控（EPM）系统利用计算机技术，使管理者能够监控员工的在线工作或在计算机上工作的速度、准确性和时间。

EPM 可以有效提高生产率。例如，在重复性工作中，受监控的高技术员工群体比未受监控的高技术员工群体键入的数据更多。但 EPM 也可能造成一些负面影响。在同一项研究中，结果表明，低技术、受监控程度高的参与者比低技术、未受监控的参与者做得更糟糕。EPM 似乎还会增加员工的压力。

其他公司则通过可穿戴设备对工人的表现进行数字化跟踪。例如，英国零售商 Tesco 让仓库工人佩戴臂章。这些设备可以跟踪每个工人正在搬运哪些特定货物，以及完成任务所需的时间，然后量化并报告每个工人完成每个订单所需的时间等信息。

● 人才管理和差异化员工考核

人才管理强调将薪酬和晋升等人力资源决策与公司目标挂钩的重要性。因此，一些以人才管理为导向的管理者认为，以员工的考核评分作为分配奖励的主要因素，并不是上乘之选。相反，他们主张将资源分配给公司的关键员工，即那些对实现公司战略目标至关重要的人。

图 8-8 展示了另外一种方法。埃森哲使用 4×4 战略角色评估矩阵，按照绩效（优秀、高、中、低）和对公司的价值（任务关键型、核心型、必要型、非必要型）来划分员工。例如，我们将提到一家设计污染控制设备的化学工程公司。在公司里，经验丰富的工程师可能是"任务关键型"，工程师培训生是"核心型"，销售、会计人员是"必要型"，而运维等可外包岗位的员工则是"非必要型"。除了绩效评分，公司还将根据每位员工在矩阵中的位置来决定其薪酬、发展、解雇和其他人事决策。

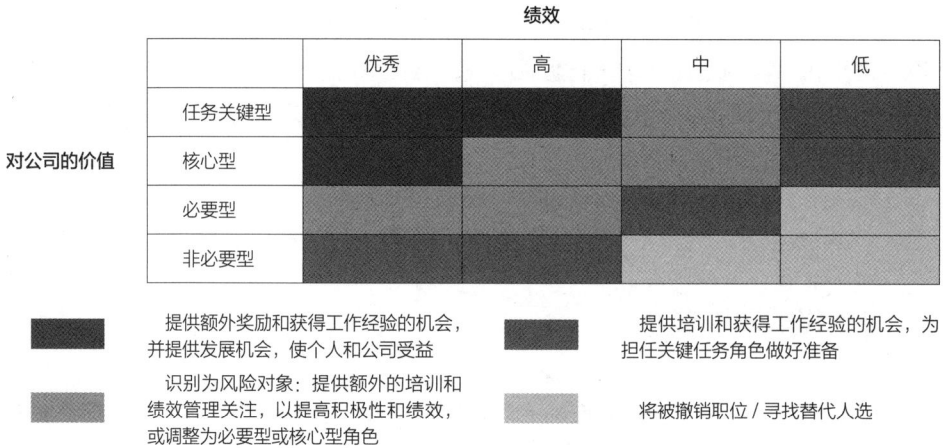

图 8-8 埃森哲的战略角色评估矩阵

资料来源: 《新人才方程式》, 摘自 Outlook, 埃森哲公司版权所有。

● **谈话日**

由于瞻博网络公司(Juniper Networks, Inc.)的员工对年度绩效考核和缺乏积极反馈表示担忧,该公司改变了相关的流程。如今,公司不再有一年一次的绩效审查,取而代之的是半年一次的"谈话日"。在这些管理者与员工的对话中,他们将重点放在需要改进和成长的模块,以及设定与员工职业兴趣相一致的扩展目标,而明确的绩效评级已不复存在。正如我们在本章后文将看到的,许多其他公司也开始尝试用定期谈话取代传统的考核。

8.3 如何处理评分错误问题和进行考核面谈

瞻博网络公司的问题说明了绩效考核中一个令人不快的事实。评分通常更多反映的是评分人员的情况,而不是被评者,因为前者会有意无意地做出一些导致错误发生的事情。（正如一位研究人员所说，"在绩效评分中，评分人员的特异性偏差在观察到的差异中占比最高。"）因此，员工通常（理所当然地）认为考核缺乏公平性，毫无益处且可能会适得其反。解决之道首先是了解问题所在以及如何避免这些问题，并从不公平之处入手（参见"管理技能培养"）。

管理技能培养　　　　　　　　　　　　**如何确保考核的公平性**

首先，有些管理者无疑会忽视考核的准确性，而将考核过程用于管理目的（如迫使与他们不和的员工辞职）。考核员工的标准应该明确，让员工了解你对他们进行考核的依据，且考核应该足够客观。同时，需要给员工表达意见的机会。

主管与下属之间的人际关系质量也很重要。主管应参与持续和正式的绩效谈话，对问题做出诊断并能够高效解决，通过开放的关系建立信任，并对反馈谈话做出建设性的回应。图 8-9 总结了保障公平绩效考核的最佳做法。

- » 将标准化的绩效考核程序应用于所有员工。
- » 提前让员工知道如何进行考核。
- » 确保经常有机会观察员工的工作表现。
- » 确保考核者了解要使用的考核程序。
- » 考虑考核者自己的个性。在"认真负责"方面得分较高的考核人员往往会给同事较低的评分——他们会更严格；而那些非常"讨人喜欢的"的考核人员则会倾向于给出较高分。
- » 始终保持标准一致。管理者在对下属进行加薪等方面的考核时，往往会比在提供职业建议时更加宽松。
- » 记录考核的审查过程和结果。
- » 与员工讨论考核结果。
- » 让员工就评估结果提出意见。
- » 指出员工需要改进的地方。
- » 让考核者的上司对考核结果进行评价。
- » 设置申诉机制。

图 8-9　清单——保障公平绩效考核的最佳做法

资料来源：美国人力资源管理协会。

● 阐明标准

标准不明确是造成评分错误的另一个原因。例如，图 8-10 中的量表看似客观，但很可能会导致考核结果存疑，因为特质和优劣程度的标准描述不明确，会导致出现随意的解释。例如，不同的主管可能会对"表现良好"给出不同的定义。纠正这一问题的最佳方法是加入描述性短语，明确界定每种特质和优点的程度。

	优秀	良好	合格	较差
工作质量				
产出数量				
创造力				
诚信				

图 8-10   标准不明确的图尺度考核表

注：例如，"良好""产出数量"等定义到底是什么意思？

● 避免光环效应评分

光环效应是指你对下属某一特质（如"与他人相处融洽"）的评分，会影响你对此人其他特质（如"产出数量"）的评分。因此，你可能会对一名不友好的员工的所有特质给出"不满意"的评价，而不是只对"与他人相处融洽"这一特质打分。意识到这个问题的存在是避免它发生的关键。

● 避免中庸主义

"集中趋势"问题是指一种倾向，即对所有员工的评分都接近平均分，或评分处于中间位置。例如，如果评分表的范围为 1~7 分，那么主管可能会倾向于避开高分（6 分和 7 分）和低分（1 分和 2 分），而将大部分员工的评分定为 3~5 分。这样做的主管会在无意间限制考核的得分范围，因此给予的评分无法有效反映下属的实际绩效。

这种限制会削弱评分在晋升、薪酬和咨询方面的作用。不使用图形化评分表，改为对员工进行排序就可以解决这个问题。当你给员工排序时，他们自然不可能全部被评为平均分。

● 避免过于宽松或严格

与上述情况相反的是，有些上司总是对所有下属的评分忽高忽低，这就是所谓的严格与宽松失衡问题。同样，解决的办法之一是坚持对下属进行排序，因为这会迫使管理者区分表现优异和表现不佳的员工。

管理者所给出的考核结果可能没有他们想象中的那么客观。有一项研究关注的是性格如何影响学生对同级同学的评价。在"认真负责"方面得分较高的评分人员，往往会给同学较低的评分——他们会更严格；而那些非常"讨人喜欢的"的评分人员则会倾向于给出更高分。

多元化盘点

避免偏见　被评者在年龄、种族和性别等特征方面的个体差异，可能会影响他们获得的评分，这往往与他们的实际表现完全不符。例如，人们通常认为，缺乏进入"校友关系网"的机会和有影响力的导师数量不足，导致了"玻璃天花板"的出现，这在很大程度上解释了为什么高层管理职位中女性数量相对较少。然而，最近的一项研究提出了一个更令人担忧的解释。

研究得出结论："在其他条件相同的情况下，与能力表现得较弱的女性下属相比，评估者会对能力表现得较强的女性下属做出较低的绩效评价。"换句话说，女性员工的实际表现越好，教育和工作经验越丰富，她的评分就有可能越低。

这可能发生吗？不幸的是，根据这项研究，似乎是存在这种可能性的。但并不是所有的评估者都容易产生这种负面偏见。正如研究人员所总结的那样，"只有那些评估者为 SDO 较高的男性（换句话说，他们倾向于在社会中占主导地位），并且在评估一名表现出色的女性下属时，才会出现这种情况"。无论如何，除非公司有意避免这种偏见，否则他们最终可能会默许对一些表现最出色、最有潜力的员工做出有偏见性的晋升和薪酬决定。

表 8-1 总结了在解决这些问题方面，当前最流行的评估方法的对比情况。

表 8-1 考核工具的重要异同和优缺点

考核工具	异同点	优势	劣势
图形化考核法	这两种方法都旨在根据表中所列的客观标准衡量员工的绝对绩效	易于使用；为每位员工提供量化评分	标准可能不明确；可能存在光环效应、集中趋势、过于宽松、偏见等问题
行为锚定评分量表考核法（BARS）		能够提供行为"锚"；BARS 的评估结果非常准确	难以开发
交替排序考核法	这两种方法都是评判员工相对绩效的方法，但仍以客观标准为基础	易于使用（但不如图形化考核法简便）；避免了集中趋势和前者的其他问题	可能会引起员工之间的意见分歧，如果所有员工实际上都很优秀，则可能出现不公平的情况
强制分布考核法		最终在每个小组中确定一个预定的人数比例	考核结果取决于你最初选择的分界点（前 10%，以此类推）是否适当
关键事件考核法	这两种方法都是主观的、叙述性的绩效考核方法	有助于厘清员工绩效中的"对"与"错"；迫使主管对下属进行持续评估	难以对员工进行评分或排序
目标管理法（MBO）		与商定的绩效目标挂钩	耗费时间

🔨 了解你的雇用法律
考核绩效

绩效考核会影响加薪、晋升、培训机会和其他人事决定。如果管理者在对员工考核时不够称职或存在偏见，又如何为考核后做出的晋升决定解释呢？在一个案例中，一位 36 岁的主管将一位 62 岁的下属排在了部门绩效排名的末尾，然后解雇了他。美国第十巡回上诉法院裁定，年轻上司的歧视性动机可能影响了考核结果和解雇决定。图 8-11 总结了确保考核符合法律要求的步骤。

» 在职位分析的基础上确定考核的职责和标准。
» 在考核期开始时，以书面形式向员工告知绩效标准。
» 法院不接受使用笼统的整体绩效评分，因为法院通常会认为这种制度模棱两可。法院一般要求将每个绩效维度（质量、数量等）的单独评分与某种正式的加权系统相结合，得出一个总分。
» 应制定员工申诉程序。在考核结果最终敲定之前，员工应该拥有以书面或口头形式提出复核及表达意见的机会，而且应该有一个正式的申诉程序允许员工对其评分结果提出申诉。
» 绝不能让一名评估者拥有决定人事行动的绝对权力。
» 以书面形式记录与人事决定有关的所有信息。"法院无一例外谴责了那些规避文件记录的非正式绩效考核做法。"
» 对主管进行培训。如果无法对评分人员进行正式培训，至少应向评分人员提供如何使用评分表的书面说明。

图 8-11 确保考核符合法律要求的步骤

绩效考核通常以考核面谈结束。在面谈中和下属讨论考核结果，并制订改善不足的计划。这些面谈可能会让人感到不适，因为很少有人喜欢接受或给出负面反馈。因此，充分的准备和有效的实施至关重要。下文中的"管理技能培养"专题介绍了如何进行有效的考核面谈。

管理技能培养　　　　　　　　　　　　　　　　**如何进行考核面谈**

要为面谈做好充分准备。首先，提前一周左右的时间通知员工，让其回顾自己的工作、通读职位说明书、分析困难所在，并收集问题和意见；其次，研究该员工的职位说明书，将其工作绩效与标准进行比较，并回顾该员工以前的考核记录；最后，商定一个时间进行面谈，为面谈留出足够的时间。与较低级别的员工面谈不应超过 1 小时。与管理层员工的面谈通常需要 2 小时左右。确保面谈时不会被打断，在私密条件较好的场所进行。

在实际面谈时要注意以下四点。

1. **用客观的工作数据说话**。给出与缺勤、迟到、质量记录、检验报告、废料产生或浪费、订单处理、生产率记录、材料使用或消耗、任务或项目的及时性、成本控制或降低、错误数量、预算成本比较、客户意见、产品退货、订单处理时间、库存水平和准确性、事故报告等相关的例子。

2. **不要针对个人**。不要说"你做报告的速度太慢了"，而应尽量将员工的表现与标准进行比较（例如，"这些报告通常应在 10 天内完成"）。同样，不要将该员工的表现与其他员工的表现相比较（如，"他的产出速度比你快"）。

3. **鼓励对方倾诉**。不要自己一直说个没完，而要倾听对方的陈述。提出一些开放式的问题，比如，"你认为我们可以做些什么来改善这种情况？"使用"请继续"或"还有更多信息吗"等提示语。以提问的方式复述对方的最后一个要点，例如，"你认为完成工作存在一些困难吗？"

4. **以行动计划结束**。不要针对个人，但要确保对方在离开时，具体了解自己做对了什么和做错了什么。步骤如下：举出具体的例子；确保对方理解你的意思；在对方离开前就如何改进以及何时改进达成一致；制订行动计划，说明步骤和预期结果。

如何应对带有抵触情绪的下属

抵触情绪是我们生活中一种重要而熟悉的情绪。例如，当上司告诉某人其工作表现不佳时，他的第一反应往往是否认。通过否认过失，当事人可以逃避对方对自己的能力的质疑。

无论如何，理解和应对抵触心理是一项重要的考核技能。心理学家莫蒂默·费恩伯格（Mortimer Feinberg）在《有效的管理心理学》（*Effective Psychology for Manager*）一书中给出了以下建议：

1. 认识到抵触行为是正常行为。
2. 永远不要攻击别人的抵触情绪。不要试图解读对方，比如说："你得明白，你找这个借口的真正原因是，你不愿意承担任何责任。"相反，应尽量把注意力集中于事情本身（"销售额下降了"），而不是个人（"你的销售额不够高"）。
3. 推迟行动。有时候，最好的做法就是静观其变。面对突如其来的威胁，人们往往会本能地躲在"面具"后面。但如果有足够的时间，人们就会做出更理性的反应。
4. 认识到自己的局限性。不要指望解决出现的每一个问题，尤其是与人相关的问题。更重要的是，要记住，主管不应该试图成为心理学家。理解员工是一回事，试图解决员工的心理问题则是另一回事。

批评下属的技巧

当需要给出批评意见时，批评的方式要让下属保持自己的尊严和价值感。建议私下给予批评，并且要有建设性。提供针对需要批评的事项相关的实例，并就可以采取的措施和原因提出具体建议。可以经常性地给予反馈意见，避免一年一次的"火力全开的指责"，这样在正式考核时就不会出现意外。永远不要将某人评价为"总是"犯错（因为没有人"一直"处于对或错两个极端）。此外，批评应该客观，不应带有任何个人偏见。

如何确保面谈能提高绩效

下属是否对自己的考核面谈表示满意，取决于他们在面谈过程中是否察觉到威胁，是否有机会表达自己的想法，以及面对的是不是一位愿意帮助自己的上司。

当然，除了希望下属对考核面谈感到满意，你还有其他目的——你主要是想让他们提高绩效。在这方面，与员工一起解决与工作相关的问题，制定可衡量的绩效目标和实现目标的时间表——行动计划，是至关重要的。记住，为员工提供发展所需的工具和支持也非常有必要。

如今，许多公司都强调对待员工应以表扬为主，批评为辅。一家公司的老板告诉管理者，不要触及两个以上需要改进的方面，而要强调下属的长处。例如，《财富》排行榜上几乎所有的 500 强企业都使用了盖洛普优势测评工具，以帮助员工发现并发扬自己的优势。要想吸引、激励和留住当今的新员工，不妨采用一种更加温和的方法。

如何给予正式书面警告

有时，员工的工作表现太差，需要对其发出正式书面警告。这种警告有两个目的：一是让员工改掉坏习惯；二是帮助管理者向自己的老板和法院（如有必要）为其给出的评分辩护。书面警告应明确评判员工的标准，清楚说明员工已知晓该标准，指出员工的工作表现未达到该标准之处，并表明该员工曾有机会调整其绩效。

有鉴于此，你会告诉菲利斯（见本章开头部分）她在评估格拉迪斯时做错了什么吗？你建议她采取什么其他做法？

8.4　给管理者的员工敬业度指南：利用考核面谈提升敬业度

研究表明，管理者也可以利用考核面谈来提高员工的敬业度。以下是相关研究成果及其影响。

1. 如果员工了解自己和所在部门是如何为公司成功做出贡献的，他们会更敬业。因此，要抓住机会，向员工展示他的努力是如何为"大局"——为团队和公司的成功做出贡献的。

2. 当员工体验到研究人员所说的"心理意义"（即认为自己在组织中发挥的作用是值得的、有价值的）时，他们的敬业度就会提高 。通过面谈强调员工的付出对公司的意义。

3. 体验到"心理安全"（即认为可以安心地发挥自己的价值，而不必担心自我形象、地位或职业生涯受到损害）的员工敬业度更高。因此，和员工面谈时要保持坦诚、客观，并表现出自己的支持态度，切忌不必要地损害员工的自我形象。

4. 通过面谈确保员工拥有做好工作所需的一切。借用一位评论员的话说，就是要有效地为员工提供内部支持、资源和工具。

5. 员工和管理者在面对考核时会感到惶恐不安，因为考核的关注点往往少不了负面要素。这样做会降低员工的敬业度。例如，在一项调查中，盖洛普公司要求约 1000 名美国员工回答两个问题："我的上司是否关注我的优点或正面特质？"和"我的上司是否关注我的缺点或负面特质？"他们发现，与注重缺点的管理者相比，注重优点的管理者所聘用的员工人数大约是后者的 3 倍。

6. 让员工参与决策，让他们表达自己的想法和意见，可以提高员工的敬业度。将面谈作为契机，向员工表明你愿意倾听他们的想法，并看重他们的贡献。

7. 当员工拥有在其职业生涯中不断进步的机会时，敬业度就会提高。 在面谈过程中，结合员工对自身职业发展前景的看法，抓住机会讨论对他们的评价。

8. "分配公平（人们得到什么奖励）和信息公平（人们获得什么信息），与员工敬业度之间存在明显的正相关。"简言之：确保被评者认为考核和奖励或补救措施是公正和公平的。

8.5　当代绩效管理

绩效考核在理论上基本没有不足之处，但在实践中，考核过程却经常磕磕绊绊。如果没有设定目标，"考核"就只是办公用品商店里的一张表格，而每年的反馈（如果有的话）可能会让人痛苦不堪，在进行任何指导之前，参与者都会想逃得远远的。这违背了职业共识。员工应该知道自己的目标是什么，绩效反馈应该切实有效，如果遇到问题，应该立即采取行动去解决，而不是拖到半年后再处理麻烦。

● 全面质量管理和绩效考核

长期以来，管理专家们一直认为，大多数绩效考核既不能激励员工，也不能推动员工的发展。一些全面质量管理（TQM）运动的支持者甚至主张完全取消绩效考核。全面质量管理计划是一种全组织范围的计划，它整合了企业的所有职能和流程，使企业的所有方面，包括设计、规划、生产、分销和现场服务，都将持续改进，以最大限度地提高客户满意度为目标。 全面质量管理计划立足于由几项原则所概括的哲学基础，如：不再依赖检查来达到质量要求；以持续改进为目标；开展多样化的培训；消除畏惧心理，使每个人都能有效工作；消除剥夺员工工作自豪感的障碍（特别是年度评优）；制订严格的自我完善计划。 从根本上说，全面质量管理的倡导者认为，公司是一个由相互关联的部分组成的系统，员工的绩效与其说是由他们的积极性决定的，不如说是由培训、沟通、工具和监督等因素共同决定的成果。

在这样的公司里，绩效考核会是什么样的呢？我们把视线转向丰田汽车公司位于肯塔基州列克星敦的凯美瑞工厂，会发现这样一个特别的系统。员工团队对自己的工作成果进行监督，一般不需要管理者的干预。在经常性召开的会议上，团队成员持续将这些结果与工作团队的标准，以及与工厂的总体质量和生产率目标保持一致。需要接受辅导和培训的团队成员能得偿所愿，需要改变的程序也会随之变化。

● 绩效管理实例

事实上，如今的考核无疑正在从传统的评分表或年度考核转向不那么正式但更加频繁的反馈行为。

例如，在使用了多年备受推崇的强制分布考核法之后，通用电气公司后来改用了质量控制系统。主管给员工贴上"标杆"或"杰出贡献者"等标签，还开始使用被公司命名为"PD@GE"的智能手机应用程序，对员工进行持续评估，而非每年一次。通用电气公司目前正在尝试将"标杆"类员工评级改为完全叙述式的评价。

IBM 公司推出了一种新的基于应用程序的绩效考核，称为"Checkpoint"。新系统十分灵活（如允许员工修改目标），可对绩效和反馈进行更具持续性的监控。

包括 Gap、Adobe Systems 和微软在内的其他公司也取消了分数形式的绩效评级。高盛集团虽然继续实行对员工职业发展至关重要的年度考核，但建立了一个新的系统，员工也可以通过该系统获得持续的反馈。此外，高盛集团还继续对员工采取 360 度反馈法。埃森哲则放弃了年度绩效考核，代之以更频繁的沟通交流会。摩根士丹利（MorganStanley）不再采用定量评估等级，而是强调定性反馈。

一些航空公司也采用了这些绩效考核方法。波音 767 飞机在着陆或起飞时，如果机头稍稍偏高，就会导致机尾撞上跑道，因此驾驶这架飞机需要保持绝对的注意力。过去的一段时间，飞行员都是在着陆后收到飞行数据报告时才知道自己的表现如何（当然，如果机尾触及跑道，飞行员自然也会意识到）。如今，每次起飞和着陆后，飞行员都会收到一份机上报告，显示他们的操作表现（例如起飞角度和速度）与航空公司和行业标准进行比较的情况。这样，飞行员就能在下次起飞或着陆前调整自己的操作。

绩效管理并不意味着公司不能采取强硬的做法。据报道，多年来，金佰利公司（Kimberly-Clark Corp.）以终身雇用和绩效不佳员工的留存率而闻名。该公司后来实施了更为严格的绩效管理制度。其中包括使用持续的在线绩效考核，详尽跟踪员工相对于其目标的表现。这使得员工流失率大幅上升。

● 什么是绩效管理

上述都是绩效管理的实例。在比较绩效管理与绩效考核时，"两者的区别在于，前者是在年终完成考核表，而后者则是在年初制订绩效计划，是全年人员管理不可或缺的一个过程。"绩效管理是识别、衡量和提升个人和团队绩效，并使其与组织目标保持一致的持续过程。我们可以将绩效管理的六个基本要素概括如下。

» 方向共享，指在全公司范围内传达公司目标，然后将这些目标转化为部门、团队和个人的可行目标。

» 目标对齐，指制定一种方法，使管理者和员工都能看到员工的目标与其所在部门的目标以及公司的目标之间的联系。

» 持续的绩效监控，通常包括使用计算机系统进行绩效衡量，然后根据个人在实现其绩效目标方面的达成情况，通过电子邮件发送进度报告和异常情况报告。

» 持续反馈，包括针对目标进展情况的面对面反馈和计算机化反馈（参见下文中"影响人力资源管理的发展趋势"专题）。

» 指导和发展支持，应成为反馈过程中不可或缺的一部分。

» 表彰和奖励，提供必要的结果呈现，使员工的目标导向绩效始终处于正轨上。

影响人力资源管理的发展趋势：数字化和社交媒体

许多公司使用包括云计算在内的数字技术来支持绩效管理。例如，利用 Oracle TBE 绩效管理云服务，管理层可以：

* 为每个团队的活动分配财务和非财务目标，以这些目标支持公司的总体战略目标。（因此，航空公司可以用"今年将每架飞机的周转时间优化至 26 分钟"，作为衡量地勤人员的飞机周转时间的目标。）

* 将目标告知所有团队和员工。

* 使用信息技术支持的工具（基于云端的绩效管理软件、人力资源计分卡和数字仪表盘），持续显示、监控和评估每个团队和员工的绩效（见图 8-12）。Oracle TBE 绩效管理云服务就是一个很好的例子。使用该软件，目标可以记录在"云端"上，而不是嵌入文件中，因此管理者无须等到年度或半年度审查时才对目标进行调整。该系统的仪表盘使管理者能够持续监控每个团队或员工的绩效，让员工更新实现目标

的进度，并允许员工和管理者记录、评论，从而使整个过程具有实时性和互动性。

绩效目标管理				
			报告单　链接　编辑　选项　复制	
详细信息 – 2013 年绩效目标计分卡			进行中（01/01/2013 - 12/31/2013）	
员工个人绩效目标				
目标	目标分数	权重	分数	时间
实现 10% 的销售增长	8	45	7.0	2013 年 6 月
提高客户满意度评分	4.2	25	4.0	2013 年 6 月
满足预算限制要求	5	15	2.5	2013 年 6 月
提高领导力评分	4.8	15	4.5	2013 年 6 月
部门绩效目标				
目标	目标分数	权重	分数	时间
实现 15% 的销售增长	5	50	3.5	2013 年 6 月
实现 10% 的线上销售增长	3.5	25	2.8	2013 年 6 月
满足预算限制要求	5	10	4.2	2013 年 6 月
对全部员工进行所有产品的交叉培训	4.5	15	3.5	2013 年 6 月

图 8-12　绩效管理报告概览

资料来源：ActiveStrategy 公司网站。

最后，如果发现异常，确保在事情失控之前采取纠正措施。

● 管理者在绩效管理中扮演的角色

对于希望采用绩效管理方法的管理者而言，技术并不是不可或缺的，理念和工作中的行为活动才是缺一不可的要素。作为一种理念，绩效管理体现了不具威胁性的全面质量管理原则，如不再依赖检查来实现质量要求，而以持续改进为目标，开展多样化的培训，消除畏惧心理，使每个人都能有效工作。行为活动包括将员工的目标与公司的目标联系起来，给予员工持续的反馈，为员工提供所需的资源和辅导，对员工良好的表现给予奖励，并牢记员工的表现不仅仅反映了他们是否"积极主动"。

● 将绩效管理付诸实践

频繁的主观反馈是绩效管理的核心，但此类计划存在一个潜在的致命弱点：雇主最终仍需要采用某种硬性的方法来区分员工，以便做出加薪和晋升决定。任何无法做到这一点的绩效管理流程都是不切实际的。

下文的"人力资源实践"专题介绍了一家公司如何实施实用的绩效管理流程。

人力资源实践

绩效管理实施：德勤最新实施的绩效管理流程

问题

与许多公司一样，全球会计和咨询公司德勤（Deloitte）的管理者和员工也认为他们的绩效管理系统有待改进。

对于该系统是否能提高绩效，许多人心存疑虑。传统的绩效评级（他们从学术研究中了解到）往往更多地反映了评分人员的个人特质，而不是被评者的情况。此外，德勤发现，公司有 6.5 万名员工，每年进行考核的时间高达 200 万小时。和许多公司一样，考核本身更多关注的是过往的表现，而不是未来应该如何提高员工的绩效。基于以上情况，管理层决定改变这一流程。

新的目标

团队在确定需要负责建立新的绩效管理流程后，为新流程设定了三个目标：第一，新流程应识别员工的绩效，特别是在浮动薪酬方面；第二，因为传统的评分更多反映的是评分人员，而不是被评者的情况，他们希望确保新流程能清晰地反映员工的绩效；第三，他们希望新流程能够对绩效起到激励作用，特别是在频繁监测绩效方面，以便员工能够在完成任务的过程中调整和改进自己的绩效。

新的绩效管理流程

在任何一个年度中，德勤公司的员工都可能被分配到一个或多个团队从事项目（如审计）工作，每个团队专注于某一特定客户公司的项目。

德勤公司新的绩效管理流程包含几个要素。

首先，每个团队成员在执行任务期间，都会定期与其团队领导交流，以获得有关员工工作表现的频繁反馈以及如何改进的建议。

其次，在任务结束时，团队领导不需要陈述他们对员工表现的看法或意见，而是提供一份"员工表现快照"，从四个方面说明如何对员工采取行动，具体包括：（1）根据对该员工绩效的了解，将如何做出薪酬决定（如果有财务决策权）；（2）根据对该员工绩效的了解，是否希望该员工其再次加入这个团队；（3）是否认为该员工的工作绩效可能会损害客户或团队的利益；（4）认为该员工当下是否可以晋升？

最后，到了年底，所有这些"快照"都会汇总到年终评估中。最终的评估结果，再加上了解员工绩效的团队领导（或负责考察公司更大范围业务的一组领导）的意见，来决定员工的薪酬变化。

人力资源和零工经济

对优步司机评分

优步的司机评分系统

优步的司机评分系统通过三个维度对司机进行评分,具体包括乘客对司机的评分、司机接受订单的比例以及司机取消订单的次数。当你在优步平台上打车时,优步系统会呼叫离你最近的司机,司机会在 15 秒内接受订单。司机接受订单的比例就是他的接单率。据报道,优步希望司机至少保持 80%~90% 的接单率,且订单取消率不超过 5%。否则,他们将面临被停运(永久或暂时)的风险。

大多数优步用户都知道,每次乘车后,优步都会提示乘客按 1~5 星给司机打分。通过这种方式,优步不断获得关于司机表现的实时评分。司机必须对乘客评分,但乘客对司机的评分是非强制性的。新司机一开始往往获得的都是 5 星好评。然后,随着更多乘客对司机进行评分,司机的平均分可能会发生变化。司机的评分一般取其最近 500 次出行的平均值,取消或未接受的出行不包括在内。据报道,对于司机评级,如果平均分低于 4.6,该司机就处于可能被停运的"危险区"。一般只有 2%~3% 的司机处于这一区域。一星或两星的评分通常意味着产生了争论或骚扰。司机每周都会收到优步的电子邮件,其中的信息包括他们的运营资格是否存在被停用的危险。

潜在的评分问题

与大多数评分系统一样,危险在于,至少在潜在情况下,这种评分反映的更多是乘客的情况,而非司机。例如,不完全熟悉优步系统的人很可能会认为 4 星评分相当于"B",是个还不错的分数,而实际上在优步评分系统这却代表着不及格。此外,虽然大多数雇主都会尽量删除员工从上司处获得的带有偏见或歧视性的评价,但如果评价者不是员工(实际上很可能是陌生人),这种问题就更难解决了。此外,司机无法控制的外在因素(如定价骤升)可能会促使乘客降低对他们的评分(尽管优步公司表示会防范这种情况)。

如何获得更高的司机评分

不管怎么说,优步公司及其平台上的司机已经列出了一系列可以做的事情,以获得更高的评分。需要避免的行为包括态度恶劣、不熟悉周围环境、鲁莽驾驶、开车时发短信。对司机的一些"建议事项"包括为乘客提供瓶装水、打开车门、主动拎包、保持车内清洁,以及不要向乘客索要五星好评。

第 8 章要点小结

1. 绩效考核是指根据员工的绩效标准，对其当前或过去的绩效进行评估。绩效管理是公司确保员工努力实现目标的过程，包括确定目标、培养技能、评估绩效和奖励员工。管理者对下属的绩效进行考核，是为了获得晋升和加薪决策的依据、制订改善绩效不足的计划，以及进行职业生涯规划。主管评分仍是大多数评估流程的核心。

2. 考核一般通过不少于一种广泛使用的考核方法或工具进行。这些方法或工具包括图形化考核法、交替排序考核法、配对比较考核法、强制分布考核法、关键事件考核法、行为锚定评分量表考核法、目标管理法、计算机化和在线绩效考核。

3. 要改进考核流程，首先要消除影响考核工作的常见问题，尤其是图形化考核法的缺陷。这些常见问题包括标准不明确、光环效应、集中趋势、宽严失度和偏见。考核的关键环节通常是考核面谈。充分的准备工作至关重要，包括通知下属、审查其职位说明书和以往表现、选择合适的面谈地点以及留出足够的时间。

4. 管理者可以利用考核面谈来提高员工敬业度。例如，向员工展示他是如何为团队和公司的成功做出贡献的；利用面谈强调员工所做的工作对公司的意义；强调给予员工的支持，而不要让员工觉得被威胁。

5. 绩效管理是识别、衡量和提升个人和团队绩效，并使其与公司目标保持一致的持续过程。它意味着持续的互动和反馈，以确保不断提高员工和团队的能力和绩效。最重要的是，它要求我们牢记，员工的绩效通常反映的不仅仅是其是否具备"积极主动"的品质。

第 9 章

职业生涯管理

● **本章学习目标**

» 讨论企业和管理者如何对员工的职业发展需求提供支持。

» 列举并讨论有效指导和辅导员工的四个步骤。

» 解释为什么员工敬业度很重要，同时说明企业应当如何提升员工敬业度。

» 描述用来留住员工的一种综合性方法。

» 列出企业在晋升方面需要做出的主要决策。

» 解释解雇员工时你会考虑的因素。

引入

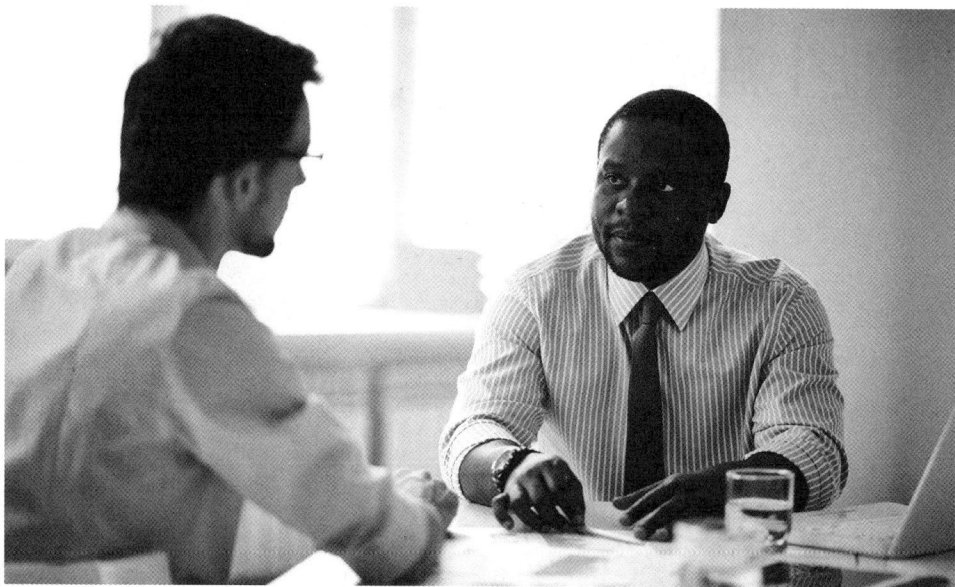

　　保罗（Paul）在一家建筑工程公司担任 12 年的工程师后，他开始意识到自己的事业没有前途。他想进入管理层，在过去的 5 年里，他曾多次向他的老板，即公司创始人兼首席执行官弗雷德（Fred）表达过这个意愿。弗雷德似乎愿意考虑，但总是顾左右而言他。今天，在年度绩效考核中，保罗决定提出这个问题，而弗雷德的话让他大吃一惊："保罗，你是一名优秀的工程师，但你不具备成为一名管理者的能力。是去是留由你自己决定。"

9.1 职业生涯管理

在绩效评估之后，通常要解决与职业生涯相关的问题，并与下属讨论。我们将在本章讨论职业规划和相关主题。

在继续之前，我们应该定义一些将要使用的术语。我们可以把职业生涯（career）定义为一个人多年来担任过的职位。职业生涯管理（career management）是指让员工更好地了解和发展自己的职业技能和兴趣，并在公司内部和离开公司之后都能有效地加以运用的过程。职业生涯发展（career development）是指有助于一个人进行职业探索、确定职业、取得职业成功和获得职业满足的一系列终身活动。职业生涯规划（career planning）是一个深思熟虑的过程，在这个过程中，一个人会意识到自己的技能、兴趣、知识、动机和其他特征，获得关于各种机会和选择的信息，确定与职业相关的目标，并制订行动计划以实现具体目标。

● 当今的职业生涯

过去，人们往往把职业生涯视为在少数几家公司的不同职位间向上晋升的阶梯。而如今，经济衰退、兼并、外包、整合，以及或多或少无休无止的裁员已经改变了这些规则。很多人还是能够实现晋升，但更多的时候，员工发现不得不重新塑造自己。例如，一位就职于出版公司的销售代表在该公司被并购之后遭到了解雇，于是她不得不重新开始自己的职业生涯，到一家专为媒体服务的广告公司担任客户经理。还有一些人根本就不是公司正式员工，他们在不断变化的短期零工任务中建立自己的职业生涯。

● 心理契约

一个实际情况是，公司与员工对彼此的期望正在发生改变。公司和员工对彼此的期望是心理学家所说的心理契约的一部分。这是公司和员工之间不成文的协议，明确了双方的共同期望。例如，一个并未明说的期望是，在一段预期的长期雇用关系中，公司会公平地对待员工，为员工提供令人满意的工作条件。而员工则被期望

"表现出良好的工作态度、服从指挥以及对公司忠诚"来回报公司。

但在当今高流动性的劳动力市场中，公司和员工都很难指望得到长期承诺。这削弱了传统的心理契约，使职业生涯管理变得更加重要。

● 员工在职业生涯管理中扮演的角色

员工个人、管理者和公司在个人的职业生涯发展中都扮演着各自的角色。例如，管理者应该提供及时和客观的绩效反馈，提供发展任务和支持，并参与员工的职业生涯发展讨论。对公司来说，应该为员工提供晋升机会，提供职业信息和职业发展计划，并给员工提供职业选择。

但最终必须由员工为自己的职业生涯负责，评估自己的兴趣、技能和价值观，寻找职业信息资源，为确保幸福且有成就感的职业生涯采取必要行动。对员工来说，职业生涯规划意味着将个人的优势和劣势，与职业发展的机会和威胁相匹配。换句话说，人们想追求的是能够充分发挥他们的兴趣、天赋、价值观和技能的职业。他们还希望选择符合未来需求的职业。理想情况下，他们应该在自己脑海中创造一个理想的未来的"自我"，并为之奋斗。

职业咨询专家约翰·霍兰德（John Holland）指出，人格特点（包括价值观、动机和需求）是职业选择的一个重要决定因素。一个具有强烈社会取向的人可能会被那些包含人际活动，而不是智力或体力活动的职业吸引，例如社会工作。霍兰德发现了 6 种基本的人格类型或倾向。个人可以使用霍兰德研发的自我指导职业探索（SDS）测试来评估自己的职业倾向和职业偏好。该测试有着很好的声誉，但一项针对 24 个免费在线职业评估网站的研究发现，许多网站都存在有效性和保密性不足的问题。不过也有报告指出，一些在线职业评估工具，如 Career Key 确实提供了有效且有用的信息。O*Net 提供了免费的、全面的职业及生涯在线评估工具"我的下一步"（My Next Move）。

练习 1

帮助自己确定职业技能的一项有用的练习是，首先在一张纸上写下标题"我在学校或工作中最喜欢完成的任务"，然后，写一篇短文描述这项任务。尽可能详细地描述你在这项任务中的职责，以及每项任务中令你感到愉快的地方（不一定是你做过的最愉快的工作，但必须是你在工作中做过的最愉快的任务）。接下来，再对另外两项任务重复同样的步骤。现在请仔细检查这 3 篇文章，在你最常提到的技能下面画线。例如，在做暑期办公室实习生的时候，你是否特别享受做研究的那段时光？

练习 2

另一个练习可能很有启发性。请在一张纸上回答这个问题："如果你能从事任何一种工作，你会选择什么？"如果需要的话，你可以创造自己的工作，不要担心你能做什么——只考虑你想做什么。

人力资源和零工经济

组合型职业

安娜（Anna）正在实现她的梦想。2014 年从州立大学市场营销专业毕业后，她在当地一家大公司做了两年的市场营销工作，然后离职了。现在，她靠着六七份不断变化的兼职工作和咨询工作（零工）的"组合"挣钱。目前，她是当地两家零售店的兼职营销经理，她还为当地报纸撰写"问安娜"专栏，回答当地商人与营销有关的问题，她开设了同名的在线博客，还为州立大学的线上学院教授两门在线课程——零售营销和如何做自由职业。

"在我生命的这个阶段，我喜欢我正在做的事情，"她说，"我是自己的老板，我基本可以选择什么时候工作，我只接受我真正想做的工作，我可以实时看到我对前来咨询的小企业产生的影响。每天都有意想不到的机会，大多数都是好机会。另一方面，这也有缺点。我没有稳定的收入来源（尽管至少六份不同的零工意味着我不完全依赖任何一种收入来源）。我还得自己交医疗保险费，因为零工不给交保险费。"和大多数从事组合型职业的人一样，这并不一定是她的长期职业选择，而只是她现在的生活方式。她说："我喜欢我正在做的事情。"

什么是组合型职业

就像安娜一样，如今越来越多的人开始从事组合型职业（portfolio careers），也就是，利用个人技能创造多种收入来源，以维持生计的职业，这些收入来源通常来自各种各样报酬不同的工作。以安娜为例，她利用自己的营销技巧来做营销经理，利用自己的写作和营销技巧撰写专栏和博客，利用自己的教练技巧和社交能力教授在线课程。她每小时能通过营销工作赚 150 美元，每周能从她的专栏和博客中赚 200 美元，每教一门课能赚 1800 美元。

你适合组合型职业吗

如今，数以百万计的人通过组合型职业来养活自己，他们可能都有自己的原因——只是想要独立；找不到全职工作；为了兼顾家庭而需要灵活性工作。但你需要问自己下面一些问题，看看组合型职业是否适合你。

你有独立完成任务的能力吗？ 例如，你能忍受没有稳定的全职工作吗？不用每天都做同样的工作，这让你感到自在吗？你擅长同时处理几个重大任务吗？你是否具备社交和推销技巧，能够走出去，在路上排队等候可能不断变化的客户？

你能做什么？ 尤其是你有哪些有用的技能，让人们愿意为此付钱？

从事组合型职业实际吗？ 想清楚你的潜在客户、你实际能赚多少钱，以及你能把所有职业结合的可能性有多大，来帮助你避免意外。在朋友身上尝试你的想法，并与他们讨论哪些想法看起来更有可能成功。（另一方面，俗话说"不入虎穴，焉得虎子"，所以也不要太实际了！组合型职业的一个好处是它们是流动的，你可以在学习的过程中进行调整。）

● 公司在职业生涯管理中扮演的角色

管理者和公司也对员工的职业生涯管理负有责任。这些责任部分取决于员工在公司工作时间的长短。

例如，在录用之前，真实的工作面试可以帮助潜在员工更准确地判断这份工作是否适合他们。尤其是对于刚毕业的大学生来说，第一份工作对于建立自信和更为现实地了解自己能做什么、不能做什么至关重要。对于公司来说，为员工提供富有挑战性的第一份工作，并且为他们配备一位经验丰富的导师来帮助他们掌握诀窍，是十分重要的。有些人认为这是为了防止现实冲击（reality shock），满怀期望、满腔热情的新员工在面对枯燥无味、缺乏挑战性的工作时，就会出现这种现象。定期的职位轮换可以帮助人们更为现实地了解自己擅长什么，从而知道哪种职业道路对自己来说是最好的。下文的"人力资源实践"专题说明了这一点。

人力资源实践

财捷集团的轮岗计划

财捷集团（Intuit）为应届毕业生提供轮岗发展项目。这是一个为期 2 年的综合项目，新员工首先要了解集团的产品、客户、员工、战略和价值观。接下来，员工要完成 4 次为期 6 个月的轮岗，在集团的各个业务部门和职能部门（比如产品管理、产品营销和人力资源）积累经验。所有轮岗发展项目的参与者都将与一名执行顾问配对，执行顾问将提供职业生涯辅导和专业发展指导。

在员工工作一段时间后，以职业生涯为导向的评估是很重要的——在这种评估中，管理者不仅要评估员工，还要将员工的优缺点与可行的职业道路和所需发展的领域相匹配。

● 职业生涯管理方法

许多公司会为员工提供职业生涯发展支持。例如，美国运通公司（American Express）为呼叫中心的员工开设了职业咨询中心。基因泰克（Genentech）和美国家庭人寿保险公司（AFLAC）都聘请了职业顾问，并且正在让他们的直线经理为提供职业生涯建议做好准备。谷歌有员工自愿担任其他员工的职业教练和导师，谷歌官方指定他们为"职业专家"。

职业生涯发展规划过程不必太复杂。对许多员工来说，只是从主管那里得到绩效反馈、制订个人发展计划，以及获得培训机会就足够了。图 9-1 展示了一个简单的"员工绩效总结和职业生涯规划"的内容。除此之外，招聘信息、经理的正式指导，以及为高潜力员工制订的个人继任计划，都是有价值的。有很多系统可以使用。例如，哈罗根软件公司（Halogen Software Company）提供了一个在线绩效管理系统，该系统使雇主和员工能够选择既支持公司人员需求，又支持员工职业抱负的员工发展活动。

其他一些方法也很受雇主的欢迎。职业生涯规划研讨会是"一种有计划的学习活动，要求参加者积极参与，完成职业生涯规划练习和清单，并参加职业技能实战

员工姓名	员工当前的职位	日期

1. 绩效总结： 简要讨论该员工在过去一年（或其他时期）的表现，包括其完成指定目标的情况、与同事沟通的效率，以及其他你认为相关的评价标准。

2. 员工优势： 根据你对该员工的评价、与该员工相处的经验，以及和该员工的交谈，你认为其主要优势是什么？

3. 职业抱负和职业目标： 根据你与该员工相处的经验以及和该员工的交谈，你们两人一致认为该员工在未来1~3年及以后的职业目标应该是什么？

4. 发展领域： 根据你对该员工的了解，你们两人一致认为他在未来一两年内应该集中精力发展哪些主要领域？

发展目标和行动：帮助员工实现职业目标的规划。

发展目标	具体行动计划	重要节点 / 日期
1		
2		
3		
4		
5		

签名：主管 ＿＿＿＿＿＿＿＿　员工 ＿＿＿＿＿＿＿＿

图 9-1　员工绩效总结和职业生涯规划

资料来源： Copyright Gary Dessler, PhD.

训练"。典型的研讨会包括自我评价练习（技能、兴趣、价值观等）、重要职业趋势评估、目标设定和行动计划等几个组成部分。

　　一些雇主为员工提供终身学习账户。雇主公司和员工都能做出贡献，员工可以借此获得与职业生涯相关的教育和发展。职业教练可以帮助员工制订五年计划，展示他们在公司的职业生涯发展方向，雇主和员工可以根据员工的需求制订其发展计划。在壳牌公司，"职业生涯管理人"会定期与"新兴领导者"会面。下面的"直线经理和小型企业的人力资源工具"专题说明了管理者可以采取哪些步骤来支持员工的职业生涯发展。

管理者在员工职业生涯发展中扮演的角色

管理者对员工职业生涯发展的影响怎么强调都不为过。称职的主管仅仅提供实际的绩效评估和坦诚的技能评价，很少或根本不需要额外努力，也可以帮助员工走上正确的职业轨道，且不偏离这个轨道。相反，对员工漠不关心的主管在多年后会发现，他一直以来都在阻碍员工的职业进步。

因此，负责任的主管会安排定期的绩效评估，并在这些评估中酌情讨论员工表现出的技能是否与其职业目标一致。即使是像图 9-1 那样简单的职业生涯规划也足够了。其目的是让管理者和员工将后者的绩效评估转化为发展规划。

小企业的应用

小企业还可以做很多事情来促进员工的职业生涯发展。我们在第 7 章中看到，小企业可以收取象征性的费用或免费提供重要的职业生涯相关培训。例如提供在线培训机会；提供 DVD 教程库；安排员工参加研讨会、课程和协会会议进行学习交流；鼓励员工加入行业协会。

小企业中，老板还应更多地了解员工的优点、缺点和愿望，从而留心他们想做的工作，给他们一个接受培训并参与这些工作的机会，引导他们使用 eAppraisal 等包括职业生涯规划在内的在线评估系统。

最后，一位小企业报道员提供了一些对促进职业发展特别有用的见解。其中包括：

* 促进交叉培训。一旦员工掌握了自己的工作，就鼓励员工学习互补职位的技能。这种交叉培训通过培养员工的技能来吸引他们。这对公司业务也很有意义，例如，当有人生病时，可以更容易地调动其他员工。
* 提供职业发展的机会，如现场工作坊或研讨会或与演讲嘉宾共进午餐。
* 促进员工之间正式或非正式的指导和同伴辅导关系。
* 同样，考虑与每位员工一起制定（或至少讨论）职业生涯发展规划，将此作为绩效评估过程的一部分。让每位员工至少确定一个想要为之努力的技能或领域。

👥 **多元化盘点**

走向职业成功 残障人士往往比常人更难在事业上取得成功。部分原因可能是人为强化的。例如，一些残障人士的职业期望可能较低，或者不会主动寻求与工作相关的帮助，或公平就业机会法案规定他们应得到照顾。

然而，大多数这样的问题并不是残障人士自己愿意的，而是源于管理者和同事的错误假设。虽然是出于好意，但他们可能会认为残障人士无法胜任某些工作，给他们"不适合该职业"的负面评价，假定为常人设计的工作不适合残障人士。管理者和同事必须摆脱这种刻板印象。

9.2　提高指导和辅导技能

支持员工的职业生涯发展需求，通常需要利用管理者的培训指导技能。教练辅导（coaching）意味着教育、指示和培训下属。导师指导（mentoring）意味着建议、提供咨询和指引。前者侧重于短期教授工作相关的技能，后者侧重于帮助员工应对长期的职业风险。一直以来，主管经常需要辅导和指导员工，但随着越来越多的管理者领导着训练有素的员工和自我管理的团队，支持、辅助和培养正在迅速取代下达指令去完成工作。下面的"管理技能培养"专题会告诉你该做什么。

公司明白指导和辅导的重要性。一项关于培训项目的调查发现，项目教授的最重要的技能包括"辅导绩效问题"（72%）、"沟通绩效标准"（69%）、"辅导发展机会"（69%）和"进行绩效评估"（67%）。

🖥 **管理技能培养**　　　　　　　　　　　　**如何成为一名有效的教练**

教练辅导和导师指导需要分析能力和人际交往能力。之所以需要分析能力，是因为如果你不知道问题是什么，是无法给别人建议的；之所以需要人际交往能力，是因为如果你不能让这个人改变，就算知道问题所在，也同样是徒劳的。

有些情况不需要对员工进行教练辅导。例如，如果你的新员工第一次学习如何做这项工作，或者如果你的员工绩效考核完美无缺，你就不需要做太多辅导了；否则，你可能就需要对员工进行辅导。

教练辅导并不仅仅意味着告诉员工应该做什么。我们可以把辅导分为四个步骤：准备、计划、主动辅导和跟进。准备包括了解员工的问题、员工自身和员工的技能，目的是找到问题所在。你要观察员工，看看他在做什么，还要观察工作流程以及这名员工与同事如何互动。除了观察，你还可以回顾有关该员工的生产、缺勤、事故、不满意度、产品质量、客户投诉等情况，以及员工以前的绩效评估和培训等方面的客观数据。

下一步是计划解决方案。也许让某人改变的最有力的方法，就是与他对需要改变什么积极地达成一致。这需要就问题以及需要做出什么改变取得一致意见。然后，你将制订一个改变计划，包括要采取的步骤、成功的标准和完成的日期。

在计划上达成一致后，你就可以开始真正的辅导了。从本质上讲，你就是老师。你的工具将包括你在第 7 章中学到的在职培训方法（例如让学员做好准备、演示操作、测试学员、跟进）。正如一位作者所说，"一名有效的教练会以下属能够听到、回应并理解其价值的方式提供想法和建议。"

最后，坏习惯有时会重新出现，因此需要定期跟进和观察进展。

图 9-2 给出了一份教练自我评价清单，用以评价管理者的辅导技能。

你需要问自己的问题	是	否
在开始辅导之前，你是否计划好了将要采取的方法？	☐	☐
你是否认真对待你的教练职能？	☐	☐
你是否关注员工的职业生涯，而不仅仅是他目前的表现？	☐	☐
你是否会倾听并解决学员对工作的困扰？	☐	☐
你是否会根据学员的能力调整课程？	☐	☐
你是否会询问学员是否理解？	☐	☐
你是否确定员工具备工作所需的技能或计划培养？	☐	☐
你是否设定了较高但可以实现的目标？	☐	☐
你是否与员工一起制定了可行的替代方案？	☐	☐
你是否给出了及时具体的积极反馈和消极反馈？	☐	☐
你的反馈是否集中在学员的行为及其后果上？	☐	☐
你是否和员工明确了对当前工作表现的期望？	☐	☐
你是否会听取员工对工作的意见？	☐	☐
你是否会鼓励员工？	☐	☐

图 9-2　教练自我评价清单

资料来源： 理查德·卢克，《教练与指导：如何培养顶尖人才并实现更高绩效》。

● 成为更好的导师

从传统意义上来说，导师指导意味着让经验丰富的资深员工为其他员工的长期职业生涯发展提供建议、咨询和指引。苦恼于应当从事何种职业的员工可能会需要导师指导。

导师指导可以是正式的，也可以是非正式的。非正式的情况包括中高层管理人员可能会主动帮助经验不足的员工，比如，给他们提供职业建议以及帮助他们适应工作环境。许多公司也有正式的导师指导项目。公司会将学员和导师配对，并提供培训以帮助导师和学员更好地理解各自的职责。研究表明，无论是正式的还是非正式的导师指导，拥有一位导师可以显著提高员工的职业满意度和成功率。

导师指导有利有弊。只要导师能以一种积极主动的方式影响下属和同事的工作和生活，它就是有价值的。而其不利之处则在于，教练辅导关注的重点是容易重新学习的日常任务，所以缺点通常是有限的，而导师指导关注的则是相对难以逆转的长期问题，并且经常触及人的心理（例如动机、需求、天赋，以及如何与他人相处等）。因为导师通常不是心理学家或训练有素的职业生涯顾问，所以他们在提供指导建议时必须格外谨慎。

有研究试图考察管理者需要做些什么才能成为更好的导师，其结果几乎没有什么令人惊讶的地方。好的导师设定较高的标准，愿意投入导师指导所需的时间和精力，并且积极地引导员工参与重要的项目、团队和工作。有效的导师指导需要信任，而信任的程度反映了导师的专业能力、努力程度、沟通能力和分享控制权的意愿。

然而，研究表明，传统的导师指导对女性员工不如对男性员工有效。例如，一项针对有导师指导的员工的调查发现，78% 的男性员工受到过首席执行官或其他高层管理人员的指导，而女性员工的这一比例为 69%。这样的数据促使公司将女性员工分配给那些更有组织影响力的"导师或帮助者"。例如，当德意志银行（Deutsche Bank）发现有几位女总监离开公司，到竞争对手那里找到了更好的工作时，便开始从银行执行委员会中为女性员工配对导师或帮助者。这些执行委员会成员有能力推动女性员工得到晋升。

学员的责任

有效的导师指导很重要，但是学员仍然要为这段关系得以发挥作用而负起责任。选择一个合适的潜在导师，这个导师能够客观地帮助指导你的职业生涯。通过明确你在时间和建议方面的期望，让潜在的导师更容易同意你的请求。询问工作相关的问题时要有选择性。指导关系通常不应该用来解决个人问题。

📟 通过人力资源信息系统提升绩效

整合人才管理、职业生涯规划及继任规划。可用于公司整合绩效、职业生涯发展、培训和继任规划的人才管理系统很多，例如哈罗根公司的电子继任规划系统（Halogen eSuccession），使公司能够"确定支持 3~5 年战略计划所需的技能和能力，并通过职业规划和发展规划，培养高潜力员工掌握这些技能和能力……"基石继任规划系统（Cornerstone Succession）整合了人才档案、职业生涯管理和内部招聘信息。总体继任规划系统（Sum-Total Succession Planning）支持"全面的、端到端的人才管理战略"，包括如下方面。

» **360 度反馈**。将同事对员工的能力评价纳入继任差距分析中。

» **职业发展**。员工在描述他们的职业进步时，可以制订计划来弥补他们在能力、技能和行为方面的差距。

» **薪酬管理**。可以将财务规划与未来的继任规划联系在一起，这样就可以对其财务影响进行模拟。

» **职业进步**。员工曾任职位和职业进步的过往信息可以用于指导未来的继任决策。

» **学习管理**。可以为未来的职位设置学习路径和课程。

» **绩效管理**。可以通过绩效评估识别公司中始终如一的高绩效者和顶尖人才。

» **招聘和雇用**。利用该系统可以将现有职位的情况与继任规划进行比较，然后根据需要招聘外部候选人。

9.3　给管理者的员工敬业度指南

● 职业生涯管理

世界经济的全球化在许多方面都是一件好事。对于从汽车到计算机再到航空旅行的各种产品和服务，它推动了更低的价格、更高的质量，在许多国家，它还提高了生产力和生活水平。然而，这些进步并不是没有代价的。全球化带来的成本效率、紧缩开支和生产力的提高，也在许多地方引发了劳动力的错位。对效率的追求驱使公司缩小规模，"用更少的钱做更多的事"。这促使了成千上万的公司合并，其中许多都是为了"消除冗余"，换句话说，就是裁员。这在一定程度上，增加了失业率。

● 新的心理契约

可以理解，这样的变化会使许多员工开始问自己，为什么要忠于公司。"为什么？"他们可能会问，"如果你再次决定削减成本时就要裁掉我了，那么我还应该忠于你吗？"借用《准备好自己的降落伞》（*Pack Your Own Parachute*）一书作者的话，如今许多员工都倾向于认为自己是自由人，既要做好当前的工作，又要为接下来去别的公司做准备。从前的心理契约可能是"你全力以赴、忠于公司，公司就会支持好你的事业"，而如今的心理契约通常是"只要你还在这里时能全力以赴、忠于公司，公司就将为你提供继续前进并获得事业成功所需的发展机会"。换句话说，公司必须考虑如何在面临潜在裁员风险的情况下保持员工敬业度，从而最大限度地减少员工自愿离职以及提高员工的努力程度。

● 承诺导向的职业生涯发展

公司的职业生涯规划和发展程序可以帮助实现这一目标。许多年前，心理学家亚伯拉罕·马斯洛（Abraham Maslow）提出，对大多数人来说，所谓的终极需求是对自我实现的渴望，即对自己的能力得到"实现"的渴望。具有讽刺意味的是，许多公司不仅没有尝试满足员工的这一需求，甚至还阻碍其实现自我，例如工作缺乏挑战性或缺少职业生涯发展机会，都会导致这一结果。

毫不奇怪，像赛仕软件公司和谷歌公司这样的进步企业，其做法有所不同。它们采取职业生涯发展措施，旨在确保员工有机会在工作中使用和发展自己的技能。借用赛仕软件公司首席执行官的话来说，赛仕致力于创造关心员工个人发展和职业发展的企业文化。一项调查显示，在表现良好的公司中，约33%的受访者表示，他们公司的职业生涯发展计划有效提高了员工的敬业度；在表现不佳的公司中，这一比例为21%。最基本的是，公司的职业生涯发展相关流程应该释放出这样的信号：

公司关心员工的职业成功，因此值得员工尽职尽责为之工作。

在这样的公司中，职业生涯发展措施远远超出职业辅导和研讨会（尽管这些很重要）。例如，我们在第 5 章中提到的，联邦快递公司通过其强大的内部招聘和内部晋升政策来促进员工的职业生涯发展。其核心是职业生涯记录和工作发布系统，该系统被称为工作变更申请人跟踪系统（Job Change Applicant Tracking System，JCATS）。这个系统通常在每周五发布新的职位空缺，所有申请该职位的员工都会根据他们的工作表现和服务年限获得分数，然后被告知自己是否被选为候选人。

● 职业生涯导向的绩效评估

另一个例子是，有些管理者仅仅利用公司的绩效评估来告诉员工他们做得如何，从而错失了机会。绩效评估还应提供一个机会，将员工的绩效、职业兴趣和发展需求联系起来，形成一个连贯的职业生涯规划。通过职业生涯导向的绩效评估，主管和员工共同将员工过去的表现、职业偏好和发展需求纳入正式的职业生涯规划。

这样的评估系统无须实现自动化，但如前所述，有几个好用的在线系统。例如，哈罗根公司的电子绩效评估系统，使管理者根据员工的能力及职业生涯发展规划和／或目标，来确定相关的员工发展规划，然后公司可以围绕员工的需求组织发展活动。

杰西潘尼（JC Penney）的职业管理方格法是一个经典案例，说明了职业生涯导向的绩效评估是否存在可能性（尽管几年前的管理层变动使这一努力很大程度上被搁置了）。杰西潘尼培训其管理人员，同时考虑员工的绩效和职业兴趣以及公司的需求，并为员工制定包括发展活动在内的职业生涯规划。

以下是它的运作原理。在年度评估之前，员工及其经理会回顾职业方格。方格列出了公司的所有监管职位（分为运营岗位、销售岗位、人事岗位和综合管理岗位四组），方格还包括具体的职位，如区域销售经理。该公司还提供了方格中所有职位的简要描述。

方格还确定了典型的晋升路线。例如，当考虑经理助理的下一个岗位时，不仅可以考虑销售岗位，还可以考虑运营岗位和人事岗位。晋升可以跨越四组岗位，升 1～2 个级别。例如，一位高级销售经理可能会被提拔为销售总经理。总之，杰西潘尼的职业管理方格法展示了公司如何利用绩效评估程序来帮助员工和管理者围绕员工的优势、劣势和职业偏好为员工制定职业生涯规划。

其他公司还会使用特殊的培训发展计划来促进员工的职业生涯发展。下面的"人力资源实践"专题提供了一个示例。

人力资源实践

美敦力公司的职业生涯发展

美敦力（Medtronic）是一家设计和制造先进医疗设备的公司，它拥有切实有效的职业生涯发展项目。该公司为员工职业生涯规划和发展提供广泛的支持资源，帮助员工了解自己的职业优势和劣势，发挥自己的潜力。这些支持资源包括：定制化的发展计划；自我评估和反馈的工具；导师指导项目；涵盖商业、工程和科学主题的综合性现场课程；用于报销学费的奖学金；使员工可能在公司内部寻找新职业机会的在线职位列表。

此外，新的工商管理硕士员工可以参加美敦力的企业领导力发展轮岗项目。

这是一个为期2~3年的项目，包括在两个地点各完成12~18个月的任务。该项目能够让参与者广泛了解美敦力，并获得深入的职能岗位经验。职能领域包括临床、企业发展、财务、人力资源、信息技术、市场和业务拓展、运营和监管。除了完成工作任务，参与者还能获得职业发展经验，参加同伴指导计划、职能培训和领导才能研讨会等。

此外，项目候选人需要具有3~5年的专业能力和相关工作经验，工商管理硕士学位（或其他符合条件的硕士学位），并且愿意在不同地点寻求机会。

9.4　员工保留与离职管理

离职率——离开公司的员工所占的百分比——在不同行业中差异很大。例如，在酒店和餐饮服务行业，每年约有半数员工自愿离职。与之相反，教育行业的自愿离职率仅有大约12%。

另外，离职率只反映了自愿离职的员工的情况，比如为了更好的工作，而不包括由于表现不佳等原因非自愿离职的员工。将自愿离职和非自愿离职结合起来，就会得出一些惊人的统计结果。例如，许多餐馆的员工离职率每年都在 100% 左右。换言之，很多餐馆每年都需要把所有员工全部替换一遍！正如下面的"作为利润中心的人力资源管理"专题所展现的那样，员工离职会令企业付出高昂的成本。

作为利润中心的人力资源管理

员工离职的成本

一个研究小组分析了一家拥有 31 名客服人员和 4 名主管人员的呼叫中心，对员工离职产生的有形成本和无形成本进行了研究。与一名客服人员离职相联系的有形成本包括招聘、筛选、面试和测试候选人的成本，以及对新员工进行上岗培训期间的工资成本；无形成本则包括新的客服人员（他们在刚上岗时的生产率较低）带来的生产力损失，修正他们的错误花费的成本，以及辅导新的客服人员产生的监督成本。研究者通过计算估计出，一名客服人员离职所带来的成本大约为 21 500 美元。而该呼叫中心平均每年大约会有 18.6 个职位空缺（离职率约为 60%）。研究者估计，每年客服人员离职给该呼叫中心带来的成本为 400 853 美元。如果能够采取一定的措施将离职率降低一半，就能为该公司每年节省大约 20 万美元。

● 自愿离职管理

要想降低员工的离职率，就需要对造成自愿离职和非自愿离职的各种原因进行识别和管理。我们将在本章前半部分探讨自愿离职的管理，在本章后半部分讨论非自愿离职的管理。

管理自愿离职需要首先确定其原因，然后加以解决。但是，找出员工自愿离职的原因，说起来容易做起来难。虽然对工作感到不满的人更有可能离开，但导致他们不满的原因却是多种多样的。

咨询顾问从 262 家员工人数在 1000 人以上的美国企业收集了员工离职方面的

数据。在这项调查中，投入度高、表现顶尖的员工给出的员工离职五大原因，从高到低排列分别是：薪酬、晋升机会、工作与生活的平衡、职业生涯发展和医疗福利。导致员工自愿离职的其他原因还包括不公平、不受重视、不被认可。（有时只要问员工这样一个问题，"综合考虑所有方面，你对自己的工作满意度如何"，就能有效得知员工对工作的各个方面，如对上级和薪酬的态度。）员工对很多现实问题的考虑也会影响其离职。例如，高失业率会导致自愿离职减少，工作机会较少的地方离职率也会更低。

　　员工离职也并不总是坏事。例如，与失去表现出色的员工相比，失去表现不佳的员工问题不大。有些公司，例如连锁餐厅苹果蜂（Applebee's）甚至对其餐厅经理采取了不同的激励方式，并用更高水平的激励方式来降低高绩效员工的离职率。

● 减少自愿离职的员工保留策略

　　考虑到导致员工自愿离职的因素多种多样，公司能做些什么来应对员工离职呢？没有什么万全之策。管理者应该明白，留住员工是一个人才管理问题，而最佳的员工保留策略应当是多功能的。例如，那些对自己的工作不感兴趣的员工，感到自己不适合当前工作的员工，或者觉得薪酬过低的员工都更容易离职。公司只能通过制定全面有效的人才管理措施来解决这些问题。换句话说，员工离职（包括自愿离职和非自愿离职）往往源于糟糕的甄选决策，再加上培训不充分、绩效考核不合理以及薪酬不公平等原因。因此，在没有全面考虑公司人力资源管理实践的情况下，试图制定员工保留策略是徒劳无益的。

● 保留员工的一种综合性方法

　　智睿企业咨询和罗致恒富公司的研究发现和调查结果，为制定综合性员工保留方案提供了启示。

　　合理的做法是定期跟踪离职员工的数量，尤其是那些表现最好、最有潜力的员工。然后，找出问题所在。离职面谈可以为潜在的离职问题提供有用的信息。许多雇主会进行态度调查，以了解员工对监管和薪酬等问题的感受。"开门"政策和匿名热线可以帮助管理层发现士气问题并进行纠正。有时，通过分析具体情况，公司就会发现解决问题的方法其实很简单。例如，沃尔玛公司发现，通过提供接近实际的工作需求和工作时间预告，可以显著降低员工离职率。在确定了潜在的问题之后，雇主就可以采取以下措施来提高员工保留率。

对于员工离职的原因，最显而易见的解释通常恰恰是正确的原因，即薪酬太低。尤其是对于那些高绩效的员工和关键员工来说，提高薪酬是许多公司留住员工的首选手段。

然而，员工离职的原因并不只是追求更高的薪水。例如，不适合这份工作的人，或是在领导不当的管理者手下工作的人，更有可能离职。因此，保留员工要从甄选合适的员工开始。甄选不仅是指员工，还包括选择正确的主管人员。例如，联邦快递公司会定期进行员工态度调查，以持续了解主管人员的表现。

此外，职业前景和专业发展不足也会致使许多员工离职。相反，培训和职业生涯发展规划能让员工有强烈的动机留下。一位专家说："那些感到公司关心自己的发展和进步的专业人士更有可能留在公司。"因此，企业管理者要定期与员工讨论他们的职业偏好和期望，并帮助他们规划好职业道路。此外，"不要等到绩效审查的时候才告诉员工，他们对公司有多么重要"。

如果人们不知道自己需要做什么以及目标是什么，就无法做好自己的工作。因此，留住员工的一个重要方面是明确对员工的绩效期望。

心理感受也很重要。除了令人满意的薪酬和福利，员工还需要并重视公司对他们出色工作的认可。高压、官僚的公司可能会致使员工离开，而让他们感到舒适的公司则会鼓励他们留下。

高绩效或高参与度的工作实践也可能会提高员工保留率。一项对呼叫中心的员工的调查研究发现，那些大量采用高参与性工作实践（扩大员工的自主决定权、建立问题解决小组和自我指导团队等）的呼叫中心，其员工离职率较低。那些在员工身上"投资"（例如，提供更多的晋升机会、相对较高的薪酬水平和退休金，以及提供全职工作）更多的企业也是如此。与此相反，业绩压力（例如密集的绩效监控）会导致离职率显著提高。罗致恒富公司和凯业必达招聘网（CareerBuilder）的一项调查显示，员工认为"灵活的工作安排"和"远程办公"是促使他们选择某个工作的两项重要福利。

另外，数据在控制员工离职方面十分重要。例如，全美互助保险公司（Nationwide Mutual Insurance Co.）的管理人员每月都会收到包括离职者数据的"计分卡"。阿连特科技系统公司（Alliant Techsystems Inc.）运用商业分析工具筛选员工数据，根据员工离职风险模型计算特定员工离职的可能性。下面的"影响人力资源管理的发展趋势"专题提供了更多案例。

影响人力资源管理的发展趋势：数字化和社交媒体

赛仕软件公司的员工保留

数字和社交媒体工具可以极大提高员工敬业度和员工保留率。赛仕软件公司的员工保留程序能够筛选员工数据（包括技能、任期、绩效、教育和朋友等），预测哪些高价值的员工在不久的将来更有可能辞职（这使得赛仕软件公司可以预防这种情况发生）。如前所述，阿连特科技系统公司创建了一个"员工离职风险模型"来预测员工离职的可能性，并采取补救措施。谷歌公司的员工调查"Googlegeist"包含五个问题，旨在确定哪些谷歌员工更有可能离职。基于对以前调查结果的分析，如果一个团队中员工愿意留下的概率低于 70%，谷歌就会采取纠正措施。分析软件 Evolv（现为 Cornerstone）可以处理五亿多个数据点，包括从失业率到员工个人的社交媒体使用等一系列项目，该软件帮助其客户，如施乐公司（Xerox），提高员工留存率。例如，Evolv 发现，拥有两个社交媒体账户的员工比其他员工表现得更好。

● 工作退出

自愿离职仅仅是员工退出的方式之一。退出一词的通常含义是指一个人将自己与当前的情境分离开来——对于那些感到不满或害怕的人来说，这通常是一种逃避方式。在工作语境下，工作退出是指"员工在自己与工作环境之间建立物理或心理距离的行为"。

缺勤与自愿离职是工作退出的两种方式。其他常见的工作退出方式虽然不那么明显，但也同样具有破坏性，例如浪费时间和同事闲聊，经常在工作时间休息，或者干脆不做自己觉得繁重的工作。还有一些员工则表现得心不在焉（"心理退出"），他们可能坐在办公桌前做"白日梦"，而使工作效率受到影响。这些时候，员工虽然身体还在公司待着，但他们的心思却早就飞走了。事实上，工作退出过程往往是渐进的，常常是从做"白日梦"开始，再逐步发展为缺勤，最后演变成自愿离职。"当员工意识到暂时性的退出无法解决他所面临的问题时，他就会倾向于选择一种更持久的退出方式"，比如离职。

如何应对工作退出

由于很多人都产生过退出的愿望，所以通常不难理解那些觉得自己必须逃离的人。人们倾向于靠近让他们感觉良好的环境，远离让他们感觉糟糕的环境。从理论上讲，"消极的情绪状态使人们意识到他们目前的处境是有问题的，这种意识会促使他们采取行动。"人们会排斥那些带来不愉快、不舒服等情绪的环境，而被那些带来快乐、舒适等情绪的环境吸引。关键在于，一个人对所处环境的情绪越消极（或越不积极），就越有可能试图躲避或退出这种环境。

因此，管理者可以从减少工作的负面效应和提升工作的正面效应两个方面来思考减少工作退出的战略。因为潜在的负面效应和正面效应实际上都是无限多的，因此，要想应对各种工作退出问题，同样需要一种综合性的人力资源管理方法。比较明显的工作的潜在负面效应，包括枯燥的工作、糟糕的上级、较低的薪酬、他人的欺凌、暗淡的职业发展前景以及恶劣的工作条件等。工作的潜在正面效应包括丰富的工作、支持员工工作的上级、公平的薪酬、有利于员工家庭的福利、纪律和申诉程序、职业生涯发展机会、安全健康的工作条件，以及士气高昂的同事等。访谈、调查和观察等方法都有助于企业识别自己需要应对的问题。

随着越来越多的员工通过智能手机和平板计算机把工作带回家，员工与工作的分离（而不是退出）并不总是一件坏事。研究人员发现，将自己与工作分离开来有助于改善家庭生活。他们建议采取措施允许员工拥有一些高质量的家庭时间，比如员工和他的伴侣可能会"共同遵守周末不工作或晚餐后关掉手机"的特定规则。

9.5　晋升和调动管理

职业生涯规划和导师指导通常先于晋升决策。大多数人渴望得到晋升，因为晋升通常意味着更高的薪酬、更大的权力，（通常来说）还有更高的工作满意度。对企业来说，晋升还提供了奖励业绩突出的员工，以及让经过考验的忠诚员工填补空缺职位的机会。然而，晋升过程并不总是一种积极的体验。不公正和暗箱操作会破坏整个过程。另外，随着越来越多的企业开始裁员，一些晋升的表现形式是更具挑战性的工作，而非更高的薪酬。因此，在任何一家企业的晋升过程中，企业都需要做出几个方面的重要决策。

（图标）了解你的雇用法律   **为晋升管理制定明确的指导方针**

一般来说，与招聘、甄选员工以及从事其他人力资源活动时一样，企业的晋升程序必须遵守所有反歧视的法律。例如，1964 年美国《民权法案》（Civil Rights Act）第 7 章中就包含了"有关雇用的条款、条件或优先权"。同样，1967 年美国的《就业年龄歧视法》（Age Discrimination in Employment Act）规定，对年龄较大的员工或求职者实施任何形式的歧视（包括晋升方面的歧视）都属于违法行为。

企业应该建立保障措施，以确保自己的晋升决策不会引发歧视指控或报复指控，而这种情况经常发生。例如，美国第五巡回上诉法院受理了一位女性员工的上诉，她称自己受到了报复。她拿出证据证明，自己的晋升之所以遭到拒绝，是因为曾被她指控性骚扰的主管劝说她现在的主管不给她晋升。

企业针对此类起诉的防范方式之一是，确保自己的晋升程序清晰客观。例如，美国第八巡回上诉法院认定一家公司没有为现有员工的晋升制定客观的指导方针和程序，这可能构成雇用歧视。（在此案中，法院发现，该机构，即一所社区大学，没有在招聘和晋升中使用相同的程序，没有说明在何时以及何种条件下会宣布空缺职位，也没有规定是否有申请截止日期。）在另一起案件中，一家公司拒绝了一名 61 岁员工的晋升申请，理由是他在面试中表现不佳。面试官说他没有从这位候选人身上感觉到一种"真正的自信"。在此案中，"法院明确指出，虽然主观原因能够作为做出不利的雇用决策的理由，但雇主必须阐明自己的决策所依据的明确且具体合理的现实基础是什么"。换言之，要有客观证据来支持你在晋升决策方面做出的主观判断。

晋升对那些得到晋升的人来说通常是件好事，但那些被落下的人呢？这种情况需要谨慎处理。在一项研究中，没有得到晋升的军官培训候选人，比那些得到晋升的人更有可能做出破坏生产的工作行为（如言语和人身攻击、盗窃和在值班时睡觉）。

与晋升相关的关键决策包括以下内容。

● 决策 1：晋升应该依据资历还是能力

最重要的晋升决策问题也许就是，晋升应该依据资历还是能力，还是两者兼顾。当今社会对于竞争力的关注点，更多是能力。然而，这还取决于多种因素。工会合同有时会包含强调资历的条款。在许多公共组织中，强调资历而非能力的规章制度常常决定了晋升决策。

● 决策 2：如何衡量员工能力

如果企业选择将能力作为晋升的依据，那么企业就必须对能力进行界定和衡量。界定和衡量员工过去的绩效相对简单，但是晋升决策应该建立在预测候选人未来绩效上。

不论对错，许多企业在实践中都将员工过去的工作绩效作为预测他们的未来绩效的指导依据，并（基于员工以往的杰出工作绩效）假定此人在新的工作岗位上也会有优异的表现。许多企业还会使用测试或评估程序，或是像九宫格这样的工具（见第 7 章），来对具备晋升条件的员工是否具备管理潜力进行评估和确定。

例如，由于涉及公共安全问题，警方和军方在决定将谁晋升到指挥岗位时，通常会采用非常系统的方法对候选人进行评价。对警察来说，传统的晋升考核包括书面知识测试、评估测试、资历条件，以及基于近期绩效评价等级得到的一个分数。大多数还包含人事档案审查，这包括了对与管理相关的教育和经验的评估，从多种来源得到的评价，以及对行为证据所做的评级。

● 决策 3：晋升程序是正式的还是非正式的

许多企业都有非正式的晋升程序。它们可能会也可能不会发布空缺职位。一些关键的管理人员可能会使用自己的"不公开"的标准做出晋升决策。在这种情况下，员工很可能会（合理地）得出这样的结论："你认识谁"这样的因素比业绩更重要，想通过努力工作获得成功是徒劳的——至少在这家公司是这样。

还有一些企业制定了正式、公开的晋升政策和晋升程序。员工可以得知正式的晋升政策，其中详细描述了企业晋升员工的标准。空缺职位公告政策表明，公司会公布空缺职位及其要求，并将此传达所有员工。正如本书第 5 章讲到的，许多公司还会维护员工任职资格数据库，并且使用人员替换图表以及计算机化的员工信息系统。

● 决策 4：垂直晋升、水平晋升，还是其他晋升方式

晋升并不一定是向上的。例如，当你的公司正在裁员时，你该如何用升职的前景来激励员工？如何为工程师等对管理职位兴趣不大或不感兴趣的人提供晋升机会？

有几种可能的选择。有些公司，比如英国石油公司的勘探部门就创建了两条平行的职业发展通道，一条给管理人员；另一条给"有贡献的个人"，如高绩效的工程师。在英国石油公司，有贡献的员工可以晋升到非管理类的高级职位，比如"高级工程师"。这类职位可以获得与同级别管理类职位相似的薪酬。

另一种选择是对员工进行水平调动。例如，将生产部门的员工调动到人力资源部门去发展其技能，并测试和挑战其能力。因此，从某种意义上说，即使让员工待在同一职位上，"晋升"也是可能发生的。例如，可以丰富员工的工作内容，或者给员工承担更多责任的机会。

另外，主动联系那些渴望得到晋升但还没有做好准备的员工。借用谷歌首席人力资源官的话来说，这样做比让他们辞职或退出要好得多。

👥 多样化盘点

性别差异　在美国，能够到达顶级职位的女性人数，与她们在各产业的人数依然不成比例——女性占劳动力的 40% 以上，但只占据着不到 2% 的高层管理职位。各种公然的或微妙的歧视可能是造成这种现象的主要原因。一项研究显示，获得晋升的女性需要达到比那些同样获得晋升的男性更高的绩效评价等级，"这表明女性的晋升标准更严格"。女性员工指出，她们需要比男性跨越更大的障碍（比如被排除在非正式的社交网络之外），并且更难得到发展性的工作任务，女性必须比男性更积极主动才能得到这种任务。少数民族女性似乎处于更为不利的地位。有色人种女性在私营部门的专业类岗位和管理类岗位中只占很小的比例。

令人遗憾的是，很多职业发展项目与少数民族女性和非少数民族女性的需求并不吻合。例如，许多此类项目低估了女性（以及男性）在家庭责任中扮演的角色。同样，一些项目假定职业发展道路是连续的，但是，对于很多女性（可能也包括男性）来说，需要暂停一段时间的工作来照顾家庭的情况时常出现。很多人将阻碍女性职业发展的所有这些障碍统称为"玻璃天花板"。企业需要消除这些阻碍女性职

业进步的障碍。具体步骤如下。

» **消除制度障碍。** 许多做法（例如要求参加深夜会议）看起来似乎是中性的，但实际上却对女性造成了更大的影响。

» **改进社交网络和导师指导。** 为了增加女性员工的社交机会，万豪国际集团（Marriott International）为女性员工举办了一系列领导力大会。演讲者提供了关于职业发展的实用建议，并分享了他们个人的一些经验。更为重要的是，这种会议为万豪国际集团的女性员工与他人接触并建立业务关系提供了非正式的机会，比如午餐时间。

» **打破"玻璃天花板"。** 要想打破"玻璃天花板"的阻碍，仅靠首席执行官的命令是不够的，因为这个问题通常是系统性的。正如一位专家所说，"性别歧视根植于看似公正的工作实践、文化规范和形象的平台之中……人们甚至注意不到这些，更不用说质疑它们了。"从我们刚才提到的深夜会议到高尔夫球场的会员资格，均属此类情况。

» **采用灵活的职业发展通道。** 不灵活的晋升阶梯（比如，你必须工作 8 年、每周工作 50 小时，才能获得申请合伙人的资格）会将女性置于不利地位，因为她们通常需要承担更多养育孩子的责任。比如，在许多大型会计师事务所，男性比女性更有可能连续工作十几年，这是达到成为合伙人的条件常规来说需要的时间。解决这一问题的方案之一就是建立灵活的职业发展通道，使女性能够定期减少工作时间（包括减少工作时长及制定更加灵活的全年工作时间表），同时又能留在合伙人的发展通道上。例如，当德勤会计师事务所注意到女性审计员正在流失时，便设计了一种新的工作制度。新制度更为灵活且减少了工作时间，使许多本来可能离开公司的在职妈妈得以留下。

● **调动管理**

调动是指将员工从一个职位调整到另一个职位，通常工资和等级不变。企业可能会将员工从一个不再需要他的职位，调动到另一个需要他的职位上，或者在公司内部为员工找到一个更合适他的职位。如今，许多公司都在通过整合职位来提高生产率。调动还可以为被替换下来的员工提供一个寻找其他工作任务或谋求个人发展的机会。员工希望得到调动的原因是多方面的，其中包括寻求更有意思的工作、获得更大的便利——更好的工作时间和工作地点等，或者寻求有更多发展机会的工作。一些晋升和调动要求员工更换工作地点。在这种情况下，"调动"是物理层面的。员工可能不仅要考虑工作，还要考虑调动对其家庭生活的影响。

● 退休管理

对许多员工来说，多年的绩效评估和职业生涯规划随着退休而结束。

对于公司来说，退休计划则是一个重要的长期问题。在美国，25～34 岁的人口增长缓慢，而 35～44 岁的人口正在减少。因此，随着五六十岁的员工逐渐接近传统的退休年龄，退休导致的人才短缺成为迫在眉睫的威胁。然而，很多公司都更关注短期裁员以削减成本的需要，而不是这种长期威胁。

也有许多公司已经很明智地开始选用刚刚退休或即将退休的人来填补人员缺口。值得庆幸的是，在一项调查中，78% 的员工表示，他们希望在到了正常退休年龄后继续以某种身份工作（64% 的人想从事兼职工作）。只有大约 1/3 的人表示，他们出于经济方面的原因才愿意继续工作；大约 43% 的人表示，他们继续工作只是为了保持活力。

问题的关键在于，"退休计划"不再只是帮助员工逐渐进入退休状态的计划。它还可以帮助企业保留那些本该正常退休后离开公司的员工所掌握的技能和知识。

合理做法的第一步是对面临的退休情况进行数值分析。这种分析应该包括人口统计分析（包括对公司员工的普查），确定公司员工的平均退休年龄，以及评估员工退休将会对公司的医疗保健和养老金福利产生何种影响。然后，公司就能确定退休问题的严重程度，并采取以事实为基础的员工计划步骤来解决这个问题。

措施

想要吸引或保留退休人员的企业通常需要采取一些措施。总体思想是要制定能够鼓励和支持年龄较大的员工继续工作的人力资源管理政策。

研究表明，对雇主越忠诚的员工，越有可能在到了正常退休年龄之后继续工作。这种忠诚通常始于在企业中建立一种尊重经验的文化。例如，美国的连锁药店 CVS 知道，招聘海报等传统招聘媒介可能无法吸引年纪较大的员工。因此，CVS 通过美国的全国老龄问题委员会、市政府部门以及社区组织来寻找新员工。它还明确表示欢迎年龄较大的员工。一名敬业的年长员工说："我还不到退休的年纪呢。CVS 愿意雇用年龄较大的员工，他们不看年龄，只看经验。"其他一些企业则对甄选程序进行了修改。例如，一家英国银行停止使用心理测试，而改用角色扮演练习来考察求职者是如何与客户打交道的。

企业用来留住年长员工的其他方法包括：为他们提供兼职工作，聘请他们担任顾问或临时工，为他们提供灵活的工作时间安排，鼓励他们在达到传统退休年龄后继续工作，为他们提供培训以更新技能，以及制定分阶段退休方案等。分阶段退休方案使年长员工可以通过逐渐减少上班时间的方式，逐步进入退休状态。

9.6　解雇管理

并非所有员工离职都出于自愿。一些职业发展规划和绩效评价不是以晋升或光荣退休结束，而是以解雇收场，即公司在员工非自愿的情况下与其终止雇用关系。处理非自愿离职的最佳方法是，首先尽可能地避免这种情况。例如，许多解雇的根源在于糟糕的雇用决策。企业可以运用评价测试、背景核查、药物测试，以及明确定义工作岗位等方法，减少此类解雇的发生。

了解你的雇用法律　　　　　　　　　　　　　　　　　　自由解雇

100 多年来，美国的一个通行规则是，在没有签订雇用合同的情况下，雇主或员工都可以自由终止（terminate at will）雇用关系。换言之，员工可以以任何理由按照自己的意愿辞职，雇主也可以以任何理由按照自己的意愿解雇员工。但现在，越来越多被解雇的员工将自己的前雇主告上了法庭。在许多情况下，雇主发现他们已经不再具有任意解雇员工的权利了。

自由解雇的例外情况

三种防止不当解雇的主要保护措施削弱了自由解雇原则：法定例外、普通法例外，以及公共政策例外。

首先，法定例外包括联邦政府及州政府制定的，公平就业和工作场所的相关法律所禁止的某些解雇行为。例如 1964 年《民权法案》第 7 章就规定禁止因种族、肤色、宗教、性别或国籍原因解雇员工。

其次，存在许多普通法例外。一些法院根据先前的判决创造了这些例外。例如，法院认定，企业在员工手册中承诺只会在有"正当理由"的情况下解雇员工，这可能构成自由解雇的一种例外。

最后，根据公共政策例外，法院认为，如果某项解雇决定违背了既定公共政策，则可被视为不当解雇。例如，公共政策例外可以禁止雇主因员工拒绝执行违反法律的命令而将其解雇。

● 解雇员工的理由

解雇员工的理由有四类：绩效不佳、行为不端、无法胜任工作，以及工作要求发生变化或职位被取消。

» 绩效不佳是指员工总是不能完成规定的任务或无法达到规定的工作标准。具体原因包括：缺勤次数过多、工作滞后、持续无法达到正常的工作要求，以及对公司、主管或同事态度恶劣。

» 行为不端是指员工故意违反公司规定，其中可能包括偷窃财物、惹是生非和不服从命令。

» 无法胜任工作是指员工勤奋工作但仍然无法完成规定的工作。由于这类员工可能还在很努力地尝试完成工作，所以应当尽量帮助他们——比如给他们分配其他工作。

» 工作要求发生变化是指员工在工作性质发生变化后无法胜任工作。类似地，当员工的职位被取消时，公司也不得不解雇他。同样，由于这些员工可能工作很勤奋，所以如果可能的话，合理的做法是，对他们进行再次培训或把他们安排到其他岗位上。

不服从命令是行为不端的一种表现形式，有时也会成为解雇员工的理由。不服从命令的两种基本类型是不愿意执行管理者的命令，以及对管理者表现出不尊重的行为。（此处假设上级下达的命令是合法的，并且员工的反应并非由管理者的极端行为而引发。）不服从命令的例子包括：

» 直接无视上级的权威；

» 直接违抗或拒绝服从上级的命令，尤其是在有他人在场的情况下；

» 故意违抗公司明文规定的制度、规章、条例和程序；

» 公开批评上级；

» 公然无视合理的指令；

» 轻蔑地表现出不尊重；

» 无视命令传递机制；

» 参与（或领导）削弱或推翻上级权力的活动。

解雇员工从来都不容易。但是，管理者可以采取措施来使解雇变得更加公平。

第一，应当允许员工对自己的行为做出解释。比如，在员工解释之后可能会发现，员工不服从命令只是因为他没有理解命令。类似地，员工如果能够得到企业的充分解释，明白企业为什么会做出解雇决策以及如何做出解雇决策，就"更有可能认为他们被解雇是公平的……并且表明他们不想将曾经的雇主告上法庭"。

第二，制定正式的、包括多个步骤的解雇程序（包括警告）和申诉程序。

第三，实际执行解雇决策的人十分重要。一项研究发现，与从人事部经理等其他人员那里得知自己被解雇的员工相比，那些从直接上级那里提前得知自己将被解雇的员工，更有可能认为解雇是公平的。有些企业则采取更加直接的做法。在一项调查中，大约 10% 的受访者表示，他们曾发电子邮件解雇员工。2012 年，杰西潘尼公司的前首席执行官解雇了数千名员工，很多员工在大会厅里被一组组解雇，一组的人数从十几个人到 100 多人不等。企业应该让合适的人用一种人道主义的方式来执行解雇决策。

第四，被解雇的员工如果觉得自己在经济上受到了不公平对待，就更有可能向法院提起诉讼。很多企业用支付遣散费的方式来减缓解雇带来的冲击。图 9-3 总结了典型的遣散费支付政策。

● 避免不当解雇的指控

当员工被解雇的情形不符合法律规定，或者不符合公司通过求职申请、员工手

遣散费计算方法	支付遣散费的周数中位数		
	高层管理人员	中层管理人员	专业人员
定额	26	6	4
根据雇用年限发放不同数额			
1 年	4	2	2
3 年	7	5	5
5 年	10	7	7
10 年	20	12	10
15 年	26	16	15
最高	39	26	24

图 9-3　不同职位等级的遣散费发放周数的中位数

资料来源：Culpepper 薪酬调查与服务。

册或其他承诺方式声明或暗示的契约安排时，不当解雇就发生了。（在涉及变相解雇的起诉中，一位原告声称自己辞职是由于别无选择，因为雇主把工作状况变得令人无法忍受。）防止此类诉讼要在经理犯错和员工提起诉讼之前。

要想防止不当解雇的指控，需要做到两件事：遵循程序步骤和公平保障。首先要为避免此类诉讼打好基础。程序上的步骤包括：

» 让求职者在求职申请表上签字。确保其中包含类似"雇主可以随时终止雇用关系"的陈述。

» 审查员工手册，删除那些可能会使自己在不当解雇诉讼中处于不利地位的陈述。例如，删掉"公司只能在有正当理由的情况下解雇员工"。

» 在书面规则中明确列出可能会导致处分和解雇的违规行为。

» 如果员工违反了某项规定，要在有证人在场的情况下让员工陈述整个事件的前后过程，并且最好让其签字。然后对整个事件的实际情况进行核查。

» 确保至少每年对员工进行一次书面绩效评价。如果有证据表明某员工无法胜任本职工作，就要向其发出警告，并提供一次改进的机会。

» 注意保密记录所有的行动，如员工的绩效评价、受到的警告或发出的通知等。

» 最后，回答图 9-4 中列出的那些问题。

避免不当解雇索赔：做出最终解雇决定前要问的几个问题

避免不当解雇索赔是一件复杂的事情，例如，要确保解雇是公平的，且不涉及歧视、骚扰、报复或违约等问题。一些说明性的问题包括：

» 员工是否受到任何形式的书面协议（包括集体谈判协议）的保护？
» 协议是否涉及员工赔偿？
» 公司是否传达并执行了合理的规章制度？
» 员工是否有机会解释其违规行为或纠正其不良表现？
» 是否有直接或间接证据（比如员工陈述）表明该员工被解雇是由于歧视性的原因？
» 与其类似的员工是否因年龄、性别、种族或其他受保护的群体类别而受到区别对待？
» 雇主是否有令人反感的接近行为，或要求发生性行为、寻求建立恋爱关系或性关系？
» 在被雇佣之前，员工是否向主管、同事、人力资源部门或执行机构（如美国职业安全与健康管理局，OSHA）报告过公司潜在的违规行为？
» 员工是否签署了书面合同，如果是，该合同是否明确了允许终止的理由或终止程序？
» 雇主、主管或上级是否有过口头承诺，比如承诺该员工的工作是"有保证的"，或是向其担保"终身任职"？
» 员工在这里工作了多久？这是他第一次违反纪律吗？
» 你确定过去曾发出过警告吗？
» 还有其他人犯了同样的错，却受到了不同的对待吗？

图 9-4　避免不当解雇的索赔

资料来源：培生教育集团；美国国家律师事务所网站，美国"就业法律"网站。

● 主管人员的责任

法院有时会判决管理人员需要对其管理行为承担个人责任。例如，美国《公平劳动标准法》（Fair Labor Standards Act）将雇主定义为"在与任何一位员工打交道时，直接或间接代表雇主利益采取行动的任何人"。这个人可能就是员工的主管人员。

需要采取的措施

有几种方法可以避免承担个人责任。

» 遵循公司的各项政策和程序。员工可能会对他认为没有遵守公司相关政策和程序的某位主管人员提出索赔。
» 以一种不会加剧员工的情感伤害的方式来实施解雇决策（比如不要让员工当众收拾东西离开办公室）。
» 不要在愤怒时采取行动，因为这样会使你的解雇决策看起来不客观。
» 最后，征求人力资源部门的意见，了解应当如何处理棘手的解雇情形。下面的"管理技能培养"专题介绍了如何处理解雇面谈。

管理技能培养   如何处理解雇面谈

　　解雇员工是你在工作中可能碰到的最困难的任务之一。即使在解雇前已经对员工提出过多次警告，被解雇的员工也依然可能对解雇决定有所怀疑甚至出现暴力行为。以下是解雇面谈的一些指导原则。

1. **仔细规划解雇面谈。**合益集团（Hay Associates）的专家提出的建议包括：

* 确保员工能够遵守约定时间。
* 绝对不要通过电话通知员工。
* 预留 10 分钟充足的面谈时间。
* 在中立的场所，而不是自己的办公室进行面谈。
* 提前准备好员工协议、人力资源方面的文件，以及辞退声明。
* 在面谈结束后保持一定的空闲时间，以防有任何疑问或问题产生。
* 准备好应对医疗或安全方面的紧急情况。

2. **直奔主题。**员工进入办公室之后，给他一点时间放松，然后告诉他公司的决定。
3. **描述情况。**用三四句话简单解释为什么要解雇这位员工。例如，"你负责的部分产量下降了 4%，同时我们还在持续遇到质量问题。在过去的 3 个月里，我们已经就这些问题讨论过多次，但你并没有坚持贯彻我们商定的解决方案。我们必须改变。"不要将情况变得个人化，比如说"你的产量没有达到标准。"此外，要强调这个决定是最终决定，是不可改变的。维护被解雇员工的尊严至关重要。
4. **倾听。**继续进行面谈，直到被解雇的员工看起来能够平静地畅所欲言为止。
5. **审查遣散费。**对遣散费、福利、接触行政人员的机会以及写推荐信的方式加以说明。但是，任何情况下都不要给出超过能力范围的承诺或福利。
6. **确定下一步措施。**被解雇的员工可能会感到非常茫然，不知道接下来应该做些什么。因此，在结束解雇面谈的时候，要向员工说明他接下来应该去哪里。

重新谋职咨询

　　雇主会安排一家外部公司，为被解雇的员工提供重新谋职咨询，即为他们提供职业发展规划以及求职技能培训。许多重新谋职咨询公司通常会提供实际的重新谋职咨询服务。那些被解雇的员工（通常是管理人员或专业人员）通常可以在这些公司的当地办事处使用办公空间和秘书服务以及咨询服务。重新谋职咨询是为被解雇员工提供的支持或综合服务的一部分。

为什么不直接给被解雇员工一笔再就业费用作为额外的遣散费呢？因为一般来说，提供重新谋职咨询服务似乎对被解雇员工和雇主都有积极的影响。

被解雇员工能做什么

如果你在某个职位被开除或淘汰了，你该怎么办？大多数人会经历震惊、否认和愤怒这些阶段。然而，第一步最好是弄清楚你为什么会失去这份工作。这并不容易。积极探索你做了什么（如果有的话）导致了这个结果，然后客观地分析你将来可能采取的不同做法。记住，你应该把失败视为机会（尽管这可能很困难）。最重要的是，评估你的新选择，做好准备抓住合适的机会。

离职面谈

很多企业都会与即将离开公司的员工进行离职面谈。这种离职面谈通常都是由一位人力资源专业人员在员工即将离开公司之前进行的，面谈的目的是从离职员工那里获得一些信息，以帮助企业对自身的一些情况有进一步的了解。离职面谈中经常提出的一些问题包括：你是如何被录用的？公司当时是否正确、诚实地展示了这份工作？工作环境怎么样？你上级的管理风格是什么样的？你最喜欢或最不喜欢公司的什么方面？其他一些问题涉及人力资源管理（例如企业的招聘和晋升流程）、管理者的领导风格和效率、工作本身（包括工作条件）、竞争性基准（比如工资与竞争对手的相比如何），以及改善公司的想法。女性和少数群体更有可能在工作初期就辞职，因此这是一个值得关注的问题。最后，尽量确保离职员工是作为雇主的支持者离开的。

离职面谈的一个基本假设是即将离职的员工会直言不讳，但这一点是存在争议的。研究人员发现，在即将离职时，38% 的人将离职原因归于薪酬和福利，4% 的人将原因归于自己的上级。但在离职 18 个月后，24% 的人将离职原因归于自己的上级，只有 12% 的人将原因归于薪酬和福利。其中的真实原因值得挖掘。

离职流程

离职面谈只是合理的离职流程的一部分。雇主应该遵照一份行动清单来完成整个流程。例如，确保员工归还了公司的所有钥匙和设备，取消他们所有的计算机和数据库密码，在公司内部（比如在适当的情况下向其他员工以及薪酬支付部门）和外部都发布适当的通知，让员工及时离开公司办公场所，以及遵循必要的防范措施以确保公司安全。

一份报告显示，近 40% 被解雇员工在社交媒体上留下了对公司的负面评价。大多数潜在的员工都会搜索这样的评价，所以要让离职流程尽可能地人性化。

如今，更多的员工没有提前通知就辞职了。这有时是合理的，因为，那些在竞争对手那里工作的人不应该再获得当前公司的信息。但是，更多的情况是，不提前通知就辞职反映了员工不熟悉需要提前两周通知离职的传统标准，或者是由于看到自己的同事被大量解雇。

● 临时解雇和工厂关闭法

企业和员工都可以发起非惩戒性的雇用关系终止。对于企业来说，销售额或利润的下降以及提高生产率的愿望，都有可能要求企业临时解雇部分员工。员工（正如我们所看到的）也有可能会因为更好的工作、退休或其他原因而离职。美国《工人调整和再培训通知法》（或工厂关闭法）（Worker Adjustment and Adjustment and Retraining Notification Act）规定，如果雇用人数在 100 人及以上的企业，如需要关闭一处工厂或临时解雇 50 名及以上的员工，必须提前 60 天发出通知。

临时解雇是指雇主因工作量不饱和而让员工回家待业一段时间。这种解雇通常不是永久性的（尽管最终可能成为那样），而是暂时性的，雇主预期是短期的情况。然而，有些雇主也将临时解雇用作解雇或终止雇用关系的一种委婉说法。在 2008—2009 年的经济衰退时期，美国企业总共实施了大约 5.1 万次临时解雇，这导致 500 万名以上的劳动者失去了工作。

临时解雇流程

一项研究描述了一家公司的临时解雇流程。首先是高级管理层开会讨论，就需要临时解雇的人员规模和时长做出战略决策。他们还讨论了各种技能在公司未来发展过程中的相对重要性。接着，各级主管人员对他们的下属进行评估，将未加入工会的员工分为 A、B、C 三个等级（加入工会的员工适用于工会协议，该协议规定根据员工的资历做出临时解雇决定）。然后，各级主管人员会将每个下属的评级告诉他们，并告诉那些得到 C 级评价的员工他们是"过剩的"，因此最有可能被临时解雇。

● 适应裁员

裁员（downsizing）意味着削减（通常是大幅削减）公司雇用的员工数量。其基本目的是削减成本和提高利润。对于裁员（有些人称之为"生产力转型方案"），公司需要认真思考下面这些问题。

» 第一是确保裁减掉的是应该被裁掉的人。这就要求公司有一个有效的绩效评价系统。
» 第二是遵守所有适用的法律，其中包括《工人调整和再培训通知法》。
» 第三是确保公司以公平公正的方式实施裁员。
» 第四是对安全问题的实际考虑。例如，从被解雇的员工那里收回公司的钥匙，并确保他们没有带走任何禁止从公司带走的东西。
» 第五是减少其余员工的不确定感，消除他们的担忧。这通常包括裁员后的公告和计划，包括举行会议，请公司的高层管理人员回答留在公司的员工提出的各种问题。

裁员并不令人愉快，因此一定要做到公平。提前通知裁员有助于缓解裁员带来的负面影响，对于调节人际关系敏感性（可以通过管理者在裁员时的行为举止展现出来）也同样有所帮助。在像丰田汽车公司这样的高绩效工作系统类型的公司中，解雇和离职尤其具有破坏性。因此，在不减少劳动力的情况下削减成本尤为重要。可采取的选择包括：冻结或削减工资，在裁员之前先冻结招聘，就裁员的必要性与员工进行坦诚的沟通，给员工一个表达他们对裁员的意见的机会，在实施裁员时做到公平且富有同情心。

第 9 章要点小结

1. 员工最终要对自己的职业生涯负责，但雇主和管理者也在职业生涯管理中起到了作用。相关措施包括建立整个公司的职业中心、举办职业生涯规划研讨会、提供员工发展预算，以及提供在线职业生涯发展项目。也许最简单的方法是通过将绩效反馈与员工的期望和规划联系起来，让绩效考核以职业生涯发展为导向。

2. 要想让员工做得更好，就需要提高你的辅导技巧。理想情况下，辅导过程包括准备（分析问题）、计划（制订提升计划）、主动辅导和跟进。好的导师会设定较高的标准、投入所需的时间、引导学员参与重要项目，并表现出专业能力和一致性。

3. 对自愿离职的员工需要确认其发生原因，然后加以解决。留住员工的综合性方法应该是多层面的，其中包括更加完善的甄选，经过深思熟虑的培训和职业生涯发展方案，帮助员工制定潜在的职业发展规划，向员工提供有意义的工作以及认可和奖励，促进员工工作与生活的平衡，承认员工取得的成就，以及建立一种支持性的公司文化。

4. 公司的职业生涯规划和发展制度，可以在培养员工敬业度方面发挥作用。通过这一制度，公司支持员工努力检验和发展可行的职业目标，并培养完成这些目标所需的技能和经验。如果管理得当，公司的职业生涯发展流程应该释放出这样的信号：公司关心员工的职业成功。

5. 公司做出晋升决策的依据：晋升应该依据资历还是能力？如何衡量员工能力？晋升程序是正式的还是非正式的？垂直晋升、水平晋升，还是其他晋升方式？一般来说，晋升决策必须和招聘、甄选员工，以及从事的其他人力资源活动遵守相同的反歧视法律。

6. 解雇的理由包括绩效不佳、行为不端、无法胜任工作、工作要求发生变化或职位被取消。然而，在解雇一名或多名员工时要记住，在美国的很多州，自由解雇这一政策已经被法定的例外情形削弱了，公司应当注意避免不当解雇的指控。

第四部分

薪酬与全面报酬

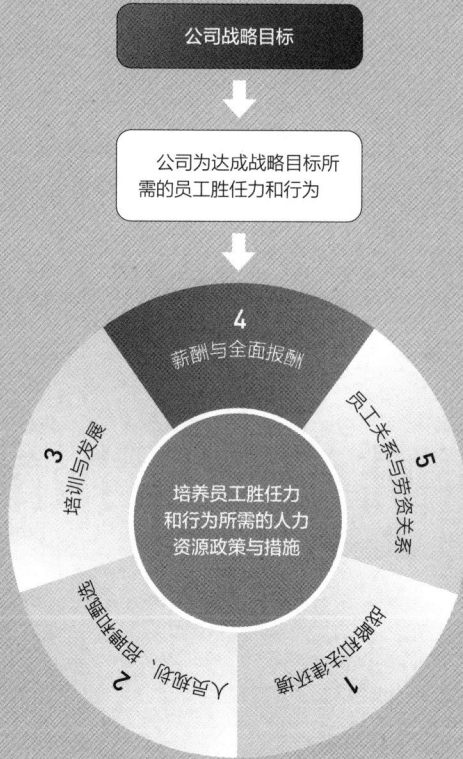

第 10 章

制订薪酬计划

● **本章学习目标**

» 列出决定薪酬水平的基本因素。

» 定义职位评价并举例说明如何进行职位评价及设定工资标准。

» 解释如何为管理类职位和专业类职位定价。

» 解释基于能力的薪酬计划和传统的薪酬计划之间的区别。

» 解释全面报酬对提高员工敬业度的重要性。

引入

　　帕蒂（Patty）在芝加哥郊外拥有一家雇用了 15 名员工的小型软件咨询公司。她的客户大多是小型企业，比如餐馆和零售商店，他们需要帕蒂的帮助来安装软件，以完成跟踪库存等工作。帕蒂的员工包括 6 名软件顾问（她是第 7 名）、4 名负责开发新业务的销售工程师、1 名秘书 / 接待员、1 名办公室经理、1 名会计文员和 1 名办公室文员。5 年来，帕蒂一直根据该地区其他公司为类似职位支付的薪酬来制定薪酬标准，但现在她发现自己的薪酬计划出了问题，例如，销售工程师莫（Moe）最近对她说："帕蒂，我为公司带来了很多生意，我不明白为什么我的工资只和办公室经理珍妮特（Janet）差不多——我的工作难道不是更有价值吗？"帕蒂说她会稍后对此给出答复。

10.1　决定薪酬水平的基本要素

员工薪酬（employ compensation）包括员工由于雇用关系的存在，而获得的所有形式的报酬。薪酬有两个主要组成部分：直接经济报酬（direct financial payments）（工资、奖金、提成和红利等）和间接经济报酬（indirect financial payments）（雇主支付的保险和带薪休假等经济福利）。

公司向员工支付直接经济报酬有两种基本计酬方式：基于工作时间或基于绩效。不过，按工作时间支付薪酬仍然是大多数公司薪酬计划的基础。例如，在美国，蓝领工人和文职人员按小时或按日领取报酬。而其他一些人，如经理或网页设计师，通常是按周、按月或按年领取报酬。

第二种支付直接经济报酬的方式是根据绩效计酬。例如，计件工资是根据工人生产的产品数量（或者"件数"）向他们支付薪酬。销售提成是另一种基于绩效（在本例中，即销售额）的薪酬。还有很多公司的薪酬计划将基于工作时间的薪酬与绩效奖励结合起来。

在本章中，我们将说明如何制订根据员工工作时间支付薪酬的计划。在下一章中，我们将对以绩效为基础的经济性激励、福利和全面报酬进行说明。

任何一种薪酬计划都会受到几个因素的影响。这些因素包括：公司战略和政策、公平性、法律和工会。

● 将总报酬和战略相结合

薪酬计划首先应该促进公司战略目标的实现——管理层应当制定与公司战略一致的薪酬战略。这意味着，公司应当创建一个有助于产生实现竞争战略所需的员工行为的总薪酬包。我们看到，很多公司都制定了一种全面报酬战略。全面报酬不仅包括传统的薪酬、奖金和福利，还包括更具有挑战性的工作（工作设计）、职业生涯发展以及认可等。表 10-1 列出了在制定以战略为导向的薪酬政策时需要提出的说明性问题。

表 10-1　我们的薪酬政策是否支持我们的战略目标

» 我们的战略目标是什么？
» 我们需要什么样的员工行为和技能来实现我们的战略目标？
» 什么样的薪酬政策和措施——薪酬、激励计划和福利——将有助于产生我们实现战略目标所需的员工行为？

● 公平及其对薪酬水平的影响

在埃默里大学的一项研究中，研究人员考察了猴子对于不公平的报酬会做出何种反应。他们训练猴子用鹅卵石交换食物。一些猴子用鹅卵石换到了葡萄，而其他猴子则只换到了黄瓜片。那些换到葡萄的猴子很愿意交出鹅卵石。但得到黄瓜片的猴子如果看到其他猴子得到了葡萄，它就会摔掉鹅卵石。这或许说明，即使是较低级的灵长类动物，在报酬方面也希望得到公平对待。

关于激励的公平理论

关于激励的公平理论假定，人们有强烈的动机维持自己感知到的贡献与得到的报酬之间的平衡。公平理论认为，如果一个人感知到不公平的存在，就会产生一种紧张情绪，激励他减少这种紧张情绪以及感知到的不公平。相关研究倾向于支持公平理论。例如，一项研究发现，当零售采购员认为他们在薪酬方面得到了公平对待时，离职率会显著降低。但支付的薪酬水平过高，有时也会适得其反，这可能是由于员工会产生一种"愧疚感或不舒服感"。

在薪酬方面，管理者需要关注四种形式的公平：外部公平、内部公平、个人公平以及程序公平。

» 外部公平是指某一职位在一家公司的薪酬水平与在其他公司的薪酬水平相比如何。
» 内部公平是指一个职位的薪酬水平与同一家公司内部的其他职位相比公平性如何。
» 个人公平是指从个人绩效水平来看，一位员工得到的薪酬与公司内从事相同或相似工作的同事相比公平性如何。
» 程序公平是指"员工感知到的企业做出薪酬分配决策的过程和程序的公平性"。

处理公平问题

管理者可以使用各种方法来处理这四个公平问题。例如，他们可以利用薪酬调查（即调查其他企业支付的薪酬水平），来监控和维护薪酬的外部公平；使用职位分析以及对每个职位进行比较（"职位评价"），来维持薪酬的内部公平；运用绩效评价和激励性薪酬来维持薪酬的个人公平；运用沟通交流、争议处理机制，以及员工参与等方式，来确保员工认为薪酬支付过程公平。有些企业还会通过调查来监控员工对薪酬的满意度。典型的调查问题包括："你对自己的薪酬满意度是多少？""你认为企业在确定你的薪酬水平时会考虑哪些因素？"

为了阻止可能引发内部不公平感的讨论，有些公司对其薪酬水平保密，但这种做法产生的结果有好有坏。关于薪酬保密的研究尚无定论，而且大多数雇主都没有公开的薪酬政策。然而，美国联邦政府对所有与其签订合同进行商业合作的公司提出了要求，要求它们提高薪酬的透明度。而对于外部公平，像 Salary 这样的在线薪酬网站打破了薪酬保密制度。

● 薪酬相关的法律问题

企业在设计薪酬计划时并没有完全的自由。很多法律都会对最低工资、加班工资以及福利等方面做出具体规定。1931 年颁布的《戴维斯 – 培根法案》（Davis-Bacon Act）规定，劳工部长可以对美国联邦政府项目承包商雇用的工人和机械师的薪酬水平作出规定。1936 年通过的《沃尔什 – 希利法案》（Walsh-Healey Public Contract Act）规定了承包政府项目合同金额达到 1 万美元的承包商需要达到相关法律规定的基本标准。其中包括最低工资、最高工时及安全和健康规定，并且要求向每周工作时间超过 40 小时的员工支付 1.5 倍工资（例如，工作时间超过 40 小时的部分需要支付正常时薪的 1.5 倍）。1964 年《民权法案》第 7 章规定，禁止雇主因员工的种族、肤色、宗教信仰、性别或国籍而在雇用、薪酬、工作待遇、工作条件及就业特权等方面对其实施歧视行为。

1938 年《公平劳动标准法》

《公平劳动标准法》最初于 1938 年通过，此后经过了多次修订，内容包含大多数劳动者所熟悉的最低工资、最高工时、加班工资、同工同酬、工资记录以及与童工有关的条款。这部法律几乎涵盖了所有州际和国际公司的美国劳动者，包括工人、销售以及大多数农业工作者。美国各州的公平劳动标准法则覆盖了大多数该法案没有覆盖的劳动者。

一个比较常见的条款是关于加班工资的规定。该法案规定，对于在一周之内超过 40 小时的那部分工作时间，企业必须至少向员工支付相当于正常水平 1.5 倍的工资。因此，如果一位受到这部法律保护的工人在某一周工作了 44 小时，那么其中 4 小时的时薪就应为他正常时薪的 1.5 倍。如果这位工人一周工作 40 小时的时薪是 12 美元，那么他这周超额工作的 4 小时，时薪就应当是 18 美元（ 12 美元 ×1.5 ），即超额工作的这 4 小时能挣 72 美元。如果员工得到其他休息时间作为加班时间的补偿，那么这类休息时间也应当延长 1.5 倍。也就是说，如果这位员工不领取加班工资，那么他应该获得 6 小时的补休时间来补偿 4 小时的加班时间。领英公司向其 359 名前任和现任员工支付了 580 万美元的加班补偿金。

企业需要监控员工的上下班时间，以免员工加班时间累积，而使雇主需要额外支付加班工资。美国劳工部有一款手机应用程序，可以让员工独立跟踪自己的工作时间。新型的出勤记录时钟采用了触摸屏，可以通过即时拍照和生物识别传感器减少"代打卡"的现象。

《公平劳动标准法》还设定了最低工资。为该法案覆盖的全体员工确定了一个工资底线（美国国会提高最低工资标准时，通常所有劳动者的工资都会提高）。2017 年美国的最低工资为每小时 7.25 美元。美国的很多州都有自己的最低工资标准。例如，截至 2017 年，加利福尼亚州的最低工资为每小时 10 美元，而马萨诸塞州的最低工资为每小时 11 美元。纽约州正在讨论将其最低工资提高到每小时 15 美元。许多城市也制定了自己的（较高的）最低工资标准。根据联邦政府新的规定，承包联邦政府合同的企业，每小时最少向员工支付 10.10 美元的工资。

《公平劳动标准法》中的童工条款禁止企业雇用 16 ~ 18 岁的未成年人从事危险职业，并且严令禁止企业雇用 16 岁以下的童工。

豁免 / 非豁免

在美国，某些特定种类的员工不受《公平劳动标准法》或该法案中某些条款的约束，尤其是不受其中加班工资规定的约束——这些员工是"豁免性员工"。一位员工是否属于豁免性员工，主要取决于其职责、任务和薪水。高层管理人员、行政人员（比如办公室主任等）及专业类员工（比如建筑设计师）等，通常都不受该法案中关于最低工资和加班工资的规定的约束。年薪在 10 万美元以上，并且承担任何一种豁免性的行政、管理或专业类工作职责的白领员工，自动不受该法案中关于加班工资规定的保护。其他那些年收入在 23 660 美元以下的员工自动受加班工资规定的保护（也就是说，每周收入在 455 美元以下的员工都属于非豁免性员工，能够得到加班工资）。图 10-1 中列出了一些典型的豁免性职位和非豁免性职位。

豁免性职位	非豁免性职位
律师 医生 牙医 工程师（有学位者） 教师 科学家 注册护士 总经理 药剂师 行政人员 *	律师助理 会计师 簿记员 执业护士 办事员 大多数秘书（有些秘书，比如首席执行官秘书，可能是豁免性的） 实验室技术员

注： 行政类豁免性职位是专为那些级别相对较高，且主要工作内容是"维持业务运转"的员工而设计的。行政类级别较高的员工通常属于豁免性员工，如从事以下工作的人员：劳资关系与人事管理员工、薪酬发放与财务（包括预算控制与福利管理）、记录维护、会计与税务、市场营销与广告（区别于直接销售）、质量控制、公共关系、法务，以及一些与计算机相关（比如互联网和数据库管理等）的工作。

图 10-1　一些典型的豁免性和非豁免性职位名称

资料来源："公平劳动标准法"网站；美国劳工部网站。

2016 年，奥巴马政府改变了有关加班规定的豁免。他们将豁免的工资门槛（工资低于这个门槛的员工基本上都有资格获得加班工资）从每年 23 660 美元提高到了每年 47 476 美元，对所有年收入低于 47 476 美元的员工都需要支付加班工资。

2016 年 11 月，一名联邦法官暂停了新的加班规定的实施。那些为了适应奥巴马政府规定而已经采取措施调整薪酬政策的企业（例如沃尔玛将主管的薪酬提高到了 47 476 美元以上）大多坚持自己的决定。然而，劳动法律师建议其他雇主维持现状，等待修订后的规定公布。许多专家认为，修订后的豁免门槛可能在 35 000 美元左右（而不是奥巴马规定的 47 476 美元）。

如果一位员工不受《公平劳动标准法》中的最低工资条款的约束，那么他也不受加班工资条款的约束。然而，还有一些员工永久性地不受加班工资条款约束，例如农业员工、住家员工、出租车司机以及电影院员工等。

确认豁免性是一件棘手的事情。如前所述，一些职位——如高层管理人员和律师等——很显然是豁免性职位，而其他一些职位——比如年收入在 23 660 美元（或 47 476 美元）以下的办公室职员——很明显属于非豁免性职位。然而，除了这些容易归类的职位，在对其他职位进行归类前，最好先对其进行分析。例如，其至有些主管也提出了有关工资和工时的诉讼，称他们实际上并没有管理两名或两名以上的员工。图 10-2 给出了做出这类决策时可以遵循的程序。除了那些显而易见的情况，在判断职位豁免性时都要认真审视职位描述。

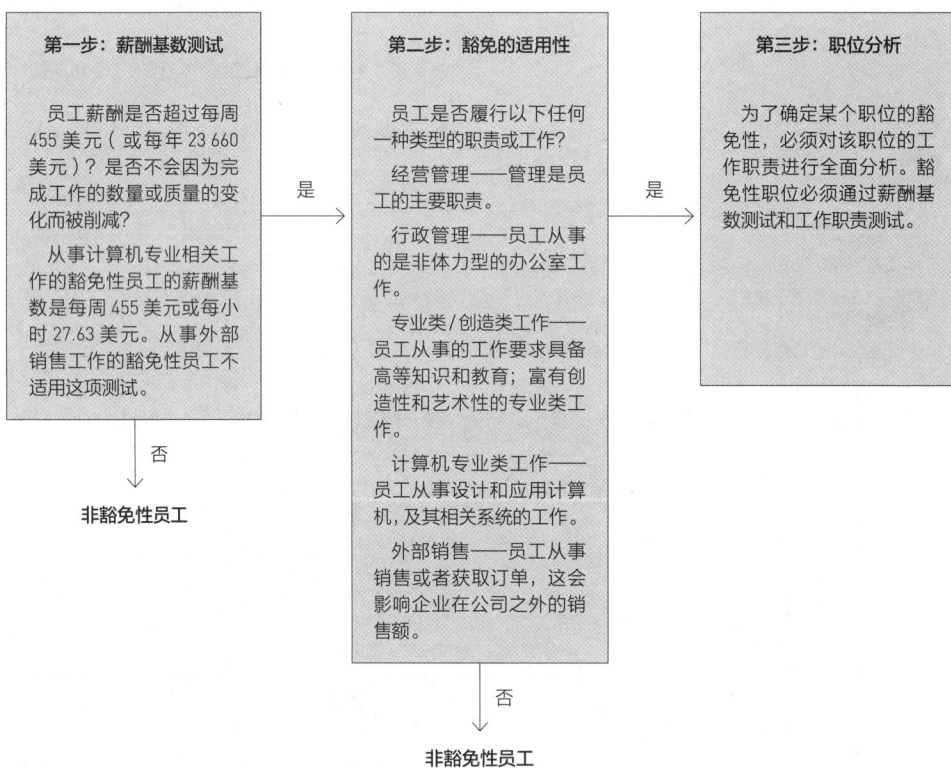

第一步：薪酬基数测试		第二步：豁免的适用性		第三步：职位分析
员工薪酬是否超过每周 455 美元（或每年 23 660 美元）？是否不会因为完成工作的数量或质量的变化而被削减？ 从事计算机专业相关工作的豁免性员工的薪酬基数是每周 455 美元或每小时 27.63 美元。从事外部销售工作的豁免性员工不适用这项测试。	是 →	员工是否履行以下任何一种类型的职务或工作？ 经营管理——管理是员工的主要职责。 行政管理——员工从事的是非体力型的办公室工作。 专业类/创造类工作——员工从事的工作要求具备高等知识和教育；富有创造性和艺术性的专业类工作。 计算机专业类工作——员工从事设计和应用计算机，及其相关系统的工作。 外部销售——员工从事销售或者获取订单，这会影响企业在公司之外的销售额。	是 →	为了确定某个职位的豁免性，必须对该职位的工作职责进行全面分析。豁免性职位必须通过薪酬基数测试和工作职责测试。

否 ↓

非豁免性员工

否 ↓

非豁免性员工

图 10-2　豁免性职位判断步骤

不平等和最低工资

摩根大通集团董事长兼首席执行官杰米·戴蒙（Jamie Dimon）为《纽约时报》写了一篇文章。他提出，多年的工资停滞导致了收入不平等。举例来说，从 1999 年到 2007 年，薪水增长了 33%，而从 2007 年到 2014 年，薪水仅增长了 13%。2016 年总统竞选的几位候选人也提出了类似的观点。"明星"员工得到更多加薪的趋势加剧了工资不平等现象，他们中的许多人要求加薪，条件是，他们不会接受与所在公司存在竞争关系的工作。在美国，首席执行官的平均收入是普通员工的 350 倍。

因此，美国许多市政当局和雇主正在采取行动，提高当地最低工资或支付更高的入门级工资。加利福尼亚州圣何塞市议会投票决定将当地最低工资提高到每小时 15 美元后，沃尔玛表示，它将单方面向其所有美国小时工支付每小时至少 10 美元的工资。麦当劳表示，它将把所有门店的最低工资提高到比当地市政当局规定的最低工资至少高出 1 美元。泰森将工厂最低工资提高到每小时 10 美元。

并不是所有人都认为提高最低工资是件好事。例如，一些经济学家认为，提高最低工资会降低传统意义上低工资的工人（比如年轻人）被雇用的机会。但是越来越多的人，包括沃尔玛等公司的高管，似乎都认同收入不平等的问题亟须解决。

了解你的雇用法律

独立承包商

这个人到底是员工，还是独立承包商？这是很多企业一直关心的法律问题。为什么要将某人视为独立承包商呢？这是因为《公平劳动标准法》关于加班以及其他多数方面的要求对这些人不适用，而雇主也不必为其支付失业保险、个人所得税、社会保障税以及市、州和联邦的所得税和强制性的工伤保险。

问题在于，很多所谓的独立承包商关系并不是真正的独立承包商关系。一般来说，如果雇主只控制或指导工作的结果，而不控制要做什么和要如何做，那么这个人就是独立承包商。然而，没有单一的规则或测试用以判断一个人到底是独立承包商还是员工。法院在做出判决时将考虑整体情况。雇主对劳动者的工作内容和工作方式控制得越多，法院就越倾向于认定该劳动者是员工。图 10-3 列出了法院在确定是独立承包商还是员工时将会考虑的一些因素。美国国税局在其网站上列出了相关规定。

为了减少错误分类的风险，雇主应与所有独立承包商签订书面协议，你可以在网上找到书面协议的示例。此外，雇主不应把工作规则强加给独立承包商，或试图禁止独立承包商为他人工作。雇主应要求独立承包商提供自己的工具，并成为独立注册成立的商业实体。

因为《平价医疗法案》（Affordable Care Act）涵盖了拥有 50 名及以上员工的雇主，所以政府机构正在更加密切地关注雇主的独立承包商。为了尽量减少问题，一些雇主会让劳务派遣公司提供更多的劳动力，从而将规模保持在 50 人以下。

主要的问题是，雇主对这些劳动者的控制力有多大？有三类事实能够为判断雇主和劳动者的关系提供证据：行为控制、财务控制和双方关系。如果对这些问题的回答是肯定的，则通常表明该劳动者是独立承包商。

行为控制：企业是否对该劳动者如何完成任务进行指导和控制，例如：	独立承包商	员工
1. 于何时何地进行工作？		
2. 使用什么工具或设备？		
3. 雇用哪些人或让哪些人协助工作？		
4. 在哪里购买用品和服务？		
5. 企业是保留了控制员工绩效细节的权利，还是放弃了这一权利？		
财务控制：企业是否对该劳动者工作的业务 / 财务方面实施控制，例如：		
6. 该劳动者营业费用未报销的程度。		
7. 该劳动者的投资范围。		
8. 该劳动者向相关市场的其他企业提供服务的程度。		
9. 该劳动者每小时、每周或其他一段时间的固定工资是否通常无法得到保证？		
10. 该劳动者能够实现盈利或亏损的程度。		
有关双方关系的问题，包括：		
11. 企业是否为该劳动者提供员工福利，如保险、养老金计划、假期工资或病假工资？		
12. 是否认为这种关系只在特定项目或时期中存在，而不是会无限期地持续下去？		

图 10-3　用以确定是独立承包商还是员工的清单

资料来源：美国国税局网站。

人力资源和零工经济

零工是员工还是独立承包商

几年前，出行公司优步和来福车（Lyft）的司机在加州提起诉讼，要求被视为员工，而不是独立承包商。优步和来福车公司声称，这些司机是独立承包商，可以控制自己为公司做的事情。例如，他们可以根据自己的意愿工作（或不工作），可以随时开始和停止工作，可以使用自己的车。

但这个问题的答案并不那么明确。虽然司机的工作确实有很大的独立性，

但司机的律师表示，来福车和优步公司控制着司机的工作。例如，算法和系统控制了司机可以接受或拒绝什么样的订单，他们的路线选择，他们可以赚多少钱，甚至是他们的评估方式（有证据表明，当司机平均得分低于 4.5 星时，就有被解雇的危险）。

这些案件最终达成了庭外和解。优步公司同意向某些州的司机支付约 1 亿美元，并允许他们索要小费。但和解协

议认定司机为独立承包商而非员工。

尽管如此,这些诉讼展现了在零工经济中如何定义独立承包商。即使在传统的工作场所,区分独立承包商和员工也存在着一定的困难。如今,零工通常可以来去自由,随时辞职,但在工作中,计算机算法严格控制着他们的工作。因此,区分员工和独立承包商变得越来越困难。美国平等就业机会委员会 2017—2021 年的战略执行计划,就包含了确保零工被正确分类并得到适当的法律保护。预计未来将会有更多相关的诉讼。

1963 年《同工同酬法》

《同工同酬法》(Equal Pay Act)是《公平劳动标准法》的修正案。它规定,在员工从事的工作大致相同的情况下,企业支付给其中一种性别员工的薪酬水平不能低于支付给另外一种性别员工的薪酬水平。具体来说,如果工作要求任职者具备同等的技能、付出相同的努力、承担一样的责任,并且在相似的工作条件下完成工作,那么不同性别的员工必须获得相同的薪酬。如果两种性别的员工之间存在薪酬差异,那么这种差异必须是由资历、绩效、员工生产的产品数量或质量或"其他非性别因素"引起的才可以。

1974 年《雇员退休收入保障法》

《雇员退休收入保障法》(Employee Retirement Income Security Act)使得一个由政府运营、由企业出资的法人组织诞生了,这个组织会在企业的养老金计划出现问题时保护退休员工。该法案还制定了有关退休金保留权的规定(退休金保留权是指,若员工在退休前被解雇,他们仍然有权获得养老金计划中积累的资金)。此外,该法案还规定了退休金转移权(员工的退休金保留权从一个组织转移到另一个组织的权利)。这部法案还包含了公司受托责任标准,以阻止养老金计划资金筹集过程中的不诚实行为。

影响薪酬决策的其他法律规定

其他一些法律也会影响薪酬决策。比如,《就业年龄歧视法》禁止在就业的所有方面,包括薪酬方面,对 40 岁及以上的员工实施年龄歧视;《美国残疾人法》禁止在就业的所有方面,包括薪酬方面,对能够胜任工作的残疾人实施歧视;《家庭与医疗休假法案》(Family and Medical Leave Act)规定,符合条件的男女员工在生育子女或看护子女、配偶或父母时，可以获得长达 12 周的停薪留职休假；各种行政命令还要求联邦政府的承包商和二级承包商不得有歧视行为，并在薪酬方面采取积极的反歧视行动。

美国每个州都有自己的工伤赔偿法，其主要目的是为在工伤事故中受伤的员工提供及时、可靠和合理的收入。1935 年《社会保障法》（Social Security Act）（经修订）为那些非因个人过错而失去工作的员工提供最长可达 26 周的失业补偿及退休福利。（我们将在第 11 章中讨论社会保障福利。）美国联邦政府的工资扣发法律条文，还对企业每周可以扣发或留存的员工工资金额做出了限制，从而保护员工不会因不愿被扣发工资而失去工作。

● 工会对薪酬决策的影响

工会和劳资关系方面的法律也会对薪酬决策产生影响。美国 1935 年通过的《国家劳资关系法》（National Labor Relations Act，又称《瓦格纳法》）赋予了员工组建工会以及集体谈判的权利。从历史上看，薪酬水平一直是集体谈判的一个重要主题。不过，工会也会协商其他与工资有关的问题，包括带薪休假和医疗福利等。

《瓦格纳法》还产生了国家劳资关系委员会（National Labor Relations Board，NLRB）来监督企业，以确保员工能够行使自己的权利。例如，国家劳资关系委员会规定，企业必须向工会书面解释其薪酬政策线——描述职位和薪酬水平之间关系的图形。工会还有权了解其成员的薪资状况。

● 薪酬制度

企业的薪酬战略会体现在其薪酬制度上。例如，顶级医院可能会有一项政策，向护士支付超出现行市场薪酬水平 20% 的薪酬。薪酬制度可以影响企业绩效和盈利能力，正如下面"作为利润中心的人力资源管理"专题所说明的那样。

管理者在制定薪酬制度时需要考虑一系列的问题。一个问题是，强调资历还是强调业绩。例如，对于美国联邦政府的员工来说，从政府薪酬等级的第一档加薪到第九档需要 18 年（资历）。以资历为基础的薪酬制度的优点在于资历是客观的标准，缺点在于绩效优异的员工和绩效不佳的员工获得的加薪可能是一样的。

另一个问题就是，如何区分高绩效者和低绩效者。比如 Payless 鞋业公司，多年来一直为每位员工提供差不多的加薪。然而，在其市场份额下降后，管理层决定更为明确地将高绩效员工和其他员工加以区分。其他薪酬制度包括加班工资、试用期工资、员工参军和履行陪审义务期间的薪酬，以及节假日的薪酬等支付。

作为利润中心的人力资源管理

威格曼斯食品公司

战略性薪酬管理是指制定一套能够帮助企业获得实现战略目标所需的员工技能和行为的全面薪酬。

威格曼斯食品公司（Wegmans）很好地诠释了这一点。该公司需要在利润空间狭小的食品零售领域进行竞争，在这一领域中，在线零售商以及像沃尔玛这样的零售巨头压低了成本和价格。面对这种情况，其他公司的通常反应是削减员工福利和成本。而威格曼斯食品公司则相反，它为员工提供了高于市场水平的薪酬和巨大的福利。它将自己的员工队伍视为实现公司战略目标必不可少的一个组成部分。其战略目标是通过改善系统和提高生产率，在控制成本的同时实现服务的最优化。例如，其乳制品部门的一位员工设计了一种组装冷却器的新方法，由此改善了订购与库存控制。

威格曼斯食品公司的薪酬政策或许可以解释其卓越的盈利能力。例如，威格曼斯食品公司的员工离职率（兼职员工为 38%，全职员工为 6%~7%）远低于行业总体平均水平（约为 47%）。它的门店（占地面积约为 12 万平方英尺，超过其竞争对手）平均每周销售额约为 95 万美元（而全美国的平均水平为 361 564 美元）；年平均销售额约为 4900 万美元，相比之下，一家沃尔玛的年销售额为 2350 万美元。正如威格曼斯食品公司人力资源总监所说，优秀的员工能够确保更高的生产率，进而转化为更高的公司利润。

地理区域

如何处理不同地区之间的生活成本差异是薪酬管理的另一个重要问题。比如，办公室主任的平均基本薪酬从佛罗里达州的 49 980 美元到纽约的 60 980 美元不等。

企业通常采取以下几种方式来处理不同地区之间的生活成本差异。比如，一家企业规定，如果一位年薪在 3.5 万美元到 4.5 万美元之间的员工从亚特兰大市调动到明尼阿波利斯市，那么企业会每年向其支付 6000 美元的差额。还有一些企业仅仅提高员工的基本薪酬。当派遣员工到海外工作时，问题就更加复杂了，下面的"全球人力资源管理实践"专题将对此进行说明。

全球人力资源管理实践

外派员工的薪酬管理

对于跨国公司来说，不同地区的生活成本差异问题尤为重要，因为住房和教育等成本差异很大。

跨国公司应该如何确定被派往海外的员工的薪酬呢？有两种基本的国际薪酬政策较为常见，即以母国为基础的薪酬计划和以东道国为基础的薪酬计划。

在以母国为基础的薪酬计划下，外派员工的基本薪资反映了其在本国时的薪资水平。在此基础上，企业会对生活成本差异进行补贴，比如住房补贴和子女教育补贴。对于短期外派员工来说，这是一种合理的薪酬支付方式，可以避免员工每次调动时都要改变基本薪资的问题。

在以东道国为基础的薪酬计划下，企业按照东道国的薪资结构来确定外派员工的基本薪资。换句话说，如果一名

管理人员被从纽约派往法国工作，则其基本薪资将会变为该职位在法国的现行基本薪资，而不是保持其在纽约时的基本薪资。不过，公司通常还会提供生活成本补贴、住房补贴、教育补贴以及其他补贴。

大多数跨国企业都根据以母国为基础的薪酬计划来确定外派员工的薪酬。（比如，一位法国经理被一家美国跨国企业派往基辅工作，那么公司支付给他的基本薪资通常会反映出他的母国——在本案例中是法国——的薪资结构。）另外，他通常会得到包括生活成本补贴、安置补贴、住房补贴、教育补贴以及艰苦津贴（提供给那些被派往条件较为艰苦国家的员工）在内的各种补贴。企业一般还会为其支付超出其在母国所需支付的额外税款。

10.2 职位评价法

企业通常使用两种基本方法来确定薪酬水平：基于市场的方法和职位评价法。许多公司，尤其是规模较小的公司，往往简单地采用基于市场确定薪酬的方法。基于市场确定薪酬的方法需要企业进行正规或非正规的薪酬调查，以确定相关劳动力市场中其他企业为某些特定的职位支付的薪酬，然后利用这些信息为自己企业的相应职位确定薪酬水平。

相比之下，职位评价法涉及为每个职位确定"价值"并定价。这种确定薪酬水平的优点是，每个职位的薪酬都是公平地基于其他雇主为这个职位支付的薪酬水平以及每个职位对公司的价值决定的。我们将会集中讨论职位评价法。

● 什么是职位评价

职位评价（job evaluation）是指为了确定职位的相对价值而对各个职位进行的正式和系统的比较。职位评价的目的就是确定一个职位的相对价值，职位评价的最终结果是确定工资或薪资结构或等级（这反映了不同职位或职位族的薪酬水平）。职位评价的基本原则是：那些要求任职者具备更高的资格、承担更多的责任和履行更为复杂的工作职责的职位，应当比那些要求较低的职位匹配更高的薪酬水平。

职位评价的基本程序是将一个职位与其他职位进行比较——比如，比较不同职位所需的努力程度、工作的复杂程度和所需技能。假设你已经知道了（根据你的职位评价结果）你的公司中关键职位的相对价值，接着你就要进行薪酬调查以了解其他公司为类似职位支付的薪酬。结合职位评价和薪酬调查的信息，你就可以创建一个具有市场竞争力的薪酬计划（market-competitive pay plan）了——你的薪酬水平在公司内部（基于每个职位的相对价值）和外部（与其他雇主支付的薪酬相比）都是公平的。

● 薪酬调查

薪酬调查（salary surveys）是指对其他企业支付的薪酬水平的调查。薪酬调查在为职位定薪方面起着重要作用。无论管理人员是使用基于市场的方法还是职位评价法为职位定薪,都需要进行薪酬调查。

管理人员通常会以三种方式使用薪酬调查结果。第一,他们会运用薪酬调查数据来为标杆职位定薪。标杆职位是锚点职位,企业根据各个职位对公司战略目标的贡献围绕标杆职位来确定其他职位的相对价值。第二,管理人员通常会通过薪酬调查,了解类似企业支付给类似职位的薪酬水平,然后直接按行情为部分或全部职位定价(而不是相对于企业中的标杆职位)。第三,薪酬调查还收集保险、病假、带薪休假等员工福利方面的数据,为企业进行员工福利方面的决策提供参照基准。

非正式的电话调查或网络调查适用于核实具体问题,比如一家银行想确定新开放的柜员岗位的薪资水平。一些大型企业能够自己进行正式的薪酬调查,从其他企业那里收集薪酬信息。调查问题包括员工数量、加班制度、起薪水平以及带薪休假等。

商业薪酬调查、专业薪酬调查和政府薪酬调查

很多企业也会利用咨询公司、专业协会或政府机构发布的薪酬数据做薪酬调查。例如,美国劳工统计局发布的全国薪酬调查提供了关于职业收入、薪酬成本趋势以及福利的综合报告。

全国薪酬调查提供了美国 800 多个职业的详细收入信息,这些信息是由美国各州和哥伦比亚特区所有产业部门的企业数据计算出来的。"当前就业统计调查"是针对工资记录所做的月度调查,提供了全国的生产类和非管理类员工的收入数据,还提供了薪酬、生产奖金、佣金以及生活成本提高等方面的信息。全国薪酬调查中的福利部分提供了参与特定福利计划(如医疗保健、退休计划和带薪休假)的员工所占的比例。这些数据还显示了这些福利计划的细节内容,比如带薪休假的时长等。从国际角度看,美国劳工统计局在其国际劳动力薪酬对比表中,以当地货币和美元两种货币单位,报告了制造业中生产工人和全体员工的小时薪酬成本。

此外,合益集团、韬睿惠悦公司以及怡安集团(Aon)等私营咨询公司或高层管理人员招聘公司,也会发布中高层管理人员及董事会成员的薪酬数据。人力资源管理协会和高级财务管理人员协会等专业组织,也会对其协会成员发布有关薪酬实践的调查。

利用互联网进行薪酬调查

基于互联网的信息获取渠道,使任何人都可以轻松访问公开发布的薪酬调查信

息。表 10-2 列出了一些常见的薪酬调查信息发布网站。

表 10-2　部分薪酬数据网站

网站	它提供了什么	缺点
Salary	根据职位类型、邮政编码以及职位描述，提供数百种职位的薪酬信息	需要根据生活成本差异，对全国的平均薪酬水平信息加以调整
美国人事管理局官网	按地区划分的美国政府职位的薪酬	仅限美国政府职位
Job Star	特定职业的薪酬调查信息	需要针对每个职业查阅大量薪酬调查
cnnmoney	输入你当前的薪酬水平和所在城市，能够提供目标城市中可供比较的薪酬水平	需要根据生活成本差异，对全国的平均薪酬水平信息加以调整

很多像 Salary 这样的网站都会提供多种职位的全国薪酬水平数据，并根据职位所在地区的生活成本情况进行算法调整。要想实时了解你所在地区的雇主为会计支付的薪酬水平，访问一两家当地报纸的在线网站会很有用。例如，《南佛罗里达太阳哨兵报》（以及其他许多报纸）都有在线招聘网站，该网站会分类列出报纸刊登的各种工作机会，很多时候，其中也包括薪酬水平方面的信息。

● 报酬要素

报酬要素在职位评价中起着核心作用。

可以运用两种基本方法对几种职位进行对比。一种方法是，可以采用直觉判断。你可能认为一种职位比另一职位更重要，但是并不深究；另一种方法是，可以根据这些职位共同包含的基本要素对它们进行比较（比如每种职位所需要的努力和技能）。薪酬管理专家将这些基本要素称为报酬要素（compensable factors）。报酬要素决定了职位之间如何进行比较，从而决定了每种职位的薪酬。

有些企业会自行决定报酬要素。然而，大多数企业都会使用职位评价系统或联邦政府立法中所包含的报酬要素。比如，《同工同酬法》使用了四个报酬要素，即技能、努力程度、责任，以及工作条件。咨询公司合益集团推广的方法则强调了三个报酬要素：知识、解决问题的能力及所承担的责任。沃尔玛公司就采用了知识、解决问题的能力及所承担的责任这三个报酬要素。

需要再次强调，报酬要素在职位评价中起到核心作用。你通常会用相同的报酬要素（例如，每种职位需要多少技能），将一种职位与公司的其他职位进行比较。然而，使用何种报酬要素取决于职位以及职位评价方法。比如，将"决策能力"作为报酬要素对管理类职位来说是合理的，但对清洁工职位并不适用。

● 职位评价准备

职位评价是一个判断的过程，需要直线管理人员、人力资源专家、员工及工会代表之间的紧密合作。职位评价的主要步骤包括明确职位评价需要、争取各方合作，以及选出职位评价委员会，然后由职位评价委员会完成实际的职位评价工作。

明确职位评价需要通常不难。比如，以高流动率、停工及争议等方式反映出来的员工不满，可能是由于公司为相似的工作支付了不同的薪酬。管理者也可能会对以非正式的方式确定薪酬水平感到不安。

员工会担心对职位的系统评价可能导致他们的薪酬水平下降，因此，在评价时争取获得员工配合是十分重要的。例如，可以告诉员工，即将进行的职位评价计划将会使薪酬决策不再取决于管理层的一时兴起，并且员工的现有薪酬水平不会因为职位评价而受到不利影响。

职位评价委员会通常由 5 名左右的成员组成，其中多数人应当是员工。管理层人员有权加入该委员会，但员工对此可能会持怀疑态度。不过，人力资源专家通常有理由加入该委员会，提供专业帮助。工会代表可以但不大可能加入职位评价委员会。一旦被任命，每位委员会成员都应该收到一本说明如何进行职位评价的手册。

职位评价委员会主要履行三项职能。首先，它通常需要确定 10 ~ 15 个关键的标杆职位（benchmark jobs），这些职位是他们最先需要评价的职位，是用于确定其他职位的相对重要性或相对价值的锚点或标杆。其次，职位评价委员会可能需要选择报酬要素（尽管人力资源部门通常都会选好报酬要素）。最后，职位评价委员会还要履行其最为重要的职能——实际评价每个职位的价值。在进行实际评价时，职位评价委员会可能会用到下列职位评价方法之一：排序法、分类法和计点法。

● 职位评价方法之一：排序法

这是最简单的职位评价方法，通常依据工作难度等综合因素将每种职位与其他职位的价值进行比较。在采取排序法（ranking method）时，通常需要遵循几个步骤，下面的"管理技能培养"专题会介绍这些步骤，并说明一种为小企业制定薪酬标准的简单方法。

管理技能培养 | 如何利用职位排序的职位评价方法为公司制定薪酬标准

利用职位排序的职位评价方法为公司制定薪酬标准，包括以下步骤：

1. **获取职位信息**。职位分析是第一步。进行职位排序的基础通常是，准备好每种职位的职位描述，以及职位描述中包含的关于工作职责的信息。（有时还要准备好任职资格。不过，由于职位排序法通常都是根据职位的整体，而不是多种报酬要素来对职位进行排序，因此，任职资格——通常以报酬要素的形式列举的职位要求，如解决问题的能力、决策能力以及技能要求——对排序法不像对其他职位评价方法那么重要。）

2. **选取职位并进行分组**。一般来说，对一个公司中的所有职位都进行排序是不现实的。通常的做法是根据部门或职位族（如工厂工人或文职人员）对职位进行排序。这样就避免了直接比较不同类别职位的需要，如比较工厂职位和文职职位。

3. **选择报酬要素**。在排序法中，比较常见的做法是只使用一种报酬要素（如工作难度），将职位作为一个整体进行排序。无论选择多少种报酬要素，最好要向职位评价者仔细解释这些报酬要素的定义，以使他们能够对这些职位做出具有一致性的评价。

4. **对职位进行排序**。对职位进行排序的一种方法是给每位评价者一套职位索引卡片，每张卡片上都写有对某一职位的简要描述。然后，让评价者将这些卡片按照得分从低到高的顺序排列。为了使这一程序更加准确，有些管理者还使用了"交替排序法"，即职位评价者拿到卡片后，首先从中挑出得分最高和得分最低的卡片，然后挑出得分次高和得分次低的卡片，以此类推，直到将所有职位排序完毕。表 10-3 给出了一家小型医疗机构的职位排序情况，从护工到办公室主任，当前相应的薪酬标准已在职位名称的右侧一栏标出。（排序之后，可以将其他职位插入那些已经完成排序的职位之间，并为每种职位确定一个合适的薪酬水平。这使我们能够将每种职位的排序与其当前的薪酬进行比较，以确定当前的薪酬是否符合内部公平，据此调高或调低某种职位的薪酬）。在线程序（例如，可以访问人力资源网站，点击"职位评价—职位排序—互动排名程序"）可以帮助你对职位进行排序（并对排序进行检验）。

5. **合并职位评价结果**。通常会有几位评价者独立对职位进行排序，然后，职位评价委员会（或企业）可以简单地将排序结果进行平衡。

6. **将当前薪酬与薪酬调查得到的其他雇主支付的薪酬进行比较**。接下来，我们在同一张表的中间一栏展示了薪酬调查到的其他雇主为类似职位支付的薪酬水平，这有助于确保薪酬的外部公平。

7. **制定新的薪酬标准**。最后，我们需要比较我们当前支付的薪酬与其他雇主支付的薪酬。在本例中，我们决定通过提高每个职位的薪酬来调整薪酬标准。最后一栏展示了新的薪酬标准。

表 10-3　杰克逊医院的职位排序

（单位：美元）

职位排序	本医院当前的年薪水平	其他医院的年薪水平：薪酬调查	本医院最终确定的年薪水平
1. 办公室主任	43 000	45 000	44 000
2. 护士长	42 500	43 000	42 750
3. 会计师	34 000	36 000	35 000
4. 护士	32 500	33 000	32 750
5. 厨师	31 000	32 000	31 500
6. 护士助理	28 500	30 500	29 500
7. 护工	25 500	27 000	27 000

注：在对表格中的职位进行排序之后，可以将其他职位插入（比如根据总体工作难度）那些已经完成排序的职位之间，并为每种职位确定一个合适的薪酬水平。

　　排序法是最简单的，同时也是最容易解释的职位评价方法。而且，与其他职位评价方法相比，它通常耗时更少。但它也有一些缺点，比如，排名第四的职位可能比排名第五的职位的"价值"高出 5 倍，但通过排序法，你所知道的只是一种职位的排序高于另一职位而已。因此，排序法通常更适合那些没有能力使用更为精细的职位评价系统的小企业。对这些企业来说，这是制定具有市场竞争力的薪酬标准的一种简单方法，以使其薪酬标准在内部和外部都是公平的。

　　要素比较法是一种特殊的排序法。这种方法需要对每个职位进行多次排序——对每个报酬要素（如受教育程度、工作经验及工作复杂性）都要进行一次排序。这种职位评价方法现在已经很少使用了。

● 职位评价方法之二：分类法

　　职位分类法或职位分级法（job classification or job grading）是一种简单而被广泛采用的职位评价方法。评价者需要将职位进行分组，每组中的所有职位在薪酬方

面体现其价值大体相同。如果这些组中包括的职位是相似的，则把这些组称为类别
（classes）；如果这些组中包括的职位在难度上相似但在其他方面不同，则把这些组
称为等级（grades）。因此，在美国联邦政府的薪酬等级系统中，"新闻秘书"和"消
防队长"可能都会被划分到"GS-10"这一等级（GS 是"通用薪酬表"的英文首字
母缩写）；而佛罗里达州政府在其职位分类系统中，可能会将所有"二级秘书"归
为一个类别，而将所有"维护工程师"归为另一个类别，诸如此类。

在实践中，有几种方法可以用于对职位进行分类。一种方法是，首先编写类别
或等级的描述，然后根据职位与这些描述的匹配程度，将其归入适当的类别或等级
中；另一种方法是，为每个职位类别编写一套基于报酬要素的规则（例如，某一类
别的职位需要怎样的独立判断能力、技能和体力劳动），然后再根据这些规则对职位
进行分类。

职位分类的通常程序是：首先选择报酬要素，然后编写职位类别或等级的描述，
根据这些职位所包含的报酬要素的数量或等级来描述每个职位的类别或等级。比如，
美国联邦政府的职位分类系统就采用了以下报酬要素：工作难度及多样性；所受到
的及所实施的监督；判断力的运用；创造力的要求；工作中人际关系的性质和目的；
责任；经验；所需知识。基于这些报酬要素，评价者可以编写如图 10-4 所示的职
位等级定义（grade definition）。这张图展示了美国联邦政府薪酬等级系统中第 7 级
（GS-7）的职位等级描述。据此，职位评价委员会会对所有职位描述进行审查，通过
比较职位描述与每一个职位等级描述中的规则，将这些职位插入适当的职位等级之
中。比如，在美国联邦政府的薪酬等级系统中，汽车维修工、焊接工、电工及机械
师等职位都被划分到第 10 级（GS-10）中。

职位等级	工作任务的性质	承担责任的水平
GS-7	在一个涉及多种问题或情境的职能领域或项目中履行特定的职责；需要形成信息、辨别相互关系，然后采取与所在职能领域或项目目标一致的行动	工作任务是根据目标、优先顺序和截止时间来分派的；员工在工作中要独立解决大多数冲突；对已经完成的工作进行评价时，要考察其是否符合政策规定；工作指导方针，比如规章制度、过往案例，以及政策说明等，都需要大量的解释和调整

图 10-4 职位等级定义示例

资料来源：美国人事管理局 1989 年 6 月发布的《文书及辅助工作职级指南》。

职位分类法有几个方面的优点。其中一个主要优点是，无论雇主采用何种职位

评价方法，最终都要将职位划分到不同的类别或等级中。这样做是为了避免对成百上千种职位分别进行制定薪酬标准，而职位分类法能够自动将企业中的各个职位划分到不同职级中。其缺点是，职位类别或等级的描述编写起来非常困难，而且在使用时需要做出大量判断。然而，仍有很多企业成功地运用了这种职位评价方法。

● 职位评价方法之三：计点法

计点法（point method）的总体目标是确定被评价的职位包含所选报酬要素的程度，包括确定每个职位包含的报酬要素及这些报酬要素在每个职位上表现出来的程度。假定一个职位可能包括 5 个等级的"责任"这一报酬要素，再进一步假定为每种报酬要素的不同等级都设定了不同点数。那么，一旦评价委员会确定了每种报酬要素（如"责任"和"努力程度"）在某个职位上表现出来的程度，就可以将这一职位在所有报酬要素上得到的点数相加，从而得到某一职位的总点数。计点法的评价结果是对每个职位都提供一个量化的评价点数。它是最常用的职位评价方法。

"打包的"计点职位评价方案

很多组织［比如合益集团、全美电气制造商协会（the National Electrical Manu-facturers Association）及全美贸易协会（the National Trade Association）等］都已经开发出了标准化的计点职位评价系统。数以千计的企业都在使用这些系统。这些系统包含现成的报酬要素和报酬要素不同等级的定义，以及大量职位的点数评价。企业使用这些系统时通常只需稍作改动或无须改动。

● 计算机化的职位评价

采用计点法这样的职位评价方法可能会耗费大量的时间。因此，许多企业转向使用计算机化的职位评价系统。

计算机化的职位评价系统大多包括两个组成部分。一是一份结构化的问卷，包括"输入向该职位汇报工作的员工总人数"等项目。二是统计模型，这些模型基于问卷回答分配点数，使该系统能够在某种程度上对职位进行确定薪酬标准。

● 薪酬政策线

采用计点法（或其他职位评价方法）时，薪酬政策线是十分有用的。薪酬政策线（wage curves）描述了根据职位评价所得到的每个职位的点数或排序情况，支付给各个职位的薪酬水平。图 10-5 是薪酬政策线的一个示例。请注意，纵轴表示平均薪酬水平，横轴表示评价点数。薪酬政策线的目的是表明以下两组数据之间的关系：一是通过某种职位评价方法确定的职位的价值（以点数表示）；二是职位的薪酬水平。管理人员可以（在一张图或两张单独的图上）比较"内部"薪酬政策线和"外部"薪酬政策线，前者显示了公司目前为其职位支付的薪酬，后者显示了其他公司为这些职位支付的薪酬。管理人员可以据此决定是否需要调整每个职位或每个薪酬等级的薪酬水平。他还可以查看某个特定职位的薪酬是否偏离了薪酬政策线，即该职位的薪酬是否过高或过低。

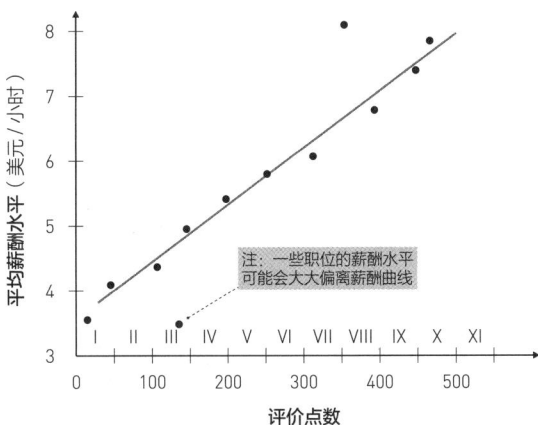

注：一些职位的薪酬水平可能会大大偏离薪酬曲线

图 10-5 绘制一条薪酬政策线

● 薪酬等级

企业通常会将类似的职位（根据点数）分成若干等级，以便支付薪酬。这样就不需要设置数百个薪酬水平，而只需要管理 10 个或 12 个薪酬等级就可以了。一个薪酬（或工资）等级 [pay（or wage）grade] 包含了职位评价得出的工作难度或重要性大致相同的职位。如果使用计点法，那么一个薪酬等级内包含一定点数范围内的职位。如果使用排序法，那么一个薪酬等级内包含特定几个排名的职位。如果使用分类法，那么职位已经被划分到了不同职级（或职等）。

● 薪酬区间和薪酬结构

大多数企业都不会对某个特定薪酬等级中的所有职位支付同一种水平的薪酬。比如，通用电气医疗公司（GE Medical）不会向所有的会计文员——从刚入职的员工到长期任职的员工——支付相同的薪酬，尽管他们可能处于同一薪酬等级。相反，企业会为每个薪酬等级建立一个垂直的薪酬区间。这些薪酬区间（pay ranges）通常表现为每个薪酬等级上的垂直矩形，显示了该薪酬等级的最低薪酬水平、最高薪酬水平以及中间薪酬水平，如图 10-6 所示。（薪酬管理专家将图 10-6 称为薪酬结构。它以图形的方式描述了一家公司的薪酬结构，包括为每个薪酬等级支付的薪酬区间，在本例中以时薪表示。）或者，你也可以用薪档的形式来描述每个薪酬等级所对应的薪酬区间，如表 10-4 所示。表 10-4 显示了美国政府的某些薪酬等级中所包括的薪档及其所对应的薪酬水平。比如，在这一薪酬表发布的时候，处在 GS-10 这一薪酬等级的员工年薪在 47 630 美元到 61 922 美元之间，具体取决于他们当初被雇用到这一薪酬等级中的哪一档的岗位上，以及他们在该薪酬等级中的工作年限和他们得到的绩效加薪。下面的"直线经理和小型企业的人力资源工具"专题说明了如何制订一套可行的薪酬计划。

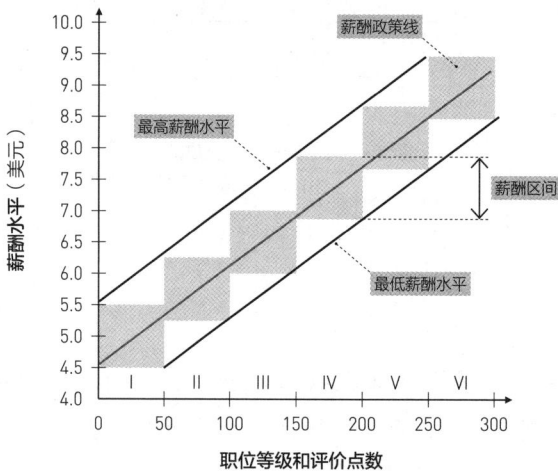

图 10-6   薪酬结构

表 10-4 美国政府年薪（按薪酬等级和薪档划分）

单位: 美元

等级	1 档	2 档	3 档	4 档	5 档	6 档	7 档	8 档	9 档	10 档	薪酬等级内各薪档差距
1	18 526	19 146	19 762	20 375	20 991	21 351	21 960	22 575	22 599	23 171	不定
2	20 829	21 325	22 015	22 599	22 853	23 525	24 197	24 869	25 541	26 213	不定
3	22 727	23 485	23 243	25 001	25 759	26 517	27 275	28 033	28 791	29 549	758
4	25 514	26 364	27 214	28 064	28 914	29 764	30 614	31 464	32 314	33 164	850
5	28 545	29 497	30 449	31 401	32 353	33 305	34 257	34 209	36 161	37 113	952
6	31 819	32 880	33 941	35 002	36 063	37 124	38 185	39 246	40 307	41 368	1061
7	35 359	36 538	37 717	38 896	40 075	41 254	42 433	43 612	44 791	45 970	1179
8	39 159	40 464	41 769	43 074	44 379	45 684	46 989	48 294	49 599	50 904	1305
9	43 251	44 693	46 135	47 577	49 019	50 461	51 903	53 345	54 787	56 229	1442
10	47 630	49 218	50 806	52 394	53 982	55 570	57 158	58 746	60 334	61 922	1588
11	52 329	54 073	55 817	57 561	59 305	61 049	62 793	64 537	66 281	68 025	1744
12	62 722	64 813	66 904	68 995	71 086	73177	75 268	77 359	79 450	81 541	2091
13	74 584	77 070	79 556	82 042	84 528	87 014	89 500	91 986	94 472	96 958	2486
14	88 136	91 074	94 012	96 950	99 888	102 826	105 764	108 702	111 640	114 578	2938
15	103 672	107 128	110 584	114 040	117 496	120 952	124 408	127 864	131 320	134 776	3456

资料来源: 美国人事管理局。

直线经理和小型企业的人力资源工具

制订一套可行的薪酬计划

制订薪酬计划对小企业和大企业同样重要。薪酬过高会造成浪费，而薪酬过低会导致员工离职。另外，不符合内部公平的薪酬水平会导致员工无休止地要求加薪。

制订可行的薪酬计划首先需要了解市场薪酬水平。像领英和 Salary 这样的网站能够显示各种职位在你所在地区的平均薪酬水平。周日报纸的分类广告（线上和线下都有）可以为你提供信息，让你了解其他企业为你要定薪的类似职位支付多少薪酬。地方政府的一站式就业服务办公室同样可以提供丰富的信息，因为它们对 O*NET 上列举的很多职位都编制了薪酬区间以及平均薪酬等信息资料。总是渴望与企业建立联系的职业介绍机构也能提供许多薪酬数据。本地院校的就业中心也会披露很多职位的普遍薪酬水平。一些专业协会也是专业人员获得薪酬水平信息的良好来源。

小型企业正在以其他方式利用互联网制订薪酬计划。StockHouse Media Corp 是一家提供金融信息和社区发展产品的国际公司，它的员工遍布世界各地。该公司利用互联网来确定公司所有员工的薪酬水平。比如，人力资源经理会用电子邮件向人力资源管理协会这种专业组织询问薪酬数据，还会定期查看招聘网站、公司官网和行业协会网站，监控薪酬水平及其发展趋势。

如果雇用的员工人数超过 20 人，那么你至少需要进行一次基本的职位评价。你首先需要编写职位描述，这是关于职位性质和价值的重要信息基础。查看 O*NET 或 JobDescription 这样的网站会对此有所帮助。

你可能会发现很容易将员工划分成三类——管理/专业类、行政/文职类和生产类。对于这三类中的每个类别，选择一个或多个报酬要素，然后根据职位排序的职位评价方法，对该类别中的每个职位进行排序（正如前文"管理技能培养"专题所解释的那样）。

对于每种职位，你可能都想要设定一个薪酬区间。一般来说，你应当将你向某个职位支付的平均薪酬水平作为该薪酬区间的中点值，然后围绕中点值上下浮动大约 30% 来创建一个薪酬区间，最后将这一薪酬区间划分成 5 档。（这样，护工每小时的收入可能从 8 美元到 12.60 美元不等，一共分为 5 档。）

一些非常必要的薪酬政策还包括假期工资（参见本书第 11 章）、加班工资政策、薪酬支付方法（每周支付、双周支付，还是每月支付）、工资扣发、打卡或考勤记录的规定等。请参阅后文关于人力资源系统的讨论，获得薪酬政策的相关示例。

10.3　为管理类职位和专业类职位制订薪酬计划

为管理类职位和专业类职位制订薪酬计划，在很多方面与为普通员工制订薪酬计划是类似的。它们的基本目标都是吸引、激励和留住优秀员工。对管理类职位和专业类职位（高层管理人员以下的职位），以及生产类职位和文职类职位，职位评价同样适用。

然而，管理类职位和专业类职位与其他职位还是存在差异的。与生产类职位和文职类职位相比，这些职位往往更强调判断力和解决问题的能力等更难以量化的因素。此外，企业还更加强调，根据管理人员和专业人员的绩效或他们能做什么来支付薪酬，而不是根据工作条件等静态的工作要求来支付薪酬。并且，市场上对高层管理人员的需求很迫切，竞争非常激烈，他们的薪酬在某种程度上和摇滚明星差不多。因此，尽管职位评价很重要，但在奖金、薪酬激励、市场薪酬水平和福利等问题上只能起到辅助作用。

● 高层管理人员的薪酬

公司高层管理人员的薪酬通常包括四个主要组成部分。

基本薪酬包括固定薪酬，通常还包括一部分有保证的奖金，比如"在第四财季结束时，无论公司是否盈利，都可获得相当于基本薪酬 10% 的奖金"。

短期激励，通常是以现金奖励或股票的形式奖励实现短期目标，如年销售额增长率。

长期激励目的是鼓励企业的高层管理人员采取有利于提高公司股票价值的行动，其内容包括股票期权等。这些计划通常赋予高层管理人员在特定时期以特定价格购买股票的权利。

高层管理人员的特殊福利，包括高层管理人员的补充退休计划、补充人寿保险，以及 0 免赔额和无自费比例的健康医疗保险等。

由于高层管理人员的薪酬涉及许多复杂因素，因此，企业必须警惕税收以及证券方面的法律问题。

● 高层管理人员薪酬的决定因素

对高层管理职位（特别是对首席执行官），职位评价通常不太适用。传统观念认为，公司的规模和业绩会显著影响高层管理人员的薪酬。然而，21 世纪初的很多研究都表明，公司规模和业绩仅仅能够影响首席执行官薪酬中的 30% 左右。"实际上，首席执行官的薪酬是由董事会在综合考虑各种因素之后确定的，这些因素包括公司的经营战略、发展趋势，最重要的是，公司希望在短期和长期达到什么位置。"不管是什么因素决定了首席执行官的薪酬，这通常都与公司的业绩无关。一项研究发现，业绩最好的公司的首席执行官平均薪酬最低，而那些业绩不佳的公司的首席执行官薪酬相对较高。在现实中，首席执行官也可能对董事会产生相当大的影响，而理论上，董事会决定了他们的薪酬。因此，首席执行官的薪酬有时不能严格反映公平谈判的结果。

股东的激进态度以及政府的严格监管，都会对企业支付给高层管理人员的薪酬产生更为严格的制约。例如，银行业巨头汇丰银行（HSBC）搁置了提高首席执行官薪酬的计划，因为股东们否决了这项提议。

对管理类职位的评价

许多企业使用职位评价来为管理类职位（至少是对高层管理职位之下的那些职位）定薪。基本方法是将所有高层管理职位和中层管理职位划分为一系列等级，然后为每个等级划定一个薪酬区间。

正如对非管理类职位进行评价一样，企业可以根据高层和中层管理职位之间的关系对它们进行排序，将价值相同的职位归为一组。此外，很多公司也会采用职位分类法和计点法来进行职位评价，通常采用的报酬要素包括职位范围、工作的复杂性和工作的难度等。职位分析、薪酬调查及围绕薪酬政策线进行的薪酬水平调整也同样发挥了作用。

● 专业类员工的薪酬

在决定专业类员工的薪酬时，公司首先应该确保其确实属于法律规定的"专业人员"。《公平劳动标准法》"为确实是以高层管理人员、行政管理人员、专业人员及外部销售人员的身份受雇的员工，提供了在最低工资和加班工资方面的豁免"。然而，称呼某人为专业人员并不意味着他就真的是专业人员。除了每周至少要有455美元的收入，专业人员的主要职责必须是"从事需要高级知识的工作"，并且"这种工作所需的高级知识必须通过长期的专业课程获得"。一家公司雇用了一名高中毕业生作为受到豁免的"二级产品设计师"，年薪62 000美元。该职位要求任职者拥有12年的相关工作经验，但对教育背景不做要求。最终，法院裁定该职位属于非豁免性职位。

如何支付薪酬是另一个问题。像工程师和科学家这样的职位往往更加强调创造性和解决问题的能力，而这些报酬要素往往不容易进行衡量和比较。此外，如何衡量这类员工的绩效呢？比如，工程师的发明成功与否取决于公司对发明成果的营销效果如何。企业对专业类职位也可以进行职位评价，这时所采用的报酬要素可能包括解决问题的能力、创造力、工作范围、技术知识和专业知识等。

　　不过，在现实中，企业很少仅仅依靠职位评价来为专业类职位进行定薪。像创造力这样的要素很难衡量，而且其他问题往往也会影响对专业类职位的决策。硅谷对工程师的争夺就反映了这个问题。谷歌公司中薪酬水平最高的专业类员工，如 Chrome OS 团队的负责人，也离职去了竞争公司。面对这样的情形，谷歌将其员工的薪酬水平上调了 10%。虽然按照国家标准来看，谷歌很多专业类员工的薪酬水平已经很高，但他们有些人仍然觉得自己的薪水太低而调动到了那些会有更多挑战性的职位。其他一些人则认为，获取高薪的最佳途径是加入一家能够提供股票期权、更年轻且成长更快的公司。

　　因此，大多数企业都采用市场定薪法。他们尽可能地为市场上的专业类职位定薪，以确定标杆职位的薪酬水平，然后再把这些标杆职位以及其他专业类职位插入某个薪酬结构中。每个专业学科领域中，通常会划分出 4~6 个等级，每个等级都对应一个浮动范围较大的薪酬区间。当企业想要雇用的是具有全球工作机会的专业人员时，这种做法有助于企业保持薪酬水平的竞争力。

通过人力资源信息系统提升绩效

　　工资单管理　管理工资单系统——包括跟踪员工的身份状态、薪酬水平、家属、福利、加班、纳税状态等；计算每一位员工的工资；打印支票或直接存入员工账户——是一项十分耗时的任务，并且还要注意遵守很多联邦政府、州政府及地方政府关于薪酬、工时以及其他方面问题的法律法规，这项任务变得更加复杂。

　　很多企业在内部使用工资单处理软件来完成这项任务。财捷集团的一款名为"基本工资单"的软件可以让企业自行输入员工的工作时间，立即获得包括薪酬、工资税和扣除额在内的工资计算结果，然后企业可以自己打印工资支票。"基本工资单"软件可以帮助企业计算联邦政府及州政府的工资税，轻松地以电子方式支付联邦税收，同时使用支票支付州税。克罗诺思公司的一款名为"员工工资单"的软件使工资管理过程实现了自动化，同时还提供了自助服务功能。例如，"员工工资单"可以"让公司员工看到自己的工资存根和历史收入、更改直接存款信息以及 W-4 表格、打印 W-2 表格[①]，甚至还能检验自己扣税金额的变化如何影响工资"。

---

① W-4 表格是美国员工用于告诉雇主从工资中预扣多少联邦所得税的重要文件；W-2 表格是美国国税局规定雇主必须提交的文件，用于记录员工一年内的薪酬总额及预扣税款。——编者注

也有很多企业将工资单管理外包给安德普翰人力资源公司等承包商。这些承包商提供了一系列工资单处理选项。例如，较小的企业可能会选择将自己的工资单数据通过电子邮件发送给承包商的专家，而较大的企业可能会选择在线自动处理这些数据。不仅要考虑外包这项职能的相关费用，还要考虑多方面的问题，包括将企业的内部系统与承包商的系统加以整合的可取性，简化申报和纳税，以及增加员工自助服务等。

10.4 关于薪酬的当代话题

企业向员工支付薪酬的方式正在发生变化。在本节中，我们将探讨关于薪酬的五个重要的当代话题：基于能力的薪酬、宽带薪酬、人才管理、可比价值和董事会监督。

● 基于能力的薪酬

有些人会质疑那种将职位插入到狭窄的职位等级"小格子"（比如"一级机械师""二级机械师"等）中的职位评价法，在高绩效的工作系统中，这样做可能实际上并不利于提高生产率。高绩效的工作系统依赖灵活的、多技能的工作任务和团队合作，因此，员工不能说"这不是我的工作"。基于能力的薪酬（competency-based pay）（以及我们稍后将会解释的宽带薪酬）旨在避免出现此类问题。基于能力的薪酬体系下，企业是根据员工掌握的技能和知识，而不是他们的责任或头衔来支付薪酬。专家们将这种薪酬称为能力薪酬、知识薪酬或技能薪酬。在基于能力的薪酬体系下，位于一级职位的员工如果可以（但当前无须）完成二级职位的工作，那么他将获得二级职位而非一级职位的薪酬。能力是指明显的个人特征，如知识、技能和行为。为什么要根据员工的技能水平而非他们的职位来支付薪酬呢？这是因为越来越多的企业以团队为组织形式，企业希望鼓励员工获得在不同职位间轮换所需的技能。

基于能力或技能的薪酬计划通常包含五个要素。企业需要界定自己所需的具体技能，并选择一种方法将员工的薪酬建立在他们的技能之上；企业需要一个能让员工获取这些技能的培训系统，还需要一个正式的能力测评系统；工作设计要使员工能够在所需技能水平不同的职位之间轻松转换。在实践中，基于能力的薪酬通常归结为基于知识或技能的薪酬。具体案例请回顾第 4 章的图 4-10。对图中所示的职位，英国石油公司列出了任职者在各项技能（如技术专长和解决问题的能力）上必须达到的最低水平。当一名员工在各项技能上均达到相应水平时，就会得到一次加薪。（下面的"全球人力资源管理实践"专题介绍了另一个例子。）

全球人力资源管理实践

捷尔杰公司的技能薪酬方案

捷尔杰公司（JLG）为顾客提供高空作业平台和桅杆等外接设备。该公司制定了一套技能薪酬方案，根据员工具备的基本技能数量，而不是他们担任的职位支付报酬。捷尔杰公司将技能薪酬方案整合到其现有的薪酬系统中，并用一套计算机化的报告系统为其提供支持。

当一名员工获得并掌握了一项新技能时，公司就会按照预定计划为其加薪。薪酬的增加与员工通过获得的技能体现出来的价值成正比。薪酬调整的幅度为每小时 0.3 美元，并且可以作为定期的绩效加薪的补充。符合要求的员工有 3 次获得技能薪酬调整的机会。第一次加薪是在 6 个月的试用期结束时。第二次加薪可能会与员工的年度绩效审查一起进行。第三次技能薪酬调整是年度调整，发生在年度绩效审查后的 6 个月时。

捷尔杰公司将所有从事生产和维修的小时工都归入一个特定的职位类别中。一个职位类别中包括一组进行相似活动并需要相似技能的员工。每个职位类别都有一套需要具备的技能，包括与职位相关的特定技能及与质量和安全相关的技能。

为了确定员工是否有资格获得基于技能的加薪，公司需要将员工当前的薪酬水平与其所属的职位类别中的目标薪酬水平进行比较。目标薪酬水平基于员工对职位类别要求的整套技能的掌握程度。如果当前的薪酬水平等于或高于目标薪酬水平，则不进行薪酬调整；如果当前的薪酬水平低于目标薪酬水平，则可以为掌握职位类别所需技能的员工进行基于技能的薪酬调整。

● 宽带薪酬

大多数公司的薪酬计划最终都会将职位区分类别和等级，每个等级都有对应的垂直的薪酬水平区间。例如，美国政府的薪酬计划包括 18 个主要等级（从 GS-1 到 GS-18），每个等级都有相应的薪酬区间。对于职位属于这些等级之一的员工来说，其所在等级的薪酬区间规定了其最低薪酬和最高薪酬。

这里的问题是，"如果用每个薪酬等级所包含的职位评价点数进行衡量，每个薪酬等级的浮动范围应该有多大？"（例如，美国政府可以将 18 个薪酬等级合并为 6 个或 7 个更宽的薪酬区间。）薪酬等级的浮动范围过窄（比如有 18 个薪酬等级），也会存在不利之处。例如，如果需要一位职位等级为二级的员工临时替补职位等级为一级的员工工作一段时间，那么，很难在不降低此人薪酬水平的情况下对其工作进行重新安排。类似地，如果希望处于二级职位的员工学会处理处于三级职位的工作，却不将其薪酬提高到三级职位的水平，那么这名员工很可能会反对这种重新分配。因此，传统的等级薪酬计划可能缺乏灵活性。

正是由于这方面的原因，一些企业正在将其薪酬计划转变为宽带薪酬。宽带薪酬（broadbanding）是指将薪酬等级合并为几个范围较宽的薪酬等级或薪酬区间，每个等级或区间都包含范围相对较宽的职位和薪酬水平。图 10-7 展示了这样的一个薪酬区间。在这个例子中，企业原来的 6 个薪酬等级被合并为 2 个范围更宽的薪酬等级。

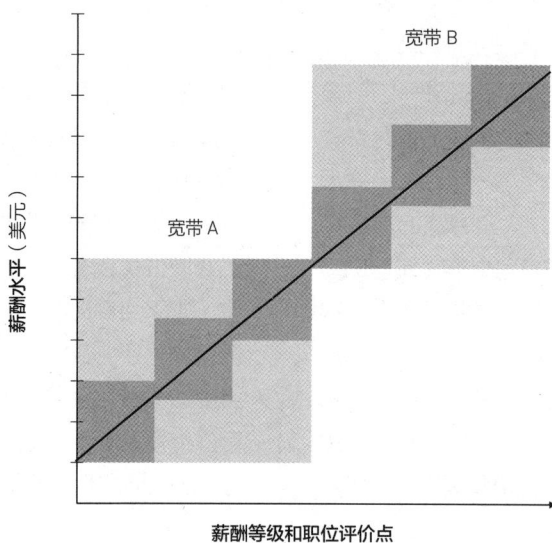

图 10-7   宽带薪酬结构及其与传统薪酬等级和薪酬区间的关系

　　一家公司可以为其所有职位创建一套薪酬区间，也可以仅为某些特定职位（如专业技能岗位）创建薪酬区间。薪酬区间的薪酬水平区间跨度相对较大，这是因为薪酬区间中的最低薪酬是被合并的最低薪酬等级的最低薪酬水平，而薪酬区间中的最高薪酬是被合并的最高薪酬等级的最高薪酬水平。例如，某企业原来一共有 10 个薪酬等级，每个薪酬等级的薪酬区间都为 15 000 美元。当把 10 个薪酬等级合并为 3 个薪酬区间时，每个薪酬区间中薪酬最低和薪酬最高的职位薪酬可能相差 40 000 美元或更多。因此，薪酬水平的浮动范围大了许多。现在可以在同一薪酬区间内部更为轻松地对员工进行调动，而不用担心员工的职位薪酬超出传统的薪酬等级中相对狭窄的薪酬区间了。

宽带薪酬的优点和缺点

　　宽带薪酬的基本优点是为员工薪酬决策带来了更大的灵活性。例如，"当一位员工需要到一个级别更低的职位以获取某些必要的技能时，他能够获得比该职位通常的薪酬水平更高的薪酬，这在传统的薪酬制度下几乎是不可能的"。

　　但宽带薪酬也可能会让人感到不安。有些人更喜欢明确地知道自己的工作职责和职位名称，这会给他们带来安全感。对他们来说，经常从一个职位转换到另一个职位可能会让他们感到不安。

● 可比价值

　　可比价值（comparable worth）是指当男性和女性所从事的工作对于企业而言具有可比（而不是严格相同）的价值时，企业需要向他们支付相同的薪酬。因此，可比价值可能意味着要比较完全不同的工作，比如护士和卡车机械师，或是秘书和技术人员。可比价值试图解决的问题是：应当向从事与男性完全相同的工作的女性支付与男性相同的薪酬，还是应当向从事与男性具有可比性的工作的女性支付与男性相同的薪酬？如果仅向与男性从事完全相同的工作的女性支付相同的薪酬，则会限制女性的薪酬水平达到男性的薪酬水平，因为女性往往在低薪工作中占据主导地位。

　　华盛顿县诉冈瑟案是一个关于可比价值的关键案例。该案件涉及俄勒冈州华盛顿县一座监狱的女狱警，她们声称自己受到了性别歧视。华盛顿县评估了与女狱警的工作具有可比性但不完全相同的男狱警的工作，结果发现，男狱警的工作内容比女狱警多 5%（根据计点法的职位评价系统确定），但男狱警的薪酬水平却比女狱警高 35%。为什么在大致可比的职位间会存在这样的薪酬差距呢？华盛顿县最终同意在 7 年内，向那些在女性占主导地位的职位上工作的 3.5 万名女性员工支付近 5 亿美元的加薪，以了结这场诉讼。

可比价值对职位评价也有影响。法院审理的几乎每起可比价值案件都涉及计点法这种职位评价方法。通过为不同的工作分配点数，计点法这种职位评价方法为不同职位之间的可比性评价提供了便捷。那么，企业是否应当继续采用计点法呢？或许最明智的做法是让企业按照自己认为合适的方法对职位进行评价（可以采用计点法，也可以不采用），但要确保女性有平等的机会获得这些职位。换句话说，就是消除存在性别隔离的职位。

多元化盘点

薪酬差距　尽管如此，美国女性的收入只有男性收入的 81%。总体来说，教育能够在一定程度上缩小薪酬差距，但男女薪酬差距方面的改善仍然很小。例如，在 1979 年，女性的收入仅为男性的 62% 左右。

问题在于，巨大的薪酬差距依然存在。例如，在刚开始上班的医生中，女医生的年收入比男医生少 1.7 万美元左右。就连女性在薪酬方面取得的进步或许也会产生一些误导，因为女性不成比例地从事低薪职业。

造成这种男女薪酬差距的原因很多，从认为女性能力较弱的过时观念，到男性更加频繁地更换工作（在此过程中获得更多加薪），而女性往往留在薪酬水平较低的部门这一事实。无论如何，男女薪酬差距都是一个需要企业认识并解决的问题，美国的一些州已经在这样做了。

董事会监督

出于多方面的原因，董事会会对公司高层管理人员的薪酬进行监督。《萨班斯 – 奥克斯利法案》（Sarbanes-Oxley Act）规定，在特定情况下，高层管理人员要为公司财务的监管疏忽承担个人法律责任。2010 年的《多德 – 弗兰克华尔街改革和消费者保护法》（Dodd-Frank Law）要求美国公司在薪酬问题上给股东们一个说法。很多律师事务所正在提起集体诉讼，要求公司提供有关高层管理人员薪酬决策的信息。综合上述情况，从事高层管理人员薪酬业务的专业律师建议，董事会成员（在很多大企业中通常是由董事会的薪酬委员会决定高层管理人员的薪酬）应当反思以下问题：

» 我们的薪酬委员会是否完全明确了自己的职责和程序？

» 我们的薪酬委员会是否咨询了合适的薪酬顾问？

» 是否存在我们的薪酬委员会应当解决的高层管理人员薪酬问题？

» 我们的薪酬确定程序是否表现出了薪酬委员会的尽职和独立？（这需要认真商议并做好记录。）

» 我们的薪酬委员会是否恰当地传达了其决定？股东们将作何反应？

10.5　给管理者的员工敬业度指南

● 全面报酬计划

全面报酬是薪酬管理中一个日益重要的概念。人们对工作有许多需要，例如对具有挑战性的工作的需要，对尊重和赞赏的需要。并不是所有的需求都能通过工资或奖金得到满足。"全面报酬不仅包括薪酬和福利，还包括个人发展和专业成长的机会，以及激励人心的工作氛围。"它不仅包含传统的经济报酬（工资、奖金、福利和津贴），还包括非经济的、无形的报酬，比如认可、职位性质、工作质量、职业发展机会、与上级和同事的良好关系、企业的公正性、对员工的信任、被重视的感觉和参与感、晋升机会和良好的工作氛围。全面报酬还包括认可计划和工作再设计（我们在第 4 章中进行过讨论）、远程办公计划、健康福利计划，以及培训和职业生涯发展。

非现金的褒奖包括礼品卡、各种商品和表示认可的形式，都是全面报酬的一部分。例如，杜邦公司（DuPont's）在西弗吉尼亚州的一家工厂安装了一个在线系统，使员工能够对彼此进行认可，95% 的员工很快都使用了这一系统。国际健身控股公司（International Fitness Holdings）让员工使用一款类似脸书的应用程序，通过发布消息和发送私人邮件来对同事表示认可。还有的企业与 Globoforce 等网站签约，使用在线认可系统。

● 全面报酬和员工敬业度

谈到员工敬业度，全面报酬，即物质报酬和非物质报酬似乎都必不可少。例如，一项研究发现，基本工资和福利与公司培养员工敬业度的能力之间关系不大。然而，无形的报酬，比如职位性质、工作质量和职业发展机会，在与基本工资和短期激励或奖金相结合时，对员工敬业度和绩效可以产生很大影响。

许多拥有高度敬业员工的雇主，确实会将全面报酬作为自己人力资源战略的一部分。例如，丰田在其"丰田方式"中列出了其人力资源价值观。这些价值观包括"劳资之间的相互信任和相互尊重""最大限度避免裁员和解雇的稳定雇用""帮助员工发展技术技能""为生产人员兼顾工作和育儿提供支持，职业生涯设计支持，以及企业意识提升"。迪士尼公司为员工和演员提供了包括薪酬、各种福利和职业发展机会在内的全面报酬包。

许多"最佳雇主"支付的薪酬很高，但同时也很重视无形的报酬。这些无形的报酬有多种表现形式，例如，NetApp 公司副董事长每天都会打电话表扬十几名在某方面表现优异的员工，全食超市（Whole Foods）将透明度提高到全新的水平，其员工可以投票选择新员工，实地考察供应商，查看所有人的薪酬，赛仕软件公司激励员工努力工作并给予员工自主管理的权利。

还有，定期列出公司的所有报酬，包括经济报酬和非经济报酬，并关注它们对员工整体福利的重要性。

第 10 章要点小结

1. 在制订战略性薪酬计划之前，管理人员首先需要了解一些决定薪酬水平的基本要素。员工薪酬包括直接经济报酬和间接经济报酬。任何一种薪酬计划的设计都要受到法律、工会、公司战略和政策及公平性等因素的影响。在美国，法律方面最主要的考虑因素是《公平劳动标准法》，它规定了最低工资和加班工资等事项。有些特定类型的员工不受该法案或该法案某些特定条款的保护，尤其是关于加班工资的条款。其他一些重要的法律包括 1963 年的《同工同酬法》和 1974 年的《雇员退休收入保障法》。

2. 确定薪酬水平，同时确保外部公平、内部公平、个人公平和程序公平，包含以下几个步骤：
   - 进行薪酬调查，确定每个职位的相对价值，进行职位评价，根据难度将职位进行分组，按照薪酬政策线为每个职位等级定薪，以及调整薪酬水平。
   - 职位评价是一种系统的比较，其目的是根据报酬要素确定一个职位相对于其他职位的价值。
   - 常用的职位评价方法包括排序法、分类法和计点法。例如，在使用排序法时，首先需要进行职位分析，根据部门对职位进行分组，然后再由评价者对职位进行排序。

3. 管理类职位和专业类职位的定薪过程涉及一些特殊问题。管理人员的薪酬通常包括以下四个主要组成部分：基本薪酬、短期激励、长期激励和高层管理人员的特殊福利。特别是高层管理职位，通常并不适合进行职位评价，而是应该着重考虑工作的复杂性、企业的支付能力，以及在吸引高级人才方面保持竞争力的需要。

4. 我们讨论了关于薪酬的几个重要话题。宽带薪酬是指将几个薪酬等级和薪酬区间合并为几个范围较宽的薪酬等级或薪酬区间，每个等级或区间都包含范围相对较宽的职位和薪酬水平。可比价值是指当男性和女性从事可比的而非严格相同的工作时，需要向他们支付相同的薪酬。董事会对高管薪酬的监督已经成为一个重要问题，董事会应该咨询合格的顾问，并在制定高管薪酬时表现得尽职且独立。

5. 研究表明，强调全面报酬，而不仅是关注基本工资，有助于提高员工敬业度。全面报酬不仅包括传统的薪酬组成部分，还包括认可和重新设计的、更具挑战性的工作。一项研究发现，无形的报酬，比如工作氛围、职位性质、工作质量和职业发展机会，在与基本工资和短期激励或奖金相结合时，对员工敬业度和绩效可以产生很大影响。

第 11 章

绩效薪酬与员工福利

● **本章学习目标**

» 讨论针对员工个人的几种主要激励计划。

» 列举并描述最常见的激励计划。

» 定义员工福利。

» 列举并讨论非工作时间的薪酬和保险福利。

» 描述几种主要的退休福利。

» 列举并讨论常见的个人服务和家庭友好型福利。

» 解释如何使用福利来提高员工的敬业度、生产率和绩效。

引入

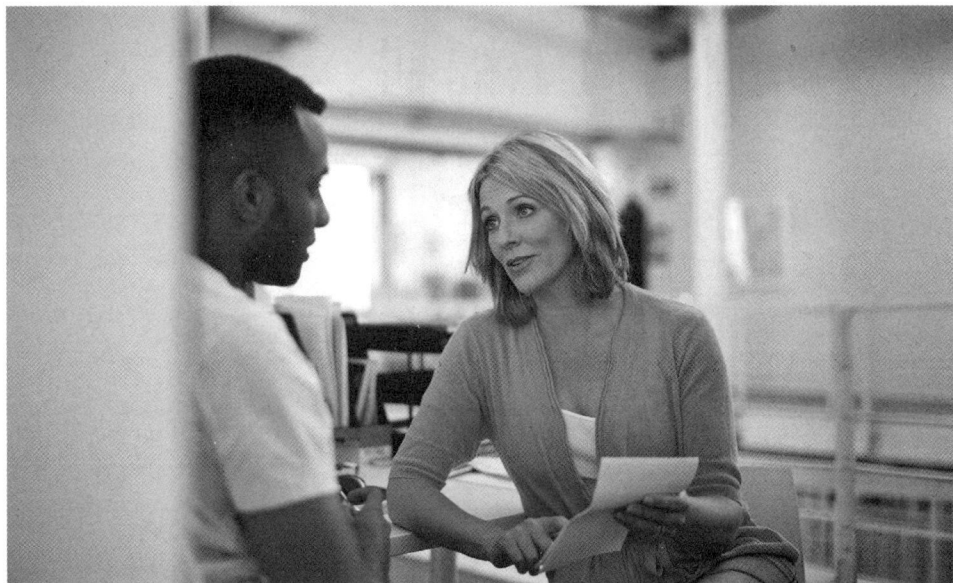

　　马尔（Mal）似乎具备了你对旅行代理人的一切要求。他很聪明，擅长数学，善于交际，喜欢旅行。丽莎（Lisa）认为他会在她位于芝加哥的旅行社成为一名出色的代理人，因此雇用了他。三周后，她对自己的选择感到后悔。上周有两次客户打电话来时，马尔都没有跟进。周四，丽莎发现他趴在办公桌上睡觉。她问她的丈夫兼商业伙伴保罗（Paul）："我要怎么做才能让马尔努力工作？"

　　我们在第 10 章讨论的薪酬和工资计划只是大多数雇主总薪酬计划中的一部分。如今，大多数公司还会提供激励性薪酬，比如年终奖。而且几乎所有公司都会提供一些福利，比如保险计划。我们将在这一章讨论激励和福利，让我们从针对员工个人的激励计划开始。

11.1　针对员工个人的激励计划

弗雷德里克·泰勒（Frederick Taylor）在 19 世纪末就推广了经济性奖励（financial incentives），即向产量超过预定标准的工人支付额外的经济报酬。作为米德维尔钢铁公司（Midvale Steel Company）的一位管理人员，泰勒非常关注他所谓的"系统性磨洋工"现象——员工总是倾向于把产量维持在可以接受的最低水平。有些工人在工作了 12 小时后，回家后还有精力继续在家做事。泰勒认为，如果公司能够充分利用员工在工作时间的精力，就能大大提高生产率。生产率（productivity）是"产出（商品和服务）与投入（劳动力和资本等资源）之比"。为了实现更高的生产率，泰勒开始改进经济性奖励措施。

如今，雇主采取的激励措施多种多样。所有的激励计划都是绩效薪酬计划，因为它们都把员工的薪酬与绩效挂钩。可变薪酬（variable pay）通常是指将团队的薪酬与公司盈利能力挂钩的激励计划（有些企业使用的可变薪酬也包括对员工个人的激励计划）。利润分配计划就是可变薪酬的一个例子。

● 个人激励计划：计件工资计划

计件工资制（piecework）是最古老，同时也是使用最广泛的个人激励计划。计件工资制下，企业需要为工人生产的每件产品支付一笔钱（称为计件工资率）。（当然，工人至少需要挣到最低工资，所以工资计划至少应该保证这一点。）关键问题在于生产标准，这一标准通常是由工业工程师来设定的，例如，每小时生产的标准单位产品数量。但在实践中，大多数雇主对计件工资率的设定更为随意。

在简单计件工资制（straight piecework）下，无论产出多少，产品件数与报酬总是严格成比例的。标准工时计划（standard hour plan）则允许雇主和工人分享超出标准的生产率收益，工人可以为其超出正常标准的生产获得额外收入（如每件获得更多报酬）。

● 激励与法律

计件工资制和其他激励计划都会受到法律规定的影响。例如，根据美国《公平劳动标准法》，如果一家公司以奖金或现金形式向员工提供绩效薪酬，则该公司在计算员工在这一时期的加班工资时，通常必须将这些奖励计算在内。假设一名员工每周工作 40 小时，每小时收入 10 美元，上周还得到了 60 美元的绩效薪酬，那么，他上周的实际时薪是 460/40 美元，即 11.50 美元。这样，他的加班工资基数应该按照每小时 11.50 美元，而不是每小时 10 美元来计算。

有些奖金在计算加班工资时是可以被排除的。例如，不是以工作的小时数为标准发放的圣诞节奖金和礼物，或者数额太大以至于员工自己都不认为属于工资的奖金，这些奖金在计算加班工资时就不必包括在内。

● 作为激励的绩效工资

绩效工资（merit pay）或绩效加薪（merit raise），是指公司根据员工的个人绩效为其提供的加薪。绩效工资与奖金的不同之处在于，绩效工资通常会成为员工基本薪酬的一部分，而奖金往往是一次性发放的。绩效工资这一概念常被用于白领员工，特别是专业类员工、办公室职员和文员。

绩效工资是一个备受争议的话题。支持者认为，仅仅提供普遍加薪（而不考虑个人绩效）实际上会导致绩效下滑，因为这实际上是在告诉员工，他们的报酬与绩效无关。反对者认为，因为许多绩效评价本身就是不公平的，所以基于绩效评价结果的绩效加薪也必然是不公平的。绩效加薪计划的有效性还取决于是否对员工进行了区分。美国公司为薪酬最高的员工增加了 5.6% 的基本工资，而只为薪酬最低的员工增加了 0.6%。

另一种绩效加薪计划将绩效奖励与个人绩效和公司绩效联系起来。在表 11-1 中，即使公司绩效一般，绩效卓越的员工也可以得到相当于一次性奖金最高金额的 70% 的奖励。而那些绩效不佳或表现糟糕的员工即便是在公司绩效很好的情况下，也不会得到任何奖金。

● 针对专业类员工的激励计划

专业类员工是指那些运用所学知识为雇主解决问题的人，如律师和工程师。

为专业类员工制订激励计划是一项挑战。一方面，公司支付给专业类员工的报

表 11-1　绩效奖金的决定矩阵（示例）

员工绩效等级（权重 = 0.50）	公司绩效（权重 = 0.50）				
	卓越	优秀	良好	一般	不合格
卓越	1.00	0.90	0.80	0.70	0.00
优秀	0.90	0.80	0.70	0.60	0.00
良好	0.80	0.70	0.60	0.50	0.00
一般	—	—	—	—	—
不合格	—	—	—	—	—

注：要确定每位员工应得奖金金额，需要进行以下步骤：（1）将每个员工截至 6 月 30 日的全年正常工作时间的薪金乘以其最高奖金比例（通常由管理层或董事会决定，比如，每位员工薪酬的 10%）；（2）将上述相乘结果与本表中对应的百分比相乘。例如，某位员工在 6 月 30 日的年薪为 4 万美元，她能够获得的最高奖金比例为基本年薪的 7%，假定她的个人绩效和公司绩效都是"优秀"，那么，这名员工的奖金总额就是 2240 美元（40 000×0.07×0.80 = 2240）。

酬通常已经比较高了；另一方面，他们的职业满足感促使他们完成高水平的工作。

然而，假定像谷歌工程师这样的员工只是为了职业满足感而工作，这显然是不现实的。因此，谷歌会向参与重要项目的工程师支付更高的奖金。当然，这些专业类员工还会获得可能会使他们成为百万富翁的股票期权。

双通道职业发展路径是对专业类员工的薪酬进行管理的另一种方式。在很多企业，员工要想获得更高的薪酬，就必须从工程师转变为管理人员。但是，并非所有的专业类员工都愿意成为管理人员。因此，很多企业采用了双通道职业发展路径，一条发展路径针对管理人员，一条发展路径针对技术专家，这使得后者能够在不转变为管理人员的情况下获得更高的薪酬。

● 非经济性奖励和认可奖励计划

正如我们在第 10 章中提到的，企业经常会用各种非经济性奖励和基于认可度的奖励来补充经济性奖励。认可计划这一概念通常是指正式的计划，比如"月度最佳员工"计划。社会认可计划一般是指管理者与员工之间的非正式交流，如表扬、赞美或对出色的工作表现表示欣赏等。绩效反馈是指向员工提供关于其工作绩效的定量或定性信息，以帮助员工改善或保持绩效。例如，向员工展示他们的工作绩效趋势图就是一种绩效反馈。

影响人力资源管理的发展趋势：数字化和社交媒体

认可软件

　　雇主们正在通过数字支持来扩大他们的认可计划。例如，财捷集团将其员工认可、服务年限、专利奖励和健康奖励项目移交给了员工激励在线平台服务商 Globoforce。该集团负责绩效、奖励和工作场所的副总裁称，这"使我们能够在项目中提高效率"。各种手机应用软件还为员工之间相互认可提供了方便。例如，一款软件让员工"挑选一枚徽章并写下一小段文字，感谢那些对你来说最重要的人……"还有一些软件可以让用户将收到的积极反馈发布到他们的领英主页上。

　　一项针对 235 名管理人员的调查表明，公司为激励员工最常用的奖励形式（从上到下，表示从最常用到最不常用）包括：

- » 员工认可
- » 礼品券
- » 特别活动
- » 现金奖励
- » 实物奖励
- » 电子邮件或书面表扬

- » 培训项目
- » 工作与生活的平衡福利
- » 可变薪酬
- » 集体旅游
- » 个人旅游
- » 抽奖

　　下面的"直线经理和小型企业的人力资源工具"专题将对此进行详细说明。

直线经理和小型企业的人力资源工具

目标和认可

　　直线经理不应仅依靠公司的经济性奖励计划来激励下属。每天都有很多激励员工的机会，但是这些机会却白白浪费了。那么应该做些什么呢？

　　第一，激励员工的最佳方法，同时也是最简单的方法，就是确保员工有一个可行的目标，并且他们自己也认可这个目标。如果员工不知道或不认同自己的目标，那么试图用金钱激励员工是没有意义的。

第二，认可员工的贡献是一个强大的激励工具。研究表明，认可计划无论是单独使用还是与经济性奖励结合使用，都会对绩效产生积极影响。例如，在一项研究中，同时使用经济性奖励和认可计划使服务型公司的绩效提高了30%，这几乎是单独使用一种奖励形式的两倍效果。

第三，在日常工作中使用社会认可（比如赞美）作为正向强化。图 11-1 展示了社会认可与正向强化的措施清单。

- » 提供有挑战性的工作任务
- » 赋予员工选择工作活动的自由
- » 增加工作乐趣
- » 给员工分配他们喜欢的工作任务
- » 让员工在上级不在时代行上级职责
- » 让员工向高层管理人员做汇报
- » 提供工作轮换机会
- » 鼓励员工学习和持续改进
- » 给予员工充分鼓励
- » 允许员工设定自己的目标
- » 赞美员工
- » 在别人面前对员工表示赞赏
- » 感谢信
- » 月度最佳员工奖
- » 特别表彰
- » 更大的办公桌
- » 更大的办公室或隔间

图 11-1 管理人员可以采取的社会认可与正向强化措施

资料来源：（1）鲍勃·尼尔森，《奖励员工的 1001 种方法》。
　　　　　（2）冯胜昌，莎弗，《薪酬满意度的维度与决定因素》。

● 职位设计

职位设计（我们在第 4 章中已经进行过详细讨论）可以影响员工动机和员工保留率。一项研究发现，职位设计是员工敬业度的一个主要驱动因素。韬睿惠悦公司的一项研究发现，富有挑战性的工作是吸引员工的第七大重要的驱动因素。因此，职位设计是公司全面报酬方案中的重要组成部分。

下面的"人力资源实践"专题说明了企业是如何综合运用各种激励措施来提高利润的。

在快餐连锁店使用经济性奖励和非经济性奖励

研究人员研究了经济性奖励和非经济性奖励对一家位于美国中西部的快餐连锁店业绩的影响。每家门店都有约25名员工和2名管理人员。研究人员对管理人员进行了培训，使他们能够识别出目前存在缺陷、可能影响门店绩效的可衡量的员工行为。这样的行为包括"在汽车购餐窗口保持双手不闲着"以及"向顾客确认其点餐内容"。然后，研究人员制定了经济性奖励和非经济性奖励来激励这些行为。他们根据毛利润（收入减去支出）、顾客驾车取餐通过时间和员工离职率来衡量门店的绩效。

经济性奖励

某些门店的某些员工由于表现出了公司期望的行为而得到经济性奖励。经济性奖励包括一次性的奖金。例如，如果管理人员观察到某个工作团队在观察期间表现出的公司期望的行为（比如"在空闲时间工作"）在50次以内，他们就会奖励该门店所有员工25美元；如果此类行为达到50~100次，奖励50美元；如果此类行为超过100次，奖励75美元。随着员工们学会了展现公司期望他们表现的行为，奖励数额最终会越来越高。

非经济性奖励

研究人员对部分门店的管理人员进行了培训，培训他们使用绩效反馈和认可等非经济性奖励措施。例如，为了提供绩效反馈，管理人员可以使用图表来

记录一天中的顾客驾车取餐的通过时间，并把这些图表放在打卡时钟旁边。这样，这些门店的员工就可以根据"顾客驾车取餐的通过时间"等指标来跟踪本店的绩效。研究人员还培训管理人员对员工进行认可评价。例如，"我注意到，今天的顾客驾车取餐的通过时间可真短啊"。

结果

两种办法都很成功，经济性奖励和非经济性奖励都提高了员工和门店的绩效。管理人员使用经济性奖励的门店利润增长了30%，管理人员使用非经济性奖励的门店利润增长了36%。同样是在这9个月的研究期间，经济性奖励实验组的顾客驾车取餐的通过时间缩短了19%，相应地，非经济性奖励实验组则缩短了25%。经济性奖励实验组的营业额提高了13%，而非经济性奖励实验组的营业额提高了10%。

对管理人员的启示包括：

* 员工必须有明确且富有挑战性的目标。
* 应该明确努力与奖励之间的联系。
* 确保是员工动机（而不是员工选择错误）阻碍了你想要激励的员工行为。
* 员工必须得到完成这项工作所需的技能和培训。
* 公司应该通过绩效反馈来支持激励计划，这样员工就可以不断地看到

自己的表现。

* 管理人员应该收集证据验证激励计划的效果，确保激励计划确实如预

期那样影响了绩效。

* 将经济性奖励和非经济性奖励（比如认可）结合起来。

针对销售人员的激励计划

销售人员的薪酬一般包括基本薪酬、佣金或两者的结合。

基本薪酬计划

一些公司向销售人员支付固定薪酬（也许偶尔还有奖金、销售竞赛奖等奖励）。如果销售人员的主要工作内容是挖掘客户（寻找新客户）或者客户服务（如参加贸易展览），那么直接支付固定薪酬的做法是有意义的。一家位于美国北卡罗来纳州林肯顿市的别克—GMC 经销店，向那些平均每月卖出 8 辆及以上汽车的销售人员支付固定薪酬（每售出一辆车还可以获得一小笔"留职奖金"）。

支付固定薪酬的做法还能使公司更容易调整销售区域或重新分配销售人员，这种做法还可以培养销售人员的忠诚度。但这种薪酬计划的主要缺点是，它可能无法激励绩效较高的销售人员。

佣金计划

佣金计划只依据销售业绩向销售人员支付报酬。这种计划往往会吸引那些高绩效的销售人员，他们能够清楚地看到努力就会有回报。此外，由于销售成本与销售额成正比，而非固定不变，因此，公司的固定销售成本较低。佣金计划易于理解和操作。可供选择的佣金计划包括配额奖金制（针对销售业绩达到特定配额的员工发放）、纯佣金制、目标管理方案（基于特定指标支付薪酬）、业绩排名方案（对业绩好的销售人员进行奖励，但对业绩最差的销售人员支付很少或不支付奖金）。

然而，佣金计划也有其不足之处。例如，如果销售计划设计不当，销售人员就可能会只关注增加销售额，而忽视一些工作职责，比如推销销售难度较大的产品等。另外，对于大多数公司来说，一年中很大一部分的销售额反映的是上一年的"结转"（即使销售人员没有任何努力也会达成的销售额）。如果有些销售额不是当年的"新增"销售额，为什么要为当年的全部销售额向销售人员支付佣金呢？下面的"管理

技能培养"专题介绍了一些实用的指导方针。

管理技能培养　　　　　　　　　**如何建立有效的销售激励计划**

　　管理人员是如何设计销售激励计划的？大多数公司在向销售人员支付报酬时，往往采取基本薪酬和佣金相结合的方式，（平均而言）基本薪酬占70%，激励性薪酬占30%。这缓解了销售人员的负面风险（即赚不到钱），同时又从公司的角度防止了佣金过高的风险。

　　但是，要让销售团队取得最佳业绩，需要的不仅仅是正确的佣金组合。为了使销售人员的努力最大化，还要记住以下指导方针：

* 在业绩出色的公司，销售人员全部现金薪酬的38%是以激励性薪酬的形式获得的（而在业绩不佳的公司，这一比例为27%）。
* 在业绩出色的公司，销售人员得到股票、股票期权或其他股权支付的可能性，是业绩不佳的公司中的销售人员的两倍（分别为36%和18%）。
* 在业绩出色的公司，销售人员每年在高价值的销售活动（比如挖掘客户、进行销售展示、达成交易）上花费的时间比业绩不佳的公司中的销售人员多264小时。
* 在业绩出色的公司，销售人员每年在最优潜在客户（他们认识的优质客户以及潜在客户）身上花费的时间，比业绩不佳的公司中的销售人员多40%。
* 在业绩出色的公司，销售人员在行政事务（如填写销售表格）上花费的时间，比业绩不佳的公司中的销售人员少将近25%。这使他们能够将更多时间花在核心销售活动上，比如挖掘潜在客户以及达成交易等。

激励措施的意外后果

　　富国银行的激励计划设计不当是一个典型例子。它想通过激励计划激励零售银行员工达到较高的销售目标。例如，该公司要求零售银行员工向每位客户销售8种银行产品。一份年度报告提到了"交叉销售"20次，该公司还将其零售银行分行称为"商店"。富国银行员工在未经客户允许的情况下为客户开立账户。在道德研讨会上，富国银行的员工被告知不要在客户不知情的情况下创建虚假银行账户，但是员工知道他们必须达到销售目标，所以他们还是这么做了。结果就是罚款、官司和首席执行官的离职。

> **影响人力资源管理的发展趋势：数字化和社交媒体**
>
> ## 销售佣金跟踪
>
> 许多雇主都会使用企业激励管理（EIM）软件来跟踪和控制销售佣金。例如，甲骨文公司的企业激励管理软件 Sales Cloud 让管理人员能够轻松创建计分指标，比如潜在客户的电话数量和销售合同的数量，并在系统面板上实时监控这些指标。用户还可以将销售激励过程游戏化，根据每个销售人员的绩效表现发放积分或徽章等奖励。

● 针对中高层管理人员的激励计划

高层管理人员总报酬的各个组成部分——基本薪酬、短期激励、长期激励和福利待遇——应该相互协调，并有助于公司战略目标的实现。公司首先应该明确公司的战略及战略目标是什么，然后确定高层管理人员必须表现出哪些长期行为（增加销售额、降低成本等）才能实现公司的战略目标，接着制定高层管理人员薪酬方案的各个组成部分（基本薪酬、短期激励、长期激励和福利待遇），最后将这些组成部分组合成一个能够激励高层管理人员实现这些目标的平衡计划。这里的原则是：薪酬的每个组成部分都应该有助于使管理人员把注意力集中在实现公司战略目标所需的行为上。因此，使用多种基于战略的绩效标准是最佳选择。这类绩效标准包括财务绩效、达成的战略目标数量、员工生产率指标、顾客满意度调查，以及员工士气调查等。

一位专家估计，首席执行官的基本薪酬通常只占其总薪酬的 1/5 左右，根据明确的绩效标准确定的奖金占 1/5，股票期权和长期绩效奖金计划等长期激励占 3/5。

《萨班斯－奥克斯利法案》

美国国会于 2002 年通过了《萨班斯－奥克斯利法案》，其目的是使公司的高层管理人员和董事会成员在决策时更具有责任感。如果没有担起股东委托的责任，他们就需要对此负责。该法案还要求，如果一家上市公司由于行为不当而导致财务报表不符合要求且被发回重新申报，那么这家公司的首席执行官和首席财务官必须在财务报表发布后的 12 个月内退还从公司得到的所有奖金、激励性薪酬，以及以股权形式支付的薪酬。

短期激励与年终奖

很多企业正在摒弃长期激励，转而把重点更多地放在短期绩效和激励上。多数公司都设有年终奖（annual bonus）计划，用于激励管理人员提高短期绩效。这样的短期激励很容易导致薪酬总额增加或减少 25% 甚至更多。影响个人奖金的因素有 4 个：奖金获得资格、奖金规模、个人绩效和计算公式。

奖金获得资格

传统上，公司会根据职位级别或职位名称、基本薪酬和领导地位来确定年终奖的获得资格。有些公司则仅仅依据职位等级、职位名称或基本薪酬来确定年终奖的获得资格。不过，越来越多的企业也开始向员工提供更加广泛的"高层管理人员和其他员工都能参与"的年终奖计划。

奖金规模

如何决定年终奖的总金额？很多企业采用的是目标总和法。具体来说，企业会估计出每名拥有资格的（"目标"）员工可能获得的金额并相加得出总和，计算出奖金规模。

不过，也有很多企业（32%）根据财务结果来确定短期奖金的总额。例如，如果企业利润是 20 万美元，那么管理人员的年终奖总额可能就是 20 万美元的 20%，即 4 万美元。多数企业在确定奖金总额时都会使用不止一种财务指标，其中最常用的是销售额、每股收益和现金流。

个人绩效和计算公式

要确定个人年终奖的实际数额，需要对个人绩效进行评级，然后使用事先确定的奖金计算公式。通常的做法是，针对每个拥有奖金获得资格的职位设定一个目标奖金（以及年终奖的最高金额，比如最高年终奖是目标奖金的两倍）。管理人员实际获得的年终奖数额反映了其绩效。很多公司都将短期奖金与公司绩效和个人绩效同时挂钩。因此，尽管一位管理人员有资格得到高达 1 万美元的个人绩效奖金，但是根据他的个人绩效，他在年底可能只能得到 2000 美元的奖金。不过，根据公司当年的盈利状况，他也有可能得到第二笔 3000 美元的奖金。这种方法的不足之处在于，绩效不佳的管理人员仍然可以得到奖金。避免这种情况的一种方法是采用乘数法。如表 11-2 所示，可以根据个人绩效将目标奖金乘以 1.00、0.80 或 0（假设公司绩效优秀）。这样，绩效不佳的管理人员就无法得到奖金了。

表 11-2　确定年终奖的乘数法

个人绩效 （基于绩效评价结果，权重为 50%）	公司绩效（基于销售目标的达成，权重为 50%）			
	优秀	良好	一般	较差
优秀	1.00	0.90	0.80	0.70
良好	0.80	0.70	0.60	0.50
一般	0.00	0.00	0.00	0.00
较差	0.00	0.00	0.00	0.00

注：在确定某位管理人员的年终奖数额时，只要用可能得到的最高奖金（即目标奖金）乘以矩阵中某个对应的因子即可。

战略性的长期激励

企业希望避免管理人员为了提高短期利润而采取拖延必要的设备维护等应对方式。因此，他们使用长期激励促使高层管理人员在决策时更加注重长期利益。长期激励主要包括现金、股票期权、股票、股票增值权和虚拟股票。百事公司首席执行官 2015 年的报酬为 2640 万美元，其中包括 160 万美元的基本薪酬、625 万美元的股票奖励、1390 万美元的现金绩效奖金、426 万美元的养老金调整，以及航空旅行等特殊福利。

股票期权

股票期权（stock option）是在特定时间以特定价格购买特定数量公司股票的权利。高层管理人员期望在未来行使这项权利，按照现在的价格购买公司股票，以从中获利。这里的基本假设是公司股票的价格会上涨。当股市下跌时，包括英特尔和谷歌在内的很多公司都修改了自己的股票期权计划，以提高高层管理人员可能获得的薪酬。

股票期权的主要问题在于，即使是绩效不佳的管理人员也能得到奖励。一项对标准普尔综合 1500 指数的公司首席执行官的研究发现，57% 的首席执行官得到了加薪，但是公司业绩并没有改善。期权也可能鼓励高层管理人员为了追求更高的（至少是短期的）利润而冒险。

其他股票计划

目前的趋势是将股票奖励更明确地与绩效挂钩。例如，越来越多的公司不再授予员工股票期权，而是给予各种形式的绩效股份（performance shares），比如视绩效而定的限制性股票。高层管理人员只有达到预先设定的绩效目标，才能得到股份。在限制性股票计划（restricted stock plans）中，公司通常会将股票无偿给予高层管理人员，但持有者在五年内不得转让（或出售）这些股票。其目的是在这段时间内将该员工留在公司继续服务。

股票增值权（stock appreciation rights，SARs）允许这一权利的获得者（通过购买股票）行使股票期权，或以现金、股票或二者结合的形式获得股票的增值收益。在虚拟股票计划（phantom stock plan）中，高层管理人员得到的不是股票，而是一种类似股票的"股权单位"。然后，在未来的某个时刻，他们可以得到自己持有的"虚拟"股票的增值收益（通常是以现金形式）。很多公司还提供了其他激励计划来说服高层管理人员不要离开公司。金色降落伞（golden parachutes）是指公司在所有权或控制权发生变更时，向高层管理人员支付的额外补偿。例如，金色降落伞条款可以规定，一旦公司的所有权发生变更，高层管理人员将一次性获得 200 万美元的补偿。

11.2　团队和组织激励计划

我们已经学习了针对员工个人的激励计划，下面我们将学习针对团队和公司全体员工的激励计划。

● 如何设计团队激励计划

公司还需要激励计划来鼓励团队合作并使团队成员注重绩效。团队或群体激励计划（team or group incentive plan）根据团队绩效向团队成员提供奖励。

主要问题在于如何对团队绩效进行奖励，这方面的错误决定可能是致命的。李维斯公司（Levi's）制订了一个团队激励计划，根据团队的产出对整个团队进行奖励，而忽略了一些员工比其他员工工作更努力的事实。很快，生产速度较快的员工便放慢了速度，公司的产量也随之下降，李维斯公司最终关闭了它在美国的工厂。

　　然而，公司通常的做法仍然是将报酬与团队绩效的某些总体标准联系在一起，比如"生产每辆汽车的总工时"。有一家公司制订了这样一个团队激励计划：如果团队 100% 达到了目标，则员工可以分享大约 5% 的绩效提高带来的收益（节约的劳动力成本）。该公司将 5% 的奖金总额除以员工人数，就可以得到"每份"的价值。如果公司没有 100% 达到目标，奖金总额就会减少。据说，这一计划在改变员工态度以及使团队关注战略目标方面，取得了"非凡的"成效。

　　组织激励计划（organizationwide incentive plan）是所有或多数员工都可以参与的激励计划，通常会将奖励与公司整体绩效的某些指标挂钩。组织激励计划包括利润分享计划、斯坎伦计划（Scanlon plan）或收益分享计划，以及员工持股计划等。

● 利润分享计划

　　利润分享计划（profit-sharing plan）是指所有员工或多数员工均可分享公司年度利润的计划。在现金分享计划（current profit-sharing）中，员工每季度或每年可以分享一定比例的公司利润。在现金分享计划中，公司会定期将一定比例的利润（通常是 15%～20%）分配给员工。家得宝公司（The Home Depot）为其门店员工制订了一项现金分享计划，如果门店达到了一定的财务目标，公司就会向该门店的员工发放奖金。在一年的时间里，家得宝公司总共为这项全公司的激励计划支付了 9000 万美元。

　　在延期利润分享计划（deferred profit-sharing plan）中，公司会将现金奖励存入员工的退休信托账户中。公司通常按照员工基本薪酬的一定比例，或是表明员工对公司利润有贡献的某些指标来分配奖金。员工获得这些奖金需要缴纳的所得税，会被推迟到员工退休或从该计划中提款的时候缴纳。

● 收益分享计划

　　收益分享计划（gainsharing plan）也是一种激励计划，它鼓励多数员工或全体员工通过共同努力来实现公司的生产率目标，由此产生的成本节约（收益）由员工和公司共同分享。收益分享计划包括斯坎伦计划、林肯计划（Lincoln plan）、拉克计划（Rucker plan），以及改进生产率分享计划（Improshare plan）。总体来说，这些计划都强调劳资合作，强调确保员工接受工作培训，并通过公式计算员工的收益分享总额。

这些收益分享计划的主要区别在于确定员工奖金的公式。林肯计划最初是由美国俄亥俄州的林肯电气公司建立的。在该计划中，员工享有有保证的计件薪酬，在此基础上，公司每年根据员工的绩效评估结果，给员工分配公司的年度总利润（扣除税款、6% 的股息和储备金之后）。来自制造工厂和医院的结果表明，收益分享计划能够提高生产率、改善患者护理和减少投诉。例如，有些医院会与医生分享由医生的努力而节省的费用。

● 风险薪酬计划

基本工资和福利在劳动力成本中占比最大，即使是在销售量暴跌的情况下，通常也不会有太大的变化。所谓的可变薪酬计划就是一种解决办法。例如，在风险薪酬计划（earnings-at-risk pay plan）中，员工同意让他们常规薪酬中的一部分（比如10%），在未能达到目标的情况下承受一定风险（甚至放弃），以换取在超额实现目标时获得更大一笔奖金。例如，让员工常规薪酬中的 10%"承受风险"，如果公司达到了目标，员工就能得到 10% 的奖金；如果公司超额实现了目标，员工就能再额外得到 3% 的奖金。

● 员工持股计划

员工持股计划（employee stock ownership plan，ESOP）是在整个公司范围内实施的一种计划，公司把自己的一部分股票（或用于购买这些股票的资金）交给信托机构，让该机构负责为员工购买一定数量的公司股票。公司通常每年按照员工总薪酬的一定比例提供股票或资金，但是这一比例最高不能超过 15%。信托机构持有员工个人账户上的股票，然后在员工退休（或因其他原因离开公司）时再分配给他们。前提是这些员工在公司的工作时间足够长，有资格获得这些股票。

公司在将股票转移给信托机构时，可以获得与这些股票的公开市场价值相等的税收减免，并且在向员工持股计划中的股票支付股息时，可以申请所得税减免。如前所述，员工从信托机构收到这些股票时通常已经退休，因此不必再纳税。美国的《雇员退休收入保障法》允许公司以信托持有的员工股票为抵押来借贷，然后以税前而不是税后金额偿还贷款，这是使用此类计划的另一个税收激励。

很多公司还提供了"广泛的股票期权计划"（broad-based stock option plans），公司中的所有员工或多数员工均可参与。这一计划的基本考虑是，与员工分享公司的所有权有助于增强他们的工作动机，具有实际意义。然而，根据现行的美国税法，公司在授予股票期权时，必须将其作为一项费用计入公司账户，这削弱了股票期权作为一种"无成本"报酬的吸引力。因此，微软和其他一些公司直接奖励股票而非股票期权。

11.3　福利和服务：当今的福利情况

"你们公司有哪些福利？"这是许多求职者首先要问的一个问题。福利（benefits）——员工因为保持与企业之间的雇用关系，而获得的间接的经济性报酬或非经济性报酬——是所有员工薪酬的重要组成部分。福利包括医疗保险、人寿保险、养老金、带薪休假，以及儿童看护服务等。图 11-2 总结了各项福利在薪酬中所占的百分比。

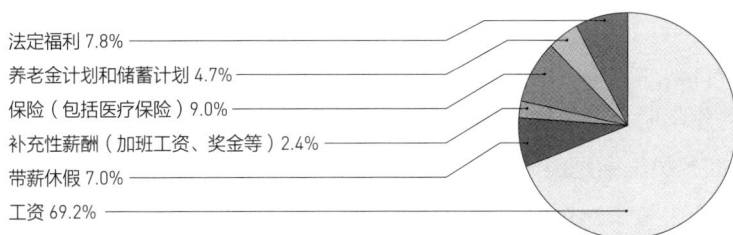

法定福利 7.8%
养老金计划和储蓄计划 4.7%
保险（包括医疗保险）9.0%
补充性薪酬（加班工资、奖金等）2.4%
带薪休假 7.0%
工资 69.2%

图 11-2　企业福利成本在员工薪酬中的占比（2016 年 12 月）

资料来源：美国劳工统计局。

美国联邦法律对一些福利进行了强制要求（比如社会保障），而其他福利则由企业自主决定是否实施（见表 11-3）。但是，联邦法律对于本应由企业自主决定的福利，比如休假，也会施加一些影响。此外，企业还必须遵守其所在州的相关法律。

表 11-3　法定福利和企业自主决定的福利举例

美国联邦法律或大多数州法律规定的福利	企业可以自主决定的福利
社会保障	伤残保险、医疗保险和人寿保险
失业保险	养老金计划
工伤保险	休假、节假日、病假、事假、陪审义务假等期间的带薪休假福利
《家庭与医疗休假法案》允许的休假	员工援助与咨询计划；儿童看护、老人看护和弹性工作时间等"家庭友好型"福利；高层管理人员的特殊福利

11.4　非工作时间薪酬和保险福利

公司通常会提供各种非工作时间薪酬（又称为补充性薪酬，supplemental pay）福利及保险福利。我们先对非工作时间薪酬进行介绍。

非工作时间薪酬一般包括失业保险、节假日薪酬和病假薪酬等。

● 失业保险

美国各州都制定了失业保险或失业补偿（unemployment insurance or compensation）法。如果员工不是由于自身过错而无法继续工作，失业保险就会为其提供救济金。救济金来源于对企业的税收，在美国大多数州，税率通常是可征税总薪酬的 0.1%～5% 不等。企业需要缴纳的失业保险税率取决于其解雇员工的比率。美国各州在遵循联邦指导方针的同时，也有自己的失业相关法律。在美国的很多州，失业保险税率都在上升。例如，在 2007—2009 年经济衰退之前，马里兰州的失业保险税率为 0.3% 或更低。但现在，根据公司的索赔历史，平均每名员工的失业保险税率为 0.3%~7.5%。下面的"管理技能培养"专题解释了如何控制失业申请。

管理技能培养　　　　　　　　　　　　　　　如何控制失业申请

失业保险法并没有要求企业向每个被解雇的员工支付失业救济，而是只需要向那些不是因为个人过错而被解雇的员工提供这种救济金。因此，管理人员在控制失业申请方面发挥着重要作用。首先，整理一份书面警告清单，以此证明你已一再告知员工纠正其行为。

之后，使用表 11-4 中的清单来帮助说明解雇是由员工自己的不当行为造成的。

表 11-4　失业保险成本控制核查清单

» 保存迟到、缺勤和警告通知的书面记录。
» 在解雇长期迟到的员工之前对其提出警告。
» 明确规定员工如果在未请假的情况下连续旷工 3 天，会被自动解雇。
» 要求因病缺勤的员工在复工时提供医生出具的证明。
» 对事假实行书面审批。
» 规定返回工作岗位的日期。
» 要求得到离职者签名的辞职声明。
» 如果员工未能按时返回工作岗位，应向其发送解聘通知书。
» 记录员工绩效不佳的所有实例。
» 要求主管记录他们采取了哪些措施来帮助员工改善绩效。
» 记录员工拒绝接受建议和指导的情况。
» 要求所有员工签署声明，接受公司的政策和规定。
» 及时（通常在 10 天以内）拒绝前员工不合理的失业救济申请。
» 在失业救济申请表中使用恰当的术语，并附上有关员工离职的书面证据。
» 出席听证会并对不合理的失业救济申请提出上诉。
» 根据员工个人的人事档案核查员工提出的所有失业救济申请。
» 做好日常离职面谈工作，以获得能够帮助公司拒绝不合理的失业救济申请的相关信息。

● 休假和节假日

大多数企业都提供带薪休假福利。美国大约 90% 的全职员工和 40% 的兼职员工平均每年能得到 8 天的带薪假期。美国常见的带薪假期包括元旦、英雄纪念日、独立日、劳动节、感恩节和圣诞节。平均而言，美国的工作者在工作满 1 年后大约可以得到 9 天的假期，满 5 年后大约可以得到 14 天假期，满 10 年后大约可以得到 17 天假期。

企业必须就节假日和休假的问题制定自己的政策。企业必须决定员工可以休假多少天，哪些节假日（如果有的话）是带薪的。其他的休假政策决策还包括：员工在休假期间是会得到正常的基本工资，还是根据平均收入（可能包括加班费）获得假期工资？如果员工在节假日的前一天和后一天都没有来上班，公司是否也要向其支付节假日薪酬？

越来越多的公司都在开始采取灵活的休假政策。例如，IBM 公司给每位员工至少 3 周的年假，但并不会正式记录每个人的假期。员工只需要与他们的直接上级达成非正式的休假安排即可。

薪酬调查以及像 hrtools 这样的网站提供了一些可以纳入员工手册的休假政策案例。

了解你的雇用法律   **休假和节假日的一些法律问题**

虽然美国联邦法律没有强制规定休假福利，但企业仍然需要谨慎制定休假政策。例如，许多企业的休假政策规定，员工工作两周以上即可以享受带薪休假。这样，在员工离职时，企业就有义务按照休假薪酬的一定比例向员工提供补偿。但是，如果企业的休假政策规定员工在工作满一年之后才有资格享受带薪休假，那么，员工如果在一年之内离职，则无法享受休假薪酬。

● 带薪病假

带薪病假（sick leave）是指当员工因病无法工作时，企业仍向他们支付薪酬。大多数公司的病假政策中都有一定天数的全额带薪病假——通常是每年最多 12 天。病假天数往往是按员工工作年限的一定比率累计的，例如，每工作一个月增加一天的病假。

问题是，尽管许多员工确实只在生病时才请病假，但是也有一些员工不论是否真的生病都会请病假。一项调查发现，真正因为生病而请病假的仅占计划外病假缺勤的 45% 左右。员工请病假的其他原因还有家庭问题（27%）、个人需要（13%）和"应得权利"心态（9%）。

影响人力资源管理的发展趋势：数字化和社交媒体

好友带来的麻烦

　　社交媒体网站可能会让请病假的员工陷入麻烦。在一个案例中，一名员工请了一天病假，称慢性疼痛让她无法来上班。不幸的是，她在网上发布了一张自己在庆祝会上喝酒的照片，而那天正是她应该在家养病的日子。她的一位脸书"好友"下载了这张照片，并把它拿给了公司主管看。公司以旷工为由解雇了她，上诉法院也支持了这项决定。

　　企业可以采取一些策略来减少过多的因病缺勤。一些企业会在每年年底将员工未休完的病假"购回"，即为员工未休的病假按天支付报酬。这种政策的问题在于，真正生病的员工可能会带病上班。在万豪国际酒店，员工可以根据病假应补的薪酬换取其他一些福利。还有一些企业则对所有缺勤员工进行积极调查，例如，给缺勤员工家里打电话。

　　很多企业采用了带薪休假储蓄计划（pooled paid leave plan）或带薪休假（paid time off，PTO）计划。这种计划将病假、年假和事假整合为一个假期池。例如，一家医院过去给新员工提供了每年 25 天的假期（10 天年假、3 天事假、12 天病假）。员工平均使用了这 12 天病假中的 5 天（以及所有的年假和事假）。带薪休假储蓄政策允许新员工累积 18 天带薪休假，在需要时使用。（严重变故导致的"灾难性休假"则需单独处理。）这家医院的带薪休假储蓄计划有效减少了缺勤的情况。

　　在带薪休假计划中，员工能够获得多少带薪休假通常取决于工作年限。新员工有 13 天带薪休假，在公司工作 20 年以上的员工有 26 天带薪休假。

　　一些企业会对缺勤进行集中管理（"综合化缺勤管理"）。这种管理从数据分析开始，例如，有多少人正在休假？企业花费多少钱找人来顶替缺勤的员工？哪些班组存在缺勤问题？然后企业会实施解决方案，如严格审查缺勤情况。下面的"作为利润中心的人力资源管理"专题对此进行了进一步说明。

作为利润中心的人力资源管理

减少司机和车辆执照管理署的缺勤

当英国司机和车辆执照管理署（United Kingdom's Driver and Vehicle Licensing Agency）的新署长上任时，她就知道需要解决该机构的因病缺勤率问题了。该机构的缺勤率在 2005 年达到了顶峰，平均每名员工每年缺勤 14 天，每年因此产生的成本高达 2000 万美元（1030 万英镑）。

新署长发起了一次缺勤改革行动。该机构设定了一个目标，到 2010 年将缺勤率降低 30%。该机构向各负责人传达了减少缺勤的目标，并对他们负责的团队员工的缺勤情况进行跟踪。该机构推出了新的政策，使员工换班变得更加容易。该机构还推出了一项保证休假日的政策。很快，该机构的平均因病缺勤率下降到了每名员工每年 7.5 天。2009 年至 2010 年期间，出勤率的提高使生产率提高了 7%。这相当于节省了大约 4800 万美元（2440 万英镑）。

● 产假与《家庭与医疗休假法案》

产假是一项重要的福利。在今天的员工队伍中大约有一半是女性，在她们当中，大约有 80% 会在工作期间怀孕。在几乎一半的双亲家庭中，父母双方都有全职工作。此外，许多人是单亲家庭的户主。正如一位负担较大的家长所说，"总是觉得自己每件事都做得很糟糕"。此外，许多企业慷慨地为初为父母的员工提供了带薪假期。例如，网飞公司（Netflix）提供 52 周的带薪产假和陪产假。eBay 公司提供 24 周的产假和 12 周的陪产假。强生集团提供 17 周的产假和 12 周的陪产假。

有几条相关法律可以适用。在美国，根据《反怀孕歧视法》（Pregnancy Discrimination Act），企业必须像对待其他根据政策要求休假的员工一样对待申请产假的女性员工。1993 年《家庭与医疗休假法案》规定：

1. 员工人数在 50 人及以上的企业必须为符合条件的员工（无论男性还是女性）提供长达 12 周的非带薪休假，供员工在身患严重疾病，生育或领养孩子，或者照顾患有严重疾病的孩子、配偶或父母时使用。

2. 企业可以要求员工把未休完的带薪病假或年假，作为该法案规定的 12 周休假权利的一部分。

3. 员工在非带薪休假期间有权享受医疗保健福利，享受福利的条件与工作期间相同。

4. 企业必须保证多数员工在休假结束后，能够重新回到原来的岗位或相同级别的岗位，且不会受到任何福利损失。

还有其他一些法律也适用于病假。根据《美国残疾人法》，如果某种假期对员工适应工作是有必要的，则残疾员工可以申请休假。根据美国各州的工伤赔偿法，员工可以因工伤而休假。

了解你的雇用法律　　　　　　　　　　　　　　**产假相关的法律问题**

要想避免批准不必要的家庭和医疗休假申请，管理人员需要了解《家庭与医疗休假法案》。例如，根据《家庭与医疗休假法案》，员工要想符合休假资格，必须至少为企业工作 12 个月，或者在过去的连续 12 个月中至少为企业工作 1250 小时（而不是得到薪酬的时间，因为有些员工在休假期间也能得到薪酬）。员工如果不符合这些条件，则不能申请这类休假。

企业需要为所有缺勤休假（包括《家庭与医疗休假法案》中规定的休假）制定申请程序。包括：

* 在没有明确请假理由之前，不允许员工请假。

* 如果休假是出于医疗或照顾生病的家人，企业应当要求员工提供医生出具的医疗证明。

* 使用标准化表格记录员工预定返回工作岗位的日期，如果员工在未经授权的情况下自行延长休假时间，企业可以与其解除雇用关系。

尽管《家庭与医疗休假法案》对休假进行了规定，但它只规定了非带薪休假。因此，美国有几个州实施了自己的带薪产假法律。例如，纽约州的法律最先规定员工有 8 周的产假，休假期间的工资是平均工资的 50%。平均而言，企业提供 31 天的收养假、41 天的产假和 22 天的陪产假。在产假福利方面，脸书还提供了新生儿奖金（高达 7000 美元）、收养资金援助、日托费用报销和支持性的儿童服务。

● 遣散费

许多企业都提供遣散费（severance pay）——企业在解雇员工时向其支付的一次性补偿。支付遣散费是合理的。第一，这是符合人道主义的，并且有利于形成良好的公共关系；第二，大多数管理人员都希望员工在打算离职时提前告知他们，因此企业在解雇员工时支付遣散费似乎是公平的；第三，发放遣散费有利于避免心怀不满的被解雇员工起诉企业；第四，遣散费还有助于使裁员后留下的员工放心，让他们看到如果自己被裁掉了，也同样会得到一定的经济援助。

大多数企业都有遣散费政策。在由于企业裁员而失去工作的员工中，大约有95%的人得到了遣散费，相比之下，只有大约1/3的企业会向因绩效不佳而被解雇的员工支付遣散费。员工主动辞职时支付遣散费的情况并不多见。计算遣散费的最长周数往往因职位而异。一项调查显示，大约45%的高级职员和高层管理人员能够获得相当于52周薪酬的遣散费或更多，42%的专业类员工能够获得相当于14~26周薪酬的遣散费，39%的行政人员能够获得相当于14~26周薪酬的遣散费。对于级别较低的员工，很少有人会没有遣散费，但对于高级职员和高层管理人员，13%~19%的人没有遣散费。如果企业承诺支付遣散费（比如在员工手册中进行了说明），那么其"自愿"计划必须符合《雇员退休收入保障法》的附加条款。

● 补充性失业救济

在汽车制造等行业，为了减少库存或更换机器设备而停工是很常见的，而被临时解雇或被迫休假的员工必须依靠失业保险维持生活。顾名思义，补充性失业救济（supplemental unemployment benefits）是对员工的失业补偿进行补充的一种现金支付，用于帮助失业人员在失业期间维持基本的生活水平。

● 各种保险福利

企业还为员工提供各种法定的或由企业自主决定的保险福利，例如工伤保险和医疗保险。

● 工伤赔偿

工伤赔偿（worker's compensation）方面的法律旨在为工伤事故受害者及其家属提供可靠、及时的收入及医疗福利，而不管事故的责任方是谁。美国每个州都有自己的工人赔偿法律及其管理委员会，有些州还有自己的保险计划。然而，大多数州都要求企业在国家批准的私营保险公司购买工伤保险。美国州政府和联邦政府都不会为工伤保险提供任何资金。

如果员工因工伤而死亡或伤残，那么，企业应当向员工家属支付一笔现金补助，其数额根据员工过去的收入确定，通常是根据员工的服务周数，按照员工过去每周平均工资的 1/2～2/3 进行补偿。大多数州都对可以领取工伤保险赔偿的时间长度有所限制，比如最长不超过 500 周。如果工伤造成了某些特定的损失（如失去了一只手臂），那么员工可以根据法定的伤残条款获得额外的赔偿。除了这些现金福利，企业还必须提供必要的医疗、手术和住院服务。《美国残疾人法》中规定禁止企业调查求职者的工伤赔偿历史。此外，如果不让领取工伤赔偿的员工重返工作岗位，或者未能帮助其适应工作，企业都有可能面临员工依据《美国残疾人法》提起的诉讼。

要想申请工伤或职业病的工伤赔偿，员工必须且只需要证明这是在工作期间发生的，员工本人是否有过错并不重要。例如，假设公司要求所有工人在操作机器时都必须佩戴护目镜，但有一名工人没有遵守规定，并在工作中受伤了，那么公司仍然必须为其提供工伤保险赔偿。

工伤保险成本的控制

控制工伤保险的索赔数量和成本是很重要的。虽然工伤保险通常是由企业投保的保险公司支付的，但企业的保险费反映了工伤保险的索赔数量。

有几种方法可以减少索赔数量。比如，在录用员工时筛选掉易出事故的人；减少工作设施中的安全隐患；减少可能引发这些索赔的事故以及健康问题——例如制订有效的安全与健康计划。此外，尽管许多工人的索赔是合法的，但也有一些不是。不合法的索赔的危险信号包括模糊的事故细节、缺乏目击证人和报告延迟。

个案管理（case management）目前非常流行。它指的是指派一名负责人（比如注册护士）以个案的形式监督和协调员工接受的护理治疗。

积极地向受伤员工提供支持，并使其尽快返回工作岗位也很重要。很多公司都有物理治疗等康复项目，来帮助受伤员工重返工作岗位。律师的参与及诉讼的持续时间都会影响到员工的索赔成本。

● 住院保险、医疗保险和伤残保险

住院保险、医疗保险和伤残保险在员工发生工伤或职业病时，能够支付住院费用并弥补收入损失。许多企业会从人寿保险公司、意外伤害保险公司、蓝十字（Blue Cross，支付医院费用）和蓝盾（Blue Shield，支付医生费用）等机构购买这类保险。还有一些企业则与健康维护组织或优选医疗机构签订合同。这类计划通常需要企业和员工共同缴费。表 11-5 列出了一些普遍使用的健康相关福利。

表 11-5　提供各项医疗福利的企业所占比例

2015 年医疗保健与社会福利	
牙科保险	96%
处方药保险	96%
精神健康保险	91%
邮购处方计划	87%
视力保险	87%
意外死亡及伤残保险（AD&D）	85%
优选医疗机构保险（PPO）	85%
避孕保险	83%
推拿按摩保险	81%
长期伤残保险	80%
员工援助计划（EAP）	79%
短期伤残保险	74%
医疗弹性支出项目	69%

资料来源：美国人力资源管理协会。

大多数企业的医疗保险计划至少会为所有符合条件的员工提供基本的住院、手术和医疗保险。保险一般适用于全体员工——包括非试用期的新员工——无论其健康状况或身体状况如何。大多数基本的医疗保险计划都会支付住院费、食宿费、手术费和各项医疗费用（如医生出诊费用）。有些医疗保险计划还提供"重大疾病"医疗保险，以支付因严重疾病而产生的高额医疗费用。

大多数企业的医疗保险计划还覆盖了健康相关的费用，如医生出诊、眼科护理和牙科服务。还有一些保险计划支持诊所就诊、视力护理、助听器和处方药等方面的费用。伤残保险（disability insurance）为因疾病或事故遭受收入损失的员工提供收入保障，通常在正常的病假薪酬发放完毕后开始发放。如果员工出现了伤残，伤残福利通常是其基本薪酬的 50%～75%。

许多企业会提供健康维护组织（health maintenance organization，HMO）的会

员资格，作为住院保险或医疗保险的替代方式。健康维护组织是一个由专家组成的医疗组织，通常在医疗保健中心之外独立运作。健康维护组织根据员工人数向企业（或企业和员工双方）收取固定的年费，而不论它是否为员工实际提供了医疗服务。

与健康维护组织不同，优选医疗机构（preferred provider organization，PPO）让员工从范围相对较大的列表中选择医疗服务提供者（例如医生），然后到他们的办公室就医，通常无须得到主治医生的批准。这些医疗服务提供者承诺接受某些控制，例如对各种检查的控制。很多企业正在转向与优选医疗机构合作。

精神医疗福利

报告显示的所有伤残类型中，精神疾病占大约 24%，超过了受伤致残、呼吸系统疾病、心血管疾病和癌症的总和。据统计，"千禧一代"更可能患有抑郁。一位专家认为，部分原因可能在于，虽然他们受过高等教育，但好工作却相对缺乏。

精神医疗福利的费用日益增加，其原因包括普遍存在的毒品和酒精问题，以及越来越多的州要求企业提供最低限度的精神医疗福利。《精神健康平等法案》（Mental Health Parity Act）规定了精神医疗福利的最低标准。

了解你的雇用法律　　**不断发展的 2010 年《患者保护和平价医疗法案》**

《患者保护和平价医疗法案》（Patient Protection and Affordable Care Act）（简称《平价医疗法案》，也被称为"奥巴马医改"）规定，拥有 50 名及以上全职员工的企业必须向员工提供最低水平的平价医疗保险，否则就会受到处罚。要想受到该法案的保护，员工必须至少每周工作 30 小时，或每月工作 130 小时。该法案于 2010 年由奥巴马总统签署成为法律后，美国企业还面临着其他一些该法案规定的截止日期。到 2018 年，企业如果在医疗保健计划上的支出超过了法律规定的界限（比如，家庭保险的上限为 27 500 美元），则必须为超过 27 500 美元的保险金额支付 40% 的税。个人及团体医疗保健计划覆盖的人群年龄必须提高到 26 岁。拥有 50 名及以上员工的企业必须为全职员工提供保险，否则就要承担支付消费税的风险。在一种极端情况下，企业可能会为至少 95% 的全职员工及其家属提供最低水平的保险；在另一种极端情况下，企业可能不提供最低水平的基本保险，而是每月向每名全职员工支付 167 美元的罚款。

根据该法案，美国每个州（必要时，联邦政府也包括在内）都可以开设公共医疗保险交易所——实际上就是买卖保险的市场。这种做法部分是为了阻止企业放弃自己的医疗保健计划，并将员工交给医疗保险交易所。该法案还规定，拥有 50 名以上员工却不提供医疗保险计划的企业，将被处以每名员工 2000 美元的罚款。

由于从 2018 年开始，企业必须为超过 27 500 美元的家庭医疗保险计划和超过 10 200 美元的个人医疗保险计划支付 40% 的额外费用，所以许多企业设法减少医疗保健福利，例如增加员工共付额和免赔额。为了避免可能高达每名员工 2000 美元的罚款，一些企业让有资格享受医疗补助计划的员工报名参加该计划，以替代企业提供的保险。一些企业则考虑取消它们的医疗保健计划，或者让更多的全职员工变成每周工作时间少于 30 小时的兼职员工。约 43% 的受访企业表示，它们的员工将不得不为医疗保健计划花更多的钱。还有一些企业认为，与承担保险费用相比，支付罚款可能反而更划算。

发展中的法律

《平价医疗法案》并没有让所有人都满意，很多共和党议员反对它。例如，他们认为该法案使联邦政府陷入了公民的个人健康问题中，且提供了过多的经济补贴来支持该法案的各项条款。（事实上，如果不做出改变，"奥巴马医改"的保险费用预计将迅速上升。）许多保险公司在 2017 年离开了交易所。

共和党于 2017 年提出的一项早期提案改变或取消了《平价医疗法案》的许多核心条款，允许各州不用遵守这些条款。例如，在《平价医疗法案》出台之前，有健康问题的人通常比健康的人支付更多的医疗保险费用，共和党的提案基本是让保险公司回归这一体系。它还将减少联邦政府对医疗补助计划和《平价医疗法案》的部分资助，这些法案过去曾帮助过很多中等收入人群购买医疗保险。

国会最初试图取代"奥巴马医改"，未能获得足够的支持。由于《平价医疗法案》的不确定性，许多保险公司不确定他们能否继续提供保险。（早期的一个不确定因素是，联邦政府是否会停止向保险公司提供补贴，这些补贴使负担不起保险费用的人能够获得保险。）然而，许多企业都是在必须遵守《平价医疗法案》的假设下行事的。

《综合预算调节法》

《综合预算调节法》（The Consolidated Omnibus Budget Reconciliation Act）要求大多数私营企业向已经离职的员工及其家庭继续提供一段时间的医疗福利，时长通常为 18 个月。不过，这些员工必须支付一定的保险费用。最重要的是，你肯定不愿意看到离职的员工感觉受到了伤害，然后声称你从未告诉他们离职后仍然可以享受医疗福利。因此，新员工必须声明自己收到了关于《综合预算调节法》赋予他们的权利的解释。并且，所有的离职员工都必须签署一份声明，表明他们已经获得并理解了《综合预算调节法》赋予的权利。（图 11-3 是一份有关遵守《综合预算调节法》的核查清单。）

其他相关法律

还有其他一些联邦法律也与此相关。例如，1974 年《雇员退休收入保障法》对私企自愿设立的养老金计划和医疗计划的最低标准进行了规定。1996 年《新生儿母亲保护法》

（Newborn Mother's Pratection Act）禁止企业在医疗保健中采取激励措施，鼓励员工在法律规定的最低产后住院时间内离开医院。提供医疗保健服务的企业必须遵守 1974 年《医疗保险转移和责任法》（Health Insurance Portability and Accountability Act）的隐私规则。企业必须向 65 岁以上的员工提供与年轻员工相同的医疗保健福利，即使他们有资格享受联邦政府的医疗保险计划。

《综合预算调节法》的任务清单包括：	如果完成了就打"√"
与供应商达成《综合预算调节法》服务协议。	☐
完成《综合预算调节法》普查：覆盖哪些员工以及他们的年龄。	☐
维护团体医疗计划覆盖人员的记录。	☐
告知所有员工《综合预算调节法》赋予他们的权利。	☐
关注《综合预算调节法》选择期。	☐
如果原本符合条件的个人没有资格继续享受《综合预算调节法》规定的保险，应书面通知他们。	☐
关注《综合预算调节法》选择期。	☐
书面记录所有通知（7 年）。	☐
收到签署的《综合预算调节法》选择表格。	☐
维护收到的所有关于《综合预算调节法》的问询记录。	☐
跟踪符合条件的个人的《综合预算调节法》保险缴费。	☐
通知保险公司取消承保。	☐
如果原本符合条件的受益人没有资格继续享受《综合预算调节法》规定的保险，应通知他们。	☐
将《综合预算调节法》的资格事件通知和选择表格邮寄给前员工。	☐
维护《综合预算调节法》覆盖人员的地址更新。	☐
维护《综合预算调节法》符合条件的受益人记录。	☐
终止《综合预算调节法》提供的保险。	☐

图 11-3　表明企业遵守《综合预算调节法》的核查清单

● 控制企业医疗保健成本的工具

　　企业会努力控制医疗保健成本。首先，如果企业为不正当的福利申请支付了数万甚至数百万美元，那么试图削减成本是没有意义的。一项调查发现，尽管行业标准是不正当福利申请的赔付金额占总赔付金额的1%，但实际上不正当福利申请的赔付金额占到了3.4%。因此，建立不正当福利申请的衡量标准并严格审核所有的福利申请是至关重要的。此外，免赔额和共付额是医疗保健成本控制中最容易实现的目标。例如，很多员工参与了高免赔额的医疗保健计划。

有的企业采取其他成本控制措施。消费型高额自付健康保险计划（consumer-driven health plans，CDHPs）是一种高免赔额的计划，该计划可以让员工拥有健康储蓄账户等。（2003年《医疗保险现代化法案》（Medicare Modernization Act）允许企业建立免税的健康储蓄账户）当企业、员工或企业和员工双方将税前薪酬（因此可以避税）存入员工的健康储蓄账户后，员工或其家人就可以使用他们的健康储蓄账户基金来支付"低额的"（而非金额巨大的）医疗费用。越来越多的企业开始提供"迷你"医疗保险计划，每年的上限为2000美元至10 000美元，保险费用也相应较低。

有的企业采用固定缴款制的医疗保险计划（defined contribution health care plans）。与401（k）养老金计划一样，这些固定缴款制的医疗保险计划将每位员工的医疗保健福利与他们和企业的缴费挂钩，而不是提供预先确定的医疗保健福利（比如住院治疗上限）。很多企业正在将有资格参与医疗保险计划的退休人员，从公司的医疗保险计划转移到私营的个人保险交易所，从而减少公司的管理责任，同时让退休人员花更少的钱拥有更多的选择。美世（Mercer）、韬睿惠悦和怡安等公司都运营了保险交易所。

一些企业正在雇用"为患者谋利益的人"，比如注册护士，来检查员工的药物，并（在独立医生的指导下）推荐减少用药方案。小公司加入福利购买联盟（benefits purchasing alliances）以集体购买医疗保健福利。有些企业鼓励医疗旅游（medical tourism），即让员工到医疗成本较低的国家接受非紧急的治疗。在接受调查的近600家企业中，大约19%的企业都有某种形式的医疗保健计划配偶排除政策（spousal exclusion policies），如果员工配偶就职的企业提供了类似的保险，那么该员工的配偶就会被排除在本公司的保险计划之外。很多企业现在要求保险公司使用责任医疗组织（accountable care organizations，ACO）。它是帮助保险公司、医疗服务提供者以及其他组织降低成本、优化产出的特殊服务供应商。在员工人数超过500人的企业中，约有34%的企业会向员工提供某种类型的内部门诊或就近门诊。企业还要确保员工了解他们医疗福利的费用，例如，可以定期向所有员工发送说明，列出企业为每项医疗福利支付的费用。

外包很重要。一项调查显示，受访企业中，94%将弹性支出账户外包，89%将固定缴款计划外包，72%将固定福利计划外包，68%将对参保员工家属的审计外包。

下面的"作为利润中心的人力资源管理"专题展示了一家企业是如何削减医疗保健成本的。

作为利润中心的人力资源管理

医生随时等候来电

Rent A Center 公司的医疗计划覆盖了超过 1.2 万名员工，该公司正在寻找一种更好的方式，既为员工提供他们所需的医疗咨询，同时又能降低医疗计划的成本。该公司与 Teladoc 公司签订了一份协议。Teladoc 公司的医生通过电话提供医疗咨询。在最初的 16 个月中，这项新的远程医疗措施发挥了一定的作用，Rent A Center 在医生费用和医院就诊费用及原本会损失的员工生产率方面节省了超过 77 万美元。

这似乎是个双赢的措施。员工可以免费得到 Teladoc 公司提供的医疗咨询，而无须支付 20 美元的共付额，而且 24 小时都有医生在线，通常在 30 分钟内就能接通医生电话。如有必要，员工还可以打电话让医生开抗生素处方。对于 Rent A Center 来说，该措施还带来了 77 万美元的额外收益。

健康计划

一份报告显示，雇主在医疗保健方面的首要任务是"采取激励或抑制措施，鼓励持续的医疗保健行为改变""在工作场所推动健康文化（例如，健康的自助餐厅，方便进行体育活动的灵活的工作时间安排）"，以及"奖励健康改善成果"。一项调查发现，"那些对心血管疾病采取预防措施的企业报告称，它们的病假数量平均减少了 28%，直接医疗费用减少了 26%"。

因此，很多企业提供各种预防措施和医疗服务。有些计划将每位员工的医疗保健费用与他们的健康行为联系起来。这些临床预防计划包括乳腺 X 射线检查和常规检查等。沃尔格林公司拥有能够提供乳腺 X 射线检查等现场医疗服务的公司。健康促进和疾病预防计划包括旨在改变不健康行为的研讨会和激励措施。其他健康项目包括肥胖管理、压力管理、老年人健康改善和戒烟计划等。奖励（比如 50~100 美元）可以提高健康计划的参与率，但也可能适得其反。惠而浦公司（Whirlpool）向非烟民员工提供约 500 美元的医疗保险费折扣。后来该公司多名员工被停职，因为他们在福利登记表上声称自己不是烟民，但被发现在工厂外吸烟。

一般来说，专家建议不要因员工不参加健康计划而"惩罚"他们。同样，经济性奖励似乎用处有限。用一位专家的话来说，真正有效的是自我激励，比如通过教育及健康相关的活动机会。

● 长期护理

对于 60 多岁的"婴儿潮"一代来说，长期护理保险——例如为退休员工提供老年护理援助——是一项重要福利。美国 1996 年颁布的《医疗保险转移和责任法》允许企业和员工从年收入所得税中，扣除长期护理保险的费用。这使得这项福利更具有吸引力。其他长期护理保险福利包括老人日间护理、生活辅助护理以及监护护理等。

● 人寿保险

除了住院保险以及医疗保险，大多数企业还为员工提供团体人寿保险（group life insurance）计划。此类计划通常费率较低，并且一般会涵盖所有的员工——包括非试用期的新员工——无论他们的健康状况如何。

一般来说，需要明确三项比较关键的人寿保险人事政策：福利支付时间表（人寿保险的福利金额通常与员工的年收入挂钩）、附加福利（例如，员工退休后继续享受人寿保险）、保险资金的筹集（员工需要缴纳的金额和比率）。

如果发生意外死亡，那么除了人寿保险，意外死亡及伤残保险还会提供一笔一次性的赔偿金。如果意外丧失肢体或视力，意外死亡及伤残保险也会提供赔偿。

● 兼职员工和临时员工的福利

美国约有 1900 万人从事兼职工作（每周工作时长不足 35 小时）。大多数企业都会为兼职员工提供节假日、病假和休假等福利，约 30% 的公司还为他们提供了某种形式的医疗保险福利。如前所述，《平价医疗法案》对此进行了规定。

人力资源和零工经济

零工的福利

雇主通常不愿意为零工提供福利。问题在于，如何在为零工提供福利的同时，保持他们的独立承包商身份，而不享受薪酬税等福利。

其中一家零工公司 Handy（其独立承包商可以到人们家中打扫卫生或进行维修）的负责人正试图对此做些什么。他正在与纽约的立法者合作立法，使雇主更容易为其独立承包商提供病假和转移福利等，同时保持他们的独立承包商身份。优步公司与 Stride Health（一家医疗保险公司）进行合作，帮助优步司机安排他们（而不是优步公司）为自己支付保险。包括华盛顿、加利福尼亚、纽约和新泽西在内的几个州以及美国联邦政府，已经出台了零工福利的相关法律。

直线经理和小型企业的人力资源工具

福利和员工租赁

很多企业——尤其是小型企业——并不具备资源和员工基础来提供我们在本章中讨论的这些福利。这是它们采用"员工租赁"的一个原因。

简而言之，人事外包公司（也叫专业雇主组织或人员租赁公司）承担了企业的全部或大部分人力资源工作。它们也成为这些企业的员工在档案记录上的雇主。因此，人事外包公司就成为员工的法定雇主，并且通常需要处理与员工有关的活动，如招聘、雇用（需经客户公司主管人员批准）和纳税（社会保障、失业保险等）。

保险和福利通常是人事外包公司的一大吸引力。对于一家只有二三十名员工的小公司来说，即使采取团体保险的形式，需要缴纳的人寿保险或医疗保险的团体费率也仍然很高。在这种情况下，人事外包公司就出现了。记住，人事外包公司是员工的法定雇主。因此，这些员工与其他一些企业的员工一起，是一个更大的员工群体的一部分。小企业现在能够为其员工提供过去负担不起的保险。

在与人事外包公司打交道时，企业应该与它们签订详细的协议。协议要对服务的内容、重点、责任及担保进行定义。另外，如果该租赁公司与另一家公司合并了，新的母公司可能会要求你在合同期满后对系统进行更改。

11.5　退休及其他福利

● 社会保障

说到退休，人们最先想到的通常是社会保障（social security）。实际上，社会保障提供了三种福利。退休福利是指员工如果按照美国《社会保障法》的要求投保，在 62 岁退休之后能够得到收入补贴。抚恤金指员工如果按照《社会保障法》的要求投保，不论死亡时年龄多大，其家属都可以按月领取补贴。最后一种福利是伤残补助。伤残补助为完全丧失劳动能力的员工（及其家属）每月提供补助，前提是他们符合补助要求。美国的社会保障系统还管理着医疗保险计划，该计划为 65 岁及以上的人提供各种医疗服务。能够享受全部医疗保险计划的"完全退休年龄"是 65 岁，这是通常的退休年龄。对于 1960 年及以后出生的人来说，他们的完全退休年龄现在已经延迟到了 67 岁。

社会保障（准确来讲，就是"联邦老年及遗属和伤残保险"）的资金来源于根据员工薪酬征收的税款。截至 2017 年，美国社会保障税的薪酬缴税基数上限为 127 200 美元，企业和员工各需支付 7.65% 的保险费用。

● 养老金计划

养老金计划（pension plans）为退休员工提供收入，一半以上的全职员工参加了某种养老金计划。

我们可以用三种基本方法来对养老金计划进行分类：缴费计划和非缴费计划，税收优惠计划和无税收优惠计划，固定收益计划和固定缴款计划。在缴费型养老金计划中，员工需要向养老金计划缴纳保险费；在非缴费型养老金计划中，企业会向养老金计划缴纳全部保险费。在有税收优惠的养老金计划中，企业向养老金计划缴费时可以享受一定的税收优惠（如税收减免）（它们"有资格"获得美国国税局的税收优惠待遇）；在无税收优惠的养老金计划中，则较少会有税收优惠。

在固定收益计划（defined benefit plan）中，员工的养老金水平是规定好的或事先确定的，参保人可以提前知道他们的养老金福利。这种固定的养老金福利通常是根据一个公式确定的，养老金数额与该员工退休前的收入（比如，员工在退休前 5 年的平均年收入）和该员工在这家企业的服务年限相关。由于税法的变化和其他原因，固定收益计划目前只占养老金福利计划的很小一部分。然而，由于经济危机，即便是较年轻的员工，现在也表现出更倾向于固定收益计划。

固定缴款计划（defined contribution plan）确定（"固定"）了企业和员工分别应当在员工的退休基金或储蓄基金中缴纳多少保险费。在这种计划中，固定的是缴费金额而不是养老金数额。在固定收益制的养老金计划中，员工可以确定自己在退休后的退休福利。而在固定缴款制的养老金计划中，员工只知道自己需要向养老金计划缴纳多少保险费，实际能够领取的养老金数额取决于向退休基金缴纳的保险费金额以及退休基金的投资收益。由于管理起来相对容易、税收待遇较为优惠，以及其他一些原因，固定缴款计划在当今企业中十分普遍。另外，养老金的可转移性（portability）——使那些在退休前离开公司的员工能更容易地带走他们之前积累的养老金——对于固定缴款计划来说更容易实现。

401（k）计划

使用最为广泛的固定缴款计划是基于美国《国内税收法典》（Internal Revenue Code）的 401（k）条款建立的，因而被称为 401（k）计划。在这个计划中，员工授权企业从自己的税前薪酬中扣除一部分，投入 401（k）计划之中。这部分钱是从税前收入中扣除的，所以员工在退休或从 401（k）计划中将钱取出之前，暂时不用为这笔钱纳税。员工可以自行决定扣除金额，只要不超过法定最高限额即可。企业通常会安排一家投资公司，比如富达投资公司（Fidelity Investments），来管理自己的 401（k）计划，并且为该计划提供投资选择。

企业必须谨慎选择 401（k）计划的供应商。企业对员工负有受托责任，所以企业必须对养老基金及其管理进行监督。

其他固定缴款计划

401（k）计划是储蓄与节约计划（savings and thrift plan）的一个例子。在储蓄与节约计划中，员工将其收入的一部分存入基金，企业通常根据员工的资金投入情况以全额对等或部分对等的形式投入配套资金。员工持股计划（ESOP）是一种有条件的、可减税的股票奖励计划，公司将股票交给信托机构，以供员工退休后最终使用。

固定收益计划的问题在于，为了获得最高水平的养老金，你通常需要在一家公司中工作到退休——回想一下，养老金的计算公式包含了员工在这家公司的服务年限。而在固定缴款计划中，养老金拥有更大的可转移性，员工可以随时带着它离开，还可以把它转移到下一个公司的养老金计划中。现金余额计划（cash balance plan）是一种混合型的计划，它综合了固定收益计划的可预测优势和固定缴款计划的可转移优势。在现金余额计划中，企业每年都按员工当前薪酬的一定比例向员工的养老金计划中投入一定资金，员工可以获取这笔资金的利息。

了解你的雇用法律　　　　　　　　　　　　　　　　　　　**养老金计划与相关法律**

一般来说，没有专家的帮助是不可能制订一项养老金计划的。

1974 年颁布的《雇员退休收入保障法》是关于这方面的一项基本法律。它要求企业要有书面形式的养老金计划文件，并遵守一些基本原则，例如谁有资格参与该计划。《雇员退休收入保障法》要求控制养老金计划的人员采取负责任的行为，来保护企业养老金计划和医疗保健计划中的财产。企业（和员工）通常希望其养老金计划是"符合相关税收规定"的，或是可以获得税收减免的。这就要求他们必须遵守相关的所得税法规定。根据各种劳资关系法的规定，企业必须让工会参与养老金计划的管理。美国《就业创造与员工援助法》（Job Creation and Worker Assistance Act）就企业在计算养老金计划价值时应使用的回报率提供了指导方针。

养老金担保公司

很多福利计划都有资金不足的问题。根据《雇员退休收入保障法》，美国政府建立了养老金担保公司（Pension Benefits Guarantee Corporation，PBGC），在养老金计划因资金不足而终止时，监督和确保养老金的发放。然而，养老金担保公司只保证固定收益的养老金计划，不保证固定缴款的养老金计划。此外，对于年满 65 岁而养老金计划在 2017 年终止的人，养老金担保公司将会支付每年最高不超过 64 432 美元的养老金。

既得养老金

既得养老金（vested funds）是指企业和员工共同投入员工个人养老金基金账户中的资金，它不得以任何理由被没收。员工投入个人养老金基金账户中的金额都是属于他们自己的。根据《雇员退休收入保障法》，美国企业可以从授予既得养老金权利的两个时间中选择更短的（如果员工无异议，他们可以更快获得既得养老金权利）。一种选择是一次性既得养老金权利授予（cliff vesting），员工在 3 年后才能得到公司配对投入（如果有的话）的不可收回的权利；另一种选择是阶段性既得养老金权利授予（graded vesting），养老金计划的参与者必须按照以下程序获得公司配对投入的不可收回的权利：2 年后得到 20%，然后在接下来的每年都得到 20%，并在6 年后得到 100% 的不可收回的权利。

● 养老金与提前退休

为了精简员工队伍或出于其他方面的原因，一些企业鼓励员工提前退休。其中很多计划针对特定员工（通常是 50 岁以上者）采取了提前退休窗口（early-retirement window）的形式。"窗口"是指在有限的时间内，员工可以提前退休。鼓励员工提前退休的经济激励手段通常是提高养老金福利加上现金奖励。

提前退休计划也可能会适得其反。当威瑞森通信公司（Verizon Communications）提高养老金福利，以鼓励员工提前退休时，公司原本估计会有 1.2 万名员工接受该计划，但事实上超过 2.1 万名员工参与了该计划。公司不得不重新找人替代 1.6 万名管理人员。

歧视是另一个潜在问题。除非提前退休计划设计合理，否则老年员工可能会对提前退休计划提出疑问，认为这实际上是在违背他们的意愿强迫他们退休。

影响人力资源管理的发展趋势：数字化和社交媒体

让员工了解其福利

与员工沟通他们的福利曾经需要耗费人力资源管理人员大量的时间，但有了数字化和社交媒体，情况已经不再是这样了。首先，企业开始使用 BeneLogic 等福利登记系统和内部的福利网站。波音公司的薪酬福利介绍网站向员工提供了关于工资、奖金、福利、养老金和特殊服务（如托儿服务）的实时信息。

其他公司则使用推特来让员工了解最新信息。有些公司使用公司博客与员工交流福利问题，或者使用脸书和领英页面，向更广泛的受众宣传公司福利。西门子公司为其

1.3 万名英国员工创建了一个基于内网的社交媒体网站。此外，西门子还用它来让员工了解其最新福利，对员工进行有关西门子福利的实时调查，并提醒员工了解公司的各种福利。

为了方便员工对福利进行自我管理，有些企业还会使用移动应用程序。例如，据报道，员工福利管理公司 Discovery Benefits Inc. 的客户通过使用其应用程序帮助该公司节省了大量接听电话的时间。

11.6   个人服务和家庭友好型福利

尽管带薪休假、保险和退休福利占了福利成本的绝大部分，但大多数企业还是为员工提供了各种个人服务福利。

● 个人服务

"个人服务"福利包括员工援助、教育补贴、信用合作社，以及社交和娱乐机会。

员工援助计划（Employee Assistance Program，EAP）提供心理健康咨询、个人法律和财务服务、儿童和老人看护，以及领养援助等方面的咨询服务。超过 60% 的大公司都提供这类计划。一项研究发现，个人心理健康问题是员工援助计划中最常见的问题，其次是家庭问题。大多数企业都与麦哲伦健康服务公司（Magellan Health Services）和信诺（CIGNA）等供应商签订了合同，购买了相关服务。

无论如何，所有参与员工援助计划的人，包括主管、秘书和辅助人员，都必须明白保密的重要性。另外，还要确保相关文件是上锁的，访问将会受到限制和监控，并尽量减少身份信息。注意法律问题。例如，在美国大多数州，咨询师必须将涉嫌虐待儿童的情况报告给相关机构。此外，还要确保供应商能够满足专业要求和国家许可要求。

谷歌公司以其个人服务福利而闻名，一直是"百佳公司"之一。谷歌与当地供应商合作，向员工提供公司内部的自动取款机、移动图书馆、自行车维修、洗车和换油、干洗、美发，以及有机食品配送等福利。公司内部的诸多福利减少了员工到公司之外寻找服务的需要，从而提高了员工的工作效率。

● **其他工作相关的福利**

企业还会提供其他各种工作相关的福利。越来越多的企业提供了养老服务。随着越来越多的"千禧一代"开始照顾他们在"婴儿潮"时期出生的父母，包括脸书、德勤和先锋集团（Vanguard Group）在内的公司正在制定带薪休假福利，以便员工照顾生病的亲人。为了留住年纪较大的员工，CVS 公司提供了"雪鸟"计划，让药剂师在佛罗里达过冬，等天气暖和时再回到东北部工作。美国全国老龄问题委员会（National Council on Aging）有一个用于寻找福利计划的网站。谷歌公司的福利包括领养援助、托儿所、从旧金山出发的免费班车、备用儿童看护援助，以及公司内部的医生和牙科护理。家得宝公司提供了一项"从鼻子到尾巴"的宠物医疗保险计划。普华永道公司帮助员工偿还学生贷款。雅虎公司把居家办公的员工重新召回了办公室。

👪 **多元化盘点**

同居伴侣福利　同居伴侣福利意味着员工的同居伴侣有资格获得与其丈夫、妻子或其他法定抚养对象和赡养对象同等的福利（包括医疗保健等）。例如，诺思罗普·格鲁曼公司（Northrop Grumman Corp.）将同居伴侣福利的覆盖面扩大到了其纽波特纽斯造船厂中的所有领取薪酬的员工。

《联邦婚姻保护法》规定，出于遵守美国联邦法律的目的，企业不得将员工的同性同居伴侣视为其配偶。但在 2013 年，美国最高法院推翻了《婚姻保护法》中的部分规定。根据此次裁决，在同性婚姻合法的州结婚的同性恋伴侣必须享受与异性恋伴侣相同的联邦医疗、税收、社会保障，以及其他福利。2013 年，美国劳工部长宣布，《家庭与医疗休假法案》的婚假条款适用于同性恋伴侣。美国最高法院裁定，在全国范围内，同性伴侣都可以结婚。

● 家庭友好型（工作—生活平衡）福利

双职工家庭、单亲家庭越来越多，女性劳动力及 55 岁以上的员工数量也日益增长。这些趋势使得很多企业开始加强家庭友好型（工作—生活平衡）福利 [family-ly-friendly（or work-life）benefits]。

儿童看护补贴

例如，要想不让员工为寻找可靠的儿童看护服务而分散精力，企业可以通过各种方式为员工提供帮助。一些企业会调查日托机构并向员工做推荐。其他一些企业，比如谷歌公司，则建立了由公司资助和补贴的日托中心。

患病儿童看护福利

为了减少员工意外缺勤（例如，当员工聘请的幼儿保姆不能到岗时），越来越多的企业提供紧急儿童看护福利。据报道，对于许多"千禧一代"来说，儿童看护等福利往往比高薪更重要。网飞公司告诉员工，他们可以请假一年照顾孩子。

家庭友好型福利及其底线

要评估这些计划的"收益"并不容易。许多企业正在对这些福利项目进行审查（并且通常决定减少福利）。即使是以福利远超其他公司（例如市内免费班车、工作场所日托和餐厅等）而著称的谷歌公司，近年来也开始缩减福利。

● 高层管理人员的特殊福利

对于高层管理人员的特殊福利（简称津贴），通常只有少数几位高层管理人员才能享有。这类特殊福利的内容从价值巨大的（公司专机）到相对微不足道的（私人洗手间），不一而足。其他特殊福利包括管理贷款（通常用于鼓励高层管理人员行使股票期权）、财务咨询和安家福利。安家福利通常包括房屋抵押补贴、公司购买现有住房，以及支付搬家费用。如果高层管理人员的特殊津贴总额超过了 10 万美元，上市公司必须详细列出所有特殊津贴条目。

● 弹性福利计划或自助餐式福利计划

员工喜欢在福利计划上有选择权。美国大都会人寿保险公司（Metlife）的一项调查发现，超过 70% 的受访员工表示，根据他们的需求选择福利计划不仅增加了他们对雇主的忠诚度，而且在考虑新工作时非常重要。

企业通常把这类计划称为自助餐式福利计划（cafeteria benefits plan）。[薪酬专家将弹性福利计划（flexible benefits plan）和自助餐式福利计划作为同义词使用。] 在这类计划中，企业通常会给每个员工提供一笔福利基金预算，让员工自行决定如何使用，但有两个限制。第一，企业必须限定每个员工福利计划的总成本。第二，每个员工的福利计划都必须包含一些必要项目——例如，社会保障和工伤保险。通常情况下，员工可以在每年年中调整个人福利计划，例如，如果他们的儿童或老人看护费用增加了，那么他们可以增加这一部分福利。美国国税局对此类计划进行监管，并要求企业制定正式的书面政策，内容包括福利项目及其选择程序。

自助餐式福利计划有几种不同形式。例如，为了让员工在选择福利计划时能够拥有更大的灵活性，约 70% 的企业提供了弹性支出账户（flexible spending accounts），员工可以用其支付医疗和其他费用。这使员工可以用税前收入支付某些福利费用（因此，美国国税局实际上补贴了员工支出的部分费用）。

人口统计特征会影响员工的福利选择。例如，年长的员工可能更关注养老金，父母可能更关注儿童看护，家庭成员可能更关注重大疾病福利。怡安等供应商经常与企业合作，提供在线平台，让员工更容易做出和调整自己的福利选择。

弹性工作时间安排

特别是在像硅谷这样劳动力紧张的市场，弹性工作时间安排能够使企业在招聘顶尖员工时更具竞争力。随着世界各地的员工越来越多地在下班后处理工作邮件，许多人希望能有更具弹性的工作时间安排。在一项调查中，大约 70% 的受访员工认为弹性工作时间"非常重要"。一些人认为，工作时间不够灵活可以解释男女薪酬差距，以及女性担任高层职位较少的事实。一家新的求职公司希望改变这一现状。它与其他雇主协商，为其网站上列出的工作提供弹性工作时间安排。

弹性工作时间（flextime）是指将员工的工作时间围绕中午的核心时段进行安排，比如上午 11 点至下午 2 点。员工通常自行决定上班时间和下班时间，比如上午 8 点到下午 4 点。在实践中，在上午 9 点之前或下午 5 点之后，弹性工作时间通常会给员工大约 1 小时的机动时间。

其他员工，例如航空公司飞行员和医院护士等，不按常规的每周 5 天共 40 小时的时间上班。这类员工通常都有压缩工作周（compressed workweek）安排，他们每周的工作天数更少，但每天的工作时间更长，比如每周工作 4 天，每天工作 10 小时。

对许多员工来说，弹性工作时间安排的最终形式是根本不用上班。瑞典哥德堡研究机构研究了每周工作 5 天、每天工作 6 小时（而非 8 小时）的效果。大多数员工都很开心，工作效率也更高了。但它的问题是费用太高了。在为期两年的研究中，公司（一家市区养老院）需要雇用 17 名新员工来弥补其他员工不工作的时间，而这需要每年额外花费 70 万美元，这笔费用过于高昂，没有办法继续下去。另一方面，加州的塔牌桨板公司（Tower Paddle Boards）的负责人认为，公司的企业文化与冲浪品牌不符，所以他把员工的工作时间从 8 小时缩短到了 5 小时。（由于员工没有午餐时间，所以实际减少的工作时间是 2 小时，而不是 3 小时）。员工的工资和义务与之前一样，所以他们需要更快、更机敏地去工作。为了换取更短的工作时间，他们很愿意这么做。

工作场所灵活性（workplace flexibility）意味着为员工提供远程办公所需的信息技术工具（比如平板计算机），让他们无论身处何处都能完成工作。（下面的"作为利润中心的人力资源管理"专题提供了一个案例。）但事情总有两面性，例如雅虎公司声称它需要员工"并肩工作"，于是将远程办公的员工重新召回了办公室。

作为利润中心的人力资源管理

NES 租赁公司

和许多企业一样，成本控制是 NES 租赁公司战略的一部分。NES 公司供应建筑设备，如空中升降机。该公司的问题是：如何在保持良好声誉的同时削减员工成本？

NES 公司让员工远程办公。如今，在该公司的芝加哥办公室中，负责顾客支持、信息收集、财务以及其他后勤事务的员工，其中有 3/4 的人每周都有部分时间在家工作（远程办公）。公司的生产率提高了 20%，员工离职率下降了，公司租用的办公空间也缩小了。据估计，通过这项新的远程办公福利，NES 公司每年能够节约大约 35 万美元。事实证明，推行员工远程办公福利是支持 NES 公司战略的明智之举。

其他弹性工作安排

职位分享（job sharing）允许两位或多位员工共同分担一份全职工作，例如一个人上午上班，另一个人下午上班。工作分享（work sharing）是指在经济衰退时期，一组员工都暂时减少工作时间，从而避免裁员。因此，400 名员工可能都会同意每周只工作 35 小时（并领取 35 小时对应的薪酬），以避免公司裁掉 30 名员工。

下面的"直线经理和小型企业的人力资源工具"专题说明了小型企业可以提供的福利。

直线经理和小型企业的人力资源工具

"无成本的"小型企业友好福利

小型企业虽然没有大公司的资源丰富，但也可以为员工提供大公司无法比拟的福利。例如：

* 提供额外的休息时间。比如在夏季的周五下午给员工放假。
* 提供压缩工作周。在夏季提供压缩工作周，让员工能够享受更长的周末。
* 在关键时刻提供额外补贴。小型企业的老板更有可能知道自己的员工在生活中遇到了哪些事情。利用这些信息来为员工提供一些特殊补贴，比如在员工刚刚喜得贵子时。
* 制订灵活的工作时间。比如某位员工遇到了个人问题时，帮助这位员工制订一个新的工作时间表，使其能够解决问题，而不是感到自己有麻烦了。
* 犒劳员工。特别是在一周的辛苦工作之后，或是来了一个大单子时，

偶尔提供免费的大餐，比如公司花钱请员工吃午饭。
* 让员工有主人翁意识。可以让员工参与重大决策、直接与客户接触、获得客户的反馈，与他们分享公司的业绩数据，还可以考虑与他们分享公司的财务成果。
* 确保员工拥有完成工作所需的一切。拥有积极性高的员工只是企业面临的部分挑战，还要确保他们拥有完成工作所需的工具，例如，必要的培训、程序和计算机等。
* 持续对员工优异的工作表现表示认可。充分利用与员工的日常互动，"不要错过任何一个让员工得到应得的认可的机会"。

简单的退休福利

大约 75% 的大公司提供退休福利，而只有大约 35% 的小型企业有这样的福利。

但小型企业可以通过几种特殊的方式来为员工提供退休福利。美国 2006 年颁布的《养老金保护法》(Pension Protection Act) 提供了一种新型退休福利，结合了传统的固定收益计划和 401 (k) (固定缴款) 计划。这种福利只适用于员工人数少于 500 人的企业，使小型企业不必遵守大型企业必须遵守的复杂的养老金规定。

对于小型企业而言，提供退休福利最简单的方式或许是使用简化的个人退休账户计划 (SIMPLE IRA plan)，这是一种储蓄激励匹配计划 (Savings Incentive Match Plan for Employees, SIMPLE)，在这个计划中，企业必须 (同时员工也可以) 向传统的员工个人退休账户存入一定资金。不过，这些计划只适用于员工人数不超过 100 人且没有其他养老金计划的小型企业。公司所有者只需要与一家有相关资格的金融机构联系，并填写几份个人退休账户表格即可。很多提供年金合同的银行、互助基金会和保险公司通常都具备这种资格。另外，这个计划的行政管理费用很低。企业向此账户中缴费可以获得减税。账户中的资金 100% 是属于员工的。一种典型的企业缴费情况是，企业根据员工的缴费情况按 1 : 1 的比例匹配缴费，最高不超过员工薪酬的 3%。这些金融机构通常能够帮助企业处理美国国税局要求的各种文书工作和报告要求。

11.7　给管理者的员工敬业度指南

好市多公司的薪酬计划

虽然很难与沃尔玛公司的低成本、低价格竞争，但好市多公司 (Costco) 的单店销售额已经超过了山姆会员店 (Sam's Club)。好市多公司是如何保持领先地位的呢？好市多公司没有像沃尔玛公司那样采用低福利和低工资，而是向员工支付更高的薪酬。例如，好市多公司为其员工支付大约 90% 的医疗保险费用。这似乎能够提高员工的敬业度、生产率和客户服务水平。

好市多公司不使用调查来衡量员工敬业度。相反，它通过营业额和生产率等"副产品"来跟踪员工敬业度。从这些方面来看，好市多公司的员工敬业度策略似乎是有效的。好市多公司每位员工的年销售额约为 50 万美元，而山姆会员店为 34 万美元。好市多公司的员工离职率远低于零售业的平均水平，员工保留率也更高。正如好市多公司的首席执行官所说，"我只是认为人们需要赚取能够维持生活的工资以及医疗福利"。其他客户服务水平很高的大型连锁零售店，例如诺德斯特龙（Nordstrom）和容器商店（The Container Store），财务状况也很好，部分原因是他们对待员工很好。

好市多公司确实对待员工很好。该公司支付给员工的平均时薪约为 21 美元，不包括加班费。这几乎是联邦最低工资标准 7.25 美元的 3 倍。相比之下，沃尔玛公司在美国的全职员工平均时薪只有 12.67 美元。好市多公司的起薪是每小时 11.50 美元，同样高于最低工资标准。

好市多公司在员工福利方面也极具竞争力，尤其是相对于很少提供福利的零售行业而言。好市多公司不仅提供全方位的员工福利，还将这些福利扩展到员工的配偶、子女和同居伴侣。其员工福利包括：

» **医疗保健：** 符合福利条件的全职员工可以从两种医疗保健方案中进行选择，其中一种方案允许员工自行选择医疗服务项目、医生和医疗机构。

» **牙科护理：** 员工福利中包括两个牙科计划，一个"核心"牙科计划和一个高级牙科计划，这给了员工更多自由选择的权利。

» **药房计划：** 大多数好市多仓库都有内部药房，符合福利条件的员工购买仿制药的月付额低至 5 美元。

» **视力计划：** 大多数好市多仓库还有内部视光中心，视力计划能为每次眼科检查支付高达 60 美元的费用，此外还有购买眼镜的年度津贴。

» **401（k）计划：** 针对员工投入的前 1000 美元资金，好市多公司每年会为其投入 0.50 美元的配套资金，大多数员工每年最多可以获得 500 美元的公司资金投入。

» **家属看护服务：** 所有符合福利条件的员工，都可以通过使用税前收入支付儿童看护和成人看护费用来减少纳税。

» **关怀网络：** 好市多公司的员工及其家人从员工入职的第一天起，就可以使用这个由专业顾问组成的外部网络。这些专业顾问接受过培训，可以帮助员工解决个人、工作以及家庭方面的困惑。

» **自愿加入的短期伤残保险：** 在没有对伤残保险进行强制规定的州，每周工作至少 3 小时的小时工在通过 90 天的试用期后，就会自动加入短期伤残保险。

» **长期伤残保险：** 好市多公司为符合福利条件的员工免费提供长期伤残保险。

» **人寿保险**：好市多公司为符合福利条件的员工免费提供基本的人寿保险和意外死亡及伤残保险。

为了帮助员工从这些计划中获得最大的收益，员工可以登录有关网站，在他们所在的地区寻找医生和其他服务。好市多公司也有"开门"政策，员工可以直接向高层管理人员提出任何问题。综上所述，好市多公司能够拥有出色的员工敬业度——反映在员工的生产率和保留率上——也就不足为奇了。

第 11 章要点小结

1. 一些激励计划是针对员工个人的激励和认可计划。计件工资制是指根据员工生产的单位数量支付报酬的薪酬制度。绩效工资是指公司根据员工的个人绩效为其支付的加薪。非经济性奖励和认可奖励计划包括员工认可、礼品券和个人旅行。很多公司使用企业激励管理软件来实现激励计划的自动化。销售人员的奖励通常是指销售佣金。大多数公司为了激励管理人员提高短期绩效，都设置了年终奖。实际奖金通常取决于个人绩效和组织绩效。长期激励包括股票期权、"金色降落伞"和股票增值权。

2. 团队和组织激励计划十分重要。团队激励计划的主要问题在于，应当根据个人绩效还是团队绩效来奖励团队成员。两种做法各有利弊。组织激励计划是所有或多数员工都可以参与的激励计划，其中包括利润分享计划（员工可以分享公司的利润），以及收益分享计划（激励员工通过共同努力来实现生产率目标并分享收益）。员工持股计划是在整个公司范围内实施的一种计划，公司把自己的一部分股票交给信托机构，该机构负责为员工购买一定数量的公司股票。

3. 福利是指员工因为保持与企业之间的雇用关系而获得的间接的经济性报酬或非经济性报酬。福利包括医疗保险、人寿保险、养老金、带薪休假，以及儿童看护服务等。

4. 企业提供非工作时间薪酬和保险福利。如果员工不是由于自身过错而无法继续工作，失业保险就会为其提供救济金。病假薪酬是指员工因病无法工作时，企业仍向他们支付的薪酬。降低成本的策略包括购回员工未休完的病假，或者采用带薪休假储蓄计划，将病假、年假和事假整合为一个假期池。《家庭与医疗休假法案》要求大型企业为家庭相关的问题提供长达 12 周的停薪留职休假。遣散费是企业在解雇员工时向其支付的一次性补偿。工伤赔偿旨在为工伤事故受害者及其家属提供可靠、及时的收入，以及医疗福利，而不管事故的责任方是谁。大多数企业的医疗计划至少会为符合条件的员工提供基本的住院、手术和医疗保险。当员工离职时，让他们理解《综合预算调节法》赋予他们的权利是至关重要的。

5. 社会保障是一项联邦计划，该计划向 62 岁及以上退休员工提供退休收入和其他福利。很多企业提供养老金计划，当员工达到预定退休年龄或因残疾丧失劳动能力时为其提供收入。固定收益计划包含一个用于确定退休福利的计算公式，固定缴款计划确定了企业和员工分别应当在员工的退休基金或储蓄基金中缴纳保险费的数额。401（k）计划是固定缴款计划的一个例子。1974 年颁布的《雇员退休收入保障法》要求企业要有书面形式的养老金计划文件，并且建立了养老金担保公司来监管企业的养老金计划。养老金政策的两个关键问题是养老金计划的参与资格和既得养老金权利的授予。

6. 大多数企业还提供个人服务和家庭友好型福利，其中包括信用合作社、员工援助计划、儿童看护以及老人看护。弹性福利计划或自助餐式福利计划是个性化的福利计划，可以满足员工对福利的不同偏好。一些企业转向人事外包公司，利用租赁公司的员工规模优势为员工寻求更好的员工福利。一些企业也在实施弹性工作时间安排，包括压缩工作周期以及其他弹性工作安排，例如职位分享等。

7. 好市多公司的人力资源战略不同于沃尔玛公司。沃尔玛公司采用低工资，而好市多公司向员工支付更高的薪酬，从而提高员工的敬业度、生产率和客户服务水平。举个例子，好市多公司为其员工支付大约 90% 的医疗保险费用。

第五部分

员工关系与劳资关系

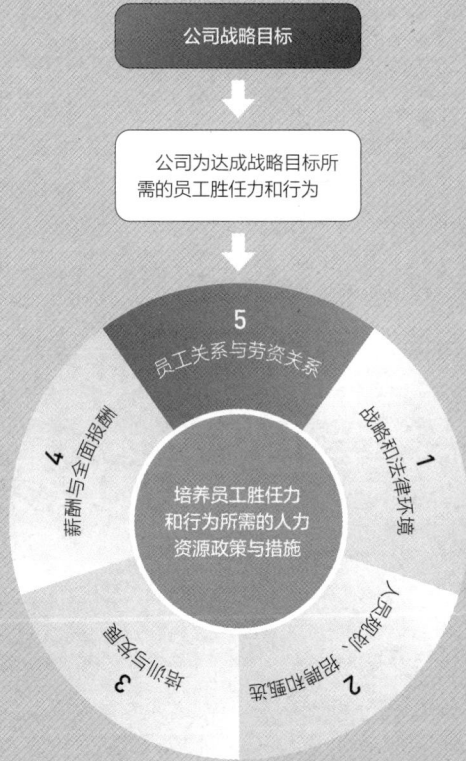

第 12 章

维护积极的员工关系

● **本章学习目标**

» 定义员工关系。

» 至少讨论四种管理员工关系的方法。

» 解释什么是道德行为。

» 解释什么是公平的处分措施。

» 回答问题：公司如何成为"最佳雇主"？

引入

　　恩里克（Enrique）当过服务员，在纽约布鲁克林科尼岛的一家著名的通宵营业餐厅工作。他喜欢这份工作，但通勤令他感到苦恼。他必须在凌晨 1 点准时离开餐厅，否则就会错过开往皇后区的列车，原本 45 分钟的车程将因为延误变成 2.5 小时。一天晚上，大约深夜 12 点 45 分，两个外地人吵吵嚷嚷地进店坐下了。恩里克向他们解释，自己必须在 15 分钟之内离开，他们强烈反对。恩里克的主管说，恩里克只要待到他们吃完饭就可以了。这样他就需要工作到凌晨 2 点了。恩里克跟着主管回到厨房，对他说："让别人来干吧，我得回家了。"主管笑着说："恩里克，要是你不喜欢这里的工作，会有人来干的。"

12.1　员工关系

但凡工作过的人都知道，有些公司显然比其他公司更适合工作。我们在本书中提到过一些公司，例如威格曼斯食品公司、赛仕软件公司和谷歌公司，它们曾多次被评为"最佳雇主"，而有些公司似乎总有劳资问题和负面新闻。这一普遍现象反映出，有些公司与员工的关系确实比其他公司更好。

员工关系（employee relations）是一种建立和维持积极的员工—企业关系的管理活动。这种积极的关系有助于产生令人满意的工作效率、工作动力，能够鼓舞士气、严明纪律，并营造一种积极的、富有成效的、有凝聚力的工作环境。无论你是在招募员工、要求员工加班、管理工会组织活动，还是执行其他任务，让员工"站在你这边"显然都是有必要的。因此，许多企业都在努力建立积极的员工关系，认为积极的员工关系比消极的员工关系要好。员工关系管理通常是人力资源部门的工作内容，同时也是美国人力资源管理协会认证考试的重要考点。

12.2　员工关系计划：建立和维持积极的员工关系

我们在前几章讨论过，人力资源活动，比如有效的培训、公平的评估以及有竞争力的薪酬福利等，都有助于建立积极的员工关系。不过，大多数企业还会制订符合自身情况的"员工关系计划"。其中不仅包括员工公平待遇计划，还包括促进沟通、提高员工认可度、促进员工关系、促进员工参与等改善员工关系的计划，并制定公平有效的纪律程序。下面讲解确保公平待遇。

● 确保公平待遇

工作中的不公平待遇会令员工泄气。不公平待遇会挫伤员工士气，使他们丧失对公司的信任、承受更大的压力，从而对员工关系和员工绩效产生负面影响。员工被上级欺辱，更容易辞职，他们对工作和生活的满意度也更低、压力更大。当欺辱员工的上级似乎得到了更高级别管理人员的支持时，这种欺辱行为对员工造成的影响就更加显著。有人目睹辱虐管理——例如，看到同事被欺辱——也会引发不良反应，包括进一步的不道德行为。在工作中，公平待遇（fair treatment）反映了具体的行动，比如"员工得到尊重"和"员工得到公平对待"（见图 12-1 ）。

你所在的组织在大多数情况下是什么样的? 如果你所在的组织符合以下描述，请选"是"；如果不符合，请选"否"；如果不确定，请选"?"。

在这个组织中：

1. 员工会因工作出色而受到表扬	是	?	否
2. 主管人员对员工大喊大叫（R）	是	?	否
3. 主管人员对员工厚此薄彼（R）	是	?	否
4. 员工受到信任	是	?	否
5. 员工的投诉会得到有效处理	是	?	否
6. 员工像孩子一样被对待（R）	是	?	否
7. 员工受到尊重	是	?	否
8. 员工的问题和困难会得到快速回应	是	?	否
9. 公司会对员工说谎（R）	是	?	否
10. 员工的建议被忽视（R）	是	?	否
11. 主管人员辱骂员工（R）	是	?	否
12. 员工的辛勤工作得到赞赏	是	?	否
13. 主管人员威胁员工要开除或解雇他们（R）	是	?	否
14. 员工受到公平对待	是	?	否
15. 同事之间互相帮助	是	?	否
16. 同事之间互相争吵（R）	是	?	否
17. 同事之间互相贬低（R）	是	?	否
18. 同事之间互相尊重	是	?	否

说明: R 表示反向计分

图 12-1 人际公平待遇感知量表

资料来源: 米歇尔·A.多诺万，公平人际待遇感知量表 [J] .应用心理学杂志，1998，83（5）.

管理者应该公平的原因有很多，包括黄金法则。另一个潜在的原因是，不公平待遇会使公司引火烧身。例如，受到不公平对待的员工会表现出更多的工作场所越轨行为，比如偷窃和破坏。他们还会产生一系列的不良反应，包括身体不适、压力大和心理问题等。不公平会导致员工与其家人或伴侣之间的关系更加紧张。监管不当的主管人员会降低下属的工作效率，并可能刺激下属采取破坏性的行动。在员工关系方面，员工对公平的感知，与更高的员工忠诚度，对组织、职位和领导的满意度的提高，以及更好的组织公民行为都是相关的。

一项研究证实了不公平带来的影响。这项研究首先要求大学教师完成一份调查，让他们评价自己所在的院校对待他们的方式在多大程度上满足程序正义（procedural justice）和分配公平（distributive justice）的要求。程序正义是指奖惩分配程序的公平公正，而分配公平是指奖惩分配制度的实际结果公平公正。程序正义相关的调查问题包括"一般来说，学校的程序允许我们针对某项决策提出要求澄清或提供额外信息的请求"。分配公平相关的调查问题包括"就我承担的责任而言，我得到的报酬是公平的"。

然后，这项研究要求教师完成有关组织忠诚度的调查问卷，问卷内容包括"我能很自豪地告诉别人，我是这个学校的一员"。接着，他们的学生也完成了一些调查，内容包括"这位教师对我的需求感同身受"以及"这位教师待我公平公正"。

研究结果令人印象深刻。感知到较高水平的分配公平和程序正义的教师更忠于职守，此外，这些教师的学生对教师的努力程度、亲社会行为和公平程度的评价也更高，对教师的要求，反应更积极。也就是说，不公平对待教师会对大学产生不良影响，而公平对待教师可以提高教师的忠诚度和业绩。

下面的"全球人力资源管理实践"专题展示了一家企业是如何改进其对待员工的公平性的。

全球人力资源管理实践

工厂改变管理策略

社会责任（social responsibility）这个词往往会让人联想到慈善捐款以及帮助无家可归的人等，但实际上，它的内涵远不止这些。例如，公司广告的真实性、产品零件的质量，以及公司在与客户、供应商、员工等打交道时的诚实性、道德性、公平性和"正确性"，都属于社会责任范畴。社会责任的基本问题始终是，公司是否公平、诚实地为其所有支持者（或"利益相关者"）提供服务。因此，企业的社会责任是指企业在多大程度上应该并且确实做到了将资源用于改善社会的一个或多个方面，而不仅是提高公司所有者或股东的利益。

世界各国的员工都希望雇主能以一种公平且富有社会责任的方式对待自己。

在某工厂的工资和工作规则引发抗议后，公司老板让公平劳工协会（FLA）对该工厂的工人展开调查。公平劳工协会发现了"大量问题"。例如，员工在没有接受充分培训的情况下面临着"过于严格"的产品质量要求。"每项工作都有时间限制，规定了 1 小时内必须完成多少任务。"有位员工说，"在这种环境下，很多人都无法忍受"。其他问题还包括繁重的加班工作以及假期还要一直工作等。

该公司很快改变了工厂的人力资源管理策略，比如提高薪酬和减少强制加班。这些变化表明，公平待遇是一项全球性的义务。

霸凌

有些职场上的不公平是不易察觉的。例如，要求律师事务所员工每周工作 7 天，这一不成文规定可能会将职场妈妈排除在合伙人晋升路径之外，非常不公平。有些不公平则是显而易见的。一项涵盖了 1000 名美国员工的调查得出的结论是，约 45%的人称他们曾在欺辱员工的老板手下工作过。

不幸的是，霸凌和欺辱——选择某人进行骚扰和虐待——是一个严重的问题。美国政府指出，霸凌包括以下三个方面的特征。

» 权力不平衡。霸凌者运用他们的权力来控制或伤害他人，而被霸凌者往往很难保护自己。

» 存在造成伤害的意图。偶然发生的行为不属于霸凌，霸凌者存在伤害他人的主观目的。

» 反复发生。同一个人或团体会对同一个人反复实施霸凌，并且这种霸凌表现为多种形式。

霸凌主要有以下几种形式。

» 言语霸凌：辱骂、嘲笑。

» 社交霸凌：散布谣言、故意孤立某人、破坏友谊。

» 身体霸凌：拳打脚踢、推搡。

» 网络霸凌：利用互联网、移动电话或其他数字技术伤害他人。

毫无疑问，施暴者应该为其霸凌行为受到谴责。不过，有些人的行为确实使自己更可能成为受害者。"更可能"成为受害者的人包括逆来顺受的人（看起来更焦虑、谨慎、安静和敏感的人）、挑衅的人（表现出更有攻击性的行为的人），以及自主能力较差的人（倾向于让别人替他们做决定的人）。高绩效的员工会引起同事嫉妒，从而受到伤害。被管理者辱虐的受害者往往会默默忍受，因为他们害怕遭到报复。团队建设训练、社交聚会和友好的团队竞争可以形成团队凝聚力，从而避免这种嫉妒和伤害。

雇主和管理人员有责任确保员工得到公平对待和尊重，并确保员工之间互相尊重。我们在前几章中讨论过减少不公平现象的技巧，其中包括，雇用能够胜任工作且平衡能力良好的员工和主管，确保薪酬公平，建立公平的绩效评估系统，以及制定公平对待所有员工的政策。沟通机制和员工参与计划（下面将会讨论）也可以减少不公平现象，改善员工关系。

● 通过提高沟通质量改善员工关系

很多企业使用沟通机制来支持自己的员工关系管理活动。首先，他们这样做是基于这样一个合理的假设：如果员工对正在发生的事情"了如指掌"，他们对雇主的印象会更好。例如，一所大学的网站上写道："我们坚信应当让员工充分了解学校的政策、程序、做法以及福利。"这所大学实施了"开门"政策，以鼓励员工和管理人员进行沟通，它还发布了一本包含基本雇用信息的员工手册。并且，员工"有机会通过网站、电子邮件和纸质版备忘录了解大学活动和他们感兴趣的其他信息"。

套用一位作家的话来说，没有人喜欢被投诉，但是如果雇主想了解员工的困扰、解决不公平待遇和维持积极的员工关系，积极听取员工投诉是非常重要的。这类做法包括：组织员工焦点小组、安排申诉专员和意见箱，以及开通电话和网络热线。

有些企业使用热线服务供应商。这类供应商负责为企业开通热线，接收来自员工的意见，并向企业提供有关员工关切的持续反馈、定期总结和趋势分析。离职面谈提供了另一个了解员工关系的机会。主管人员可以使用"开门"政策和"走动式管理"非正式地询问员工"各项事情进展如何"。

使用组织氛围调查

在员工关系管理活动中，针对员工的态度、士气或氛围的调查经常扮演着重要的角色。公司通过此类调查来摸清员工对领导、安全、公平和薪酬等组织问题的态度，并了解员工关系是否需要改善。态度调查、满意度或士气调查与组织氛围调查之间的界线有些模糊。一些专家将组织氛围（organizational climate）定义为员工对公司心理环境的共同感知，例如，对员工福利、监督行为、灵活性、认可度、道德感、权力、政治行为和报酬等方面的看法。

此类调查很多是现成的。例如，美国人力资源管理协会设计了一份抽样调查，员工要用从 1（"在很低的程度上"）到 5（"在很高的程度上"）的分值来回答问题。问题包括："总体而言，你对你的主管满意度如何？""总体而言，你对你的工作满意度如何？"以及"你是否会因工作做得很好而得到同事的认可和尊重？"许多企业使用 Know Your Company 等公司的在线调查。谷歌公司每年进行一次"Googlegeist"调查，重点关注员工敬业度和离职意愿等问题。有些企业则设计了自己的调查。比如，联邦快递公司的调查反馈行动（SFA）。我们将在本章末尾对此进行介绍。

● 开发员工认可或员工关系计划

除了使用组织氛围调查等双向沟通机制，企业还可以使用其他方法来改善员工关系。其中最为人所熟知的是我们在前两章中提到的员工认可和奖励计划。例如，一家行业期刊记录了默里供应公司（Murray Supply Co.）如何为所有员工举办特别晚宴。在晚宴上，公司根据安全驾驶、服务年限等指标对员工进行了奖励，并颁发了分公司年度最佳员工和年度最佳员工等特别奖项。企业通常会在颁奖晚宴等特殊活动中隆重颁发这些奖项。美国人力资源管理协会的一项调查发现，76% 的受访企业都有此类员工认可计划，另外还有 5% 的企业计划在接下来的一年中实施此类计划。

开发认可计划和服务年限奖励计划要求企业进行一些规划。例如，要制订一项服务年限奖励计划，需要企业审查现有员工的服务年限，并设置有意义的奖励周期（1 年或 5 年等）。企业还需要建立预算，选择奖项，设置一个程序来监督实际授予的奖励，设置一个颁奖程序（比如在特别安排的晚宴或员工会议上颁奖），并对该计划的实施效果进行定期评估。类似的，要制订一项认可计划，就需要确定表彰标准（如顾客服务、成本节约等），建立提交和审核提名人选的形式及程序，选择有意义的认可奖项，并为实际颁发认可奖励设置一个颁奖程序。

● 使用员工参与计划

当员工以积极的方式参与公司事务时，员工与企业关系也会得到改善，因此员工参与是另一种有效的员工关系管理策略。

让员工参与组织问题的讨论和解决有几点好处。第一，员工通常比任何人都更了解如何改善他们的工作流程，所以向他们请教通常是提高绩效最简单的方法；第二，让员工参与解决某些问题还有可能增强他们的主人翁意识，并向他们表明，他们的意见是受到企业重视的，进而改善员工与企业的关系。

企业可以运用多种方式鼓励员工参与公司事务。有些企业组织了焦点小组。焦点小组由一小群员工代表组成，企业会向他们提出一个特定的问题或议题，然后让他们在企业指定的协调人的主持下，相互表达自己对于该问题的想法和态度。

影响人力资源管理的发展趋势：数字化和社交媒体

社交媒体和员工参与

很多企业会使用照片分享网站拼趣等社交媒体来鼓励员工参与。一项调查发现，一半以上的企业使用了社交媒体工具与员工进行沟通，以培养一种社区意识。例如，Red Door Interactive 公司利用拼趣网站开展了一项名为"圣地亚哥办公室灵感"的活动，来鼓励员工为新办公室的室内设计和装饰献策。

使用员工参与团队

企业还会利用团队来鼓励员工参与公司事务。建议团队（suggestion teams）是一种临时团队，其成员负责一些特定的任务，比如研究如何降低成本或提高生产率。一家航空公司将行李员和地勤人员等员工分成不同的团队，并通过公司网站将团队成员联系起来，进行头脑风暴和投票活动。有些企业通过任命暂时的问题解决团队（problem-solving teams）将这一过程正式化。这些团队负责研究和确定工作流程，并为与工作相关的问题寻找解决方案。这些团队通常由来自同一工作领域的主管人员和 5~8 名员工组成。

质量圈（quality circle）是一种特殊类型的、正式的问题解决团队，通常由6~12名受过专门培训的员工组成，他们每周开会来解决他们工作领域的各种问题。这种团队首先需要接受问题分析技术（包括统计学基础）方面的培训，然后团队再将问题分析过程（包括问题识别、问题选择、问题分析、推荐解决方案和由高层管理人员进行的解决方案审查等）用于解决工作领域的问题。

在很多组织中，经过专门培训的自我管理团队在很少或根本没有主管人员监督的情况下完成工作。在很多人看来，这种团队是员工参与的典范。自我管理或自我指导的工作团队（self-managing/self-directed work team）是由精心甄选、培训和授权的员工组成的小型团队（通常有8~10名成员），他们几乎不受外部监督，通常负责完成某项具体工作或任务。"具体工作或任务"可能是安装汽车的仪表盘或全权处理一起保险索赔。这种团队有两个显著特点，一是团队成员被甄选、培训和授权以自行监管并完成自己的几乎所有工作；二是团队的工作成果是一个具体的产品或服务。

例如，通用电气公司位于北卡罗来纳州达勒姆的飞机引擎制造厂就是以自我管理团队为基础组建起来的。这家工厂的工人以小组为单位工作，每个小组都直接向工厂经理汇报工作。在这些团队中，员工"相互进行培训，制定和跟踪自己的预算，在必要时提出资本投资方面的建议，处理质量控制和检查，制定自己的定量标准，改进每个流程和产品，并设计可能的新产品样品"。正如一家公司的副总裁谈及以团队为中心组织员工时所说的那样："基层员工都在谈论着世界市场、顾客需求、竞争对手的产品、改进工作流程——而这些事情在过去都是管理人员应该考虑的。"

使用建议制度

员工建议制度可以节约大量成本，通过鼓励员工参与公司事务和给予奖励，可以改善员工和公司的关系。例如，几年前对47家公司所做的一项研究发现，这些公司在一年内通过"建议制度"节省了超过6.24亿美元，公司从员工提交的25万多条建议中采纳了9.3万多条。另外，员工愿意给企业提建议。在一项调查中，497名受访员工中有54%的人表示他们每年都会提出20多条建议，24%的人表示他们每年都会提出10~20条建议。下面的"全球人力资源管理实践"专题提供了这方面的例子。

有成本效益的建议制度

洛克希德·马丁公司（Lockheed Martin）位于纽约州奥斯威戈市的一个部门建立了一个名为"成本效益提升"的建议制度，以鼓励和认可员工为简化工作流程所付出的努力。在"成本效益提升"制度下，员工可以以电子形式提交他们的想法，然后由当地管理人员和该制度协调员（必要时还有更高级别的管理人员）评估和批准。据报道，该制度使该部门从每个实施的想法中节省了大约 77 000 美元，每年节省超过 1 亿美元。

相比多年前的"意见箱"，如今的建议制度要复杂得多。建议制度的主要进步在于管理人员如何将提案程序正式化，并就其与员工进行沟通。一家负责设计和制定建议制度的公司的负责人列出了有效的员工建议制度的基本要素：

* 高层管理人员的支持；
* 简单、便捷的提交建议的程序；
* 强大的评估和实施建议的流程；
* 有效的宣传和沟通建议的方案；
* 专注于组织关键目标的方案。

让零工参与进来

雇主能够让那些"只是过客"的短期零工感到自己在参与公司活动吗？答案似乎是肯定的。

首先，要明白（和所有人一样）每个零工来工作时都有自己的一系列需求。最重要的是，一些零工更像是"业余爱好者"，而另一些零工则全职从事零工工作来养家糊口。

例如，一位研究人员采访了优步公司和来福车公司的司机。他发现，司机对于降薪等事情的反应取决于他们开车的原因。很多人开车主要不是为了赚钱，而是为了社交或从全职工作中放松下来。（例如，一位时薪超过 100 美元的全职心理治疗师对优步公司降薪并没有太大的不满。做零工司机让他能有机会从每周40 小时不停地帮人解决问题的工作中解脱出来，他感到很高兴。）大多数这样的"业余爱好者"司机并不依赖开车获得很高的经济收入。与此相反，有的司机在经济上更依赖于开车，他们对降薪感到不满，这是可以理解的。

无论如何，以下是一些改善公司与零工员工关系的建议。

* 不要把零工当成一次性的工人。即使是短期工作，也要与员工沟通，了解他们。认可他们的贡献。
* 签约过程应尽可能地顺畅。许多零工都在寻找灵活的兼职工作，他们想要的是工作，而不是做文书练习。
* 研究表明，大多数雇主只花很少时间或根本没有时间安排零工入职，这是错误的：即使是简短的入职欢迎流程也比什么都没有好。花点儿时间向他们简要介绍一下公司和项目，让他们觉得自己是公司的一部分（虽然他们显然只是公司的独立承包商）。
* 尽管明确零工是独立承包商在法律上很重要，但应尽可能地与他们分享公司新闻，并向他们寻求反馈，让他们参与公司内部交流，并尽可能地让他们参加公司的社交和教育活动。

12.3　道德的组织

人们每天都面临着道德抉择。使用公司信用卡进行个人消费是错误的吗？向客户赠送 50 美元的礼物是不可接受的吗？完成图 12-2 中的测试，将你的答案与其他人的答案进行比较。

几乎每个阅读本书的人都会认为自己是一个有道德的人，那么为什么要在一本讲授人力资源管理的教材中讨论道德方面的问题呢？原因有三：首先，道德问题并不仅是理论问题。相反，它是经营活动得以顺利开展的润滑剂。那些承诺加薪却不兑现诺言的管理者，那些说"订单来了"却并没有拿到订单的销售人员，那些从供货商那里拿回扣的生产经理，他们都破坏了达成日常商业交易所依赖的信任。

其次，很难想象一家不道德的公司能拥有良好的员工关系。

最后，道德困境是人力资源管理的一部分。例如，你的团队应该在检查了所有安全措施之后再开始开动机器工作，但是你的老板催促你立刻开始，你应该怎么做？一项调查发现，在 10 个最严重的职业道德问题中，有 6 个都与人力资源管理有关，分别是工作场所安全、员工记录安全、员工盗窃、平权行动、可比工作和员工

　　各种技术在工作场所的普及已经引发了一系列新的道德问题，同时很多老问题仍然亟待解决。请将你对下述问题的答案与本章末列出的其他美国受访者的答案进行比较。

办公技术	礼物和娱乐	真相与谎言
1. 出于个人原因使用公司电子邮箱是错误的吗？ □是　□否	7. 当供应商或客户的礼物价值达到多少时，这份礼物就会成为一个麻烦？ □ 25 美元　□ 50 美元　□ 100 美元	15. 你是否曾出于工作压力而滥用或谎报病假？ □是　□否
2. 使用办公设备帮自己的孩子或配偶完成作业是错误的吗？ □是　□否	8. 向上级赠送价值 50 美元的礼物是不可接受的吗？ □是　□否	16. 你是否曾出于工作压力而将其他人的工作成果或想法据为己有？ □是　□否
3. 工作期间使用办公设备玩计算机游戏是错误的吗？ □是　□否	9. 上级向你赠送价值 50 美元的礼物是不可接受的吗？ □是　□否	
4. 工作期间使用办公设备上网购物是错误的吗？ □是　□否	10. 可以收下供应商赠与的两张价值 200 美元的足球赛门票吗？ □是　□否	
5. 把自己犯的错误归咎于技术故障是不道德的吗？ □是　□否	11. 可以收下两张价值 120 美元的电影票吗？ □是　□否	
6. 使用办公设备浏览色情网站是不道德的吗？ □是　□否	12. 可以收下一份价值 100 美元的节日食品篮吗？ □是　□否	
	13. 可以收下一张价值 25 美元的礼品券吗？ □是　□否	
	14. 如果你在一次供应商举办的抽奖活动中抽中了一份价值 75 美元的奖品，你会接受吗？ □是　□否	

图 12-2　《华尔街日报》的职场道德测试

资料来源：《华尔街日报》。道德与合规官员协会版权所有。

的隐私权。另一项调查发现，在接受调查的人力资源专业人员中，有 54% 的人观察到了从违反《民权法案》第 7 章到违反《职业安全与健康法》（Occupational Safety and Health Act）的不当行为。

　　道德（ethics）指"规范个人或群体的行为准则"，即人们用于决定应该采取何种行为的参照标准。当然，并非所有行为都涉及道德。例如，购买 iPad 通常不算道德决策。相反，道德决策根植于道德规范之中。道德规范（morality）是指社会公认的行为标准，更准确地说，道德规范（因此也包括道德决策）总是涉及对与错的基本问题，比如偷窃、谋杀，以及如何对待他人等。

● 道德与员工权利

社会并不是依赖企业自己的道德、公平感或道德规范来确保它们做正确的事情的。社会还会制定法律以及执行这些法律的程序。这些法律规定了企业能做什么，不能做什么，例如种族歧视方面的法律。通过这种方式，法律明确规定了员工的权利。例如，《民权法案》第 7 章规定，如果员工认为自己受到了雇主的种族歧视，员工有权控告雇主。

因此，员工权利是我们在本书中讨论的所有雇用法律中的重要组成部分。例如，《国家劳资关系法》赋予了员工参与集体谈判的权利；《公平劳动标准法》规定，员工有权获得最低工资，有权获得加班工资。

总之，虽然道德、公平以及道德规范确实能够影响企业对员工的态度，但请记住，相关雇用法律规定的各项强制性的员工权利也约束着企业和员工的行为。

● 是什么塑造了工作中的道德行为

人们为什么会做坏事呢？这个问题很复杂。不过，一项研究对 30 多年以来的道德研究进行了回顾，最后得出的结论是：三个因素共同决定了我们做出的道德决策。作者将这篇论文命名为"坏苹果、坏事和坏桶"。文章标题强调了他们的研究结论，

在"坏桶"（即助长或纵容不道德决策的公司环境）里工作的"坏苹果"（即倾向于做出不道德决策的人）一定会做"坏事"（即不道德决策的发生时机业已成熟的道德情境）。

以上因素结合起来，共同决定了一个人是否会采取合乎道德的行为。

让我们来进一步了解他们的研究发现。

● 人（是什么造就了"坏苹果"）

首先，因为人们会把是非对错的道德观念带到工作中，所以每个人都必须为自己的道德决策接受赞扬（或谴责）。

例如，一项调查试图考察首席执行官在套取竞争对手的技术秘密以及贿赂外国官员方面的意愿。研究人员得出结论，与环境压力和组织特征相比，首席执行官的个人意愿对于决策的影响更大。原则性最强的人处于"道德认知发展"的最高水平，他们会仔细考虑自己的决策可能造成的影响，并将道德准则应用到决策过程中。你会如何评价自己的道德水平？图 12-2 展示了一份简短的自我评价调查（你将在本章末看到其他受访者的答案）。此外，那些对公司有强烈认同感的员工也更有可能为了支持公司而做出不道德的行为，所以忠诚并不总是一件好事。同样，担心被排除在群体之外的员工可能会为了留在群体而支持群体的不道德行为。

● 哪种道德情境属于在道德上危险的情境（坏事）

然而，影响道德决策的不仅是决策者个人，还有决策类型。例如，这些研究人员发现，"较小的"道德困境会导致更多的错误决策。道德困境的大小是由什么决定的呢？一般而言，决定依据是这个道德决策对受害者造成的伤害大小，或者潜在影响的人数多少。换句话说，人们似乎更有可能在"不太严重"的情况下"做错事"。显然，这并不意味着人们在后果严重的情况下不会做坏事，这只是意味着人们似乎在小事上会走更多的道德捷径。问题在于，一件事经常会导致另一件事，积小恶成大恶。

● 什么是"坏桶"？影响道德决策的外部因素

该研究得出的结论是，一些公司会比其他公司产生更多有害的社会环境（"外部因素"或所谓的"桶"），而糟糕的环境反过来又会引发不道德决策。例如，那些倡导"人人为自己"文化的公司更有可能承受不道德决策之苦。而那些鼓励员工考虑大家的利益的公司则有更加符合道德的决策。最重要的是，如果一家公司的管理者建立了强有力的道德文化，明确规定了可接受的和不可接受的行为范围，那么该公司的不道德决策就会比较少。

● 管理者如何创造更加道德的环境

鉴于此，管理者可以采取以下措施来创造更加道德的环境。

减轻工作压力

如果人们在工作中单纯为了个人利益而做一些不道德的事情，这或许是可以理解的（尽管是不可原谅的）。但令人担忧的是，人们这么做通常是出于工作压力而非个人利益。正如一位前公司高层管理人员在接受审判时所说的那样："我采取这些行动时明知是错误的，但为了帮助公司暂时渡过财务难关，我还是这么做了。"

一项研究对此进行了阐释。该研究要求员工列出他们在工作中采取不道德行为的原因。对大多数受访员工来说，"面临工期压力""面临过于激进的财务目标或经营目标"以及"帮助公司生存"是三个最主要的原因。"为了本人的事业发展或经济利益"排在最后。减少此类"外部"压力有助于防止道德滑坡。

以身作则

员工甚至连来自上级的微妙压力都很难抵挡。因此，一份报告表明，"若主管表现出的行为合乎道德，员工在工作中的不当行为就会大幅减少"，也就不足为奇了。主管引导下属误入歧途的一些例子包括：

- » 告诉员工他们为了达成目标可以不择手段。
- » 为了确保工作完成，让高绩效的员工超负荷工作。
- » 在不道德行为发生时，"睁一只眼闭一只眼"。
- » 把别人的工作成果据为己有或推卸责任。

一些公司还会要求员工完成一项快速的"道德测试"，以评估他们的未来行为是否符合公司的行为准则。例如，雷神公司（Raytheon Co.）要求员工在面临道德困境时问自己以下问题：

- » 这样做合法吗？
- » 这样做正确吗？
- » 谁会受到影响？
- » 这种做法符合雷神公司的价值观吗？

　　» 这种做法事后会让人感觉如何？

　　» 这种做法如果被报纸报道出来，人们会怎样看？

　　» 这种做法会对公司产生负面影响吗？

制定道德政策和行为规范

　　企业可以使用道德政策和行为规范来表明自己重视道德。例如，IBM 公司的道德准则中有这样一段话：

> 任何可能影响或根据合理推断可能影响 IBM 公司与某人或某组织业务关系的金钱、礼物或便利设施，你或你的家人都不得直接或间接地向任何人索要或接受。如果你或你的家人收到了礼物（包括金钱），即使不是你们主动索要的，你也必须通知你的经理并采取恰当的措施，比如退还或处理你收到的礼物（包括金钱）。

执行规定

　　有了规则却不执行是不会起到任何作用的。管理者的说明和鞭策可以减少员工的不道德行为，但是，影响最显著的还是让员工知道他们的行为正在受到监督，并且了解公司执行的规定。道德监督包括利益冲突、送礼收礼、员工歧视，以及公司信息获取权限等方面的问题。一项研究发现，诸如举报热线、突击审查、员工欺诈防范培训和强制休假等欺诈控制措施，每种都能减少 50% 左右的内部盗窃。许多公司也会任命一位首席道德官，比如洛克希德·马丁公司。

鼓励举报人

　　有些公司鼓励员工在发现欺骗行为时，使用热线电话或其他方式向公司举报。美国许多法律，包括《多德－弗兰克法案》（Dodd Frank）《虚假申报法案》（False Claims Act）《金融机构改革、恢复和执行法案》（the U.S. Financial Institutions Reform, Recovery, and Enforcement Act）以及美国联邦量刑指南都涉及举报行为。美国证券交易委员会的"举报人计划"规定，举报人奖励不限于公司员工。在美国或其他国家工作的顾问、独立承包商、供应商，甚至包括内部审查和合规人员都有资格获得举报奖励。

培养正确的组织文化

　　要想管理员工并塑造员工行为，就要塑造他们用作行动指南的价值观。例如，如果管理者真的相信"诚信第一"，那么其行动就应该反映这种价值观。因此，管理者必须仔细考虑如何向员工传递正确的信号——换句话说就是，创造正确的组织文化。组织文化（organizational culture）是指"一家公司的员工共同的特色价值观、传统和行为"。价值观是关于什么是对、什么是错，以及什么应当做、什么不应当做的基本信念（"诚信第一"就是一种价值观）。创造一种组织文化包括以下几个方面。

» **明确期望**。首先，明确你希望下属秉承怎样的价值观。例如，IBM 公司的道德声明明确表示，公司非常重视道德。

» **做出表率**。表率——管理者的实际行为——在创造和维持公司文化方面贡献最大。正如我们之前所说，管理者需要以身作则，他们不能一边说"不要伪造财务数据"，一边自己又这么做。

» **提供具体支持**。管理者价值观的形式体现——例如，公司的激励计划、考核制度和处分程序——都对员工应该做什么和不应该做什么有明确的规定。例如，公司会对道德行为进行奖励还是惩罚。

下面的"直线经理和小型企业的人力资源工具"专题展示了如何将上述原则应用于小型企业之中。

直线经理和小型企业的人力资源工具

小型企业的道德问题

当提到公司的不道德行为时，人们首先想到的往往是大公司，因为它们总是出现在头条新闻上。然而，中小企业也很容易发生与大公司一样的不道德行为。

例如，一项针对 20 家中小企业的研究发现，贿赂、腐败、向当地黑帮交保护费和一贯的不诚实等情况，在许多公司中都是"常态"。有些公司在腐败交易上很精明。一家美国公司在从事海外经营活动时，就试图通过与当地公司形成"战略同盟"来独善其身，由当地公司来干"脏活"，比如贿赂当地官员，而这家美国公司的管理者则视而不见。

出于几方面的原因，小型企业尤其需要警惕不道德行为。首先，小公司没有与大公司一样充足的资源来安排道德官、道德热线或道德培训。其次，如果一名不道德的会计从一家资产 10 亿美元的公司中挪用 1000 万美元，这不过是一件烦心事，但如果销售经理从一家资产 1000 万美元的公司拿走了 100 万美元现金的话，这家公司可能就破产了。

小企业主可以采取一些措施来制定一套有效的道德方案。第一，评估公司当前与道德相关的活动。即使只是基于本章所述的指导方针（道德准则的可用性、道德培训、监督道德行为的内部控制等）进行自我审查也是值得去做的。第二，制定一套行为准则（在谷歌上搜索"行为准则"能够找到成千上万个例子），并明确表示你对待这些行为准则是认真的。第三，培训员工。培训并不需要很复杂。例如，一位专家建议，可以让你的管理人员设计与公司业务相关的情境，说明哪些行为是道德的、哪些行为是不道德的，然后开会讨论这些情境。第四，让获取员工反馈变得更加简单易行，这样他们就能更容易地向你报告可疑的不道德行为。（例如"开门"政策和匿名意见箱）。第五，可能也是最重要的一点，就是以身作则。在小型企业中，老板或首席执行官非常引人注目，员工会从他们那里接收道德信号。

雇用符合道德要求的人

一位作家说过："从道德角度讲，对组织进行调整的最简单办法就是雇用更多符合道德要求的人。"雇用符合道德要求的人应该从在招聘条件中强调公司对道德的重视开始，然后，运用诚实性测试、背景调查和面试问题（比如"你看到过有人在工作中违反规定吗？你当时是怎么做的？"）来筛选掉那些可能有问题的人。最后，公平对待求职者。"如果未来的员工认为公司的招聘过程不公平，他们可能会认为道德行为在这家公司并不重要。"

道德培训

道德培训基本上是强制性的。自 1991 年以来，美国联邦量刑指南规定对受控存在不道德行为但实施了行为准则和道德培训的公司减轻处罚。2002 年颁布的《萨班斯－奥克斯利法案》进一步加强了道德培训的重要性。

道德培训通常包括向员工说明如何识别道德困境、如何运用行为准则来解决问题，以及如何以符合道德的方式来开展人事活动（例如员工处分）。培训应当强调这些道德决策背后的道德基础，以及公司对诚信和道德的坚定承诺。高层管理人员的参与也会强化这些承诺。

有些公司正在用与公司关联度更高的定制方案代替原来的一揽子道德培训。例如，一家供应商为雅虎公司制作了一款动画软件包，其中包含雅虎公司在世界各地办事处中的道德场景。这个 45 分钟的节目涵盖了雅虎公司的行为准则以及《反海外腐败法》等主题。在线道德培训工具包括 SkillSoft 网站的"管理者的商业道德"等。

采取奖惩措施

员工希望企业对不道德行为进行惩罚，并对道德行为进行奖励。企业应该惩罚所有行为不端的员工，不仅仅是下属，也包括高管。

● 员工隐私政策

可能大多数员工会认为雇主侵犯员工隐私是一种不道德行为。在工作中，侵犯员工隐私的行为包括非法入侵（例如对更衣室和电子邮件进行监控）、公开员工私人事务、披露员工医疗记录，以及将员工的姓名或肖像作为商业用途。在实践中，背景调查、监控员工下班后的行为和生活方式、药物测试、工作场所搜查和工作场所监视是侵犯员工隐私最常见的情况。

由于网络和智能设备的普及，工作场所的隐私问题正在成为一个挑战。例如，新泽西州法院裁定，如果员工在工作时使用公司的计算机传播儿童色情内容，企业需要对此负责。一家企业向员工提供了 iPod，却发现由于员工非法下载音乐，公司的服务器已不堪重负。安全性是另一个问题："一个 4G 内存的 MP3 播放器，比如第一代 iPod Mini……就可以把大量公司数据带回家。"一家企业如是说（这一过程被形象地描述为"podslurping"）。

了解你的雇用法律　　　　　　　　　　　　　　　　**电子监控**

企业能够做些什么来平衡保护员工隐私和保护公司信息安全呢？在美国，对工作场所的监控有两个主要限制：《电子通信隐私法》（Electronic Communications Privacy Act，ECPA）以及防止侵犯隐私的普通法（由法院判例演变而来的规定，例如禁止在未经员工允许的情况下公开他们的个人信息进行诽谤）。《电子通信隐私法》是一部旨在限制对口头和有线通信的拦截和监控的联邦法律。它包含两种例外情况。一是"商业目的例外"，允许企业在能够证明这样做有合法的商业理由时，对员工的通信情况进行监控；二是"许可例外"，允许企业在征得员工同意的情况下，对员工的通信情况进行监控。

因此，电子窃听在一定程度上是合法的。例如，联邦法律以及大多数州的法律允许企业在日常业务过程中监听员工的电话，但当谈话明显属于私人性质时，企业必须停止监听。企业还可以拦截电子邮件，以保护员工的财产。然而，法院判例表明，企业在监控员工的电子邮件上拥有的权利可能比之前设想的要少。

为了安全起见，企业应当发布电子邮件在线使用政策，提醒员工公司的电子邮件系统只能用于公司业务用途。企业还应当让员工签署一份电子邮件及通话监控确认声明，如图 12-3 所示。

我了解 XYZ 公司会定期监控使用公司的电子邮件系统撰写、发送或收到的电子邮件。因此，我了解我的电子邮件可能会被收件人以外的其他人阅读。我也了解 XYZ 公司会定期监听我的通话，例如出于提高顾客服务质量的目的。

签名 　　　　　　　　　　　　　　　　　　　　　　　　　　　　　　日期

用印刷体填写姓名 　　　　　　　　　　　　　　　　　　　　　　　部门

图 12-3　电子邮件及通话监控确认声明

很多员工可能认为，他们使用公司的电子邮件系统进行的通信是可以接受企业公开审查的，但如果他们用自己的私人电子邮件账号（比如 Gmail）通过企业的系统发送电子邮件，企业则无权查看。然而，事实并不一定如此。公司应该安排律师对自己的电子邮件政策进行审查，至少需要明确员工在电子邮件和互联网使用方面不应期望有免受审查的隐私保护。另外还要强调，所有在企业的电子邮件系统上收发的信息都属于公司财产，不是保密信息。监控员工的最佳方法包括不要针对受法律保护的群体，不要在非工作区域进行监控，在监控和处分员工的方式上保持一致，以及在建立监控系统前寻求法律意见。

对工作场所进行监控录像需要更加谨慎。企业应当告知员工自己正在进行监控，员工则应当以书面形式进行确认。在办公场所对员工进行持续的视频监控不会造成问题。但是，根据联邦法律，在卫生间或更衣室里录像是违法的。波士顿的一家企业被判决向在员工更衣室里被秘密录像的 5 名员工支付 20 多万美元的赔偿金。

一项调查发现，在员工人数超过 2 万人的企业中，41％的企业都有专门人员来审阅员工的电子邮件。96％的企业屏蔽了成人网站，61％的企业屏蔽了游戏网站。有些企业会检查员工的个人博客或脸书网站，查看他们是否发布了工作相关的内容。但这种广泛的监控，对企业来说也可能是一个困境，正如下面的"作为利润中心的人力资源管理"专题所解释的那样。

作为利润中心的人力资源管理

监控与利润

如今，监控显然已经远远超出了监听电话的范围。位于纽约市的布朗克斯黎巴嫩医院（Bronx Lebanon Hospital）使用生物识别扫描仪来确保打卡的员工确实是他们本人。虹膜扫描可以算是最精确的权威设备了。包括美国联邦航空管理局在内的一些组织运用这种技术来控制员工对其网络信息系统的访问。UPS 公司使用全球定位系统来监控卡车司机的位置，从而监控其生产率。达拉斯的一家餐馆使用数字技术来监控服务员所做的几乎每一件事，例如，他们处理的每一张餐券、每一道菜和每一杯酒。这使餐馆能够轻松追踪员工的偷窃行为，也有助于识别那些特别尽职尽责的服务员。

这种监控引发了隐私问题，但它也确实能够提高利润。例如，一家公司发现员工的加班费要求越来越多，便安装了一款新软件，结果发现很多员工每天花好几个小时在网上购物，而不是工作。为了提高生产率，英国连锁超市特易购（Tesco）让一些配送中心的员工戴上"摩托罗拉臂式终端"（外观是臂章），以跟踪员工卸货和扫描货物的速度。

医生们常说"是药三分毒"，因为任何东西（甚至阿司匹林）一旦使用不当都会变得危险。企业面临的困境是，既要获得监控提高利润的优势，又要尽量减少由此导致的道德和隐私问题。

12.4　管理员工处分

正如我们在本章前面所说的，积极的员工关系最好建立在信任的基础上，没有什么人事活动比不公平的、武断的纪律处分更不道德、更会破坏信任和员工关系。处分的目的是鼓励员工遵守规章制度。当员工违反了某项规定时，处分就是必要的。

● 公平处分的三大支柱

企业的管理者可以将公平的处分程序建立在三大支柱上：规章制度、渐进式处罚和申诉程序。

规章制度

一个可接受的处分程序开始于一套明确的处分规章制度。这类规章制度应该涵盖盗窃、破坏公司财产、工作时间饮酒和不服从上级命令等问题，例如：

» **绩效不佳是不可接受的。** 每个员工都应该正确、有效地完成工作，并达到规定的质量标准。
» **工作中不得饮酒。** 在工作时间内饮酒及饮酒后工作，都是严格禁止的。

规章制度的作用是提前告知员工什么样的行为是可以接受的，什么样的行为是不可接受的。最好以书面的形式告诉员工，哪些行为是不被允许的。员工入职手册中应该包含规章制度内容。

渐进式处罚

渐进式处罚是公平处分的第二个支柱。处罚的严厉程度应该取决于违规行为的类型及发生的次数。例如，大多数公司会对首次无故迟到的员工提出警告，如果无故迟到 4 次，公司通常会解雇员工。

申诉程序

处分程序应该包括申诉程序，其目的是确保各级主管人员公平地实施处分。联邦快递公司的一个多步骤的公平待遇保证程序阐明了这一点。我们将在后文进一步进行说明。

申诉程序是必要的，但并不是灵丹妙药。企业有时可以通过在申诉期间处理不公平处分来减轻其影响。然而，有些不当监督行为造成的影响可能是无法挽回的。例如，对员工进行人身攻击的行为很难补救。

多元化盘点

比较对男性和女性的处分 一些研究人员认为，当一位女性没有按照男性以及其他女性期望的方式行事时，人们对待她会比对待做出类似行为的男性更为严厉，这种观点被称为"恶妇假说"。

尽管这种观点看起来很荒谬，但一项研究似乎支持了这一观点。在这项研究中，

360 名商学院学生审查了一起劳动仲裁案件。案件涉及一男一女两名员工,他们有相似的工作记录和任职年限。两人都因为违反了公司关于酒精和毒品的规定而被解雇。在这个案例中,一名员工的行为更严重地违反了公司规定:这个更应受到处罚的员工(在这项研究中,一半学生被告知该员工是男性,一半学生被告知该员工是女性)把违禁品带到了工作场所。学生需要通过两种不同的方法(强硬的或不那么强硬的)来达成一致,以解决这起由解雇引发的纠纷。

男同学和女同学都建议对本案中的女员工实行比对男性更严厉的处罚。正如研究人员得出的结论那样:"作为决策者的女性似乎与男性一样,倾向于对女性施加比对男性更严厉的处分。"下面的"管理技能培养"专题给出了如何处分员工的解决方案。

管理技能培养 **如何处分一名员工**

即使你是一家《财富》500 强公司的管理人员,当你需要对违反公司规定的员工进行处分时,你也可能会发现公司并没有提供指导方针。一个错误决定就有可能引发代价高昂的申诉,甚至是诉讼。为了避免错误决定,公平处分指南应该包括:

* 确保有证据支持你对员工不当行为的指控。仲裁员在做出让被指控的员工复职的决定时,经常引用"公司提供的证据不足以支持其对员工不当行为的指控"。
* 保护员工的正当程序权利。当解雇和停职的程序明显不公平或违反正当程序时,仲裁员通常会推翻企业的决定。正当程序权利包括员工是否有机会为自己辩护。
* 警告员工其不当行为可能导致的处分后果。让员工填写一份表格并签字,如图 12-4 所示。
* 宣称员工违反的规定应与特定工作环境的有效和安全运行"存在合理联系"。
* 在实施处分之前,对事件进行公正且充分的调查。
* 不加歧视地运用适用的规则、命令或处罚。
* 赋予员工寻求咨询的权利。例如,所有工会成员通常都有权带一名代表参加他们认为可能会使自己受到处分的面谈。
* 不要伤害员工的尊严,比如不宜在公共场合实施处分。
* 倾听对方想说什么。
* 记住,举证的责任在你。在美国社会,一个人在被证明有罪之前都被认为是无辜的。
* 获取事实。不要把你的决定建立在道听途说的证据或你的总体印象上。

* 不要在生气时采取行动。
* 遵守公司的处分申诉程序。一些公司还聘请了监察员，监察员是中立顾问，那些认为自己受到了不公平待遇的员工可以向他们寻求建议。

顶点电信公司员工处分警告单

员工姓名 _____ 所在部门 _____
不当行为发生日期 _____ 填表日期 _____
对事件以及不当行为的描述（包括证人，若有）_____
_____

事件证人 _____
_____

如果该不当行为违反了顶点电信公司的规章制度，请说明违反了哪条规章制度 _____
_____

员工对不当行为的解释（若有）_____
_____

采取的处分行动（若有）_____
_____

员工今天受到警告，如果此类不当行为在接下来的几周内再次发生，该员工将受到如下处分：_____
_____

主管签名 _____ 员工签名 _____
用印刷体填写姓名 _____ 用印刷体填写姓名 _____

图 12-4　员工处分警告单

没有惩罚的处分

　　传统的处分有两个主要缺陷。第一，没有人愿意被惩罚；第二，惩罚往往只能让员工短期服从，而不是长期服从。

　　没有惩罚的处分（也称替代性或非惩罚性处分）旨在通过从减轻处分的惩罚性质来避免上述两个缺点。基本做法包括以下几种。

1. 对首次违规进行口头警告。
2. 如果在 6 周内重犯，应发出正式的书面警告并将副本放入员工个人档案。此外，还需与员工进行第二次私下讨论。
3. 提供一天的带薪"决策假"。如果在接下来的 6 周内重犯，则为员工提供一天

的带薪假期，让他们考虑是否愿意遵守公司的规章制度。在员工回到工作岗位
之后，与其会面，并让其做出决定。

4. 如果在接下来的一年内没有再犯，则可以从员工的个人档案中撤除曾经的带薪
停职记录。如果不当行为再次发生，员工将被解雇。

这一程序不适用于特殊情况。例如，如果员工有犯罪行为或在工作场所打架斗
殴，则应立即予以解雇。

12.5　给管理者的员工敬业度指南

● 公司如何成为"最佳雇主"

在本章开头，我们注意到有些公司比其他公司更适合工作，因此我们把重点放
在了管理人员用于培养积极的员工关系的各类计划上，这种关系有助于创建良好的
工作环境。在这一节，我们将重点介绍三家公司，它们在某种程度上被认为是"最
佳雇主"。

● "最佳雇主"

每年都有一些组织会发布"最佳雇主"榜单，其中最著名的可能是《财富》杂
志的"最佳雇主百强"榜单。该榜单基于卓越职场研究所对员工进行的一项广泛的
跨国调查，旨在根据员工的实际工作感受来确定"最佳雇主"。该机构将好的雇主
定义为"在这里，员工信任他们的雇主，并为自己所做的工作感到自豪，而且喜欢
与自己共事的人"。他们表示，上榜的公司"拥有最高水平的信任、最有力的员工
敬业度证明，并展示出了最佳的应用管理措施和方案"，正如该研究所的专有模型定
义的那样。让我们来看看《财富》杂志评选出的"最佳雇主百强"的上榜企业——
赛仕软件公司、谷歌公司和联邦快递公司。

● 赛仕软件公司：
丰厚的福利、充分信任，以及支持员工工作与生活平衡

赛仕软件公司（以下简称赛仕公司）的总部位于北卡罗来纳州卡里市，是一家提供商业分析软件和服务的领先企业，它的客户包括《财富》全球 500 强企业榜单前 100 名中的 90 家公司。该公司成立于 20 世纪 70 年代，是一家私营企业，长期以来一直以其丰厚的福利待遇和支持员工工作与生活平衡而闻名。该公司年收入超过 23 亿美元，在全球拥有超过 14 000 名员工，其中大约一半在该公司的北卡罗来纳总部工作。

当大多数人想到赛仕公司的员工关系时，首先想到的是该公司丰厚的员工福利。用赛仕公司首席执行官的话来说，赛仕公司的员工更快乐、更健康，因为公司的各类福利待遇消除了不必要的干扰和压力。该公司的福利包括：每年 3～4 周的带薪休假，带薪病假，弹性工作时间，11 个带薪节假日，具有竞争力的薪酬，公司支付的人身保险和意外死亡及伤残保险，退休计划，包含公司内部医疗保健中心（在卡里和得克萨斯州的奥斯汀办事处均有设立）的医疗、牙科计划和视力计划，公司内部的娱乐和健身中心，员工援助计划，同居伴侣福利，带薪陪产假等，卡里总部还有托儿中心（根据级别进行补贴）。

往大了说，这些福利象征着赛仕公司处理员工关系的方式。许多企业都声称要"把员工放在第一位"，但赛仕公司早就这么做了。例如，在 2008—2009 年"大萧条"加速时，大多数企业都在裁员，而赛仕公司的创始人兼首席执行官吉姆·古德奈特（Jim Goodnight）博士在 2009 年 1 月举办了一场特别的全球员工网络直播，宣布赛仕公司在全球的 13 000 员工不会失业。（据报道，赛仕公司从未临时解雇过员工。）赛仕公司还通过其他方式培养员工信任，例如，让卓越职场研究所对员工进行独立调查，调查内容包括公开沟通、尊重、职业道路以及被公平对待。

这一切对赛仕公司有什么影响呢？一名长期员工表示，"我无法想象离开赛仕公司，很长一段时间我都是这样想的……就算有人给我双倍的薪水，我也不会考虑。"其他软件公司的员工流失率约为 20%，而赛仕公司的员工流失率约为 3%。一位研究过赛仕公司的人士估计，较低的员工流失率每年为赛仕公司节省了 6000 万至 8000 万美元。当然，这对敬业度、士气和生产率的影响可能是无价的。

● 谷歌公司：幸福和人的分析

当创始人拉里·佩奇和谢尔盖·布林（Sergey Brin）开始创建谷歌公司时，他们想让自己的公司成为一个很好的工作场所，所以他们向赛仕公司寻求帮助。他们拜访了赛仕公司的高管，并派了一个团队去那里学习是什么让赛仕公司成为"最佳雇主"。

因此，谷歌公司是为数不多的福利与赛仕相当或超过赛仕的企业之一，这也就不足为奇了。除了医疗保健福利和弹性工作时间（以及通过股票期权赚取数百万美元的可能性），它的福利还包括公司内部的干洗店、保龄球馆、咖啡厅、往返公司的交通工具和睡眠舱等。正如谷歌公司负责人所说，"这一切都是为了消除障碍，让员工可以专注于他们喜欢的事情，无论是在工作时间，还是在休息时间。我们一直都在寻找独特的方法来增进员工的健康和幸福。"

除了福利，谷歌公司的与众不同之处在于，它采用了科学的方法来决定如何让员工"更健康、更幸福"。在谷歌公司，维持积极的员工关系不是依靠运气，而是依靠高度分析（有人称谷歌为"幸福机器"）。谷歌称其人力资源部门为"人力运营部"。在人力运营部，谷歌公司聘请社会科学家创建了"人与创新实验室"，并成立了谷歌"人力分析团队"，负责研究如何让"谷歌人"感到幸福。

谷歌公司"对员工福利的监控程度之高，在那些在加州山景城（谷歌总部）外工作的人看来是荒谬的"。社会科学家们进行了一些小实验，来研究成功的中层管理人员是否具备某些技能，以及提醒员工向他们的401（k）计划缴费的最佳方式是什么等问题。有一次，分析小组发现新手妈妈的离职率是平均离职率的两倍。这项研究重新设计了产假计划，其中包括5个月能够领取全部薪水和全部福利的休假。这项新计划将谷歌公司女性员工的流失率降低到了原来的一半。为了支持其分析方法，谷歌"广泛征求员工的反馈意见，从他们希望如何获得薪酬，到将在广阔的总部园区内使用的新自行车的设计"。所以，难怪"谷歌人"都这么快乐。

● 联邦快递公司：保证公平待遇

联邦快递公司在过去15年中有12次被《财富》杂志评为"最佳雇主百强"之一。优厚的福利、有竞争力的薪水，以及（正如我们在第5章中讨论过的）对内部晋升的关注（体现在工作变更申请人跟踪系统中），都有助于解释这一点。例如，联邦快递负责人力资源管理的副总裁大约在 35 年前开始从事客户服务工作，并经历过"许多不同的职位"，都是"在联邦快递公司中"。然而，联邦快递的与众不同之处在于它强调通过沟通建立信任。

调查反馈行动（SFA）

联邦快递公司的调查反馈行动就是一个例子。调查反馈行动包括一项匿名调查，让员工表达对公司和管理者的感受，并在某种程度上表达对服务、薪酬和福利的感受。然后，每位管理人员都能使用调查结果去改进工作。

调查反馈行动包含三个阶段。第一阶段，调查本身是一份每年都向每位员工发放的匿名问卷，问卷的目的是收集信息，了解在员工的工作环境中什么帮助了他们、什么阻碍了他们。例如："我可以告诉经理我的想法""我的经理会倾听我的担忧""高层管理人员会听取我这个级别员工的意见""联邦快递对待客户做得很好"以及"我为我的工作得到了公平的报酬"。

调查结果会被汇编并发送给管理人员。为了确保匿名性，较小的工作单位不会收到对本单位的调查结果。相反，他们的调查结果会与其他几个类似工作单位的调查结果相结合，直到一个 20 ~ 25 人的部门的负责人得到整个团队的调查结果。

第二阶段是管理人员和工作组之间的反馈会议。其目标是明确特定的问题，寻找这些问题的原因，并制订解决问题的计划。管理人员会提出一些尖锐的问题。例如，假设得分较低的调查问题是"我可以随意地告诉经理我的想法"，受过培训的管理人员会问团队成员一些问题，比如，"我的哪些做法让我的员工觉得我对他们的想法不感兴趣？"

反馈会议后是第三阶段，即"行动计划"阶段。行动计划是管理人员为解决员工关切并提高绩效而采取的一系列行动。行动计划包括四个主要问题：问题是什么？你的分析是什么？原因是什么？应该做什么？

联邦快递公司的公平待遇保证程序

如今许多公司（以及几乎所有有工会的公司）都有申诉程序。申诉程序有助于确保每个员工的申诉都能得到倾听和公平对待，有工会的公司并不能垄断这种公平待遇。即使在没有工会的公司，正式的申诉程序也可以帮助确保劳资关系和谐。

联邦快递公司的公平待遇保证程序（Guaranteed Fair Treatment Process，GFTP）是一种更有效的申诉程序，因为它在几个方面超越了大多数申诉程序，最明显的是，公平待遇保证程序中，可以向首席执行官提出申诉。这种做法有两个好处：投诉没有机会累积，并且所有管理人员在做出不公平的行为之前都会三思而后行，因为他们的行为可能会引起老板的注意。GFTP 适用于联邦快递公司的所有正式员工。它涉及的问题包括有争议的绩效评估、影响申诉人个人的纪律处分和停职，以及员工认为自己没有得到充分考虑的晋升或工作变动。

　　人力资源部门提供的公平待遇保证程序包括列出申诉人姓名和工作经历的情况说明书，用于跟踪申诉步骤的 GFTP 跟踪表，使用说明（例如，在适用的政策和程序方面），人力资源部门的书面报告，以及存放关键文件（解约信等）的空间。此外还有备份信息的空间，包括证人陈述、医疗陈述和培训记录。在提交 GFTP 申诉之前，员工必须尝试与其主管解决问题。

步骤

　　GFTP 包含三个步骤。第一步，管理人员审查。申诉人在问题发生后的 7 个日历日内向管理人员（经理、高级经理或总经理）提交书面申诉。员工所在团队的经理、高级经理和总经理会对所有相关信息进行审查，与申诉人进行电话会议或会面，然后做出支持、修改或推翻管理行动的决策，并将决定以书面形式告知申诉人及其部门人事代表。

　　如果在第一步中被否决，就会进入第二步，向部门高层管理人员申诉。申诉人在第一步被否决后的 7 个日历日内向部门高层管理人员（副总裁或高级副总裁）提交书面申诉。副总裁和高级副总裁会对所有相关信息进行审查，并在必要时进行进一步调查，然后做出支持、修改或推翻的决策，或成立审查委员会，并将决定以书面形式告知申诉人，同时将副本发送给部门人事代表以及申诉人的管理部门。

　　第三步是高层管理人员上诉审查。申诉人在第二步申诉结果产生后的 7 个日历日内向员工关系部门提交书面申诉。该部门会展开调查，并整理一份 GFTP 案件档案，供公司高层申诉审查委员会审查。高层申诉审查委员会由首席执行官、首席运营官、首席人事官和高级副总裁组成，它将对所有相关信息进行审查，然后决定将维持或推翻原来的处理决定，还是重新组建一个审查委员会，抑或采取其他合适的行动。这一步骤通常在收到申诉后的 14 个日历日内完成。高层申诉审查委员会的决定将是最终决定，除非他们决定重新组建一个审查委员会。

　　当对申诉的事实有疑问时，需要组建审查委员会（如果有的话）。审查委员会由 5 人组成，申诉人从董事会主席提交的名单中选择 2 人，董事会主席从员工提交的名单中选出 3 人。董事会主席从董事或以上级别的管理人员中选出审查委员会成员。

● "最佳雇主"的人力资源理念

赛仕、谷歌和联邦快递等公司彼此不同，也与其他公司不同，所以不能保证适用于它们的方法也适用于其他公司。例如，赛仕公司是私营企业，与其他大多数公司相比，它的所有者更容易解决丰厚福利和避免裁员带来的短期利润波动问题。谷歌公司通过一系列明智的战略举措实现了快速增长。当经济下滑时，谷歌公司的管理人员通常仍需更加关注保留优秀员工，而非解雇他们。联邦快递仍然是"最佳雇主"之一，但它也会遇到一些劳资关系问题，例如，不愿意成为独立承包商的司机提起了诉讼。

然而，任何想建立积极员工关系的管理人员都可以从这三家公司那里学到一些东西。例如，这些公司的管理人员坚持不懈地培养员工信任度并确保员工得到公平待遇，包括关注员工态度、坚持"开门"政策，以及建立保证公平待遇的申诉程序。而且，比如在其认可计划、参与计划、道德标准、氛围调查以及其他双向沟通计划等方面，他们都表现出对员工的尊重，并"把员工放在第一位"。

但是，管理人员可以从这三家公司身上学到的最重要的东西，或许是他们在人力资源管理实践中所依据的人力资源理念。我们在第 1 章中说过，人们的行为总是部分基于他们所做的基本假设的，这在人力资源管理方面尤其明显。你对人的基本假设，如他们是否可信，他们是否热爱喜欢工作，他们为什么这样做，他们应该被如何对待，这些共同构成了人力资源管理理念。你所做的每一个人事决定——你雇用的人、你提供的培训、你的领导风格等——都反映了（或好或坏）这个基本理念。

公司最高管理层通常会通过行动来传达自己的人力资源理念，并渗透到每个层级和每个部门。谷歌的创始人希望他们的员工快乐，谷歌公司成立以来一直都在努力做到这一点。联邦快递公司的创始人兼首席执行官弗雷德里克·史密斯以其 P-S-P 准则而闻名。也就是说，当你善待你的员工（People）时，他们就会尽心尽力地为公司服务（Service），自然而然能为公司带来利润（Profit）（正如我们在本书中看到的，联邦快递公司通过调查反馈行动、公平待遇保证程序、内部晋升政策、工作变更申请人跟踪系统、领导力评估流程、广泛的沟通和绩效工资计划将这个准则付诸实践）。同样，赛仕公司的创始人兼首席执行官说过："我们一直在努力创造一种员工和公司互相信任的企业文化……这种文化奖励创新，鼓励员工尝试新事物，并且不会因为员工冒险而惩罚他们，这种企业文化关心员工的个人和职业成长。"塑造你自己的人力资源理念的一个因素就是你所在组织的顶层管理。虽然可能不会明说，但他们这样的人力资源理念或许可以解释"最佳雇主"何以成为员工心目中的最佳。

第 12 章要点小结

1. 员工关系是指建立和维持积极的员工—企业关系的活动，这种关系有助于产生令人满意的生产率、工作动力、士气和纪律，并维持一种积极的、富有成效的、有凝聚力的工作环境。

2. 经理和人力资源管理人员可以采取措施建立积极的员工关系。不公平待遇会降低士气、增加压力，并对员工产生负面影响，因此应该消除。管理人员还可以使用沟通机制、员工认可计划和员工参与计划来建立积极的员工关系。

3. 道德是指规范个人或群体的行为准则，即人们用于决定应该采取何种行为的参照标准。许多因素影响着工作中的道德行为。这些因素包括个人因素、组织因素、老板的影响、企业道德政策和行为规范，以及组织文化。人力资源管理可以在许多方面影响工作中的道德行为和公平待遇，例如保证甄选过程公平公开，建立特殊的道德培训计划，以及奖励（或惩罚）道德（或不道德）的工作相关行为等。

4. 没有惩罚的处分旨在通过减少处分的惩罚性质来使员工接受规章制度。一个公平公正的处分程序基于三个先决条件：规章制度、渐进式处罚和申诉程序。处分指导方针十分重要。处分应与管理者应对类似事件的一般方式相一致，管理者在实施处分之前必须充分调查此事，并且管理者不应伤害员工的尊严。

5. 任何想要建立积极员工关系的管理人员都可以从"最佳雇主"（如赛仕软件公司、谷歌公司和联邦快递公司）那里学到一些东西。这些公司的管理人员坚持不懈地培养员工信任并确保员工得到公平待遇。在许多方面，他们都非常尊重员工，并"把员工放在第一位"。他们将人力资源管理实践建立在强调信任、尊重，以及关心员工的个人和职业成长的人力资源理念之上。

第 13 章

劳资关系和集体谈判

● **本章学习目标**

» 简要描述美国的劳工运动。

» 解释员工敬业度如何影响工会化。

» 讨论美国主要劳资关系法的性质。

» 描述工会组建和工会选举的过程。

» 讨论集体谈判过程中的主要步骤。

» 解释工会会员减少的原因和工会运动的前景。

引入

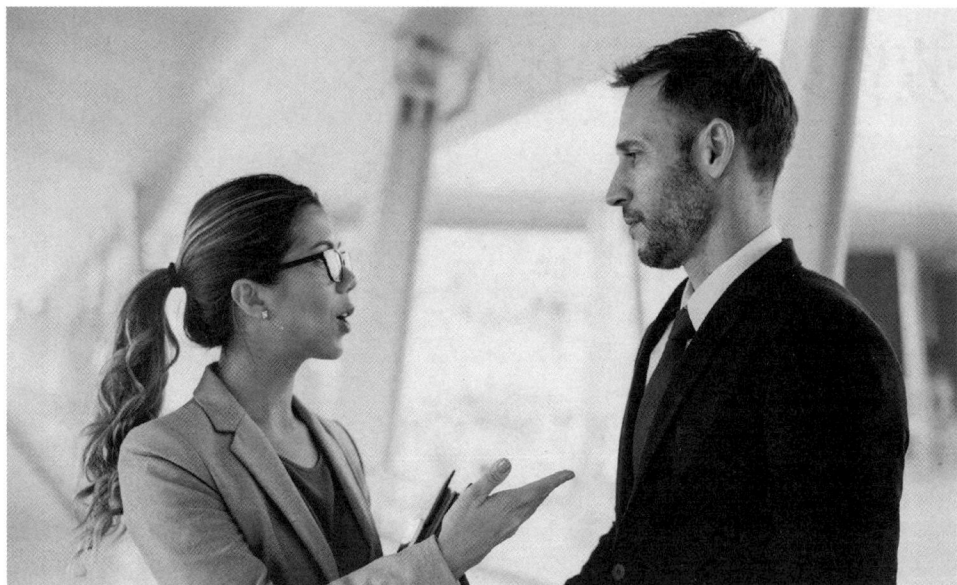

　　梅琳达（Melinda）不知道该怎么办。作为艾薇儿（Avril）公司的办公室经理，她认为办公室里的每个人都很喜欢在那里工作。所以，当吉姆（Jim）来找她说他想在艾薇儿公司成立工会时，她的第一反应是告诉他最好不要这么做："我不知道，吉姆。我们就像一个大家庭，我们不需要也不希望有人在这里工作不开心。"

13.1　劳工运动

当今，大约有 1500 万美国工人加入了工会，约占美国工人总数的 11.1%。另有 150 万人没有加入工会，但受工会协议的保护。在公共部门，将近 36% 的员工加入了工会，工会化程度较高的职业包括教师、警察和消防员等。在私营部门，如公用事业部门（22.3% 的员工加入了工会）、运输和仓储企业（19.6% 的员工加入了工会），以及电信企业（14.8% 的员工加入了工会），不加入工会仍然很难找到工作。如今，工会成功将"新媒体"公司组织了起来，如 salon.com、Gawker Media 和 Vice Media 等。（Vice Media 的一位联合创始人买下一套新豪宅后不久，该公司的作家们就投票加入了美国东部作家协会。）美国各州的工会会员比例也有很大差异，纽约州高达 24.6%，北卡罗来纳州则只有 1.9%。工会在美国仍然占有一席之地。

此外，不要认为工会对企业来说总是一件坏事。例如，也许通过员工专业化和公司操作系统化，工会实际上可以帮助企业提高绩效。一项研究发现，在有注册护士工会的医院，心脏病死亡率比没有注册护士工会的医院低 5%~9%。

我们将在这一章中学习工会的相关知识以及如何理解工会。

● 工人为什么要组织起来

专家花费了大量时间来研究工人为什么要成立工会，但这个问题并没有一个简单的答案。金钱当然是其中一个原因。例如，在一项调查中发现，工会会员的周薪中位数为 980 美元，而非工会会员的周薪中位数为 776 美元。工会会员通常还能享受更多的福利。工会会员能够享受每小时约 14.50 美元的福利，而非工会会员仅能得到每小时约 7.50 美元的福利。

但金钱不是他们成立工会的唯一理由。成立工会的想法似乎往往源于工人的一种信念，即只有团结起来，他们才能得到自己应得的那份"蛋糕"，并保护自己免受雇主单方意愿的侵害。关键问题在于，士气低落、担心失业、沟通不畅（换句话说，糟糕的员工关系）也会促使工人成立工会。一位负责处理劳资关系的律师这样说："工会的一个主要好处是，雇主解雇你必须给出充足的理由，而不能随心所欲，否则你就可以申请听证和仲裁。"例如，一位受雇于沃尔玛公司的肉食分割员说，他的新上司告诉他，他有可能升为主管。该员工买了一辆车上下班，部分原因是他有望升职。但他在工作时背部受伤，他的上司再也没有提起给他升职的事。该员工觉得自己被骗了，要求食品杂货工人工会派一名组织者来。这家门店的肉食分割员投票决定成立工会。沃尔玛公司很快宣布将改用预先包装的肉类，门店不再需要肉食分割员了（另一个例子见下面的"人力资源和零工经济"专题）。

人力资源和零工经济

优步司机会组织起来吗

对许多零工来说，这项工作最大的缺点或许是感到自己只能任由雇主摆布。例如，如果某司机的用户评分过低，可能会使优步公司立刻停止给该司机派单，而司机通常没有上诉渠道。成立工会会对司机有帮助吗？

许多优步司机都认为成立工会有帮助。例如，在纽约市，优步公司因面临司机要求选举更多代表的压力，与国际机械师协会和航空航天工人工会联合成立了一个类似于工会的实体，称为独立司机协会（IDG）。根据法律，IDG 并不是一个真正的工会。例如，该协会由优步公司资助，优步司机是独立承包商而不是员工，他们没有投票让协会代表他们，协会本身也同意在 2021 年之前不组织罢工或成立工会。另一方面，IDG 建立了优步司机的上诉机制（由其他司机组成，由美国仲裁协会监督），并提供了其他类型的司机援助。

13.2   给管理者的员工敬业度指南：员工敬业度与工会化

工人为什么要成立工会？《现代调查》（*Modern Survey*）的一项研究测评了员工对被工会代表的兴趣、对高级管理层的信心，以及员工敬业度等项目。研究发现，

"怠业"员工中，50% 会对工会化投"赞成票"，而只有 20% 会投"不加入工会"。研究得出结论，"关注组织内的员工敬业度有助于培养员工和管理层之间的积极关系，从而降低员工寻求工会代表的可能性"。

盖洛普也进行了相关调查，对以上结论进行了补充。例如，盖洛普对 500 多家企业的员工进行敬业度调查发现，45% 的非工会员工是敬业的，而只有 38% 的工会员工是敬业的。

这些发现并不能说明敬业的员工不太可能支持公司工会，或者加入工会的员工没那么敬业。这些发现是相关的，它们只是表明，当员工敬业度上升时，工会化程度就会下降。有可能是一项管理政策（比如公平待遇保证制度）同时对员工敬业度和不加入工会有影响。但总体来说，这些发现确实表明，提高员工敬业度的政策（如良好的福利、建立信任和保证公平待遇）也可能降低员工加入工会的可能性。

● 工会想要得到什么

总体来说，我们可以认为工会有两个方面的目标：一方面是方便员工寻求帮助；另一方面是提高工会会员的薪酬，控制工作时间，提升工作条件和福利待遇。

工会保障

首先，可能也是最重要的，工会会寻求自身保障。工会会努力争取代表一家企业的员工的权利，并成为能够代表该企业全体员工的唯一谈判代表（这样，它们就能够为全体员工，包括那些没有加入工会的员工，进行集体合同谈判）。工会可能采取的保障方式有 5 种。

1. **封闭型企业（closed shop）**。这种企业只能雇用工会会员。美国国会已于 1947 年宣布禁止州际贸易中的封闭型企业，但在某些州的某些特定行业（如印刷业），封闭型企业仍然存在。这类合同占工会合同的不到 5%。

2. **工会制企业（union shop）**。这种企业可以雇用非工会会员，但他们必须在规定的时间内加入工会并缴纳会费（如果不加入工会，他们可能会被解雇）。这类合同约占工会合同的 73%。工会和雇主还倾向于对工会制企业的不同形式进行协商，例如，当合同期满时，允许年龄较大的员工退出工会。

3. **工会代理制企业（agency shop）**。不属于工会会员的员工也必须缴纳与工会会员相等的会费（假设工会所做的努力能使全体员工受益）。

4. **工会会员优先制企业（preferential shop）。**工会会员可以得到优先录用，但雇主仍然可以雇用非工会会员。

5. **会员资格保持型企业（maintenance of membership arrangement）。**员工不一定要加入工会。但是，受雇于该企业的工会会员在合同期内必须保持工会会员身份。这类合同约占工会合同的 4%。

并不是所有州都赋予了工会将加入工会作为雇用条件的权利。工作权利（right to work）这一术语描述的是："州法律或宪法条款禁止将加入工会作为雇用条件之一。"《塔夫脱 – 哈特莱法》（Taft-Hartley Act，一部早期的劳资关系法，我们将在后面讨论）的 14（b）条款允许各州禁止就强制性工会会员条款进行谈判，不仅针对从事州际贸易的公司，也针对从事州内贸易的公司。工作权利法没有禁止工会，但确实（在通过工作权利法的各州中）禁止任何形式的工会保障。可以想象，这阻碍了这些州工会组织的形成。在俄克拉何马州通过工作权利法后，其工会会员人数在接下来的三年里急剧下降。工作权利法可以导致工会会员人数下降。

提高工会会员的工资，控制工作时间，提升工作条件和福利待遇

一旦工会在公司中的地位有了保障，它就会开始努力提高工会会员的薪酬，控制工作时间，提升工作条件和福利待遇。典型的劳动协议还允许工会参与其他一些人力资源管理活动，包括员工的招聘、甄选、薪酬决定、晋升、培训，以及解雇等。

● 劳联 – 产联和服务业员工国际工会

美国劳工联合会和产业组织联合会（American Federation of Labor and Congress of Industrial Organizations，AFL-CIO）是由美国大约 56 个全国性工会和国际性工会自愿组织形成的联盟。原本分设的劳联和产联许多年前合并成为劳联 – 产联。对许多美国人来说，劳联 – 产联就是工会的同义词。

劳联 – 产联以及大多数其他美国工会的结构有三个层次。第一层次是地方性工会。这是工人实际加入并缴纳会费的地方；第二层次是全国性工会，地方性工会是全国性工会的一个组成部分，例如，如果你是底特律的一名教师，你就属于当地的地方教师工会，地方教师工会是美国教师联合会的数百个地方分会之一，美国教师联合会是全国性工会（实际上大多数工会称自己为国际性工会）；第三层次是全国联合会，在这里就是指劳联 – 产联。

联合会的会员一直处于变动之中。服务业员工国际工会（Service Employee International Union，SEIU）是一个发展迅速的联合会，拥有超过 220 万名会员。该组织包括最大的医疗保健工会，拥有超过 110 万名会员，其中包括注册护士、执业护士，以及医生。该组织还包括第二大公共部门员工工会，拥有超过 100 万名地方政府及州政府雇员。几年前，包括服务业员工国际工会和卡车司机国际联合会在内的六大工会离开了劳联 – 产联，建立了自己的联合会，名为"改革制胜联盟"。这些独立的工会占劳联 – 产联 1/4 以上的会员人数和预算。新组建的联合会计划要比劳联 – 产联更积极地将工人们组织起来。（团结工会随后离开了改革制胜联盟，这可能减缓改革制胜联盟的发展步伐。）

有些人认为联合会（如劳联 – 产联或服务业员工国际工会）是劳工运动中最重要的组成部分，然而事实并非如此。教师工会主席以这种身份行使的权力比他作为劳联 – 产联副主席行使的权力更大。不过，劳联 – 产联和服务业员工国际工会的主席确实有很大的政治影响力。

13.3　工会与法律

直到 1930 年左右，美国还没有专门的劳工法律。雇主无须与员工进行集体谈判，而且对待工会的方式几乎不受限制。许多雇主强迫员工签订"黄犬契约"，即资方可以要求员工不得加入工会，并将其作为雇用条件。当时，大多数工会可以使用的武器——甚至罢工——都是非法的。

这种一边倒的局面从美国革命一直持续到了大萧条时期（1930 年左右）。此后，为了适应公众态度、价值观和经济形势的变化，劳工法律经历了三次明显的变化：从对工会的"积极鼓励"，到"鼓励与监管相结合"，再到"对工会内部事务实施具体监管"。

● 积极鼓励时期:《诺里斯-拉瓜迪亚法》(1932年)和《国家劳资关系法》(1935年)

美国于1932年通过的《诺里斯-拉瓜迪亚法》(Norris-LaGuardia Act)在新时代拉开了政府鼓励工会活动的帷幕。该法保证每位员工都有"不受干涉、限制或强迫"地进行集体谈判的权利。它宣布不可强迫员工签订"黄犬契约"。它限制了法院对和平纠察以及支付罢工福利等做法发布禁令的权力。

但是,这项法案在限制雇主对抗劳工组织方面作用不大。因此,美国于1935年通过了《国家劳资关系法》,以加大《诺里斯-拉瓜迪亚法》的力度。它通过以下规定实现了这一目的:禁止某些不正当的劳资关系行为,规定使用无记名投票选举和少数服从多数原则来确定企业中的员工是否愿意成立工会,以及设立国家劳资关系委员会(National Labor Relations Board,NLRB)来执行上述两项规定。

国家劳资关系委员会除了监督工会选举等活动,还会定期发布解释性裁决。例如,今天大约有600万员工属于"临时"或"替代"员工。因此,国家劳资关系委员会规定,临时员工被职业介绍所安排进入公司工作而成为正式员工后,可以加入工会。另一个例子是,几年前,国家劳资关系委员会规定工会可以通过电子邮件而不是邮寄的方式提交选举请愿书和其他文件,并要求雇主向工会提供员工的电子邮件地址。这将举行选举的平均时间从5周左右缩短到3周,并减少了雇主说服员工投票反对工会的时间。(实际上,《国家劳资关系法》中并没有出现工会这个词,而是使用"劳工组织"。事实上,许多工会的名字里并没有"工会"这个词,比如美国警察兄弟会。)

雇主方的不正当劳资关系行为

《瓦格纳法》将雇主采取的5种不正当的劳资关系行为视为"违法"(但不构成犯罪),相关规定如下:

1. 雇主"干涉、限制或强迫员工"行使法律允许的成立工会的权利是不正当的。
2. 公司代表主导或干涉工会的组建或管理的做法是不正当的。《瓦格纳法》第一条和第二条规定,其他不正当的劳资关系行为包括贿赂员工、为避免工会化而转移业务、将支持工会的人列入黑名单等。
3. 雇主不得因员工参加合法的工会活动而以任何方式歧视他们。
4. 雇主不得仅仅因员工对公司提出不正当劳资关系行为的指控就解雇或歧视员工。

5. 雇主拒绝与员工通过正式选举产生的代表进行集体谈判的做法属于不正当劳资关系行为。

工会可以向国家劳资关系委员会提出不正当劳资关系行为方面的指控（使用其标准在线表格）。国家劳资关系委员会随后会对指控进行调查。可能采取的行动包括驳回申诉、请求对雇主发出禁令，以及要求雇主终止不正当的劳资关系行为。

1935 年《瓦格纳法》通过后，从 1935 年到 1947 年，工会会员人数迅速增长。经济形势好转和工会领导积极进取等其他因素对此也起到了推动作用。但是到了 20 世纪 40 年代中期，这一趋势开始转变。这主要是因为第二次世界大战后一系列大规模罢工导致公共政策开始转向应对许多人认为的工会势力过大的局面。

● 鼓励与监管相结合：《塔夫脱 – 哈特莱法》（1947 年）

《塔夫脱 – 哈特莱法》（或《劳资关系法》）反映出公众对工会的热情有所下降。它修正了《瓦格纳法》，旨在通过以下 4 种措施限制工会：禁止工会采取不正当的劳资关系行为，列明员工作为工会会员所拥有的权利，列明雇主所拥有的权利，以及允许美国总统临时性地禁止全国紧急罢工。

工会方的不正当劳资关系行为

《塔夫脱 – 哈特莱法》列举了禁止工会采取的几种劳资关系行为：

1. 禁止工会限制或强迫员工行使其受法律保护的谈判权利。
2. 工会为了鼓励或劝阻员工加入工会，而使雇主以任何方式歧视员工，属于不正当劳资关系行为。
3. 工会拒绝诚心诚意地与雇主就薪酬、工时以及其他雇用条件进行谈判，属于不正当劳资关系行为。

员工的权利

《塔夫脱 – 哈特莱法》也保护员工的权利不受工会侵犯。例如，许多人认为，强制性的工会主义侵犯了美国公民享有的结社自由这一基本权利。美国有 19 个州（主要是南部和西南部的一些州）颁布了新的工作权利法。如前所述，工作权利法禁止将加入工会作为雇用条件。

　　总之，《国家劳资关系法》对工会不正当劳资关系行为的限制没有对雇主的限制严格。它只是规定工会不能限制或强迫员工，然而，"国家劳资关系委员会要想认定工会存在不正当的劳资关系行为，其前提必须是工会实施了暴力或其他威胁行为，或者进行了强迫或恐吓员工的工会活动。"这方面的例子包括殴打或暴力胁迫、实施经济报复以及限制合法进出工作场所等。一个典型案例是制版师诉国家劳资关系委员会。美国最高法院发现工会对罢工期间退出工会并继续工作的工会会员处以罚款，采取了不正当的劳资关系行为。

雇主的权利

　　《塔夫脱－哈特莱法》也明确赋予了雇主某些权利。例如，该法案给予雇主充分的自由来表达自己对工会组织的看法。因此，管理人员可以告诉员工，在他看来工会是毫无价值的、对经济有害的、不道德的。在合适的情况下，雇主可以披露工会有关暴力和腐败的记录。唯一限制是，雇主不得威胁实施报复、强迫员工或许诺某种利益。雇主也不能在工会选举即将开始的 24 小时内在工作时间与员工会面，或在员工在家或在雇主办公室时建议员工投票反对成立工会，尽管他们可以在工作场所或员工日常聚集的地方这样做。

全国紧急罢工

　　《塔夫脱－哈特莱法》还允许美国总统干预全国紧急罢工（national emergency strikes）。对这些可能危及国家健康和安全的罢工（例如钢铁公司员工的罢工），总统可以任命一个调查委员会，并根据其报告发布 60 天内限制罢工的命令。如果在此期间劳资双方没有达成和解，总统可以将限制罢工的命令再延长 20 天。在此期间，员工通过无记名投票来确定他们是否愿意接受雇主的最后条件。

● 对工会内部事务实施具体监管时期:《兰德拉姆－格里芬法》（1959 年）

　　20 世纪 50 年代，美国参议院的调查揭露了某些工会的一些不正当行为，结果导致了 1959 年《兰德拉姆－格里芬法》（Landrum-Griffin Act）的出台。该法案的正式名称为《劳资关系报告与公告法》（Labor Management Reporting and Disclosure

Act）。其最终目的是保护工会会员免遭工会违法行为的侵害。该法还修正了《瓦格纳法》。

《兰德拉姆－格里芬法》包含了有关工会会员权利的议案。此外，它规定了工会会员在提名工会办公机构候选人方面的某些权利。它还确定了工会会员有起诉工会的权利，并保证未经正当程序（包括一份指控清单和一场公正的听证会），不能对工会会员进行罚款或停职处理。

该法案还规定了工会的选举规则。例如，全国性工会和国际性工会必须采用某种无记名投票方式，至少每 5 年选举一次主席团成员。

美国参议院的调查人员还发现了有关雇主不法行为的一些骇人听闻的案例。因此，《兰德拉姆－格里芬法》又增列了许多非法雇主行为。例如，公司不再能够通过收买员工来诱使他们不加入工会。因此，该法案的颁布对工会有利。

今天的劳工法律

正如我们将在本章末尾看到的那样，在未来几年中出现的各种压力究竟会对劳工法更有利还是更不利，目前还不得而知。一方面，工会正在努力推动新的立法，这是工会努力付出的结果；另一方面，工会的努力可能因经济现状（比如国家财政预算缩减以及竞争加剧）和新一届共和党政府的上台而付之东流。

13.4　工会组建与工会选举

工会通过工会组建和工会选举作为员工代表。这个过程包含 5 个基本步骤：初步接触、取得授权卡、举行听证会、竞选活动和正式选举。

● 步骤一：初步接触

在初步接触阶段，工会确定员工对成立工会感兴趣，然后成立组织委员会。

员工与工会之间的第一次接触可能由员工发起，也可能由已经代表公司其他员工的工会发起，还可能由代表其他地方工人的工会发起。有时，员工因对公司不满而去联系当地工会，学习如何在自己所在的公司组织工会。有时，工会决定扩大规模并代表公司或行业的其他员工，或者当公司看起来容易组织工会时，工会就开始组建了。（例如，已经在联合包裹服务公司站稳脚跟的卡车司机工会，在联邦快递公司开始了密集的工会组建活动。）无论如何，工会代表和员工之间都有一个初步接触的过程。

一旦某个雇主成为目标，工会官员通常就会指派一名代表来评估员工对成立工会的兴趣。这名代表会访问这家公司，确认是否有足够数量的员工对成立工会感兴趣，是否值得发起一场工会组建活动。这位代表还要物色在工会组建活动中成为优秀领导者的员工，并邀请他们共同建立一个组织委员会，目标是"通过教育使该委员会的成员了解成立工会的好处、组建地方工会所涉及的法律和程序，以及公司管理层在竞选期间可能提出的问题"。

工会在接触员工时必须遵循一定的程序。只要不影响员工的绩效和安全，法律都会允许工会组织者邀请员工加入工会。因此，大部分接触都是在工作之外进行的。组织者还可以在非工作时间（比如休息时间）在公司里与员工接触。在某些情况下，工会代表可以在员工的工作地点劝说员工加入工会，但这种情况并不多见。实际上，当员工讨论成立工会时，工作场所中的非正式的工会组建活动就发生了。在任何情况下，初步接触阶段可能都会显得比较平静。有时，企业管理人员第一次觉察到公司里存在工会运动的迹象，是看到工会为了发展工会会员而分发传单。

劳资关系顾问

资方和工会都有可能聘请外部顾问。资方聘请顾问（工会经常轻蔑地称其为工会破坏者）的情况越来越多。这些所谓的阻碍工会的顾问包括咨询公司、律师事务所、心理学家和罢工管理公司。当工会来找雇主时，雇主通常会向顾问求助。一项研究发现，资方顾问参与了他们调查的 75% 的选举。

一位专家表示，雇主的主要目标不应该是赢得代表选举，而是完全避免选举。这意味着，在工会活动的最初迹象出现时迅速采取行动。

工会渗透

工会也并非没有赢得工会选举的创造性方法，其中一个方法就是工会渗透。国家劳资关系委员会将工会渗透（union salting）定义为"为了在尚未建立工会的企业中成立工会而安插工会会员进入该企业"。批评者认为，工会渗透经常干扰企业运营并对员工造成困扰。在国家劳资关系委员会诉城乡电力公司一案中，美国最高法院裁定这种策略是合法的。

公众压力是另一种策略。例如，在一个案例中，服务业员工国际工会试图向为大型办公楼提供清洁服务的小承包商施压，让他们的工人成立工会。服务业员工国际工会不仅向小承包商施压，还向拥有办公楼的大型房地产公司施加媒体和政治压力。房地产公司很快向承包商施压，要求他们的工人成立工会。下面的"影响人力资源管理的发展趋势"专题解释了另一个工会工具。

影响人力资源管理的发展趋势：数字化和社交媒体

工会走向数字化

在组织任何活动时都是沟通为王，工会并没有忽视这一点。例如，一项调查发现，49% 的工会使用脸书、23% 使用推特、13% 使用 YouTube 与会员和其他员工进行沟通。大约 92% 的工会都有官网，超过 78% 的工会使用电子邮件简讯。试图组织星巴克员工的工会团体（即星巴克员工工会）就建立了自己的网站。上面写道："我们辛勤工作，已经为星巴克带来了前所未有的利润，现在是时候团结起来争取我们应得的利益了。"在一次工会活动中，雇主限制其电子系统（包括电子邮件）"仅能用于商业目的"。工会提出了反对。国家劳资关系委员会认为，工作时可以访问雇主的电子邮件系统的非管理层员工可以在非工作时间使用该系统沟通工会事务，比如在午餐或休息时间。

有些劳资管理律师经常会建议雇主制定政策限制员工使用社交媒体。这些政策通常会规定员工不应该在工作时间使用社交媒体，并禁止员工对雇主或其员工进行贬低性的评论。

然而，这种政策限制可能会侵犯《国家劳资关系法》规定的员工权利（例如，通过与同事讨论工作条件而采取"一致的行动"）。不止一位劳资管理律师建议雇主不要发布此类社交媒体政策，以免违反国家劳资关系委员会的规定。

● 步骤二：取得授权卡

工会要向国家劳资关系委员会申请举行选举的权利，必须表明有相当数量的员工对成立工会感兴趣。因此，对于工会组织者来说，下一步就是要努力让员工签署授权卡（authorization cards）（见图 13-1）。授权卡通常包括授权工会举行一次代表选举，并且声明员工本人已经申请加入工会。在一个谈判单位中，必须有 30% 的合格员工签署了授权卡，工会才能申请举行选举。

美国样本工会
代表权授予声明

　　兹授权样本工会的 409 号地方工会独家代表本人与雇主进行集体谈判。我理解，在授权卡上的签名意味着我认可 409 号地方工会在无须选举的情形下成为独家谈判代表。

　　此授权卡将证明我已经申请成为工会的一员，并且特此授权工会在每个发薪期间从我的薪酬中扣除一部分作为每个月的会费和最初的入会费。

雇主名称：＿＿＿＿＿＿＿＿＿＿＿＿　　工作地点：＿＿＿＿＿＿＿＿＿＿＿＿

日期：＿＿＿＿＿＿＿＿＿＿＿＿　　姓名：＿＿＿＿＿＿＿＿＿＿＿＿

街道地址：＿＿＿＿＿＿＿＿＿　　城市：＿＿＿＿＿　　邮政编码：＿＿＿＿

固定电话：＿＿＿＿＿　移动电话：＿＿＿＿＿　电子邮箱：＿＿＿＿＿＿

部门：＿＿＿＿＿＿＿＿＿＿＿＿＿＿＿＿

职位名称／类别：＿＿＿＿＿＿＿＿＿＿＿＿＿＿＿＿

签名：＿＿＿＿＿＿＿＿＿＿＿＿＿＿＿＿＿＿＿

为使授权卡得到认可，请务必填写并邮回此授权卡。授权卡必须为原件并提交方能生效。请将授权卡邮递至：

美国样本工会 409 号地方工会
样本路 301 号
佛罗里达州迈阿密市
邮政编码 33101

图 13-1　授权卡示例

在这个阶段，工会和资方通常都会进行宣传。工会声称自己能够改善工作条件、提高薪酬、增加福利，并且通常能为员工争取更好的待遇。资方则可以从伦理和道德方面攻击工会，并引证说明成为工会会员的成本。资方还可以解释其历史记录，表达事实和观点，并向员工说明适用于工会运动的法律。

但是，任何一方都不得威胁、贿赂或强迫员工。此外，雇主不得向员工做出福利承诺，或单方面改变在工会组建活动开始前未计划实施的雇用条款和雇用条件。资方也应该了解，查看已经签署的授权卡会被视为监视签署授权卡的人，这是一种不正当的劳资关系行为。

在这个阶段，工会可以在公司进行纠察，但要受到以下限制：工会必须在纠察开始后的 30 天内提交选举申请；公司内不能有已经得到合法承认的其他工会；在过去的 12 个月内未举行过有效的国家劳资关系委员会选举。工会需要使用国家劳资关系委员会 502 表提交选举申请。

● 步骤三：举行听证会

取得授权卡后，可能出现以下三种情况之一：如果雇主对成立工会没有异议，就不必再举行听证会，而是直接同意选举；如果雇主对工会的选举权（或谈判单位的范围，或哪些员工在选举中有投票资格）没有异议，也不必再举行听证会，双方可以约定组织选举；如果雇主对工会的选举权提出异议，则可以坚持要求举行听证会，以澄清相关问题。雇主是否坚持举行听证会的决定取决于具体情况，以及雇主是否需要更多时间来说服大部分员工不要选举工会作为员工代表。

大多数公司会对工会代表员工的权利提出异议，声称相当多的员工并非真的想成立工会。在这种情况下，国家劳资关系委员会就会介入。工会通常会联系国家劳资关系委员会，要求举行听证会。然后，国家劳资关系委员会的地区负责人会派一名听证官进行调查（例如，一个合适的谈判单位中，是否有 30% 及以上的员工签署了授权卡）。听证官向资方和工会发出听证会通知，说明听证会的时间和地点。

谈判单位（bargaining unit）是听证会产生的一个决定。它是指工会将被授权代表并为之进行集体谈判的员工群体。

如果听证会的结果对工会有利，国家劳资关系委员会将裁定可以举行工会选举。国家劳资关系委员会将发布选举决定与选举指南的通知，并将 NLRB 666 号表格（"员工须知"）发给雇主张贴，告知员工联邦劳资关系法赋予他们的权利。

步骤四：竞选活动

在工会选举前的竞选活动中，工会和雇主都会呼吁员工投票支持自己。工会强调，它将防止组织内的不公正现象，建立申诉制度和资历制度，改善令人不满的薪酬状况。工会还会说，工会的力量将使员工能在薪酬和工作条件的决策过程中发表意见。资方则会强调，工会许诺的各种改善不需要成立工会就能实现，而且薪酬会与工会合同规定的薪酬持平或更高。资方还会强调工会会费的财务成本，工会是"局外人"的事实，以及如果工会获胜，可能将会发生罢工。资方甚至可以从伦理和道德方面攻击工会。但是，双方都不得威胁、贿赂或强迫员工。

主管在竞选活动中的作用

几年前，塔吉特公司位于纽约谷溪的门店赢得了工会选举，但一名联邦法官却推翻了这一选举结果，并要求重新选举。这名法官发现，塔吉特公司的管理人员违反了劳资法律，他们告诉员工不能佩戴工会徽章或分发传单，并威胁要惩罚讨论工会事务的员工。在一个案例中，一位工厂主管禁止在工厂食堂分发工会宣传资料。由于在非工作区域游说不在当班的工人通常属于合法行为，因此，公司随后允许工会在工厂的非工作区域张贴和分发工会宣传资料。但是，国家劳资关系委员会仍然裁定，该公司最初的做法属于不正当的劳资关系行为，国家劳资关系委员会以主管的行为为由，宣布该公司赢得的选举无效。据说2017年在日产汽车位于密西西比州杰克逊市的工厂一名主管也有类似的行为。最重要的是，主管必须知道他们为了合法地阻碍工会组建活动能做什么、不能做什么，以免做出不正当的劳资关系行为。（某些主管不能被排除在谈判单位之外。如果雇主试图利用他们来协助其活动，可能会引发有关不正当的劳资关系行为的指控。）

下面的"管理技能培养"专题列出了一些指导方针。

管理技能培养   **主管能做什么，不能做什么**

主管能做什么？可以用缩略词 TIPS 和 FORE 来记住你在活动期间能做什么和不能做什么。

用 TIPS 来记住不能做什么。

* **威胁（T—Threaten）**。不要威胁或暗示公司会因员工支持工会而采取任何不利行动，不要因员工参与工会活动而威胁要解雇他们，也不要威胁员工如果工会赢得选举就关闭工厂。
* **盘问（I—Interrogate）**。不要盘问或询问员工在工会问题上的立场或他们将在选举中如何投票。
* **许诺（P—Promise）**。不要许诺员工加薪、特殊照顾、更好的福利或升职。
* **监视（S—Spy）**。不要监视工会活动或参加工会会议，即使你受到了邀请。

用 FORE 来记住主管能做什么来阻止成立工会。

* **事实（F—Facts）**。告诉员工，签署授权卡意味着工会可以在工资和工时问题上成为员工的法定代表，但并不意味着他们必须投票支持工会。
* **看法（O—Opinion）**。你可以告诉员工你不相信第三方代表，你相信员工可以通过"开门"政策表达对公司的不满。
* **规则（R—Rules）**。提供符合事实的建议，比如告诉员工，如果发生罢工，法律允许公司永久替换他们，以及工会不能在谈判中强迫公司同意任何自己不愿意同意的事情。
* **经验（E—Experience）**。主管可以分享他们与工会打交道的个人经历。

了解你的雇用法律　　　　　　　　　　　**关于宣传资料和游说的规则**

为了避免法律问题，雇主需要制定有关分发宣传资料和游说员工的规定，并且应该培训主管如何应用这些规定。例如：

* 禁止非本公司员工在工作时间（员工上班时间，非休息时间）游说员工；
* 如果员工处于带薪工作时间，雇主通常可以禁止他们以任何目的游说其他员工；
* 大多数雇主（不包括零售商店、购物中心和某些其他雇主）都可以禁止非本公司员工进入办公楼和工作区域，这是私人财产权所有者的权利。

这些限制只有在雇主没有歧视工会的情况下才有效。例如，如果公司政策允许员工在工作时间为婴儿礼物筹资或进行其他游说活动，就不能禁止员工在工作时间进行工会游说活动。

除了让工会组织者远离你的私人财产，还有很多不正当的劳资关系行为。例如，一个雇主决定在工会代表选举的前两天进行野炊和带薪休假。国家劳资关系委员会认为这太巧合了，并要求进行第二次选举。工会在第一次选举中落选，但是赢得了第二次选举。图 13-2 说明了雇主和工会在竞选活动期间通常不能做的事情。

雇主行为违反《国家劳资关系法》的例子。

» 威胁要让员工失去工作或福利，如果他们加入或投票支持工会，或参与受保护的协同活动（如两个或两个以上的员工一起要求雇主改善工作条件并提高工资）。

» 威胁如果员工加入工会就关闭工厂。

» 承诺员工福利，以阻止他们支持工会。

» 因为员工参与工会活动或受保护的协同活动，而调动、临时解雇、解雇员工，给员工分配更困难的工作任务，或以其他方式惩罚员工。

» 因为员工提出不正当劳资关系行为的指控或参与《国家劳资关系法》的调查，而调动、临时解雇、解雇员工，给员工分配更困难的工作任务，或以其他方式惩罚员工。

劳工组织行为违反《国家劳资关系法》的例子。

» 威胁要让员工失去工作，除非他们支持工会。

» 因为员工不是工会会员而对其采取停职、解雇或其他惩罚，即使员工已经支付或提出支付合法的入会费和定期费用。

» 在不允许工会安全条款的州，因为员工批评了工会官员或因为员工不是工会会员而拒绝处理员工的申诉。

» 因为员工退出工会后参与了受保护的协同活动，或者越过了非法的纠察线，而对已经有效退出工会的员工进行罚款。

» 参与纠察线的不当行为，如威胁、袭击不罢工的人，或禁止不罢工的人进入工作场所。

» 就与雇用条款和雇用条件无关的问题进行罢工，或将中立者强行卷入劳资纠纷。

图 13-2　违反《国家劳资关系法》的竞选活动

资料来源：国家劳资关系委员会网站。

● 步骤五：正式选举

选举可以在国家劳资关系委员会发布选举决定与选举指南后的 30～60 天内举行。选举采取无记名投票的方式进行。国家劳资关系委员会提供选票（见图 13-3）、投票站和投票箱，并负责计算得票数和认证选举结果。从历史上看，参与投票的工人越多，工会获胜的可能性就越小。这可能是因为参加投票的工人越多，其中不是工会的坚定支持者的工人也就越多。

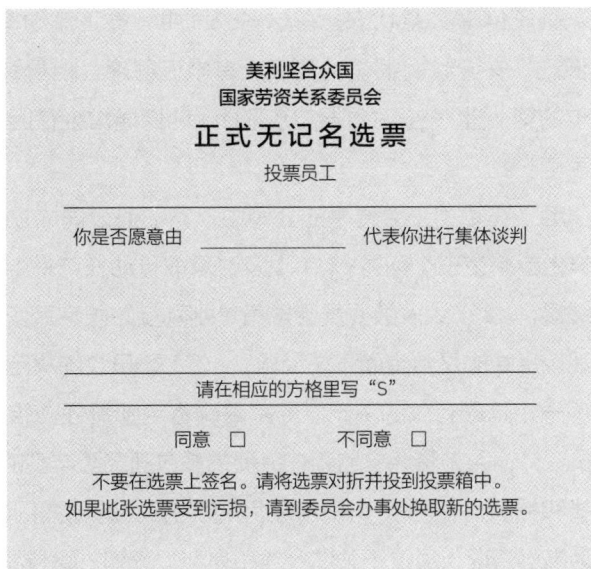

图 13-3　国家劳资关系委员会选票

资料来源: 国家劳资关系委员会网站。

如果工会赢得了选举,那么它就成为员工的代表。"赢得选举"是指获得了多数选票,而不是在谈判单位中获得了多数工人的支持。工会通常能够赢得半数以上的选举。

赢得选举和签署协议并不一定意味着工会将在公司一直存在。法律既赋予了员工组建工会的权利,也赋予了员工合法终止(取消)工会的员工代表资格的权利。代表资格取消(decertification)选举与代表资格选举在劳资双方如何进行方面差别不大。

● 什么导致在工会选举中失利

专家马修·古德费(Matthew Goodfellow)罗认为,并不存在某种能够保证雇主在选举中获胜的方法,但以下几种做法却一定会使雇主在选举中失利。

» **麻痹大意。**一项研究表明,在输给工会的公司中,68% 的公司高层管理人员对工会选举活动处于麻痹大意状态。在这些公司中，员工流动率和缺勤率上升，生产率上下波动，安全状况很差，几乎没有申诉程序。但具有讽刺意味的是，当关于授权卡的第一批报告开始陆续出现时，他们通常会在回信中将公司描述为"一个大家庭"。

» **任命一个委员会。** 在输掉工会选举的公司中，36%的公司成立了管理竞选活动委员会。这样做会存在三个问题：（1）及时采取行动在选举中至关重要，而委员会却行动缓慢；（2）大多数委员会成员是刚刚接触国家劳资关系委员会的新人，他们的观点反映的是希望而不是经验；（3）委员会的决定通常是一种折中的决定，而不一定是最有效的决定。专家建议将全部责任交给一位有决定权的高层管理人员，并让人力资源总监和在劳资关系方面经验丰富的顾问协助此人。

» **过于关注金钱和福利。** 在马修·古德费罗研究的工会选举案例中，有54%的公司失利是因为高层管理人员过于关注金钱和福利。正如古德费罗所说：

　　员工可能想要更多的钱，但通常情况下，如果他们觉得公司对待他们公平、尊重、诚实，他们就会对合理且有竞争力的薪酬和福利感到满意。只有当他们感到被忽视、不被关心、不被重视时，金钱才会成为他们不满的主要问题。

» **将过多权力下放给部门。** 对于在全国各地都设有工厂的公司来说，一家工厂成立工会往往会导致其他工厂也成立工会。解决办法是，不要把所有人事和劳资关系决策都交给工厂管理人员。要有效地应对工会——监控员工的态度，在工会出现时采取适当的行动等——就必须由公司总部及其人力资源管理人员提供集中指导。

下面的"全球人力资源管理实践"专题展示了国际上公司是如何与工会打交道的。

全球人力资源管理实践

法国的工人援助

计划海外扩张的企业应该思考一下法国制药公司赛诺菲（Sanofi）的经历。

赛诺菲公司在法国西南部的研究机构运营成本相对较高，该公司告诉那里的研究人员，打算关闭这家研究机构。在法国政府的支持下（法国政府反对有盈利的企业裁员），员工开始每周举行抗议活动。9 个月后，赛诺菲公司仍在等待关于这一情况的政府报告，这样才能结束与

工会的谈判，并试图为部分员工提供其他地方的工作。正如赛诺菲公司的一位管理人员所说，"法国的政治和劳工法律与其他任何地区都极不相同……你只要想特立独行，就是离经叛道"。

13.5　集体谈判过程

● 什么是集体谈判

　　一旦工会成为公司的员工代表，就会确定在某一天进行谈判，即资方代表和工会会面，就劳动合同进行谈判，其中包括关于薪酬、工作时间和工作条件等方面的具体条款。

　　什么是集体谈判（collective bargaining）？《瓦格纳法》做出如下规定：

　　集体谈判是指雇主与员工代表共同履行以下义务：在合适的时间会面并开诚布公地就薪酬、工作时间、雇用条款和雇用条件进行磋商，或者就协议或由此产生的任何问题进行谈判，或者应任何一方的要求签署已达成的书面合同。但是这种义务并不强迫任何一方必须同意某项建议或做出让步。

　　通俗地说，这意味着法律要求劳资双方就薪酬、工作时间、雇用条款和雇用条件开诚布公地进行谈判。我们将会看到，法院判决已经明确了可谈判的具体条款。

● 什么是诚信谈判

诚信谈判（good faith bargaining）意味着劳资双方就建议与反对建议尽一切合理的努力达成协议。这并不意味着一方强迫另一方同意某个建议，也不要求任何一方做出任何具体的让步（尽管在实践中，做出某些让步可能是必要的）。在实践中，诚信谈判包括与员工（或雇主）代表会面并协商，以及根据要求提供员工代表谈判所需的"相关和必要"的信息。

在评估一方是否违反了其诚信义务时，对国家劳资关系委员会和法院来说，最重要的是双方的整体行为。违反诚信谈判要求的例子包括：

1. **表面谈判**。只是走个过场，并不打算达成正式协议。
2. **提出不合理的建议和要求**。提出建议是决定谈判诚意的一个积极因素。
3. **拒绝提供信息**。国家劳资关系委员会和法院希望资方根据工会谈判代表的合法要求提供薪酬、工作时间和其他雇用条款方面的信息。
4. **拖延战术**。法律要求双方"在合理的时间以合理的间隔进行会面和磋商"。法律并未要求资方在工会规定的时间和地点会面。然而，过分拖延会议或拒绝与对方会面违反了诚信谈判。
5. **拒绝让步**。法律并未要求任何一方做出让步。然而，在谈判中愿意妥协是诚信谈判的关键因素。
6. **单方面改变条件**。这是雇主在谈判中达成协议缺乏诚意的明显表现。

● 谈判小组

劳资双方都要派出谈判小组参加谈判，双方的谈判小组通常都会做好充分准备再谈判。工会代表会听取工会会员的意见，并与相关工会的工会代表进行协商。

同样，资方会收集薪酬和福利数据，并与当地的薪酬水平和业内类似职位的薪酬水平进行比较。资方还将仔细计算当前劳资合同的成本，并确定工会要求增加的成本，包括总成本、每个员工和每个工时的成本（参见下面的"作为利润中心的人力资源管理"专题）。资方还将试图确定工会的要求可能是什么，并评估对工会来说哪些更重要。它将利用员工申诉信息和主管反馈信息，提前确定工会的要求可能是什么，从而准备辩论和谈判。

作为利润中心的人力资源管理

计算合同成本

集体谈判专家强调，有必要仔细计算工会提出的各项要求的成本。一位专家这样说：

我最常看到的错误是，人力资源管理专业人员在谈判时没有理解他们谈判的内容可能产生的财务影响。例如，工会要求增加三天假期。这听起来并不多，但在某些州，如果员工离开企业，雇主需要对其未使用的假期支付报酬。因此，谈判人员的一项决定可能导致雇主需要一直承担这一责任。

● 谈判主题

劳资关系法规定了谈判主题分为自愿性、非法性和强制性谈判主题（见图 13-4）。

自愿性谈判主题	非法性谈判主题	强制性谈判主题
» 赔偿金	» 封闭型企业	» 薪酬率
» 工会事务的管理权限	» 种族隔离	» 薪酬
» 退休员工的养老金福利	» 区别对待	» 工作时间
» 谈判单位的范围		» 加班薪酬
» 在合同中包括主管人员		» 轮班
» 合同中的第三方，例如国际工会组织		» 节假日
» 工会标签的使用		» 休假
» 对不公正雇用指控的处理		» 遣散费
» 食堂价格		» 养老金
» 合同续签		» 保险福利
» 谈判小组成员		» 利润分享计划
» 罢工者的雇用		» 圣诞节奖金
		» 房补、餐补和员工折扣
		» 员工安全
		» 工作绩效
		» 工会保障
		» 劳资关系
		» 药物检测

图 13-4　谈判主题

自愿性（允许的）谈判主题（voluntary or permissible bargaining items）既不是强制的，也不是非法的。只有在劳资双方都同意的情况下，自愿性谈判主题才能成为谈判的一部分。不得强迫任何一方违背自己的意愿就自愿性谈判主题进行谈判。任何一方不得因对方拒绝就自愿性谈判主题进行谈判而不签署劳资合同。

非法性谈判主题（illegal bargaining items）是法律禁止谈判的内容。例如，在执行工作权利法的州中，同意"只雇用工会会员"的条款是非法的。

强制性谈判主题（mandatory bargaining items）大约有 70 个。强制性谈判主题包括薪酬、工作时间、休息时间、解雇、调动、福利和遣散费。

● 谈判阶段

谈判通常要经过几个阶段。第一，劳资双方都要提出自己的要求。在这个阶段，双方通常在一些问题上分歧很大。事实上，资方谈判代表用"漫天要价"来形容劳方谈判代表提出的要求（比如建设游泳池和包括情人节在内的 17 个带薪假期）。第二，双方通过放弃一些需求来获得其他需求，这一过程是相互妥协的过程。第三，小组委员会研究，双方组成联合小组委员会或研究小组，尝试制定合理的替代方案。第四，双方达成非正式协议，谈判小组各自回到发起人处。工会代表与上级和工会会员进行非正式核查，资方代表与高层管理人员进行核查。第五，当一切就绪时，双方将对协议进行微调和校对，并签署正式协议。下面的"管理技能培养"专题列出了谈判的指导方针。

管理技能培养 **如何谈判**

制定一份令人满意的劳资协议需要一些谈判技巧。经验丰富的谈判者会运用杠杆、愿望、时间、竞争、信息、信誉，以及判断来提高自己的谈判地位。杠杆是指对谈判者有帮助或妨碍的因素，通常是使对方处于压力之下的因素。可以作为杠杆加以利用的因素包括需求、愿望、竞争和时间。例如，如果工会知道企业需要尽快成交（时间），企业就处于不利地位。能够离场，或者看起来能够离场，对你总是有利的。知己知彼，百战不殆。

一些合同条款（比如减少养老金福利）可能对你很重要。然而，愿望过于明显会削弱企业的谈判地位，优秀的谈判者总是会"藏好底牌"。竞争也是一个重要因素。最具说服力的策略就是微妙地暗示谈判对手你有其他选择（比如把服务转移到国外）。时间（尤其是截止日期）也会对你有利或不利。由于对方会试图判断你是否在虚张声势，所以让你的话语有说服力也很重要。

最后，优秀的谈判者需要具备判断力，即"在实质上以及在谈判技巧的风格上，处理好获得优势与达成妥协之间的平衡"的能力。下面总结了其他一些谈判的指导方针。

* 为每一个谈判主题设定明确的目标，并理解目标设定的依据。
* 从容不迫。
* 若有疑问，要与同事开会商讨。
* 充分掌握能够支持你方观点的确切数据。
* 保持一定的灵活性。
* 不要只关心对方说了什么和做了什么，要找出原因。
* 保全对方的面子。
* 时刻警惕对方的真实意图。
* 做一个善于倾听的人。
* 树立公正但坚定的形象。
* 学会控制自己的情绪。
* 在完成每个谈判步骤时，确保你知道它与其他所有谈判步骤之间的关系。
* 根据你的目标衡量每个谈判步骤。
* 注意每个重新谈判条款的措辞，某些单词和短语往往是申诉的来源。
* 记住，集体谈判是一个妥协过程。
* 考虑目前的谈判对未来几年的谈判的影响。
* 不要过于开放、诚实和直接，这会使你做出过多让步。

● 陷入僵局、调解和罢工

签署协议的前提是没有无法克服的分歧。如果出现此类分歧，双方可能会宣布陷入僵局。

僵局的发生通常是由于一方要求的比另一方提供的多。有时僵局可以通过第三方解决，如调解人或仲裁员等公正的人。如果第三方也不能化解僵局，那么工会可能会号召工会会员停工或罢工，向资方施压。

对立双方可以利用三种类型的第三方干预来打破僵局：调解、事实调查和仲裁。在调解（mediation）中，由中立的第三方努力协助谈判双方达成协议。调解员通常会与双方举行会议，确定双方各自的立场并找到共同点。

调解员会与双方沟通罢工的可能性，以及可能的解决方案等。调解员通常无权要求某方做出让步，但他们可能会在某些问题上表明自己的立场。

在某些特定的情况下（例如在国家紧急争议状态中，美国总统确定罢工为国家紧急状态），可以任命一位事实调查员。事实调查员（fact finder）是中立方，他们会调查存在争议的问题并就合理的解决方案提出公开建议。

仲裁（arbitration）是第三方干预的最明确的类型，因为仲裁员通常有权确定和规定解决方案。与调解和事实调查不同，仲裁可以保证解决僵局。在实施约束性仲裁的情况下，双方都必须接受仲裁员的裁定。在实施非约束性仲裁的情况下，双方则可以不接受。仲裁可以是自愿的，也可以是强制的（换言之，由政府机构强制要求的）。在美国，自愿的约束性仲裁最为普遍。

仲裁可能并不总是像人们想象的那样公正。研究人员研究了20多年来棒球界的391起仲裁案件。61%的情况下，仲裁者会对自己偏爱的球队有利。他们的结论是（至少在棒球界）"仲裁者的自私行为"可能会导致对球员的偏见，尤其是对非洲裔和拉丁裔球员的偏见。

各种公共机构和专业机构都可以提供仲裁员和调解员。例如，美国仲裁协会（AAA）和美国仲裁办公室（the U.S. office of Arbitration Services）[美国调停调解办公室（the U.S. office of Mediation and Conciliation Service）的一部分]都有一份有资格听证和处理争议的仲裁员名册。雇主或工会可以使用表格（可从美国仲裁办公室网站下载）向他们申请仲裁员或调解员服务。

替代性的争议解决——大多是非正式的策略，比如调解人询问双方是否想要休息一下，或者暂时搁置手头的问题，或者他们是否愿意各自解释一下自己对于谈判主题的看法——也被广泛用于阻止或处理僵局。

罢工

僵局可能引发罢工，这是一种停止劳动的方式，罢工主要有四种类型。经济罢工（economic strike）是由于双方未能就劳资合同条款达成一致，换句话说，就是由于僵局。反不正当劳资关系行为罢工（unfair labor practice strikes）旨在抗议雇主的非法行为。野猫罢工（wildcat strike）是在劳资合同期内发生的未经批准的罢工。同情罢工（sympathy strike）是一个工会为支持另一个工会的罢工而举行的罢工。

罢工不一定是谈判程序的必然结果。相反，研究表明，罢工通常是可以避免的，但会因谈判过程中的错误而发生。错误包括工会领导人和普通工会会员的期望之间的差异，以及对双方谈判目标的误解。

罢工的可能性以及严重程度，部分取决于双方"接受罢工"的意愿。例如，几年前，美国职业棒球大联盟的老板愿意让球员罢工，让他们输掉整个赛季，因为他们"一致认为，球员拿的钱太多，破坏了比赛，只有对这种过分行为采取强硬立场"才能制止这种情况。

纠察（picketing）是罢工期间最先出现的活动之一。纠察的目的是告知公众劳资纠纷的存在，这通常会警示其他人不要与正面临着罢工的雇主做生意。

在面临罢工时，雇主可以采取以下几种措施：一是停止运营，直到罢工结束；二是在罢工期间将工作外包，以减轻罢工对雇主的影响；三是继续运营，使用主管和其他不参加罢工的员工来代替罢工者；四是雇用新员工来代替罢工者。在经济罢工中，这样的代替可以被视为永久性的，新员工不会为了给决定重返工作岗位的罢工者腾出位置而被解雇。如果罢工属于反不正当劳资关系行为罢工，罢工者有权返回工作岗位，前提是雇主无条件同意他们这样做。一家航空公司几年前雇用了1500 名工人来替代罢工的机械师，当公司开始给他们提供固定工作时，罢工基本上就失败了。

由于工会力量的减弱和竞争压力的增加，越来越多的雇主采用永久性替代者来取代（或者考虑取代）罢工者。当美国钢铁工人联合会（the United Steel Workers）在炼油厂举行罢工时，英国石油公司迅速开始了培训替代工人。

有些雇主会找专门的罢工安保公司在罢工期间提供安保服务。

处理僵局和罢工的其他方法

资方与劳方都会使用一些其他方法尝试解决僵局和罢工。例如，工会可以采取联合施压运动（也叫宣传运动或综合运动）。这是工会进行的一种有组织的活动，其目的是通过直接向公司的其他工会、股东、董事、客户、债权人和政府机构施加压力，向雇主施加压力。例如，公司董事会成员可能会发现，工会已经组织起其成员来抵制（boycott）公司——停止与公司的业务往来。因此，作为在美国的外资汽车工厂中组织小时工的运动的一部分，全美汽车工人联合会对销售现代、戴姆勒、本田、日产等公司汽车的美国经销商设置了纠察。

"内部游戏"是说服员工阻碍或破坏生产的工会活动，比如通过减缓工作速度、拒绝加班、请病假，或者没有得到主管的详细指示就拒绝工作（即使以前没有要求这样的指示）。

雇主可以通过闭厂来尝试打破僵局。闭厂（lockout）是指雇主拒绝提供工作机会。公司（通常是字面意义上的）把员工关在工厂外面，禁止他们做自己的工作（从而得不到工资）。面对一份可能将自己的工资削减 50% 的新合同，加入加拿大汽车工人工会的当地一家卡特彼勒工厂的员工发现，在与资方进行 6 个月的谈判也未能达成解决方案后，自己所在的工厂竟然被关闭了。

只有在雇主出于法律禁止的目的而采取闭厂措施的情况下，国家劳资关系委员会才会将闭厂视为一种不正当的劳资关系行为。法律并不禁止解决方案对雇主有利。然而，当员工愿意继续工作时，雇主通常不会采取闭厂措施（即使谈判陷入了僵局）。

雇主也可以通过其他方式向工会施加压力。当波音公司的工会拒绝接受华盛顿组装工厂新提出的劳资关系让步协议时，波音公司开始积极讨论将其新波音 777X 喷气式飞机的组装工作转移到南卡罗来纳州。波音公司在华盛顿州的员工随后通过了这项新的协议。

在僵局中，雇主和工会如果认为对方正在采取可能会对己方造成不可挽回的损害的行为，就可以寻求禁令救济。要想获得禁令救济，国家劳资关系委员会必须向地方法院证明，如果不对不正当的劳资关系行为（比如干扰工会组建活动）加以纠正，将对另一方的法定权利造成不可挽回的损害。这种救济是在国家劳资关系委员会提出不正当的劳资关系行为投诉后提出的。禁令救济是一种司法命令，要求停止某些被认为有害的行为。

● 合同协议书

合同协议书本身可能有二三十页，甚至更多。一份典型合同的主要内容包括：

1. 资方权利
2. 工会保障和代扣会费
3. 申诉程序
4. 申诉仲裁
5. 处分程序
6. 薪酬水平
7. 工作时间和加班时间
8. 福利：休假、节假日、保险、养老金等
9. 健康与安全规定
10. 基于资历的员工保障条款
11. 合同终止日期

● 合同管理：处理申诉

　　签订劳资协议并不是集体谈判的终点，因为对各种条款的理解总会出现争议。申诉程序是雇主和工会为了确定某些行为是否违反了集体谈判协议而同意遵循的过程或步骤。申诉程序不应重新对合同进行谈判。相反，它的目的是在解决休假、纪律处分和薪酬等方面的申诉时，澄清这些合同要点的真正含义。几年前，克利夫兰布朗队的主教练因为球员没有为 3 美元的饮用水付款而罚了他 1701 美元，球员们很快就向美国国家橄榄球联盟提出了申诉。

　　员工几乎可以将任何涉及薪酬、工作时间或雇用条件的问题作为申诉的依据。处分问题和资历问题（包括升职、调职和裁员）最难解决。其他申诉则因职位评价和工作分配、加班、休假、激励计划和节假日等问题引发。

　　工会可以利用申诉程序向雇主施压。例如，弗吉尼亚州罗阿诺克的邮政工人在几个月内向邮政服务的邮件处理部门提交了 1800 份投诉（通常每年约有 800 份投诉）。他们显然是在应对工作变化，比如因进一步的自动化流程而引发的调动。

申诉程序

　　无论申诉的原因是什么，如今许多公司（以及几乎所有设立工会的公司）都会给员工提供一些提出和解决申诉的途径。

　　申诉程序通常包含多个步骤。（第 12 章中所讨论的联邦快递的公平待遇保证程序就是一个例子。）第一步通常是提交一份表格，其中包括申诉人的姓名、签名、部门和日期等信息，以及申诉和寻求的解决方法；第二步要求申诉人尝试与主管达成协议，可能有工会领导或同事在场；第三步，申诉可能会被提交给主管的上级，然后是上级的上级，最后可能会提交给仲裁员。

　　一般来说，最好的做法是创造一个完全不会出现申诉的工作环境，但这并不总是可行的。要做到这一点，就必须在员工申诉前识别、判断和纠正员工不满的潜在原因。典型的原因包括不正当的评估、不正当的薪酬或沟通不畅。然而在实践中，申诉只能尽量减少，无法根除。下面的"管理技能培养"专题介绍了处理申诉的重要指导方针。

管理技能培养

处理申诉的指导方针

一位专家列出了一份主管在处理申诉时"可以做"和"不可以做"的清单，这是非常有用的指南。其中一些重要项目包括：

"可以做"清单

* 调查和处理每一件申诉，就好像它最终可能导致仲裁听证会一样。
* 与员工交谈，了解他们的不满，充分听取他们的意见。
* 要求工会明确雇主违反的具体合同条款。
* 遵守合同规定的申诉处理时限。
* 走访申诉发生的工作区域。
* 确定是否有证人。
* 检查申诉人的人事记录。
* 全面检查过去的申诉记录。
* 平等对待工会代表。
* 私下对申诉进行讨论。
* 将申诉事宜充分告知你的上级。

"不可以做"清单

* 和工会会员单独讨论此事。（申诉者应该在场。）
* 对个别员工做出与劳资协议不一致的安排。
* 公司有错但不采取补救措施。
* 承认过去习惯的约束作用。
* 把管理者的权力让给工会。
* 在"公平"的基础上解决申诉。（相反，应当坚持劳资协议。）
* 就合同未包括的项目进行谈判。
* 将处分或解雇管理人员的要求视为仲裁事项。
* 给出冗长的书面申诉答复。
* 用解决申诉换取撤销申诉，或者试图通过在一个申诉中让步来弥补在另一个申诉中做出的错误决定。
* 以"公司让你束手束脚"为由，拒绝处理申诉。
* 同意对合同进行非正式的修改。

13.6　工会的未来

多年来，纽约的建筑工会都会在他们的目标建筑工地前放置一个巨大的充气老鼠气球，但现在他们很少这样做了。当地一个水管工工会的业务经理所说："我们过去 15 年的经营理念并没有为我们创造更多的市场份额。我们被视为麻烦制造者……现在我们将会利用公共关系来消除这些看法。"

● 工会为何衰落

美国的工会会员人数逐步下降，1983 年工会会员人数约占劳动力总人数的 20%（当时有 1780 万名工人加入了工会），2016 年，这一比例降到约 11.1%（近 1500 万名工人）。

有几个因素导致了这种现象。从传统意义上来说，工会主要吸引蓝领工人，蓝领工作的比例有所下降，而服务业和白领工作的比例有所上升。（为什么会这样？自由贸易协定的激增引发了激烈的全球竞争，增加了削减成本和提高生产率的压力，许多公司都通过将工作岗位转移到海外来应对这种情况；机器化和自动化取代了更多的蓝领工人。）2007—2008 年经济衰退后，糟糕的经济形势导致公共部门和私营部门都削减了预算，引发了反工会的公共政策态度，并导致大约 100 万个公共部门工会工作岗位流失。破产将导致法院对工会员工实施更不利的合同条款。例如，破产法庭的法官允许爱国者煤炭公司（Patriot Coal Corp）大幅度降低数千名矿工、退休员工和员工家属的工资和福利。这最终导致成千上万名工会会员被永久解雇。

● 工会对此如何应对

工会正在变得越来越激进。例如，工会希望通过《员工自由选择法案》（Employee Free Choice Act）。这一法案会使雇员更容易成立工会。该法案将建立一个"卡片检查"系统，而不是使用无记名投票选举。法案规定，当大多数工人签署授权卡表示他们想要成立工会时，工会就能获得认可。该法案还要求，如果公司和工会不能在 120 天内谈判达成协议，就要使用约束性仲裁来确定第一份合同的条款。工会采用集体诉讼的方式支持没有工会的公司的员工向雇主施压。而且，工会正更多地与所谓的"另类劳工组织"合作，这些组织主张改善工人福利和工作条件，但这些组织并不是工会。

此外，工会在协同配合方面变得更加积极主动。例如，为了支持其在美国建立汽车工人工会的努力，全美汽车工人联合会（the UAW）在巴西召集了数千名工会会员，在那里的日产（Nissan）经销商处设置了纠察线。当戴姆勒表示将逐步停止在德国生产"C"型汽车，而开始在美国生产时，它的德国工会 IG Metall 开始与全美汽车工人联合会合作，在戴姆勒位于美国的工厂组建工会。

劳资关系法的最新趋势

奥巴马政府总体上是支持工会的。例如，国家劳资关系委员会的一项裁决通过让工会专注于员工中的小微群体使工会更容易组建起来。几年前国家劳资关系委员会公布的最终规定同样有利于工会，该规定允许了许多人支持的"快速"工会选举。劳资关系专家预计，这项新规定允许工会在提交代表请愿书后 13 天内举行选举，这将使雇主更难提出反对工会的理由。国家劳资关系委员会还延长了在卡片检查程序（见前面的讨论）下组建工会的员工必须等待代表资格取消程序开始的时间。雇主及其工会活动顾问和律师多年以来无须披露他们参与工会活动的情况，但现在他们必须报告自己与工会之间的关系。

● 合作的劳资关系

新闻报道总是强调对立的劳资关系，但劳资关系的历史上也不乏合作的例子。

例如，50 多年前，通用汽车和丰田汽车成立了一家合资企业，他们称之为新联合汽车制造公司（NUMMI）。NUMMI 重新开放了位于加州弗里蒙特县的前通用汽车工厂（今天生产特斯拉汽车的工厂）。这家工厂的劳资关系十分恶劣，通用汽车不得不关闭它。他们希望将通用汽车的营销专长与丰田汽车著名的以团队为基础的管理系统相结合。NUMMI 和全美汽车工人联合会同意劳资双方作为一个团队一起工作，让工人在决策中享有发言权，并以最低的成本生产最高质量的汽车。这家工厂很快就大获成功（尽管双方最终结束了合作）。

此后，许多劳资关系管理协议都加入了所谓的合作协议和条款。这种条款要求双方承诺遵守一个或多个合作主题，例如合作承诺声明，成立委员会审查双方共同关注的事项，甚至保证就业安全。

雇主应该采取什么样的劳资关系管理策略来促进劳资合作？

毫无疑问，正如一项研究结果所描述的，那些与管理层有合作关系的工会，在克服"有效采取与组织竞争力相关的实践的障碍"方面可以发挥重要作用。但同样的研究表明，想要利用这种潜在优势的雇主必须改变他们的想法，避免敌对的劳资关系，而要强调合作伙伴关系。在这里，我们在前文和第 12 章讨论过的强调公平和信任的策略可能会有所帮助。下面的"人力资源实践"专题举例对此进行了说明。

人力资源实践

美国的劳资合作和职工委员会

全美汽车工人联合会（the United Auto Workers）打算在田纳西州查塔努加市外的大众汽车工厂（Volkswagen）成立工会，选举结果为 712 票反对、626 票同意，大众汽车对此都感到意外。

一个令人惊讶的原因是，大众实际上支持工厂成立工会。大众支持成立工会的部分原因是，它希望把在德国成功使用的职工委员会带到查塔努加市。职工委员会是一个员工委员会，选举代表与资方一起制定有关工作时间和解雇程序等问题的政策。职工委员会每月会与经理开会讨论从禁烟政策到裁员等各种问题。[共同决策也是德国和其他几个国家的规则。共同决策（codetermination）

意味着员工在制定公司政策方面拥有合法的发言权。工人选举自己的代表进入雇主的监事会。] 正如大众查塔努汽车工厂的首席执行官所说，职工委员会是"我们成功和提高生产率的关键"。

大众汽车公司仍希望在查塔努加工厂设立职工委员会，但除非工厂的工人投票支持成立工会，否则美国劳资关系法不允许。许多年前，一些雇主试图通过建立公司支持的"假工会"来中和合法的工会，这种做法很快被国会取缔。尽管职工委员会在很多领域都是合法的，但大多数专家认为，让没有加入工会的员工代表就薪酬和解雇等问题参与谈判，是不符合美国劳资关系法的。

第 13 章要点小结

1. 劳工运动非常重要。美国大约有 1480 万名工人加入了工会。除了提高工资和改善工作条件，工会还会寻求"工会保障"。工会保障有五种可能的形式：封闭型企业、工会制企业、工会代理制企业、工会会员优先制企业和会员资格保持型企业。

2. 《诺里斯－拉瓜迪亚法》与《瓦格纳法》标志着劳资关系法从抑制到鼓励工会活动的转变。它们通过禁止某些不正当的劳资关系行为，提供无记名投票选举，以及设立国家劳资关系委员会来鼓励工会活动。《塔夫脱－哈特莱法》列举了员工在工会方面的权利，列举了雇主的权利，并允许美国总统临时性地禁止全国紧急罢工。此外，它还列举了一些工会的不正当劳资关系行为，例如，禁止工会限制或强迫员工行使其受法律保护的谈判权利。《兰德拉姆－格里芬法》确定了工会会员有起诉工会的权利。

3. 工会组建与工会选举包含五个步骤：初步接触、取得授权卡、举行听证会、竞选活动和正式选举。请记住，成立工会需要的只是赢得多数选票，而不是在谈判单位中赢得多数工人的支持。

4. 如果工会赢得选举，下一步就是开诚布公地进行集体谈判。这意味着劳资双方就建议与反对建议进行沟通和协商。一些谈判建议包括从容不迫、充分准备、找出原因、做一个善于倾听的人等。当谈判双方无法进一步解决问题时，就会出现僵局。第三方干预——调解、事实调查和仲裁——可以用于打破僵局。不过，有时也会发生罢工。应对罢工的措施包括停止运营、外包工作或更换工人。抵制和闭厂是劳方和资方有时会用于打破僵局另外两种武器。

5. 工会不会坐视工会成员数量减少。例如，工会正在推动通过《员工自由选择法案》。雇主要想获得改善劳资关系的潜在优势，就需要改变他们的想法，避免敌对的劳资关系，而应强调合作的伙伴关系。

第 14 章

改善职业安全、健康与风险管理

● **本章学习目标**

» 讨论职业安全与健康管理局及其运作方式。

» 详细解释导致事故的三个基本原因。

» 解释如何预防工作中的事故。

» 描述公司如何利用员工敬业度来改善工作场所安全。

» 讨论工作中出现的主要健康问题以及如何解决这些问题。

» 讨论职业安全与风险管理计划的主要内容。

引入

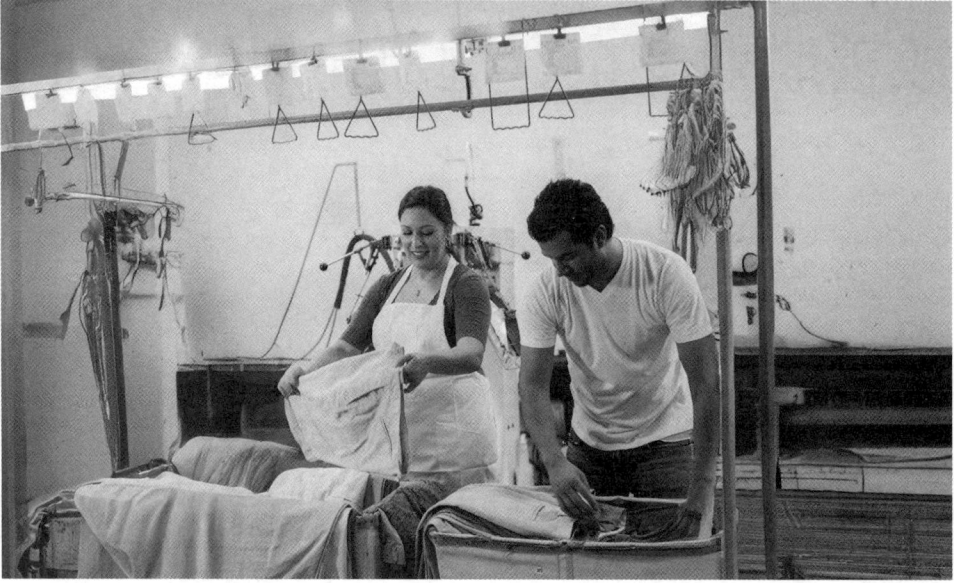

　　珍妮特（Janet）感觉糟透了。她在 QuickClean 干洗店当了三年店长，从来没有出现过严重的事故。但是今天，洗衣工莫（Moe）在清洗衣服时，不慎将清洁剂喷到了眼睛里，他们不得不赶紧把他送到急诊室。珍妮特必须想办法确保这样的事情不再发生。

14.1 员工安全与健康：导言

● 为什么安全如此重要

几年前，哈里森·福特（Harrison Ford）在拍摄《星球大战：原力觉醒》（*Star Wars: The Force Awakens*）时，被"千年隼号"飞船上的液压门重重撞击，这个液压门的重量相当于一辆小汽车。这使他被迫停工了几星期，但谢天谢地，他最终痊愈了。

管理人员之所以关注安全问题和事故预防，主要有以下几个原因。首先，工作场所中发生的事故数量多得惊人。美国每年约有 100 万例工作场所手部受伤的事故，严重程度从割伤到截肢不等。实际工伤情况远比报道的严重，遭受职业伤害和患职业病的工人数量要高出这个数字两到三倍。而且，这些数字没有反映出事故给工人及其家庭带来的困难。在一项调查中，80% 以上的受访工人认为工作场所安全比最低工资、病假和产假都更重要。安全问题也会影响成本和利润，下面的"作为利润中心的人力资源管理"专题对此进行了说明。

作为利润中心的人力资源管理

改善安全状况能够提高利润

许多人认为在安全问题上节约成本可以提高利润，但事实并非如此。实际上，糟糕的安全状况以及由此导致的伤害和疾病反而会增加医疗费用、工伤赔偿金额、降低生产率。安全措施不足甚至还会导致企业必须提高工资水平，因为在其他条件相同的情况下，工作的风险越大，工资水平越高。

举例来说，一项研究发现，接受过加州职业安全与健康管理局检查的公司 4 年以来工伤索赔下降了 9.4%，工伤保险成本平均节省了 26%。针对首席财务官的一项调查表明，企业在工伤预防上

每投入 1 美元，就能获得 2 美元的收益。40% 的首席财务官表示，有效的工作场所安全措施带来的最大好处就是提高"生产率"。一家木材公司仅在改善安全生产和员工安全培训方面投入了大约 5 万美元，就节省了 100 多万美元。在美国，每年仅与工作相关的听力损伤造成的工伤保险索赔就给企业带来了大约 2.42 亿美元的成本，而这些成本本可以通过为员工提供耳罩、耳塞和相关培训来避免。因此，令人惊讶的是，降低成本和提高利润的最简单的方式之一就是改善企业的安全生产状况。

管理层在安全问题上的作用

几年前，一家能源公司的首席执行官被宣判与 29 名煤矿工人的死亡有关。这一判决强调了这样一个事实：高层管理人员——首席执行官、总裁和董事会成员——必须为职业安全问题定下基调。

除非每个人都知道管理层对待安全问题是认真的，否则告诉主管"注意泄漏"和提醒员工"安全工作"是徒劳的。例如，杜邦公司的事故率一直低于化工行业的整体水平，这在一定程度上源于企业对安全生产问题的切实投入，从下面的描述中可以明显看出这一点。

据我所知，德国的杜邦公司是把安全生产放在最高优先级的最佳企业之一。在杜邦公司的涤纶和尼龙工厂，负责人及其助手每天早晨 8：45 都会开会，检查工厂在过去 24 小时的情况。他们讨论的第一件事不是生产，而是安全。只有在检查完事故和险情报告，并且确认已经采取了有效的纠正措施之后，他们才会接着讨论产量、质量和成本问题。

企业应该通过安全生产政策将管理人员在安全生产问题上的责任制度化并进行宣传，并且应该把安全生产问题放在首位。乔治亚太平洋公司（Georgia-Pacific）要求管理人员将事故数量减少一半，否则就扣发他们 30% 的奖金，此举降低了工伤保险成本。ABB 公司要求高层管理人员每个季度都对公司的设施、工作场所，以及各类项目进行一次安全考察。（可能是因为该公司提供了更多的学徒培训，这会增加危险报告的数量。有工会的公司往往比没有工会的公司事故更少。）

正如下面的"直线经理和小型企业的人力资源工具"专题所说明的那样，基层主管在安全生产方面也起着至关重要的作用。

直线经理和小型企业的人力资源工具

主管在事故预防中的作用

在检查了工人在 4 英尺深的沟渠里安装管道的作业现场后，职业安全与健康管理局（Occupational Safety and Health Administration，OSHA）的检查员传讯了这家施工企业，因为其违反了职业安全与健康管理局的规定，即施工中的沟渠要有"楼梯、梯子、坡道或其他安全出口"。一旦沟渠塌方，工人需要一条通道快速离开。

在大多数情况下，企业对安全问题负有主要责任，但主管人员需要负责日常安全检查。本案例中，主管人员没有做好日常检查工作，结果沟渠塌方，导致工人受伤（另外，公司也因此损失了数千美元）。

无论你是《财富》500 强企业的信息技术部门经理，还是仅仅管理着一家干洗店，日常安全检查都应该成为常规工作的一部分。正如一份安全建议所言，"无论你是在室外从事建筑工作，还是在室内从事制造工作，或是在任何面临安全挑战的地方工作，每天巡视一下你的工作场所都是你工作中必不可少的一部分"。

检查的具体内容取决于工作场所。例如，建筑工地和干洗店中的危险有所不同。

● 管理人员需要了解的职业安全法律

美国国会于 1970 年通过了《职业安全与健康法》"以尽可能确保美国每个劳动者都处于安全和健康的工作环境，并保护美国的人力资源"。该法覆盖了大多数企业，但未覆盖个体户、只雇用直系亲属的农场，以及受到其他联邦政府机构或法规保护的工作场所。该法适用于联邦政府机构，但通常不适用于州政府和地方政府机构。

美国劳工部根据《职业安全与健康法》设立了职业安全与健康管理局。职业安全与健康管理局的基本目的是实施该法，并制定和执行几乎适用于美国所有劳动者的安全和健康标准。职业安全与健康管理局在全国拥有大约 2200 名检查员。由于检查员人数有限，职业安全与健康管理局将重点放在了"公平有效的执行"上，并结合了延伸服务、教育、合规援助，以及与企业的合作计划（如自愿防护计划）。

职业安全与健康管理局的标准与记录保存

职业安全与健康管理局依据"一般责任条款"开展工作，要求每家企业：

应当为每位员工提供不存在正在引起或可能引起员工死亡或受到严重身体伤害的公认危险的工作机会和工作场所。

为了完成这一基本任务，职业安全与健康管理局负责发布具有法律强制力的标准。这些标准详细地涵盖了几乎所有可能的危害。[公司的安全管理人员还会参考国际安全设备协会（INSEA）和美国国家标准学会（ANSI）的详细安全标准]。图 14-1 展示了职业安全与健康管理局规定的脚手架的部分标准。这种具体规定并不过分。举例来说，即便是选择梯子也需要专业知识，必须考虑它的承重、材料（工业应用中大多需要使用玻璃纤维梯子来防止触电 ）、长度和高度（ 要使工人不用爬到梯子顶部就能到达工作地点 ）。

> 高于地面或楼面 10 英尺以上的脚手架，其开口的侧面都应安装不小于 2 英寸 ×4 英寸或同等尺寸，且不低于 36 英寸（并且不高于 42 英寸）的护栏。如有需要，还应安装 1 英寸 ×4 英寸的木质或同等材料制成的中间栏杆和挡脚板。挡脚板的最低高度为 4 英寸。金属丝网应当按照本节 [a][17] 段的规定安装。

图 14-1　职业安全与健康管理局规定的脚手架的部分标准

资料来源：职业安全与健康管理局。

根据职业安全与健康管理局的规定，有 11 名及以上员工的企业必须保存职业伤害和职业病的记录并提交报告。职业病是指由于接触与工作相关的环境因素而引起的任何异常情况或失调状态，包括由吸入、吸收、吞咽或直接接触有毒、有害物质而引起的疾病。

如图 14-2 所示，企业必须报告所有职业病以及大部分职业伤害，特别是那些导致医疗处理（急救除外）、失去知觉、工作受限（缺勤 1 个工作日及以上）、行动

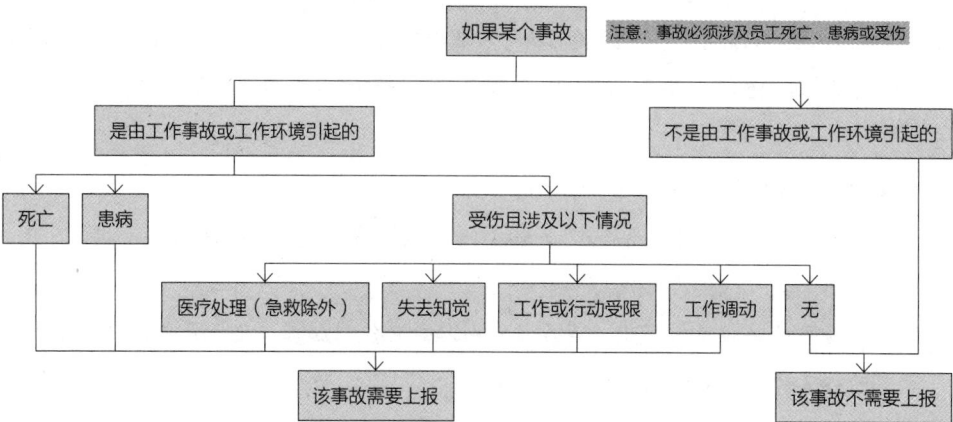

图 14-2　根据《 职业安全与健康法 》判断事故是否需要上报

受限和工作调动的职业伤害。如果工伤事故导致 1 名员工死亡或 5 名及以上员工住院，则任何企业，无论规模大小，都必须向职业安全与健康管理局报告事故。如果 1 名员工因与工作有关的事故住院，企业也必须在 24 小时内向职业安全与健康管理局报告。

● 检查与传讯

职业安全与健康管理局通过检查和传讯（如果需要）来执行其各项安全标准。检查通常不会预先通知。未经企业同意，职业安全与健康管理局未经授权不能进行检查。

检查顺序

职业安全与健康管理局广泛使用检查，采用"最严重的优先检查"的方法来确定检查的优先顺序。优先程度从高到低依次是：紧急危险、重大事故和死亡事故、员工投诉、高风险行业检查和追踪检查。由于其检查员无法参观所有企业的工作场所，职业安全与健康管理局会公开发布企业的安全和健康数据，以鼓励采取更安全的做法。

检查

职业安全与健康管理局的检查员会对各种违规情况进行调查，但是有些容易出现问题的地方会更吸引他们的注意力，比如未对脚手架、坠落保护及其他相关危险进行充分说明。

检查员向当地职业安全与健康管理局办公室提交报告后，区域负责人将决定发出何种传讯（如果有的话）。传讯（citation）需要告知企业和员工他们违反的规定和标准以及整改期限。

处罚

职业安全与健康管理局也可以采取处罚措施。一般来说，职业安全与健康管理局根据违规的严重程度计算罚款，但它通常也会考虑企业的规模、遵纪守法的历史记录，以及企业的诚意等因素。对于故意或多次发生的严重违规行为，一般处以 5000 ~ 70 000 美元的罚款（尽管实际罚款可能高达数百万美元）。职业安全与健康管理局的区域负责人可以签订和解协议。因此，许多案件在正式提起诉讼之前就解决了。接下来，职业安全与健康管理局会同时发出传讯和公布决定的处罚。

在实践中，职业安全与健康管理局必须从独立的职业安全与健康审查委员会（OSHRC）得到最终命令才能执行处罚。企业可以通过上诉拖延数年。

检查员不仅要检查具体的危险因素，还要检查综合的安全措施。其中的问题包括缺乏系统的安全措施，安全会议未能定期召开，对安全审计建议缺乏响应，没有定期检查工作场所等。

一些企业会对职业安全与健康管理局的检查感到不安，这是可以理解的。图14-3中的检查提示（如"查看检查员的证件"和"陪同检查员进行检查并做好详细记录"）有助于确保检查顺利进行。下面的"直线经理和小型企业的人力资源工具"专题解释了职业安全与健康管理局如何帮助小型企业。

最初接触
» 将职业安全与健康管理局的检查员介绍给你安排的 OSHA 协调员。
» 查看检查员的证件。
» 询问检查员为什么要来检查。是收到投诉，例行来访，追踪检查死亡事故，还是调查紧急危险？
» 如果检查员是因收到投诉前来检查，你有权知道投诉者是不是本企业在职员工，尽管检查员不会透露这个人的姓名。
» 通知你的 OSHA 顾问，顾问应当审查检查员提出的所有文件和信息方面的检查请求。顾问还应审查你即将提供给检查员的文件和信息。

召开会议
» 确定计划检查的重点和范围：检查员是想检查工作场所，还是只检查记录文件？
» 讨论保护涉及商业机密的区域、进行员工面谈，以及制作文件的程序。
» 向检查员表明公司已有安全计划。如果公司文件内容完善且更新及时，检查可能不会去工作现场检查。

巡视检查
» 陪同检查员进行检查并做好详细记录。
» 如果检查员拍照或摄像，那么你也应该这样做。
» 向检查员索取所有实物样本的副本和所有测试结果的复印件。
» 为检查员提供帮助和协作，但不要主动提供信息。
» 尽可能立即纠正检查员发现的任何违规问题。

图 14-3　职业安全与健康管理局的检查提示

● 企业和员工的责任和权利

根据《职业安全与健康法》，企业和员工都有相应的责任和权利。例如，企业有责任提供"没有公认危险的工作场所"，并检查工作场所的各项条件，以确保其符合适用的标准。

员工也有自己的权利和责任，但他们不会因为没有承担责任而被职业安全与健康管理局传讯。例如，员工有义务遵守所有适用的职业安全和健康管理标准，遵守企业制定的所有安全与健康规定，并向上级报告危险情况。员工有权要求企业保障自己在工作中的安全与健康，而不用担心因此受到惩罚。法律禁止企业惩罚向职业安全与健康管理局投诉工作安全与健康方面的危险的员工。然而，企业仍然必须"努力阻止员工违反安全规定，在必要时可以采取处分措施"。

直线经理和小型企业的人力资源工具

免费的现场安全与健康服务

小型企业在安全生产方面面临着特殊的挑战。由于没有人力资源管理部门或安全生产管理部门，这些企业常常不知道如何寻求安全生产方面的建议。

职业安全与健康管理局为小型企业提供了免费的现场安全与健康服务，从国家机构邀请安全顾问为小型企业提供咨询，通常在企业的工作场所进行。根据职业安全与健康管理局的规定，这项咨询服务与检查工作完全分开，不会发生传讯或罚款等情形。

首先，企业需要申请自愿咨询来获得这项服务。其次，企业会与一位安全顾问举行一次启动会议，完成一次现场全面检查，并举行一次总结会议，讨论顾问观察到的情况。最后，顾问会提供一份详细的报告。企业的唯一义务就是保证及时纠正严重的工作安全和健康危害问题。

职业安全与健康管理局还有一个名为"OSHA 安全支付计划"的网站。使用下拉菜单，选择一种潜在的工伤或疾病，比如"烧伤"。在输入其他相关数据（比如潜在的工伤数量）之后，网站就会显示特定职业伤害或疾病的估计成本，以及对公司利润的预期影响。

应对员工抵制

虽然员工有义务遵守职业安全和健康管理标准，但事实上他们经常采取抵制行为。在这种情况下，企业通常仍会受到处罚。根据职业安全与健康审查委员会的规定，企业必须"努力阻止员工违反安全规定，在必要时可以采取处分措施"。企业在因员工在工作场所受伤而被传讯时可能会辩解说这是员工操作不当导致的。然而，关键要提供书面证据，证明员工接受过适当的培训，能够正确完成工作，但员工没有这么做。能够保证自己没有责任的唯一方法就是确保没有事故发生。

14.2　什么导致了事故

　　导致工作场所事故的基本原因有三个：偶然事件、不安全的工作条件，以及员工的不安全行为。偶然事件（比如路过树下时刚好有树枝掉落）或多或少超出了管理人员的控制。因此，我们重点关注不安全的工作条件和员工的不安全行为。

● 不安全的工作条件

　　不安全的工作条件是造成事故的主要原因。不安全的工作条件包括以下内容：

- » 损坏的脚手架
- » 设备防护不当
- » 电线磨损

- » 不安全的荷载，比如超载
- » 照明不良
- » 通风不良

　　对于不安全的工作条件，基本解决办法是消除或尽量减少这种情况。职业安全和健康管理标准解决了这些潜在的问题。管理人员还可以使用不安全的工作条件清单来排查此类问题，如图 14-4 所示。《今日环境健康与安全》（*EHS Today*）杂志官网公布了不少关于安全、健康和工业卫生的信息，可以参考利用。

CD-574 表
（9/02）

美国商务部
办公室安全检查核查清单
（适用于主管人员及安全项目经理）

姓名：		部门：	
地址：		日期：	
签名：			

图 14-4　主管人员的安全检查核查清单

　　这份清单旨在协助主管人员及安全项目经理对其工作区域进行安全和健康检查，内容包括一般办公室安全、人体工程学、火灾预防、电力安全等。如果回答为"否"，则需采取纠正措施。如果您有任何疑问或有问题需要帮助解决，请联系安全办公室。有关办公室安全的更多信息，请访问美国商务部安全办公室官网。

工作环境

是	否	不适用	
☐	☐	☐	所有工作区域都干净、卫生、整洁。
☐	☐	☐	照明充足。
☐	☐	☐	噪声不大。
☐	☐	☐	通风充分。

行走 / 工作表面

是	否	不适用	
☐	☐	☐	走廊和过道没有堆积可能绊倒人的物品。
☐	☐	☐	厨房、洗手间等房间的瓷砖地面没有水和湿滑物质。
☐	☐	☐	地毯和垫子没有撕破，没有绊倒人的危险。
☐	☐	☐	楼梯都有固定的扶手。
☐	☐	☐	楼梯面是防滑的。
☐	☐	☐	提供梯子到头顶的储存区域存取物品。物品存放安全。
☐	☐	☐	存放文件的抽屉在不用时上锁。
☐	☐	☐	每年检查客运电梯和货运电梯。在电梯内张贴检验证书以供检查。
☐	☐	☐	地上的坑洞被覆盖或用其他方式进行保护。
☐	☐	☐	当走廊或过道表面高出相邻地板或地面 48 英寸以上时，提供标准护栏。
☐	☐	☐	没有家具存在不安全或瑕疵。
☐	☐	☐	暖气和空调的通风口上没有覆盖物。

人体工程学

是	否	不适用	
☐	☐	☐	告知员工搬运重物的正确技巧。
☐	☐	☐	工位配置有助于预防常见的人体工程学问题。（椅子的高度可以使员工的双脚平放地面上，大腿与地面平行。计算机屏幕的上端略低于眼睛的高度。键盘与肘部一样高。更多关于正确配置工位的信息请访问美国商务部安全办公室官网。）
☐	☐	☐	在需要的地方提供了机械辅助设备，如起重设备、手推车和独轮车。
☐	☐	☐	每年对员工关心的人体工程学问题进行调查。

紧急信息（张贴）

是	否	不适用	
☐	☐	☐	将紧急电话号码张贴在紧急情况发生时容易找到的地方。
☐	☐	☐	对员工进行过紧急程序培训。
☐	☐	☐	张贴了消防疏散程序或图表。
☐	☐	☐	在每个存放危险废料的区域都张贴了紧急信息。
☐	☐	☐	在电话附近张贴了工作场所紧急信息。
☐	☐	☐	在显眼的位置张贴了职业安全与健康管理局的海报以及其他要求张贴的海报。
☐	☐	☐	提供充足的急救用品并妥善维护。
☐	☐	☐	在医疗援助到达之前，提供充足的训练有素的急救人员以应对受伤和疾病状况。
☐	☐	☐	工作现场提供防火与紧急行动计划的副本。
☐	☐	☐	使用危险警示标识或警告标志来警告员工存在相关危险。

图 14-4　主管人员的安全检查核查清单（续）

火灾预防

是　否　不适用

☐　☐　☐　汽油等易燃液体被妥善存放在安全罐中，并置于易燃液体防火柜中。

☐　☐　☐　便携式灭火器分布合理（距离可燃物不超过 75 英尺，距离易燃物不超过 50 英尺）。

☐　☐　☐　对员工进行过便携式灭火器的使用培训。

☐　☐　☐　每月对便携式灭火器进行检查，每年维护。

☐　☐　☐　便携式灭火器周围的区域没有障碍物并设置适当的标识。

☐　☐　☐　在通风良好的区域使用产生热量的设备。

☐　☐　☐　火灾报警器标识清晰且没有被阻挡。

☐　☐　☐　消防喷头下方保持适当的空隙（如 18 英寸）。

紧急出口

是　否　不适用

☐　☐　☐　那些既不是出口也不能通向出口但却可能被误认为是出口的门、走廊或楼梯，被标记为"非出口""通往地下室""库房"等。

☐　☐　☐　有足够数量的安全出口。

☐　☐　☐　安全出口没有妨碍紧急撤离的障碍物或锁定装置。

☐　☐　☐　安全出口有适当的标识和照明。

☐　☐　☐　明确标示通向安全出口的方向。

☐　☐　☐　当建筑物被占用时，紧急出口门可以在不使用钥匙或特殊知识的情况下从内侧打开。

☐　☐　☐　出口设置应使人员撤离时不会通往火灾区域。

电力系统（在这部分检查中，请让设备维护人员或电工跟随协助）

是　否　不适用

☐　☐　☐　所有的电线和电缆都连接完好且安全。

☐　☐　☐　电源插座没有超过额定功率。

☐　☐　☐　使用固定布线而不是软线或临时拉线。

☐　☐　☐　配电板和断路器周围的区域没有障碍物。

☐　☐　☐　高压配电室处于上锁状态。

☐　☐　☐　电线布线没有接触尖锐物品并且清晰可见。

☐　☐　☐　所有电线接地。

☐　☐　☐　电线状态良好（没有拼接或磨损等）。

☐　☐　☐　电器得到批准（美国保险商试验所等）使用。

☐　☐　☐　电扇有网眼不超过 0.5 英寸的保护装置，防止手指接触。

☐　☐　☐　加热器得到美国保险商试验所的认证，并且能在加热器过热时自动关闭设备。

☐　☐　☐　加热器远离可燃物，周围通风良好。

☐　☐　☐　在电气室中，所有的电气线路和外壳都被安全固定。

☐　☐　☐　在插头、插座、工具、设备等处的软线或电线上有夹子或其他固定装置，并且电线护套被安全固定。

☐　☐　☐　所有电气设备都有足够的操作通道和工作空间以便随时安全地进行操作和维护。（600 伏以下宽 3 英尺，600 伏以上宽 4 英尺）

物品存放

是　否　不适用

☐　☐　☐　货架能够承载预期存放的物品。

☐　☐　☐　货架足够牢固，物品不会掉落。

☐　☐　☐　办公设备处于稳定状态，不会掉落。

图 14-4　主管人员的安全检查核查清单（续）

资料来源：美国商务部首席信息官办公室。

虽然事故在任何地方都有可能发生，但有些区域的危险性更高。许多工业事故都发生在叉车、手推车和其他搬运和起重区域附近。最严重的事故通常发生在电锯、齿轮、滑轮、飞轮等机械周围。建筑工地事故在所有事故中的占比高得离谱，其中坠落是主要问题。

安全氛围

并非所有事故的原因都是显而易见的。工作场所有时会被一种有害的"安全氛围"影响。换句话说，心理因素导致了员工的不安全行为。

一项早期研究关注了英国石油工人在北海遭遇的致命事故。由于公司要求尽快完成任务，员工工作压力过大。另外，公司缺乏安全氛围，例如，管理人员从不提及安全问题。这些都是导致事故发生的一些不太明显的工作条件因素。

另一项研究对美国 42 家大型医院的护士进行了调查。研究人员用"这里的护士长重视安全"等问题来衡量安全氛围。结果显示："安全氛围能够预测用药错误、护士背部损伤、尿路感染和患者满意度。"

其他工作条件因素

工作安排和疲劳也会影响事故率。在每个工作日的前五六小时内，事故率通常不会增加太多，但在六小时后，事故率就会加速增长。部分原因是疲劳，部分原因是夜班期间发生事故的频率更高。随着员工人数的减少，员工的疲劳感正在加剧。

在季节性裁员率高、员工之间存在敌意以及生活条件恶劣的工厂里，事故的发生率也会更高。暂时性的压力因素，比如工作场所温度高、照明差、拥挤等，也会影响事故率。

● 不安全的行为

在实践中，仅仅通过减少不安全的工作条件是不可能消除事故的。人们常常遭遇事故，没有人能完全消除不安全的行为，例如：

» 乱扔材料   » 拆除安全装置，使其失效
» 以不安全的速度操作或工作   » 起重吊装不当

许多原因可能导致员工做出不安全的行为。如前所述，不安全的工作条件有时

可能催生不安全的行为。例如，压力过大的石油钻井工人即使清楚自己的行为不对，也可能做出不安全的行为。有时，员工缺乏有关安全工作方法的培训；一些公司没有为员工提供正确的安全培训，员工可能会形成自己的（通常是不好的）工作习惯。

● "易出事故"的人有什么特征

有些人似乎明显更容易发生事故，但这方面的研究结果并不明确。进一步的研究发现，一些看似"易出事故"的人只是运气不好，或者在报告事故时更加详细而已。

然而，有证据表明，具有某些特定特征的人确实更容易发生事故。例如，那些冲动、极度外向，以及不太认真（不那么严谨可靠）的人更容易发生事故。一项研究发现，亲和性与不安全的行为呈负相关。

此外，在某个岗位上容易发生事故的人，在另一个岗位上可能并非如此。以开车为例，与提交车辆保险索赔申请相关的人格特征包括权利意识（"糟糕的司机认为他们没有理由不超速或闯红灯"）、缺乏耐心（"理赔频率较高的司机'总是匆匆忙忙'"）、冲动（"红灯变绿后总是第一个冲出去"）以及注意力不集中（"容易且经常因为看手机、吃饭、喝水等分心"）。泰国的一项研究也发现，争强好胜、容易生气的司机尤其容易发生事故。

14.3 如何预防事故

在实践中，事故的预防可以归结为：减少不安全的工作条件；减少不安全的行为。在大公司，首席安全官（通常被称为"环境健康和安全官"）负责这方面的工作。在小企业，管理人员（来自包括人力资源部门、工厂管理层，以及基层管理者）共同分担这些工作。

● 减少不安全的工作条件

减少不安全的工作条件始终是企业预防事故的第一道防线。安全工程师首先应当通过安全设计来消除或减少工作中的物理危险。例如，商业厨房的光滑地板经常导致滑倒和跌倒。企业需要与安全工程师合作，排除这类存在潜在危险的工作条件，比如在厨房里铺设防滑垫，或者在移动的机器周围安装护栏。对于机器，员工可以使用紧急停止装置切断机器的电源。上锁／挂牌是禁用电锯等设备的规范程序，用于避免意外释放电能或其他能量。上锁／挂牌程序包括解除设备的危险部分，并在设备上挂上"禁用"标签。随着越来越多的员工使用机器，安全标准也在不断发展。例如，工业机器设有安全暂停装置，这样人们就可以在放置零件时不会被机械臂撞到，此外还有速度保护和位置保护，以确保机器与操作员之间保持一定的距离。

管理人员可以使用如图 14-4 所示的核查清单来识别危险的工作条件。

工作危害分析

耶鲁大学曾有一名理科学生因头发被卷进旋压机床而严重受伤。工作危害分析（job hazard analysis）是一种在危害发生前识别并消除危害的系统性方法。根据职业安全与健康管理局的相关规定，工作危害分析"关注员工、任务、工具和工作环境之间的关系"，并最终将潜在风险降低到可接受的水平。

假设一位安全分析人员正在查看耶鲁大学的科学实验室，目的是找出潜在的危害因素。在这种情境下，工作危害分析可能包括查看现场情况并提出以下问题。

» **可能出现哪些问题？** 学生的头发或衣物可能会接触到机床，机床是一种旋转设备，它会"抓住"人的头发或衣物并将其拽入其中。
» **后果是什么？** 一旦学生的身体某个部位或头发被卷进旋压机床，将受到严重伤害。
» **事故是如何发生的？** 学生工作时坐的凳子离机床太近，行走时离机床太近，或者弯腰去捡掉落在机床旁的东西，都有可能引发事故。
» **还有哪些其他影响因素？** 速度也是事故发生的一个影响因素。一切都发生得太快了，一旦被机床缠住了头发，学生根本无法躲避。

工作危害分析应该为相关对策的制定提供依据。鉴于此类事故发生的速度之快，仅仅靠安全培训是不够的。相反，应该对机床的旋转部件设置保护外壳，并改装机床使其仅能在学生通过踩下脚踏开关开启机器时旋转。

安全运行审查

2011 年日本北部一座核电站发生爆炸后，许多人都怀疑有关机构没有对该核电站进行必要的安全运行审查。

安全运行审查（operational safety reviews）由相关机构实施，以确保在其管辖范围内的单位遵守了所有适用的安全法律、命令和规则。例如，国际原子能机构的安全运行审查计划规定，"由国际专家团队对核电站的安全运行情况进行深入审查"。

● 提供个人防护装备

据美国防盲协会（Prevent Blindness America）估计，每年有超过 70 万名美国人在工作中伤到眼睛，而 90% 的此类伤害可以通过佩戴护目镜来避免。

在采取措施消除了不安全的工作条件后，管理层可以将注意力转向为工人提供个人防护装备。但请注意，减少不安全的工作条件（比如关闭嘈杂的设备）始终是事故预防的第一道防线。其次是管理控制（比如通过轮岗减少长期暴露在危险中的情况）。最后才是个人防护装备。

让员工穿戴个人防护装备十分困难。除了提供可靠的保护，防护装备还应满足以下条件：大小合身；易于保管、维护和修理；灵活轻便；穿着舒适，散热良好；结构坚固；相对容易穿脱。同样，在天气寒冷的地方，雇主必须保护户外工人，包括监测温度和风寒情况，确保工人有足够的防寒服装，监测工人的冻伤迹象，并提供足够的室内休息时间。

影响人力资源管理的发展趋势：数字化和社交媒体

定位信标

信标是一种不断发送显示自己位置的无线电信号的微型设备，它在许多领域都有应用。例如，棒球场座位上的信标能够指引球迷通过手机找到自己的座位。

信标在减少事故方面也越来越重要。雇主可以在室内使用信标追踪员工，特别是当他们处于危险中时。有些雇主使用信标提醒员工采取某种具体行动，比如，当他们距离危险区域太近时，通过在叉车等车辆上放置信标，能够在车辆进入危险区域时自动警告操作员和附近的其他人。

多元化盘点

保护弱势工人　在设计安全和健康的工作环境时，企业应当特别关注弱势工人，如年龄较小者和老年工人。正如一家安全工程公司的首席执行官所说，"几十年来，在设计眼睛和面部的防护用具时，女性总是被忽视"。而如今，越来越多的类似产品有了适合女性工人的更小码数。

企业应当特别关注 17 岁及以下的工人，他们大多是新手。虽然十四五岁的青少年通常只能合法从事收银和办公室工作，但十六七岁的青少年可以从事烹饪和建筑等工作。

同样，随着越来越多的工人延迟退休，老年工人正在更多地从事制造业工作。虽然他们能够高效地完成这些工作，但是随着年龄的增长，会出现很多潜在的生理变化，包括力量变弱、身体灵活性下降以及反应变慢等。这意味着企业应该采取一些特殊措施，如通过工作设计减少搬运重物，以及提高照明水平。相关研究表明，老年工人在工作中的死亡率大约是年轻工人的 3 倍，他们更应该被关注。

减少不安全的行为

工人的不安全行为甚至能使那些最好的安全措施失效。有时，不安全的行为是故意的，比如断开安全开关，但通常不是这种情况。例如，工人没有注意到地板湿滑，常常会引发事故。而且，具有讽刺性的是，"通过机器防护装置或个人防护装备来提高工作的安全性，实际上降低了工人的安全意识，从而导致危险行为增多"。

不幸的是，仅仅告诉员工"要注意"通常是不够的。管理人员应该采取以下具体措施。

进行人员筛选

心理学家已经成功筛选出了那些在从事某些特定工作时更容易发生事故的人。基本做法是识别可能与特定工作中的事故有关的特征（如视觉技能），然后判断这一特征能否预测工作中的事故。例如，筛除具有暴躁和冲动等特征的送货司机就是明智的。

提供安全培训

安全培训能够减少不安全的行为，特别是对新员工来说。你应当教会他们安全操作以及安全程序，警告他们潜在的危险，并帮助他们树立安全意识。安全宣传海报也能起到提醒作用。

要达到职业安全与健康管理局的标准，仅仅依靠安全培训是不够的。员工必须证明他们确实学会了自己应该完成的相关工作流程。（例如，职业安全与健康管理局的呼吸保护标准要求每个员工演示如何检查、戴上和取下防护口罩。）注意，安全培训的主要目的不是让员工达到职业安全与健康管理局的培训标准，而是减少事故。"参与程度最低"（因此也被认为是效果最差）的安全培训是使用讲座、电影、阅读材料和基于视频的培训活动。"参与程度最高"的培训是使用模仿、模拟和实践的培训活动。

在线安全培训

企业还可以使用网络支持自己的安全培训。例如，PureSafety 网站能够帮助企业创建自己的培训网站，配有"来自安全总监的信息"。企业创建了自己的培训网站之后，就能通过 PureSafety 网站获得职业安全与健康管理局以及美国国家职业安全卫生研究所（the National Institute of Occupational Safety and Health，NIOSH）提供的安全培训课程。许多私人供应商也会提供在线安全培训方案。

加州大学为了对 10 所分校中的 5 万名员工进行强制性的安全培训，开发了一个在线培训项目。两小时的定制在线实验室安全基础课程涵盖了职业安全与健康管理局的各项规定以及一些互动练习和反馈机制。

● 使用海报、激励和正向强化

企业也可以利用各种工具来激励工人安全地工作。安全海报就是其中一种手段，但它不能代替全面的安全计划。企业应将海报与其他手段（比如筛选和培训）结合起来使用，同时还要经常更换海报。海报应该内容清晰，并张贴在光线良好容易被看到的地方。

激励计划也同样有效。美国特索罗石油公司（Tesoro Corporation）在位于加州的金鹰炼油厂（Golden Eagle）出台了一个激励计划。员工参加一项或多项安全活动，如参加应急培训，就能获得"WINGS"（自愿参与安全培训）积分。通过累积积分，每名员工可每月最多获得 20 美元。下面的"人力资源实践"专题列举了另一个例子。

2016 年，职业安全与健康管理局禁止企业使用激励计划惩罚报告事故或受伤的工人。

一种解决方法是强调非经济性奖励，比如认可。总之，激励计划需要成为全面安全计划的一部分。下面的"人力资源实践"专题描述了一个使用正向强化的安全计划。

使用正向强化

很多企业使用正向强化计划来改善安全状况。这类计划向员工提供持续的正向反馈来塑造员工的安全行为，反馈形式通常是图表绩效报告以及主管支持。

研究人员在一家面包批发厂推行了一项新的安全计划。该安全计划包括安全培训和正向强化。研究人员根据观察到的安全事件制定并公布了合理的安全目标。接下来，让员工参加 30 分钟的安全培训，观看描述工厂场景的对比幻灯片。例如，其中一张幻灯片展现了管理人员爬过传送带的情景，对比的幻灯片展现了管理人员绕开传送带行走的情景。在看到不安全的行为后，员工必须指出"其中不安全的行为是什么"。然后，研究人员会用安全的方式将同一个事件重新示范一遍，并明确说明安全的行为规则（比如"绕开传送带行走，不要在传送带上方或下方穿过"）。

培训阶段结束时，管理人员会向员工展示一张图表，其中包含了他们培训前的安全记录（根据观察到的安全行为事件），并鼓励员工提高安全工作表现，达到新的安全目标。这样既能保护员工自己，又能为公司降低安全成本，帮助工厂摆脱在安全绩效排名中落后的状况。然后，研究人员会张贴这张图表以及安全规则清单。

观察员每次在工厂里收集安全数据时，都会在图表上标出观察到的整个小组遵守安全行为规则的事件所占的百分比，从而向工人提供正向反馈。工人们可以将他们目前的安全绩效与以往的安全绩效以及安全目标进行比较。此外，当工人们安全完成了特定的事情时，管理人员会对他们进行表扬。后来，这家工厂的安全水平有了显著提高。

● 营造安全文化

企业及其管理人员应该通过表明他们对安全的重视来建立一种安全文化。一项研究使用"每当我的主管看到员工按照安全规则完成工作，都会提出口头表扬"和

"我的主管会在工作期间来到员工身边讨论安全问题"等行为来衡量企业的安全文化。如果工人认为主管重视安全，在调查后的几个月内，他们会更安全地工作。

根据一位安全专家的说法，一个以安全为导向的工作场所会表现出以下特征：

1. 团队合作，表现为管理人员和员工共同参与安全管理；
2. 在安全事务上进行高度可见的互动式沟通与协作；
3. 建立对于卓越安全的共同愿景（具体来说，就是形成一种重要态度，即所有事故和伤害都是可以预防的）；
4. 将关键的安全职能分配给特定的个人或团队；
5. 在发现和纠正工作场所的安全问题上不断努力。

● 制定安全政策并设定具体的损失控制目标

公司明确规定的安全政策应该强调事故预防是公司的重中之重，并且公司将尽一切可能消除或减轻安全事故和伤害。然后设定具体的安全目标，例如，在全职员工的因伤缺勤率方面设定目标。

影响人力资源管理的发展趋势：数字化和社交媒体

开展安全与健康审计和检查

企业通过使用移动数字工具实现对员工的安全审计。例如，管理人员和员工使用 iAuditor 安全审计和检查清单应用程序（可以通过 iTunes 获得）来促进安全审计工作。这个应用程序包含许多安全检查清单和工具。AssessNET 是另一个例子。它是一款基于云的安全软件，企业可以通过计算机和移动设备远程管理风险评估、事故记录和安全审计。这使企业能够快速访问安全记录、发现危险，并上报安全事故管理部门。

在审计中，与安全相关的指标可能包括伤害率和疾病率、人均工伤保险成本、危险行为的减少和安全培训练习等。为了确保审计结果得到改进，企业需要对审计数据进行趋势分析（例如，查看事故率是上升、下降，还是保持稳定），并追踪纠正措施直至完成。

● 定期进行安全和健康检查

使用如图 14-4 所示的核查清单，定期检查所有工作场所，查找可能存在的安全和健康问题。类似地，对所有事故和"险情"进行调查，并设置信息上报通道，让员工能够向管理层报告危险情况（见前文的"影响人力资源管理的发展趋势"专题）。

安全审计这一术语有两层意义：一是指使用如图 14-4 所示的核查清单进行的实际安全检查，二是指企业对其安全数据（例如事故数量、工伤赔偿和因伤缺勤天数）的审查和分析。其他指标还包括伤害率和疾病率、人均工伤保险成本，以及遵守安全规则的行为所占的百分比。有效的安全管理意味着识别这些关键指标并对其进行监控。

大多数安全专家认为，不安全的行为是造成大多数事故的原因，解决这一问题的方法是识别和纠正员工在工作中的不安全行为。行为安全观察是指观察员工在工作中的不安全（和安全）行为，并（通过培训和反馈）纠正不安全行为。这一过程通常先由安全专家或安全委员会为每个职位编写一份安全和不安全行为清单，然后让主管或其他人员定期观察每个员工在工作中的行为，完善安全和不安全行为清单，然后加强安全行为并纠正不安全行为。

企业还会使用安全意识项目来改进员工的安全行为。安全意识项目（safety awareness program）由经过培训的主管人员就常见的安全隐患和简单的预防方法对新员工进行引导。例如，道路安全意识项目涵盖了卡车司机需要注意的各种安全问题，包括不同速度下的停车距离要求等。

● 组建安全委员会

员工安全委员会可以改善工作场所的安全。例如，当空气中的木屑成为博伊西喀斯喀特（Boise Cascade）工厂的一个问题时，工厂管理层组建了一个员工安全委员会。这个委员会承担了安全监督的角色，并对其成员进行了危险识别方面的培训。委员会成员与木屑来源处的员工交谈后发现，当工人将木屑从一条传送带转移到另一条传送带时，木屑就会在空中扩散。他们很快纠正了这个问题。下面的"人力资源实践"专题展示了一家公司如何将这些想法付诸实践。

图 14-5 对安全措施进行了总结。

» 减少不安全的工作条件   » 强调管理层对安全的重视

» 减少不安全行为   » 强调安全

» 使用海报和其他宣传手段   » 制定安全政策

» 提供安全培训   » 设定具体的损失控制目标

» 进行工作危害分析   » 定期进行安全和健康检查

» 进行安全运行审查   » 使用安全意识项目

» 鼓励观察行为安全   » 设置信息上报通道

» 营造安全文化   » 超越零缺陷

» 使用正向强化

图 14-5　管理人员可以用来减少事故的措施

人力资源实践

沙特石油化工公司的安全问题

沙特石油化工公司（Saudi Petrol Chemical Co.）位于沙特阿拉伯的朱拜勒市，该公司的安全生产保障经理指出，公司齐备的安全记录源于"我们的员工都是安全的捍卫者"这一现实。该公司的员工参与安全过程的每一个环节。

对安全的关注是从公司的高层管理人员开始的。高层管理人员代表在公司的健康与安全管理委员会中担任职务。该委员会每月召开一次会议，审查事故报告，制定健康与安全目标，审查安全统计数据，并签署和资助各种安全项目。

从新员工入职的第一天起，公司就开始向其灌输"安全第一"的公司文化。例如，新员工在入职培训期间，就被鼓励参与公司的安全流程。之后（大约六周后），他们会参加为期一天的培训，公司领导会向新员工强调公司的健康、安全和环境政策和项目的重要性。员工还会参加每月一次的部门培训会议，讨论部门的安全问题，提出安全改进建议。他们与部门委员会合作，进行月度安全审计，审查和记录本部门的安全生产情况，并提交安全改进建议。员工还被要求报告所有事故和险情，他们每年提交的报告超过 600 份。

14.4　给管理者的员工敬业度指南

美利肯公司（Milliken & Company）——**通过员工敬业度实现世界一流的安全生产状况**

美利肯公司成立于 1865 年，致力于设计、制造和销售化学品、地毯、防护织物和纺织品。该公司在全球拥有 39 家工厂，约 7000 名员工。私营企业美利肯因其创新产品的质量、高员工敬业度和基于员工敬业度的职业安全计划得到广泛认可，它也是唯一一家连续 15 年被评为"最具商业道德的企业"的公司。一项针对美利肯公司的调查发现，该公司的员工敬业度水平达到了 80%。极低的工作场所疾病率和伤害率也表明美利肯是非常安全的公司。

● 基于员工参与度的计划

美利肯公司安全流程的核心是基于员工参与度的计划。例如，员工参与安全指导和安全小组委员会制度，每周提交安全改进建议，对每一项建议进行审查并提供反馈。安全流程是根据联邦、州和美利肯公司的安全指南的递进式目标制定的。这些目标通过每周的会议转化为具体的指标（例如，"员工每小时事故数"），由每个工厂的安全小组委员会完成。然后，每个安全小组委员会每周进行安全审计，以确保符合规定以及工厂的安全生产情况持续得到改善。

美利肯公司的安全计划量化了每个员工的参与程度，例如，在安全小组委员会任职、担任安全问题专家，或进行安全审计。此外，为了鼓励员工参与，该计划通过培训每个人做自己的"安全工作"（例如，了解职业安全与健康管理局的安全法规）赋予员工自主权。所有工厂员工都要接受培训，相互提出和接受安全建议。每个员工都能够在观察到其他员工的安全（或不安全）行为时，并通过提供"建设性的反馈"或"赞赏式的反馈"来采取行动。员工还要接受如何使用美利肯安全跟踪机制的有关培训。该机制能够帮助员工确保安全建议、安全审计结果或其他安全议程得到跟踪和最终确定，并为每个事项备注编号、日期和负责人员姓名。

每个工厂的员工安全指导委员会成员会调查所有安全事故，帮助找出事故发生的原因。美利肯公司常年在正式庆祝活动中认可员工在安全生产方面所做的努力，例如在工程师进入工厂时，让"啦啦队"为安全绩效欢呼。

14.5 工作场所中的健康问题及其解决方法

大多数工作场所的危害并不像"没有防护装备"或"地板湿滑"那样明显。企业生产过程中产生的许多危害（比如化学品）是看不见的。其他一些危害，比如滥用药物，可能是员工自己造成的。工作场所中的典型危害包括化学品和其他有害物质（如石棉等）、酗酒、工作压力过大、人体工程学危害（如不舒适的设备）、传染病、吸烟，以及生物性危害（如霉菌和炭疽）。

● 化学品、空气质量和工业卫生

职业安全与健康管理局对大约 600 种化学品（比如苯）的接触限值做出了规定。对这些有害物质需要采取空气采样和其他预防措施。

管理这类暴露危害属于工业卫生的领域，涉及识别危害、评估危害和控制危害。首先，负责员工健康与安全的管理人员必须识别可能存在的危害。这通常包括在工厂或工作场所巡视、调查等。

其次，在识别出可能的危害之后，需要评估确定其危险程度。这就需要进行测量，把测量结果与某些标准进行比较，并确定这种风险是否在可容忍的范围内。

最后，危害控制包括减少或消除危害。个人防护装备只是最基本的措施。企业必须安装一些工程上的控制设施（如通风设备），并采取一些管理上的控制措施（包括培训）。这是职业安全与健康管理局规定的强制性要求。

例如，职业性呼吸系统疾病有四种主要致病物质：石棉、二氧化硅、铅和二氧化碳。其中，石棉是一个主要问题，部分原因在于有关石棉导致的疾病的巨额诉讼被广泛宣传。

职业安全与健康管理局的标准要求企业针对石棉采取多种安全防护措施。当企业预计石棉含量会上升到允许限度（每立方厘米 0.1 根纤维）的一半时，就必须对空气进行监测。工程控制（墙和特殊过滤装置等）需要使石棉含量符合职业安全与健康管理局的标准。只有在仍需使用防护口罩才能符合标准的情况下，才可以使用防护口罩。

讽刺的是，"绿色"环保办公大楼的一个缺点是，封闭式的建筑容易导致空气质量不佳，并引发眼睛发痒和呼吸困难等疾病（有些人称为"建筑疾病综合征"）。问题在于，如果不对打印机和复印机的排放物以及其他化学污染物加以控制，就会降低空气质量。解决方案是对空气进行持续监测。

了解你的雇用法律

危险沟通

比如在一家干洗店，从表面上并不容易看出化学清洁剂氢氟酸会腐蚀玻璃，若员工没有采取保护措施，化学清洁剂进入眼睛会导致失明。根据美国职业安全与健康管理局的规定，企业必须告知员工在工作中可能接触到的危险及其性质。职业安全与健康管理局颁布的《危险沟通标准》规定："为了确保工作场所中的化学品安全，企业必须将化学品的特性和危害相关信息以易于员工获得和理解的方式呈现。"《危险沟通标准》还要求开发和传播这些信息。职业安全与健康管理局规定，化学品制造和进口商必须对产品做好标识，并向客户提供危险品的安全数据表。所有企业都必须使可能接触化学品的员工了解产品标识和安全数据，并且培训员工如何正确处理化学品。

一般情况，企业应该为安全与健康事项的沟通制定相关规定，包括安全政策、设施使用安全程序、减少暴力事件的政策和程序，以及处理自然灾害或人为灾害的计划。

人力资源和零工经济

临时工的安全保护

据估计，美国临时工在工作场所死亡人数中的占比高得离谱，是人们预估的 5 倍。

有几个原因可以解释这种情况。对临时工或零工（其中许多是独立承包商）确实缺乏一些常见的就业方面的法律保护（例如，独立承包商通常没有失业保险或工伤赔偿）。法律保护的缺乏可能会使一些东道国公司不太关注临时工的安全培训（它们也许会错误地认为培训不由自己负责提供）。在工作中，临时工也可能缺少在安全事项方面能够指导他们的同事。另外，一些专家认为，临时工经常要做"最脏、最危险"的工作。

然而，尽管这些工人确实缺乏一些就业方面的法律保护，但是他们可以受到职业健康和安全法的保护：东道国公司对他们负有与对本国员工同样的安全和健康保护义务。例如，职业安全与健康管理局表示，招聘公司对为临时工提供特定场所的危险沟通信息和培训负有主要责任，这种培训与东道国公司为本国员工提供的培训必须相同。其他职责包括确保化学品容器粘贴适当的标签，允许访问安全数据表（SDS），并提供合适的个人防护装备（PPE）。许多东道国公司会通过人事代理机构雇用临时工。根据职业安全与健康管理局的规定，这些人事代理机构必须告知这些临时工一般的危险，并参观该公司的工作场所，审查该公司安全流程的充分性。

最重要的是，东道国公司有责任为所有临时工提供充分的现场安全培训。培训需要解决的主要问题包括危险沟通、上锁/挂牌、工业车辆和机器防护、呼吸保护、职业性噪声暴露、电气布线方法、电气通用要求、个人防护装备，以及对地板和墙壁的开口和孔洞处的防护。

● 酗酒和滥用药物

酗酒和滥用药物是工作中普遍存在的问题。在有酒精使用障碍的人中，约 2/3 从事全职工作。有人估计，在美国约有 1300 万工作者非法使用药物。大约 15% 的美国劳动力（1900 多万人）在过去的一年中，至少有一次在宿醉后上班或在上班前饮酒，或者在工作时饮酒或受酒精影响。酒精测试仪显示，在因工作受伤被送进急诊室的患者中，16% 的人体内检测出了酒精。员工酗酒问题每年给美国企业造成的损失（比如导致缺勤率和事故率偏高）高达 2260 亿美元。

企业通常会从药物测试开始处理药物滥用问题。不少有企业在正式雇用员工之前都会对求职者进行药物测试。许多州强制对从事高风险行业的员工进行随机药物测试。例如，新泽西州现在就要求对电力工人进行随机药物测试。

关于药物测试能否减少工作场所事故，目前尚无定论。一项研究对三家酒店进行了调查，发现雇用前的药物测试似乎对工作场所事故影响不大。然而，雇用前的药物测试和随机药物测试结合起来，则会使工作场所事故显著减少。

处理药物滥用问题

在理想情况下，一个无药物工作场所计划包括五个部分。

1. 无药物工作场所政策
2. 主管培训
3. 员工教育
4. 员工援助
5. 药物测试

无药物工作场所政策至少应该声明："禁止员工使用、持有、转移或销售非法药物。"它还应该对政策依据以及违反政策的处分后果进行解释。主管应该接受相关培训，以监控员工的执行情况，并对与药物相关的问题保持警惕。

工具

有几种工具可以用于检测员工是否酗酒或滥用药物。应用最广泛的酒精摄入自我报告手段是四项 CAGE 问卷和 25 项密歇根酒精检测测试。四项 CAGE 问卷会提出以下问题：你是否曾（1）尝试过减少饮酒？（2）对你饮酒的评论感到恼火？（3）你对饮酒是否感到内疚？（4）你早上起来第一件事就是喝杯酒来舒缓神经吗？

如表 14-1 所示，与饮酒相关的症状包括从酗酒早期阶段的行动迟缓，再到后期阶段的长期、不可预测的缺勤。

表 14-1　预示可能存在酒精相关问题的显在行为模式

酗酒阶段	酗酒的一些可能标志	酗酒可能引起的绩效问题
早期	迟到 陈述失实 早退	工作效率低 无法按时完成任务
中期	经常缺勤，尤其是在周一 同事认为其行为难以捉摸 情绪波动 焦虑 在午饭后迟到 经常连续多天缺勤	发生工作事故 受到老板警告 绩效显著下降
晚期	个人疏忽 走路不稳 出现暴力行为 昏迷、健忘 可能在工作中饮酒	经常摔倒或发生事故 受到严重处分 基本无法胜任工作

资料来源： Gopal Patel and John Adkins Jr.， "The Employer's Role in Alcoholism Assistance," Personnel Journal, 62, no. 7, July 1983, p. 570.

将雇用前的药物测试和随机药物测试相结合起来是最好的。雇用前的药物测试可以阻止滥用药物人员到进行药物测试的企业求职或工作。（一项研究发现，超过 30% 滥用药物的全职员工表示，他们不太可能去进行入职前做此项筛查的公司应聘工作。）有些求职者或员工会设法逃避测试，例如，购买"干净"的样本。新泽西州、北卡罗来纳州、弗吉尼亚州、俄勒冈州、南卡罗来纳州、宾夕法尼亚州、路易斯安那州、得克萨斯州和内布拉斯加州的法律都将药物测试中的欺诈行为认定为犯罪。最新的唾液药物测试消除了"干净样本"的问题，而且管理成本要低得多。

● 工作压力和倦怠

像酗酒和滥用药物这样的问题有时源于工作压力。某人寿保险公司发现，在所有接受调查的员工中，有 1/4 的人认为工作是他们生活中的最大压力来源。

许多外部因素会引发工作压力。这些因素包括工作安排、工作节奏、工作保障、上下班路线、工作场所噪声，以及顾客的数量和性质等。许多服务业工作者（尤其是在零售店和快餐店）无法预测自己的工作安排，雇主往往要在最后一刻才能决定下来。这会增加员工的精神压力，影响员工的健康。

然而，每个人的反应都不同，个人因素也会影响工作压力大小。例如，工作狂（workaholic），即那些总是感到有一种力量驱使着自己按时完成任务的人，通常会比其他人承受更大的压力。

工作压力对企业和员工都有严重的影响。工作压力对个人的影响包括造成个人焦虑、抑郁、愤怒和各种身体上的不适，如心血管疾病、头痛，甚至是早发性阿尔茨海默病。丹麦的一项研究发现，工作压力过大的护士患心脏病的风险是正常人的 2 倍。员工的工作压力过大也会给企业带来严重的后果。一项针对 4.6 万名员工的研究表明，压力较大的员工比压力较小的同事医疗保健支出高 46%。不过，并非所有工作压力都是不正常的。例如，有些人在截止日期临近时工作效率会更高。

减轻工作压力

有许多方式可以减轻压力，包括常识性的补救措施，比如吃好睡好、找一份更合适的工作、寻求咨询，以及计划每天的活动。许多专家建议采用以下方法来减轻工作压力：

- » 与尽可能多的同事建立愉快、合作的关系。
- » 努力解决与他人的冲突。
- » 每天都找时间放松一下。
- » 时不时地离开办公室，换个环境，换种思维。
- » 写下困扰你的问题，以及你将如何解决这些问题。
- » 参加一些让你觉得没有压力的活动，比如运动、社交或爱好。
- » 设定能够实现的目标和最后期限，并定期进行进度评估。
- » 准备一份任务清单，并按照优先级排序。在一天中时常回顾清单并按优先顺序完成任务。

» 向父母、朋友、咨询师、医生等寻求帮助，和他们谈谈你感受到的压力以及你面临的问题。

» 照顾好自己：饮食健康、均衡；定期锻炼；保证充足的睡眠；如果感到压力很大，就让自己休息一下。

» 冥想也会对一些人有所帮助。选择一个光线柔和且安静的地方，舒适地坐着，然后集中注意力冥想，比如数呼吸的次数，或者想象一个安静的地方，比如海滩。当你走神时，及时把注意力集中到呼吸上或想象的海滩上。

企业可以做些什么

企业也可以帮助员工减轻工作压力。事实上，员工与直接上司的关系是影响员工工作心态的重要因素。

英国一家公司采用了一种三级方法来减轻员工压力。第一级是预防，重点是确保正确的工作设计。第二级是干预，包括员工个人评估，以及用于寻找压力来源（比如工作中的个人冲突）的态度进行调查。第三级是通过员工援助计划和咨询项目帮助员工康复。一家医院使用了院内礼宾服务帮助其员工。几年前，世界银行（World Bank）的员工压力很大。一家冥想指导公司的培训师每周会在这里开设几次冥想课程，员工普遍认为这些课程很有帮助。企业认识到员工健康计划可以减少员工的心理问题，因此正在扩大这些计划的范围，包括应对压力和抑郁。

职业倦怠

职业倦怠与工作压力密切相关。专家将职业倦怠（burnout）定义为，由于过度努力地追求不切实际的工作目标而导致的身心资源的消耗。一些专家指出，职业倦怠由三个部分组成：精疲力竭（极度疲劳）、愤世嫉俗（对所做的事情失去兴趣）和无力感（感觉自己无法胜任工作）。职业倦怠不会一下子出现，相反，它会慢慢累积，最终导致烦躁、沮丧、困扰和怨恨。

出现职业倦怠的员工可以做些什么？首先，应注意一些警告信号，比如疲劳、注意力不集中和情绪低落。在《如何减少成功的高成本》（*How to Beat the High Cost of Success*）一书中，赫伯特·弗罗伊登贝格尔博士（Dr. Herbert Freudenberger）提出了以下建议：

» 打破固有模式。回顾一下你是如何打发时间的。生活越丰富多彩，越能预防职业倦怠。

> » 定期完全放下工作。偶尔安排一段时间完全摆脱日常工作。
> » 重新评估你的目标的内在价值。你为自己设定的目标是可以实现的吗？这些目标值得你做出牺牲吗？
> » 思考你的工作。如果不那么紧张，你一样可以把工作做好吗？

另一种减少职业倦怠的方法是，一下班就把工作放到一边。在一项研究中，研究人员用"下班后，我会忘掉工作"等项目来衡量非工作时间的心理脱离。下班后对工作的心理脱离不够（在家也不放下工作），一年以后更容易出现情绪崩溃。同样的，去休假吧。一项调查发现，近年来，只有大约47%的员工用完了所有的带薪休假，而几年前，这一比例为60%。同时，保持活力。一项研究发现，"职业倦怠和抑郁在平时不参加体育锻炼的员工中增加幅度最大，而在参加高强度的体育锻炼的员工中增加幅度最小，甚至没有增加"。

抑郁

员工抑郁是工作中的一个严重问题。据专家估计，抑郁每年导致美国损失约6800万个工日，仅员工缺勤和生产率下降就可能使美国企业每年损失230亿美元以上。抑郁的员工安全记录也往往更差。

企业应该努力确保抑郁的员工得到相应的支持。抑郁症是一种疾病。告诉一个抑郁的人"振作起来"，就像告诉一个心脏病患者"不要表现得很累"一样，是没有意义的。一项调查发现，尽管有约2/3的大型公司提供了涵盖抑郁症的员工援助计划，但只有约14%的抑郁症员工说他们使用过这些计划。培训管理人员识别抑郁症的迹象，比如持续的悲伤情绪、睡眠不足、食欲不振、注意力难以集中、对曾经喜欢的活动失去兴趣等，然后提供更容易获得的员工援助，会对此有所帮助。

久坐

研究表明，久坐的人健康状况较差，他们需要每天站起来走动30~40次。因此一些手机配置健康应用程序提醒用户每小时站起来走动。有些人会在工作时使用慢速跑步机（每小时3~4英里）。

● 计算机显示器和人体工程学相关的健康问题及避免措施

即使计算机显示器技术进步了，与计算机有关的健康问题仍然存在，包括短期的眼睛灼烧感、瘙痒感、酸痛、流泪，以及眼睛疲劳，背部和颈部疼痛也十分普遍。计算机使用者也可能患上腕管综合征，这是由反复以不舒服的角度使用手和手臂引起的。根据美国国立卫生研究院的研究，重复性运动障碍包括腕管综合征、滑囊炎和肌腱炎等疾病。这些疾病是由过度重复一项活动或动作，由不自然的动作（比如扭曲手臂或手腕）或不正确的姿势引起的，通常影响那些从事重复性工作（如装配线工作或计算机工作）的人。企业应减少这类问题，例如通过项目来帮助员工调整工作节奏。

职业安全与健康管理局为设计计算机工位提供了一种电子工具。它的一些建议包括：把显示器放在你的正前方，确保它与你保持一臂的距离，每隔 20 分钟远离显示器，至少看向 20 英尺远的地方。美国国家职业安全与健康协会（NIOSH）也提出了一些一般性的建议，包括：

1. 员工在计算机前每工作 20～40 分钟就应该休息 3～5 分钟，利用这段时间做其他工作，比如复印。
2. 在设计工位时增大灵活性，使其可以适应操作者的个人特点，并使其可以不必长时间保持同一个姿势。
3. 使用嵌入式或间接照明等设备来减轻强光的影响。
4　在员工上岗前对其进行视力检查，以确保矫正视力良好。
5. 让操作者的手腕与肘部处于相同高度。
6. 让显示器处于略低于操作者的视线水平，并与眼睛保持 18～30 英寸的距离。
7. 指导操作者将手腕轻轻放在垫子上以获得支撑。
8. 指导操作者将脚平放在地板上，或提供脚凳。

● 传染病

随着很多员工在各个国家之间出差往来，监测和控制传染病已经成为一个重要的安全问题。

企业可以采取一些措施防止传染病的传播。具体措施如下：

1. 密切关注疾病控制和预防中心（CDC）的旅行警报。
2. 为从疫区返回的员工提供例行医疗检查。
3. 禁止与疑似感染者有过接触的员工或访客在 10 天内进入公司。

4. 如果员工有发烧或呼吸系统症状，要求他们居家。

5. 定期清洁工作场所和表面。提供含酒精的消毒液。

6. 错开休息时间。提供多个午餐时段，以避免拥挤。

● 工作场所吸烟问题

在某种程度上，谈论工作场所的吸烟问题已经没有意义了：美国的许多州和市现在都禁止在室内公共场所吸烟。然而，吸烟对员工和企业来说仍然是一个问题。吸烟之所以会产生更高的生产成本，是因为它会导致健康保险和火灾保险费用增加，同时还会造成缺勤率上升和生产率下降（例如，吸烟者到外面抽一支烟就要休息10分钟）。

一般来说，企业可以拒绝雇用吸烟者，只要企业不把吸烟作为某种歧视的替代手段。"不雇用吸烟者"的政策似乎并不违反《美国残疾人法》（因为吸烟不被视为残疾），而且一般来说，"根据联邦法律，企业采取不雇用吸烟者的政策并不违法"。然而，美国 17 个州以及哥伦比亚特区都禁止歧视吸烟者。如今，大多数企业都禁止员工在室内吸烟，它们通常会划出一小块室外区域作为吸烟区。美国国家职业安全与健康协会建议禁止工作场所的烟草烟雾和电子烟排放。

14.6　职业安全与风险管理

工作场所安全涉及员工受伤或患病的风险。工作场所安全保障涉及保护员工免受内部和外部的安全风险，比如外部人员实施的犯罪活动或恐怖主义。美国人力资源管理协会认为，工作场所安全保障计划应当完成以下任务：建立正式的安全保障职能，保护公司的知识产权（例如通过签订竞业禁止协议），防范网络威胁，制订风险管理计划，建立盗窃和欺诈预防程序，防止工作场所暴力，以及安装安保系统。

大多数企业都实施了各种安全保障措施。美国人力资源管理协会发现，大约85% 的受访企业现在有正式的灾难应对方案。很多企业还对可疑包裹制定了特殊处理程序，并定期举行紧急疏散演习。

● 企业风险管理

你制订的风险管理计划反映了你想要减少的风险。公司面临着各种各样的风险，其中只有一些是与员工的健康和安全直接相关的。风险包括自然灾害风险、金融风险和公司计算机系统风险等，但人力资本风险位居前列。这类风险包括我们在本章中讨论的安全风险（比如健康危害），以及来自企业工会化的风险和来自人员配置计划不足的风险。

识别安全风险和其他风险属于企业风险管理的范畴，这意味着要识别风险、制订并执行风险管理计划来减少这些风险。因此，作为风险管理的一部分，沃尔玛会问这样的问题："风险是什么？我们该怎么做？"减少职业暴力和加强设施安全就是两个例子。

● 预防和处理工作中的暴力问题

2017 年 4 月，一名前员工回到佛罗里达州科勒尔盖布尔斯市的 Equinox 健身俱乐部，杀死了刚刚因工作场所暴力解雇他的经理。

对员工的暴力是一个大问题。实施暴力行为的通常是顾客，而非同事。一份报告将霸凌称作蔓延在工作场所的"无声的流行病"，并称"辱虐行为、威胁和恐吓往往不会被报告"。糟糕的是，许多攻击事件都牵涉到了员工的现任或前任伴侣或配偶。一项调查显示，在知道或经历过工作场所暴力事件的受访员工中，29% 的人都对此闭口不谈。

工作场所暴力是可以预见和避免的。据《风险管理杂志》（*Risk Management Magazine*）估计，在过去的职场暴力事件中，大约 86% 的工作暴力事件在早期阶段就能被同事发现，他们在事件实际发生之前就向管理人员报告过，但管理人员通常几乎无所作为。

男性遭受致命职业伤害的比例高于女性，但女性遭受攻击的比例要高得多。《反性别暴力法》（Gender Motivated Violence Act）[《反暴力侵害妇女法》（Violence against Women Act）的一部分] 规定，企业对受到暴力侵害的女性员工负有责任。在工作中被杀害的女性中，超过 3/4 的人是被陌生的攻击者随机杀害的，剩下的犯罪行为则是由家庭成员、同事或熟人实施的。安全保障措施的切实改善包括更好的照明、保险箱和其他类似措施，这些都能有所帮助。女性（和男性）可以使用家庭危机热线以及员工援助计划。

人力资源管理人员可以采取几项措施来减少工作场所暴力。无论暴力事件是由同事、顾客还是其他外部人员实施的，加强安全保障措施都是防止职场暴力发生的第一道防线。根据职业安全与健康管理局的建议，具体措施应该包括图 14-6 中的内容。

» 改善外部照明。
» 使用保险箱，减少手头现金。
» 张贴告示，表明手头只有少量现金。
» 安装无声报警器和监控摄像头。
» 增加值班人员的数量。
» 为员工提供冲突解决和非暴力应对方面的培训。
» 在深夜和清晨的高危时段关闭营业场所。
» 发布武器政策，比如"枪支或其他危险或致命武器无论公开携带还是隐蔽携带均不得带入工作场所"。

图 14-6   如何在工作场所加强安全保障措施

改进员工筛选

大约 30% 的工作场所袭击事件是由同事实施的，因此，筛选掉具有潜在暴力倾向的求职者是企业防止暴力事件发生的第二道防线。

工作场所侵害与个人和情境因素均有关系。男性以及在"愤怒特征"（对情境做出敌意反应的倾向）上得分较高的人更有可能出现工作场所侵害行为；而在情境因素方面，人际不公平和糟糕的领导容易导致针对主管人员的侵害。

企业可以在做出雇用决定之前筛选掉有暴力倾向的求职者。拿到求职申请表，核查求职者的工作经历、教育背景和推荐信。面试问题可以包括"哪些事情会让你感到挫败？"和"你遇到的最糟糕的上司是谁，为什么这么说？"以下背景情况可能需要企业对求职者进行更深入的背景调查：

» 未解释的职场空窗期；
» 简历或求职申请表中存在不完整或虚假的信息；
» 负面的、不利的或虚假的推荐意见；
» 在过去的工作中有不服从行为或暴力行为；
» 存在与骚扰行为或暴力行为有关的犯罪历史；
» 没有解释离职原因或解释得不可信；
» 有吸毒史或酗酒史；
» 在工作或生活中存在极不稳定的迹象，例如经常更换工作或搬家；
» 失去执照或资格证书。

有关工作场所暴力的培训

　　企业还可以对各级管理人员进行培训，使他们能够识别潜在暴力员工的特征线索。常见的线索包括：

- » 工作中或工作外的暴力行为；
- » 证明其丧失知觉或行为意识的古怪行为；
- » 过度对抗或反社会行为；
- » 性侵犯行为；
- » 孤立倾向或孤独倾向；
- » 带有暴力威胁的不服从行为；
- » 对批评反应过度的倾向；
- » 对战争、枪支、暴力、屠杀、大灾难等过分感兴趣；
- » 严重违反安全规定；
- » 在工作场所持有武器、枪支、刀具或类似物品；
- » 侵犯他人隐私权，比如搜查他人的办公桌或跟踪他人；
- » 长期抱怨并频繁表达不合理的不满；
- » 有报复倾向。

　　美国邮政总局（the U.S. Postal Service）采取了一些措施来减少工作场所中的攻击行为。这些措施包括：加强对员工的背景调查；进行药物测试；对新员工设置90 天的试用期；加强安全保障措施（比如为员工开通威胁举报热线）以及培训管理人员建立一种更健康的组织文化。下面的"管理技能培养"专题为企业列出了一些解雇高风险员工的指南。

管理技能培养　　　　　　　　　　　　　　　　　　　　**解雇高风险员工的指南**

　　在解雇高风险员工时，应该做到几下几点：

- * 计划好解雇面谈的各个方面，包括时间、地点、出席人员和议程；
- * 让安保人员参与解雇面谈；
- * 告知被解雇的员工不得继续使用公司财物；

* 面谈的房间有门通向办公大楼外面；
* 解雇合同应内容简洁、切中要点；
* 确保被解雇的员工在面谈时归还所有公司财物；
* 不要让被解雇的员工回到其原工作地点；
* 在一周以及一天的早些时候进行解雇面谈，使被解雇的员工有时间与就业顾问或支持小组会面；
* 尽可能地提供慷慨的遣散费；
* 不要对此进行宣扬，以保护员工的尊严。

● 制订基本的安全保障计划

如前所述，工作场所安全保障涉及保护员工免受内部和外部的安全风险（如抢劫和恐怖行动）。这通常始于工作设施安全。

正如一份公司安全保障概述所言："工作场所的安全保障绝不只是安装一个报警系统这样简单。"在理想情况下，一项全面的公司犯罪预防计划应该从以下几个方面入手：

» 公司针对犯罪的理念和政策——确保员工明白，企业对犯罪的员工执行零容忍政策。

» 对求职者进行调查——一定要对求职者进行全面的背景调查。

» 犯罪预防培训——在入职培训和日常安全培训中明确表明企业对于工作场所犯罪的严厉态度。

» 危机管理——为炸弹威胁、火灾或其他紧急情况制订应对措施并进行沟通。

简单来说，建立一个基本的安全保障计划，需要分析当前的风险水平，然后建立机械安全、自然安全和组织安全的保障系统。

就当前的风险水平而言，应该先从显而易见的风险开始进行分析。例如，工作场所周围的情况如何？你的办公场所（比如你所在的办公楼）是否存在可能会带来安全隐患的其他公司或个人？作为初步风险评估的一部分，企业还应检查以下六个事项：

1. 前台通道，包括一个"紧急按钮"；
2. 内部安全，包括安全的卫生间和明确的安全出口标识；

3. 官方参与，特别是与当地执法部门共同制定紧急程序；

4. 邮件处理，包括筛选和打开邮件；

5. 疏散撤离，包括撤离程序和相关培训；

6. 备份系统，例如异地存储数据。

　　在评估了当前的潜在风险水平后，企业开始改善工作场所的自然安全、机械安全和组织安全。自然安全（natural security）是指利用工作场所的自然或建筑特征来最大限度地减少安全问题。例如，入口太多是否妨碍了对人们出入工作场所的控制？机械安全（mechanical security）是指利用锁、入侵报警器、门禁控制系统、监视系统等安全系统，减少对人工持续监控的需要。收发室使用安全检查扫描仪检查收到的邮件。生物识别扫描仪可以识别指纹或掌纹、视网膜或声音，从而更容易保障工作场所的安全。最后，组织安全（organizational security）是指利用良好的管理来提高安全水平。例如，对安保人员和大堂服务员进行适当的筛选、培训和激励。还应当确保安保人员收到书面命令，明确其职责，特别是在火灾、电梯故障、泄漏、医疗紧急情况、恶意入侵、可疑包裹、内部混乱和工作场所暴力等情况下应当做些什么。人力资源信息可能是黑客眼中的"金矿"，需要有效的保护。

● 应对恐怖主义

　　企业可以采取一些措施来保护员工和财产免受恐怖袭击。这些措施如今已经在很多工作场所被广泛使用，具体包括：

» 检查每个进入办公区域的人的身份；

» 仔细检查邮件；

» 提前建立一个精简的"危机小组"，能够在企业遭受恐怖主义威胁后临时管理公司；

» 提前确定你会在什么情况下关闭公司，以及关闭程序；

» 制定一套程序将危机管理团队聚集到一起；

» 准备紧急疏散计划，并确保出口标示清晰、路线畅通；

» 指派一名员工负责与员工的家人以及出差的员工保持沟通；

» 在公司附近确定一个背风的、公司外的位置，作为疏散人群的集结地点；

» 事先指派几名员工在疏散集结地点清点人数；

» 建立一个紧急短信发送程序，通知受到影响的人可能存在紧急情况。

下面的"全球人力资源管理实践"专题对此进行了详细阐述。

全球人力资源管理实践

应对海外恐怖主义

海外恐怖主义是一个严重的问题。即使是在基本安全的国家派驻员工，也无法保证不会出现问题。例如，几年前埃及爆发抗议活动时，Medex Global Solutions 公司从埃及撤离了 500 多名客户，而该公司此前已经就可能发生的政治动荡向客户提过建议。

因此，越来越多的企业会在国外制订全面的安全计划，例如，将员工转移到安全地点的疏散计划。许多企业购买情报服务来监视国外的潜在恐怖主义威胁。一家情报公司的负责人估计，该项服务每年需要花费 6000～10 000 美元。

商务旅行

保证商务旅客的安全属于专业范畴，但是在这里仍然可以给出一些建议：

* 为外派员工提供有关目的地的培训，让他们更容易适应当地生活；
* 告诉他们不要让别人注意到他们是美国人——比如穿着印有美国相关图案的衣服；
* 让商务旅客在尽可能接近飞机起飞的时间抵达机场，并在等待时避开交通主干道；
* 在外派员工的车里和住处安装安保系统；
* 告诉员工在上下班时要经常改变他们的出发和到达时间以及行动路线；
* 让员工关注有关犯罪和其他问题的最新动态，可以定期查询国家政府部门的旅行建议和警告，访问政府官方网站，点击"旅行警报"和"国家信息"。
* 建议员工始终保持自信。肢体语言可能会吸引犯罪者，那些看起来像受害者的人往往真的会受到伤害。

● **业务连续性和应急计划**

突发事件的可能性意味着企业需要制订业务连续性和应急计划。此类计划应该包括对问题的早期侦测，对外沟通紧急情况的方法，以及启动疏散的沟通计划。在理想情况下，应该首先发布初步预警。企业应该在初步预警后发布通知，提供有关紧急情况的具体信息，并让员工知道他们应该采取什么行动。很多企业会使用社交网络或短信发布通知。为了帮助公司做好准备应对潜在的灾难，人力资源管理部门应该制订计划并明确关键职责，确保所有员工都知道这个计划，并定期对员工进行培训。职业安全与健康管理局提供了一个用于制订疏散计划的电子工具。

企业还应该制订处理员工健康问题的计划。在发生心搏骤停的紧急情况下，早期的心肺复苏和使用自动体外除颤器都是必不可少的。这些设备应该处于可用状态，并且至少应该有一名当地员工接受过设备使用培训。

为了在灾难发生时保持业务连续性，企业还需要制订相应的灾难计划。企业可以在公司网站上设一个安全问题专区，列出预计运行时间、厂房开放时间安排和其他工作地点等信息，供员工交流。灾难计划应该包括建立一个指挥中心，明确在灾难发生时至关重要的员工及其各自的职责。美国小企业管理局在网站上提供了关于业务连续性的信息。

如果要向大量分散的个人传递紧急信息，那么使用社交媒体是首选。几年前，龙卷风袭击了美国康涅狄格州布里奇波特市，该市官员就使用了推特向市民推送停电和道路封锁等消息。

第 14 章要点小结

1. 职业安全与健康管理局的目的是确保每个劳动者都有安全和健康的工作环境。职业安全与健康管理局的标准是完整且详细的，并通过工作场所检查系统强制执行。职业安全与健康管理局的检查员可以发出传票并向区域负责人提出处罚建议。

2. 导致工作场所事故的基本原因有三个：偶然事件、不安全的工作条件，以及员工的不安全行为。此外，其他三个与工作有关的因素——工作本身、工作安排和安全氛围，也会导致事故。

3. 预防事故有几种方法。一是减少不安全的工作条件，二是减少不安全的行为。例如，通过对员工的甄选、配置和培训，安全行为正向强化，安全宣传，以及引起高层管理人员对安全的关注。

4. 美利肯公司安全流程的核心是基于参与的员工敬业度计划。美利肯公司的安全流程几乎完全由其员工主导。例如，员工参与安全指导和安全小组委员会制度，每周提交安全改进建议，对每一项建议进行审查并提供反馈。

5. 员工日益严重的四大健康问题是酗酒、滥用药物、工作压力和情绪疾病。酗酒是一个尤为严重的问题，会大大降低组织的效率。处理这些问题的方法包括纪律处分、解雇、内部咨询和转介给外部机构。

6. 基本的工作场所安全保障主要依靠自然安全、机械安全和组织安全保障计划。

第六部分

人力资源管理专题

第一部分到第五部分讲解了人力资源管理的基础知识，特别是如何对员工招聘、甄选、培训、评估定薪，并为他们提供积极的员工关系和安全的工作环境。在第六部分"人力资源管理专题"中，我们将讨论如何在两种特殊情况下管理人力资源——在全球范围内和在小型企业及创业公司中管理人力资源。在第六部分中，我们将会学习：

·模块 A　全球人力资源管理

·模块 B　小型企业和创业公司的人力资源管理

模块 A

全球人力资源管理

● **本模块学习目标**

» 解释国家间的差异如何影响人力资源管理。

» 了解甄选外派管理人员和甄选国内管理人员有何不同。

» 讨论有效的外派员工归国方案所需具备的基本要素。

» 列出全球人力资源管理系统的开发、被接受和实施的要点。

A.1　人力资源与企业的国际化

国际贸易的重要性显而易见，但也给管理者带来了特殊的挑战。

一方面，管理者需要在全球范围内为他们的营销、产品和生产制定和执行计划。例如，福特汽车的"一个福特"战略旨在向全球供应相似的福特汽车。

另一方面，"走出去"意味着企业必须解决一系列国际人力资源管理问题。例如，"我们的欧洲办公室里应该安排当地管理人员还是美国管理人员？""我们应该如何评估我们的亚洲员工并确定其薪酬水平？"

● 国际经营的人力资源挑战

应对这样的全球人力资源挑战并不容易，因为雇主面临着不同国家间的政治、社会、法律和文化等一系列的差异。

只在美国本土经营的公司通常比较幸运，它们只需要处理相对有限的经济、文化和法律问题。尽管美国各州和各城市都有自己的人力资源相关法律，但是联邦政府的基本法律框架能在防止就业歧视、劳资关系、安全和健康等方面提供一套基本可预测的法律指导方针。同样，美国国内的政治风险也很小。政治风险"是任何可能对公司长期盈利能力或价值产生不利影响的政府行为或政治事件。"

在多国开展经营活动的企业就无法享受这种同质性带来的便利了。比如，即使是在日益标准化的欧洲国家，法定节假日也会从英国的没有相关规定到卢森堡的每年 5 周不等。问题在于，跨国公司的人事政策和程序需要适应各国之间的差异，人力资源管理因此变得复杂。

同理，在一个国家行之有效的做法在另一个国家可能行不通。在美国有效的激励计划在东欧国家可能并没有作用——这些国家的员工需要每周得到一笔可预测的工资来购买必需品。尽管各个国家之间存在差异，企业仍然需要针对每个国家的当地情况对整个公司进行有效的人力资源管理。远距离也为人力资源管理带来了挑战。例如，星巴克位于西雅图的首席人力资源官应该如何掌握星巴克海外高管的表现？

● 什么是国际人力资源管理

企业正是依靠国际人力资源管理（international human resource management，

IHRM）来应对全球人力资源管理挑战的。我们可以将国际人力资源管理定义为：企业为应对自己的国际化运营带来的人力资源挑战而采用的人力资源管理观念和技术。一般来说，国际人力资源管理主要关注的是对被派往国外的员工（也称"外派员工"）进行甄选、培训、薪酬管理，以及对不同国家的人力资源管理实践进行比较、应用。

● 国家间的差异如何影响人力资源管理

正如我们所说，国际人力资源管理的挑战并不仅仅来自距离（尽管这很重要）。更大的问题在于处理各国之间的文化、政治、法律和经济方面的差异。

文化因素

不同国家的文化存在很大差异——公民共同遵循的基本价值观以及这些价值观在该国艺术、社会活动和行为方式中的体现都有所不同。文化差异意味着不同国家的人对相同或相似的情况会有不同反应。例如，当一位米其林经理在法国进行评估时，他不会提及哪里做对了，因为员工知道他们做对了什么。相反，他关注的是哪里做错了。这种做法会让许多美国员工感到惊讶，因为在美国，管理者往往会粉饰错误。

吉尔特·霍夫斯泰德（Geert Hofstede）教授的研究揭示了国际文化差异。霍夫斯泰德认为，不同社会在五个价值观方面存在差异，即权力距离、个人主义、阳刚气质、不确定性规避，以及长期取向。比如，权力距离代表一个社会中权力较小的人对权力分配不平等的接受程度。霍夫斯泰德的结论是，某些国家（如墨西哥）对这种不平等的接受程度要高于其他一些国家（如瑞典）。反过来，这种差异又会通过不同行为表现出来。

这样的文化差异会对人力资源政策产生影响。例如，一项研究显示，权力距离与首席执行官和其他员工的薪酬差距呈正相关。

法律因素

进行海外扩张的企业必须熟悉目标国家的劳动法。例如，在印度，员工人数超过 100 人的公司，在解雇员工时需要得到政府许可；而在巴西，在没有"正当理由"的情况下解雇员工会被处以罚款，罚款金额相当于被解雇员工过去在企业获得的总薪酬的 4%。另外，美国的"自由雇用"在欧洲法律中基本上是不存在的，所以在国外招聘和雇用员工可能存在潜在危险。比如，一家公司雇用某人作为独立承包商，后来为之付出了几十万美元，包括拖欠的税款和因对这个人的错误分类而受到的罚款。

经济制度

　　同样，不同的经济制度也会导致不同国家之间的人力资源实践存在差异。经济学家将经济体制分为市场经济、计划经济和混合经济。在市场经济体制下，政府在决定生产和销售什么产品方面起的作用相对有限；在计划经济体制下，生产什么产品、以什么价格销售都是由政府决定和规划的；在混合经济体制下，部分产业属于国有，部分产业则是根据市场需求来制定生产决策和定价的。

　　各国的劳动力成本差异也很大。例如，生产工人的每小时薪酬成本（以美元计）在菲律宾是 2 美元，在美国是 35.5 美元，而在挪威是 64.2 美元。法国工人每工作满一个月可以有两天半的带薪假期，而美国通常一年只有两到三周假期。

案例：欧洲

　　我们接下来以欧洲为例来讨论文化、经济和法律差异对雇用的影响。在过去的50 年里，欧洲共同体（EC）中的国家统一成了一个包括商品、服务、资本，甚至劳动力在内的共同市场，称为欧盟（EU）。一般来说，这意味着产品甚至劳动力可以畅通无阻地从其中一个国家转移到其中另一个国家。

　　在欧洲开展业务的公司（包括像福特这样的美国公司）必须根据欧盟的各项指令和各国具体的有关雇用的法律调整其人力资源政策与方案。这些指令的目的是将所有成员国联合起来（尽管每个成员国都可以自己选择如何实施这些指令）。例如，雇用确认指令要求雇主向雇员提供书面的雇用条款。然而，具体条款因国家而异。大多数欧盟国家都有最低工资规定。有些国家设有全国最低工资标准，而有些国家允许雇主和工会自行制定最低工资标准。

A.2　国际员工的甄选问题

　　如今，国际人力资源管理越来越关注雇主应该如何发挥其全球人力资源职能，例如，如何在国外应用总部的评估和薪酬方案。然而，填补国际职位空缺一直是国际人力资源管理的核心。这个过程包括识别和甄选能够填补海外职位空缺的人，然后将他们安排到这些职位上。

● 国际人员配置：母国员工还是当地员工

总体而言，我们可以将跨国公司的员工分为以下几类：外派员工、母国员工、当地员工（东道国公民）和第三国员工。外派员工（expatriates）不是目前工作所在国家的员工。外派员工可能是母国员工（home-country nationals），即来自跨国公司总部所在国家的员工。当地员工（locals）（也就是东道国员工）为跨国公司工作，是目前工作所在国家的公民。第三国员工（third-country nationals）是来自母国和东道国之外的其他国家的员工。比如，被美国跨国银行派到上海分行工作的法国领导。（当然，并非所有外派员工都是被雇主派往国外的。许多应届毕业生、学者、志愿者、医生和商人自行决定移居国外并在那里寻找工作机会）。

为什么使用当地员工

跨国公司多数选择使用当地员工，这是有充分理由的。在美国，引进外国员工非常困难，所以雇用美国本地员工是必要的。

而在其他国家，成本是"雇用本地人"的重要原因。外派员工的花费很大。安捷伦科技公司（Agilent Technologies）估计，外派员工在国外工作一年的花费大约是其年薪的 3 倍。但当安捷伦把外派项目外包时，却发现费用更高了。该公司随后减少了外派员工的数量。当然，成本也可能起到相反的作用。例如，在美国，一些酒店很难吸引管理培训生从事工资相对较低的招待工作，于是它们雇用国外人员来填补这些工作空缺。如果跨国公司使用当地的管理人才，当地政府和公民还会将其视为"好公民"。

为什么使用外派员工

使用外派员工——无论是母国公民还是第三国公民——也是有充分理由的。跨国公司常常无法找到具备所需技术条件的当地员工。此外，许多跨国公司还将成功的海外工作经历视为发展高层管理人员的一个必要步骤。跨国公司对国外分部的控制也很重要。一般假设来自母国的管理人员已经完全融入了公司的政策和文化，因此他们能够更好地执行总部的指示，并且按照总部的行为方式开展工作。

然而，公司仍倾向于雇用当地人，原因有以下几点：派遣员工到国外工作的费用十分高昂，安全问题让外派员工犹豫不决，外派员工经常会在回国之后跳槽，国外大学培养出了高质量的候选人，而经济衰退使得雇主更在意外派员工的成本。一项调查发现，在美国的跨国公司中，约 47% 保持原有外派员工人数不变，18% 正在增加外派员工人数，还有 35% 正在减少外派员工人数。人力资源团队需要控制外派员工的开支，正如下面的"作为利润中心的人力资源管理"专题所解释的那样。

作为利润中心的人力资源管理

降低外派成本

考虑到派遣员工执行海外任务的费用，人力资源团队必须帮助企业控制外派成本。一般的外派任务会持续 1~5 年，企业会使用几种替代方案来减少或避免外派开支。首先，很多企业正在增加短期外派任务的数量，使用成本较低的短期任务来代替需要对外派员工（及其家人）进行长时间支持的长期任务。50% 的受访企业还会用当地员工顶替一些外派员工的职位。为了降低成本，许多公司还制定了审查外派员工的住房、教育、探亲假、外派津贴和额外费用（生活津贴等）方面的政策。

其他解决办法

除了外派员工和聘用当地人，还有其他一些选择。例如，一项调查发现，约 78% 的受访企业有某种形式的"本地化"政策，将母国员工作为"永久转移人员"转移到国外子公司。例如，在美国 IBM 公司从美国转移到印度的 5000 个工作岗位中，许多都是由公司中来自印度的员工填补的。尽管这些员工要接受印度当地的工资，但他们依然选择回到印度。

正如我们在第 5 章中提到的那样，离岸外包（让国外当地的员工去做那些原本由母国员工在总部完成的工作）也是一种选择。然而，这样会让公司陷入大量人力资源决策之中。IBM 商业咨询服务公司针对企业进行了一项调查，目的是了解人力资源部门在这些决策中到底发挥什么样的作用。调查发现，人力资源部门能够在以下方面帮助高层管理人员。

» 了解当地劳动力市场的劳动力人口规模、教育水平和语言能力。

» 了解公司目前的雇主声誉是如何影响其向该地区外包服务的。

» 决定公司应该在多大程度上将当地劳动力融入母公司的管理系统。例如，工程类工作最好由正式员工执行，而呼叫中心的工作可以交由独立承包商或供应商的员工执行。

» 解决技术短缺。这通常要求企业利用奖金、更高的薪酬和更完善的员工保留政策（比如更多晋升机会）将员工从其他当地公司吸引过来。

» 识别哪些"杠杆"可以减少人才流失。其中包括更多的培训和开发、更好的薪酬和福利，以及更完善的职业发展机会。

有些公司会使用虚拟跨国团队来经营多国项目，这种团队由分布在不同国家的员工组成。例如，一家欧洲饮料制造商组建了一个由 13 名成员组成的"欧洲产品工作团队"来帮助公司分析应该在欧洲开设多少工厂，以及应该在哪里开设工厂。团队成员来自公司在 5 个国家中的分支机构。这样的团队通常会在虚拟环境中会面和工作。虚拟跨国团队（virtual transnational teams）是由地理位置分散的同事组成的团队，他们使用信息技术进行互动，从而完成组织任务。

在 Skype 和 FaceTime 里，虚拟团队既实用又流行。NetMeter、思科 WebEx 和会易通（GoToMeeting）等协作软件系统，使虚拟团队能够进行实时的项目审查和讨论、共享文档和展示，以及将会议记录存储在项目网站上。Huddle 等基于云的工具让团队成员能够使用移动设备"参加会议"。思科网真（Cisco Immersive TelePresence）这样的大屏工具可以让团队成员仿佛共处一室。

管理虚拟团队涉及一些更为微妙的问题。例如，如果大多数团队成员住在同一个国家，那么其他团队成员可能会认为那个国家的团队成员拥有真正的权力。这种情况下，经理应该强调团队是拥有统一目标的实体，所有团队成员目标一致。

● 价值观和国际人员配置政策

影响雇主选择使用外派员工、本地员工还是离岸外包的不仅仅是技术技能或人员流失等因素，高层管理人员的价值观也发挥了一定作用，有些高管更倾向于使用"外派员工"。

专家有时将价值观分为三种：母国中心主义、多国中心主义和全球中心主义。这些价值观对应着不同的公司行为和政策。在高层管理人员倾向于母国中心主义

（ethnocentric）的公司里，"普遍态度是，母国公司的态度、管理风格、知识、评价标准和管理人员都比东道国的更加优越"。在奉行多国中心主义的公司中，"有这样一种信念，只有东道国的管理者才能真正理解当地市场的文化和行为，因此，海外分支机构应该由当地人来管理"。全球中心主义的管理人员认为，他们必须在全球范围内为公司寻找管理人员的最佳人选，因为他们认为，在公司开展业务的任何国家，都可能找到某个特定职位的最佳人选。

三种价值观对应了三种广泛运用的国际人员配置政策。在母国中心主义的国际人员配置政策中，公司倾向于让母国员工承担关键的管理职位；奉行多国中心主义的公司通常会在海外分支机构使用东道国的员工，而在公司总部使用母国员工；奉行全球中心主义的管理者制定的人员配置政策旨在指导公司选择最优秀的人才，而不考虑候选人的国籍。

道德准则

在价值观方面，企业还需要确保自己在国外的员工遵守公司的道德准则。美国企业主要是为了遵守具有跨国影响的美国法律而建立全球化标准。企业需要在歧视、骚扰、贿赂和《萨班斯－奥利克斯法案》等问题上制定行为准则。例如，一家公司曾花费 1000 万美元来平息一项指控，指控称其贿赂外国官员以获得 5400 万美元的政府合同。对其他公司来说，它们主要关注的可能是执行行为准则，例如避免成为"血汗工厂"。

● 甄选国际管理人员的特殊工具

筛选外派管理人员与筛选国内管理人员在大多数方面都很相似。候选人需要具备工作所需的技术知识和技能，以及管理者所需具备的智力和人际交往能力。测试（如第 6 章中所讨论的）被广泛使用。

然而，外派工作与在本国工作确实存在很大差异。外派员工及其家人需要面对和适应那些文化背景完全不同的同事。另外，身处异国他乡也会带来压力。尽管如此，一项研究发现："在传统上，大多数公司对外派员工的甄选仅仅是基于员工在母国的优秀工作表现记录来进行的。"而候选人能否适应新的文化往往是次要的。

因此，国际外派员工的甄选最好包括现实性预览和适应性测试。即使是在最熟悉的国家，员工也会遇到语言方面的障碍和反复出现的乡愁情绪，他们的孩子也需要结识新的朋友。因此，有关这些问题和对东道国文化优点的现实性预览是甄选过程的一个重要部分。原则是一定要提前对员工说明一切。

　　同样，由于对外派员工来说适应能力十分重要，所以适应性筛选应该成为筛选外派员工的一部分。企业通常会请心理学家来完成这一工作。适应性筛选的目的是对外派员工（及其配偶）成功适应外派工作的可能性进行评估，同时提醒他们外派过程中可能遇到的问题（比如对子女的影响）。企业在挑选外派员工时，通常会选择那些生活和工作经历、教育背景和语言技能已经证明他们能在不同文化中生活和工作的候选人。如果候选人有几次暑期海外旅行或国外学习经历，也会使企业相信这位候选人有能力适应国外环境。

　　要想在国外顺利工作，还需要一种"国际思维"，这可以用"全球思维量表"来衡量。量表中的问题包括"你是否知道如何与来自世界各地的人进行合作？""你是否喜欢探索世界各地？"等。

多元视角：外派女性管理人员

　　尽管女性在美国公司的中层管理人员中占 50% 左右，但在外派管理人员中，女性却只占 20% 左右。这一比例较 2005 年的 15% 左右有所上升，但比例仍然很低。这是为什么呢？

　　多年来阻碍女性进步的许多刻板印象依然存在。外派任务通常是由直线经理负责分配的，而他们中的许多人都认为女性不想到国外工作，也不愿意举家迁往国外，或者是无法让其配偶一同搬到国外。但事实上，这项调查发现，其实女性也想获得外派机会，她们并没有不愿意搬家，而她们的配偶也并非一定不乐意跟随她们搬到国外。（一项调查询问了女性外派员工为何愿意接受外派任务，"职业发展"是被提及最多的原因。其他原因还包括"文化理解""积累经验""做一些不一样的事情""个人目标""学习成长"等。）

　　安全是另一个问题。企业倾向于认为女性外派员工更有可能成为犯罪的受害者。然而，大部分受访的女性员工表示，女性的安全问题并不比男性严重。

　　担心针对女性的文化偏见是另一个常见问题。在某些文化中，女性必须遵循与男性不同的规则，例如在着装方面的要求等。但正如一位外派员工所说的那样，"即使是在严苛的文化背景下，一旦他们意识到女性能够胜任这项工作，而你的能力也得到了证明，这就不是什么问题了。"

　　企业采取了很多方法来消除这些误解，并且派遣更多的女性前往国外任职。例如，制定一个程序来识别愿意接受外派的女性员工（比如，在吉列公司，主管人员通过绩效评估来确定下属的职业兴趣，包括对从事外派工作的兴趣）；通过培训，让管理人员了解员工对从事外派工作的真实感受，以及真正的安全问题和文化问题有哪些；让成功的女性外派员工帮助招聘潜在的女性外派员工；以及帮助外派员工的配偶就业。

> **影响人力资源管理的发展趋势：数字化和社交媒体**
>
> ## 海外求职网站
>
> 虽然一些美国的求职网站（如 Indeed 和 Monster）是全球性的，但大多数国家都有自己的主要求职网站。

● 如何避免外派任务失败

一般来说，随着时间的推移，外派员工通常会逐渐适应工作。然而，外派任务确实可能失败，结果往往是没有事先计划地提前回国。

有时雇主只是选错了人。成功的外派员工往往不仅拥有必要的技术，而且性格外向、为人友善、情绪稳定。一项研究发现，外向性、宜人性和情绪稳定性这三个特征与外派员工终止外派的想法呈负相关。毫不奇怪，善于交际、性格外向、认真负责的人更容易适应新的文化环境。另外，想要发展外派事业的人会更加努力地适应这种生活。对自己在国外的工作更为满意的外派员工也更容易适应外派工作。研究还表明，造成问题的并不是东道国与母国的文化差异，而是个人的适应能力。有些人的文化适应能力很强，他们在任何地方都能适应良好，而有些人去哪儿都无法适应。

影响外派员工的通常不是技术或性格因素，而是家庭和个人因素。正如一位专家所说：

> 外派员工的选拔过程从根本上来说就是有缺陷的……外派任务很少因为外派员工无法适应工作的技术要求而失败……外派任务失败的原因是家庭和个人问题，以及缺乏文化技能，而这些在选拔过程中都没有体现。

对此，解决方案是提供现实性预览，告诉外派员工他们在国外可能会遇到什么问题，对即将派出的外派员工及其配偶进行仔细筛选，以及优化岗前引导（例如，与最近回国的外派员工讨论国外职位需要面临的挑战）。其他有效措施还包括：缩短外派工作时间，形成"全球伙伴"方案，让当地管理人员及其配偶协助新来的外派员工及其家人，为他们提供有关办公室政治、行为规范，以及紧急医疗援助等方面的建议。多数外派员工及其家人在外派期间会使用医疗服务，他们主要关心的不是费用，而是医疗质量。

A.3　外派员工的培训和保留

● 国际外派员工的引导和培训

尽管成功的外派工作要求企业对外派员工进行引导和培训，但大多数美国公司在这方面所做的却是"形式多于内容"。虽然管理者也倾向于认为，外派员工在接受了他们所需的专门培训（如语言和文化方面的培训）后能更好地完成工作，但是真正这样做的公司却少之又少。

向企业提供成套的跨文化岗前培训项目的服务商很多，多数项目采用讲座、模拟、视频和阅读等方式。培训项的目的之一是为接受培训的人提供（1）外派国家在历史、政治、商业规范、教育体系和人口特征等方面的基本知识；（2）对于文化价值观如何影响人们的观念、价值观和交流的理解；（3）举例说明为什么迁往一个新的国家会有很多困难，以及应当如何应对这些挑战。培训项目的另一目的是帮助受训人员提高自我意识和跨文化理解能力，为其减轻压力并提供应对策略。语言培训对即将出国的员工来说是最基本，同时也是效果最明显的培训。例如，在收购 Sprint Nextel 后，日本软银（Softbank）公司向员工提供 1 万美元的奖励，鼓励他们在英语测试中取得优异成绩。

有些企业会把外派归来的管理人员当作资源。博世公司定期举办研讨会，让刚刚回国的外派员工将他们的经验传授给即将出国的管理者及其家人。

海外员工培训

对海外的当地员工进行母公司的培训正在变得越来越重要。一项涉及中东新兴市场的研究发现，培训是最能持续影响组织绩效的人力资源职能。星巴克让来自国外的管理培训生在华盛顿州西雅图总部接受培训，让他们"领略西海岸的生活方式和公司的非正式文化"，并学习管理当地门店所需的技术知识。还有一些公司会为员工安排课堂培训，比如伦敦商学院的培训项目。图 A-1 列举了一些用以开发全球经理人的企业培训项目。

> » ABB 公司（Asea Brown Boveri）每两三年就会在全球各国轮岗约 500 名管理人员，以开发一支跨国管理骨干团队来支持他们的战略目标。
> » 百事公司有一个面向国外经理人的培训项目，让员工可以到美国工作一年。
> » 在英国电信公司，外派员工会与潜在的外派员工交流外派期间可能会遇到的文化因素。
> » 本田公司的美国制造部会帮助其美国主管和经理在日语、文化和生活方式方面进行充分准备，然后让他们前往东京的母公司工作，外派时间最长可达 3 年。
> » 通用电气公司会定期对工程师和经理人进行语言和跨文化培训，使他们具备与世界各地的人开展业务的能力。

图 A-1   开发全球经理人的企业培训项目

资料来源：培生教育集团。

● 外派管理人员的绩效评估

有几方面的因素会使外派员工的绩效评估变得复杂。其一是文化差异。比如，在美国，人们通常都直言不讳，但在亚洲却并非总是如此，因为存在"面子问题"。

其二是应当由谁对外派员工进行绩效评估。当地的管理人员当然应当发挥一定作用，但是文化差异可能会使绩效评估失真；而母国总部的管理人员由于与外派员工相隔甚远，可能无法对其进行有效的评估。在一项调查中，受访的管理人员认为，让东道国和母国的评价者同时对员工进行绩效评估是最好的。但在实践中，大多数企业并没有采取这种做法，而是要么采用来自东道国的评价，要么采用来自母国的评价。就基本价值观和做事方式而言，一些国家（如日本和南非）之间的文化差异比另一些国家（如美国和英国）要大得多。这种文化差异尤其会使来自同事和下属的评估反馈失真。因此，一项研究得出了这样的结论："同事和下属的评价结果应该用于与员工发展相关的反馈，只有主管的评价结果应该用于人力资源决策，如绩效评估和绩效工资。"

其他改进外派员工绩效评估过程的建议包括：国外当地管理人员的评价应当比母国总部管理人员的评价占更大的权重。如果书面评估由总部的管理人员来完成，那么最好让其向过去在同一海外地区工作过的外派员工寻求建议。

● 外派员工的薪酬管理

正如第 10 章（薪酬）中所讨论的，确定外派员工薪酬的办法通常是平衡各国员工的购买力，这种办法被称为资产负债表法。资产负债表法的基本理念是，每名外派员工都应该享有与他们在国内工作时相同的生活水平。

在实践中，外派员工的薪酬通常建立在五六个独立的组成部分上。其他一些成本是根据海外生活成本指数计算的，该指数参见"美国国务院海外生活成本、住房补贴和艰苦程度差异指数"（可在美国政府网站上查阅）。下面的"人力资源实践"专题展示了一个案例。

为了帮助外派员工管理好其在国内外的财务事务，大多数企业采用的是分别支付薪酬的做法。比如，实际薪酬的一半用母国货币支付，另一半则用当地货币支付。确定东道国公民的薪酬时，企业倾向于使用与在本国类似的程序，如职位分等法，来制定适应当地市场情况的公平薪酬计划。

确定海外的薪酬水平并不容易。美国企业在本国可以得到大量的薪酬调查数据，但在其他国家，这类数据并不那么容易获得。因此，一些跨国公司会在公司所在地进行年度薪酬调查。例如，卡夫公司（Kraft）在欧洲进行了总薪酬调查。然而，大多数跨国公司还是会选择购买一项或多项国际薪酬调查。

人力资源实践

CEMEX 的外派员工薪酬

CEMEX 公司是一家跨国建筑用品公司，该公司的外派员工能得到相当于基本薪酬 10% 的国外服务补贴。根据不同国家的具体情况，有些员工还会得到艰苦补贴，生活条件较为舒适的地区补贴为零，而在孟加拉国，补贴可以达到基本年薪的 30%。公司会支付他们的住房费用和子女学费（一直到大学）。此外，员工还有探亲假——公司每年为员工及其家人提供一次回国机票。公司还为外派员工的配偶开设了语言课程。另外，CEMEX 所有外派员工的薪酬都是税后薪酬，这样可以消除当地税法带来的潜在影响。比如，如果一位高层管理人员的年薪为 15 万美元，那么作为一名外派管理人员，公司在其身上需要花费近 30 万美元。

激励措施

虽然跨国公司在外派员工的培训和评估方面可能差别很大，但在确定绩效和报酬之间的明确关系方面，各个公司相对一致。然而，雇主还需要将激励措施与当地实际情况联系起来。例如，在东欧，员工将其可支配收入的很大一部分用于食品和水电等基本生活开支，因此，比起美国员工，他们需要更高比例的更可预测的基本工资。然而，在日本，员工通常会在接近年底时收到总年薪的一半（或更多），作为一种利润分享奖金。在亚洲地区，激励措施十分普遍，即使对于生产工人也是如此。

● 安全问题和公平待遇

外派员工的安全是一个重要问题，这有几点原因。首先，安全和公平待遇不应仅仅停留在某些国家。美国在职业安全方面常常处于领先地位。然而，其他国家也有类似的法律，所有雇主都必须遵守。很难找到一个恰当的理由可以解释你对待外国员工的安全意识或公平程度不如对待本国员工。

日益猖獗的恐怖主义导致越来越多的雇主需要使用特殊的旅行安全工具来实时跟踪员工并与他们进行沟通。例如，国际 SOS 救援中心为客户提供在线工具和手机工具，使其能够快速通知外派员工潜在的问题以及如何解决这些问题。下面的"全球人力资源管理实践"专题对此进行了详细说明。

全球人力资源管理实践

商务旅行

保证商务旅客的安全本身是专业事务，但是在这里仍然可以给出一些建议：

* 为外派员工提供有关目的地的培训课程，让他们更容易适应当地生活。
* 告诉他们不要让别人注意到他们是美国人——比如穿着印有美国相关图案的衣服。

* 让商务旅客尽可能在接近飞机起飞的时间抵达机场，并在等待时避开交通主干道。
* 在外派员工的车里和家里安装安保系统。
* 告诉员工在上下班时要经常改变他们的始达时间及行动路线。
* 让员工关注有关犯罪和其他问题的最新动态，可以定期查询美国国务

院的旅行建议和警告。

* 建议员工始终保持自信。肢体语言

可能会吸引犯罪者，那些看起来像
受害者的人往往真的会受到伤害。

● 外派归国：问题及其解决方案

如果把额外的生活费用、交通费用和家庭福利计算在内，一名基本薪酬约为
15 万美元的员工在外派的 3 年时间里可能要花掉雇主 100 万美元。然而，40%～60%
的外派员工在回国后的 3 年内就离开了公司。考虑到前期投入，公司显然应该尽可
能地将这些员工留在公司。然而，一项调查发现，只有约 31% 的受访企业为公司管
理人员制定了正式的归国方案。大约 25% 的受访企业甚至不知道他们最近回国的外
派员工是否在回国后的 11 个月内离职了。

正式的归国方案是有效的。一项调查发现，设有正式归国方案的企业中，外派
员工回国后辞职的比例约为 4%，而在没有此类方案的企业中，这一比例高达 21%。

外派员工归国步骤

外派员工归国方案的指导原则是，确保外派员工及其家人不会认为自己被公司
忽视。例如，一家公司有一个由三个部分组成的外派员工归国方案。

第一，公司为每名外派员工及其家人都配备了一名心理学专家，这些心理学专
家都接受过有关归国问题的训练。心理学专家会在外派员工出国前与他们一家会面，
讨论他们在国外将会面临的挑战，一起评估他们在多大程度上能够适应新的文化，
并在整个外派期间与他们保持联系。

第二，该方案确保外派员工始终感到他们仍然"在总部的圈子里"。例如，为
外派员工配备一名导师，并让其定期回到总部与同事见面。

第三，当外派员工及其家人要回国时，公司会提供正式的回国服务。在海外任
务结束前大约 6 个月时，心理学专家和人力资源代表会与外派员工及其家人会面，
开始为他们回国做准备。例如，他们会帮助员工规划未来的职业发展，更新自己的
简历，并与回国后的上级取得联系。

归根到底，公司所能做的最简单的事情可能就是重视外派员工的经验。正如一
名归国的外派管理人员所言："在我看来，我的公司并不重视我在国外取得的经验。
没有奖金，没有加薪，也没有其他任何形式的职位晋升。"这种感受促使他们考虑跳

槽。在全球性的组织中，有必要拥有一个方便跟踪员工从一个职位到另一个职位的系统。外派归国员工流失率高的原因之一，是雇主根本不了解这些员工获得的新的技能和能力。

A.4   本土化人力资源管理：如何实施一套全球人力资源管理系统

　　随着很多企业越来越依靠本地员工而不是外派员工，对海外员工的甄选、培训、评估、定薪，以及其他人力资源管理实践的本土化就成为企业的优先选择。一家企业试图在全球各分支机构中都建立一套标准化的人力资源管理系统，这种做法现实吗？

　　一项研究表明，这种做法是可行的。这项研究的结果表明，在一些具体的人力资源管理政策问题上，企业必须尊重国外当地管理人员的意见。不过，研究结果也发现，在不同国家之间实行差别较大的人力资源管理并不必要，甚至并不可取。重要的是如何实施这套全球人力资源管理系统。

　　在这项研究中，研究人员对六家跨国公司——安捷伦、陶氏、IBM、摩托罗拉、宝洁和壳牌石油公司——的人力资源管理人员和国际人力资源顾问进行了访谈。这项研究的总体结论是，那些成功实施全球人力资源管理系统的企业都运用了多种优选方案。基本理念是开发一种全球各地的员工都能接受，并且企业能够更为有效地实施的人力资源管理系统。图 A-2 对此进行了总结。

● 开发更有效的全球人力资源管理系统

　　首先，在开发自己的全球人力资源管理政策和实践时，企业通常会采取两种最佳方案。

> » **形成全球人力资源网络。**为了减少阻力，世界各地的人力资源管理者应当将自己视为公司全球人力资源管理团队的一部分。他们应该将当地的人力资源管理者视为平等的伙伴。例如，组建全球化团队来帮助开发新型人力资源管理系统。

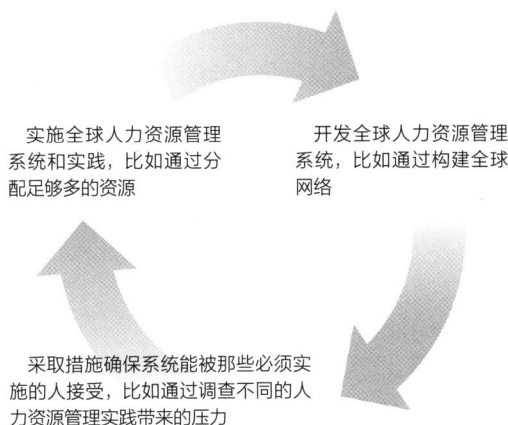

图 A-2　创建全球人力资源管理系统的最佳方案

» **记住，结果标准化比手段标准化更为重要。** 例如，IBM 公司在全球范围内使用基本标准化的招聘和甄选程序。然而，"诸如谁来主持面试（人事经理还是招聘人员）之类的细节问题，则因国家而异"。

● 使全球人力资源管理系统更容易被接受

接下来，企业会实施三种优选方案，来使自己开发的全球人力资源管理系统能够被全球各地的管理人员接受。这些优选方案包括：

» **记住，真正的全球性组织更容易实施全球人力资源管理系统。** 例如，真正的全球化公司要求自己的管理人员在全球团队中开展工作，并在全球范围内招聘员工。正如一位经理所言："如果你是一家真正的全球化企业，那么你能在这里（即美国）招聘到可以立刻去荷兰海牙工作和生活的员工，反之亦然。"这种全球化的思维方式使各个地方的管理人员都更容易接受使用标准化的人力资源管理系统。

» **调查差异带来的压力并确定其合理性。** 当地管理人员可能会坚持说："在这里你不能这么做，因为我们的文化有差异。"这些所谓的"差异"通常没有什么说服力。例如，当陶氏化学公司想在海外使用在线招聘和甄选工具时，当地的招聘经理表示，他们的经理不可能去使用这些工具。而在调查了这些所谓的文化障碍之后，陶氏成功实施了这套新的制度。

» **尝试在强大的企业文化背景下工作**。例如，由于宝洁公司形成了统一的招聘、甄选、培训和薪酬制度，所以其管理人员对于共同价值观有着强烈的认同感。新员工很快就学会了从"我们"而不是"我"的角度来思考问题。他们学会了重视缜密性、一致性和条理性的工作方式。拥有这种全球一致的价值观使得企业更容易在全球范围内进行标准化的人力资源管理实践。

● 实施全球人力资源管理系统

最后，有两种方案有助于确保全球一致的人力资源管理政策和方案能够成功实施。

» **你怎么沟通都不过分**。"（人力资源部门）需要与在各个国家任职的公司决策者以及将会实施和使用该系统的人保持联系。"
» **提供充足的资源**。例如，不要要求当地的人力资源管理部门实施新的职位分析程序，除非总部为这些额外的活动提供了足够多的资源。

模块 A 要点小结

1. 如今，国际经营几乎对所有企业来说都很重要，企业管理也因此越来越全球化。国家间的差异会影响人力资源政策。自信等文化因素表明，不同国家的人在价值观、态度、行为和反应上存在差异。经济和劳动力成本因素有助于确定人力资源管理的重点是效率还是其他。劳资关系，特别是工人、工会和雇主之间的关系，会影响公司具体人力资源政策的性质。

2. 甄选外派管理人员意味着筛选他们是否拥有能够成功适应新环境的特质。这些特质包括适应性、灵活性、自我定位、工作知识、工作动机、人际交往技巧和家庭状况。适应性测试关注外派员工家庭能否成功处理海外任务，这是甄选外派员工过程的一个重要部分。

3. 对外派管理人员的培训通常会关注文化差异、态度如何影响行为，以及目标国家的具体信息。确定外派员工薪酬的通常办法是平衡各国员工的购买力，这种办法被称为资产负债表法。外派员工归国的问题十分常见，但可以尽量减少这类问题，如可以制定外派员工归国方案，为外派员工指派一名导师，以及让外派员工参与总部业务。

4. 要成功实施一套全球人力资源管理系统，基本理念是开发一种全球各地的员工都能接受，并且方便企业有效实施的人力资源管理系统。

模块 B

小型企业和创业公司的人力资源管理

● **本模块学习目标**

» 解释为什么人力资源管理对小型企业而言很重要，以及小型企业和大型企业在人力资源管理方面存在哪些差异。

» 举出 4 个例子来说明企业家如何利用互联网和各种政府工具支持人力资源管理工作。

» 列出企业家可以利用小型企业的规模优势来改进人力资源管理程序的 5 种方法。

» 描述你将如何为一家新成立的小型企业创建人力资源管理系统。

B.1　小型企业面临的挑战

就美国经济而言，小型企业一词并不恰当。如今，在美国工作的人当中大约有一半都在为小型企业工作。作为一个群体来说，小型企业不仅在每年新创立的大约60万家公司中占绝大多数，而且为国家的大部分业务增长做出了重要贡献（小型企业比大型企业增长更快）。在美国，绝大多数新增工作岗位都是由小型企业创造的。

因此，从统计数据来看，大多数大学毕业生可能都会为小型企业——雇员人数低于200人的企业工作。因此，任何对人力资源管理感兴趣的人都需要了解人力资源管理在小型企业和大型跨国公司中有何不同。

● 小型企业的人力资源管理有何不同

小型企业人力资源管理的特殊性主要有以下四个方面的原因：企业规模、工作重心、非正式性以及企业家特质。

企业规模

首先，我们很难找到一家拥有专职人力资源管理人员的小型企业。常见的情况是，只有当一家公司雇用的员工人数达到100人时，它才有能力雇用一名专职的人力资源管理者。但这并不是说小型企业就不需要处理各种人力资源事务。即使是只有五六个人的零售商店，也必须进行员工的招聘、甄选、培训，以及薪酬支付等工作。只不过在这种情况下，通常都是由企业主和其助理来完成所有与人力资源管理相关的任务以及文书工作。人力资源管理协会发现，即使那些员工数量少于100人的公司，每年也得花费大约相当于两名工作人员的时间来处理各种人力资源管理问题。当然，这些工作通常是由老板加班完成的。

工作重心

许多企业家把更多的时间和资源用于处理人力资源管理以外的问题，这不仅是由企业规模决定的，还受到了工作重心的影响。在对英国的小型电子商务公司进行研究后，一位研究人员得出的结论是，尽管人力资源管理确实很重要，但对于这些小型企业来说，这并非企业管理者需要优先考虑的问题。

考虑到公司在时间、资金、人员和专业知识等方面都缺乏资源，典型的中小企业（small and medium-sized enterprise，SME）管理者的首要组织需求在财务、生产和营销等方面，人力资源管理的重要性则相对较低。

非正式性

上述情况导致的结果就是，在小型企业中，人力资源管理活动往往更不正规。例如，一项研究分析了大约 900 家小型企业的培训实践。这类培训通常都是非正式的，主要是同事和主管提供的岗位培训。一位研究人员表示，小型企业需要快速适应竞争性的挑战，这通常意味着小型企业必须"以一种非正式的、被动反应的方式"来处理加薪、绩效评估和休假等方面的问题。

企业家特质

企业家是那些在有风险的条件下创业的人，而创业总是有风险的。因此，企业家需要拥有奉献精神和远见。研究人员认为，小型企业的相对非正式性在一定程度上源于企业家的独特个性。企业家控制欲往往比较强（当然还有其他一些特征），他们想给公司（及其人力资源实践）打上自己的烙印。

启示

上述四种差异通常意味着小型企业会面临一些特殊的人力资源管理风险。

» 第一，相对落后的人力资源管理措施可能会让小型企业在竞争中处于不利地位。例如，小企业主不使用在线初筛工具，可能会付出不必要的成本，而且比起竞争对手（大型企业），也许得到的结果更差。

» 第二，公司缺乏人力资源专业知识。小型企业可能只有一两名专职的人力资源管理人员承担所有人力资源管理职能，他们更有可能忽略某些特定领域中的问题，比如公平就业机会法律方面的问题。

» 第三，小企业主可能不会完全遵守薪酬方面的法律法规。这些法律法规包括（例如）如何支付加班费用，以及如何区别员工和独立承包商等。

» 第四，重复性的文书工作会导致数据录入错误。对于许多不使用人力资源管理信息系统的小型企业来说，员工数据（姓名、地址、婚姻状况等）经常出现在多个人力资源管理表格中（如医疗保险登记表、W-4 表格等），发生任何更改都需要人工修改所有表格。这不仅浪费时间、效率低下，还容易出错。

● 为什么人力资源管理对于小型企业如此重要

当初创软件公司的员工在社交媒体上发帖指控被骚扰时，混乱随之而来。尽管大多数初创企业都认为它们并不需要人力资源管理，但实际上，它们从一开始就需要这类专业知识。用一位专家的话来说，如果你认为自己只需要员工手册，这种想法大错特错；创业公司需要一个合理的人力资源管理系统。

事实上，拥有有效的人力资源管理措施的小型企业比那些没有类似措施的小型企业效益要好得多。例如，研究人员对 168 家快速增长的中小企业进行了研究。他们得出的结论是，与绩效较差的企业相比，成功实现高增长的中小企业更加注重培训开发、绩效评估、招聘计划、员工士气，以及设定有竞争力的薪酬水平等。"这些研究结果表明，这些人力资源管理措施（在小型企业中）确实对绩效产生了积极影响。"对于很多小型企业而言，有效的人力资源管理也是获得和留住大客户的必要条件。例如，为了遵守 ISO-9000 质量标准要求，许多大客户会检查小供应商是否遵守必要的人力资源管理标准。下面的"作为利润中心的人力资源管理"专题说明了人力资源管理如何帮助小型企业实现突破。

在本模块中，我们将会讨论小型企业的管理者可以用来改善人力资源管理的方法。我们首先从互联网和各种政府工具开始讲解。

作为利润中心的人力资源管理

汽车经销商

卡洛斯·莱德斯玛经营一家汽车经销店，十分成功。他采取的策略是吸引那些喜欢和态度友好的长期员工打交道的回头客来提高利润。为了实现这个目标，他制定了以顾客为导向的人力资源管理战略。他会对每一位求职者进行测试，以确保他们胜任这份工作。公司有为期一周的新员工入职培训，向他们介绍其负责的工作以及公司的使命和文化。接着，每位新员工都会得到资深员工为期 90 天的指导。在

最初的 90 天里，新员工每卖出一辆车，莱德斯玛就会奖励指导该新员工的资深员工 50~100 美元。在一年中，莱德斯玛在培训上花费了 15 万美元。

莱德斯玛的战略为公司带来了远高于行业平均水平的利润。顾客喜欢与那些敬业且能干的长期员工打交道。他的员工离职率约为 28%，而员工平均留任时间约为 8 年，两项数据都远远优于行业平均水平。

B.2　利用互联网与各种政府工具支持人力资源管理工作

位于得克萨斯州的城市车库公司（City Garage）是一家正在扩张的汽车服务公司。它与众不同的一点是能让顾客在"开放服务区域"与修理工直接互动。该公司需要能自在地与顾客进行互动的修理工。公司过去的招聘流程是书面申请和面试，这不仅占用了管理者大量宝贵的时间，而且并不是很有效。公司采取的解决方案是从美国托马斯国际公司（Thomas International USA）购买在线人格分析测试（Personality Profile Analysis，PPA）。现在，在完成一个简单的申请和背景核查后，求职者需要参加一个用时 10 分钟、包含 24 个问题的人格分析测试。然后，公司的工作人员将答案输入人格分析测试软件系统中，立刻就能得到分析结果。分析结果会基于四种人格特征来判断求职者是否适合这份工作。

正如城市车库公司一样，小型企业不必把"人力资源优势"拱手让给大型的竞争对手。知识丰富的小型企业管理者可以运用各种基于互联网的人力资源管理资源，包括政府提供的免费在线资源，来扭转劣势。让我们看看如何运用这些资源。

● 遵守雇用法律

对企业家来说，遵守联邦（以及州和地方的）雇用法律是一个棘手的问题。比如，小企业主需要知道："我能问求职者哪些问题？""我必须向这个人支付加班费吗？"以及"我必须上报这次工伤情况吗？"

要解决这些问题，首先要明确联邦政府的哪些雇用法律适用于公司。例如，1964 年《民权法案》第 7 章适用于员工人数达到 15 人及以上的企业，而《就业年龄歧视法》则适用于员工人数达到 20 人及以上的企业。小企业主可以在联邦政府机构提供的网站上找到他们需要的法律问题的答案。

美国劳工部网站

美国劳工部网站上的"elaws"可以帮助小型企业确定自己适用哪些法律。单击"现在开启第一步——雇用法律顾问"，电子法律顾问会引导企业主回答一系列问题，例如，"什么最能准确描述你所在的企业或组织的性质"以及"你所在的企业或组织在一个日历年内雇用或准备雇用的最大员工人数是多少"。

跟随提示，就会看到"结果"页面。上面写着："根据你在回答电子法律顾问提问时提供的信息，由美国劳工部负责实施的以下雇用法律可能适用于你所在的企业或组织。"对于一家典型的小型企业而言，这些法律可能包括《消费者信用保护法》（Consumer Credit Protection Act）、《员工测谎保护法》《公平劳动标准法》、《移民与国籍法》（Immigration and Nationality Act）、《职业安全与健康法》《军人就业与再就业权利法》以及《举报人保护法》（Whistleblower Act）等。

美国劳工部网站上的链接提供了《公平劳动标准法》的相关信息，其中还包括几个特定的相关链接，每个链接都对"企业应当在什么情况下支付加班费"这样的问题提供了实用的指导。网站上列举了电子法律顾问清单。正如我们在第 2 章中提到的，美国平等就业机会委员会提供了一些重要信息，比如，小型企业如何在不接受调查或不通过诉讼的情况下应对指控。

职业安全和健康管理局网站

美国劳工部下设的职业安全和健康管理局网站也为小型企业提供类似的指导。该网站提供的内容还包括职业安全和健康管理局小型企业指导手册。手册包含很多实用信息，包括特定行业的安全和事故核查清单等。

● 雇用计划、招聘和甄选

在撰写职位描述和建立求职者数据库方面，有各种互联网资源可以助力小型企业所有者与大型竞争对手一样高效管理。正如我们在第 4 章中讲到的，美国劳工部的 O*NET 网站就是一个例子。它提供了在线助手，使小型企业所有者能够快速创建准确、专业的职位描述和任职资格。类似的，小型企业所有者还可以使用我们在第 5 章讨论的在线招聘工具。下面的"影响人力资源管理的发展趋势"专题对此进行了详细阐述。

影响人力资源管理的发展趋势：数字化和社交媒体

招募和甄选工具

很多小型企业会利用社交媒体招聘员工。例如，在领英上，企业可以发布职位空缺，并促进各企业间建立业务联络。招聘人员可以寻找介绍引人注目、推荐信出色，并且在行业组织中具有会员资格的领英用户。在推特上，招聘人员可以了解潜在候选人的用户名和照片是否恰当。但是企业也会在推特上查看求职者的状态更新和转发内容，以了解他们是否在分享有价值的信息。小型企业的招聘人员还应该关注那些对他们来说有意义的社交媒体。例如，如果你在寻找一名脸书营销专家，就应该到脸书上看看。如果你需要的是一名摄影师，就去 Instagram 上找。而且，在脸书和领英上，应该将招聘重点放在对你的公司有意义的行业群体上。可以看看你的竞争对手是如何使用社交媒体的，以及他们使用的是哪些平台。

● 甄选

有些测试使用起来十分容易，所以对小型企业尤其适用。温德利人事测试就是一个例子。这个测验用于测量总体智力水平，其题目有些类似于 SAT，参加测试的人只需要花不到 15 分钟时间来回答 4 页纸的问题。测试人员首先会宣读测试说明，然后在候选人完成 50 道测试题时进行计时，再将回答正确的题目数量相加得出总分。通过将候选人的分数与各个职业的最低分数要求进行比较，可以确定候选人是否达到了该工作的最低要求。

预测指数（Predictive Index）是另一种测试。它测量的是与工作相关的人格特征、动机和行为，尤其是支配性、外倾性、耐心，以及逃避责备等方面的情况。这种测试有一个模板，可以使评分变得简单。预测指数的测试方案包括 15 种标准的基准人格特征。例如，具有无私、友善、会说服人、有耐心且谦逊的"社会利益"特征的人可能是一个优秀的面试官。

包括温德利在内的许多供应商还为企业提供在线的候选人测试和甄选服务。温德利公司所提供的服务（对小公司来说，这项服务每年约花费 8500 美元）包括为客户公司的职位提供职位分析。温德利公司还为小型企业的求职者提供了一个网址，使他们可以登录这个网站来参加一项或多项甄选测试（包括温德利人事测试）。

以下是 Inc. 杂志为完善小型企业的招聘和甄选过程提供的一些建议。

» **在行业内进行招聘活动。** 通过使用针对特定行业或城市的招聘网站，尽量减少不相关的求职者。例如，Jobing 在美国 19 个州都有针对特定城市的招聘网站。Beyond 拥有超过 15 000 个特定行业的社区。

» **实现过程自动化。** 自动化的求职申请处理系统对于小型企业来说费用并不高。例如，Taleo、NuView 和 Accolo 公司的系统都可以接受简历，并帮助企业实现自动化筛选。使用 NuView 公司的系统，每位用户每月只需花费 6 ~ 15 美元。该系统会向求职者提问，并筛掉不符合条件的求职者，比如教育背景不满足要求的人。

» **在线测试**。企业可以使用在线测试来测试求职者对 QuickBooks 甚至电话销售的熟练程度，供应商有 IBM 的 Kenexa、eskill、selectivehiring 和 berkeassessment 等。

» **在核心圈子传播信息**。请朋友和员工推荐合适的人选，并利用领英等社交网站。一位招聘人员说："每位求职者都有人担保，这样我就不必花时间筛选简历了。"

» **发送录音**。企业只需花费 30 ~ 60 美元，就可以用 InterviewStream 录制在线面试视频。InterviewStream 会向求职者发送一封附带链接的电子邮件。求职者点开链接后，视频中的面试官会询问公司事先录制的问题。招聘经理可以在方便时回看这些视频。

遵守法律

考虑到大多数小企业主面临的时间压力，他们可能很少会去确认那些在网上或办公用品商店购买的测试的效度。很多测试供应商都会帮助企业建立测试程序。例如，我们前面提到过的温德利人事测试会将审查职位描述作为测试流程的一部分。你购买的测试应该包含其有效性信息。

培训

小型企业无法与通用电气公司这样的巨头在培训资源方面竞争。然而，正如我们在第 7 章中所解释的那样，在线培训能够以相对较低的价格为小型企业提供过去无法接触到的员工培训。这类培训（参见第 7 章）的来源范围很广，包括私人供应商、美国政府小企业管理局和美国制造业协会。美国培训与开发协会的买家指南提供了培训服务供应商的可靠资源（请查看"资源"栏目）。

绩效评估与薪酬管理

小型企业可以轻松获得电子化的在线绩效评估和薪酬管理服务。例如，甲骨文公司的电子绩效管理系统（ePerformance）可以帮助企业更好地进行绩效管理，该系统使管理人员将员工的目标正式化，然后评估这些目标的实现情况。另一个例子是哈罗根软件公司的电子绩效评估系统。

同样的道理，小型企业缺乏简单易行的薪酬调查途径，曾经阻碍其调整薪酬水平。如今，有了 salary 这样的网站，小型企业很容易就能了解当地的薪酬水平。

● 职业安全与健康

对于小型企业来说，安全是一个重要的问题。欧洲的一项研究发现，大多数工作场所中严重的工伤事故都发生在员工人数不足 50 人的小公司中（这并不奇怪，因为很多人在小公司工作）。正如前文所解释的，美国职业安全和健康管理局为小型企业提供了几项免费服务，包括免费的现场安全和健康服务，以及职业安全与健康卓越计划（Sharp program），职业安全和健康管理局通过这个计划确认小型企业的安全意识已经达到了较高水平。

B.3 小型企业的规模优势：熟悉性、灵活性、公平性、非正式性与人力资源管理

小型企业需要充分利用自身优势，因此，在与员工打交道时，小型企业应当利用自己规模小的特点。规模小的公司应该熟悉每位员工的优势、需求、家庭状况，在公司的人力资源管理政策与实践方面形成相对的灵活性和非正式性的优势。小型企业需要快速适应竞争性的挑战，这通常意味着小型企业必须"以一种非正式的、被动反应的方式在短时间内"处理加薪、绩效评估和休假等方面的问题。然而，灵活性和非正式性并不一定代表效率低下。

● 简单、非正式的员工甄选程序

有许多简单的方法可以帮助小型企业的管理者优化员工甄选程序。使用有效的面试程序（见第 6 章"管理技能培养"专题）就是一种方法。第 6 章中介绍过的工作抽样测试是另一种方法。工作抽样测试就是让候选人展示如何完成实际工作。这个过程很简单，把工作的主要职责分解成若干个小任务，比如拟一则广告，然后让候选人完成示例任务。

● 培训的灵活性

小型企业在培训和开发方面通常不正式。例如，对欧洲 191 家小型企业和 201 家大型企业的考察研究发现，很多小型企业没有系统监控其管理人员的技能需求，只有不到一半的小型企业制定了职业开发计划（而在大型企业中这一比例为 70%）。

四步培训程序

无论资源是否有限，小型企业都可以建立有效的培训程序。例如，下面是一个简单有效的四步培训程序。

第一步： 撰写职位描述。详细的职位描述是培训计划的核心。列出每个职位的任务以及每个任务的步骤。

第二步： 制作任务分析记录表。接下来，用任务分析记录表总结工作的各个步骤。这个表格（见本书第 7 章表 7-1）整合了有关所需任务和所需技能的信息。如表 7-1 所示，表格包含六列信息，如"所需的知识和技能"等。在第一列中，列出特定任务，包括每个任务的内容和步骤。在第三列中，列出绩效标准（包括操作的数量和质量等）。

第三步： 制作工作指导表。接下来，为这项工作制作一份工作指导表。如表 B-1 所示，工作指导表再次显示了每个任务的步骤，并且还显示了每个任务的关键点。

第四步： 为该职位准备培训计划。一个职位的培训手册至少应该包括职位描述、任务分析记录表和工作指导表。另外，培训手册还应包括对该职位的简要介绍，以及关于该职位如何与工厂或办公室的其他职位进行配合的图示或书面解释。

你还需要决定使用什么培训媒体。一个简单有效的岗位培训项目可以使用现有员工或主管作为培训师，只需要上面的"四步培训程序"中列出的那些书面材料即可。但是，在某些情况下可能需要制作或购买特殊的培训资料。供应商可以提供打包的多媒体培训计划，正如我们在第 7 章和本章前面所讨论的那样。

非正式的培训方法

培训专家史蒂芬·柯维（Stephen Covey）认为，小型企业实际上不需要制定费

表 B-1　工作指导表

操作步骤	关键点
1. 开机	无
2. 设置裁剪边距	仔细查看刻度——以防裁剪尺寸错误
3. 把纸放在切纸台上	确保纸张放平整——以防裁剪不齐
4. 将纸推进切纸机	确保纸张卡紧——以防裁剪不齐
5. 左手握紧安全释放装置	不要松开左手——以防手被机器夹住
6. 右手握紧切刀释放装置	不要松开右手——以防手被机器夹住
7. 同时拉动切刀和安全释放装置	保持双手放在相应的释放装置上——不要把手放在切纸台上
8. 等待切刀缩回	保持双手放在释放装置上——不要把手放在切纸台上
9. 取回纸张	确保切刀已经缩回，双手离开释放装置
10. 关机	确保电源指示灯灭

用高昂的正式培训计划，也一样能够为员工提供培训。他的建议如下：

» 报销特定课程的学费。

» 寻找在线培训机会。

» 提供 CD 和 DVD 资料库，以供员工在通勤途中进行系统的自主学习。

» 鼓励员工之间分享工作中的最佳实践。

» 如果可能的话，派员工参加专门的研讨会和行业协会会议来学习和交流。

» 通过让所有员工相互分享自己学到的东西来形成一种学习氛围。

● 福利和报酬的灵活性

研究表明，大型企业往往会比小型企业提供更为广泛的总体福利计划。然而，许多小型企业通过提供更加灵活的福利计划来弥补这一劣势。"他们已经发现了将"小型"转变为"联系紧密"的特点，小型企业通过让员工了解公司信息和财务状况来赢得员工的信任，通过频繁提供绩效反馈来赢得员工的忠诚。"在拥有 90 名员工的 ID Media，首席执行官会在新员工入职的第一天为他们举行欢迎会。一位新员工说："这表明她想见到我们，想听到我们的意见。"

灵活性文化

该研究还发现，小型企业在培养"灵活性文化"方面做得更好。这是因为老板每天都能亲自与所有员工交流，这意味着"当员工遇到工作和生活的冲突时，管理者会提供更多的支持和理解"。位于加利福尼亚州长岛的沃德家具公司（Ward's Furniture）就充分体现了这一点。在沃德公司的 17 名员工中，大多数人已经在公司工作了 10~20 年。老板布拉德·沃德（Brad Ward）将这种成就部分归功于公司总是愿意根据员工的需求做出相应的调整。例如，员工可以共同承担一些工作职责，并且部分时间居家办公。因此，沃德家具公司是利用小规模来提供工作—生活平衡福利（比如额外的休息时间、更短的工作周、灵活的工作时间和对员工的认可）的一个很好的例子。

小型企业为员工提供退休福利的一个简单方式是使用储蓄激励匹配计划（我们在第 11 章中讨论过）。在这个计划中，企业必须（同时员工也可以）向传统的员工个人退休账户存入一定数量的资金。不过，这些计划只适用于员工人数不超过 100 人且没有其他养老金计划的小型企业。

● 公平性与家族企业

大多数小型企业都是"家族企业"，这种企业的老板与一名或多名管理人员和员工往往都是同一个家族的成员。

在这种情况下，作为一名非家族成员的员工并不容易。对家族成员和非家族成员的区别对待会破坏公平。减少这种"公正性"问题需要采取以下四个步骤。

» **确定基本原则。**一位家族企业顾问指出，在招聘过程中，应该告知求职者他们是否会有晋升机会。至少应该明确期望，比如他们在公司中可以达到的权力级别。

» **公平对待员工。**家族企业中的大多数员工都明白他们不会得到和家族成员完全一样的对待，但他们仍然希望得到公平的对待。这意味着，要避免产生"家族成员通过牺牲他人来获取利益的不公正现象"。因此，许多家族企业的家族成员都会避免购买豪车等奢侈品。

» **正视家族问题。**家族成员之间的意见不合会分散其他员工的注意力，降低他们的士气。因此，家族成员必须正视并解决他们之间的分歧。

» **消除特权。**家族成员"要注意避免任何可能导致其他员工认为他们在工作任务或职责安排方面要求特殊待遇的行为"。他们应该比其他员工更早上班、更努力地工作、更晚下班，以此证明他们是靠自己的努力赢得晋升的。

● 使用专业雇主组织

许多小企业主都会考虑人事管理所涉及的问题，并决定将大部分人力资源管理职能外包给供应商。这些供应商被称为人事外包公司。图 B-1 总结了小企业主可以用来寻找专业雇主组织并与其进行合作的指南。

企业应当谨慎选择人事外包公司并处理好与雇主的关系，相关建议如下：

» 提前弄清公司想要解决的人力资源管理问题。
» 审查你正在考虑的所有人事外包公司所提供的服务项目，然后确定哪一家能够满足你的所有需求。
» 考察这家公司是否可信。到目前为止还没有针对人事外包公司的评价制度。不过，位于美国阿肯色州小石城的雇主服务保证公司（Employer Services Assurance Corporation）对其成员的财务、审计和运营标准都提出了更高的要求。
» 核查这家公司的银行账户、信用情况、保险记录以及专业推荐材料。
» 了解员工福利的资金来源。是全额保险还是部分自费？
» 仔细检查服务协议的内容。双方的责任和义务是否明确？了解如何付费。
» 调查这家公司的成立时间。
» 对这家公司的员工进行调查。他们是否有足够的专业知识来提供承诺的服务？
» 询问这家公司将通过何种方式提供服务。是通过面谈、电话，还是网络？
» 询问需要预付的费用以及这些费用的确定方式。
» 定期确认工资税和保险费支付无误，并确认所有法律问题都得到了妥善处理。

图 B-1　寻找专业雇主组织并与其进行合作的指南

资料来源：根据以下资料整理。Robert Beck and J. Starkman, "How to Find a PEO That Will Get the Job Done," National Underwriter, 110, no. 39, October 16, 2006, pp. 39, 45; Lyle DeWitt, "Advantages of Human Resource Outsourcing," CPA Journal, 75, no. 6, June 2005, p. 13; Layne Davlin, "Human Resource Solutions for the Franchisee," Franchising World, 39, no. 10, October 2007, p.27;

B.4　人力资源系统、程序以及文书工作

想象一下一家只有 5 名员工的零售店需要完成的文书工作吧。最开始，招聘员工可能需要求职申请、面试名单、各种证明材料（例如教育证明、移民身份证明），

以及推荐人名单等，然后可能还要签订雇用合同、保密协议、竞业协议，以及雇主补偿协议。为了雇用新员工，你可能需要背景调查表、新员工注意事项清单、预扣税表格和新员工数据表。一旦员工开始工作，还要对其工作情况进行跟踪，从而需要人事信息数据表、每天和每周的工作时间记录、按小时计酬的员工的周工作时间表，以及费用报告。这仅仅是开始，接下来还有绩效评估表、纪律处分通知、员工入职记录、离职通知和就业推荐反馈表等。

如果只有一两名员工，你或许可以用大脑记住所有事情，或为每项人力资源活动单独写备忘录，然后放进员工档案夹。但当有了更多员工时，你就需要包含各种标准化表格的人力资源管理系统了。随着公司发展壮大，大多数雇主会将人力资源管理系统的很多事务电子化，比如薪酬发放或绩效评估。

● 人工人力资源管理系统的基本构成

规模非常小的企业（比如员工人数只有 10 人或更少）往往是从人工人力资源管理系统开始的。从实践的角度来看，这通常意味着获取并创建一套标准化的人事表格，既要涵盖人力资源管理流程的各个重要方面——招聘、甄选、培训、绩效评估、薪酬管理、安全管理等，还要包括能够对每位员工的这些信息进行管理的方法。

基本表格

可以想象，即使是在一家小型企业，所需的表格数量也是相当大的，正如表 B-2 所示。要想获取人工人力资源管理系统的基本表格，一种比较好的方法就是从提供人力资源表格汇编的网站、书籍或 CD 入手。然后，你可以根据具体情况，对从这些来源得到的表格进行修改。一些办公用品商店（例如欧迪办公公司和史泰博公司）也会出售这种成套的人事表格。例如，欧迪办公公司出售的人事表格套装包括：求职申请表、雇用面试表、背景调查表、员工记录表、绩效评估表、警告通知表、离职面谈记录表、请假申请表，以及诉讼预防指南。此外，该公司还出售员工记录文件夹套装。企业可以使用文件夹保存每个员工的档案。在文件夹的封面上可以打印一个表格，用于记录员工的姓名、入职日期、福利待遇等信息。

其他来源

有几家直接邮寄产品目录的公司也同样提供各种人力资源管理方面的材料。例如，HRdirect 公司提供成套的人事表格，其中包括短期和长期员工申请表、求职者

表 B-2　一些重要的雇用表格

新员工适用表格	现任员工适用表格	员工离职表格
» 求职申请表	» 员工身份表	» 退休手续清单
» 新员工入职清单	» 员工身份变更申请表	» 解雇手续清单
» 雇用面试表	» 员工信息记录表	» 《综合平衡预算法》承诺书
» 推荐材料核查表	» 绩效评估表	» 失业声明
» 推荐材料电话反馈报告	» 警告通知表	» 员工离职面谈记录表
» 员工签署的确认书	» 请假申请表	
» 雇用合同	» 试用通知表	
» 免责声明	» 职位描述表	
» 保密协议	» 试用评估表	
	» 直接存款确认书	
	» 缺勤报告表	
	» 处分通知书	
	» 员工申诉表	
	» 费用报告表	
	» 401（k）选项确认书	
	» 工伤报告	

面试表、员工绩效评估表、职位描述表、离职面谈记录表，以及缺勤记录和缺勤报告表。此外，还有各种有关遵守法律法规要求的表格，包括标准化的反性骚扰政策和《家庭与医疗休假法案》通知表，以及各种海报（例如，法律要求企业张贴的《美国残疾人法》和《职业安全与健康法》的相关信息）。

● 人力资源管理任务的自动化

随着公司发展，小型企业越来越难以仅依靠人工进行人力资源管理。对于一个有四五十名甚至更多员工的公司来说，管理人员花在考勤记录和绩效评估等事务上的时间可能会增加到数周之久。因此，许多中小型企业往往就是从这个时候开始将其人力资源管理工作电子化的。

系统软件包

在这方面也有许多可用的资源。例如，各种网站上都有人力资源软件供应商的分类目录。这些供应商几乎能为所有人事工作提供软件，从福利管理到薪酬管理，再到遵守法律要求、员工关系、外包、工资单，以及考勤系统。

G.Neil 公司出售的软件包能够监控考勤、保存员工记录、编写员工手册，以及进行电子化绩效评估。HRdirect、effortlesshr 等网站也提供了很多软件来帮助企业编写员工手册、维护员工记录（包括姓名、地址、婚姻状况、家庭人数、紧急联系方式和电话号码、入职时间和工作经历）、撰写绩效评估结果、创建职位描述、跟踪员工出勤记录和工作时长、安排员工日程、绘制组织结构图、进行薪酬管理、开展员工调查、规划和跟进员工培训活动，以及遵守美国职业安全和健康管理局制定的各项规章制度等，这些软件通常是基于云系统的。capterra 等网站列出了供应商能够提供的人力资源管理软件，如 Zenefits、Halogen TalentSpace、Fairsail HRIS 和 Cezanne HR。

● 人力资源管理信息系统

随着业务发展，公司通常会建立一套更综合的人力资源管理信息系统。我们可以将其定义为收集、处理、存储和传播信息以支持公司人力资源管理活动的决策、协调、控制、分析和可视化的相互关联的信息模块。由于人力资源管理信息系统的各个组成部分（信息记录、薪酬发放、绩效评估等）得到了整合（能够"相互对话"），因此企业能够优化其人力资源管理职能。例如，一个典型的人力资源管理信息系统会将加薪、调动等各种表格自动传给相关的管理人员进行审批。前一个人签字之后，表格就会自动传递给下一个需要签字的人。如果某人忘记签署一份文件，智能助手就会向其发出提醒，直到整个流程完成为止。

● 人力资源管理信息系统供应商

很多供应商都提供人力资源管理信息系统软件包，其中许多都是基于云的（参见下面的"影响人力资源管理的发展趋势"专题）。这类供应商包括甲骨文公司、SAP 公司、自动数据处理公司（Automatic Data Processing）、商业信息科技公司（Business Information Technology）、人力资源微系统公司（Human Resource Microsystems）、劳森软件公司（Lawson Software）等。

● 人力资源与内网

企业通常会安装基于内网的人力资源管理信息系统。例如，LG&E 能源公司使用内网进行福利方面的沟通。员工可以访问福利信息主页，查看公司的 401（k）计划可以选择的投资方向，得到与公司的医疗和牙科保健计划有关的常见问题的答案，以及报告家庭状况的变更情况。人力资源内网的其他用途包括：自动发布职位空缺、跟踪求职者求职情况、培训注册、提供电子工资存根、发布电子员工手册，以及让员工更新个人资料并访问他们的 401（k）账户等。

影响人力资源管理的发展趋势：数字化和社交媒体

基于云的人力资源管理

大多数人力资源管理系统的供应商，例如 ADP、Ceridian、Kronos、甲骨文和 SAP 公司，都提供完全基于云的人力资源管理系统。特别是对于小企业主来说，云系统的优势在于供应商可以轻松添加最新的系统特性对其进行更新，从而为小企业主节省大量的时间和费用，而且无论身在何处，企业主和员工都可以轻松获取信息。

BambooHR 拥有一个专为中小型企业设计的人力资源管理系统。例如，BambooHR 能够让获得授权的经理和员工安全地远程访问公司信息，如休假信息和个人信息，并在系统的个性面板上生成报告和跟踪趋势。BambooHR 提供了求职者跟踪、入职流程、休假跟踪和员工数据库管理。此外，它还可以与小型企业的工资系统、求职者信息跟踪系统、福利登记系统和绩效评估系统无缝对接。

类似的人力资源管理系统很多都能与员工的移动设备进行整合。在许多公司，人力资源管理专家仍然会帮员工登记福利，但越来越多的公司将这些任务外包给提供云服务的 Zenefits 等公司。新员工只需使用电脑或手机即可访问 Zenefits 网站。然后，他们可以输入个人信息，通过触摸屏签署文件，以及登记福利，比如灵活支出账户等。

模块 B 要点小结

1. 小型企业人力资源管理的特殊性主要有以下四个方面的原因：企业规模、工作重心、非正式性，以及企业家特质。这些差异带来了几种风险。小型企业面临的风险包括：其人力资源管理实践可能让自身在竞争中处于不利地位；公司缺乏人力资源专业知识；小型企业可能难以充分解决潜在的职场诉讼问题；小企业主可能不会完全遵守薪酬方面的法律法规；重复性的文书工作会导致效率低下和数据录入错误。

2. 美国劳工部的"第一步"雇佣法律顾问帮助雇主（尤其是小型企业）确定哪些法律对他们是适用的。美国劳工部的网站还提供了《公平劳动标准法》的相关信息，以及几个"电子法律顾问"。美国公平就业机会委员会的网站提供了有关公平就业机会的重要信息，例如 1964 年《民权法案》第 7 章。类似的，美国劳工部下设的职业安全和健康管理局网站提供了职业安全和健康管理局小型企业指导手册。互联网资源可以帮助小企业主更有效地进行人力资源管理。例如，美国劳工部的 O*NET 在创建职位描述方面非常有效。小型企业可以使用本书第 5 章讨论的在线招聘工具。

3. 在与员工打交道时，小型企业应当发挥自己规模小的特点。规模小的公司应该熟悉每位员工的优势、需求、家庭状况，在公司的人力资源管理政策与实践方面形成相对的灵活性和非正式性的优势。即使没有大型企业的雄厚财力，小型企业也可以为员工提供大型企业通常无法比拟的工作—生活平衡福利。小型企业也更依赖非正式的员工甄选、招聘和培训。

4. 即使是小型企业也需要人力资源表格。规模非常小的企业一开始往往是采用人工处理人力资源管理事务。这通常意味着获取并创建一套标准化的人事表格，既要涵盖人力资源管理的各个方面——招聘、甄选、培训、绩效评估、薪酬管理和安全管理，还要包括组织所有这些信息的方法。欧迪办公公司和一些直接邮寄产品目录的公司可以提供人力资源材料。随着公司的发展，大多数中小型企业开始将个人的人力资源事务电子化。例如 G. Neil 公司出售现成的软件包，可用于监控考勤、保存员工记录、撰写职位描述、编写员工手册，以及进行电子化的绩效评估。